回望 张恨水

Huiwang Zhang Henshui

谢家顺 主编

张恨水纪念文集（上）

谢家顺 唐先友 主编

广陵书社

图书在版编目（C I P）数据

张恨水纪念文集 / 谢家顺，唐先友主编. -- 扬州 :
广陵书社，2019.6
（回望张恨水 / 谢家顺主编）
ISBN 978-7-5554-1208-3

Ⅰ. ①张… Ⅱ. ①谢… ②唐… Ⅲ. ①张恨水（
1895-1967）－纪念文集 Ⅳ. ①K825.6-53

中国版本图书馆CIP数据核字(2019)第058526号

丛 书 名　回望张恨水
丛书主编　谢家顺

书　　名　张恨水纪念文集
主　　编　谢家顺　唐先友
责任编辑　顾寅森　胡　珍　　特约编辑　秦国娟
出 版 人　曾学文　　　　　　装帧设计　鸿儒文轩·书心瞬意

出版发行　广陵书社
扬州市维扬路 349 号　　邮编：225009
http://www.yzglpub.com　　E-mail:yzglss@163.com
印　　刷　三河市华东印刷有限公司

开　　本　650mm×940mm　1/16
字　　数　500 千字
印　　张　43
版　　次　2019 年 6 月第 1 版第 1 次印刷
书　　号　ISBN 978-7-5554-1208-3
定　　价　138.00 元（全二册）

《张恨水纪念文集》编委会

1913年，时年18岁的张恨水在苏州蒙藏垦殖学校读书时的留影

（是现存最早的张恨水照片）

1927年，张恨水与《世界日报》同人在北京中山公园合影。自左至右分别为雷季尚、吴范寰、张恨水、盛世强、管翼贤、成舍我、窦肆三、万枚子、左笑鸿、张友渔、张啸空

1930年代，上海三友书社首版《啼笑因缘》扉页所刊张恨水签名照片

张恨水（1945年摄于重庆）

张恨水（1956年摄于北京）

1956年，张恨水（左二）参加中国文联组织的西北参观旅行留影

1960年代初，张恨水在北京砖塔胡同43号家中伏案写作

1963年，张恨水在北京砖塔胡同43号家中的书房阅读

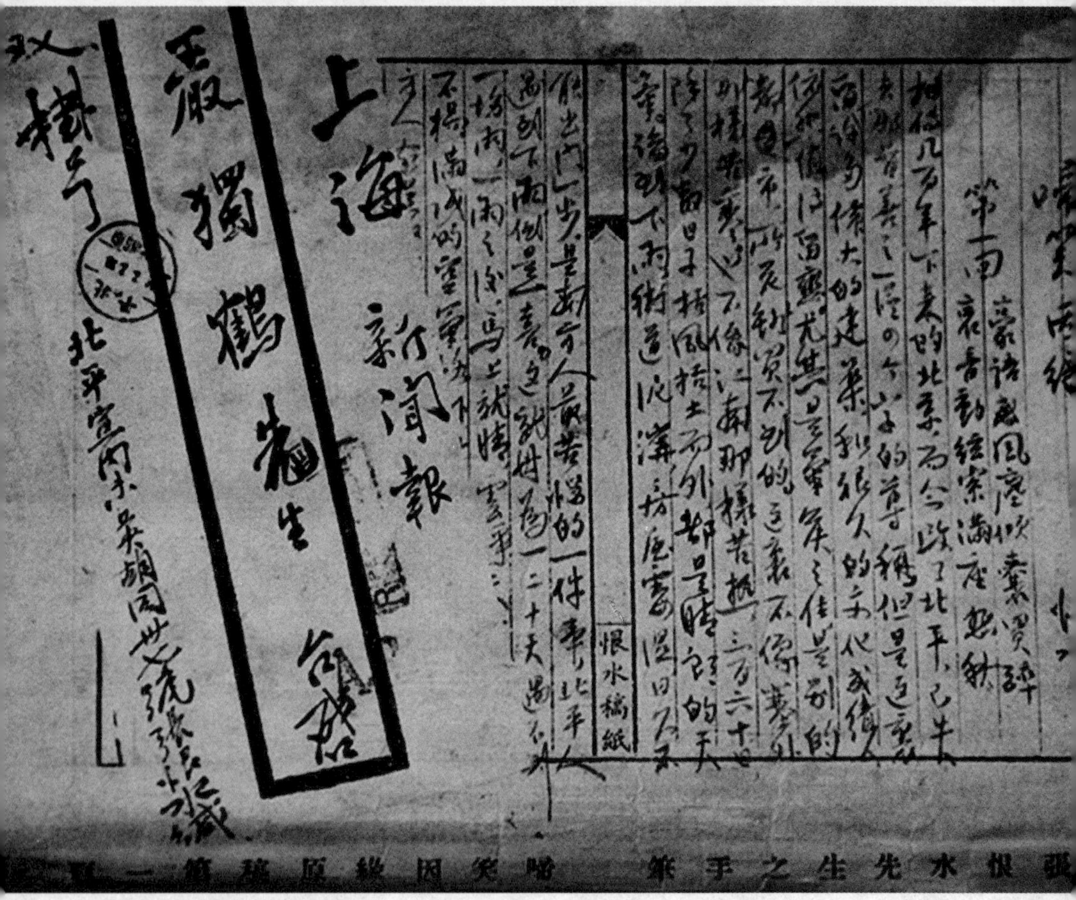

小说《啼笑因缘》手稿第一页

寻找·回望（总序）

——谨以此献给张恨水先生逝世五十周年

19世纪末、20世纪上半叶的中国风云激荡——在国门洞开和急剧动荡的社会环境中，从经济、政治到思想文化和社会生活，开始了一系列深刻的变革，形成了中国社会向现代化艰难迈进的历史画卷，同时深刻影响着当时社会的每个人。

张恨水就是一位深受影响的作家。从1894年7月开始到1895年4月结束，历时近一年的甲午中日战争，一个最明显的标志就是签订了丧权辱国的《马关条约》，对当时的中国影响巨大。战争结束一个月后的5月18日，一位名叫张心远的孩子在江西出生。而令他没有想到的是，四十年后的1937年，由“七七卢沟桥事变”引发的全面侵华战争（史称“第二次中日战争”），则彻底改变了他的生活与创作。另一件值得一提的事件是，1905年9月清朝廷发布上谕，自1906年开始废除自隋代起实行千余年的科举取士制度。这就无形之中改变了张恨水的人生走向——所受教育与人生价值观的形成。

张恨水就是在这种背景下接受了中国传统文化的浸染、五四新文化的洗礼，经历了山河破碎的颠沛流离和新中国的和平建设。他天资聪颖，勤奋好学，是命运将其推向了新闻记者岗位。他选择了文学创作之路，几十年来，无论是早期的习作、中期的辉煌，还是晚期的力不从心，在其所历经的晚清、北洋军阀、民国时期以及新中国等各个历史阶段，他用如椽之笔，描情摹态所留下的包括小说、散文、诗词等在内的三千多万字作品，构成了一座文学的金字塔。透过这些作品，我们可以发现张恨水立足20世纪初的中国都市与乡村，对中国传统文化的精神坚守，对当时广阔社会生活的形象再现，对底层普通民众的深切同情，以及对社会黑暗的暴露与鞭挞。尤其值得称道的，是他与时俱进和精进不已的精神追求。也正因如此，当面对来自文学界的争议时，他才能始终默然，从容处之，坚信只要自己的作品存在就是最好的回答。历史最终证明，他是对的。

在研读先生作品过程中，我常常在思考，到底是什么原因使先生的作品长盛不衰，具有一种穿越时空的艺术魅力？于是，我和我的研究团队开始寻找答案。

2001年，为寻求研究项目资金支持，我申报的安徽省教育厅人文社科项目“张恨水对联艺术研究”获准立项，随之，项目成果《张恨水对联艺术论稿》也呼之欲出。

2003年，为扩大研究视野、拓宽研究思路，“张恨水小说民俗学研究”又获准立项。

2004年，我受学校派遣，赴北京大学中文系做访问学者。在此期间，我明白了，要了解、分析一位作家，必须深入研读文本。由于导师陈平原教授的及时点拨，“从旧报刊入手”成为了自己今后的研究思路。

2006年暑假开始，在安徽省张恨水研究会的大力支持下，我开展了为期近十年的“寻访张恨水生活足迹”活动，足迹遍及江西、安徽、上海、江苏、北京、湖北、重庆、四川、陕西、甘肃和辽宁等省市，对张恨水的子女和其他亲属，生前同事、好友及后人，从事张恨水研究的相关学者进行了采访，对张恨水曾经的生活、工作地做了实地探访，对涉及的地方档案馆、图书馆的资料做了最大程度的搜集与复制。

为提升研究层次，全面搜集张恨水研究资料，同时寻求更多的研究经费支持，在中国人民大学朱万曙教授的倾力指导下，2007年、2010年先后申报的安徽省社科项目“张恨水年谱长编”和国家社科基金项目“张恨水年谱”分别获准立项，其终极成果83万字的《张恨水年谱》于2014年正式出版发行，为读者和研究者奉献了一份较为完整翔实的资料。

还有就是参与安徽省张恨水研究会先后组织召开的十次学术研讨会，以及2015年受邀赴美进行的讲学与学术交流。

……

“十年辛苦不寻常”，奔波的过程是艰辛的，查阅的过程是枯燥的，整理分析的过程是寂寞的，发现的结果却令人兴奋和喜悦。

我仿佛在与先生对话。城市和乡村，高楼之间的街道和原野上的阡陌，从1895年至1967年，凡张恨水先生所到与描述之处，无论是白墙灰瓦的皖赣民居、巴蜀山间的茅草房屋，还是老屋纸窗的北京四合院，尽管时间流逝，时代变更，外部环境改变，仍无法洗刷掉当年的痕迹，只要脚下的土地尚在，历史记载还在，只要遗迹犹存，记忆就不会消失——因为文化基因永远扎根在人们的心中，那含有文化内涵的立体、丰满的张恨水就会永驻读者心中。

我还在思索，恨水先生仙逝五十年了，我们应该做点什么呢？

2016年8月，在东北师范大学文学院召开的“年谱与新文学研究的经典化”学术研讨会上，我和作家、知名策划人陈武先生一拍即合，策划推出《回望张恨水》系列丛书，并得到北京鸿儒文轩文化传播有限公司的大力支持，由我负责丛书的选题，围绕“纪念”主题，初步选定了《张恨水纪念文集》《此山　此水　此人——张恨水生活足迹寻踪（皖江篇）》《遗珠晶莹——探寻父亲张恨水先生的岁月之痕》《张恨水小说图志》《张恨水传》五部著作。

《张恨水纪念文集》是迄今为止编辑的第一部纪念张恨水的文章选集。编者力求通过图片展示、自述，亲属、同事、好友与后学怀念，以及学术界张恨水研究代表性观点梳理等展示张恨水生平、创作成就及学术地位。值得一提的是，文集所收文章、图片除学术评论外，多为首次面世，具有较强的史料价值。

《此山　此水　此人——张恨水生活足迹寻踪（皖江篇）》是作者十多年来寻访张恨水生活足迹的真实记录与文化思考，其中所展示的，是易被人们忽略的有关张恨水的生活、创作的细节，图文并茂，可以看成《张恨水年谱》的姊妹篇，凡年谱不好展开的内容，在本书里均得到了一一再现。

《遗珠晶莹——探寻父亲张恨水先生的岁月之痕》是张恨水先生现居北京的四子张伍和美国华盛顿的女儿张明明之间的通信结集，虽为兄妹书信，但展示的却是不为我们熟知的张恨水生前生活、创作的点点滴滴。

《张恨水小说图志》介绍了张恨水各种小说版本（含单行本和报刊连载版本，绝大多数系作者宋海东所藏），尤其是民国版本在书中得到了充分展示，刊布了 200 张相关图片。图文并茂是该书一大特色，是一部真正意义上的“图书”。

《张恨水传》的作者马季，是一位作家，以作家特有的笔力与眼光，以第三人称的角度叙述了张恨水的人生经历和创作成就。

这就是湮没在 20 世纪时间长河里的张恨水，他是一位报人和文学跋涉者。我们寻找他，是为了更全面地了解他，更深入地解读他和他的文学精神，进而通过他从一个侧面探寻 20 世纪中国文学发展的历史风貌。

今年南方暖冬，间或偶有寒流，望着窗外纷纷扬扬的雪花，不禁想起了张恨水先生在 1927 年那个彤云覆树、雪意满天的腊月撰写的《春明外史》后序，其中有云：

> 予书既成，凡予同世之人，得读予书而悦之，无论识与不识，皆引予为友，予已慰矣。即予身死之后，予墓木已拱，予骷髅已泥，而予之书，或幸而不亡，乃更令后世之人，取予书读而悦之，进而友此陈死人，则以百年以上之我，与百年以下之诸男女老少，得而为友，不亦人生大快之事耶？

不识人情且看花，文章华国鉴千秋。让我们阅读他的华彩文章，走进张恨水先生内心世界，就像恨水先生所期望的那样，和他身后百年之后的人进行灵魂上的沟通。

这就是我们回望张恨水的缘由。

是为序。

谢家顺

写于农历丁酉正月十二池州雪花飘飞之时

代序：飘忽的青布衫

——我心目中的张恨水

徐　迅

一

我是见过张恨水的，当然是照片。一会儿是西装革履，风流倜傥；一会儿是中山装（那是毛泽东送给他的面料），熨熨帖帖，矜持庄重。但不知怎的，我的眼睛总每每定格在他那身着青布衫的照片上，脑海里抹不去黄昏里他那飘忽着的青布衫的影子。

如果假以天年，他要是再活上一段时日，我想我们是能够见面的。但他还是匆匆离开了人世。那时我才四岁。四岁的孩童当然不会知道什么。况且，家乡那座巍峨挺拔的天柱山深深地挡住了他的身躯，我的视线。

当我知道他时，仅仅知道他是写过很多很多书的人，一位落魄的文人。乡亲们提到他，脸上常挂着一丝不可名状的神秘的苦涩——他从故乡的天柱山走出，天柱山又像一道屏障一样永远地拒绝了他，隔膜了他。他用“我亦潜山人”“天柱山下人”作文章，但天柱山甚至没有让他上去过一次。现在，我也从天柱山走出，并且走进了他一生开始和结束的大都市，一晃就是六年。我感到了山外面的世界真的很精彩。

他也很精彩。

他一生都是报人，又倾其一生，洋洋洒洒写下了三千万言，涉猎小说、散文、诗词、歌赋……论成名作有长篇小说《春明外史》，论代表作有《金粉世家》《春明外史》《啼笑因缘》《八十一梦》《巴山夜雨》。专家们说，他用传统文化在中国现代文学的地带上构筑了一座“金字塔”，在中国传统小说向现代白话小说的过渡中，他起到了承前启后的作用。他是中国传统文人黄昏里一位孑孑而行的独行侠。

与他屡屡被人们误解差不多。我觉得他那皇皇巨著时隐时现在中国现代文学史上的情形，与我们家乡的天柱山惊人地相似。天柱山本受汉武帝封禅，贵为“南岳”，但很快又被隋文帝诏废，一时打入“冷宫”，冷落千载。后又随着时代的变迁知名天下。他也是，一出道就名满大江南北，连报馆门前人们也排起长队，争睹他的小说，一下子却又被奚落为“鸳鸯蝴蝶派”，掩封在历史的尘埃里。然后，又像出土文物一样被挖掘出来……

他的家乡，现在人们都津津乐道一山一水——一“山”一“水”，命运何其相似乃尔！

二

他随着“恨水”的名字声名远扬，然而又因“恨水”之名被人们搅得一头雾水。

本来，作家们用笔名并不是一件什么稀奇的事。但稀奇的是他的“恨水”横空出世就被人们善意和不乏恶意地猜测着。有人说他是爱慕冰心，追逐不成，故“恨水不成冰”。他活着时，就有人这么问过。印象里，他回答过两次——

一次是在一九四二年，他在重庆中央党校讲课。讲完课，就有一位同学站起来发问：“张先生，都说女人是水做的。您是不是与哪位小姐谈恋爱，不幸情场失意，所以才起名恨水？”他背诵着李煜的《乌夜啼》，解释了一回。

另一次是上世纪的五十年代，一位名叫徐京诏的忘年之交拜望他。两人天南地北、海阔天空地聊着。突然，徐京诏忍不住将搁置在心里的这段谣传和盘说了出来，问：“先生，您知道‘恨水不成冰’的传闻吗？有这回事吗？”恨水呵呵一笑，说：“那是牵强附会。你想想，那时候我一天要写五六千字的小说，还要给报纸发通讯，哪有工夫想到这上面去？再说，谢女士的书我也读过，人家是名门闺秀，我是百无一用、卖文为生的人，压根儿就没有攀龙附凤之心！”这一回，他是直接针对“恨水不成冰”而说的。

其实，他的这个带有凄怨色彩的名字是源于他的家境。他本是行伍之后，祖父与父亲都是行伍出身，祖父还在湘军里任过参将。童年、少年时代的他都是在衙门里长大的。生活不说一帆风顺，却也衣食无虞。他天资聪颖，小小年纪就博得了神童的美誉。少年不知愁滋味，他便由着性儿吟风弄月、其乐陶陶。然而，就在他十七岁那年，他正准备听从父亲的建议去日本留学，父亲却患上了一种叫“走黄疔”的急病，三天头上就过世了。在父亲弥留之际，他泣不成声地跪在父亲面前，保证“孝顺母亲，培养弟妹，尽一切支撑家庭”！……勇敢地挑起了一家生活的重担。

他饱尝到的是一个由中兴家庭遽然破败的滋味。与寡母从江西回到故乡，他也可以就此沉沦下去，或者碌碌无为，老死牖下。但他却迷上了文学，青春的惆怅，伴随着叩响文学圣殿起始的艰辛，使他一生再也没有轻松过。开始写稿，他自然是愁肠百结，于是就起了个笔名“愁花恨水生”。其后又自南唐后主李煜的词“林花谢了春红，太匆匆。无奈朝来寒雨晚来风。胭脂泪，相留醉，几时重。自是人生长恨水长东”中截取“恨水”作笔名，原是想告诫自己，要珍惜时间。

他第一次用这笔名远在一九一四年。但是没有人细究。至今还有人问我：“说‘恨水不成冰’，这是真的？”

于是，我也一遍一遍地解释——大概在上世纪八十年代，我被调进了一个研究他的单位。我极不愿意被人说是吃了老先生的一碗饭，可惜终究没逃脱。

三

在很长的一段时间里，他的那三次婚姻也是屡屡被人谈及的。

张恨水曾在一篇文章里说过：封建婚姻，诚杀人之道也。是的，他有三个夫人。但在那个年代，我想怎么说也不足为怪。那时，鲁迅、郭沫若都曾经历过包办婚姻的痛苦，像鲁迅之于朱安等等。

他的第一位夫人名叫徐文淑，是他二十岁那年娶的。“父母之命，媒妁之言。”新婚之夜，他屈从地走进了洞房。见她，与他在书上看到的才子佳人、风花雪月的感受大相径庭，他伤心地落了泪。然而为了母亲，他还是与她拜了堂，了却了一位乡村寡妇的心愿，也成就了他一个孝子的责任。

一九二四年他到北京不久，便在《世界晚报》上连载长篇小说《春明外史》。这使他在文坛上声誉鹊起，名噪京华。但由于他一人孤身在外，形单影只，加上远离家乡的忧愁、失败婚姻的阴影和一个才子的浪漫情怀，抑或还有同情？他从北平贫民习艺所领出了孤女胡秋霞。无依无靠的胡秋霞也找到了生活的依傍。他们的结合或有诗意，但更多的是真诚。抗战前，张恨水在南京与朋友创办《南京人报》时，胡秋霞爽快地拿出自己的首饰和私房钱；在他生病时，胡秋霞也倾其所有为他医治——但错就“错”在恨水心灵深处始终荡漾着一个爱情之梦。渐渐地，也由于秋霞的脾气，使张恨水义无反顾地寻觅到了最后的爱情驿站。

那年恨水三十五岁，而走入他情感生活的情人周南才十六岁。是恨水那名噪大江南北的小说《啼笑因缘》做的“媒”。两人见面，一见钟情。“强为欢笑谁能说？字字看来是血丝。”一辈子替人儿女说相思的张恨水，心中充盈着寻找到知音的欢快、红袖添香般的缠绵……经历过两次婚姻的恨水，他对爱情的那种执著可想而知……

与许多人不同的是，他都没有遗弃她们，而且相伴了一辈子。在生活好转时，他甚至用稿费在北京购置了一座大小七进的四合院，使自己有了一个良好的写作环境，并用他那支笔养活了全家三十多口人。赡养母亲，照料夫人，供弟妹们读书……他一生都想做一个完人，做儿子，做丈夫，做兄长，做父亲，他都尽到了责任与义务，哪怕牺牲自己——在一些宁静的夜晚，有时，我就独自一个人默想：我的这个操着一口安徽乡下大嗓门的老乡，凭借的是怎样的毅力与意志？

从情感上说，他曾渴望红袖添香般的柔情，却又涉足在传统道德和责任的河流中；从性格上讲，他一生奉行君子不党，却又常常抨击时政；他一辈子都在做“新闻苦力”，却又创作出了浪漫的文字……流自己的汗，吃自己的饭。面对误解，他只是淡淡地说“真的说不假，假的说不真”。默默地，他只做一条推磨的驴子。

这样的人生，难道不凝重浑厚得就像是一条大江？

四

有一段日子，我在坊间书报摊上常常看到一些丰乳肥臀、玉体横陈的照片印在书的封面上。翻开里面的文字，也是恶俗下流、不堪入目。同样在一些宁静的深夜，我躺在床上总爱做梦。我不断地梦见张恨水，梦见他与我进行着一番对话：

——这世界是怎么啦？我那时写小说，动辄就被说成是“鸳鸯蝴蝶派”。可我的所谓言情，言的也只是朋友之情、亲人之情、男女爱情呀？

——是啊！我看您的小说，写女人并不裸露出肉体，可现在常常是看不到两分钟，就会脱裤子，床上动作就出来了……

——这不是“鸳鸯蝴蝶派”？

——现在没有这个名词了。现在是裤子脱得越快，肉体暴露得越多就越走俏。时代不同了！您看您创作的武侠小说，也太规矩了些吧？

——原来，我想我作小说，就是想让一班人不要去看那些口中吐白光、才子中状元、佳人后花园私订终身的故事。因此，我的小说总是以社会为经，言情为纬。这只是图了个故事的构造和文字组织便利的缘故……

——嘿！现在谁还想这么多。现在的小说是侠客必会口吐白光，才子也必有“床上戏”，您太生不逢时了。要不，现在也能赚一大把的钞票！

——此话差矣！“卖文卖得头将白，未用人间造孽钱。”我愿意这样，我不后悔！

…………

醒来，我茫然四顾，孤零零的，徒有一声叹息。

时势造人，造化弄人。他背上“鸳鸯蝴蝶派”“黄色小说家”的恶名，按现在的眼光看，真是大大地冤枉了他。就说他的《啼笑因缘》吧！这部小说以青年学生樊家树的人生经历为主线，展开了他与侠女关秀姑和鼓书艺人沈凤喜以及与她长得一模一样的富家小姐何丽娜的一段多角恋爱。故事最后以沈凤喜落入军阀之手被逼疯，关秀姑锄恶后逃亡，何丽娜出走，隐居深山的悲惨命运结束……小说揭露的是军阀割据年代社会的黑暗与残忍的现实，书里露骨的肉欲描写根本没有……

他是一位有骨气、有良知的中国传统文人。

正是这种知识分子的良知和骨气，使他后来在国家沦亡、民族危难的关键时刻能够挺身而出。他创作了据说是第一部反映南京大屠杀的长篇小说《大江东去》，写出了揭露国民党黑暗统治的《八十一梦》和激励民族抗战的长篇小说《水浒新传》……甚至，他还直接发出了“国如用我何妨死”的呐喊，并磨拳擦掌地请缨抗日。一个手无缚鸡之力的文弱书生，为了祖国，为了民族，在民族生死存亡的关头，敢于冒着被日伪列入“黑名单”和上门纠缠的危险，毅然决然地挥洒出中国人的民族气节！

五

“得失文章千古事，纵横风雨任人评！”

一位长者曾站在张恨水先生的老屋前，感慨万端地发出了这样的叹息。

现在，纵观他的一生，我们当然会感觉到他的不幸：父亲突然病逝，使他失去了到日本留学的机会；生活的重压，使他失去了刚到北京时想到北大求学的机会；做新闻苦力，又使他减少了精心打磨小说艺术的时间；他以小说自立于世，却又不幸地被蒙上“鸳鸯蝴蝶派”和“黄色小说家”的阴影；当他刚刚结束了长达三十年的报人生涯时，他却在自己奋斗了一辈子的报纸上读到了捏造罪名、几乎把他说成是国民党特务的文章；家乡“土改”，又使他抗战时期保存在老家白崖寨的十二箱书和手稿被付之一炬；更重要的是，他的许多著作曾被当作禁书，打入了冷宫……生活的艰辛、情感的失魄、世态的炎凉，他都饱尝到了。

但是，他又是幸运的。从家乡天柱山下那个小山村一走出，他即在中国的新闻界找到了立足之地，在文学界创造出了奇迹，成了一代报坛巨匠、小说大师。凭借自己的稿费，他做到了在父亲死前保证做到的“养活一个大家”，让兄妹们都上了大学，尽到了孝道。而最最关键的是，他终于在人生的黄金季节，找到了一只承载自己感情的小船。甚而，由于一代伟人的关心，他还免遭了那场“文化浩劫”的皮肉之灾……

他一生最挚爱的妻子周南于一九五九年十月先他而去。奇巧的是，他的第一位夫人徐文淑是在头年的十月因中风去世的。第二位夫人胡秋霞后他而去。他以七十二岁的高龄，平静地走完了自己的一生。

他死在一九六七年的正月初七——那个山雨已来风满楼的日子。据说，就在正月初六的早晨，他从孩子们拿给他包着油条的传单上，看到了他的朋友老舍投湖自杀的消息。老舍曾称他是“国内唯一妇孺皆知的作家”，是一位“最爱惜羽毛的人”。对于这样一位知己朋友的含冤离世，他心中隐藏着什么样的痛苦，我们现在已无法知道。只是在第二天的早晨，他起床穿衣，正要低头穿鞋时，倒在了床上……

一代文学奇才就这样遽然长逝。我发觉，他那飘忽的青布衫倏然定格在中国文人的黄昏里，永远，永远。

2001 年 9 月初稿

2016 年 12 月修改于北京和平里

（作者系中国作家协会会员，中国散文学会副会长，中国煤矿文联副主席，《阳光》杂志社社长、主编）

目　录
CONTENTS

上　册

下 册

张恨水传略

谢家顺

张恨水（1895—1967），原名张心远，祖籍安徽潜山，是享誉中外的著名报人与作家。在近半个世纪的写作生涯中，张恨水创作了120余部中长篇小说，总字数近2000万，其中，《春明外史》《金粉世家》《啼笑因缘》《八十一梦》《巴山夜雨》五部长篇小说为其代表作。在小说之外，他还写有大量文艺性、新闻性散文，再加上3000首左右的诗词和一些剧本，全部作品总字数超过3000万。

张恨水出生于江西。曾就读于南昌甲种农业学校、苏州蒙藏垦殖学校，后因经济困难，中途辍学，开始了自谋生路的生活。他天资聪颖，以“少年才子”闻名乡里。步入文坛后，才华获得较全面的发展，既善琴棋书画，又能吟诗作对，还会写剧本和登台演戏；他勤奋好学，在学生时期，除完成学校规定的课程外，还阅读了大量古今中外的哲学、历史书籍和各种文学作品；他长期坚持自学英语，即使在炮火连天的抗战时期，也从未中断。涉足文坛后，每天除处理报社大量繁重的行政事务性工作外，写作文稿常在5000字左右。对此，他自己曾这样说："我是一个推磨的驴子，每日总得工作，除了生病和旅行，我没有工作就比不吃饭还难受。"

1905年，十岁的张恨水在江西黎川读书时，先后阅读了《残唐演义》《三国演义》。从此，他"跌进了小说圈"，到十六岁时，就已经阅读了几百种中外小说，并开始仿作小说。

1918年2月，张恨水经挚友郝耕仁介绍，到安徽芜湖《皖江日报》任总编辑兼编文艺副刊。1919年秋，他离开芜湖到北京，先后任北京《益世报》助理编辑、天津《益世报》驻京记者。1921年，兼任芜湖《工商日报》驻京记者。1923年，兼任秦墨哂、孙剑秋创办的"世界通讯社"总编辑。数月之后离职，专门给上海《新闻报》《申报》写通讯。不久，离开《益世报》，协助友人成舍我创办"联合通讯社"，同时兼任北京《今报》编辑。1924年初，张恨水辞去上述职务。4月，任成舍我创办的《世界晚报》新闻编辑，后又主编该报副刊《夜光》。此时，开始在《夜光》上连载第一部有影响的长篇小说《春明外史》，对当时官场和社会的奇闻怪事进行揭露、嘲讽和谴责。

1925年2月，张恨水任成舍我创办的《世界日报》副刊《明珠》编辑。先后在该报上发表多篇中、短篇小说。1927年2月，张恨水又一代表作《金粉世家》开始连载于《世界日报》副刊《明珠》。全书100万字，揭露了当时上层社会和官场贪婪、伪善、腐败的生活。

1927年10月，张恨水任《世界日报》总编辑，先后在沈阳《新民晚报》及北京《益世报》《新晨报》《世界晚报》上发表多部中、长篇小说。1928年，兼任改组后的北平《朝报》总编辑。1929年，他开始创作长篇小说《啼笑因缘》。全书约25万字，对封建军阀的罪行进行无情的揭露和鞭挞，对下层人民的疾苦寄予深切的关注和同情。1930年，《啼笑因缘》在上海《新闻报》副刊《快活林》上连载后，成了家传户诵的精神食粮，并被戏曲、电影、电视等多种艺术形式所改编，其影响至今经久不衰。

1931年，张恨水以稿费收入创办北华美术专科学校，自任校长，兼国文教员。著名画家齐白石、徐悲鸿、李苦禅等曾任该校教员。是年，日军入侵，东三省沦陷。为表示内心激愤，他将在《新闻报》上连载的长篇小说《太平花》增写了抗战内容。这是张恨水第一部鼓动抗战的作品。此后，又连续发表了《热血之花》《东北四连长》《潜山血》《前线的安徽，安徽的前线》《冲锋》《游击队》等一系列抗战作品，并于1932年出版鼓动抗战的短篇小说集《弯弓集》。他创作的抗战作品，有很多取材于家乡安徽潜山，其内容可歌可泣、亲切动人。

1958年，张恨水在北京卢沟桥体验生活

1934年，张恨水由北平出发，游历西北。在西安，他先后会见了邵力子、杨虎城。这次西北旅行，张恨水亲眼目睹了盘踞在西北的封建军阀横征暴敛、抓丁拉夫、弄得民不聊生的情形，思想上受到很大震动。他曾说：“在西北之行之后，我不讳言我的思想变了，文学也自然变了。”他以西北人民生活为素材，奋笔创作了《燕归来》《小西天》两部长篇小说，分别发表于上海《新闻报》和《申报》。

1935年，张恨水应成舍我之约去上海主编《立报》副刊《花果山》。年底，他去南京。1936年，与好友张友鸾合办《南京人报》，并主编该报副刊《南华经》。1937年11月，他因病到芜湖住院治疗。病愈后，和家属在安庆会合，一同回故乡潜山。

1937年底，张恨水离开潜山到汉口。接着，又去重庆，加入《新民报》工作，任主笔、总社协理、重庆版经理，自编重庆版文艺副刊《最后关头》。1938年3月，中华全国文艺界抗敌协会在汉口成立，他被选为理事。

1939年12月，张恨水开始在重庆《新民报》连载寓言式长篇小说《八十一梦》。由于这部作品无情地鞭挞了那些醉生梦死的贪官污吏，触犯了当时社会上的权势人物，而使张恨水受到特务的严密监视。因此，《八十一梦》被迫只写了十四个梦便停了笔。1942年秋，周恩来在重庆接见《新民报》工作人员时，张恨水在座。周恩来说：“同反动派斗争，可以从正面斗，也可以从侧面斗，我觉得用小说的体裁揭露黑暗势力，就是一个好办法，也不会弄到‘开天窗’。恨水先生写的《八十一梦》，不是就起了一定作用吗？”

1945年秋，国共两党重庆谈判时，经周恩来介绍，毛泽东接见了张恨水，长谈两个多小时。握别时，毛泽东将延安土产的呢料和红枣、小米送给张恨水，张恨水全家深受感动。

抗战胜利后，国民党政府向1000多人颁发了“抗战胜利”勋章，张恨水也在其列。

1945年底，张恨水离开重庆到汉口。1946年初，又往南京，后经安庆到达北平。4月，北平《新民报》创刊，张恨水任经理兼副刊《北海》主编。5月，老舍委托马彦祥组织的文学艺术界联合会在北平成立，张恨水被选为主任理事。不久，他又被推为北平新闻记者公会的常务理事。从1946年到1947年，张恨水创作了《巴山夜雨》《纸醉金迷》《五子登科》等多部中长篇小说。1948年秋，张恨水辞去北平《新民报》的所有职务。1949年初，张恨水在北平《新民报》发表长篇回忆录《写作生涯回忆》。

1949年1月，北平和平解放。7月，中华全国文学艺术工作者代表大会在北京召开。张恨水受邀参加，但因高血压病突发，半身不遂，未能参加。会后，周恩来派人专程看望他，并送去大会文件。是月，张恨水加入中国作家协会。在因病丧失工作能力、失去经济来源的情况下，人民政府聘请他为文化部顾问，按月发给工资。1955年春，张恨水健康状况开始好转，便辞去文化部顾问职务，又专事写作。1955年夏，张恨水只身南游，经合肥抵安庆，回到阔别十年的故土。家乡面貌的变化，使他激动不已，回北京后，写了中篇游记《京沪旅行杂志》，发表于香港《大公报》。

1956年1月，张恨水列席全国政协二届二次会议，第二次与毛泽东握手言欢。这年春末夏初，全国文联组织一批作家、艺术家到西北参观旅行，张恨水应邀参加。回京后，写了游记《西北行》，刊于上海《新闻日报》。1957年2月，张恨水列席最高国务会议第十一次扩大会议，聆听了毛泽东“关于正确处理人民内部矛盾的问题”的讲话。1959年9月，张恨水收到由习仲勋、齐燕铭签发，周恩来审准的中央文史馆馆员聘书，成为中央文史馆馆员。1960 年，张恨水作为代表参加了在北京召开的第三次全国文代会。

1967 年农历正月初七早晨，张恨水因脑溢血发作在北京逝世。

写作生涯回忆

张恨水

一 序言

我虽是个很微末的人物，但我向来反对自传一类的文字。因为我看了不少的自传，除了那是些谎言，也无非是一篇广告。当我在重庆过五十岁的时候，朋友们要我作自传，我婉谢了。老友张友鸾以为不可，他以为我在文坛上，多少有点影响，对这点影响，不可没有一个交代。他以和我三十年知交之深，很兴奋的，提起笔来，要作张恨水论。这篇论他打算自我三代的历史考起，小至于我写的一首小诗，都要谈谈，这愿心不可谓不宏。可是他只写了几千字，就搁笔了，因为他太忙。我自然是一笑了之，而觉得没有交代也好。

说话之间，又是四个年头。我一切是云过太空。在去年十二月十二日以后，我的生活，忽然起了急遽的变化，和北平城里二百万苦难同胞一样，失去了平常的生活秩序。我是个推磨的驴子，每日总得工作。除了生病或旅行，我没有工作，就比不吃饭都难受。我是个贱命，我不欢迎假期，我也不需要长时期的休息。而在十二日以后，航空稿件寄不出，坐在煤油灯下，不时有三十晚上过年的风味，大爆竹小爆竹声，忽远忽近的传来。这时感到无聊，又感到紧张，我那矛盾的心情，似乎是吃了一碟四川的棒棒鸡，除了甜，咸酸辣苦，什么滋味都有。我于是慢慢地长思了。

人生几十年光阴，像电影似的，一幕一幕地过去。中国人形容这个速度，是“白驹过隙”，其快可知。而我这时咸酸苦辣的境地，也不过是白驹过隙中千百万分之一秒，其实也可以稍稍的忍耐，让它过去。可是我又另有一个感想，我家乡安徽人说的话，今天脱了鞋和袜，不知明日穿不穿。这个“不知”目前是非常之明显。万一是明天不穿，趁着今天健康如牛，我是不是有些事要交代的呢？天下大事，轮不着我谈。家庭琐事，诗云：“我躬不阅，遑恤我后？”我也犯不上去多那些事。只是一点：写了一辈子文字，得了同情者不少，恐怕神交之多，在普通社会里，我是够在六十分以上的了。对于这些神交，我还愿更结下一层更深的友谊。同时，也有人对我发生了不少的误解。举一个例，在东北和华北沦陷期间，伪造的张恨水小说，竟达四五十种之多。那里面不少是作孽的文字，把这罪过加在我身上，我太冤，我也应当辩白。于是我想到，我应当写一篇短短的文字，让孩子们抄写若干份，分寄我的好友，让他们分别为我保存。说乐观点，在我百年之后，从朋友的手里拿出我的亲笔供状来，不失人家考张恨水的一点材料。我这样想，我就要办。而家人以为这是不祥之兆，反对我这样做。虽然说不祥的有些愚昧，然而总是一番好意，我也就算了。

前两天到报社，和同人谈起。同人笑说这很有趣，遗嘱式的文字，当然可以不必。不过你能对自己的写作，作一个总检讨，那还不失为有意思的事，索性你写详细一点，我们拿到报上来发表。若以留材料而论，没有比在报上发表以后可留的程度更深的。我始而考虑，这是不是违反我的素志来写自传？但同人再三的怂恿，我的意志也就动摇了，我答应改变自传方式写，作为向读者写个供状。这供状是不是撒谎？是不是自我宣传的广告？我没法子深辩，敬求读者先生的批判。文里除了必要，不提到我的生活和家庭，罗曼斯更无须提及。我只是写我由识字一直到现在。

二　我没有遇到好老师

谈我自己的写作，一定要谈我是怎样写起的，就涉及我的读书经过了。我七岁整才入蒙学，那时是前清光绪年间，当然念的是“三、百、千”。我很好，念半年，就念了十三本书。你问这十三本书都是什么？我告诉你，全是《三字经》。因为就是这样糊里糊涂地念私塾。念过“上下论”，念过《孟子》。我除了会和同学查注解上的对子（两行之中，两个同样的字并排列着）而外，对书上什么都不理解。有一天，先生和较大的两个学生讲书，讲的是《孟子》齐人章。我很偶然的在一旁听下去，觉得这书也不很有味吗？这简直是个故事呀。于是我对书开始找到了一点缝隙，这是九岁多的事。地点是在江西景德镇，那时，我父亲在那里作点小事。

十岁，我在南昌。在一位父执的家馆里念书。他有两个孩子念书，另带我和一个小孩子，四个学生，共请了一位安徽老夫子（同乡）教书。那时，有新书了。如《易字蒙求》《易字读本》之类，都带有图。我对这些带图的书，非常的感觉兴趣。先生并不曾和我们讲些什么，但看了这图，我可以略懂些书上的意义。后来我又转入一家较多的学生的私塾，有大半学生读《蒙字读本》。那书共二册，是浅近的文言，而且每课有图。我虽不读，同学读着，我在旁边听，每课都印入我的脑筋，让我了解许多事。至于我自己呢，却念的是《左传》，先生应了我父亲的要求，望文随解一遍，我实在是不懂。同时，先生又为我讲《二论引端》。这是用朱注和一些浅文注解《论语》的书，不过我还是不大懂。不过我另有个办法，同学念《论语》，带着白话解的，我借同学的看，我就懂了。

十一岁，我和父亲到江西新城县去（现在的黎川县），家里请了一位同乡端木先生，教我和我的弟弟，还有一位同乡子弟。正式开讲，我就了解所谓虚字眼了。但这并不是先生教的，还是由《四书白话解》那里看来的。这个时候，我自己有两个新发展，其一，是在由南昌到新城木船上，发现了一本《残唐演义》，我四叔正读着，把我吸引住了，我接过来看下去。我已开始读小说了。上学以后，我父亲桌上有部洋装《红楼梦》，印得很美，我看过两页，不怎样注意。而端木先生却是三国迷，他书桌上常摆一本《三国演义》。先生不来，我就偷着看，看得非常的有味。这书帮助我长了不少文字知识。其二，我莫名其妙的爱上了《千家诗》，要求先生教给我读诗。先生当然答应。但先生自己并不会作诗，除了教给我“山外青山楼外楼”就是“山外青山楼外楼”而外，并无一个字的讲解。但奇怪，我竟念得很有味，莫名其妙的有味。

十一岁半，我回到安徽潜山原籍，在本乡村里读书。这个读书的环境很好，是储姓宗祠附设的圣庙。庙门口一片广场，一棵大冬青树，高入云霄，半亩圆塘，围了庙墙。庙里只有三个神龛，其余便是大厅和三面长庑，围了个花台子。我和弟弟，靠墙和窗户设下书桌。窗外是塘，塘外是树，树外是平原和大山。因为我已读过《千家诗》，对我的读书帮助不少。但先生是个老童生，一脑子八股，同学全是放牛小孩，完全和我城市的同学异趣。也惟其如此，我成了铁中铮铮了。这时，我自己有一部更好的《四书白话解》，而且有精细的图。我在图上，看懂了乘是八马拖的战车，我又了解了井田是怎么个地形。抄他一句成语："文思大进。"因此，半年之内，除了《礼记》，我把五经念完了。先生来了个"得天下英才而教之，一乐也"，要我作八股，居然逼得我作成了"起讲"。又要我作试律诗，这就吃不消了。一个虚岁约十一岁的小孩子怎么会平对仄、红对绿呢？我被先生逼得无法可治，只有拿了一部诗韵死翻。就这样填鸭式的，在半年之内，我搞懂了平仄。而对千家诗，也就更有味了。

这一些，可以说先生没教我，全是瞎猫碰死耗子，我胡乱碰上的。而我真正感到有味的，还是家藏的两部残本小说。一部是大字《三国演义》，一部是《希夷梦》(又名《海国春秋》)。另有一部《西厢记》，我却看不懂。后来，又看到一本残的《七国演义》，就是孙庞斗智的一幕，我也深深地印在脑筋里。不过，这时，我已懂得《左传》，也把它当故事看。直到现在，我还能记得《左传》上一些字句，可以说是那故事性的文字引动我的。

三　跌进小说圈

我在了解字义以前，是很不幸的，没有遇到过一个好先生。十三岁的时候，我又回到了江西，并随家回到了新淦县三湖镇。那个地方，是产橘子的地方，终年是满眼的绿树。一条赣江长时流着平缓而清亮的水，我家住在这平河绿树之中，对于我这小文人，颇增加了不少的兴趣。父亲把我送到一个半经半蒙的私馆里读书（经馆是教授可以作文的学生。科举时代，得读几年经馆，才有能力去考秀才），所谓是“出就外傅”，我就住在学校里。这学校是家宗祠，橘林环绕，院子里大树参天，环境很好。先生姓萧，是个廪生，人相当的开通，对学生取放任主义，对我尤甚。我和三个同学，有一间屋子可读夜书。夜书只是念念古文，我非常的悠闲。同室有位管君，家里小说很多，不断地带来看。我在两个月之内，看完了《西游》《封神》《水浒》《列国》《五虎平西南》。而我家里，又有上半部《红楼梦》，和一部《野叟曝言》，我一股脑儿，全给它看完了。这样，使我作文减少了错别字，并把虚字用得更灵活。六七月间，先生下省考拔贡，出了十道论文题给我作，我就回家了。

父亲办事的地方，是万寿宫。我白天不回家，在万寿宫的戏台侧面，要了一段看楼，自己扫抹桌子，布置了一间书房。上得楼去，叫人拔去了梯子，我用小铜炉焚好一炉香，就作起斗方小名士来。这个毒，是《聊斋》和《红楼梦》给我的。《野叟曝言》，也给了我一些影响。那时，我桌上就有一本残本《聊斋》，是套色木版精印的，批注很多。我在这批注上，懂了许多典故，又懂了许多形容笔法。例如形容一个很健美的女子，我知道“荷粉露垂，杏花烟润”，是绝好的笔法。我那书桌上，除了这部残本《聊斋》外，还有《唐诗别裁》《袁王纲鉴》《东莱博议》。上两部是我自选的，下两部是父亲要我看的。这几部书，看起来很简单，现在我仔细一想，简直就代表了我所取的文学路径。我在楼上干些什么勾当，父亲未加干涉，也很少同学找我。约莫是两个月功夫，我自己磨练得仿《聊斋》仿

《东莱博议》的笔法作文。当然，那是很幼稚的。因为用字的简练，甚至于不通。但先生出的十道论题，我全交卷了。尤其是一篇《管仲论》，交卷的时候，先生竟批改了，让父执传观。一个十三四岁的孩子，受不得这荣宠，因之引起了我的自满，自命为小才子。

这年冬，回到了南昌。父亲母亲回家乡了，留下我和弟妹，托亲戚照料。没人管我，我更妄为。我收拾了一间书房，把所有的钱全买了小说读。第一件事，我就是把《红楼梦》读完。此外，我什么小说都读，不但读本文，而且读批注。这个习惯，倒是良好的，我在小说里领悟了许多作文之法。十五岁的时候，家里请了一位徐先生教我。这先生是徐孺子后代，他们家传，是不应科举，不做官的。

先生很古板，没教会我什么。只是他那不科举、不做官的作风，给了我一个很深的印象。我这时本已打进小说圈，专爱风流才子、高人隐士的行为，先生又是个布衣，作了活榜样，因之我对于传统的读书做官说法，完全加以鄙笑，一直种下我终身潦倒的根苗。小说会给我这么一个概念，我很不理解。恐怕所有读小说的人，也很少会和我这样受到影响的吧？

四　礼拜六派的胚子

十五岁的秋季，父亲因我的要求，允许我进了学堂，受新教育。因为我国文还可以，我插进大同小学三年级（毕业是四年，那时的高小课程，约等于现在的初中二年级）。校长周六平先生，是个维新人物，他教书的时候，常常讥笑守旧分子，而且不时地叙述满清政府的腐败。我，也就是他讥笑的一个。我受着很大的刺激，极力向新的路上走。于是我除了买小说，也买些新书看。但这个时候的新书，能到内地去的，也无非是《经世文篇》《新议论策选》之类。我能找到一点新知识的，还是上海的报纸。由报纸上，我知道这世界不是四书五经上的世界，我也就另想到小说上那种风流才子不适宜于眼前的社会。我一跃而变为维新的少年了。但我的思想虽有变迁，我文学上的嗜好，却没有变更，我依然日夜读小说，我依然爱读风花雪月式的词章。因我由《水浒》的圣叹外书上，知道《西厢》《庄子》是他所鉴赏的书，我又跟着看《西厢》，看《庄子》。对于《庄子》，我只领略了较浅的《盗跖》《说剑》两篇，而对整个《西厢》，却有了文学上莫大的启发，在那上面，学会了许多腾挪闪跌的文法。

十六岁半，我考进了甲种农业学校（约等于现在的专科）。论我的年岁，是不足进那时的中学的。我冒报年岁为十九岁。我在学校里，看到同学都是二十多岁的人，我私心很自傲。但是这却让我自己害了自己。除了英文，勉强可以跟得上而外，其余代数、几何、三角、物理、化学，没有一项不赶得头脑发昏。因之，没有时间让我再去弄文学。只有假期的时候，可以看看小说而已。这时，我有两个新发现。第一，我读《儒林外史》，对于小说的描写，知道还有这样一种讽刺的手法；跟着就读了《二十年之目睹怪现状》和《官场现形记》。第二，我偶然买了一本《小说月报》看，对于翻译的短篇小说，非常的欣赏，因之，我又继续看林译小说。在这些译品上，我知道了许多的描写法，尤其心理方面，这是中国小说所寡有的。这个时候，我读小说，已脱离了故事的消遣，而为文艺的欣赏了。因此，我另赏识了一部词章小说《花月痕》。《花月痕》的故事，对我没有什么影响，而它上面的诗词小品，以至于小说回目，我却被陶醉了。由此，我更进一步读了些传奇，如《桃花扇》《燕子笺》《牡丹亭》《长生殿》之类。我也读了四六体的《燕山外史》和古体文的《唐人说荟》。

这个阶段，我是两重人格。由于学校和新书给予我的启发，我是个革命青年，我已剪了辫子。由于我所读的小说和词典，引我成了个才子的崇拜者。这两种人格的溶化，可说是民国初年礼拜六派文人的典型，不过那时礼拜六派没有发生，我也没有写作。后来二十多岁到三十岁的时候，我的思想，不会脱离这个范畴，那完全是我自己拴的牛鼻子。虽然我没有正式作过礼拜六派的文章，也没有赶上那个集团。可是后来人家说我是礼拜六派文人，也并不算十分冤枉。因为我没有开始写作以前，我已造成这样一个胚子。

五　我的无名处女作

十七岁上半年，我已经读了几百种小说了。在亲戚朋友的家庭中，没有人不知道我是小说迷。我家里的弟弟们，和亲戚的小孩子们，有了空闲，就常常要我讲小说给他们听。我要卖弄我的腹笥，当然我也就乐于接受他们的要求。他们所爱听的，不外是神怪和武侠一类的故事。关于这一类故事，我自然是俯拾即是。可是我往往随便说着，自己就加了许多的穿插进去。而且我这穿插，总是博得他们赞许的。这增加了我的兴趣，我何不由我的意思，也来写一篇小说。青年人没有顾忌，也没有谁来干涉，我就开始写我第一部小说了。

这篇小说，是为弟妹们写的，当然我就写的他们最欢迎的武侠故事。这篇小说叫什么名字，我已经忘记了，反正有个“侠”字罢。书里的主人翁是个十四岁的小孩，力大无穷，使两柄一百八十斤的铜锤，犹如玩弄弹丸一般。他开始的一幕也就是完结的一幕，是使两柄铜锤，在庄前打虎。当然，老虎是被这小英雄征服了的。老虎完了，这小英雄也就完了。因为我写过小说，以后才发现：写了两三天，拿来给他们讲解时，不到一小时就完了。我自己感到这是一个供不应求的艰巨工作。我就停止没有向下写了。

我还记得，这个稿本，是竹纸小本，约有五寸见方，我用极不工整的蝇头小楷，向白纸上填塞。有时觉得文字叙述还不够劲，我特意在里面插上两幅图画。当然，我是个中学生了，多少能画几笔。所画的那位小英雄，是什么样子，我也印象不清了，只是那两柄铜锤，却夸张地画得特别大。总等于人体的二分之一。那只老虎，实在是不像，我拿给弟妹们看时，他们说像狗。这给予了我一个莫大的嘲笑，恰应那个典“画虎类犬”了。

在这年里，我得补叙一句的，就是那位教我八股的储先生他也来到了南昌，教我弟妹们的书。他原是教过试律诗的。他说我有诗才，劝我作诗，他可以从旁指点。对于这，我欣然从命。但他不会写作古近体，只写得五言八韵的试律。于是介绍我读了几本试律诗集，并出了几个诗题我作。我慢慢地凑，居然可以完篇。我记得在“两个黄鹂鸣翠柳”一题里，我有这样十个字：“枝横长岸北，树影小桥西。”储先生给我打了密圈。后来我懂一点诗，觉得这根本不合题。但我初学作诗，确是这样胡乱堆砌的。这作风，大概维持了两三年之久。

六　躐等的进修

十八岁，我父亲提议，要我到日本去留学，但我好高骛远要到英国去。我并没有考虑到我还没有念过两册英文哩。在这个时候，我遭遇到了终身大悲剧，我父亲以三天的急病而去世了。那是民国元年秋季的事。我家完全靠我父亲手糊口吃，父亲一死，家里立刻就穷了。我母亲三十六岁居孀，下面还有五个弟妹，怎么得了呢？于是她带着我们子女，回老家潜山，靠薄田数亩过活。母亲手上没有积蓄，就再不能供给我的学费。这个打击，我实在难受，在乡下闷住了半年，只是看些旧书，又苦闷，又躁急，放下书本，整日满原野胡跑。我有一位从兄，那时在上海当个小公务员，他写了一封信给我，叫我到上海去给我想办法。十九岁这年春天，我到了上海。这时，中山先生办的蒙藏垦殖学校北移未成，设在苏州。校长是陈其美，正在招生。我因这学校与农业相近，我就前去投考。考得很容易，除了一篇国文，只有两道代数、几个理化题目。榜发，我录取了。我对此事，高兴得不得了。因为我中学没毕业，我又跳进专门了。亲友们帮忙，凑些款，让我缴了学膳费，我就到苏州去读书。

垦殖学校，设在阊门外留园隔壁盛宣怀家祠里。房子又大又好，我宿舍窗外，就是花木扶疏的花园。隔壁留园的竹林，在游廊的白粉墙上，伸出绿影子来看人。这个读书环境，是我生平最好的待遇。不过我还是不幸，这学校经费不足，陈校长辞职了，换了个姓仇的代理。姓仇的在北京，校务根本没人负责，学校里常常停课。而我又是个穷学生，连买纸笔的钱都没有。我怀念我的亡父，我忧虑我一家妇孺孤独，我更看到我前进学业的渺茫，我时常站在花园里发呆。这些愁苦无从发泄，我就一发之于诗。有时，也填一两阕小令，词句无非是泪呀血呀穷病呀而已。有几个同学看到，颇为我同情，居然还结交了两个诗友呢。这里我得补叙一句的就是在乡下半年，我已自修作近体诗，并看看《白香词谱》一类的词书。

民国初年，中、大学生的国文程度，都是很好的。大概也就由于他们都念过私塾的缘故。有人说，那个时候，青年的国文很好，科学却是不行。其实也不尽然，现在许多名教授，不都是那时的学生吗？不过思想上不如现代青年那样进步，那却是事实。在垦殖学校里，我实在还没有幻想到吃小说饭，我依然是个科学信徒。不过有些同学劝我走文学这条路，并以垦殖学校前途黯淡，劝我早作良图。可是我穷得洗衣服钱都没有，我能作什么良图呢？

七 第一次投稿

由于我穷，我也就开始自找出路。我不是喜欢看《小说月报》吗？我每月总要节省两角钱，买一期《小说月报》看。在背页的广告上，《月报》有征求稿件的启事，并定了每千字三元。我很大胆的，要由这里试一试。那时学校里正因闹风潮而停课。我就在理化讲堂上，偷偷地作起应征的小说来。为什么偷偷的呢？就由于怕人家笑我不自量力。这理化讲堂，是一幢小洋楼，楼下是花圃，楼外是苏州名胜留园，风景很好。我一个人坐在玻璃窗下，低头猛写。偶然抬头，看到窗外的竹木依依，远远送来一阵花香，好像象征了我的前途乐观，我就更兴奋地写。

在三日的功夫里，我写起了两个短篇，一篇是《旧新娘》，是文言的，约莫有三千字。一篇是《梅花劫》，是白话的，约四千字。前者说一对青年男女的婚姻笑史，是喜剧。后者写了个孀妇自杀，是悲剧。稿子写好了，我又悄悄地付邮，寄去商务印书馆《小说月报》编辑部。稿子寄出去了，我也就是寄出去了而已，并没有任何被选的幻想。因为我对《小说月报》的作者，一律认为是大文豪，我太渺小了，我怎能作挤进文豪队里的梦呢？

事有出于意外，四五天后，一个商务印书馆的信封，放在我寝室的桌上。我料着是退稿，悄悄地将它拆开。奇怪，里面没有稿子，是编者恽铁樵先生的回信。信上说，稿子很好，意思尤可钦佩，容缓选载。我这一喜，几乎发了狂了。我居然可以在大杂志上写稿，我的学问一定是很不错呀！我终于忍不住这阵欢喜，告诉了要好的同学，而且和恽先生通过两回信。但是我那两篇稿子，一月又一月，一年又一年，直等恽先生交出《小说月报》给沈雁冰先生的那一年，共是十个年头，也没有露脸。换句话说，是丢下字纸篓了。

这是我第一次投稿，也是我第一次作品流产。

八　第一部长篇

垦殖学校既是自身多故，又有个政治背景，在民国二年讨袁之后，这个学校解散了。我没钱，不能作考第二个学校打算，又回了老家。我已是真正的十九岁了。找职业，我太年轻，也无援引。务农，我没有力气，这也不是中途可以插班的。那么，就在家里呆着罢。好在家里还有些旧书，老屋子空闲的又多。于是打扫了一间屋子，终日闷坐在那屋子里看线装书。

这屋子虽是饱经沧桑，现时还在，家乡人并已命名为“老书房”。这屋子四面是黄土砖墙，一部分糊过石灰，也多已剥落了。南面是个大直格子窗户。大部分将纸糊了，把祖父轿子上遗留下来的玻璃，正中嵌上一块，放进亮光。窗外是个小院子，满地青苔，墙上长些隐花植物瓦松，象征了屋子的年岁。而值得大书一笔的，就是这院子里，有一株老桂树。终年院子里绿阴阴的，颇足以点缀文思。这屋子里共有四五书箱书，除了经史子集各占若干卷，也有些科学书。我拥有一张赣州的广漆桌子，每日二十四小时，总有一半时间在窗下坐着。

我为什么形容这个黄土屋子详细些呢？这在我家庭，是有点教育性的。直到现在，我的子侄们，对于这书房，还有点圣地的感想。提起老书房，他们就不好意思不念书。也就由于我在这里自修自写，奠定了我毕生的饭碗。我看书之外，在这里就是写作了。这与其说是写作，不如说是解闷。因为乡下人的眼光，是非常之势利的。他们对我这一无所成的青年，非常之瞧不起，甚至当面加以嘲笑。我已说过，我中了才子佳人的毒，而又自负是革命青年，对于乡下人那种升官发财的勉励，我实在听不入耳。然而我又形单影只，抵敌不了众人的非难。因之我就借写作来解闷。在我书桌上，有好几个稿本，一本是诗集，一本是词集，还有若干本，却是我新写的长篇小说《青衫泪》。在这个书名上，可以知道我写的是些什么。这书是白话章回体，除了苦闷的叙述和幻想的故事，却有不少诗词小品，我简直模仿《花月痕》的套子，每回里都插些词章。

十九岁的青年，又没经过名师指点，懂得什么词章？那个时候，我爱看《随园诗话》。诗重性灵，又讲率易。我幼稚万分，偶然用几个典，也无非是填海补天、耳熟能详的字句。把这种诗去学《花月痕》的作者魏子安，可说初生犊儿不怕虎。至于词，更是可笑。我除读过《白香词谱》而外，名人的词，没念过五十阕。这种讲声韵辞藻的东西，我怎么会弄得好？这部小说，我共写过十七回，也没有完卷。这是由于后来读书略有进益，觉得这小说太不够水准，自己加以放弃了。

这是我第一部长篇，未完成的“大杰作”。

九 失学之后

二十岁的春天，我又独自地到了南昌。因为那里还有一些亲友。青年人，不能闲散。我于是挪挪扯扯，找些款子，进了一个补习学校，补习英语。我的意思，当然还是想加深功课，去考大学。但只补习了半年，经济来源断绝，把学业放弃了。那是民国四年九十月间，我因为有一位族兄和一位本家在汉口搞文明新戏和小报，我冒着危险，借了一笔川资到汉口去。

我那位本家，在小报馆里当独脚编辑。我去了，他倒是很欢迎，天天让我写些小稿子填空白。我寄寓在一家杂货店楼上，我和族兄住在一处，本也很无聊，天天到小报馆去混几小时，倒也无可无不可。但又有个意外，我那种小稿，居然有人看，有人说好，虽不得钱，却也聊以快意。本来在垦殖学校作诗的时候，我用了个奇怪笔名，叫“愁花恨水生”。后来我读李后主的词，有“自是人生长恨水长东”之句，我就断章取义，只用了“恨水”两个字。当年在汉口小报上写稿子，就是这样署名的。用惯了，人家就要我写东西，一定就得署名“恨水”。我的本名，反而因此湮没了。名字本来是人一个记号，我也就听其自然。直到现在，许多人对我的笔名有种种的揣测，尤其是根据《红楼梦》“女人是水做”的一说，揣测的最多，其实满不是那回事。

在汉口住了几个月，毫无成就。我族兄介绍我进文明进化团演戏。这是笑话，我怎么会演话剧呢？平生没想到这件事。但主持人李君磐先生，他倒不一定要我演戏，帮着弄点宣传品，写写说明书，也就让我在团里吃碗闲饭。于是我随这个进化团到湖南常德，又到沣县。在这团里久了，所谓近朱者赤，我居然可以登台票几回小生，我还演过《卖油郎独占花魁》的主角。事后想来，简直是胡闹。

二十一岁夏季，我随进化团的人一同到了上海。这时，有几个同乡的文字朋友，住在法租界，我就住在他们一处。那时的穷法，我不能形容。记得十月里，还没有穿夹袍子。其间，我又害了一场病，脱了短夹袄，押点钱买中药吃。病好了，上海我就再也住不下去了。

十 一节流浪小史

二十一岁冬季，我又回到了故乡。这次我下了决心，不再流浪了，又在老书房里自修下去，而我写作的兴趣，却不因之减少，也就是上面那话，拿来解闷。这时写小说，我改了方向，专写文言中篇。两个月内，我写成了两个中篇，一篇是《未婚妻》，一篇是《紫玉成烟》。这两篇都是文言的。我写好之后，也没有介意，就随便放在书箱里。同时，我作了一篇笔记，叫着《楼窗零草》。此外的工夫，我都消磨在作近体诗里。

二十二岁的春天，因为我族兄在上海吃官司，我受了本家之托，到上海去为他奔走一切。那时，我到苏州去了一趟，遇到了李君磐先生。他有意带个剧团到南昌去，叫我和他到南昌为之先容。我利用了别人给我的川资，又流浪了几个月，一无所成。冬季还家。在这个时期里，我没有写什么东西，只写了一点不相干的游记而已。二十三岁的春天，友人郝耕仁，他看我穷愁潦倒，由他家故乡石牌，专门写信来约我一同出游。他是个老新闻记者，那时已三十岁了。他作得一手好古文，诗也不错，并能写魏碑，我们可说是文字至交。而他又负性倜傥不羁，这点我们也说得来。于是我就应了他的约，在安庆会面，一同东下。

到了上海，郝君有两个朋友，要他到淮安去。但谋事的前途，并无把握。而郝君却是少年盛气，不顾那些。他在上海又借了点钱，尽其所有，全买了家庭常备药。我问他什么意思？他说要学学老残，一路卖药，一路买药，专走乡间小路，由淮河北上，入山东，达济南，再浪迹燕赵。我自然是少不更事，有他这样一个老大哥引路，还怕什么的，就依了他的主张，收拾了两小提箱药品，由镇江渡江，循大路北上。郝君少年中过秀才，又当过小公务员，入世的经验，自比我多。因之，我更不考虑前途的困巨。

一路行来，由仙女庙而邵伯镇。晚投旅店，郝君还是三块豆腐干、四两白酒，陶陶自乐。醉饱之余，踏月到运河堤上去，我们还临流赋诗呢。可是这晚来了个不幸的消息，前途有军事发生。店主人也是个斯文人出身，他看到我们不衫不履、情形尴尬，劝我们快回去。但是我们打算卖药作川资的，只有来的盘缠，却没去的路费，那怎么办呢？于是店主人介绍一家西药店，把我们带的成药，打折扣收买了。而且风声越来越紧，店主把我们当了祸水，只催我们走。次日傍晚，我们就搭了一只运鸭的木船前往湖口，以便天亮由那里搭小轮去上海。在这段旅程中，我毕生不能忘记，木船上鸡鸭屎腥臭难闻，蚊虫如雨。躲入船头里，又闷得透不出气，半夜到了一个小镇，投入草棚饭店，里面像船上统舱，全是睡铺。铺上的被子，在煤油灯下，看到其脏如抹布，那还罢了，被上竟有膏药。还没坐下呢，身上就来了好几个跳蚤。我实在受不了，和郝君站在店门外过夜。但是郝君毫不在乎，天亮了，他还在镇市上小茶馆里喝茶，要了四两酒、一碗煮干丝。在会过酒账之后，我们身上，总共只有几十枚铜元了。红日高升，小轮来到，郝君竟唱着谭派的《当锏卖马》，提了一个小包袱，含笑拉我上船。

这次旅行，我长了许多见识。而同时对郝君那乐天知命的态度，我极其钦佩。到了上海，我就写了一篇很沉痛而又幽默的长篇游记，叫《半途记》。可惜这篇稿子丢了，不然，倒是值得自己纪念的。在这次旅途中，我两人彼唱此和，作了不少诗。而和郝君的友谊，也更为加深。到了上海，我们在法租界住了几个月。我是靠郝君接济，郝君是靠朋友接济。我们在寓楼上，除了和朋友谈天，就是作诗。有时，我们也写点稿子，向报馆投了去。我们根本没有打算要稿费，都是随时乱署名字，也没有留什么成绩。由此我已知道投稿入选，并非什么难事了。

十一　写作出版之始

上面这段流浪生活，我为什么写这样多呢？因为这和我的写作，是大有关系的。一来和郝君盘旋很久，练就了写快文章。二来他是个正式记者，经了这次旅行，大家收住野马的心，各入正途，我也就开始作新闻记者了。

我已不敢在上海度冬，上次几乎病死上海，有了莫大的教训。在西风起、北雁南飞的日子，我就回故乡了。

这时，我更遭遇着乡人讥笑，以为我是一个绝对无用的青年。甚至有人说读书如读得像我一样，不如让孩子们看一辈子牛。我也不和乡人深辩，我倒是受了郝君的影响，致力古文。我家里有许多林译小说，都拿出来仔细研究一番。过了两个月，郝君也回家了。他写信告诉我，我写的那篇《未婚妻》，放在网篮里，没有带回，经朋友传观，十分赞美。有家无锡报馆的编辑，把这稿子拿去了，有心约我去帮忙。同时，芜湖有家报馆要他去当总编辑，但他开春要到广东去，愿把职位让给我。我得了这消息，十分高兴，高兴得有一分职业还在其次，而我写的小说，居然有被人专约的资格，这是我立的志愿有些前途了。于是我根据《未婚妻》那个中篇的笔法，再写了一篇《未婚夫》。

苦闷地在家里度过残年，凑了三元川资，由家乡去芜湖。工作进行得很顺利，和报馆当事人一席谈话，就约定了我当总编辑，当时就搬进报社去住。当年内地的报纸，除了几条本埠新闻，完全是用剪刀。那家报馆剪材料的，另有专人，我的责任是两个短评，和编一版副刊。副刊本来也是剪报的。我自然不肯这样干。我自己新写了一个长篇，叫《南国相思谱》，完全是谈男女爱情的。

那时我才足二十四岁，这样的小说名字，我并没有感到过于艳丽。于今想起来倒有些言之赧然了。同时，我每日写一段小说闲评。另外，我找了两个朋友的笔记，也放在副刊里连载。这个举动，在芜湖新闻界，竟是打破纪录的，于是也就引着有人投稿了。

居停的太太，喜欢看我写的小说，居停却赞美我的小说闲评。报社除供我膳宿之外，本来月给薪水八元，因为主人高兴，加了百分之五十，加为十二元。我反正没有嗜好，这时又没有家庭负担，也就安居下去。

在芜湖住了两个月，觉得很闲。而箱子里只带了一部《词学全书》，一部《唐诗十种集》，又无书可看。于是我借了多余的工夫，再写小说。我先写了一个短篇，叫《真假宝玉》，是讽刺当年演《红楼梦》老戏的，试寄到上海《民国日报》去。去后数日，编者赶快来信，表示欢迎。因之，我又写了一个中篇章回，叫《小说迷魂游地府记》。也投寄《民国日报》，他们连载了将近一月，竟引起上海文坛很大的注意。这两篇都是白话体，前者约三千字，后者约一万字。后来这两篇小说，被姚民哀收到《小说之霸王》的集子里去了。把我的写作印在书本子里，这是第二次。第一次是民国五六年的事，那时天虚我生编《新申报》的《新自由谈》，他曾征“秋蝶诗”，限用王渔阳《秋柳》原韵。我应征作了四首，录取了一部分，载在天虚我生的《苔岑录》里面。抗战时在重庆遇到陈先生，我还谈及此事，他觉得恍然隔世了。

当年写点东西，完全是少年人好虚荣。虽然很穷，我已知道靠稿费活不了命，所以起初的稿子，根本不是由“利”字上着想得来。自己写的东西印在书上，别人看到，自己也看到，我这就很满足了。我费工夫、费纸笔、费邮票，我的目的，只是满足我的发表欲。

十二　北平的初期

这是民国八年，夏初，五四运动发生了。当然，我受着很大的刺激。就在这运动达最高潮之时，我因有点私事到上海去，亲眼看到了许多热烈的情形。因此我回到芜湖，那一颗野马尘埃的心，又颤动了。我想，我还不失求学的机会，我在芜湖这码头上住下去，什么意思呢？于是我一再地向社方请辞，要到北京去。社方因我待遇低廉，不肯让我走，拖了两三个月。

我为什么要到北京去呢？因为有几个熟人，他们都进了北大。他们进北大，并非是考取的。那是先作旁听生，作过一年旁听生，经过相当的考验，就编为正式生了。这样一条捷径，我又何妨走走。自然我还是没有学杂费，但朋友们写信告诉我，可以到北京来半工半读。在这年秋季，于是我把我所有的行李当卖了，又在南京亲友那里借了十块钱，我就搭津浦车北上。到了北京，我是住在一位姓王的朋友那里。他是一个人，住在会馆，而终日在黄寺办公，有时还不回来，就把他的房子让给我住，并和我介绍了一份职业，在一个驻京记者办事处那里，帮同处理新闻材料。

一切都有了安定办法了。可是所得的工薪每月只一十元，仅仅够吃伙食的，我得另想办法。那时，成舍我君在《益世报》当编辑，他就介绍我到《益世报》当助理编辑，月给薪水三十元。说是助理编辑，其实是校对，我的职务，乃是看大样。后来看大样的又增加了一个人，工作减少了，月薪也减少了，减为二十五元。在驻京记者那里，工作时间，是上午九点到十二点，下午两点到六点。在《益世报》是晚间十时到天亮六时。我的休息时间，是那样的零碎而不集中，我的睡眠时间，也就是片断的几小时。这样，决不让我有时间再去读书了。

这样有一年之久，《益世报》调我为天津版通讯员，薪水补足了三十元。同时，在驻京记者那里，薪水也增加到了三十元，我的收入是加了。除了伙食，实在花费不了。于是我除了每月寄一部分款子回家而外，我又有钱买书了。这时，我对词，有了更深的嗜好，买的书，也以词类为多。工作之外，我在会馆里休息，把时间都浪费在填词上。不过在新文化运动勃兴之时，这种骸骨的迷恋，实在是不值得。于是我又转了个方向去消磨工余时间，进了商务印书馆的英文补习学校。

在工作那样忙碌的时候，我还要去自修英文，朋友们也都笑说我是牛马精神。可是我也想着，我若不这样干，我形单影只的在北京，又怎么去安排我的时间呢？也就为此，我没有写较长的文稿。到北京来的初期，可以说我完全是机械的作着新闻工作。

十三　新闻工作的苦力

在北京的第二年，芜湖有家报馆，约我替他写篇小说。我就以当时安徽的自治运动，写了一个七八万字的长篇，叫作《皖江潮》。这部小说，特别地带着安徽地方色彩，在他省人看来，是会减少兴趣的。所以那篇小说能登在报纸上也就算了事，并无任何出版计划。但芜湖的学生，却利用了这小说里的故事，一度编为剧本，并曾公演。我的文字搬上舞台，这要算是初次了。

因为前两年，我在《民国日报》投稿的缘故，在通信上，我神交了几位文人。他们反正是离不开副刊和小报的，也就常有信来，约我写些散稿。可是当年上海那地方，除了几家大报馆，给稿费是没那回事。纵然特约你写稿子，那稿费也极其渺茫。那些朋友约我写稿，都曾出到两元钱一千字，其始，我也觉得不无小补，很努力地写了稿子寄去。而且化名是多多益善，以便一天刊出好几篇。然而我始终没有接到过什么稿费，至多是寄些邮票来，我也就兴味索然了。

不过在新闻工作上，我却是成日的忙。除了那个驻京记者办事处之外，我自己也担任了两份新闻专责。一份还是和天津《益世报》写通信，一份是芜湖《工商日报》的驻京记者。由上午九点钟起，到下午五六点钟止，我少有空闲的工夫。由民国八年秋季起，到民国十年冬季止，我就这样忙下去。其间，只是十一年的旧历年，我回了一趟芜湖，探访母亲，此外没有离开北京。因为我为了弟妹们念书，已托二弟把家眷送到芜湖住家了。我是个失学青年，我知道弟妹们若再失学，那是多大的痛苦，所以我把在北京所得的薪资，大部分汇到南方去，养活这个家。也唯其如此，我成了个新闻工作的苦力，没有心情，也没有工夫，再去搞什么文学。

十四　通信文字收入甚丰

十二年，我的新闻工作，格外加忙了。在一家通讯社当总编辑，也就住在这通讯社里。那待遇是可笑的，每月只二十几元。我因为有房子住，有水电供应，所以乐于接受。不过谈起那时候的通讯社的组织，现在几乎令人不相信。一个新闻机关，没有邮电的新闻来源，也没有外勤记者。除了社长在茶余酒后得来的道听途说的新闻而外，并无新闻稿子供给。请问，我这总编辑是怎样的当法呢？我没有那胆量天天造谣，我也不能把我所得的一点新闻，全部送给通讯社。我得了社方的谅解，只是找些内地各省来的报，改头换面，抄写几段。这自然是不忠实的。但绝对没有造谣，倒也问心无愧。干了几个月，我决计不干这闭门造车的新闻，我就搬到我自己的会馆里去住。这会馆没有什么同乡，我一个人拥有两间小屋子，倒是很舒服的。

这两三年来，天天的新闻文字，要写好几千字，笔底下是写得很滑了。只要有材料，我可以把一篇通信处理得很好，而且没有什么废话。于是我认识了几位名记者，上海的《申报》《新闻报》都约我写通讯。这两家报馆，对于北京通讯，极肯花钱，一经取录，每篇通讯拾元。材料好，写一篇通信，是不会费一小时以上的工夫的。

我也为了人家的报酬丰厚，抱定不拆烂污主义，有材料才写，没有材料决不敷衍成篇。而且写的时候，将一篇文章，总写得它十分清楚流利。于是在“新”“申”两报方而，信用都很好，写去的通讯，很少不登的。大概每月所得总在一二百元。那个时候的一二百元，是个相当引人羡慕的数目呀。至于我的署名，也不下七八个，现所记得的就只有一个“随波”。

十五 关于《春明外史》(一)

在我生活转好的时候，我也很想减少我的工作，以便抽些工夫出来读书。可是我的家，已经由乡间搬入城市，而弟妹们又都进了学校，我的负担，却逐渐的加重，自己考虑之下，工作还是减少不得。于是我到北京来读书的计划，经过三年的拖延，只得完全放弃。相反的，益发就钻进工作圈了，多作些事。这其间，我曾与成舍我君两度合作，一度是《今报》，一度是“联合通信社”。但时间都不久，工作又停止了。最后，成君在手帕胡同办《世界晚报》，又约我和龚德柏君共同合作。起初，我们都是编新闻。副刊叫《夜光》，由余秋墨编辑。成君已知道我在南方很写过几篇小说，就要我给《夜光》写个长篇。这原是我最高兴作的事，我并没有要求任何条件，就答应了写。又由于民国初年，许多外史之类的小说，给我的印象很深，我就把我写的小说，定名为《春明外史》。

《春明外史》，本走的是《儒林外史》《官场现形记》这条路子。但我觉得这一类社会小说，犯了个共同的毛病，说完一事，又递入一事，缺乏骨干的组织。因之我写《春明外史》的起初，我就先安排下一个主角，并安排下几个陪客。这样，说些社会现象，又归到主角的故事，同时，也把主角的故事，发展到社会的现象上去。这样的写法，自然是比较吃力，不过这对读者，还有一个主角故事去摸索，趣味是浓厚些的。当然，所写的社会的现象，决不能是超现实的，若是超现实，就不是社会小说了。因之这篇稿子在《世界晚报》发表以后，读者都还觉得很熟识，说的故事中人，也就如在眼前。而这篇小说也就天天有人看。

这给予我一个很大的鼓励，更用心地向下写。余秋墨君另有专职，《夜光》只编了一个月，就转交给我了。于是我编副刊兼写小说，把《世界晚报》的新闻编辑放弃。我虽入新闻界多年了，我还是偏好文艺方面，所以在《世界晚报》所负的责任，倒是我乐于接受的。加之《晚报》创刊之时，我和龚君都是为兴趣合作而来，对于前途，有个光明的希望，根本也没谈什么待遇。后来吴范寰君加入，也是如此。

这与写作好像无关，其实关系很大，因为我们决不以伙计自视，而是要共同作出一番事业的，所以副刊文字和小说，都尽了自己能力去写。

《春明外史》除了材料为人所注意而外，另有一件事为人所喜于讨论的，就是小说回目的构制。因为我自小就是个弄词章的人，对中国许多旧小说回目的随便安顿，向来就不同意。既到了我自己写小说，我一定要把它写得美善工整些。所以每回的回目，都很经一番研究。我自己削足适履的，定了好几个原则。一，两个回目，要能包括本回小说的最高潮。二，尽量地求其词藻华丽。三，取的字句和典故，一定要是浑成的，如以“夕阳无限好”，对“高处不胜寒”之类。四，每回的回目，字数一样多，求其一律。五，下联必定以平声落韵。这样，每个回目的写出，倒是能博得读者推敲的。

可是我自己就太苦了，往往两个回目，费去我一二小时的工夫，还安置不妥当。因为藻丽浑成都办到了，不见得能包括小说最高潮，不见得天造地设的就有一副对子。这完全是“包三寸金莲求好看”的念头，后来很不愿意向下做。不过创格在前，一时又收不回来。因之这个作风，我前后保持了十年之久。但回目作得最工整的，还是《春明外史》和《金粉世家》，其他小说，我就马虎一点了。在我放弃回目制以后，很多朋友反对，我解释我吃力不讨好的缘故，朋友也就笑而释之了。所谓不讨好云者，这种藻丽的回目，成为礼拜六派的口实。其实礼拜六派，多是散体文言小说，堆砌的词藻，见于文内，而不在回目内。礼拜六派，也有作章回小说的，但他们的回目，也很随便。不过，我又何必本末倒置，在回目上去下工夫呢？

十六 关于《春明外史》（二）

《春明外史》写到十三回的时候，我就作了个结束，约莫是二十万字。为什么用奇数来结束呢？这也是我故意如此。人家说十三是个不祥的数目，我偏要这样试试。不过事后想来，那又何必？文字应该到哪里结束，就在哪里结束，拖长缩短，都没有道理。这十三回作完了，本来也可以不写的。但社会小说，像《官场现形记》似的，结束了再起楼阁，也并无所谓。而《春明外史》的主角，我又没将他的行为结束，续下去更不困难，所以我又跟着写二集。在写二集的时候，许多朋友怂恿我将第一集出版。二弟啸空，他并愿主持发行，于是我就筹了笔款子，把书印起来。那时，我并没有多大的指望，只印了一千多本，事有出于意料的，仅仅两个月就销完了。

《春明外史》发行之后，它的范围，不过北平、天津，而北平、天津就有了反应的批评。有人说，在五四运动之后，章回小说还可以叫座，这是奇迹。也有人说这是礼拜六派的余毒，应该予以扫除。但我对这些批评，除了予以注意、自行检讨外，并没有拿文字去回答。在五四运动之后，本来对于一切非新文艺、新形式的文字，完全予以否定了的。而章回小说，不论它的前因后果，以及它的内容如何，当时都是指为“鸳鸯蝴蝶派”。有些朋友很奇怪，我的思想，也并不太腐化，为什么甘心做“鸳鸯蝴蝶派”？而我对于这个派不派的问题，也没有加以回答。我想，事实最为雄辩，还是让事实来答复这些吧！

在写《春明外史》二集的时候，《世界晚报》又出了日报。副刊《明珠》，归我编辑。社方又要我写个长篇。因为当时有一位姓张的朋友，他对于《斩鬼传》极力推崇，劝我作一篇《新斩鬼传》。我一时兴来，就这样作了。这篇小说，虽根据老《斩鬼传》而作，但《斩鬼传》的讽刺笔法，都有些欠含蓄，我也是如此。后来这个书出版过了，沦陷期间，被上海文人删改过，更是有些走辙了。

同时，我给北平《益世报》也写了个长篇，叫《京尘幻影录》。这部书，完全是写北京官场情形的，开始我也很卖力地写，到了后来，很不容易拿着稿费，我就有些敷衍了事。但前前后后，也写了两年多，总有五十万字以上。这部书，我没有留底稿，也没有剪报。事后很想收回来重新修改，但也已不能找补全份了。

这两个长篇，都是我写了《春明外史》，才被人约我写的，而我的全家，那时都到了北京，我的生活负担很重，老实说，写稿子完全为的是图利。已不是我早两年为发表欲而动笔了。所以没有什么利可图的话，就鼓不起我的写作兴趣。所以这两部小说，我都认为不够尺寸。不过我对《春明外史》，要保持以往的水准，却是不拆烂污。约是一年多的时间，又写完十三回。这算是第二集。第二集的主要人物，有许多未了的公案，我又不能不跟着写第三集。在写第三集的时候，那时是吴范寰君当经理，他合并一二集，由社方出版，销行之后，以公平的办法，给予了我的版税。在这里我必须补叙几句的，就是这几年间，我始终在《世界日晚报》供职，并曾一度任《日报》总编辑。有道是树大招风，对《春明外史》的批评，就比以前多了。当然有一部分是对该书加以欣赏的，而极力攻击的，也在所不免。但这里有一个意外的遇合，就是提倡新文艺的《晨报》，也约我给他们写个长篇。于是我为他们写了一篇《天上人间》。《天上人间》，我是用对比法写的，情，景，事，我全用细腻的手法出之，自视是用心写的。因为《晨报》停刊，这篇小说没写完。后来无锡《锡报》转载，我又续了几回，中日战起，终于是不曾写完。直到去年，上海书商还有约我写完的要求。情过境迁，我又太忙，这部书将来是否可以搞完篇，我自己还不能知道。不过以全书布局言，所差不过是十分之二三，搞完它，倒也并非艰巨工作。

十七　关于《春明外史》（三）

《春明外史》第三集写完的时候，大概是民国十八年，由十二年夏算起，共是七个年头，约莫是五整年多。全书告竣之后，《世界日报》又合并出版全集，共是三十九回。第一集约二十万字弱，第二集约三十万字，第三集有三十多万字，合起来共九十多万字。回目是由第一到第三十九回，每回的回目，全是十八个字。后来我把这部书的版权卖给世界书局。根据历年人家的批评，将书里的错误加以修整，并把每回的字数，划分整齐，除了分集的办法，就是现在印行的这个样子。当然，回目也都改了。回目文字的工整，因改得太仓促，不及原样，但包括文字里的高潮，却又更恰合些。

《春明外史》里的人物，后来有许多人索隐，也有人当面问我，某某是否影射着某人。其实小说这东西，究竟不是历史，它不必以斧敲钉，以钉入木，那样实实在在。《春明外史》的人物，不可讳言的，是当时社会上一群人影。但只是一群人影，决不是原班人马。这有个极好的证明。例如主角杨杏园这人，人家都说是我自写。可是书中的杨杏园死了，到现在我还健在。宇宙里没有死人能写自传的。

这部书，自是我一生的力作之一。但我自视，不能认为是我的代表作。第一，我的思想，时有变迁，至少我是个不肯和时代思潮脱节的人。《春明外史》主干人物，依然带着我少年时代的才子佳人习气，少有革命精神（有也很薄弱）。第二，以几个主干人物，穿插全书。我也不妄自菲薄，是费了一番心血的。但主角的故事，前后疏落在一百万言的书里，时隐时显，究非良好办法。第三，有些地方，欠诗人敦厚之旨。换言之，有若干处，是不必要的讽刺。第四，我太着重那一段的时间性。文字自不能无时间性，但过于着重时间性，可以减少文字影响读者的力量。

在《春明外史》全书写完之后，我已写了十年的长篇，在社会的人海里，多少激起一点溅沫。因此，约我写小说的人就加多起来。同时，我也结交了许多朋友。由这部书发展开来，引人注意之作，有两部书，一是《金粉世家》，一是《啼笑因缘》。为了读者容易清楚，还是用这节文字的传记体，而不走编年的路子。顺着次序，我先谈谈《金粉世家》，再谈关于《啼笑因缘》。

十八 金粉世家的背景

这是人人要问的,《金粉世家》,是指着当年北京豪门哪一家?袁?唐?孙?梁?全有些像,却又不全像。我曾干脆告诉人家,哪家也不是?哪家也是?可是到现在,还有人不肯信。但这些好事的诸公,都不能像对《春明外史》一样,加以索隐了。

我根据写《春明外史》的经验,知道以当时人,运用当时社会情形写小说,要特别加以小心。写小说的人是信手拈来,并无好恶,而人家会疑心你是有意揭发阴私的。小说就是小说,何必去惹下文字以外的枝节。所以我所取《金粉世家》的背景,完全是空中楼阁。空中楼阁,怎么能作为背景呢?再换个譬喻,乃是取的蜃楼海市。蜃楼海市是个幻影,略有科学常识的人都知道,这虽是幻影,但并不是海怪或神仙布下的疑阵,它是太阳摄取的真实城市山林的影子,而在海上反映出来。那和照相的原理,并无二致。明乎此,就知道《金粉世家》的背景,是间接取的事实之影,而不是直接取的事实。所以当时小说在报上发表的时候,许多富贵之家的人,尤其妇女,都拿去看看。而他们并没有感觉到这说的是谁。老实说,这也就是写小说的一种技巧。我不敢说有羚羊挂角、无迹可寻的手腕,而布局之初,实在经过一番考虑的。

有人说,金粉世家是当时的《红楼梦》,这自是估价太高。我也没有那样狂妄,去拟这不朽之作。而取径也各有不同。《红楼梦》虽和许多人作传,而作者的重点,却是在几个主角。而我写《金粉世家》,却是把重点放在这个家上,主角只是作个全文贯穿的人物而已。就全文命意说，我知道没有对旧家庭采取革命的手腕。在冷清秋身上，虽可以找到一些奋斗精神之处，并不够热烈。这事在我当时为文的时候，我就考虑到的。但受着故事的限制，我没法写那种超现实的事。在金粉世家时代（假如有的话），那些男女，除了吃喝穿逛之外，你说他会具有现在青年的意思，那是不可想象的。

小说有两个境界，一种是叙述人生，一种是幻想人生。大概我的写作，总是取径于叙述人生的。固然，幻想人生，也不一定就是超现实，如《福尔摩斯侦探案》《鲁滨逊漂流记》之类，那是有事实铺叙的幻想，并不架空而来。但写社会小说，偏重幻想，就会让人不相信，尤其是写眼前的社会。《金粉世家》，我是由蜃楼海市上写得它像真的，我就努力向这点发展。于是那里面的教育性，只是一些事情的劝说，而未能给书中人一条奋斗的出路，这是我太老实之处。也可以说，我写着这一二百人登场的大戏，精疲力尽，已穷于指挥，更顾不到意识上的加重了。

十九 《金粉世家》的出路

《金粉世家》的重点，既然放在“家”上，登场人物的描写，就不能忽略哪一个人。而且人数众多，下笔也须提防性格和身分写得雷同。所以在整个小说布局之后，我列有一个人物表，不时地查阅表格，以免错误。同时，关于每个人物所发生的事故，也都极简单的注明在表格下。这是我写小说以来，第一次这样做的。其初，我也觉得这有些麻烦。但写了若干回之后，自己就感到头绪纷如，不时的要去检阅旧稿，就迫得我不能不那样办。

全书的架子既然搭好，表格也填得清楚了，虽然这部书的字数，已超过一百万，但也未见得有什么难写。在我写完之后，对于书销行的估计，我以为是在《春明外史》以下的。可是这十几年的统计，《金粉世家》的销路，却远在《春明》以上。这并不是比《春明外史》写得好到哪里去，而是书里的故事轻松、热闹、伤感，使社会上的小市民层看了之后，颇感到亲近有味。尤其是妇女们，最爱看这类小说。我十几年来，经过东南、西南各省，知道人家常常提到这部书。在若干应酬场上，常有女士们把书中的故事见问。这让我增加了后悔，假使我当年在书里多写点奋斗有为的情节，不是给女士们也有些帮助吗？而在现在情形中，这书是免不了给人消闲的意味居多的。

《金粉世家》在报上发表的时候，我对于每回文字长短方面，没有加意经营。有时一回长过两万字，印起书来，就嫌着太长，而和那几千字一回的，也悬殊太甚。所以在全书付印的时候，我也是经过一回修剪整理的。有了这个教训，自后我在报上陆续发表长篇，就先顾全到了这一点，借以免掉一番事后修理的功夫。一面工作，一面也就是学习。世间什么事都是这样。

把这些零碎交代过了，再总结几句。这书将来所得的批评如何，我不知道。若就这十几年的经过而论，它没有受到什么特别的奖许，也没有受到什么特别的指摘。它唯一被人所研究的，就是这些人物隐射着是谁？而在不声不响的情形下，这书的销行，在我的写作里，始终是列于一级的。它始终在那生活稳定的人家，为男女老少所传看。有少年人看，也有老年人看，这是奇怪的。记得当年这书登在报上，弟妹们是逐日念给家慈听，也是数年如一日的。这一部长篇，它出现以后，出路是这样的。以我的生活环境不同，和我思想的变迁，加上笔路的修检，以后大概不会再写这样一部书。而这样的题材，自今以后的社会，也不会许再有。国家虽灾乱连年，而社会倒是不断进步的。

二十 《啼笑因缘》的跃出

我在北方，虽有多年的写作，而在上海所发表的，却是很少很少。上海有上海一个写作圈子，平常是不容易突入的，我也没有在这上面注意。一个偶然的机会，民国十八年，上海的新闻记者团北上，我认识了一班朋友。友人钱芥尘先生，介绍我认识《新闻报》的严独鹤先生。他并在独鹤先生面前，极力推许我的小说。那时，《上海画报》（三日刊）曾转载了我的《天上人间》，独鹤先生若对我有认识，也就是这篇小说而已。他倒是没有什么考虑，就约我写一篇，而且愿意带一部分稿子走。

我想，像《春明外史》这样的长篇，那是不适于一个初订契约的报纸的。于是我就想了这样一个并不太多的故事（明星公司拍电影，拍电影能拍出六集，这出乎我始料）。稿子拿去了，并预付了一部分稿费。不过《新闻报》上正登着另一个长篇，还没有结束。直等了五个月，《啼笑因缘》才开始在上海发表。在那几年间，上海洋场章回小说，走着两条路子，一条是肉感的，一条是武侠而神怪的。《啼笑因缘》，完全和这两种不同。又除了新文艺外，那些长篇运用的对话，并不是纯粹白话。而《啼笑因缘》是以国语姿态出现的，这也不同。在这小说发表起初的几天，有人看了很觉眼生，也有人觉得描写过于琐碎。但并没有人主张不向下看。载过两回之后，所有读《新闻报》的人，都感到了兴趣，独鹤先生特意写信告诉我，请我加油。不过报社方面根据一贯的作风，怕我这里面没有豪侠人物，会对读者减少吸引力，再三地请我写两位侠客。我对于技击这类事，本来也有祖传的家话（我祖父和父亲，都有极高的技击能力），但我自己不懂，而且也觉得是当时一种滥调，我只是勉强地将关寿峰、关秀姑两人，写了一些近乎传说的武侠行动。我觉得这并不过分神奇。但后来批评《啼笑因缘》的，就指着这些描写不现实，并认为我决不会和关寿峰这类人接触。当然，我不会和这类人接触。但若根据传说，我已经极力减少技击家的神奇性了。

在此之外，对于该书的批评，有的认为还是章回旧套，还是加以否定。有的认为章回小说到这里有些变了，还可以注意。大致的说，主张文艺革新的人，对此还认为不值一笑。温和一点的人，对该书只是就文论文，褒贬都有。至于爱好章回小说的人，自是予以同情的多。但不管怎么样，这书惹起了文坛上很大的注意，那却是事实。并有人说，如果《啼笑因缘》可以存在，那是被扬弃了的章回小说，又要返魂。我真没有料到这书会引起这样大的反应。当然我还是一贯地保持缄默。我认为被批评者自己去打笔墨官司，会失掉“有则改之，无则加勉”的精神，而徒然扰乱了是非。不过这些批评，无论好坏，全给该书作了义务广告。《啼笑因缘》的销数，直到现在，还超过我其他作品的销数。除了国内、南洋各处私人盗印翻版的不算，我所能估计的，该书前后已超过二十版。第一版是一万部，第二版是一万五千部。以后各版有四五千部的，也有两三千部的。因为书销的这样多，所以人家说起张恨水，就联想到《啼笑因缘》。

二十一　北平两部半书

《啼笑因缘》在《新闻报》发表，是由十八年到十九年。在这期间，我在北方，还有其他的写作。始而为《新晨报》写了一篇《满城风雨》，那是对于内战，加以非议的。书完了篇，后来由上海一家书局将版权买去了。同时给《朝报》写了篇《鸡犬神仙》，因为该报不久改组，我也就中止了。倒是另有个小玩艺，后来也出了版，这却非我所料及。就是那个时候，真光电影院的文书股人，是我的朋友，他们出有一种宣传品的画报，拉我写篇小说。我就每期给他们凑写几千字，聊以塞责，书名是《银汉双星》。大概写完是十回，写完了也就完了。不知怎么落在上海书商手里，也就出了版。后来有人说，这书也是伪的，这个我倒不能不承认出自我手。

二十二 《斯人记》

在写《啼笑因缘》的时候，《春明外史》完全在《世界晚报》发表完了，报馆方面要我再写一部类似《春明外史》的东西。当然，这种题材，在北平是不难找到的。我当年又年富力强，也并不感烦腻。老实一句话，写的时候，无论拿到多少稿费，写完了我可以拿去出版，就是一笔收入。我完全看在收入上，又给《世界晚报》写了一篇《斯人记》。

《斯人记》云者，是根据“冠盖满京华，斯人独憔悴”的意思下笔的。这书里以两个不能追随时代的男女为主角。他们都是爱好文艺者，却因为思想上不能彻底，陷于苦闷的环境中。书也就以苦闷来结束。在全书里，枝枝叶叶，仍然涉及北京的社会。但这里和《春明外史》有些不同的，就是所涉及的角色，他们大致得着婚姻圆满的结果，以反映主角的无结果。书共是二十回。写完后，并没有如我预期出版，直到民国二十五年，才由《南京人报》出版。那个《南京人报》，就是我拿稿费办的。容后文再说。《斯人记》想不出什么特色。只有一点，我写的楔子，是个南曲散套。于今想起来，虽出于游戏，未免开倒车了。

二十三 《春明新史》

在民国十九年的岁首，我到东北去游历一次。事先，沈阳出版了一张《新民晚报》。主持的人，全是我的朋友。他们要我写一篇《春明新史》。我觉得《春明外史》这一类小说，一再地向下续去，实在没有意思，没有答应写。但朋友不得我的同意，却发出了预告了。我因情不可却，只好答应写。

《春明新史》的写法，自然和《春明外史》一样。但我对这书，自始就不感到兴趣，并没有像《春明外史》那样，有个预定的计划，去安置些主干人物。随意想，随意写。也许读者在故事里看到些很有趣的描写，然而我并没有费多大的精力，虽不致于敷衍成篇，我并没有对它寄予多大的希望。但我到底还是把它写完了，也是二十回。后来这书有上海某家小报转载，干脆我就把版权卖给他们了。不久，也就出了书。

我当时也曾和上海书商说过，我的写作，应该让我自行检讨、订正，这样胡乱出书，那是不好的。而他们的答复也妙，他说，用不着订正，你的小说，总会够水准的。其实，他们心里的话，并不是如此，乃是印出去，可以卖一笔钱就行。

二十四　世界书局的契约

这件事，是文坛上的谈话资料，小报上有人形容得神话化，说我在十几分钟内，收到了几万元稿费。跟着就向下说，我拿这钱，在北平买下了一所王府，自备了一部汽车。这简直是梦呓。中国卖文为活的人，永远不会有这样的故事发生。过去如此，将来亦无不然。故事是这样的：

这年秋天，我到了上海，小报上自有一番热闹。世界书局的赵苕狂先生，他约我和世界书局的总经理沈知方谈谈。我当然乐于访晤。第一次见于世界书局工厂，约有半小时的谈话。他问我还有什么稿子可以出售的。我就告诉了他《春明外史》和《金粉世家》。而《金粉世家》，那时还有一小部分没有写完呢。他说，你这是出过版的，登过报的，不能照新闻报例，愿意卖的话，可以出四元千字。我说，容我考量。第二次，沈君请我到丽查饭店吃饭，约苕狂君作陪，极力劝我把两部书卖了。据我估计，两书各有一百万字。沈君愿意一次把《春明外史》的稿费付清。条件是我把北平的纸型交给他销毁。《金粉世家》的稿费分四次付，每接到我全部的四分之一的稿子，就交我一千元。我也答应了。同时，他又约我给世界书局专写四部小说，每三月交出一部。字数约是十万以上，二十万以下。稿费是每千字八元。出书不再付版税。当时我以家庭里有几笔较大的费用，马上有一笔完整的收入，与我的家庭，有莫大的好处，我也就即席答应了。问题的确解决得很快，连吃饭带谈天，不到两小时。至于十分钟成交，不但沈君一位大经理，不能那样荒唐，我也不能如此冒昧呀。

次日，赵苕狂君代送了合同来，让我签字，交出四千元支票一张。这就是小报上说我买王府买汽车的那笔款子。契约以外，赵君又约我给《红玫瑰》杂志写一个长篇。《红玫瑰》也是世界书局出的半月刊，就由赵君主编。原来不肖生的《江湖奇侠传》，就是在这杂志上发表的。为了尊重介绍人，当然我也就答应了。以后我给《红玫瑰》写的是《别有天地》，是篇讽刺小说，并未出版。和世界书局订约写的四部小说，我只交卷了三篇，而且拖了一年多。那三篇小说是《满江红》《落霞孤鹜》《美人恩》。上两部各三十二回，后一部二十四回。他们的稿费，倒是按约付给我的。因为我交稿子延期，稿费自然也延期，所谓数万元的巨大稿费，其实不过一万数千元，而且前后拉长了两年的日子，谈不上发财。不过在当年卖文为活的遭遇说起来，我这笔收入，实在是少有的。小报撰文渲染一番，倒也理有固然。

二十五　加油

我由上海回来，手上大概有六七千元，的确不算少。若把那时候的现洋，折合现在的金圆券，我不讳言，那是个惊人的数目。但在当年，似乎也没有什么了不起。不过这笔钱对我的帮助，还是很大的。我把弟妹们的婚嫁教育问题，解决了一部分，全家连年所差的衣服家具，也都解决了。这在精神上，对我的写作是有益的。我虽没有作癞蛤蟆去吃天鹅肉，而想买一所王府，但我租到了一所庭院曲折、比较宽大的房子，我自己就有两间书房，而我的消遣费，也有了着落了。

听戏、看电影、吃小馆子，当年是和朋友们同俱此好的，倒不等这笔钱来办。我所说的消遣，是以下三件事，一，收买旧书，尤其是中国的旧小说。二，收买小件假骨董。怎么会是假骨董呢？这个我和骨董专家异趣。我以为反正是玩物丧志，玩真骨董，几十几百元买一样，是摆在那里看了，花个两三元，也是摆在那里看看，这有什么分别。而且买真的也未必不假。三，是我跑花儿厂子，四季买点好花。除了买书，颇是一个不菲的开支，其余倒也无所谓。这时，我可以说是心广体胖，可以专门写作了。

这是民国二十年吧？我坐在一间特别的工作室里，两面全是花木扶疏的小院落包围着。大概自上午九点多钟起，我开始写，直到下午六七点钟，才放下笔去。吃过晚饭，有时看场电影，否则又继续地写，直写到晚上十二点钟。我又不能光写而不加油，因之登床以后，我又必拥被看一两点钟书。看的书很拉杂，文艺的、哲学的、社会科学的，我都翻翻。还有几本长期订的杂志，也都看看。我所以不被时代抛得太远，就是这点加油的工作不错，否则我永远落在民十以前的文艺思想圈子里，就不能如朱庆余发问的话，“画眉深浅入时无”了。

我的英文，始终是为了忙，而不能耐心去自修。有时拿到一本英文杂志，意识到里面有很多精神食粮，可是我又不能消化它。于是我进修英文的思想又怦然欲动了。有朋友给我介绍一位老先生，每天可以教我半小时英文，我欣然的要聘请他。但家中人一致反对，说是八十岁学吹鼓手，来不及了。而且我的脑子也够使的，不能再去消耗脑汁。我一松懈，这个计划就告吹了。于今还深引为憾。

这时，我读书有两个嗜好。一是考据一类的东西，一是历史。

为了这两个嗜好的混合，我像苦修的和尚，发了愿心，要作一部《中国小说史》。要写这种书，不是在北平的几家大图书馆里，可以搜罗到材料的。自始中国小说的价值，就没有打入“四部”“四库”的范围。这要到那些民间野史和断简残编上去找。为此，我就得去多转旧书摊子。于是我只要有功夫就揣些钱在身上，东西南北城，四处去找破旧书店。北京是个文艺宝库，只要你肯下功夫，总不会白费力的。所以单就《水浒》而论，我就收到了七八种不同的版本。例如百二十四回本的，胡适先生说，很少，几乎是海内孤本了。我在琉璃厂买到一部，后来又在安庆买到两部，可见民间的蓄藏，很深厚的呀。又如《封神演义》，只有日本帝国图书馆有一部刻着许仲琳著。我在宣武门小市收到一部套朱本，也刻有“金陵许仲琳著”字样。可惜缺了第一本，要不然，找到了原序，那简直是一宝了。这一些发掘，鼓励我写小说史的精神不少。可惜遭到九一八大祸，一切成了泡影。不过这对我加油一层，是很有收获的。吾衰矣，经济力量的惨落（我也不愿在纸上哭穷，只此一句为止），又不许可我买书，作《中国小说史》的愿心，只有抛弃。文坛上的巨墨，有的是，我只有退让贤能了，迟早有人会写出来的。

二十六　武侠小说的我见

人有所能，有所不能，写社会小说，就写社会小说，其实不必写以外的题材的。当年我写小说写得高兴的时候，那一类的题材，我都愿意试试。类似伶人反串的行为，我写过几篇侦探小说，在《世界日报》的旬刊上发表，我是一时兴到之作，现在是连题目都忘记了。其次是我写过两篇武侠小说，最先一篇叫《剑胆琴心》，在北平的《新晨报》上发表的，后来《南京晚报》转载，改名《世外群龙传》。最后上海《金刚钻小报》拿去出版，又叫《剑胆琴心》了。

我写武侠小锐，是偶然的反串，自不必走别人走的路子。所以这部《剑胆琴心》里，没有口吐白光，及飞剑斩人头之事。我找了些技击书籍，作为参考，全书写的是技击一类的事情。把我家传的那些口头故事，穿插在里面作了主干。当然，无论写得怎样奇怪，总不会像《封神榜》那样热闹。我又不甘示弱，于是就在奇禽异兽方面去找办法。如我描写蜀道之难，就插一段猿桥的描写。这是屡屡见于前人笔记的，而且也不违背科学。意识方面，我就抓着洪杨革命后的一点线索，把书里跳技击家变为逸民。这自然比捕快捉飞贼，飞贼盯捕快有意思些。可是事后想来，那究竟近乎无聊。这里的叙述，怎样的就可能性上去描写，总难免架空。父老口头上的传说，那究竟是靠不住的。若说这里面也可以带些侠义精神的教育性，而这教育性，也透着落后。

我的见解如此，并不是说武侠小说不可写。若不可写，司马迁怎么也作《游侠列传》呢？但“侠以武犯禁”，在汉以前就如此，汉以后的国粹游侠，是变了质的。一部分变成秘密结社，一部分变神道设教，再一部分变了升官发财的捷径。中国的游侠，诚然是和技击不可分。但游侠者流，不一定个个就有高明的技击。这种趋势，在明末清初的社会里，反应的很清楚。所以在清朝中叶，那时候的武侠小说，多少还有些真实性。到了火器盛行于国内以后，技击已无所用之，游侠者流，社会每个角落，诚然还是有，而靠他一点技击本领，已不能横行江湖了。所以真要写游侠小说的话，四川的袍哥，两淮的帮会，倒真有奇奇怪怪及可歌可泣的故事。但还是那话，“侠以武犯禁”，非文人所能接触，纵然可以接触，也不敢写。

往年，日本人对于中国的帮会，也很有兴趣去研究，写出文字来，却都是隔靴搔痒之谈。在国人自己，就很少为这个出专书的。因为越知道详细，越不能下笔，怕得罪了人。若以圈子外的人去写小说，那是会让人家笑掉牙的。因之社会上真的游侠，没人会写，没人敢写。而写出来的，就全不是那回事了。

国人的武侠小说，既不敢触到秘密结社，所以写得好，不是写神道设教的那些人，就是写升官发财的那些人。而这两路人，就全不是司马迁说的朱家、郭解者流。写得不好，我就也不必多说了。就以写得好而论，这在意识方面，也教作者很难下笔。小说而忽略了意识，那是没有灵魂的东西，所以我对武侠小说的主张，兜了个圈子说回来，还是不超现实的社会小说。因此，我生平就只反串了两次，而这两次都决不成功。好在是反串，不成功也无所谓。倘若真有人能写一部社会里层的游侠小说，这范围必定牵涉得很广，不但涉及军事、政治，并会涉及社会经济。这要写出来，定是石破天惊、惊世骇俗的大著作，岂但震撼文坛而已哉？我越想这事越伟大，只是谢以仆病未能。

另外，我有一部武侠小说，叫《中原豪侠传》，那是后若干年在《南京人报》上发表的。故事是说晚清王天纵这类人物，那是河南朋友告诉我的。这书后在重庆出版。其实这已不是纯技击小说，而是一个故事的演化。顺便附带报告于此。

二十七 忙的苦恼

在民国十九至二十年间，这是我写作最忙的一个时期。其实我的家用，每月有三四百元也就够了，我也并不需要许多生活费，所以忙者，就是为了人情债。往往为了婉谢人家一次特约稿件，让人数月不快。所以我在可以凑付的情况下，总是给人家答应写。就以二十年开始说，当时，我给《世界日报》写完《金粉世家》，给《晚报》写《斯人记》，给世界书局写《满江红》和《别有天地》，给沈阳《新民报》写《黄金时代》。整理《金粉世家》旧稿，分给沈阳东三省《民报》转载。而朋友的特约，还是接踵不断，又把《黄金时代》改名为《似水流年》，让《旅行杂志》转载。我的慈母非常地心疼我，她老人家说我成了文字机器，应当减少工作。殊不知这已得罪了很多人，约不着我写稿的“南方小报”，骂得我一佛出世、二佛涅槃。

这样的忙法，有了一年，而北平《新晨报》又改组。主持人全是极好的熟友，没法子，我给写了一篇《水浒别传》。这书是我研究《水浒》后，一时高兴之作，写的是打渔杀家那段故事。文字也学《水浒》口气。这原是试试的性质，终于这篇《水浒别传》有点成就，引着我在抗战期间写了一篇六七十万字的《水浒新传》。后文再说。由这些事情类推，我的忙，是无法减少的。我曾自己再三打算，怎样可以躲去这些文债。始终找不到一个良策。不久，九一八国难发作，新约才少见来。记得这一年中，人家问我情形怎么样，我的答复是苦忙，而这份苦忙，日本人都为之注意。记得某文人到日本，日本人正式问他，张恨水发表的写作为什么那样多？我知道，这可以让人家误会，我是一个唯利是图、粗制滥造的文人，但我为了少写，被人损骂的情形，有谁了解呢？

就文字批评我，我是始终乐于接受的。记得有一册前进的杂志，在某一期，由第一页至最后一页，几乎全是骂张恨水。朋友寄给我看了，我倒很钦佩，有些地方，骂得我是很对的，我正可以予以改进。像《论语》上也挖苦我，我就一笑置之。我觉得他们并不比我前进着多少。至于那些小报，就骂得我啼笑皆非了。有人说，我的写作，全是假的，有一老儒代为执笔。也有人反问，这老儒为什么不出名，一切便宜张恨水呢？他们说另有秘密。也有人说，小说是我作的，但不是我写的。学了外国办法，张恨水说，别人写。这样代写的人，共有三位之多。更有人说，我写小说，是几个人合作，由我一个人出名，得钱瓜分。甚至还有人说，有一位女士代我写小说，她不便出名。张恨水本人，根本狗屁不通。我看到这些黄色记载，除了发笑，简直不能作一个字的辩白。而且我想，果然有那么一位女士代写，那是几生修到的事情，若宇宙里真有这么回事，也是很有趣的呀。总而言之一句话，就是合了那句俗言："人怕出名猪怕肥。"社会上名字老被人提着的，多是盛名难副，而我尤甚！我少应酬，卖剪刀又必写出"真正王麻子"不可，其必给小报添些材料，倒也似乎是理有固然了。

二十八 《新闻报》的续约

这里要回忆到我和《新闻报》的继续契约。在《啼笑因缘》登完以后，因事前的接洽，《新闻报》又登了一篇武侠小说。但这时的武侠小说，已经不大合乎上海人的口味了。所以不等那小说登完，独鹤君就再三地写信给我，要我再写一篇，而且希望长一点的。我因为中国连年苦于内战，就写了一篇《太平花》。这小说的意识，在题目上是可以看得出来的。但也有我的苦处，那时，我既住在北平。这里也脱离不了内战的圈子，下笔不能不慎重考虑。因此，我写的内容、地点、人名、时间，一齐给它一个含混不清，大概地说，就是前两年的事，地点是在黄河两岸吧？

二十九 《太平花》

这样，就不会触犯到谁了。故事是写人民流离之苦，而穿插着一段罗曼斯。不料写到了一半的时候，九一八事变。这时，全国的人民，都叫喊着武装卫国，我这篇小说是个非战之篇，大反民意，那怎么办呢？而《新闻报》的编者也同有此感，立刻写信给我，问何以善其后？我考虑着这只有两个办法。第一，书里的意识，一百八十度大转弯跟着说抗战。第二，干脆，把这篇腰斩了，另写一篇。考虑的结果，还是采取了第一个办法，说到书中主角，因外祸突然侵袭，大家感到同室操戈不对，一致言好御侮。陡然一个转变，自是费了很大的力气，而全书的故事也不能不大为改变了。后来书作完了，自己从头到尾，审查过一遍，修订过一遍，居然言之成理，二十二年，也就出版了。抗战期间，后方也要出版，但到出版的日子，日本人又投降了。在日本人已经投降之后，我们还要提倡战争，也觉得不对。于是我又来个第二次订正。三十四年，我到上海，将订正本交给书局，言明以后出版，以此为准，原版给它消灭了。《太平花》这部书，不是什么了不起的写作，但在这两度大修改之下，也就可以看到“白云苍狗”，人事是变幻得太厉害了。

三十 抗日的方向

九一八国难来了，举国惶惶。我也自己想到，我应该作些什么呢？我是个书生，是个没有权的新闻记者。“百无一用是书生”，唯有这个时代，表现得最明白。想来想去，各人站在各人的岗位上，尽其所能为罢，也就只有如此聊报国家于万一而已。因之，自《太平花》改作起，我开始写抗战小说。不过中日之战虽起，汪精卫这班人的口号，是一面抵抗，一面交涉。所以，尽管忿愤不平，谁也不敢公然反对日本，政府就不许呀。我所心向的御侮文字，也就吞吞吐吐，出尽了可怜相。

那时我在北平，在两个月工夫内，写了一部《热血之花》，主题是国人和海寇的搏斗，当然，海寇就指着日本了。另外，我出了一个小册子，叫《弯弓集》，都是些鼓吹抗战的文字。这个，我没有打算赚钱，分在上海、北平出版。这谈不上什么表现，只是说我写作的意识，又转变了个方向。由于这个方向，我写任何小说，都想带点抗御外侮的意识进去。例如我写《水浒别传》，我就写到梁山招安以后，北宋沦亡上去。但我不讳言，这些表现，都是很微妙的，不会有什么作用可言。仅仅说，我还不是一个没灵魂的人罢了。想不到这个，也会引起日本人的注意，他们曾向在北平的张学良提过抗议，后来，我也终于离开了北平。

三十一 《东北四连长》

当我在《新闻报》写了一年小说之后,《申报》方面，就有人约我写小说。而我首先以忙婉谢了。后来有朋友告诉我，国内两大报的长篇，都归我一人包办，那自然是盛举，但也应当考虑到文坛上的反应，这是我早有同感的。我为人向来不拆烂污，而一切事情的开始，总有个考虑，既然如此，我就更不要写了。不过这里又牵涉到了友谊问题。上海编副刊的，号称一“鹃”一“鹤”,“鹤”是《新闻报》的严独鹤，“鹃”是《申报》的周瘦鹃。周先生是个极斯文的写作家，交朋友也非常的诚恳。他和我同年，在上海相见之后，非常的说得来。那时《申报》的“自由谈”改载新文艺，鲁迅先生常化名在上面写散文，非常地叫座。“自由谈”原来地盘，改名“春秋”，还是周先生编。他以友谊的关系，一定要我写个长篇。他说，章回体小说，要通俗，又要稍微雅一点，更要不脱离时代，这个拿手的人，他实在不好找，希望我帮忙。我虽然自知够不上那三个条件，而瘦鹃的友谊，必须顾到，终于我给他写了一篇《东北四连长》。

这书名，很显然，就是说东北御侮的故事了。我对军事，是个百分之二百的外行，怎能写起军中生活来呢？也是事有凑巧，我有一位学生，当过连长。他那时正在北平闲着，常到我家里来谈天。我除了在口头上和他问过许多军人生活而外，又叫他写一篇报告。我并答应给他相当的报酬。报酬他不要，报告却写了。我就以另一种方法，帮助了他的生活。在这情形下，有两三个月的合作，我于是知道了很多军中生活，就利用这些材料，写为抗日的文字。

我为什么写四个连长呢？我的意思，那时南京方面，正唱着一面交涉，一面抵抗，实在不能找出一位大人物来作小说主角。还是写下级干部的好。这样，也就避了为人宣传之嫌。这长篇登报一年多，并没有什么大漏洞。而这四位连长，我是写他们有三位在长城线外成仁的。多少也给大人先生一点讽刺。后来我在上海遇到电影界的王次龙，他说这不失为硬性的作品，他要编写电影。但以时局的日见严重，这文字却拿不出来。

胜利后，这书已经写过十年了。上海出版商人抄写了报上的稿子，寄我审查，要我出版。我自己看了一看，我有些失笑。因为经过八年的抗战，又经过世界二次大战，就根据我在书报上看的战事新闻而论，我当时描写的是太幼稚了。不过书中的个人故事，倒还可以利用。于是我把作战部分的描写，完全删掉，只着重故事的发展，结局我以人道主义去发作感慨。这不用说，对于整个宇宙里的战争，我是不赞同的。而这书归到日本人的侵略，逼出战事来，也不大违反原意，就是这样交了卷。书名也改了，利用了那仅传七字的一首诗，“杨柳青青莫上楼”，题曰《杨柳青青》。这书前年已出版，大概到现在是三版了。

三十二 《啼笑因缘》的尾巴

二十二年春，长城之战起。我因为早已解除了《世界日报》的聘约，在北平无事（我在北平后十年来，除了《世界日报》的职务外，只作了《朝报》半年的总编辑，无关写作，所以未提）。为了全家就食，把家眷送到故乡安庆，我到上海去另找生活出路。而避开烽火，自然也是举室南迁的原因之一。

我立刻觉得这是另一世界，这里不但没有火药味，因为在租界上，一切是欢天喜地，个个莫愁。有些吃饱了饭、闲聊天的朋友，还大骂不抵抗主义。在这种过糜烂生活、唱高调的洋场里，文字生涯，依然是宽绰的道路。而我到了上海的第一件事，就是出版业方面，包围我，要我写《啼笑因缘续集》。

在我结束该书的时候，主角虽都没有大团圆，也没有完全告诉戏已终场，但在文字上是看得出来的。我写着每个人都让读者有点有余不尽之思，这正是一个处理适当的办法，我决没有续写下去的意思。可是上海方面，出版商人讲生意经，已经有好几种《啼笑因缘》的尾巴出现，尤其是一种《反啼笑因缘》，自始到终，将我那故事，整个的翻案。执笔的又全是南方人，根本没过过黄河。写出的北平社会，真是也让人又啼又笑。许多朋友看不下去，而原来出版的书社，见大批后半截买卖，被别人抢了去，也分外的眼红。无论如何，非让我写一篇续集不可。我还是那句话，扭拗不过人情去，就以半月多的工夫，写了短短的一个续集。我把关寿峰父女，写成在关外作义勇军而殉难，写到沈凤喜疯颠得玉殒香销，而以樊家树、何丽娜一个野祭来结束全篇。我知道这是累赘，但还不致于拖泥带水。当然，在和我表示好感的朋友都说我不该续的。

三十三　二次加油

在上海住了半年多，安排了一个亭子间作书房，继续我一切没有写完的稿子，没有敢接受什么新契约。不过我于上海，倒有了更多的认识。我以为上海几百万人，大多数是下面三部曲，想一切办法挣钱、享受、唱高调。因之，上海虽是可以找钱的地方，我却住不下去。二十二年夏季，我又回到了北平。

我四弟牧野，他是个画师。他曾邀集了一班志同道合的人，办了个美术学校。我不断地帮助一点经费，我是该校董事之一。后来大家索性选我作校长。我虽能画几笔，幼稚的程度，是和小学生描红模高明无多。我虽担任了校长，我并不教画，只教几点钟国文。另外就是跑路筹款，柴米油盐的琐事，我也是不管的。不过学校对我有一个极优厚的报酬，就是划了一座院落作校长室。事实上是给我作写作室。这房子是前清名人裕禄的私邸，花木深深，美轮美奂，而我的校长室，又是最精华的一部分，把这屋子作书房，那是太好了。于是我就住在学校里，两三天才回家一次。除了教书，什么意外的打扰都没有，我很能安心把小说写下去。

这一阶段，我给《新闻报》写完了《太平花》，跟着写第三个长篇，是《现代青年》,《旅行杂志》的《似水流年》也写完了，改写作《秘密谷》。这书是抽象的，我说大别山里，还有个处女峰，峰下有个秘密谷，里面的人，还是古代衣冠，因为他们和外面社会，隔绝一个时代了。借着这些人，可以象征一些夜郎自大的士大夫。后来那个国王出来到南京，拉洋车死了。因为他不会干别的。这写法不怎么成功，可是这个手法，我变着写《八十一梦》了。同时，我在上海临走以前，接了《晨报》的契约，给他们写一篇以女伶为背景的小说，叫《欢喜冤家》。这时还继续地写。

在我未去上海以前，我还给《世界日报》写了个长篇，叫《第二皇后》。去上海以后，就中断了，回到北平，我也没有继续。这时我住在北平，北平倒没有特约稿。因此，有些人误认我很闲，又来找我写东西。

有两位《新晨报》的朋友，在《太原日报》服务，一定要我写个长篇。磋商数月之久，情不可却，我写了一篇《过渡时代》。这是说社会上新旧分子的矛盾现象，信手拈来，自己不觉得有什么成绩，只听到朋友说，还有趣而已。因为《南京晚报》也要稿子，我就多抄了一份，两地发表，算是多完了一份人情。

这时，我虽忙，却不像二十年那样忙。借了学校的好环境，多看一点书。每当教授们教画的时候，我站在一旁偷看，学习点写意的笔法。并直接向老画师许翔阶先生请教，跟他学山水。这算是二次加油时代吧。

三十四 西北行

自九一八以后，东北整个沦陷，国人鉴于国土日蹙，就有开发西北，以资补救的想法。西北自唐宋以来，日渐荒芜，于今是大片的成了不毛之地。想用西北的土地，来补救东北所失生产，那根本是不可能的事。西北无水，无森林，无矿产，无交通，一切都谈不上。但开发西北这个呼吁，究竟是不错的，便是东北没有沦陷，也该去开发。所以那个时候，很多人都想到西北去看看，以求得一个认识。我这时除了写作，没有固定的职业，倒是落得趁机一行，于是我就赶写好了约一个足够用的稿件，于二十三年五月十八日由北平到西北去。

我原来的计划，先到陕西，再到甘肃，由甘肃往新疆，回头经河套，由平绥路回平。预定的旅行日期是半年。我知道西北旅行，用不了多少钱，带了学校里一位工友，两个人共预备了一千五百元的川资。后来又打听得汇兑还十分方便，带多了钱，也不好，又减少了五百元。行程先是南下，坐平汉车到郑州。在郑州改坐陇海车到洛阳。本来由郑州可以直达潼关的，但这个历史名都，我总得看看。所以到洛阳游历了几天，才去潼关。当年，陇海路只通到潼关为止。在潼关住了几天，上了一趟华山，重回潼关，才坐汽车去西安。在西安住了将近半个月，然后坐汽车到兰州。在兰州的时候，我原是打算继续西行，因接到上海几封电报，劝我别去新疆。兰州朋友，也告诉我新疆的盛世才是不好惹的，去了不得回来，那可是个麻烦。而且由兰州到猩猩峡，猩猩峡到迪化，路途遥远，交通工具也有问题。这样，我只好在兰州徘徊着，最后，依然坐了便车回西安。

这一次旅行，虽然没有完全符合我的愿望，但是我拜访了我们祖先的发祥地。在历史上，在儿童时代所读的经书上，许多不可解的事，都给我解答了。我的游历，向来是不着重游山玩水。因为山水是静的东西，在人生过程中，除了大遭难，很少有变迁。唐宋人看了那山水，作下一篇游记，可能现在去看，还是那样，你再写一遍，也不见得有什么新鲜。何况那里的山水名胜，也不断的有人记载。我的游历，是要看动的，看活的，看和国计民生有关系的。我写出来，当然也是如此。这种见解，也许因为我是个新闻记者的关系。新闻记者是不写静的、死的事物的。

在我去西北的时候，陕甘的军政当局，颇为注意，以为我去干什么？虽然有人说我是找小说材料来的，但很难引起人家的相信。因为很不容易遇到这种傻人而发这种傻劲。这我得感谢布衣主席邵力子。他原和我认识。在潼关，我托县长给我通了个长途电话，邵先生就答应用省政府的便车接我。到了西安，邵先生因坠马受伤，病榻边一度谈话，他非常地了解我。他对人说，张恨水是个书生。大概他暗示着部下，给我一点礼貌就够了。此外是尽量给我创作上的便利，而绥靖主任杨虎城也就这样办了。

在西安几天之后，各方面全明白我真是来找材料的，大批的碑帖，大部头的县志书，纷纷用专人送给我。还有那社会上的热心人士，跑到旅馆里和我长谈，把民间疾苦，向我和盘托出。其中有一位军官，愿意和我共坐一架战斗机去天水看看。坐战斗机这勇气我虽然还有，可是我考量我的身体，恐怕不行。只好婉谢。然而这证明一个人若为他的工作而努力，而没有其他企图的话，是很能引起人家的共鸣的。因此，我由西安去兰州，就得着公路局的伟大帮助，和总工程师同坐一辆轿车而去。这轿车是宋子文留在西安的，其舒适自不待言。连我同行的那位工友，也沾着很大的光，坐了公路局的工程车。要不然，西北公路的初期交通，是有让人难于忍受的艰苦的。

三十五　西北回来

在陕甘一度旅行，自然是得着关于历史的教训不少。但我更认识了中国老百姓真有苦的呀。陕甘人的苦，不是华南人所能想象，也不是华北、东北人所能想象，更切实一点地说，我所经过的那条路，可说大部分的同胞，还不够人类起码的生活。你不会听到说，全家找不出一片木料的人家；你不会听到说，炕上烧沙当被子盖；你不会听到说，十八岁的大姑娘没裤子穿；你不会听到说，一生只洗三次澡；你不会听到说，街上将饿死的人，旁人阻止拿点食物救他（因为这点救饥食物，只能延长片时的生命，反而增加将死者的痛苦）。由民国初几年起，陕甘人民坠入了浩劫的深渊。十九年的旱灾和西安一年的围城，发生了人间不可以拟议的惨象。我到陕西的时候，浩劫已过两年多，而一切遗痕都在。人总是有人性的，这一些事实，引着我的思想，起了极大的变迁。文字是生活和思想的反映，所以在西北之行以后，我不讳言我的思想完全变了。文字自然也变了。

我为了要描写西北那些惨状，曾用一种倒叙法，将十九年的灾情写出。将一个逃难的女孩子为骨干，数年之间，来回两次西北，书名是《燕归来》。这书发表于《新闻报》，后在上海出版，天津也有人盗印。敌伪时代，曾拍电影，听说被日本人禁止。《燕归来》之外，我又写了一部同类的小说，叫《小西天》。这是用名剧《大饭店》的手法，以西安一个大旅店为背景，写着各阶层的人物。这书紧接着《东北四连长》发表于《申报》。

由西北回来，我自然是先回上海接洽稿件。但我有意找西北一个反照面，我也和阔人一样，立刻跑到庐山去避暑。在五千公尺的牯岭上，面对着那些夏屋渠渠的富贵山谷，我住了一个多月。不过这里材料虽多，我却没有勇气去写，写了谁和我出版呢？我只写了一篇轻松点的《如此江山》，在《旅行杂志》上发表，那是全以庐山风景为背景的。

对西北的印象，我毕生不能磨灭。每当人家嫌着粗茶淡饭的时候，我就告诉人家，陇东关西一带，人民吃莜麦的事实。莜麦是一种雀麦磨的粉，乡人只用陶器盛着，在马粪上烤干了吃，终年如此。不但没有小菜佐饭，连油盐都少见的。所以那里的东方人，盛传着老百姓过年吃一顿白面素饺子，活撑死人的故事。因此，我每每想着，我们生长在富庶之区，对生活实在该满足。

三十六　参加《立报》

二十三年秋季，我又回到了北平，还是住在美术学校。我继续写着上海几家报纸的小说为活。《晨报》的《欢喜冤家》完了，我换了个长篇《北雁南飞》。这书是满清末年，一段不自由的婚姻。因为我觉得写当前的社会小说太多了，故意写个有历史性的。这一年的小说不太多，经常是四五篇在手边写。

约莫是一年工夫，北国的风云，时紧时松，我也有点感觉，北平终非乐土，又动了全家南迁之意。在二十四年秋天，成舍我君邀着一班朋友，在上海创立小型报《立报》，约我南下，担任一个副刊编辑。他知道我不能久住上海，约以三个月为期，我也就答应了。

《立报》由事务人员到编采人员，可以说人才济济，那由于加入这公司的股东，都是老新闻记者的缘故，他们拉拢人才，自然是比较容易。我于十月间到上海，替《立报》编一个副刊，叫《花果山》，我并自写了一篇小说，叫《艺术之宫》。这个题材，是以模特为背景的。写一个守旧的女子，为家穷而去学校当模特。完全是以一个悲剧姿态出现的。自信和他人写模特不同。这书写完之后，好几个出版商要出版，竟因搜罗报上稿件不易，未能实现。

我在上海约期既满，正打算回来。一夜之间，接到北平的两个急电，叮嘱缓归。那时，平津一带，迭次出事，冀东已出现伪政府。我知道事情不妙，就中止北行。过了几天，得着家信，说是日本人捉拿北平文化界人士，有张黑名单，区区竟也忝列榜尾。我根本已不留恋北平了，自然就不冒那险而北上。

三十七　办《南京人报》

我虽然讨厌上海，我的生活，却靠了在上海的发表文字，要离开上海，而又不能离得交通不便的地方去。于是我临时选择了个中止地点，南京。南京除了到上海很近，到故乡也很近，而尤其可以住下的，是朋友很多。

我在南京住下两三个月，除了写稿子，只是和朋友谈天。而我对于南京，又有个不好的印象。在很早以前，欧美人士，就预算出来了，一九三六，将是世界大战年。当时德、意、日军事力量的疯狂发展，正吻合了这些预言。以南京首都所在，人才荟萃，对于这个说法，应该有所感觉。可是南京士大夫阶级，很能保持“六朝金粉”的作风，看他们的憩嬉无事，不亚于上海，我又想走，但我向哪里去呢？国内找不着桃花源，而我又需要生活，正徘徊踌躇着，老友张友鸾君鼓励我在南京办一张小型报。不过他比我还穷，钱是拿不出来的，只能出力。这时，我私人积蓄，还有四五千元。原来的打算，是想在南京附郊，买点地，盖几间简陋的房子，住在乡下，钱是够了的，就因为我对南京已不感觉兴趣，这计划没有实现。这时据友鸾的计划，在南京出一张小型报，一切印刷条件在内，开办费只需三千多元，我尽可拿得出来。我原来还是有点考虑，经友鸾多方的敦促，我见猎心喜就答应了。

经过两个月的筹备，我约共拿出了四千元，在中正路租下了两幢小洋楼（后来扩充为三幢），先后买了四部平版机，在《立报》铸了几副铅字，就开起张来，报名是《南京人报》。读者在报上或尚可看到《南京人报》消息，就是那家报。不过胜利以后，我为了和陈铭德先生北上办《新民报》北平版，我以最大的牺牲，报答八年抗战的友谊，把《南京人报》让给友鸾去办了。现在的《南京人报》与我无关，附带一笔。

办《南京人报》，犹如我写《啼笑因缘》一样，震撼了一部分人士。这报在不足一百万人口的南京市，出版第一日，就销到一万五千份。我当然卖老命。张友鸾君和全部同人（我们那个报，叫伙计报，根本没有老板），没有一个人不使出了吃乳的力气。我那时的思想，虽还达不到“新闻从业员有其报的程度”，可是全社的人，多少分一点钱，我却是白尽义务，依然靠卖稿为生。我并不是那样见利不取的人，因我有个奢望，希望报业发达了再分红。自己作诛心之论吧，乃是“欲取姑予”。不过“予”的数目很可笑罢了。除了印刷部是照其他报社一律待遇，总编辑才拿四十元一月的薪水，副社长支薪一百元，还编一个副刊，又写一篇小说。普通编采人员，月支二十元。请问，我怎忍心要钱？但这点与同人共甘苦的精神，把《南京人报》办得如火如荼，让许多人红眼。我并非卖瓜的说瓜甜，我这点经验，觉得还值得介绍出来。可见穷办报也未尝办不好。

我在《南京人报》，除了管理社务，自编一个副刊，叫《南华经》。自写两篇小说。一篇叫《鼓角声中》，写着受日本人威胁的北平。一部就是近乎武侠小说的《中原豪侠传》。我写这篇武侠小说，不讳言是生意经。但我对武侠小说的见解，已如前文，所以这篇《中原豪侠传》，更写得近乎事实。而是以辛亥革命前夕，河南王天纵的故事作影子。并请刘亢先生每日插一幅图。出乎意料，这篇小说比《鼓角声中》还叫座，我倒是聊可自慰的。除了这些，我每日还自写许多散文，和一篇故事新闻，所以每日直到夜深三时才回家。我这种苦干，博得许多朋友帮忙。例如远在北平的张友渔兄，无条件地给我写社论。一度盛世强兄在北平和我打长途电话，也是义务。而张萍庐兄编了一年的《戏剧》，只拿了一个多月稿费，令我至今不忘。

三十八　被腰斩的一篇

我办报既然还靠稿费为生，写作自然是要加多。我统计一下，这时是《新闻报》写《燕归来》结束，改写《夜深沉》，《申报》《小西天》完了，改写《换巢鸾凤》，《晶报》有一篇《锦片前程》，登了两三年了，因为登的太少，还在写。《立报》继续着《艺术之宫》，无锡的《锡报》快将《天上人间》的旧稿登完，也开始补写。南京除了《南京人报》两篇，还有《中央日报》的一篇。而《旅行杂志》一月一次的长稿，也短不了，这时我写着《平沪通车》。办报而外，这样多的长篇，我在四十之年，又发挥牛马精神，而作文字机器了。

提到在《中央日报》写稿，这倒有一段小插曲。开始，我是无意在《中央日报》写稿的，因为我不会党八股。那时总编辑周邦式，是《世界日报》老同事，再三地要我写，我就只好答应下一篇。为了适合人家的环境，我写的是太平天国逸事《天明寨》。那几年，我特别地喜欢看太平天国文献，所以有此一举。这书里说了许多天国故事，还很能引起读者的注意。书完了，《中央日报》又要我写，我就写了一篇义勇军的故事，以北平为背景，叫《风雪之夜》。大概也写了四五个月了，忽然周君给我来封信，说对我的稿子，“奉命停刊”。不客气地说，腰斩了。我根本是应酬朋友，并不在争那每月百十元的稿费，停了就停了罢。但为什么命令停刊，值得研究。我当然不便问老友周君，我想，是写的不通，不至于。左倾？谈不上。腐化，这样的题材，会腐化吗？后来打听，什么也不是，是有人告了我一状，说我的稿子，不应见于《中央日报》。好像我在《中央日报》登了稿子，就身价十倍。而《中央》副刊登了我的稿子，就白璧青蝇了。既然如此，也就算了。

不过，这事也未完全过去。抗战期间，大家到了重庆，告状的人，也就为了文人团结，变成了好友。我丝毫不感觉什么，倒是那几位朋友，透着过意不去，和我表示好感。当《中央日报》在重庆出版的时候，又有人拉我写稿，而且不止一年，不止一次。我当然没有求腰斩的洋瘾，只好微笑婉谢。人家不明这原故，疑心到我故唱高调，自抬身价，那是错误的。直到胜利以后，路过南京，友人卢冀野君编了一版《中央日报》类似国故的副刊，活逼着我要稿子。一次安徽代表请愿席上，卢君用绑票的手段，即席命题，要我交卷。我当时没带老花眼镜，就在茶几上，用纸条而摸索着写了二三百个字，算是名字重见于《中央日报》。屈指计之，已十个年头矣。

三十九　在南京苦撑的一页

《南京人报》办了一年多，终于大难来临，中日战事起了。八月十五日，日本飞机，空袭南京，立刻将南京带进了严重的圈子里去。一切的稿子都不能写了，但报却是要办。这个报，开始就是小本经营，自给自足的。这时，南京人跑空了，没有人看报，更没有广告，报社的开支，却必须照常。我身为社长，既是家无积蓄，又没有收入，那怎么办呢？让我先感谢印刷部全体工友，他们谅解我，只要几个维持费，工薪自行免了。甚至维持费发不出来也干。他们为了抗战而坚守岗位，不愿这“伙计报”先垮，而为“老板报”所窃笑。这实在难得之至！编采同人更不用说，除了几个胆小的逃去芜湖（后来又回来了），全体十之八九同人，拍拍颈脖子，“玩儿命，也把《南京人报》苦撑到底”。张恨水有这样的人缘，那还有什么话说，我就咬着牙齿，把《南京人报》办下去。这时，全部家眷，疏散到离城十几里的上新河去住。我在报社，由下午办理事务和照应版面，一直到次日红日东升，方才下乡。下乡之后，什么也不干，就是放倒头，补足这一夜睡眠。醒来之后，吃点东西，又赶快进城。这“进城”两个字，在当日并非简单的事，每每行到半路途中，警报就来了。南京城郊，根本没有什么防空的设备，随便在树荫下、田坎下把身子一藏，就算是躲了警报了。飞机扔下的炸弹，高射炮射上去的炮弹，昂起头来，全可以看得清清楚楚，那种震耳的交响曲，自然也就不怎么好听。但身入其境的，是无法计较危险的，因为天天的情形都是如此，除非不进城，要进城就无法逃避这种危险。炸弹扔过，警报解除了，立刻就得飞快地奔到报社。其实这种危险，倒没什么痛苦，至多是一死而已。而到了报社，立刻把脑子分作两下来运用，一方面是怎样处理今晚上的稿件，一方面是明天社中的开支，计划从哪里找钱去？这个时候，不用说向朋友借钱有着莫大的困难，就是有钱存在银行里，也受着提款的限制，每日只能支取几十元。二十四小时，无时不在紧张恐慌中挣扎。这样的生活，是不容日久支撑维持的，不到一个月，我就病了。病得很重，主要的病症，是恶性疟疾，此外是胃病、关节炎。报社里的事，只好交给别人，我就在上新河卧病。虽然卧病，问题也不简单，自己的家眷和南下逃难的亲属，一家之中，集合到将近三十口人。不说生活负担，不是个病人所能忍受，而每当敌机来空袭的时候，共有十七八个孩子，这就让人感到彷徨无计。因之这一时期中，没有写作，也没有心去看书，几乎和三十年来的日常生活完全绝缘了。因为病，我是十一月初首先离开南京，到芜湖医院治病。病将好，南京也快陷落了。我和家眷在安庆会合，再避居故乡潜山县城。《南京人报》于十二月初，南京陷落的前四五日停刊。由我四弟负责收束，结束了我办报的一页。

四十　入川第一篇小说

我在二十六年十二月底，离开了故乡潜山，由旱道到武昌，乘轮到汉口。因为《南京人报》在结束时期，借了朋友两千多元，并无借据。这位朋友，是径向四川去了。为保持信用，我必须还这笔钱。四弟同意我这办法，把一部分机器、铅字，用木船载着，由南京溯江西上，最后的目的地，也是重庆。这意思是或者在重庆复刊，或者卖了机器还债。我是债务人，自然得赶向重庆。后来就走的是第二条路。

二十七年一月十日，我到了重庆，去《新民报》在渝复刊之期，只有五日。同事张友鸾君，原早在《新民报》当过总编辑，这时是主笔，他建议陈铭德君，约我加入《新民报》。我根本无事可做，就答应了。但我和《新民报》合作，不自这时起，在前四五年，我写了以电影题材为故事的小说《旧时京华》，在《新民报》发表过，但未登完。二十五年，我也写了一篇《屠沽列传》，在《新民报》发表，这书是和《武汉日报》、成都另一家《新民报》，三家合载的，也因故未能登完。这该算是我们三度合作了。

那时，《新民报》是由一张对开报，改为小型四开的。倒有两个副刊。一个副刊叫《最后关头》，由我编，我并由社方的要求，写一篇小说，叫《疯狂》。为什么叫《疯狂》呢？在南京，在武汉，我看到有许多爱国有心、请缨无路的人，十分的感慨，觉得爱国也有包办之可能了。在汉口，我四弟叫我不必西上，机器丢了罢，回大别山打游击去。他说，在武汉有一部分同乡青年，有些主张，希望我年长一点，出来协助。我不但赞助，且非常兴奋，就写了个呈文给当时的第六部，请认可我们去这样办。我们不要钱，也不要枪弹，就是要第六部的认可，免得故乡人发生误会，然而被拒绝了。虽然我四弟终于打了一年的游击，那是另外找的一条路线。我对这事，非常地愤慨，觉得有爱国而发狂的存在，所以我就写了这篇小说。

可是，重庆为战时首都，写文章不能那样随便，《疯狂》这篇小说，越写越胆小，到写完的时候，几乎变了质。书写完，发现全违背了我的本意，连报上的陈稿，我也不愿剪集，更不用说是出版了。这是我抗战军兴后，第一次写作的失败。

四十一　游击队

在《疯狂》发表的期间，老友张慧剑兄，到了重庆。原还没有加入《新民报》，而是替《时事新报》编一版副刊。他非要我写一篇小说不可，我抽空写了个中篇，叫《冲锋》，是写日本人侵犯天津时的一段人民自卫故事。后来慧剑建议，可改名《天津卫》，以双关的意义来笼罩一切。这意思当然很好。不过这书在三十年出版的时候，我得着许多游击队的消息，又鉴于大后方豪门的生活，令人愤慨。于是我在书前后各加上了一段，将书名改为《巷战之夜》。我的小说单行本，恐怕要以这书和《银汉双星》是字数最少的了。

提到游击队，我曾另外写过几篇，计有发表于香港《立报》的《红花港》（编者注：应为《桃花港》）、《潜山血》（此篇未写完），立煌《皖报》的《前线的安徽，安徽的前线》，《申报》汉口版的《游击队》。这两篇也都没有写完。在立煌《皖报》发表的那篇小说，我完全以安徽人的关系，大半义务地写稿，并没有含着任何作用。可是安徽的统治者，认为这篇小说，夸张了游击队，那是和他们的政治作风不对的，也宣告了腰斩。写游击队有什么不对呢？我决不因未能写完而灰心。相反的，我更积极地搜罗材料。重庆也很有几位朋友，愿供给我这路材料。但究因这路材料太片断、太零碎，不能集合成书。这话现在可以公开，《新华日报》的资料室，就曾允许我任意索观有关文件。我很惭愧，我竟无以报命而写成一部书。其实这里面可歌可泣的故事是太多了。希望将来有人写一个宝贵的长篇。

四十二 抗战小说

我在重庆从二十八到三十年，这是我生活最艰苦的一段，自己由重庆扛着平价米，带到十八公里的南温泉去度命。所以我还不能不努力写稿。那时，上海虽然沦为孤岛，《新闻报》还不曾落于汉奸之手，重庆到上海的航空信，可以由香港转。《新闻报》继续要我写稿，我就写完了《夜深沉》，又继续着写了一篇《秦淮世家》，这是以歌女为背景，而暗射着与汉奸厮拼的。最后，我就写《水浒新传》了。

《水浒新传》当时在上海很叫座。那完全吻合上海人“过屠门而大嚼，虽不得肉，聊以快意”的口味。书里写着水浒人物受了招安，跟随张叔夜和金人打仗。汴梁的陷落，他们一百零八人，大多数是战死了。尤其是时迁这路小兄弟，我着力地去写。我的意思，是以愧士大夫阶级。汪精卫和日本人对此书都非常的不满，但说的是宋代故事，他们也无可奈何。这书里的官职、地名，我都有相当的考据。文字我也极力模仿老《水浒》，以免看过《水浒》的人说是不像。书写到四十多回，太平洋战起，上海已整个沦陷，我才停止寄稿。三十二年，我受书商之托，加上二十多回，完成了这部书，共六十多万字。抗战期间，这是我写的最长的一部了。

二十九年，我另写了一篇《大江东去》，发表于香港。中间有日本屠杀南京人民的一段描写。三十一年出版，这倒是销数较多的一部书。在大后方，仅次于《八十一梦》。这书在美国听说有节译本，发表在报上。报，我未之见，是朋友告诉我的。

四十三 《八十一梦》

《八十一梦》这部书，在大后方是销路最多的一部，延安也翻过版（《水浒新传》好像也翻过）。这书我不敢说是什么好作品，但在“痛快”两字上，当时是大家承认的。

在《疯狂》写得我无法完篇的时候，我觉得用平常的手法写小说，而又要替人民呼吁，那是不可能的事。因之我使出了中国文人的老套，“寓言十九托之于梦”。这梦，也没有八十一个，我只写了十几个梦而已。何以只写十几个呢？我在原书楔子里交代过，说是原稿泼了油，被耗子吃掉了。既是梦，就不嫌荒唐，我就放开手来，将神仙鬼物一齐写在书里。书中的主人翁，就是我。我做一个梦，写一个梦，各梦自成一段落，互不相涉，免了作社会小说那种硬性熔化许多故事于一炉的办法。这很偷巧，而看的人也很干脆地得一个印象。大概书里的《天堂之游》《我是孙悟空》几篇，最能引起读者的共鸣。书里我写着一个豪门，有一条路可通半空，给它添上个横额，“孔道通天”。朋友都说，这太明显了。又孙悟空和一位通天圣母斗法而失败，朋友也说这可能是个“漏子”。某君为此，接我到一个很好的居处，酒肉招待，劝了我一宿。最后，他问我是不是有意到贵州息烽一带，去休息两年？我笑着也就只好答应“算了”两个字。于是《八十一梦》，写了一篇《回到了南京》，就此结束。

事过境迁，《八十一梦》，无可足称。倒是我写的那种手法，自信是另创一格。《新华日报》曾有几篇批评，谈到了小说的形式问题。

四十四　生活材料

在抗战期间，大后方的文艺，也免不了一套抗战八股。这个问题，曾引起几次论战。当然，在抗战期间，一切是要求打败日本，文艺不应当离开抗战，这是对的。不过老是那一个公式，就很难引起人民的共鸣。文艺不一定要喊着打败日本，那些间接有助于胜利的问题，那些直接间接有害于抗战的表现，我们都应当说出来。当年大后方时常喊着“讳疾忌医”的这句成语，因此有些从事文艺工作的人，就不注重公式的抗战文艺了。

我向来看得我自己很渺小，没有把自己的作品，看着能发生多大的作用。严格地说，不但是我，一切从事文艺的人，应该有这个感想。从国民党执政以来，压根儿就没有重视过文艺，至多，录用几个御用的政论家，就算没有忽视文艺，一直到最近，他们这个作风没有改。所以这二十多年来，文艺家为生活所苦，为思想束缚之苦，没有法子产生伟大的作品。像我这样车载斗量的文人，自是写不出有分量的东西。我也就变了那公式的文章写法。在此期间，除了和《旅行杂志》，写了一篇无关痛痒的《蜀道难》而外，我另辟了一条路线去找材料。计在《新民报》发表的，有一篇极长的《牛马走》，和一篇二十多万字的《第二条路》(后在上海出版，改名《傲霜花》)。还有一篇二十多万字的《偶像》。接着《蜀道难》，给《旅行杂志》写了《负贩列传》(后来改名为《丹凤街》)。这里所写的人物，都是趋重于生活问题的，尤其《牛马走》《第二条路》和《负贩列传》。

抗战是全中国人谋求生存，但求每日的日子怎样度过，这又是前后方的人民，所迫切感受的生活问题。没有眼前的生活，也就难于争取永久的生存了。有这么一个意识，所以我的小说是靠这边写。可是，当年在大后方的报纸杂志受检查，而书籍也是受检查的。我既靠写作为生，我决不能写好了东西而“登不出来”（当年《新华日报》被检的文字，以此四字作声明）。所以我虽然要写人民生活，只是在写作技术上兜圈子，并不能做什么有力的表现。

在三五年间，我例外地写了一篇纯军事的小说，那就是《虎贲万岁》。我说过，对军事是百分之二百的外行，怎么写军事小说呢？在《虎贲》序文上，我交代得很清楚。乃是在常德作战的残余官长，有两个参谋，他要求我写的。他们无条件地，借给了许多作战文件我看。同时，这两个参谋，并不断地到我茅居里来现身说法。这个要求，几乎有一年之久，我为他们的诚意所感动，就写了这篇小说，而直到胜利以后才完卷。至于他们何以要这样做？他们说是对那战死的一师人，聊尽后死者的责任。我相信，这不是假话，因为他们并无所得，也无所求。我写战地里的一个伙夫，都是真姓名，而这两位参谋的姓名，为了避嫌，却不在其列，这是可以证明他们的态度的。

四十五　茅屋风光

我这里所说的生活材料，是眼见社会上一般人的生活，而不是我个人的生活。我个人的生活不会明显地反映到文字里去。但文字终究是生活的反映，人不经过某种生活，是不会写出某种文字的。我觉得我自己没有生活上一种艰苦的锻炼，就不会知道人家吃苦是什么滋味，自己也就体谅不到吃苦。天下尽有在咖啡座上可以谈农人辛苦的人，但是怎样地谈下去，决不能丝毫搔着痒处。我虽然没有历尽人世的艰辛，可是社会各阶层，我都有过亲切的接触，而我们身为知识分子，在战前很不容易得着的茅屋生活，我就过了七年。自信，这种环境，比我读了许多书的教训还要深切有益。这对于写作，不但有莫大的帮助，就是对于为人，也有了莫大的指示。这一点，倒不宜抛弃的。我写的是写作生涯回忆，既涉及写作，而又是生涯的事，我也不妨写一点。

因抗战而入川的人，像潮水一般的涌到了四川，涌到了重庆，重庆的房子立刻就成了不能解决的问题，加之二十八年夏季的日机大轰炸，将重庆的房子，炸去了十分之五六，让在重庆住鸽子笼的人，都纷纷地抢下了乡。乡下也是没有房子的，于是下乡的人，就以极少的价钱，建筑起国难房子来居住。这种国难房子，是用竹片夹着，黄泥涂砌，当了屋子的墙，将活木架着梁柱，把篾子扎了，在山上割些野草，盖着屋顶。七歪八倒，在野田里撑立起来，这就是避难之家了。这种房屋，重庆人叫着捆绑房子，讲的是全用竹篾捆扎，全屋不见一根铁钉。

我也有这样一所茅屋，但这茅屋不是我盖的，也不是我租的，是朋友送的。原来我住在一幢瓦屋子里，有两间房，相当的干净，房东要发国难财，撵我们出去，要卖那房子。这房子后面有十间茅屋，除了出卖了四间，将六间租给了文艺协会。后来文协搬走了，房东是我的朋友，他让我搬了去，议定自修自住，不取房租。我也无须六间屋子之多，住了三间，又让了三间给一位穷教授。于是安居了好多年。除了我故乡那间老书房，这三间茅屋对我的写作生涯，是关系特深的。

在我的小品文集《山窗小品》里，对这茅屋是描写得很清楚的。

简单言之，窗子外是走廊，走廊下是道干涸的山溪，上面架有木桥，直通走廊，木桥那头，是丛竹子。竹子后面，是赶集的石板路，石板路后面是大山。山上原来有树。而国民党的军队，来一回砍一回，砍来将柴卖给老百姓（我说这是一幕喜剧。我们窗子外的树，我们不敢动。人家砍了，还卖给我们拿了钱去。我们真是白痴呀）。这样山就光了。不过，下雨，溪里有洪水；出月，山上有虫声；下雾，眼前现出变幻的风景。这里还是很有趣的。当然，这里却不会引起高人隐士之风。第一，在这涸溪两旁，全是受难的公教人员，穷的教员，穷到自己浇粪种菜。大家见面，成日地谈着活不下去。第二，村子里也有极少数的投机商人，对我们的生活，很是一种刺激。第三，隔了面前这座山，就是孔公馆。孔公馆建筑在一座高山上，绿树葱茏，石磴上拔，环曲千级，四层立体式的洋楼，藏在一个树林的峰尖下。不说里面的布置，单是穿山的这一座防空洞，里面有无线电，有沙发，有电话，也就可知是阔绰了。这不过是无数孔公馆之一，孔院长、孔夫人、孔二小姐根本不来，只有几十个副官，在这里落寨为王，打家劫舍。这不但文艺人看了心里不平，所有的老百姓，都侧目而视。这一点，往往是引起了我写作的愤慨情绪的。我茅屋里夹壁上，自书了一副对联：

闭户自停千里足；
隔山人起半闲堂。

四十六 《上下古今谈》

我生平所写的散文，虽没有小说多。当我在重庆过五十岁，朋友替我估计，我编过副刊和新闻二十年，平均每日写五百字的散文，这累积数也是可观的。但我的散文，始终用“恨水”的笔名，而为社会所注意的，要算是在《新民报》的《上下古今谈》。当我写第一篇《上下古今谈》的时候，我曾说过，上至宇宙之大，下至苍蝇之微，我都愿意说一说。其实，这里所谓大小也者，我全是逃避现实的说法。在重庆新闻检查的时候，稍微有正确性的文字，除了“登不出来”，而写作的本人，安全是可虑的。我实在没有那以卵碰石的勇气，不过我谈了谈宇宙与苍蝇，这就无所谓。我利用了我生平读历史的所得，利用了我一点普通科学常识，社会上每有一个问题发生，我就在历史上找一件相近的事谈，或者找一件大自然的事物来比拟。例如说孔公馆，我们就可以谈谈贾似道的半闲堂；说夫人之流，我们可以谈杨贵妃；说到大贪污，我们可以说和珅；提到了重庆政治的污浊，我们可以说雾；提到狗坐飞机，我们可以说淮南王鸡犬升天。这样谈法，读者可以作个会心的微笑。但我并没有触犯到当前的人物。

当然，检查人物，他是看得出来的，有时也被扣除了。但很能因文字对表面上的“言之有物”，他们没有理由扣除。当政协初开的时候，我曾一时灵机触动，将满清隆裕的退位诏书，删去不相干的段落，转录一道，作了《上下古今谈》。我并知道，最好不要参加自己的意见，所以文前只有很少的几句介绍话。这篇文字登出来了，在重庆竟是一个雷。有些作会心微笑的朋友，还转录到别的刊物上去，虽是许多朋友们为我捏一把汗。而《上下古今谈》，当时能被社会注意，就在这一点。后来很多人劝我出书，我说这虽是谈古事，实在是有时间性的，出书没多大意思，所以不曾出版。

《上下古今谈》，写了好几年，大概有一千多条，有百万字上下。除了很少数几十条是用文言写的而外，百分之九十几，全是白话。不过都像隆裕退位诏书那样引用恰到好处的，也并不多见。

四十七　散文

为了说到《上下古今谈》，可以顺便谈谈散文。远在北平《益世报》写小说的时候，我就担任过每日一篇的散文。不过《益世报》有宗教的关系，散文不好写。那个时候的散文，全是文言，只是在语助词上兜圈子，除了运用子史格言，很难发挥什么意见。这样的散文，大概写了二三百条，完全是一个作风。那时，给《益世报》写社论的颜旨微君（此君早已去世），就很主张我继续写。但我都以词穷而婉谢了。至于我历年编写副刊，那都是每日为补白而作，虽写的很多，却不成格式，差什么，写什么，差多少，写多少，事后只有送进字纸篓。倒是在大后方，写了两个散文集，一个是《山窗小品》，一个是《水浒人物论赞》。《山窗小品》，就是我在那茅屋写的，写的全是眼前事物。《水浒人物论赞》，那是我搜集当年为《世界晚报》《南京人报》写的稿子，再补上若干篇成的书。关于前者，我走的是冲淡的路径，但意识方面，却不随着明清小品。关于后者，我对水浒人物，用我的意见，对那些人做一个新估价。不过这两部散文，全是文言的，和《上下古今谈》的作风，完全两样。

我本也无意出书，因为在重庆的出版家，要求这样办，我就当古董卖了。

此外，我和国内刊物写的散文，三十年来，也不会太少。三十以前的作品，我自己都淡忘了。三十五岁以后，对散文我有两个主张，一是言之有物，也就是意识是正确的（自己看来如此），二是取径冲淡。小品文本来可分两条路径，一条是辛辣的，一条是冲淡的，正如词一样，一条路是豪放的，一条路是婉约的。对这两条路，并不能加以轩轾，只是看作者自己的喜好。有人说辛辣的好写，冲淡的难写，那也不尽然。辛辣的写不好，是一团茅草火，说完就完。冲淡的写不好，是一盆冷水，教人尝不出滋味。

四十八　斗米千字运动

再回说到抗战时候的写作生活。所有在大后方的文艺人，没一个能例外，都是穷得买不起鞋袜的。有些人教书，有些人当不被重视的公务员，有些人干脆打流浪。我还好，兼作新闻记者，多少有些固定的收入。吃的是平价米，那是征买来的粮食（提到此，让人永远不能忘了四川人），分配各团体机关，再以极廉的价钱，配给薪水阶级人物，所谓平价是也。其实，谈到平价，等于白给。因此，米是古人所谓“脱粟”，仅仅是去了糠。砂子、稗子、谷子，总不下十分之一，我吃饭为挑去这些东西，时常戴起老花眼镜来，其苦是可知的。穿呢，由入川起，三个年头没缝一件小褂子。住，就是那茅屋了。行，这是比吃平价米还要头痛的事。重庆市是山城，无处不爬坡。马路也是在高低不平的山梁上建筑起来的。文艺人没有人能坐得起车轿，而且在重庆，也不忍心去坐车轿。石达开说的话，“万众梯山似病猿”，可以形容这一个轮廓。人力车夫拉上坡，头就和车把靠了地。轿夫上坡，气喘如牛，老远就可以听见。这样，只有挤公共汽车。城里的汽车，挤得窗户里冒出人来。下乡的汽车，甚至等一天，买不着那张汽车票。南温泉到市区十八公里，还要过一道长江。十次至少是五次我是步行。为了争取抗战的胜利，并没有谁发出怨言。可是当我们到疏建区，看到阔人新盖的洋房，在马路上看到风驰电掣的阔人汽车，看到酒食馆子里，座上客常满，就会让人发生疑问：一样在“抗战司令台”畔，为什么这些人就不应该苦？这样，文艺人站在他自己的立场上，呼吁出改善生活来。

在民国二十九年以后，文字在大后方，开始有点出路了。除了报纸收买稿子，也有些刊物出现。写文章的人，所谓改善待遇，当然是以提高稿费为唯一的目标。于是由在桂林的文艺人发出了呼吁，要千字斗米的稿费。若在战前，江南的米，不过是十元以下一担。小都市里，四五元就可买到一担米了。一斗米的价值，不上一元钱，这种要求，可说是极低。可是大后方的粮价，始终是涨得太凶的，在我们要求千字斗米的时候，重庆的米，已经超过了一百元一斗。不过川斗和普通市斗不同，它是三十二三斤一斗，一斗等于两市斗强。折合下来，一市斗米，也需六七十元。稿费怎么样呢？最高的稿费，没有超过十元。一下子要把稿费涨上去六七倍，这是不可能的。我还记得，在抗战胜利接近的前夕，重庆最好的纸烟华福牌，是每盒一千元，而打破纪录的特等稿费，也是每千字千元。那就是说，写一千字，只好买盒纸烟吸吸而已，而这还是特等的、稀有的。自此以下，那就不必提了。因此，千字斗米运动，只是一句口号，决不曾实现，而文人也就为米焦碎了心。

四川很少麦粮，除了米，就是包谷（玉蜀黍）、红苕（红薯），及少数的高粱。而这些杂粮，只有乡下有，市上不大多见。所以当时的文人，都是为米而奔波。若是一个光杆文人，那还无所谓，在重庆还不难每日混到两顿饭。若是有家眷的文人，这就难了。我们在长途汽车边，在轮船码头上，常常可以看到一些穿破烂西服或中山服的人，身边带着一个米袋子，那就是公教人员带平价米回家。自然，这包括文人在内。这情形，谁出斗米买一千字呀？

米价越来越贵，千字斗米运动，终于成为泡影。那时，我也就死了那条卖文的心，除了和《新民报》写着固定的文字而外，把写稿子的工夫余下来，看看架上残余的几套破书，或者念“无师自通”的英文，或者画“无师自通”的画。再有剩余的时间，就是和邻居谈天了。抗战八年中，平均每天不能写到三千字，可说是比较工作轻松的时期。假如那时能办到千字斗米，或许我可以多写出几部小说来。

四十九　夜生活

过了黄昏摸黑坐，无灯无烛把窗开，等她明月上山来。

这是二十九年，我填的几阕浣溪沙的半阕，说的是无油点灯。当然有人说，何致于穷得买不起菜油点灯呢？那也所费有限啦。这是有原因的，南温泉镇市上，有时是缺油的，非点鱼烛不可（北平叫洋烛）。一枝鱼烛，等于一斤多菜油的钱，这算盘不能不打。煤油又是珍品，也没有煤油灯（到胜利前夕，有煤油灯了）。所以月亮天，不论冬夏，我们是非常欢迎的。尤其是冬天，不要说是月亮，重庆为雾所弥漫，整月看不到太阳，那明亮的月光，有时临到山窗，那是让人苦闷的情绪为之一振的。不过天下事有一利就有一弊。在太平洋战争未发动以前，日本飞机，大批停在汉口，有空就会来袭重庆。月夜，是他们肆虐的好机会。因之有了月亮，又有躲警报的恐怖，我们总是在这矛盾的情绪下过着月夜。

若是没有月亮之夜呢（多数的时间是这样的）？我们就在屋子里呆着。三间屋，照例是两盏菜油灯。夏天，窗子开了，蚊虫、小蛾子，以及一切不知名的虫豸，像雨点向灯上乱扑，两条光腿，若不是坐在雾气腾腾的蚊烟下，就得拿着扇子手不停挥。冬天，四川是不需御寒的炉火的，破袜子单鞋，坐久了也冷。春秋良夜，可以对灯小坐了，而油碟子里两三根灯草所放出的光亮，照着屋子里黄澄澄的，人影也模糊着，看书实在是有损目力，写稿是更无此心情了。所以在四川八年的夜间，除了进城，住在报社里，有电灯还可以做点事。若在乡下，夏天是乘凉而早睡，冬天是煨被窝而早睡。写文章的人，多半喜欢过夜生活，在重庆乡下的文人，可以把这习惯扭转来了。

五十　意外的救星

我的时间是这样的支配着，写的不多，而又无法多写，这生活是怎样地度下去呢？第一，报社里分的平价米，勉强够吃。第二，屋子不要钱（但是怕修理）。第三，根本不作衣服，所欠的，也就是小菜和零用钱而已。在太平洋战争未发动以前，遥远的靠着上海转来的一点稿费，还在学校带过两年的钟点课，有时将报社的薪水前拉后扯，有时托朋友垫借几文，就这样穷对付着两三年。好在肉体上的艰苦，那是看在其次的事。我不幸住在这南温泉，乃是二陈的陈家寨所在，周围几十里，都是他们的教化圈子，精神上有一种莫名其妙的不舒服。而这种不舒服，日久也安之若素了，自然更不计较衣食的困苦。

天下事，也有飞来的福分。正在太平洋战争起，香港、新加坡都为日本魔爪席卷而去以后，我竟有些意外的收入。那就是在上海所出版的我的写作，崭新的封面，由香港兜个圈子，到了重庆。这些书，有的是我已经卖了版权的，有的是版权没有分明的，有的是版权还保留着的。我本人现在重庆，这大批的心血结晶品在街头出卖，我不能熟视无睹。出版家也非常地明白，就自动地来找我，告诉我他们是由香港转进的。过去，他们对发表的报社，已纳过版税。现在到了重庆，不管我版权谁属，凡是在重庆出卖的书，都打算翻印，也都给我百分之二十（新著），或百分之三十六（旧著）的版税。我当然也不过问过去，就和出版家订了新约。由三十一年到三十四年，在后方出版和翻版的（世界书局翻版的不在内，因为那是我抽不到版税的），共有二十几种之多。每月所得的版税，可能超过我薪水十倍。于是我有钱做几件衣服穿了，也有钱买肉给小孩子吃了，而且还有些剩余。直到胜利回家，我都利用着这点版税作川资。

由于此，我有了一点经验，凡是写文字出版的人，他的著作，最好是不要卖版权。虽然卖版权，一次可以拿到较多的稿费，而似乎可以经营一点事情。但是写文章的人，十之八九，是不会经营生计的。这钱到了手，可能是乱七八糟地花了。这就不如保留版权，陆续地抽版税，可以终身享用。尤其是到了年老告衰、不能写作的日子，这是个无限的养老金，岂不大妙吗？

五十一　稿费与版税

说到版税，也许喜欢知道张恨水的人，对这个很感到兴趣。我对此，无所用其秘密，可以公开出来的。大概在中日战争以前，我的小说，都是卖版权的。最初是五元一千字（就说是今日大家最新的袁大头罢）。只有世界日晚报是例外，因为我是创办人之一，又是作过编辑和总编辑的，始终我是拿编辑费，而不拿稿费。所以，《春明外史》《金粉世家》《斯人记》等等，□□□□□□□□□□□大概逐年□□□□□，在二十五六年□□□的可卖十元千字。像《旅行杂志》的稿费，是五元千字，就保留版权。后来《旅行杂志》给我代卖出版权去，补足了八元或十元千字（这是吃亏的事，因为币制贬值了）。在上海成为孤岛时间，《水浒新传》是十五元、二十元千字，而《水浒新传》还保留了版权。我不讳言，我所拿来的稿费，在国内是最高的一份。当然，这不可以拿外国稿费打比。

到了战争一起，币值稳不下来，稿费若冻结不动，那就是逐月减价。不过稿费是写一月拿一月，总是可以商量提高。若是卖出版权，钱到了手，不变成物资，也是搁一月少一月，搁一年少一年。钱拿到手，减一年之久，你想，那还有了钱吗？所以在币值不稳定的时候，出卖版权是最不合算的事，□□入川以后，人家要我写稿子，我第一点声明，就是不卖版权，至于稿费多少，却放到第二步说。不卖版权的稿子，稿费叫发表费。发表以后，彼此的交道，就算完了。这办法，大概都是对报纸杂志而言。若交给书商出版，就无所谓发表费了。普通出版书商和文人出书的时候，总有一种契约订立的。假如是收买版权，文人□立个版权让予证。以后，这书无论出多少版，著作者就不能过问了。假如是抽版税的，照例要订一个合同。合同最要的两点，是著作者不能把文字交给别家出书。而出版家却负责，每本书卖出，照底页标明的定价（不管折扣），交付著作者若干版税，版税的数目，是由出版家和著作人自由议定。大概最高额可以照定价抽百分之二十二，最低的抽百分之十。不过这两极端都很少见，一般成交，是百分之十五六。

我对出版书商，都是按照上述抽版税办法办理的。合同上有的规定三月一结账，有的规定一月一结账。但为了币值的不稳，我总是按月向出版商取版税，后来再结账。谈到结账，有人必疑心，书商卖了多少书，我们何以知道呢？这有个简单办法，由著作人制好自己图章的印花，贴在每本书的底页上。一次发出三千个印花，就照三千本抽税，因为书的底页，没有贴印花，是不许出卖的。若出卖了没著作人印花的书，那就是作弊。著作人可以提抗议。其实著作人与出版商之间，多半是有交情的，也很少有舞弊的事发生。曾有一位出版家对我说：出版商卖书，作漏贴印花的事，那太小器了。出版家要在推销上去想办法，作漏贴印花逃避版税的事，那是很笨拙的。

假如一个写作的人，有十几本书抽版税，在社会安定的时候，平均每月每本书销一百本，就是一千多本书的版税（以上海为推销中心，这是可能的）。每个月的收入，颇也可观。所以一个写作者，他不能脱离时代，要把握住他的读者。文人也是不可为而可为的。同时，我还可以告诉同文一个诀窍，你若有书出版，千万别找那天字第一号的书店合作。因为他们销书，是普遍的发展，不会为哪一本书专登广告，专办推销。人家出了上万种的书，你交给他一两本

书出版，那不是九牛之一毛吗？他岂肯为你这书推销而努力？（编者注：□表示原报字迹模糊，无法辨认）

五十二　土纸书

我在后方出的书，有一个特别的标志，那就是纸张是极恶劣的。因为在四川被日寇封锁之下，外国报纸是不能进去。在四川所有的任何刊物，全是用土纸印刷。这类土纸，是用手工制造出来的，质料比江南所谓表信纸还要坏些，比北平所谓的豆纸，也高明无多。有个时期，北平有许多刊物，用片艳纸印刷，大家就都觉得不舒服。其实片艳纸还有一面是光滑的，而四川的土纸，两面都粗糙黄黑，不但印字不清楚，而且印料太薄，先印的一面往往是“力透纸背”。平常的一份报纸，传观几个人，向口袋里一揣，再拿出来，那报纸就成了一团糟了。印书的纸，虽然尽量挑那些好的，可是印出书来，不清楚和“力透纸背”的事，依然在所难免。所以在后方小说得推销出去，那实在也足以证明精神食粮的缺乏，而有饥不择食之嫌了。一个在车站上等时间的朋友，他拿着一张报，可以看三四遍的，甚至报上的广告，他也可能一字不漏地看下去。我们可以知道，不是那张报编得连广告都精彩非凡，而是那个等时间的人，需要精神食粮，以度过他那个枯燥无味的光阴。所以我想到，我一二十种著作，在后方以土纸印刷，都可以几版，大后方的人需要书籍是很可证明的。

中国的小说，还很难脱掉消闲的作用。除了极少数的作家，一篇之出，有他的用意。此外大多数的人，决不能打肿了脸装胖子，而能说他的小说，是能负得起文艺所给予的使命的。我承认那种土纸印的小说，尽管看得让人大伤目力，而读者还不过是消遣消遣。问题就在这里，我们是否愿意供人消遣为已足？是否看到看小说消遣还是普遍的现象，而不以印刷恶劣失掉作用？对于此，作小说的人，如能有所领悟，他就利用这个机会，以尽他应尽的天职。

这些土纸书，在胜利以后，也有人带到上海和北平来，大家看了，都摇头不止，不相信这种书可以卖钱。我这里就得附带一笔，有几部书，印刷也不坏，一来是带了上海的纸型，入川翻版，二来纸张也是好些的。

五十三　榨出来的油

现在我可以记一笔账，在抗战以后，在大后方完成和未完成的小说，是以下这些。《疯狂》，约五六十万字。《八十一梦》，约十七八万字。《牛马走》，约百万字。《第二条路》，约三十万字。《偶像》，约二十万字。以上发表于《新民报》渝蓉两版。《巷战之夜》，发表于重庆《时事新报》。《夜深沉》《秦淮世家》，各约三十万字。《水浒新传》，约六十余万字。以上在上海《新闻报》发表。《红花港》，约二十万字，《潜山血》（未完），发表于香港《立报》。《大江东去》，约二十万字，发表于香港《国民日报》。《游击队》发表于汉口版《申报》（未完）。《前线的安徽，安徽的前线》，发表于安徽《皖报》（未完）。《雁来红》，发表于《昆明晚报》（未完）。《虎贲万岁》，约四十万字，未在报上发表，由上海百新书店出书。《蜀道难》，约六万字，《负贩列传》（《丹凤街》）约二十万字，发表于《旅行杂志》。补足一部书，《中原豪侠传》，约三十万字。改掉一部书，《太平花》，约三十余万字。补足一集散文，《水浒人物论赞》，约五万字。写成一集散文,《山窗小品》,约六万字。此外各种散文,八年来,约写一百四五十万字。

八年的岁月,不算短暂,平均每日能写三千字的话,就当有八百多万字的作品。根据上面那些账,大概相去也不会太远。在生活安定的日子,文人可以去安心写作,这实在不算多。可是回想到那八年所度过的生活,就没有能写出这些文字的理由。当然,诗以穷而后工,这话还不能完全否定。但我作的不是成行的诗,而是连篇累牍的小说和散文。尽管不工,以量来说,以日计之,那是太平凡了。很多文人,伏在桌上,一口气就可以写三千字。而把八年的总和来计算一下,自己倒要反问自己,我怎么会写出这些字来?

我还记得两个故事。一个故事,是日本敌机群,八天八夜,对重庆作疲劳轰炸的时候,我在一座天然洞子外的竹林下,睡了三天三晚。白天怪心烦的,看上两页书,但并没有几个字印到脑子里去,而嗡嗡然的机群声,又在远处云天脚下发生了。输入都不能够,还谈得上什么输出?又一个故事,茅草屋顶,被风吹去了,成了个小天井,仰在竹板床上,可以吟那句"卧看牛郎织女星"的诗。这"烟士披里纯",并不怎么好。大雨来了,这屋顶天井,几条很长的水注,向屋子里斟着天然水,地面就成了河渠。我吃饭写字的那间屋子,就在隔壁,雨点向桌上飘,文具全为之打湿。躲向屋里一张小方桌上写字,倒是躲开了水灾。而四川乡下那种小黑蚊,小得肉眼看不见,这时全涌进了屋子。半小时之后,不但两腿其痒难受,而且起疱之后,还相当的痛。这怎么能安心地写稿呢?

可是在这两个故事过去之后,我立刻就得写。不写怎么活下去?我自己对自己的稿子,笑着下了一个批评,就是榨出来的油。

五十四 胜利后的作品

自从九一八以后，脑力劳动者，就没有得着水平以上的待遇。抗战八年中，这辈人是更苦。日本人的无条件投降消息传来了，大家都唱着杜甫“白发高歌须纵酒，青春结伴好还乡”的闻捷诗。我也是被这天上掉下来的胜利，冲昏了脑瓜。把写作生涯，暂时告一段落，预备东归以后，在村半郭的地方，盖三间小屋，读书种菜，卖文课子，带着一群孩子们，实行我的口号：就是出自己的汗，吃自己的饭。东归计划，除了回乡探视一下七旬老母不曾变更而外，其余是全推翻了。我还是住在都市里，我还是当一名新闻从业员。

在胜利以后，币制是一直紊乱，物价是一直狂涨，对于国民党的金融政策，谁也不敢寄以丝毫的信用。这样，自由职业者，就非常的痛苦，尤其是按字卖文的人，手足无所措。因为卖文的人，都是把稿子寄出去，一月之后，才能接到稿费的。可是这就是个无比的吃亏。月初，约好了每千字的稿费，也许可以买个两三斤米。到了下月初接到稿费的时候，半斤米都买不着了。有些收买稿子的报社和杂志社，体恤文人，也有半月一结账的，也有预付一部分稿费的，但这都不能挽救文字跟着“法币”贬值的命运。物价的跌跃，每月加百分之百以上，那是常事。稿费根本不能按月调整，就是按月调整，也不能一加就是百分之几百。所以对任何收买稿件的人，订好了稿约，总维持不了两个月。到了后来，几乎寄一次稿子，就必须商量一次稿费。多数人如此，我也是这样。这种趋势，让写稿的人和收稿的人，都感到一种“过分的无聊”。既然无聊，这卖文生活，又何必去继续呢？

在这种情形下，胜利后的两年间，我试了一试卖文的生活，就戛然中止。所幸除了《新民报》经理职务的薪水而外，上海两三家书店的版税，依然是超过薪水的几倍收入，我不出卖稿子，也还不至于影响到生活。所以这期间，我只给《新民报》写了个长篇《巴山夜雨》，又给上海《新闻报》写了个长篇,《纸醉金迷》，如此而已。这两部书，都是以重庆为背景的，在别人看来，不知作何感想，至少我自己是作了一个深刻的纪念。《巴山夜雨》在我收束之下，还没有把稿子重订，而时局已经变化了，只有将来再说。《纸醉金迷》在没有完篇的时候，已经被电影公司拿去作题材，上两个月，由我把上半部故事，编了一个剧本。这两年来，稿费的收入，可说是比抗战期间，无以加之。

到了民国三十六年，纸价已经贵得和布价相平了。上海的书商，有了纸张在手，宁可囤纸，也不印书，因之我在上海出版的二三十种书，全不再版。出版家虽也陆续地寄给我一些版税，较之三十五年，已不成其为比例。其初，我以为纸价的昂贵，影响到书的出版，这是暂时的现象，还忍耐地等待着。后来一月不如一月，我把版税当养老金的算盘，暂时就得搁上一搁，于是把那老话再拿出来，对家庭用度，要“开源节流”。“节流”除了吃的以外，一切以不办为宗旨，而“开源”就只有多写文章出卖了。好在找我写稿子的人，倒是机会不断的。于是我又先后写了三个长篇是《一路福星》《马后桃花》《岁寒三友》。但这三篇小说，都因稿费的商榷，不能得着一个合理的解决，都没有写完。最后有《雨淋铃》和《玉交枝》两篇，都是因交通中断而停止的。

为了交通关系，我也觉得向外寄稿，写长篇是不大好的，我很想改变作风，多写中篇。所以这两年以来，我很写了几个中篇，如《雾中花》《人迹板桥霜》，及最近写的《开门雪尚飘》。这一试验，并没有失败，将来，也许我常走这条路。

五十五　伪书

由我写那篇不知名的小说提起，直到上节为止，关于我的小说，可以作个总账交待了。这仿佛是篇流水账，无情趣可言。但要详细地知道我三十多年的写作，不能不这样的报告。现在在总账以外，对写作生涯有关的，我摘要地要找几件事说一说。第一件，便是张恨水伪书了。

民国三十二年，舒舍予的夫人到了重庆，因老舍兄的介绍，我们认识了。舒夫人是由北平到后方去的。见了面，不免谈起了一些北平的别后风光。舒夫人说了几件事之后，就提到我的小说，在华北，在伪满洲国出版的太多。她又笑说："您不用惊讶，那全是假的，看过张恨水著作的人，一翻书就知道，那笔路太不一样了。"我当时相信事或有之，而伪书不会太多。及至我到了北平，据朋友告诉我的，和我在伪书底页上所看的广告，统计一下，实在让我大大地吃了一惊，这种书约有四十几部之多。这些作伪书的先生们，太和我捧场了，自己费尽了脑汁，作出书来，却写了张恨水的名字，这不太冤吗？不过一看了书的内容，甚至一看书的名字，就知道太冤的是张恨水，而不是作伪书者。记得这些书里，有一部叫《我一生的事情》。张恨水一生的事情，由张恨水自己写出来，这实在是不折不扣的黄色小说。喜欢低级趣味的人也好，好奇的人也好，怀疑的人也好，还有替我爱惜羽毛的人也好，少不得要买上一本看看。

而作伪书者其计得就矣。我不知道这书里，把我糟踏成个什么人物，以这种手段和张恨水作伪书，那不仅仅是骗读者的钱，对张恨水是恶意的侮辱，乃是无疑问的。记得我当《新民报》经理的时候，经理室的工友，就拿了一本张恨水作的肉感小说在看。同事拿来给我过目，我除了向工友解释，请他别看而外，我就难过了两天。可是我没法子把市场上这些伪书烧了，除了听其自生自灭，实无第二良策。

凡是彻头彻尾的伪书，究竟难逃读者之眼，我相信它是会消灭的，至少是三四年以来，已不再版了。所难堪者，却是半伪书。怎么叫半伪书呢？就是把我的书，给它删改了，或给它割裂了，却还用我的名字，承认不是，不承认也不是，这都教人啼笑皆非。例如我在《晶报》上发表的《锦片前程》，我是没有写完的，上海就有一家书店给它出了版。除了改名为《胭脂泪》而外（改书的人，可能不懂《锦片前程》是什么意思），加了许多文字进去，而且把书足成。众所周知，我一贯的主张，写章回小说，向通俗路上走，决不写出人家看不懂的文字。而这位改写的人，就用的是空洞堆砌的美丽长句，时而通俗，时而高雅，这成何话说？又我写的《春明新史》，是用回目老套，也有人改了，改名为《京尘影事》，一回分为两回，一个回目管一回，把书分成两集。这样一来，章法太乱，不但文不对题，甚至下文不接上文，简直一团糟。俗言道得好："文章是自己的好。"我不敢说我的文章好，但我决不承认我的文章下流。七八年来，伪满洲国和华北华东沦陷区，却让我尊姓大名下流了一个长时期。我想，社会上许多我的神交，一定为我叹息久矣！

我初回到北平的时候，有人问我："你在重庆开了豆浆店吗？"我说："何以见得？"他说："日本人的报上这样登的。"我笑说："这是抬举我，我在重庆过的日子，远不如开豆浆店的老板。”牛角沱和海棠溪，有几家豆浆店，早上生意之好，那还了得？我若能在重庆开八年豆浆店，我真发财了。但日本人原意，决不是抬举我，这和作伪书的人自己费笔墨，替张恨水出名，其用意是一样的。

五十六　我死了

提起我开过豆浆店的笑话，就联想到日本人传说我死了！这也很有趣。事情是这样的。大概是民国三十年秋夏之间，乡居无事，又不免发点牢骚，作了若干首村居杂诗。其中有一首这样说：

茅草垂檐漾晚风，篷窗斜卧一衰翁。
弥留客里无多语，埋我青山墓向东。

这当然说的是另外一个衰翁（当时，我才四十几岁，既不衰，也非翁）。假如衰翁是我，我死了，怎么还能作出这么一首诗呢？除非是我死了又返魂，或者是有人扶乩，我降坛作诗。不然，这话是说不通的。然而，这些村居杂诗，香港的报纸转载了，沦陷区的各处报纸再转载了。日本人就神经过敏的，在我诗的后面，加上按语，说我死了，这是我的绝笔。意思就说：中国的文人啦，你们别抗战，抗战就同张恨水一样，饿死于重庆。

当今之时，文人发牢骚，实在也当考虑。记得我在重庆作的一些打油诗或歪诗，凡是悲叹生活艰苦的，只要是登了报，不用多久，日本人报纸就转载了。他决不是捧场，而是反宣传。记得某老悲痛他大小姐之夭折，以新四军之被解散，也曾吃过一瓶“奎宁丸”。这很给当时重庆文艺界一个刺激。报纸上不免渲染一番。而这事辗转到了日本人报上，就是加倍的渲染，也作了很热闹的反宣传。所以在这些关节上，文人下笔，倒是不可不慎的。

五十七　故事的利用

小说就是小说，并不是历史，我已经说过了。但例外地将整个故事拿来描写，这事也不能说绝无。若以我从事写作三十年而论，这样的事情也有两回。

第一回，我替《申报》“春秋”写的《换巢鸾凤》，就是有故事的，而且是受朋友之托的。在一个秋天，苏州的一位朋友，请我由上海到苏州去看菊花，并介绍许多苏州文人和我见面。我是个忙人，不能有此雅兴。不过那位朋友郑而重之地写了封信给我，叫我务必去一天。意思并不光是要我去雅叙一番。我就只好坐快车去了。朋友是亲自在公园的菊花会上，把我接到他家。他家也小有花圃，畅叙之后，他把我引到内书房，拿了他私人的许多秘密文件给我看。他说，这是他生平一件伤心事，在过渡时代，他和另一个女子为旧礼教牺牲了。这事虽已过去二十多年，但这心灵上的伤痕，却是不可磨灭。他希望我运用这个故事，作个反封建的长篇小说。我当时曾笑说，你何不自己写呢？他说，那会犯主观的毛病，会把主角写成两位圣人。我倒是赞成他的话，我就答应了下来，写了这部《换巢鸾凤》。可惜这书没有写成功，中日战起，就中止了。

另外一件事，就是写《虎贲万岁》，这已经交待明白了，不再赘述。不过《换巢鸾凤》和《虎贲万岁》不同。后者，我根据了参考文件，真名、真姓、真时间、真地点，我都给他写出来了。前者却把这些都换了，只留下了那类似悲剧的故事。此外，有一半运用故事，一半是抽象的，那就是《欢喜冤家》和《大江东去》。《欢喜冤家》是间接地传来一个故事，那是可以反映出女伶的生活的痛苦的，这是个社会问题。《大江东去》呢，一半是人家传说的事，一半却是主角自己叙述他亲身的遭遇，也是抗战中一个社会问题。因此，两个故事都是生成的小说题材。我自然不会放过这种题材的，所以我都把它写成了。

底稿·尾声

文人写文的习惯不同，所用的工具，也各有不同。在胜利以前，我写散文，还不用钢笔，因为我写成了习惯，用毛笔并不比钢笔慢。但去年利用了报社里的破纸头印了稿子纸，因为比普通纸厚的多，我就试用自来水笔，结果，比毛笔快些，我就改用了钢笔了。但我向外寄的小说稿，二十多年来如一日，我总是用铅笔和复写纸。这样，寄出去的稿子，挑选那清楚的一份，而留下那较为模糊的，作为底稿，以便自己参考。我并没有估计到，在文字登过报或印过书以后，这底稿还会有多大的用处。到了三十六年，我发现底稿有用了。在四川江津的中央图书馆，曾写了两封信给我，问我写的作品，有多少底稿。他们希望我把这底稿捐赠给图书馆。但是在战前我写的底稿，早是片纸不存了。在四川写的底稿，虽然有，却是拿不出去。它是类似竹纸的夹江薄纸复写的。复写纸印出的一张，比较清楚，我都交出去了。留下来的是浮面铅笔写的一张，只有些清淡的铅笔影子，而且有些纸已经划破了。我只好函复江津图书馆无以应命。后来，我写《虎贲万岁》，因为不是寄给报馆的，就用毛笔写，全书完工，誊录了一份，拿去印书，自己保留着原稿。这要算是生平写作中最完备的一份底稿了。

写到这里，关于我的写作生涯，仅仅是直接和文字牵扯，我都已略略谈到。若要再详细地写，再写这么多的文字，未必可以谈完，我想适可而止，就此打住罢。零零碎碎写到现在，我也是粗分个大纲，想到就写，何者是读者所愿意知道的，何者是读者所不喜欢的，我不能知道。但我相信，这篇写出以后，对于爱好我小说的读者，总可以加进一层认识的，在我自己而言，应该不会是白写。其余的只好作覆瓿之用了。

（原载 1949 年 1 月 1 日至 1 月 13 日北平《新民报》）

回忆大哥张恨水

张其范

我的老家在安徽省潜山县岭头镇黄岭街。祖父张开甲在清末做过江西省广信府的参将。父亲张庚甫在江西三湖县卡子（税务机构）里工作。我兄弟姐妹共六人，大哥心远（二十五岁左右改名恨水）（编者注：应为十九岁）、二哥心恒、三弟牧野、四弟朴野（现在河南新乡专科学校教书），我名其范、六妹其伟，母亲是个淳朴的家庭妇女。

父亲只读过两年私塾，仅能看懂便条，自己不能动笔，深受文化程度低、被人瞧不起的痛苦，所以对子女读书抓得很紧。大哥五周岁时，就进私塾读书。他天资聪颖，一年内便读完《四书》和一些杂文，能对简单的对子。一日，老师出了“九棵韭菜”的上联，大哥眨眨小眼，对出“十个石榴”的下联。父亲可乐了，叫妈妈午餐添做一碗虾仁炖鸡蛋，奖励大哥。父亲常对我们说：“你大哥五岁会对对子，你们也要向他学才好。”

随着父亲工作的调动，全家由广信迁居南昌。大哥进南昌大同中学读书，成绩都在前三名，晚上还补习英语，深夜还得看看杂文，在好的词句上打上红杠杠，书头上写满了密密麻麻的批语，并挤出时间练习诗、词，有时编写小说故事，讲给我们听。我那时在爱国小学读书。

1911年，孙中山先生领导辛亥革命推翻清王朝后，提倡剪辫子，放小脚，大哥积极响应。一天中午，他从学校回家，右手拿着个纸包，兴奋的脸色略带着几分畏怯的表情。二哥眼快，惊呼道：“大哥辫子剪掉了！”母亲责怪大哥不男不女，成何体统。父亲却用安慰的口吻发表意见：“现在是文明社会了，拖着条长辫子，又脏又费事，剪得好。”在父亲的支持下，大哥神态才自如了。

我六岁时，母亲按照传统习惯，给我缠小脚，白天痛得动弹不得，晚上痛得睡不着，躲在被条内哭泣。大哥不顾母亲的责骂，果断地将我的裹脚布解开撕掉，气着骂道：“这太残酷，你别害怕，好好睡觉。”第二天，母亲发觉了，呵斥大哥。大哥反抗道：“大脚嫁不了人，我保证养她一辈子。”多亏父亲从中圆场，才平息了这场风波，使我摆脱了缠足的痛苦。

1911年，父亲因吊友人之丧，染上时疫（走黄疔），三天内死去。晴天霹雳，震动了我的一家。经济收入中断，生活没有着落，大哥才十六岁，也没办法。母亲牵儿驮女，回到故乡潜山，靠祖父遗下的田产过活，母亲承担着教养我们子女的重担。这时大哥失学在家，二哥外出当学徒，我寄养在外婆家，一家人劳燕分飞，实在凄怆。

贫穷难不了大哥，他虽不能上学，却下定了自学的决心。他收拾一间破烂的小屋做书房，自撰对联：“一间东倒西歪屋，几个南腔北调人。”（母亲操湖北口音，我们讲南昌话）靠南边的土窗子，放着一张旧方桌，满满堆着文具书籍。窗子上头，贴着一张“要象这样做”的铭言，勉励自己要完成自订的学习计划。

炎夏，火热的太阳晒得书房像一只蒸笼，他始终伏在方桌上埋头苦读。入夜，蚊虫叮咬，他穿上老布袜子抵挡，村上人笑他老夫子，他只笑笑而已；寒冬，北风呼啸着钻进墙缝，吹得菜油灯摇摇晃晃，大哥穿着父亲的旧棉袍，拴上条腰带，曲蜷着身子，伏在桌上写个不停。手冻僵了，利用嘴里嘘出的热气暖和一下，或站起来搓搓手再写。时光荏苒，就这样苦苦自学三年，打下了扎实的汉文基础。

从 1915 年起，大哥离开家乡，走南闯北，演过戏、卖过药，过着漂泊流离生活。直至 1918 年，他经友人郝耕仁（怀宁县石牌镇人）介绍，到芜湖《皖江报》当编辑。为时不久，又和友人去北平，先后担任过《益世报》《世界晚报》《世界日报》的记者、副刊编辑。结识了很多新闻界人士，有固定薪金收入，生活较稳定，开始创作长篇章回小说《春明外史》，接着陆续撰写《金粉世家》《落霞孤鹜》等小说，深得读者好评，销路很广。特别是《啼笑因缘》更是风靡一时。记得当时国民党里有一位姨太太，与书中女主角沈凤喜遭遇相同，顾影自怜，对作者产生崇拜，经常作诗，亲自送交我家佣人老王转给大哥，大哥认为她是“疯子”。有一次，我开门接待了她，见她穿得挺阔绰，面庞清瘦，缺少血色，汽车停放在远处。她笑问道：“是张大小姐吗？”我点头默认。她匆忙从提包里递给我一封信，转身就走。我笑对大哥说：“好香的信呀！”大哥皱眉道：“又是那疯子的？你拿去看吧。”我好奇地拆开信，里面原来是一条洒满进口香粉的绸手帕，上面写着红色的诗句，使我产生了一些感触，反而替她难过起来。大哥却哈哈大笑道："疯子，疯子！"又隔段时间，老王来后院告诉我："那太太又来了，还赏给我十块钱，她说明天就要离开北平了，特来送礼道别。"我接过一看，乃是一只象牙杆子的毛笔，上面刻着"赠恨水先生"五个字。大哥便交给我保管，我一直珍藏到今天。

大哥爱护弟妹，关心弟妹的学习。记得我从外婆家回来后，大哥教我作诗填词。他外出后，我经常作文章，写诗词寄给他修改。他多次告诫我，切莫放松数学课。他曾寄给我一本《白香山词谱》，不幸湮没在"文化大革命"的恶浪里，至今犹自惋惜！

1920 年，他在北平工作，薪金收入增加，寄回五十元，要我到安庆考女师。乡下叔伯头脑封建，唆使母亲不让我进洋学堂。大哥多次来信，摆事实、讲道理，母亲才允许二哥送我去安庆考第一女师。因考试已结束，只得去芜湖报考第二女师，侥幸录取，从此摆脱封建礼教的束缚。为纪念"五四"节，我们学生上街游行、演讲，劝阻商人不卖日本货，将招商码头搜出的日货堆在江边烧光。事后，我写信报告大哥，他回信大大夸奖我一番："乡下姑娘，居然也有胆量革命，难得，难得。"他鼓励我积极参加火热的反帝斗争。

1925 年，我考取北平女师大，大哥怕母亲挂念，遂把安庆的家也搬来北京未英胡同。全家共十四口人，除二哥已有工作外，全依赖大哥的稿费生活。每年学期伊始，我们弟妹需缴一笔数字可观的学杂费（我读师大，两个弟弟读私立大学，妹妹读高中），都得大哥筹措。他从无怨言，遇到经济困难时，就叫老王打一两酒，买包花生米，借酒解闷而已。他这种爱护弟妹的情谊，我永远不能忘怀。

1926 年农历三月二十三日，母亲五十寿辰，我和妹妹陪老人到绒线胡同照相馆合影留念，正准备回家，不料街道戒严，禁止通行。我们正着急间，大哥手执记者证，匆匆来接我们。途中，他哽着嗓子告诉我，今天反动派要杀害李大钊先生。说时气得满面通红，泪水盈盈，有说不出的难受。

我家住未英胡同整整五年，大哥和弟弟住前进，大哥住北屋三间——卧室、客室、写作室。写作室的窗子嵌着明亮的玻璃，窗外一棵古槐，一棵紫丁香。春天开着洁白清香的槐花，凋谢时铺满地面，像一条柔美的地毯。大哥爱惜落花，不让人践踏，一听我们推门声响，就立刻停笔招呼："往旁边走，别踩着花啊！"这洁白的槐花，象征着大哥坦白的胸怀。

我和妈妈、嫂嫂、妹妹住在后进，院子里有棵高大的四季青，我们常聚首树下，看书做针线。有一次，后院的小门豁地推开，大哥边系裤带，边高兴地说："想到了，想到了。"原来他想好了小说上一个回目。母亲语重心长地说："你脑子日夜想个不停，怎吃得消啊？！"

大哥脑袋灵活，思路广阔，提起笔来写作，犹如江河倾泻，滔滔不息。寒暑假期间，我和弟弟替他抄稿件，他写好两张，我们才只誊了一张，虽累得满头大汗，还积压许多稿子。这时大哥停住笔，叼着烟斗笑嘻嘻地说："歇一会，歇一会。"我和弟弟羞惭得相视而笑。

我在北师大二年级时，结识了桂惜秋，彼此处得来。惜秋出身穷苦，读书用功，爱好文学，大哥欢喜他。母亲虽持门户之见，经大哥再三开导，终于允许我俩订婚。结婚后有孩子负担，大哥除经济上支援外，又帮助惜秋写作，使他的小品文进步很快，投寄报刊，稿费收入很可观，才摆脱了小家庭的困境。大哥不仅是我的爱兄，也是我们的良师啊！

1932年农历五月初三，大哥的爱女慰儿因感染猩红热而死去。这孩子性情温柔，长相秀丽，出生八个月后，就跟我睡，我特别钟爱她。当得知这一噩耗时，我怀孕第三个孩子正待临产，顾不得自己健康，就飞奔回家。见大门紧闭，贴着“谢绝亲友探望”的字条。我敲不开门，就在外面放声大哭。大哥呜咽着跑出来，搀我进书房，又对哭一阵，不料惊动了白发老母和卧病在床的嫂子，才抑制哭泣。大哥遭此惨痛，圆圆的脸瘦成三角形，胡茬也很长，显得苍老多了。

九一八事变，北平受波动，大哥怕母亲受惊，搬家到南京。我和二哥、小妹，因工作关系，仍留在北平。从此，和大哥相聚的机会少了。卢沟桥事变，日本鬼子进北平城内半个月光景，二哥病故，丢下寡嫂幼侄，情景凄凉。我和惜秋不愿当亡国奴，拖着两家十口人逃到南京。适逢大哥病在床上，我们瞒着二哥的死讯。他见嫂侄带孝，揣测二哥已死，足足痛哭一小时，喊二嫂、侄儿到床边，深切安慰，并替他们筹划今后的生活出路。

抗日烽火烧到南京外围，形势紧张，我们三家搬居安庆元宁巷。由于蒋介石的投降主义，日寇长驱直入，安庆危急，只好搬到潜山岭头镇老家。大哥坐着黄包车，脚边堆着满满一网篮书籍、稿件，他手捧书夹子，沿途不断地记录。投宿高河饭店，深夜还点着蜡烛，伏在箱子上写通讯，整理白天的笔记，可见他终生与笔墨为侣，绞尽了脑汁，饱尝了辛苦。

1938年，他奔赴陪都重庆，继续耍笔杆子生涯。这期间，他写过《蜀道难》《八十一梦》等小说。前几年，中国人民银行总行顾问何建明同志（大哥友人郝耕仁的女儿）专程来访，她告诉我，在延安时，周总理曾评价恨水叔的《八十一梦》是进步书籍。大哥生前曾对我谈及毛主席曾在重庆南温泉送给他一套灰色制服，大哥对党的关怀，深表感激之情。

抗战胜利，他定居北平。解放后，他寄给我《梁山伯与祝英台》《白蛇传》《孟姜女》《磨镜记》等故事新编小说。1955 年，他来信说，不日将从合肥来安庆，我的全家高兴极了。接连几天，早晚都上车站迎接，终于盼来了。大哥发有银丝，面皮皱摺，显然衰老了。他因 1948 年患脑溢血后遗症，舌头僵化，言语不便，步履蹒跚。见此形象，我不禁暗地落泪。在安庆住一星期，每天和惜秋叙述别后经过，兼谈论着文学创作。也曾去过迎江寺和月海方丈论证振风塔的历史，并在《安庆日报》发表了《长日绵绵话安庆》的文章。好景不长，大哥走的那天，惜秋拎着他简单的行李，我尾随在后面。至近圣街的街口，他回头对我说："你回去吧，我有机会就回来。"我哽咽着说不出话来，只好频频点头，痴立在街头，凝视着他的背影，直到消失在人群中，才怅然回家。谁知这一别，竟成永诀了。

1964 年前，大哥来信惯用小说笔调和诗的口吻，文字流利，情意盎然。1964 年后，来信渐渐词句不通，意思也表达不清，我和惜秋感到是不祥之兆。1967 年农历正月初七，大哥和我们永别了，时年七十三岁。惜秋曾为他写过悼亡诗，追叙他的生平，可惜在"文化大革命"中丢失了。

（原载《安庆文史资料》第 4 辑）

（作者系张恨水的大妹，1992 年去世）

回忆父亲张恨水先生

张晓水　张二水　张　伍

父亲张恨水先生，笔墨耕耘几十年，致力于文学创作和新闻事业。由于他才思敏捷，工作勤奋，在近六十年的创作生涯中，写了大量的小说、诗词、散文、剧本以及其他形式的文学作品，光中、长篇小说就有近百部之多。据我们的不完全统计，他一生共发表了两千多万字，真可以说是“著作等身”了。

父亲虽然已经离开我们有十四个寒暑了，可是读者并没有忘记他。至今，国内外还有很多人在阅读、收藏、研究他的作品，探讨他的创作艺术。也常常有一些相识或不相识的人向我们索取他的作品，询问他的生平。这些亲切的关怀，常常使我们回忆起与父亲度过的快乐时光，他的音容笑貌总会浮现在眼前，使我们沉浸在一种惆怅和温馨的感情之中。

“恨水”笔名的由来

父亲原名张心远，祖籍安徽省潜山县（编者注：据考证，应出生于江西景德镇），一八九五年四月二十四日（农历）诞生于江西广信（今上饶地区），童年是在江西度过的，因而他虽然说的是“北京话”，但总夹杂着安徽和江西口音。他从小就酷爱文学，对小说、诗词的喜好已到了入迷的程度。十三岁的时候，就为自己的弟妹写了一部小说并自绘了插图。他学习非常刻苦，常听奶奶对我们讲述父亲幼年勤学的情景：安徽家乡的夏天，炎热多蚊蚋。他足不出户的闭门苦读，从清晨到深夜，吟哦之声，琅琅不绝。农村人习惯早睡，每到天一黑，所有的房间都熄灯了，只有他仍然独对孤灯，把卷夜读。蚊虫见了灯亮，一齐扑向父亲，咬得他浑身是包，痛苦不堪。于是他就想了一个办法，用一个大木桶打满了清水，把双腿泡在木桶里，蚊虫奈何他不得，而他也就可以怡然自得的读书了！

说起父亲的勤学，就要联系到他的笔名来了。很多人都奇怪，他为什么要叫“恨水”这么一个名字？又为什么别的不恨，偏偏要“恨水”呢？其实这个名字是寓含着一段深意的。他幼年就酷爱词章，当他读了南唐后主李煜的《相见》：“林花谢了春红，太匆匆。无奈朝来寒雨晚来风。胭脂泪，相留醉，几时重，自是人生长恨水长东。”从中悟到了光阴的可贵，于是就截取了“恨水”两字，作为他十七岁时在苏州第一次投稿的笔名，这样就能随时听到、看到自己的名字，可以时刻告诫自己，不要让光阴像流水一样的白白流逝。从这个名字上，可以看出父亲律己是多么的严格！

从芜湖去北京

一九一九年，父亲在安徽芜湖《皖江报》(编者注：应为《皖江日报》，下同)任总编辑，那年他只有二十三岁。五四运动爆发了，他非常兴奋。虽然他绰号叫“大书箱”，可是对运动还是颇为关心。他对我们回述这段往事时说：“那时候，我们都很幼稚，没有什么明确的政治观点，可是有一颗爱国的心。看见别人示威游行，我们三两个人，手上拿了小旗子，站在报馆门口，跟着喊口号。在我的倡议和主持下，在报上办起了周刊一类的东西。经理看着我们办，并不说话。”由于五四运动的爆发，父亲想去北京的心，又怦然而动了。

父亲在《皖江报》的工资，每月八元。有些朋友就鼓动他说，你有这样好的笔墨，为什么不到大地方去闯一闯呢？由于祖父的早逝，父亲想去欧美留学的愿望落了空，早就想寻机会到北京大学去深造，又听了朋友的鼓动，于是，就卖了仅有的一件皮袍子作路费，还多亏了一位卖纸烟的老伯伯帮助了一些川资，就这样于一九一九年秋，只身来到了北京。到了北京，开始在《时事新报》驻京记者秦墨哂处工作，住在潜山会馆里。那时候，北京有许多会馆，这是类似一种同乡会的组织和同乡聚居的公寓，可以不交房租。许多到京谋事和准备升学的穷文人，都住在这会馆里。久而久之，有的人就在会馆里安置了家庭。因而住在会馆里的人，也是鱼龙混杂，什么样的人都有。这一段会馆生活，使父亲接触了各阶层的人物，有机会了解、熟悉北京的底层生活，这对于他以后的写作，是很有帮助的。

父亲那时的工资是每月十元。秦墨哂先借给父亲一个月的工资，他一拿到钱，就马上寄还给芜湖那位卖纸烟的老伯伯。还剩下一块钱，作什么用呢？第二天恰巧有梅兰芳、杨小楼、余叔岩三位著名演员联合演出，他把仅有的一块钱买了戏票。父亲常常和我们提起这次倾囊听戏的往事。初到北京，工资微薄，又举目无亲，父亲的生活，当然是挺清苦。在工余，他就益发在会馆里用心读书。那时他正在苦攻《词学全书》，免不了照谱填词，这些词都是学习之作，并不准备发表的。一次他填了一阕词，偶然被一位姓方的同乡看见，就把这阕词拿走了，父亲也没有在意。不料这阕词被成舍我看到了，大为赞赏，见词而想见其人，就辗转托人把父亲请到了《益世报》，从此帮他办报十几年。这阕词我们曾听父亲读过，可惜年代久远，现在只记得头两句："十年湖海，问旧囊，除是一肩风月。……"仅此也可以看出他少年时期的漂泊与困厄。

一九二四年，成舍我创办北京《世界晚报》，父亲主编副刊《夜光》，发表了长篇小说《春明外史》。这篇小说对当时官场和社会怪现象，进行了辛辣的嘲讽，诗词歌赋穿插其中，引起了读者的注意。据一些资料记载：当时读者为了读这篇小说，每天下午两点多钟，就有人在报社门前等着晚报出版，为报社增加了不少收入。因此，有人说张恨水为《世界晚报》出了力，立了功。

次年，《世界日报》创刊，父亲又主编副刊《明珠》，发表了长篇小说《金粉世家》，同样引起了读者的注意，情况和《春明外史》差不多。父亲编这两个副刊，几乎是唱独角戏，编排、校对都是他一个人。初期外稿不多，除了写这两部都有百万言的小说外，还要写不少诗词、散文补白。后来他实在忙不过来了，就在报上登广告，公开招考特约撰稿人，由父亲亲自考试、选拔。报名的人很踊跃，但他只选中了张友渔、马彦祥等四人。

一九二九年，父亲为上海《新闻报》撰写了《啼笑因缘》，就被世人所知了。从一九一九年到一九三五年的十多年时间里，父亲都在北京给报馆写小说、写文章。他喜爱北京，喜爱她的历史文化，喜爱她的淳朴民风，把北京视作他的故乡。可是他在一种不得已的情况下，离开了北京。

被迫离开了北平

“九一八”事变后，全国人民掀起了抗日热潮。父亲对国民党政府的不抵抗政策，感到极大的愤慨。他开始思考：在这国难当头之际，该作些什么呢？他认为自己是个书生，是个没有权的新闻记者，虽然“百无一用是书生”，但是他有一枝笔，可以用这枝笔作为武器。强烈的爱国主义和民族感使他在作风上和写作上来了一个大转变。他力所能及地在诗、文中宣传抗日，而且从一九三一年起就开始写抗日小说。他自己写作、出资出版了短篇小说集《弯弓集》。他在《弯弓集》序中说：“……今国难临头，必兴语言，唤醒国人，必求其无孔不入，更有何待引申？然则以小说之文，写国难时之事物，而供献于社会，则虽烽烟满目，山河破碎，固不嫌其为之者矣。……吾不文，然吾固以作小说为业，深知小说之不以国难而停，更于其间，略进吾一点鼓励民气之意，则亦可稍稍自慰矣。”父亲眼看“寇氛日深，民无死所”，“心如火焚”（引话均见《弯弓集》序），他在《弯弓集》的《健儿词》中呼道：

含笑辞家上马呼，者番不负好头颅。

一腔热血沙场洒，要洗关东万里图。

在《咏史诗》中借古讽今地说：

六朝金粉拥千官，王气钟山日夜寒。
果有万民思旧蜀，岂无一士复亡韩。
朔荒秉节怀苏武，暖席清谈愧谢安。
为问章台旧杨柳，明年可许故人看。

他满腔热情地歌颂那些奋起抗日的中华儿女：

背上刀锋有血痕，更未裹剑出营门。
书生顿首高声唤，此是中华大国魂。

笑向菱花试战袍，女儿志比泰山高。
却嫌脂粉污颜色，不佩鸣鸾佩宝刀。

这一时期他还写了《水浒别传》、《东北四连长》（后易名《杨柳青青》）等抗日小说。父亲是个书生，没有上过战场。他为了写好《东北四连长》，搜集了许多资料，并且找了他一个当过义勇军的学生进行座谈，了解军事生活，这样合作了两三月之久，才动笔开始写。由于父亲积极宣传抗日，日本帝国主义曾向当时在北平的张学良将军提出抗议，父亲于一九三五年秋被迫离开了他视为第二故乡的北平。

腰斩之作

父亲离开北平后，应成舍我之约，主编上海《立报》副刊《花果山》，并且还写了一部悲剧性的小说《艺术之宫》。他很看不惯上海的十里洋场生活，在合期将满之际，就准备离去。这时北平已出现了冀东汉奸傀儡政权，迫害爱国的文化界人士，日本帝国主义开有一张黑名单，父亲“榜上有名”，北归不得，只好改道南京。他曾有诗“十年豪放居河朔，一夕流离散旧家”，指的就是这件事。

父亲在南京时，和张友鸾叔叔创办《南京人报》，父亲任社长，主编副刊《南华经》，并写了两部长篇小说在《南华经》上连载。《南京人报》办得很兴盛，当时颇为轰动。父亲是一个有民族气节和正义感的文人。他反对军阀和国民党政府，他的小说和诗文都发表在民营报纸上，从不为旧社会的官方报纸写稿，因为他非常厌恶国民党那套歪曲事实的陈词滥调。一九三六年在南京，他的《世界日报》老同事硬要他为当时的《中央日报》写小说。父亲本来坚辞不写，后来一想，借这个机会写一篇抗日小说讽刺一下《中央日报》也未尝不可。于是就写了《天明寨》。那几年父亲业余时间正在研究太平天国的史料，就利用了太平天国的轶事，宣传御侮抗敌。《天明寨》是用的历史题材，倒也“安然无恙”。登完之后，又写了一篇关于义勇军的故事。名叫《风雪之夜》，是以北平为背景的。在报上连载四五个月之后，却接到总编辑一封信，说“奉命停刊”，干脆就是《风雪之夜》被“腰斩”了！当时抗日是有罪的，被“腰斩”也是意料中的事。其实《风雪之夜》并不是父亲的第一篇“腰斩”之作。早在一九二六年他在北京《世界日报》上发表的《荆棘山河》，就因军阀张宗昌的武力镇压，而半途夭折。以后，《中央日报》迁到重庆，多次来约父亲写稿，父亲再也不愿讨“腰斩”的没趣，不再为他们写一个字。

就在《风雪之夜》“奉命停刊”之际，日本帝国主义加紧了军事侵略。强烈的爱国主义使父亲大声喊出：“国如用我何妨死！”他虽然是个手无缚鸡之力的书生，可是为了祖国，为了中华民族，他情愿马革裹尸，战死疆场。然而国民党政府的达官贵吏们，的确有“六朝金粉”的士大夫味道，仍然是歌舞升平，醉生梦死。父亲看到这一切，愤怒地吟出：“凭栏无限忧时泪，如此湖山号莫愁。”

一九三七年八月十五日，日帝飞机空袭南京，父亲和报社的同事为了宣传抗战，坚持把《南京人报》办下去。没有工资照样发稿，没有外稿就自己动手写。当时我们的家住在南京郊区，父亲每日进城都要遇到空袭。他就在炸弹、炮弹的交织中，随便伏身路边田坎下，炸弹扔过，立即奔向编辑部，处理当日的稿件和版面。就这样苦撑到南京沦陷的前四日，才不得已停刊了。为了抗日，父亲毁家纾难，抛弃了他的全部家产和事业，还有他多年精心搜集、视如珍宝的资料和书籍，把家人送回故乡潜山，毅然只身入川，随身只携带了一个柳条箱。

途经武汉时，恰逢“中华全国文艺界抗敌协会”成立，父亲被推选为第一任理事。在这以前，他是从来不参加任何文化团体的，但是，为了民族大计，为了抗日，他改变了自己过去的主张。

请缨无路

父亲在南京的时候，看到许多爱国青年，不忍见祖国大好河山的破碎，人民受日本帝国主义者的屠杀，他们情愿抛头颅洒热血战死沙场。可是这些人爱国有心，报效无门。父亲十分愤慨，难道爱国也有罪么！在武汉时，父亲见国事日非，忧心忡忡。四叔劝父亲，干脆把《南京人报》的印刷机器扔了，回故乡大别山打游击去。当时也有一些同乡青年，有此主张，希望有些声望的父亲出面协助。父亲一听怦然心动，非常兴奋地同意了。他虽然是个“百分之百的书生”，可是他愿意“投笔从戎”，他想扔掉笔杆，拿起枪杆回故乡打游击。于是立即亲笔写了个呈文给当时的第六部，请认可他们去这么办，写明了他们不要钱，也不要枪弹，就只要第六部的认可，免得家乡人发生误会。结果呢？被拒绝了！父亲请缨无路，大有为爱国而发狂的感受。由于这种愤慨，所以到了重庆之后，他写了一部长篇小说，名叫《疯狂》，就是这种心情的发泄。然而受到重庆当局的“新闻检查”，下笔出言都受到很大的限制，最后写成已与原意有很大的出入了。

后来，我们常听家里老人谈到父亲“投笔从戎”的往事，我们实在想象不出，父亲这样一个文弱的书生，架起老花镜拿枪打仗会是什么样子？可是我们看到父亲在听这段往事时，微笑不答的清癯面容，我们感动了，一种肃然起敬的心情，油然而生！

提到打游击，父亲曾多方面搜集材料，采访座谈，写了好几篇这方面的小说。计有《巷战之夜》《桃花港》《潜山血》《前线的安徽，安徽的前线》《游击队》。除掉在香港《立报》发表的《桃花港》和《巷战之夜》得以完篇，其余的几部都因各种原因，未能写完。《前线的安徽，安徽的前线》，更因触犯了当时安徽统治者的政策，也被宣告腰斩。

父亲写游击队的信心，并没有因此而动摇，他更加积极搜罗材料。令人感动的是，当时重庆《新华日报》就热心地支持父亲写有关游击队题材的小说。《新华日报》的资料室，对父亲的要求无不答应，允许他任意索观有关文件。父亲看了八路军、新四军开展的游击战争，认为可歌可泣，十分感动。

父亲不躲警报

重庆多雾，冬春之际，浓雾迷漫，伸手不见五指，是令人头疼的事。可是当云净天清、风和日丽之时，那就令人不禁头疼而且可怕。因为只要是晴天，或月儿高悬，或阳光和煦，日帝的飞机必来狂轰滥炸，群众就要躲警报。每逢警报拉响，母亲就带着我们躲防空洞。而父亲呢，则从不躲防空洞。他不愿意在嘈杂的防空洞里浪费时间，他总是带着书本到茅屋后仙女峰僻静的地方，看书学习，遇到晚上有警报，他就干脆吹熄菜油灯，独自在茅屋静坐构思。

有一次，日帝飞机在我们住的小村里大炸而特炸，在防空洞里可以清楚地听到飞机沉闷的嗡嗡声，也听到炸弹落地的轰隆声！我们非常担心独自在山上的父亲的安全。等警报一解除，我们立即奔回家里，看到父亲已伏在那破书桌上疾写起来。他对我们说："我在山上亲眼看到了日机施暴的罪行，要记下这笔账！"我们觉得父亲很勇敢。

四川山乡的景色是美丽的。我们所居的茅屋，前面是建文峰，后面是仙女峰，山上松柏修草，四季常青，山谷中开遍了深红浅紫的野花，微风徐来，芳香袭人。清晨，山腰中盘绕着薄薄的云雾在朝霞的辉映下，似纱似岚，好看煞人。这时，你会看到一位头发斑白的老人，在这寂静的山谷中，伴随着晨曦，不紧不慢地念英语。他那特有的大嗓门，响震山谷，和着缕缕的炊烟，成为南温泉桃子沟的奇景之一。这位老人就是父亲，他永远是我家睡得最晚而起床最早的人。他几十年如一日的坚持自修英语，虽然这时父亲已是五十岁的人了，而那种刻苦学习英语的毅力，真是惊人！

父亲是勤学的人，少年如此，老而弥笃，就是患了脑溢血症后也还是手不释卷。他以前工作忙，总不能集中时间看书。晚年他发奋要读完有两千五百多本的《四部备要》，这个“功课”他从不间辍。从第一本读起，一直读到他的逝世前夕。我们发现在父亲长逝时，放在他床边的就是《四部备要》！写至此，我们不禁又泪眼模糊了！

“待漏斋”

南温泉的三椽茅草房，原来是“抗敌文协”的房子，后来“抗敌文协”迁走了，就让给父亲搬进去住。因为重庆是住房难，所谓“长安居，大不易”，因而周围住的都是“文化人”，老舍先生曾和我们比邻而居，常和父亲来往。老舍先生一口纯粹幽默的北京话，给我们留下了深刻的印象。

去过四川的人都知道，重庆冬天寒冷而潮湿。山路泥泞，阴霾的天空如铅板一样，平平的盖在顶上。就是白天也是昏暗无光的，父亲写稿子用的那盏菜油灯，又时常受油价上涨的威胁，能不点就不点，省一点油，要留着深夜给小妹妹把尿用。

父亲的一袭蓝布长衫，经年不改，穿了洗，洗了穿，说蓝布衫其实已经是灰白色的了。遇到开规模较大的会，或是被大学请去讲课，父亲就把一件收藏多年的旧马褂套在长衫外，这倒不是为了“绅士”风度，而是为了“遮丑”。因为父亲的长衫，久经搓洗，胸前破有数洞，套上了马褂，一可御寒，二可藏窘，而马褂又是在旧货摊上贱价购得的，父亲说：“人弃我取，实在取暖。”

《新民报》社址在重庆市，而我们的茅屋，远离市区三十里。父亲为了工作，只好步行于重庆与南温泉之间。这条路要在海棠溪搭船过江，还要挤公共汽车，年纪大了，挤车困难，更不愿看公路局售票处的脸色，干脆爬山！父亲不坐车，一来可以省钱，二来又可锻炼身体，三来还可借此了解一下民间疾苦，虽然辛苦，他也乐此不疲。抗日时期，重庆物价一日数涨，买米是困难的。为了一家人的吃饭大事，父亲往往还要从市里背着几十斤重的“平价米”，撩起长衫，过山涉水，彳亍于险峻仄窄的山间小道上。当我们看到山湾处现出父亲的身影，就会迎上去。父亲微喘着，脸露笑容，放下那包“平价米”，母亲看着父亲，接过那包“平价米”，微微地发出一声叹息。这一放一接之间，蕴涵着多少无价的关怀；这一声微微的叹息，又内含着多么沉重的辛酸！

我们所居的茅屋，是竹片夹泥的墙，房顶上的草，即是山上所生的茅草。这种房子真是“牵一发而动全身”，你只要轻轻拍一下墙壁，全屋就会微微颤动。大雨一来，屋内雨流如注，雨一停，而屋内也仍然是小细淅淅。久而久之，哪里漏水就有个数了。有道是“未雨绸缪”，每逢阴云四合之际，父亲就和我们把盆盆罐罐预先放好，等待雨漏。故此父亲就幽默地为这个茅屋取了一个非常富丽的名字："待漏斋"。当然这个待漏与朝臣陛见的"待漏"滋味可就大不一般了！

具有讽刺意味的是，就离我们"待漏斋"不远的山对面，在绿荫掩映、花木扶疏中，有一座华美无比的西式楼房，宛如人间仙府，这就是有名的"孔公馆"。其实这座"孔公馆"主人孔祥熙根本不来，里面住的不过是他的副官、仆役之类。父亲气不过，就写了一副对联：

闭户自停千里足；

隔山人起半闲堂。

贴在墙上，以为补壁。

父亲在旧社会中，是洁身自好的。他看不惯旧官场中的宦海浮沉、尔虞我诈，从不趋炎附势。只靠一支笔，来抚养我们兄弟姊妹，同时也抚养了他的弟妹们。父亲发表了《春明外史》《金粉世家》《啼笑因缘》以后，有些朋友看他太清贫了，劝他改行入宦途，有些做官的也来拉他。这些规劝、硬拉，父亲都"谢绝"了。他说："流自己的汗，吃自己的饭！"不用"造孽钱"。父亲曾在一九四〇年写诗述怀：

不食嗟来四十年，戴将白眼看青天。

解嘲本属寻常事，莫把文章事乞怜。

生活的贫困，并没有压倒父亲，他仍然一心扑在写作上，扑在工作上，他对战胜日本帝国主义的信念毫不动摇。父亲用南宋爱国诗人的“北望中原泪满巾”之句，给自己的卧室、写作室兼会客室大书了“北望斋”三字，期待着早日收复国土，早日胜利！

《八十一梦》的前后

抗日战争，本是国难临头，大敌当前。可是重庆的国民党政府，腐败贪污，特务横行，商人投机，都大发其国难财。这些事实，使父亲痛心疾首，要替人民呼吁。他认为，抗日战争是全中国人民谋求生存的问题，但是民众没有起码的生活，就难以争取永久的生存。这一时期，他又从写抗日游击战，改为写生活问题。如《牛马走》（后易名《魍魉世界》）、《第二条路》（后改名《傲霜花》）等。由于当年的“新闻检查”，父亲下笔要受到很大的掣肘，为了使自己写的东西避免“登不出来”，就使出了“寓言十九，托之于梦”的手法，写了《八十一梦》。因为是“说梦”，就放开手，泼墨挥笔，把那些直接间接有害于抗战的表现，嬉笑怒骂地揭露出来。《八十一梦》写于一九三九年，同年十二月一日刊于重庆《新民报》，从构思、立意、文笔和效果上说，父亲都比较满意，认为是“痛快之作”。其中的《我是孙悟空》《天堂之游》等，都引起了读者很大的共鸣。例如书中写了一个豪门，有一条路通到半空，路尽处的门是一个大金钱，上写“孔道通天”；孙悟空和一位戴有黄金、白金、赤金、钻石、宝石戒指的通天大仙斗法而失败。明眼的读者一看就知道指的是谁，自然会发出会心的微笑。《八十一梦》揭了孔祥熙的底，是个“漏子”，朋友们都为父亲捏一把汗。

有道是“不平则鸣”。父亲是一个有正义感的作家，他只不过替老百姓鸣一鸣，不想为此却受到国民党特务的注意，认为张恨水“赤化”了，来往书信受到检查，行动也受到监视。为了这部书，某人还专门把父亲接到了一个华美的精舍，酒肉招待，最后他问父亲：“是不是有意到贵州息烽（国民党特务监狱）去休息两年？”在这种种情况下，父亲被迫把《八十一梦》结束了。父亲的愤慨是可想而知的，他并没有屈服，还是要“为民而鸣”，在后来单行本的《楔子·鼠齿下的剩余》中说：“总是为了自己不爱惜自己心血的缘故，让小孩子淋了些残汤剩汁在上面，在梦本之上，多添了一些油腥气，这就刺激了老鼠的特殊嗅觉器官……到了晚上，直钻进我的故纸堆中，把它的牙与爪，切切实实将这本子磨勘一顿。”“耗子大王，虽有始皇之威，而我也就是伏生之未死，还能拿出《尚书》于余烬呢。”在《尾声》中说“本是八十一梦，写的也是八十一梦，不幸被耗子咬残了，不能全部拿出来”，指的就是这件事。

《八十一梦》的斗争作用曾得到周恩来同志的肯定。一九四二年秋，周恩来同志接见《新民报》的主要工作人员，有父亲在座。周恩来同志询问了他们工作中的困难，给予支持和鼓励，接着风趣地对父亲说：“同反动派作斗争，可以从正面斗。也可以从侧面斗。我觉得用小说体裁揭露黑暗势力，就是一个好办法，也不会弄到‘开天窗’，恨水先生写的《八十一梦》不是就起了一定作用吗！”周恩来同志的肯定与勉励，使父亲受到很大的鼓舞。

在写《八十一梦》的同时，父亲还写了许多诗文，比如连载的散文随笔《上下古今谈》等，也是力求反映这种思想的。当时国民党政府宣传什么“一滴汽油一滴血”，加紧对人民进行勒索，而那些高官政要和夫人之流，却豪华奢侈，挥霍无度。父亲曾写了一首讽刺诗：

荒村细雨掩重霾，警报无声笑口开。

日暮驰车三十里，夫人烫发进城来。

因为此中有人，呼之欲出，所以流传很广，各报都有转载。

说起《八十一梦》险些使父亲进了特务监狱，无独有偶，《啼笑因缘》也招来了同样的祸事。那是在一九三一年《啼笑因缘》出单行本的前后。当时我们住在北平未英胡同。一天，来了一位身穿军装的 ××× 的副官，拿着名片要见父亲，并且“邀请”父亲即日随他去奉天 ××× 家作客。父亲知道是推不掉的，遂到后院与家人告别，说：《啼笑因缘》出事了，××× 认为刘将军是写他父亲，要我去奉天一谈，此去可能是凶多吉少，大家要有个准备，万一出了事，向朋友告借，举家南迁。全家慌做一团，母亲不知所措，倒是父亲很镇静，拿了几件换洗的衣服，就同那位副官到了奉天。×××晚上在家与父亲“洗尘”。席间问到了《啼笑因缘》的创作经过，父亲说沈凤喜是实有模特儿的，刘将军则是虚拟的，不是指的那一个人，而是在许多军阀中抽其共性塑造的。××× 是一个很开明的人，听了父亲的话，一笑了之。数日之间盛情招待，并约请奉天的文艺界、新闻界的朋友相会，临行时又送了一些土特产。没有想到，经此一会，他们两人倒成了朋友。（编者注：关于此事，此文执笔者张伍先生在2006年团结出版社出版的《雪泥印痕：我的父亲张恨水》一书第49页作了说明与更正：在讨论材料时，由于我的疏忽，没有核对，一时不察，误在文中说 ××× 认为《啼笑因缘》是写他父亲，让副官“请”父亲去奉天，父亲认为凶多吉少，并让举家南迁等情节，是不实之事。……我向读者和研究者提供了错误材料，深感内疚并表示歉意。据编者考证，张恨水曾分别于1928年12月、1929年3月和8月应张学良邀请三次赴沈阳，均在1930年《啼笑因缘》发表之前。印证了张伍先生的说明与更正。）

一套中山装

一九四五年，毛泽东主席飞抵重庆。父亲经周恩来同志介绍，认识了毛主席。毛主席在重庆期间，曾经接见了《新民报》的部分工作人员。另一次则单独召见父亲，长谈了两个多小时。毛主席很关怀父亲的生活，对父亲的工作给予了肯定和鼓励，并且还和父亲谈论了有关小说创作的问题。父亲告辞时，毛主席送给父亲延安自制的呢料和红枣、小米。

父亲回到南温泉，很兴奋地对母亲说："这是延安的小米、红枣！"母亲从小在北京长大，很怀念北方风味，赶忙给我们熬了小米红枣粥。那是我们兄妹第一次喝小米红枣粥，不但觉得香甜可口，而且还带着几分神秘感。

我们听见父亲低声地对母亲说："毛先生（当时对毛泽东主席的尊称）有渊博的知识，是了不起的人物！"我们当时都很幼小，不懂得小米、红枣的意义，父母亲就比我们想得深远了。难忘的小米红枣粥！

那块呢料，父亲做了一套中山装，每逢开会时，他总爱穿这身中山装。

父亲一向是穿蓝布衫的。有了那套中山装，只要时令适宜，父亲参加会议或宴会，总是穿着它。后来衣服的颜色褪落了，父亲就改染成藏青色。五十年代的一个春节，全国政协举办团拜会。因我家离政协礼堂很近，父亲穿了那套中山装步行前往。周总理在门口迎接客人，一眼认出了父亲，一步上前，握着父亲的手，问候工作和病情。周总理看着父亲穿的中山装，问：张先生的生活有困难吗？父亲马上领悟到总理因这套染了色的中山装才有此问，就说：我生活挺好，有固定收入，还有再版书稿费。这套衣服，总理没认出来？一九四五年总理陪毛主席到重庆谈判，毛主席送我一袋小米和红枣、延安产的粗毛呢。小米、红枣是吃了，这呢子衣服我可经常穿在身上呢！总理哈哈大笑，说：不错，你把颜色染了，我没认出来。好，好！你没忘旧。

参加会议回来，父亲绘声绘色地讲述了当时的情况。我们听了都很感动，一个国家的总理，有多少国内外大事需要他去处理，可是从一个普通作家的衣着上，都使周总理联想到他的生活和工作上去！

关于父亲和毛主席的交往，还有这样一件事：

一九四五年初冬，有人给父亲看一阕词《沁园春·雪》。送稿人说明这是毛泽东主席所作，愿意先在《新民报》刊登，并希望父亲和一阕。父亲接过来一看，觉得气势磅礴，非同凡响，知道这阕词是不能随便和的。那时父亲是重庆《新民报》负责人，就把原词照登，刊于一九四五年十一月十四日重庆《新民报》晚刊《西方夜谈》上。署名毛润芝。过了一天，这阕词才在《新华日报》发表。轰动了山城。

书、画、花、棋

父亲的一生都是忙碌的，工作非常紧张，简直没有休息时间。

可是他仍有许多业余爱好，这些爱好，虽然都不算精，但都够“专门”水平，有的造诣还颇深。我们实在奇怪，他是怎么“忙里偷闲”学来这些爱好的？

父亲有许多好看的画，好看的颜色。我们幼年时期经常去翻阅他书架上的“画书”，里面有许多美丽的花、山水、人物，看到了心爱的，就临摹下来，所以在我们兄妹当中，喜欢美术的颇不乏人。两个妹妹中一个是中央工艺美术学院毕业生，一个是中央美术学院毕业生，终和“丹青”结下了不解之缘。有一个叔叔也是学绘画的，擅长花卉与草虫，三十年代还颇有点名气，这都是受了父亲影响的结果。父亲喜欢画，而且画的相当不错。朋友来了，谈起文学创作，他不过尔尔。若谈起画来，就眉飞色舞地滔滔不绝。有一次我们听他和老朋友议论，有的人以为父亲的散文比小说好，诗又比散文好。父亲自己说：“都不好，我的画好。”父亲曾在三十年代创办了北平“北华美术专门学校”，任校长，并兼授中文课。他请了许多老友到校教课，于非闇、李苦禅、王梦石等先生都在校任过教，学校办的也很有影响，像著名的张仃、蓝马等都是北华美专的学生。

父亲的书籍都是自己整理，不许别人插手。他的书很“杂”，除了一套系统的《四部备要》外，什么书他都搜集，简直是一个“百宝囊”与“杂货铺”，各种各样的字典、中外小说、县志、佛学、岁时志、字帖、笔记杂闻……种类繁多，甚至连什么官职考、衣服考、胡琴工尺谱、花诀、棋谱他也搜集，研究考证。每逢我们遇到什么疑难，去问父亲，他总会给你一个满意的答复。说了不算，还要告诉你典出何处，那部书是怎么说的，接着他就像“变戏法儿”似的，在那卷帙浩繁的群书中，顺手抽出来，翻着给我们看。母亲取笑他是“书呆子”兼“活字典”，书上的东西都懂，可是葱卖多少钱一斤，他就一窍不通了。

父亲喜欢花。每逢写作累了，他就到小院子里给花浇浇水、松松土，这就是他最好的休息了。父亲养花并不要什么名贵的花卉，草花野花他都喜欢，他连大白菜都能做成简单的“吊花”。春天，他总到白塔寺去买花籽，自己松土，自己种。父亲的“莳花”不许我们插手，可是他却允许我们的长兄和大妹妹协助帮忙。夏天院中的群芳竞艳，姹紫嫣红，清风徐来，香气扑人，给小院增添了不少的生趣与温馨。

春天父亲去景山赏牡丹，夏天邀我们去西郊观荷，秋天则必去中山公园看菊，故宫御花园里玉兰花前，北海琼岛的丁香花下，都有父亲流连忘返的身影。

父亲说自己不会下棋，可是我们知道他会下象棋，围棋下得很不错。他有很多棋谱，写作累了，往往一个人，对着棋谱摆子，棋子叮叮，独自下得也很有趣。小弟弟八九岁时，父亲教他下象棋，小弟一学就会，而且“棋艺大精”，一定要父亲让车、马、炮，一老一小，也可以鏖战一两个小时。

父亲喜欢看电影，也喜爱各种戏曲，尤爱京剧。不知从什么时候起，他学会了拉胡琴，而且是“无师自通”；他的胡琴纯粹是“按图索骥”，照着工尺谱自己练会的，偶尔兴来，高歌一曲，有时还要我们唱一段。说实话，父亲的胡琴并不高明，但是并不会错，尺寸、节奏都对，该托腔的地方，一定不忘“垫头”，真是怪事！他还会吹箫、弹月琴，他说：“我的月琴虽弹得不高明，可是有名师传授，是刘天华教的。”父亲年轻时和刘半农先生很熟，一起演过话剧，以后又认识了刘天华先生，就向刘先生学了月琴。父亲对我们说：“这些业余爱好，对写小说是很有帮助的。”每逢想起和父亲度过的愉快时光，都使我们沐浴在儿时的幸福中。

七 老

父亲年纪大，病后行动不方便。父亲的老朋友便常来看望“老大哥”，他们聚在一起，热闹非凡，笑声、辩论声充溢着小小的书房。他们研究古典文学中的问题，版本、作者身世、典故来源等等，各抒己见，常有妙解，父亲则总是默默地听着他们的争论，听到会心处，便嘿嘿地笑了。我们非常愿意听这些叔叔们的高谈阔论，其中的知识，不是在课堂上能学到的，所谓“与君一席话，胜读十年书”，我们从这些讨论中，是得益匪浅的。

六十年代初期，正是三年自然灾害，这些老人来看望父亲，怕给父亲添麻烦，所以都带个菜来聚会，到时揭开饭盒，湖北味、江苏味、安徽味、四川味、广东味，各地风味聚在一桌。这些叔叔们，为了陪伴年迈行动不便的父亲，把偶尔得来的佳肴共享一乐，老人们仍保持淳朴的童心，给父亲的温暖和友谊，则是我们子女所不能的。

一九六〇年的冬天，这些老人又在我家聚会。新开的梅花正吐着幽香，窗外雪花飞舞，左笑鸿叔叔即席填词，其中下半阕为：

座上七翁都健寿，杯中酒泛流霞，窗前六出正飞花。梅开三五点，春到万千家。

座上七翁即：吴范寰、季乃时、张友鸾、万枚子、左笑鸿、张友鹤和父亲。除七老外，陈铭德、邓季惺、方奈何、施白芜等几位叔叔也常来看望父亲，都是报界同行。

有一次我们请这几位叔叔签名留念，谁先谁后，总免不了有一番谦让。风趣的左笑鸿叔叔说："大家不要客气，谁的血压最高谁先写。"张友鸾叔叔不依了，说："还是谁最近视谁先写。"这下可乱了套了，我们笑得前仰后合，最后还是父亲解了围，谁的年龄大，谁先签名。可是我们终究搞不清哪位叔叔的血压高，哪位眼最近视。

老人们开起玩笑来，可以说是妙趣横生，寓庄于谐。讲几则小故事：

一九二七年友鸾叔结婚，张婶与张叔同学。是时，张叔正在研究《西厢记》《牡丹亭》。张婶恰姓崔，巧合得有趣。所以父亲写了一阕贺词，其中有"银红烛下双双拜，今生完了西厢债。"就是暗切这件事。到了张叔七十寿辰那天，左叔想起前事，也写了一阕贺词，打趣张叔、张婶是"依旧张郎，依旧崔娘，白首相聚老更香"，看着儿孙满堂的张叔、张婶，令人忍俊不禁。

一九一九年，父亲在芜湖《皖江报》任总编辑。那时父亲只有二十三岁，精力很旺盛，常常工作到大半夜。郝耕仁老伯到编辑部去玩，就在编辑桌上填了半阕《丑奴儿》嘲谑父亲："三更三点奈何天，手也挥瘦，眼也睁圆，谁写糊涂账一篇？"父亲看了立即于纸角答了半阕："一刀一笔一浆糊，写也粗疏，贴也糊涂，自己文章认得无？"两人相视大笑，父亲的文思就是这样敏捷！还有一个趣闻：父亲初在北京时，和曲学大家吴梅（瞿安）先生常有往来，以后和吴先生的得意弟子卢前（冀野）叔叔更为稔熟，在一起研究元曲、传奇，并经常唱和度曲。卢善歌能饮，是一个大胖子，爱唱《醉打山门》，散曲、套曲都写得极好，二十二三岁就作了金陵大学的名教授。

一九三六年，左笑鸿叔从北平到南京。父亲作东小聚，座上有友鸾、冀野几位叔叔。酒过三巡，友鸾叔忽然高谈扑克牌之奥秘，笑鸿叔说，扑克牌最高分为同花顺，于是仿效王渔洋的“郎似桐花，妾似桐花凤”吟出：“又是同花，又是同花顺。”父亲立即接过去说：“冀野辞藻无伦，而身体肥硕，可赠以词，‘文似东坡，人似东坡肉。’”席上恰有一盘“东坡肉”的菜，一语双关，举座闻之大笑。

孝顺的儿子　民主的老子

父亲常对我们说，他是一个不幸的“过渡人物”，少年时期生活在清朝，深深懂得封建教育的可悲、可痛，他愿极力作一个“民主的老子”。父亲从不对我们进行体罚，每逢我们幼年时期做错了事，他也从不疾言厉色地呵斥，而是晓之以理，告诉我们什么是对的，什么是错的，这比乱骂一通、乱打一顿要有效的多。从我们的孩提时代起，父亲就教育我们要热爱自己的祖国，热爱自己的民族，要作一个诚实、正直的人。

父亲对我们的职业、婚姻、兴趣、爱好从不干涉，他认为这是孩子们自己的事，作父母的不必多管。因而在我们兄妹当中，职业是多种多样的，有研究自然科学的，有搞社会科学的，也有从事文艺的。但是有一条，他对我们的学习抓得很紧，他认为不管你从事什么样的工作，不懂得中国历史和中国文学是不行的，要有起码的知识。他说，要学通中国文学，没有坚实的古文基础，是学不好的，背不下一两百篇有代表性的古文，就入不了门。你们如果有兴趣，我来教你们。父亲果然是“言必行”，他的写作和工作虽然忙得不可开交，但每次晚饭后，他都准时在写作室里等我们去“上课”。父亲给我们讲《史记》由列传入手，这样可以引起我们对古文的兴趣。以后又教我们读《古文观止》《唐诗合解》等书。有一次我们兄妹当中有人正在学陶潜的《归去来辞》，在院子里背课文，不是丢了上句，就是忘了下句，怎么也背不下来。父亲听见了，从屋子里走出来说："背诵固然不可偏废，但是这样死背可不行。首先要理解文义，知道这篇文章好在哪里，说的是些什么？这样背起来就会事半功倍，多少年以后，还能奔赴笔底。《古文观止》是我八九岁时读的，距今已有五十多年了，我还能背得下来，你们可以任挑一篇让我背，不信，可以考一考我。"我们也是好奇，就让父亲背一篇《归去来辞》。父亲毫不犹豫地就从"归去来兮！田园将芜胡不归？"背起，虽然他病后说话很吃力，可是背起书来却毫不间断，不错一个字，不漏一个字，一气呵成将全篇背完。我们简直听呆了，父亲看我们惊愕的样子，就说："这没有什么奇怪的，这是小时候下的苦功。"正是由于父亲的"启蒙"，使我们对中国历史和中国古典文学都有了浓厚的兴趣。

在我们的记忆当中，除掉书，不记得父亲还送给过我们别的什么礼物。每逢他上街归来，总是抱着一摞摞的书，有些是他自己看的，其余的都是给我们买的。这些书，根据我们的年龄和学识，也是五花八门，从《少年文库》《名人传记》到《诗韵合璧》《芥子园画谱》、褚遂良字帖等等，应有尽有。父亲的书，给了我们无穷的乐趣，也是这些书，启开了知识宝库的大门，让我们去探求那无穷无尽的精神宝藏。

父亲偶而也带我们上街。随父亲上街，若说是玩，还不如说是"上课"更恰当。每逢遇到一座寺院，他就会引经据典的告诉你，这座庙修于什么年，有什么特点，经历过什么沧桑等等。走过一条小胡同，他也会告诉你，这条小胡同有过什么经历、什么传说，顺便就讲起了北京街道的故事。他告诉我们为什么北京街道叫“栅栏”，叫“井”的多，就从明、清讲起，又讲到胡同。他说“胡同”这个词是外来语，是元朝带来的蒙古语，又告诉我们哪些书上有记载。有一次我们听见小孩唱北京童谣：“王八驮石碑罗！”父亲对我们说，驮石碑的不是王八，是龙，叫赑屃。然后又说这个传说在什么书上，可惜，那些书我们都不熟悉。我们真奇怪，父亲怎么会知道这么多事。

要路过书摊，那就糟糕了！父亲便会过去翻阅书，翻着翻着就把我们忘了，我们又不便催他。在不耐烦的等待中，也会自然的翻阅书摊上的书来消磨时间，久而久之，从中得到了一种很大的乐趣，所以在我们兄妹当中，有一个共同的爱好：逛旧书摊！

父亲有观察事物的习惯。他虽然一向不喜欢和商人打交道，但他买东西还要和那些商人扯几句，或者在旁注意地听做买卖人的谈话。有一次，父亲去给母亲买橘子，因为母亲喜欢吃酸甜的食品，如酸梨、杏脯、山楂等等。所以买橘子时，父亲问卖橘人：“酸吗？”那是一种酸橘子，父亲特意挑的，可是小贩犹疑了，说不酸吧，不符合事实，说酸吧，又怕没人买。于是说：“您自己尝！”父亲被这巧妙的回答引得哈哈大笑。他那特有大嗓门的笑声，感染了我们，也感染了小贩，大家都一起笑起来，引得路人为之注目。父亲买了橘子回来，一路走一路说：“妙，妙！这是很精彩的文字语言。”

父亲在衣着、饮食上非常随便。他不会赌博，也不会喝酒，可以说是滴酒不入。虽然父亲的朋友中，有许多善酒的人，他也愿意看别人喝酒，可是他自己绝不开戒，连啤酒都不喝，怕耽误工作。

父亲自称：有“三不能”和“三不精”，三不能即饮酒、博弈、猜谜，三不精即书法、英文、胡琴。“三不能”是实情，“三不精”倒未必不精，他的书法、英文还是有相当水平的。父亲喜欢喝茶，尤其喜欢喝家乡六安的瓜片和杭州的龙井，这是他仅有的“嗜好”。

父亲年轻时，经济上相当拮据，在为生活、学业奔波时，往往是一碗米饭、一杯开水，佐以一块榨菜。一件旧长衫，也是洗了染，染了洗，实在不能穿了，才买一件新的。父亲有一套质地不高明的“西服”，这是在天桥估衣摊上买来的。他穿了这身衣服很得意地说：“这上面并没有天桥地摊上的‘幌子’，穿这身衣服置身于西服朋友当中，也显不出寒酸。”父亲的这种生活习惯，一直保持到晚年。他的衣食从不比我们这些孩子高，也从没有吃过“小灶”。他的工作忙，有时回来晚了，绝不叫人为他另作什么，有剩的就吃剩的，没有剩的，一碗蛋炒饭、一碗青菜汤，就很满足了。父亲的写作，每次都要到深夜十二点，为了不打搅我们睡觉，他不让家里人为他作夜宵。每逢门口晚上卖熟食的过来，他总是二两花生米、两个烧饼，就打发肚子。偶而买一块熏鱼、四两酱肉，那就算是奢侈的了。

父亲也偶而带我们吃个小馆，那总是家里的喜庆日或领了一笔稿费之后。他让我们每人点一个自己喜欢的菜，当看到我们风卷残云般地饱啖起来，他坐在一旁，怡然自乐。

爹爹（我们家乡称祖父为爹爹）早逝，奶奶三十六岁居孀，父亲是长子，当时只有十七岁，下面还有五个弟妹，而最小的姑姑还不到两周岁。爹爹的去世，给父亲的打击极大，丧失了经济来源，使父亲过早的就担负赡养奶奶和照顾叔叔姑姑的责任。他为了自谋生路，求学是时断时续的。他自知失学的痛苦，就尽力供给叔叔姑姑们上学读书，直到大学毕业，帮助他们成家。所以叔叔姑姑对父亲都是极其尊敬的。父亲对奶奶更是尊敬已极，在朋友当中是有名的孝子。他常对我们说，奶奶青年居孀，抚养他们兄妹六人成人是很不容易的。所以每逢奶奶偶得小恙，父亲都是衣不解带的昼夜侍奉。然而奶奶的去世，正是父亲患脑溢血卧床不起之时，所以母亲没有把这个噩耗告诉父亲。多年之后，父亲逐渐恢复健康，才知奶奶已在故乡逝世。他悲惘之余，觉得自己未能亲去安葬，很为不安。所以每逢过年就按家乡的习俗祭敬一下，以释哀思。

父亲常到旧书店去买书，旧书店的主人有了一些文史书，也经常到家里来向父亲推销。六十年代，书店的主人又到我家里来了，这一次不是来卖书，而是来买书。他们出了较高的价钱，要买父亲的《四部备要》。父亲不肯卖，他说："我一生没有给孩子们留下什么，只有这些书。留给孩子们作个纪念，如果孩子们不需要，就捐给国家。"父亲的书，是留给我们仅有的"财产"。

父亲有一个"新春试笔"的习惯，每年的除夕作诗，元旦作画。这个习惯除了因病中辍三年，他一直保持到去世。父亲曾在一九六〇年写了一首元旦示儿诗：

照眼梅标岁月赊，文章老去浪淘沙。
涉园须解怜花草，敬祖才能爱国家。
手泽无多惟纸笔，心铭小有起云霞。
一鞭追上阳关近，莫让前程绿影遮。

父亲在这首诗里，让我们尊敬长辈，热爱祖国。我留给你们的只有笔和书，希望你们快马加鞭地努力学习，为自己的社会主义祖国建设多作一些贡献！

游西北

一九五六年，全国文联组织作家、艺术家西北旅行团，邀请父亲参加。父亲虽然是病后之身，行动不便，但能够旧地重游，还是欣然愿往的，便愉快地接受了邀请。同行的成员有冯至、朱光潜、钟敬文、常任侠、孙福熙、周怀民、周元亮、陶一清、张文新等。他们一行人参观访问了西安、延安、兰州、敦煌等地。

解放前，父亲曾只身旅游了一次西北，那是一九三四年春天的事。那一次的西北行，给父亲留下了难以磨灭的印象。他一面赞叹我们民族发源地山川的壮丽伟大，一面又耳闻目睹了西北人民当时的人间地狱生活。旧中国的西北劳动人民，在军阀混战、刀兵掳掠、天灾人祸的侵袭下，求生不能，求死不得，卖儿卖女是常见的事，街上的饿殍随处皆有，连树皮草根都吃光了，西北的壮丽河山，也变成了赤地千里，黑雾漫漫。这一切惨不忍睹的景象，使父亲受到了极大的震惊，他的思想和文字，经此一行，有了一个大的转变。

父亲为此写了一本《燕归来》的小说，书的开头有几首竹枝词，说明了当时西北的情况，下面是其中的几句：

一升麦子两升麸[①]，埋在墙根用土铺。
留得大兵来送礼，免他索款又拉夫。

---

① 麸子，喂牲口的饲料，可是旧社会的穷人，要吃麸子又谈何容易。

大恩要谢左宗棠，种下垂杨绿两行①。

剥下树皮和草煮，又充饭菜又充汤。

死聚生离怎两全？卖儿卖女岂徒然！

武功②人市便宜甚，十岁娃娃十块钱！

父亲初到西北时，颇引起当地某些政要的注意，他们不知道父亲此来是何目的，因为他们不能想象一个穷书生，怎么会只身跑到当时贫穷不毛之地的西北去。虽然父亲一再解释，到西北是为搜集小说材料的，但也很难使他们相信。幸亏当时在西北的邵力子先生给父亲帮了很大的忙。父亲和邵先生是几十年的朋友，同是新闻记者出身，他了解父亲的真意，给父亲作了很多解释工作。杨虎城将军又亲自陪同父亲参观了不少的地方，并且和父亲合影留念。当人们真正了解父亲是为了民间疾苦而来，自然得到了不少热心人士的协助，有的人亲自到旅馆和父亲长谈，介绍西北人民的痛苦，有的人送来各种各样的书面材料和碑帖，父亲非常受感动，而且认识了不少新朋友。父亲从西北回来，除写了《燕归来》，还写了一部五十万字的长篇小说《小西天》。

父亲这一次游西北十分兴奋，解放后西北面貌的改变，使他由衷的喜悦。西安、兰州楼房林立，马路如网，铜川、玉门建设一新，生机勃勃，农村是绿畴无涯，麦香飘溢，敦煌宝库的艺术珍品得到了修复，光彩照人。和三十年代的西北比起来，真是天壤之别，两

---

① 清将左宗棠，镇守西北时，种植不少杨柳，荒年穷人，扒此树皮充饥。

② 武功，地名，属陕西省。

相对照，使他百感从生。父亲回来后，写了数万字的游记《西北行》，描述了他的观感。刊在上海《新闻日报》上。同时他还写了多首诗、词，选其一首：

门后青青万树枝，门前渭水涨天池。
辟成霞彩三千道，正是斜阳欲落时。

旅行团在兰州时，有一次因参观误了吃饭的时间。他们走进了一家饭店，饭店已经打烊，不接待顾客了。同行的一位朋友问父亲：这是你写《燕归来》时没遇到过的事吧！店中一位老同志听到了就问父亲："您从北京来吗？是姓张吗？"谈了几句，老同志说："张先生是稀客，要吃饭，有有有。"想不到这次巧遇读者，竟让一行十几人饱餐了一顿。

愉快的晚年

一九四九年初夏，父亲正为我们辅导英语，突然发音不清楚，站起来摇摇摆摆的走不稳，我们急扶他到躺椅上，躺下时已人事不知了。

经医生检查，确定为脑溢血，右半身不遂。父亲从昏迷中醒来时，丧失说话能力，记忆力遭到破坏，竟连母亲都不认识了。父亲的一生除去了书，毫无积蓄。正在我们焦虑万分之际，党和人民政府派人来看望父亲，邀请他参加"全国文学艺术工作者第一次代表大会"，并聘请父亲为中华人民共和国文化部顾问，对我家的生活作了妥善的安排。

父亲能够安心养病，健康恢复得很快。两个月后“咂咂学语”，三个月后学习行步，到能坐下时，他用不灵便的手，“学习写字”，练书法。不到半年，就可以出门看朋友。不到一年就可以写诗，记忆力也逐渐恢复。医生和老朋友，都认为父亲恢复得这样快，简直是“奇迹”！

一九五四年，父亲开始恢复了部分写作能力，他病后的第一部小说是《梁山伯与祝英台》，先连载于香港《大公报》，颇受海外华侨的欢迎，东南亚各中文报纸都纷纷转载，后来北京、香港都出了单行本。一九五五年，父亲又只身回到故乡安徽旅行，并游历了上海、南京等地。他把旅行见闻写了一篇数万字的游记《南游杂志》，刊在香港《大公报》上。当父亲恢复了部分写作能力后，便辞去了文化部的顾问职务，专事创作。从一九五四到一九五九年，父亲为国内外读者写了《孔雀东南飞》《白蛇传》《记者外传》等十几部长篇小说。一九五七年，全国文联委托老舍、赵树理两位前辈和父亲主办大众文艺刊物，后来刊物因故未能办成。

父亲还应中国新闻社之请，为海外侨胞报导北京各城区的变化。父亲为了写好这些报导，亲自跑遍了北京“里九外七”的十六个城。他为北京日新月异的变化，感到无比的喜悦。父亲多次受到国家领导人的接见，还参加了一九五七年的最高国务会议。一个普通作家，以久病之身，能参加这些重要活动，使父亲很感动。

一九五九年，父亲的病情又加重了，虽没有完全丧失写作能力，但提笔已经很困难了。周总理得知父亲的病情后，便聘请父亲为中央文史研究馆馆员，对父亲的生活也作了具体安排。文史馆馆址在北海公园内，坐落在太液池北岸的一个幽静的院落里，原名“养心斋”。进馆的老人，须在六十岁以上，所以父亲以六十四岁高龄进馆，还算“年轻人”。馆内人才济济，琴棋书画的各路高手，云集养心斋，每星期活动两次，谈诗论史，依廊清谈。每年春节，国务院都由一位副总理出面，邀请老人们聚餐，嘘寒问暖，关怀备至。

父亲和许多馆员都有过多年交谊，如章士钊、叶恭绰、陈云诰、邢端、陈半丁等先生，旧雨重聚，格外愉快。章士钊先生四十年代在重庆读了父亲的《水浒新传》后，写了一首七律送给父亲。一九六一年，老话重提，章先生又把这首诗写成条幅送给父亲。父亲对我们说：章先生的字写得还是那样好。

一九六二年初夏，新闻电影制片厂摄制文史馆老人的情况，作为新闻简报，片名似是《老人的青春》，其中有三个个人镜头：章士钊先生在研究古典文史，康同璧先生（女）在工作，父亲伏案写作的情况。那一天，老人们不约而同地都穿上新衣服，精神矍铄的参加拍片，陈云诰、谢无量等当场挥毫，彭八百、孙诵诏等铺纸作画，十分精彩。

父亲去北海公园次数多，他的诗词描写北海公园的也不少，这些诗词反映了他晚年安详愉快的心情。

消夏杂咏　一九五八年

栏杆几曲夏花香，小步闲吟夜兴长。
叶落隔林闻细语，一天星露湿衣裳。

（北海闲步）

月儿好是入波圆，笙管引人古渡边。
我去桥头傍水立，一轮看到四更天。

（北海夜行）

南歌子　北海小游

高阁风烟隐，回廊宝带弯，悄行东路看南山，独个行来小鸟不知还。　　摘柳穿三径，随花路一湾，眼前桥隔两湖船，人去回林紧抱水云天。

父亲的晚年生活有保障，使他能在垂老之际，尽力之所及做些工作，对此，父亲是非常感激党和政府的。

父亲于一九六七年正月初七日（农历）早晨七时整家人为他穿鞋时，溘然长逝，享年七十三岁。

我们怀念父亲。他为人正直，是一个有民族感和爱国主义的作家，是一个忠于本职工作的新闻记者。他对朋友诚恳坦率，在家里上孝父母，友爱弟妹，对我们爱而不溺，为我们留下了爱国、正直、好学、勤奋、朴素等美德。

仓促之间，我们用这篇交织着欢乐、哀思与缅怀的回忆，作为一瓣心香，纪念父亲八十七岁寿辰。

一九八一年五月于北京

（原载《新文学史料》1982 年第 1 期）

（本文作者分别为张恨水长子、二子和四子）

追思我的堂叔张恨水先生

——心祭恨水叔逝世50年·片断散记

羽　军

一

我第一次见到这位大名鼎鼎的堂叔，是1936年，我7岁从西安回安庆路过南京。那时恨水叔已从北平搬家到南京，与张友鸾先生共同筹资创办了《南京人报》，一鸣惊人，轰动报界。

这一次是妈妈（蔡振华）带我去的，他们家租住在一幢洋房的二层楼上，客厅很大，室外有阳台，还有防火铁梯上到楼顶。恨水叔穿着件蓝棉袍，头很大，一双像老鹰样明亮发光的褐色大眼，有点吓人。他笑看着我，在我头上轻拍了两下说："小水哥哥会带你玩，晚饭后秋霞妈妈会带你们看电影。"说着就转身走向大厅正面平台的一张大办公桌后，坐下写稿。秋霞妈妈带我妈进内房谈心，小水就带我玩了起来。这也是我第一次见小水，我们很快就玩到一起了。他先带我到阳台上去抖空竹(响簧)，我玩不来，引得小水发笑，我自己也好笑。但我向室内一看，恨水叔埋头写稿，毫未介意我们的笑闹。后来，我们又到大厅打弹子（弹玻璃球），小水打不准，叫了起来。我吓了一跳，怕影响了叔父写稿，可这时叔父边写边说："我可打准了，我打了一回日本鬼子啦！"说着又拿过一份稿纸，接着又道："你们想着是打日本小鬼子，就会打准！"我和小水都大笑起来，可是叔父又低头在写稿了。这天下午，有一位身背着袴包的送稿员先后送稿来、拿稿走，一共来过三次。那时叔父几乎每天要给四家报社各写短稿一篇，另外还要写自己的小说。后来小水对我说，叔父每天要写五六千字，有时甚至上万字。我大吃一惊，张嘴无语！这就是我第一次见堂叔的生动印象。

晚饭后，恨水叔提着皮包到报社去办公了，又开始了报人的战斗夜生活。秋霞妈带着我们看电影，这是我第一次看卓别林的无声喜剧影片，笑了一晚上，想起来就要笑。

二

第二次见到恨水叔，还是在南京，是1937年初，由我父亲（张东野）和母亲一同带我去的。我父与恨水叔是离别十多年后的会见。恨水叔在大门口迎候我们，他一见到我父便快步迎来，叫着大哥，深深地躬身一礼，然后二人握手，久久相视，眼中闪着泪光，这使我记忆难忘。一下午，他们都在说笑谈心，抽烟喝茶。他们多次谈到打日本的话题。恨水叔似乎还谈到要我父去看另一位周南妈妈，那时周娘和二水也在南京，住得较远。我父当时是在南京"中央政治学院”参加蒋作宾主持的“政治研究班”学习。

这天下午，恨水叔的挚友郝耕仁的女儿郝漾来看望了我父和恨水叔。我在安庆见过郝漾姐，可这回她变样了，穿着长袍，留着男式分头，女扮男装，还带着一位非常摩登、烫发卷头的美女刘姐姐。秋霞妈妈低声对我妈妈说，她们是革命青年。（果然，后来不久，郝漾姐就到西安去延安，解放后，她是改名何建明的天津军代表，后来担任中国人民银行秘书长。）她们吃完晚饭就告辞离去了。

晚饭后，恨水叔没去上夜班，而是和我父去泡澡堂了。秋霞妈又带我们看电影，这回是美国喜剧明星劳来和哈台的影片。

当时我跟妈妈住在下关瀛台旅社，这是桂家公和几个潜山人经营的旅社。桂家公是恨水叔三弟朴野叔的岳父，所以我们叫他家公，早年在芜湖做小生意，借路费钱给恨水叔闯北平的，就是这位我们小辈都喜欢的老人。他要我带小水到下关来玩。我一说下关，小水就连连摇头，原来下关有处楼顶飘着日本国旗，长江中也来往着挂日本旗的洋船，他恨日本鬼子，一到下关就生气、难过。这让我对小水肃然起敬。我怎么就没想到这些呢？！……

三

1942 年，我 13 岁，随小姑张耘野回到了潜山黄土岭，这是我有生以来第一次回到老家。我特别高兴看到小水和秋霞妈妈，不过，这时秋霞妈妈已是众人口中称呼的“好妈”了。这是小水无意间开玩笑给自己母亲送的爱称，因为大家公认秋霞妈妈为人和气、好谈笑、爱帮忙。我和小水都在一百六十里外、隔着大山驼岭的舒城晓天镇安徽省“七临中”（第七临时中学）读书。我们从初二同班读到高中一年级，抗战胜利又同读安庆“六邑联中”高二。

1944年，七中全校热烈宣传“一寸山河一滴血，十万青年十万兵”，抗日爱国，鼓励学生报考“知识青年远征军”，但只有高中生才有资格报考。高中部为欢送被录取远征军的同学，举办了一台晚会，排演了根据恨水叔电影剧本改编的话剧《热血之花》，而且由被批准参军的潜山人洪氏兄弟扮演主角。我的哥哥羽白也在剧中扮演一角，这让我和小水大大惊喜。演出非常成功，群情热烈，一派尚武报国热潮。这不但加大了我对恨水叔的敬佩，更引起了我要阅读他小说的强烈兴趣。我马上去找小水问他家有无恨水叔作品。

“当然有，两大皮箱！”小水答道。

“我要看！”我坚定地说。

“你要看？那是我妈的命根宝贝，是为我爸留的样书底子，不借给人看！”小水很认真。

我一听，呆了一下，大为丧气……

“你例外，我偷偷地拿给你看，我也要看啦！”他突然接着说，因逗了我一下笑起来。接着，我二人一同哈哈大笑。

从此，整整一个寒假加一个暑假，我百事不干，闭门痛读叔父的小说。哈，都是新书，好像是世界书局的精装本。有时好妈要到县上取款或办事，我就住在小水家，二人静静同读，有时点油灯熬夜。小水还管我吃饭，他很会做菜。这间房小窗外有桂花树一株，这就是当年恨水叔在老家的读书房，也是我父亲的出生房。

我如饥似渴，一共读了十五部小说，那都是恨水叔抗战前的主要作品。在阅读中，起先让我惊喜的是那些故事情节、明快的文字，特别是那些精心对仗的章回标题。后来，我突然进入字里行间的情思，从中看到了世界之广大、真假；感到社会之复杂、善恶；悟到人生之得失、沉浮、美丑。恨水叔的小说似乎启发了我的智慧，鼓舞了我的勇气，引导了我的人生梦想，我觉得我的视野豁然开阔了很多，我的心也踏实了不少。这可是我在恨水叔作品中第一次的人生涅槃……

四

1945 年，抗战胜利了！

1946 年 1 月底，恨水叔带着重庆一家人赶回安庆，这是要与留在家乡的老母及亲人团聚。当恨水叔从欢迎他的人群中出来，由小水引着走向老母的住房时，他口中喃喃自语，不断叫着“妈妈，妈妈，娘，娘！……”他步履加快，激动得腿脚颠乱，扑进房门，一见坐着等候他的老母时，扑通跪倒在地，接连叩头三次，口中叫着：“娘，娘，儿子回来了，儿子不孝，让你受苦受罪了，儿子对不起你呀……”他泪流满面，然后一头伏在老母的双膝，呜咽抽泣，语不成声。老母亲早已老泪纵横，她抚拍着恨水叔的头，哽咽道：“儿啊，回来就好啊，我高兴得很，胜利了，你也为国为民做了大事，好，好，我高兴……”笑脸上老泪滚滚。这时屋内外的家人亲友，无不抹眼拭泪，又悲又喜……

我父亲赶去看望恨水叔时，我又想到十年前他俩在南京相见的情景，又是一别十年啊。恨水叔快步相迎，叫了声“大哥”，接着又是恭敬地深深一躬。然后，二人手拉手，相看无语，这回笑脸上滚出了泪珠。恨水叔这次在安庆，于百忙中有两个下午是在我家与他的大哥喝茶谈心。在这头两天，家人亲友都是在哭哭笑笑中度过，真是一场亲情大汇流，此时哭笑得最多的人，应是我家小姑张耘野。她为人仗义热情，不管谁哭她都陪哭，不管谁笑她都同笑。这一场家事、国事、天下事的亲情汇流，让我感到深深的震动！

五

恨水叔因筹办报社急事，需提前离开安庆，独自一人先到南京。他是旧历正月十四动身，差一天未能与家人过元宵节团圆。动身那天，安庆各界及很多亲友到江边送行。我是负责将他的行李卷和大皮箱送上“兴芜”号轮船的预订舱房里，我找来我的同学好友刘承楠帮忙。到了码头趸船，吓我一跳，上船乘客挤得水泄不通，要抢座位。我灵机一动，从船外爬铁栏杆上楼直到舱位，刘承楠则在船边帮忙举递，我提着行李卷和大皮箱爬上三楼，找到预定的舱房，这是紧靠船头驾驶台的狭小单人客房，只有一张床和一个小茶桌。我放好行李，坐下掏出手绢擦汗，很快恨水叔艰难地挤了过来。那天，他身穿一套浅色西装、外套大衣，特别精神，真是一派“以天下为己任”的中国抗日文人的气势。他看着我夸奖道：“辛苦你了，他们说你是从船外爬铁栏杆上来的，箱子很重，你好身手啊。”我笑着回答我是运动员，身手灵活，力气大些，又补充道：“啊，多亏我的同学刘承楠帮忙传递，他父亲是卫立煌将军的中将参谋长刘天霖，抗日将领啊，他说他们在重庆见过你……”

“啊，见过见过，你代我谢谢他，向他父亲问好。”我说了声好，打算告别，可叔父突然问道：“我听小水说，你很会读书，你读过我很多小说……”

我连忙回答：“是呀，我读了你十五部小说，有六十多本啊！”

“好看吗？……有什么感想吗？”他又问。

“好看！”我严肃了起来，老实地说出自己的读书心得和总结：“你的书让我从世界的广大中观看善和恶；从社会的复杂中思考真和假；从人生的情思中感悟美和丑，我觉得自己成熟、聪明了一些……”

恨水叔的褐色大眼突然一亮，他拍着我的肩头说：“啊，孩子，你说得好啊，怪不得小水说你会读书！好好学习，凭本事考到北平去读书，北大、清华、燕京，那都是读书的好大学！……”这时，突然传来开船的锣声，催送客的人下船。叔父又拍了一下我的肩头说：“好吧，快下船，希望我能在北平看到你，再见！”

我回到趸船，刘承楠还在等我，接着小水也来了。我们三人抬头一看，恨水叔正在船栏边，笑着向我们挥手。汽笛声中，“兴芜”小轮打弯转头，顺水东去。

六

1949年，新中国成立了！这时我在已读完芜湖安徽学院外语系一年级后，在火车的汽笛长鸣声中到了新中国首都北京！我父亲已有电报告知大病后的恨水叔，说我将到北京清华大学读书。当我叫开北沟沿恨水叔家的大门时，恨水叔竟在张伍的搀扶下，慢步跛行着从院中走来。我注目细看，惊呆了，恨水叔脚跛腿僵，脸斜嘴歪，我赶忙上前搀扶着他回屋。他竟病得如此厉害，不由我悲泪夺眶而出。他双手微抖，口齿不清地说着什么，脸上苦笑，安慰着我说：“你真到了北京读书啦……”这句话让我心喜，证明他记忆力不差。我也笑答说，这是他在安庆船上对我的教导。他由苦笑变成了欢笑，可是口水流了出来，他抖着手拿出手帕来……我当时突然有一种感觉，坚信他会恢复起来。他才五十四岁呀，这正是人生金秋岁月啊。

1956年，被称为潜山黄岭“张氏三杰”的张东野（中）、张恨水（左）、张牧野（右）在北京留影

七

恨水叔的身体果然在不断恢复，说话有些结巴，字句却清楚了；走路脚跛，脚步却稳当些了。大地春回，在周娘的鼓动和安排下，恨水叔和我开始了几乎每周一游的赏心乐事，这更有利于恨水叔脑力和体力的恢复。

其实，恨水叔心中也有一个自己的安排，他已在练习写作，并要恢复自己的记忆和想象力。但在这些游走赏玩中，我更是最获文化启发和熏陶的受益者。

第一次，我们坐着三轮到北海公园，游人稀少，景色幽然。我们在湖边漫步并小坐，神清气爽。恨水叔带我到白塔下湖边的“五龙亭”喝茶。这著名的亭中只有一张石桌，卖好茶，收高费。我们刚一进亭，一位中年茶博士赶忙迎接。突然，他吃惊地盯住恨水叔，惊喜地叫起来：“哟，这不是张先生吗？！您可好久没来过啦！……啊，欠安了吧？……嗯，现在看着气色正啊，坐，坐……我给您泡上您最喜欢的龙井，新茶！”他不但认得恨水叔，而且记得恨水叔最喜爱的茶品。但让我更惊喜的是，恨水叔后来居然记起这位茶博士的姓氏来。我高兴地夸恨水叔好记性，恨水叔笑着说，这是他在此情此景中猛然想起的。茶博士送来的一壶龙井，果然水清色碧，清香扑鼻。我一下感受到了北京深厚的文化底蕴，深厚的人情古风。

八

那时的陶然亭是个让人触景生情、感叹古今、沉思命运、悲怀生死的地方。恨水叔带我在荒芜的园林中漫步。园中林木稀疏，野草闲花，一派衰败气象。在林中，我突然发现不少散乱的小土堆，堆边还有矮小的石碑，碑刻有字，原来是各种奇怪的小坟包：什么“花塚”“爱犬之坟”“鹦鹉塚”“爱猫之坟”“义犬之墓”“八哥塚”“黄莺塚”……一阵风来，花木摇曳，我肃然感到一种莫名其妙的情思，我止步呆呆地看着……这时恨水叔突然轻声地问道：“你说，这里面葬的是什么？”我有点发蒙，怎么如此发问？正自犹豫，恨水叔深情而平静地说：“这里面埋葬的是它们主人的悲情、深情、痴情啊……”我心头豁然一亮，是啊，人是感情动物，感情可贵，无奈是真情啊。人啊，怎一个“情”字了得？我似乎心头发痛……

我们走向园中的一座古旧高房，这是宽敞的茶厅，厅内摆设着古色古香的茶具、古老的深色桌椅。走廊和林边的树上挂着各种鸟儿的不同样式的鸟笼。我们靠窗坐定，要了一壶好茶碧螺春。正对着窗，是一座高层方形台基的白色墓塔，塔身直书一行大字“赛金花之墓”。我大惊道：“这就是那有名的妓女赛金花？”恨水叔感慨地说：“是呀，没先告诉你，就是要让你吃一惊……她可真是个人物，嫁给了我们安徽江南洪状元，他们是代表大清朝到过四个国家的公使和公使夫人。洪状元一死，她受逼反抗，又重操旧业，当了妓馆老板娘。八国联军来了，皇上、太后老佛爷、王公大臣都跑了，她敢挺身而出，救过不少平民，后来还坐过大牢……大清朝腐败可耻！最后她躺在这儿。据说这墓是士绅平民捐钱修的，来凭吊她的人很多呀！”恨水叔似乎在自言自语，在感叹中回忆，他又接着说自己在上海访问过她，后来在北京还去看望过她，她晚景可哀！茶厅内大多是中老年游客，长袍短袄，安静地饮茶、嗑瓜子，都时常看着窗外的墓塔。恨水叔又小声地叹道“唉，富人寡情，穷人多情，怪呀……”我喝着茶，心中感受到一种似单纯而又复杂的情绪。社会多难，人生无常啊。林边和走廊中断断续续传来鸟儿的不同叫声，更增添了这里的寂静。

我下意识地叹了一口气，恨水叔看着我说：“这里是陶然亭，什么是陶然？陶然就是开朗、乐观。人就是要陶然而乐。”啊，我真乐了，满心云雾，顷刻散去。恨水叔心中别有天地！

此后，我们叔侄游走过很多地方，最近的如白塔寺，最远的竟跑到卢沟桥一整天。其他如潜山会馆、菜市口、天桥、黄寺、颐和园，甚至还去过风景优美、少为人知的樱桃沟。难得的是通过这些地方，恨水叔在有心无意之中向我启迪了历史、文化的深层审美意蕴。

九

我从清华图书馆借出一部金人先生翻译的苏俄作家肖洛霍夫的小说名著《静静的顿河》，要让恨水叔看看，因为我非常欣赏这部小说，而当时苏俄和我国左派对其有很多贬斥和伪赞。我想听听恨水叔的意见，也让他了解一些国内外文坛思潮和状况。恨水叔看完此书，赞叹不已，并说对他启发很大，开了眼界，多了思路。他特欣赏肖洛霍夫大段写景的才情，认为那才是写景与写人写心写情势化为一体。他认为肖氏写出了情思魅力，情浓意深，背景壮阔，英雄气短，儿女情长，连呼大作巨著、文豪大家！看来他还查阅了有关争议的资料，我说此书在苏联广受赞誉，深得人心，再版数次，而斯大林实际认为是反革命反党而又只说是重大错误倾向，本来是该批判的罪过，而结果又授给它“斯大林金奖”，真是出尔反尔的怪事。这时恨水叔平静地指出，这就是艺术作品成功的威力，此书众望所归，斯大林明白众怒难犯，说教的批判解决不了人心真情的信服，这是他的聪明处，先给化敌为友的批评，后给宽慰的顺情奖励，这就收到了大事化小、不激民怒的效果。统治者禁书是蠢事，书之所以好，绝对是因为它合理动情启思，这是审美形象。我觉得老叔说得很有道理，姜是老的辣！接着恨水叔沉思地说了一句：“这部书应该说是世界杰作，也许会流传世界，流芳后世，批不倒吧。”后来，1965 年我到北京出差去看望老叔，恰逢这时肖洛霍夫因这部巨作荣获诺贝尔文学大奖。我见到老叔，我俩的第一句话，几乎同时说出“《静静的顿河》得诺贝尔奖啦”。我们会心地笑着，我祝贺老叔15年前的预言成真了！他也高兴地笑着，可是我忽然发现他的手在发抖，脸色苍白，真是衰老有加了。一般悲情涌上我的心来……

十

1951年6月，我从清华参军，离开北京三年，但对恨水叔的情况还是大致清楚。1954年，我又复员转回北京，从清华转入北大读书。恨水叔一见我回京读书非常高兴，见面就半祝贺半开玩笑地说："你真行，这下清华、北大你都读了，有这种机会的人不多，好好读吧。"这时的恨水叔病体基本恢复正常，他已经常参加政府和文艺团体的活动和会议。没过几天，周娘就请我陪叔爷看戏。这是根据川剧《柳荫记》改编的同名京剧，由杜近芳和叶盛兰领衔主演。从前，我就陪恨水叔看过几回名角演出的老戏，但每次看完，叔爷都没说什么，让我感到他不太过瘾，没看出精神。可是这次不同，他看着看着就来精神了。不时轻声对我点头夸好，尤其是对杜近芳特别赞赏，认为她青出于蓝，胜过前辈。他还特别指出，好演员以功唱情，差演员唱技缺情，而这是多数演员的通病，戏剧改革要强调现代审美，要以文学性、艺术性、整体性统帅全剧。看完戏，回到家中，又兴致勃勃地对我讲川剧，说名丑"当头棒"（刘承基）演出的《跪门吃草》如何精彩，简直是按《史记》原著结构和叙述方式开展，奇妙动人！当然，我明白，他是行家，而且早年就和我父亲及陈大悲等演过文明戏。但我没想到，他竟是戏剧现代审美和创新的大革新派！后来，我还看过由北京曲艺剧团名家魏喜奎主演的《啼笑因缘》，这是当时很轰动的演出。恨水叔感谢剧团，宴请了魏喜奎等主演，并将小说《啼笑因缘》当时再版的全部稿酬捐送给剧团。当然，那时稿费钱数不多，但恨水叔爱戏的情意深重啊。

十一

恨水叔和周娘待我不但情同父母，而且还代理我的父母为我和徐棻在北京主持办理了婚礼。他们二老并排而坐，接受了我和徐棻"二拜父母"的三鞠躬，一同受礼的还有好妈和周婆。

1956年春，张恨水（右二）、周南（左一）与作者夫妇（左二张羽军、右一徐棻）在北京砖塔胡同43号院中留影

我和徐棻在北大戏曲社是"台上夫妻"变为"台下情人"。1956年10月，我向恨水叔和周娘说了结婚的决定和日期后，他们马上表

示支持。周娘热心豪爽，自任我们的全权代办，把大女儿明明的小闺房改为洞房，还决定办两桌酒席，在京的张家人团聚庆贺，并叫我们不要操心，到日期双双回家就成礼。当时，我和徐棻真是太不懂事也太不懂礼，这些我们全没想到还安然领受，最后就连房中的被褥、卧具都是周娘一手购置。她还说这种新式革命婚礼好办，连这都不管，她和恨水叔就对不起我的父母。她还开玩笑地宣布，这回叔父和她就是代理父母。

好事多磨，磨得有趣。后来北大通知我们参加北京大学生文艺会演，日子恰在我们选为婚礼的那天，幸好时间是上午。我和徐棻1954年曾代表北大参加北京市大学生会演，在北京天桥剧场演出黄梅戏《夫妻观灯》，荣获了一等奖，小有名气。这回又事关北大荣誉，何况还能添加婚礼日的情趣和纪念性，我们如约在清华大礼堂演出了湖南花鼓戏《刘海砍樵》，又荣获一等大奖。等我们高兴地赶到恨水叔家中时，已是午后，周娘笑说："你们台上先演习结婚，还拿大奖，真喜上加喜。"周娘又接着告诉我们，已经有你们的战友来贺过喜、送礼，吃了喜糖，留个纸条走人了。我们到新房一看，真是惊喜，小房收拾得明亮一新，窗上贴着大红双喜字，小桌上放着糖果、水果、点心。一看纸条，原来是徐棻的六位战友送了一本相册，纸条上留了一首打油诗："六个战友喜洋洋，来贺新娘与新郎。新人拜堂舞台上，战友空等在洞房。一纸短语表心意，祝贺幸福万年长。"纸条下面还写着："我们自己吃了喜糖，谢啦！"落款是六位战友的姓名。周娘笑着又突然神秘地轻声对我说："你叔父特别高兴，他从来不管家务事，可今天自告奋勇，去排队买猪肉给你们办席，人还没回来啦……"这可真是让我大吃一惊，高兴而惶愧，连忙跑出门去接替叔父。可我刚跑到胡同口，他老人家买了肉坐着三轮回来了。我搀他下车，送他回书房喝茶休息。我刚回到新房不久，恨水叔却又满脸笑容地走来，他要看看有趣的打油诗。他看完纸条，哈哈大笑，赞叹道："好哇，青年人，现代军人，有趣味，这打油诗很有才情，这也是你们婚礼的趣事佳话！……"

1956年冬，作者（右）和父亲张东野（左一）与张恨水（右二）、周南（右三）在北京砖塔胡同43号院中留影

婚礼晚饭前在小院中举行，在京的张家人到齐了。小水自任司仪总指挥，这婚礼简直是两年前小水婚礼的重演，现在他们两口子已有了一个小玉人似的女儿张节。这天，院中那棵树上也吊了个苹果，当年是大家看小水和新娘子跳着啃苹果逗乐，今天是大家要我和徐棻同跳啃苹果逗乐。这棵树也真跟我有缘，它为小水和我都吊过苹果；我和徐棻与恨水叔、周娘的合影中，它也露出半个身影；后来我父亲到北京，父亲和我跟恨水叔、周娘合影，它又在我身后，而这回它的枝上吊着一块腊肉，非常逗趣可笑。1957年，徐棻

生下我们第一个儿子张徐，生日竟和六十二年前出生的恨水叔同是一天，这又是一个缘！

十二

1945年国共重庆谈判时，恨水叔受到过毛泽东的接见，多年来都是热门话题，可是在我与恨水叔多年相处闲谈中，他从来未向我谈过此事。而1955年在北京政协春节团拜会上，毛泽东又第二次与他会见，握手谈话。这又是我从报上看到而知，见他面时，他又只字未提。我有些纳闷，但一想这只不过是节日过场，也就未加询问。可是1956年政协二届二次全会上，头戴维吾尔族小花帽的毛泽东又第三次接见了恨水叔，而且是在文化部长沈雁冰（茅盾）引导下，情景有趣，但这次他又对我只字未提。我忍不住和他谈到了这一话题。我先问了重庆谈判第一次会见的情况，因人们盛传毛泽东是单独会见了他，而且谈了一两个钟头。恨水叔说，从无单独会见之事，在小客厅有六七人以上参加，有人他不熟识，张治中先生始终和他坐在一起。主要是毛泽东和延安方面的人员谈话，讲延安情况，表扬了恨水叔的报界作用和作品成就，主要是争取舆论支持。恨水叔很明白自己的报人身份和作家立场，基本上只听不讲。会后送了延安产的蓝灰土呢料、小米、红枣。又说那时他很欣赏小道传抄的毛泽东诗词，很有气势、格调、韵味。他又说，政协春节团拜会第二次会见，只是节庆仪式过场，等于排队接见，寒暄几句，握手祝好。在谈到政协二次全会的第三次会见时，他说是由茅盾引见，毛泽东握手笑着说："记得你，记得你！"但奇怪的是茅盾的补充介绍，他把一本别人冒张恨水之名而写的伪作，说成是恨水叔的作品。这时，恨水叔无奈，才不慌不忙对毛泽东说那是一本伪作，自己的作品是《金粉世家》和《啼笑因缘》。谈到此，我不由大吃一惊，又哈哈一笑。我说奇怪，怎么茅盾先生居然费心专挑一本伪作向毛泽东介绍呢？难道他不知毛泽东早就表扬过恨水叔的《水浒新传》和《八十一梦》吗？真是莫名其妙！恨水叔也淡淡地笑着说，他对此有同感，所以当时也不得不纠正。我敬佩恨水叔在毛泽东主席和沈雁冰部长面前不卑不亢，显示出自己的书生本色。并由此想到，恨水叔不论面对张学良或是毛泽东、周恩来，向来都是不卑不亢，谦谦君子，总显示出他自己的人格风骨、文士气度。难能可贵呀！这是他“懒逐春风出玉关”的风骨！

十三

恨水叔要我参加过一次他请客的家宴，让我见见几位前辈文人。他请的是张友鸾、万枚子、左笑鸿三位先生。他们都是他的知心朋友、莫逆之交。宴会为了欢迎张友鸾先生从南京调到北京工作。当年在重庆，恨水叔曾有诗“莫教堕入闲樵斧，一束柴薪值几钱”，劝止了他去当国民党的官员，但这次他进京不是当官，也不可能当官，而是发挥其文学和编辑特长。宴会很有趣，完全是知心朋友自取所需、各说其话的文人雅会。一切由周娘操办安排，她熟知每位朋友的吃喝爱好和习惯，只有张友鸾特殊，他慢自斟酒细品，吃菜不吃饭，最后还要来两块他特爱的松仁糕（松子糖）。奇怪的是，恨水叔埋头吃饭吃菜，很少说话，但很注意听话，往往盯着看人。他较早就吃完，竟自下席，然后端一杯茶或坐或站，在席外听话搭腔，看着客人吃喝谈笑。张友鸾杯不离手，说话简短，也爱补别人的话题。万枚子先生总是有条不紊、头尾分明地说话点题。左笑鸿先生总是眉飞色舞说完自己的还要发挥别人的，还常来点诗文妙句。恨水叔的倾听和观察特点可能是他记者文人的修养和习惯。我在多种场合，都发现他的这种安详淡定，包括有时我对他谈话，他也总是注视和倾听。他的眼神鼓励你放开说，而他要说什么总是简明扼要，提问准确。我只记得他在安庆演讲，那也很是慷慨激昂、滔滔不绝、口若悬河。

十四

在我与恨水叔多年相处相知和心祭追思中，我对他的一生命运作了个“八字”总结：风雨、日月、雷电、霜雪。

风雨——这是他的青少年期，风狂雨暴，凄风苦雨，积累了生活经验，体验了人情世故，饱读了经史诗书，培养了才华人品。

日月——这是他壮年时期，日丽月朗，如日中天，如月秋夜，才华服众，佳作连连，事业大成，名扬中国，这是他十几年之久的创作第一高潮。

雷电——这是他中年时期，雷鸣电闪，雷火电光，以笔代枪，爱国为民，在抗战文学中掀起自己的第二个创作高潮。

霜雪——这是他大病后近 20 年的老病时期，霜寒雪冷，霜欺雪压，时顺时病，每况愈下，在孤寂中病度残生，享年 72 岁。

人生无常，慨然而叹：

栉风沐雨苦青年，日丽月明不惑天。

笔电墨雷文壮士，病衰霜雪老心寒。

十五

我从恨水叔的小说创作和新闻写作的全面研究和评价中，也试着对他的巨大成就总结三点可贵经验：

其一，在通俗艺术中融入文明高雅，并判断事物之是非，这是紧接地气；

其二，在传统文化中引导现代潮流，并分辨社会善恶，这是大顺天时；

其三，在人生情思中提示生活复杂，并品评人心之美丑，这是深得人和！

总之，在他的小说创作和新闻写作中都贯穿着“史”的是非、“哲”的善恶之理、“文”的美丑之情思。

实际上，恨水叔的创作是他通过“文艺大众化”、通俗化，以提高人民素质，推进社会文明化、人道化、现代化的群众路线。我之所以要从恨水叔小说创作和新闻写作两方面共同来作出这样的评价，正是因为恨水叔是以“动情”为中心的小说创作，和以“启智”为中心的新闻写作，双管齐下来完成这一任务的。他的成功也是由这两方面共同结合、相辅相成、殊途同归。

最近，我看到评家解玺璋先生在网上发表的文章《被遮蔽的张恨水》中说：“……长期被遮蔽在章回小说家和鸳鸯蝴蝶派的历史阴影下，报人张恨水公共知识分子的一面依旧被历史的尘埃所遮蔽，报人生涯 30 多年，他的鲜活的生命被历史的尘埃所淹没而不为世人所知……”这是很有见地的看法，只有拨开这种历史雾霾的遮蔽，才能更清晰全面认识张恨水的本色、实力、影响和意义！谓予不信，那么请大致浏览一下他的新闻写作吧。早年，他一介贫贱书生，无背景、无高学历，正是凭着他的才情、笔墨制胜，才深得新闻界仁人志士的公认、敬佩。他得了天时、地利、人和，指点江山，独领风骚。

十六

改革开放以来，国家飞速发展。恨水先生家乡，安徽潜山县的仁人智士，在思考如何发展社会、强国富民中，智慧地提出了“一山一水”的战略方针。这山是“天柱山”，佛家禅山，历史名胜；这水，就是“张恨水”，小说大家、报界名人。这就是能造福江山的胜景和贤人。为了开展精神文化建设，促进经济繁荣，我很欣赏家乡的仁人智士做了变革现实、造福子孙、永载青史的四件大事：

1. 筹建了“张恨水研究会”，把张恨水请上文学高位，张恨水成为了学会之旗号、研究之主题。这是学术平台，让文人才士研讨弘扬，发挥才智，促进文化发展。多年来，在多次全国性研讨会上，提出各种见解，获得多项成果，鼓荡起家乡浩荡的文风。

2. 响亮地提出“雅俗共荣”“二水分流，双峰并峙”的文学口号。这总结性口号，高度评价了张恨水在中国现代文学中的巨大作用。雅文学潮流的代表为鲁迅，俗文学潮流的代表为张恨水，雅俗二水分流，鲁迅与张恨水“双峰并峙”。这是很全面分析中国文学大格局的概括，这是能充分体现“双百方针”辉煌格局和气度的中国文艺论证。

3. 修建了“张恨水墓园”。2012 年，在恨水先生逝世 45 年后，安徽省潜山县将古太平塔风景名胜地改建为一座风景幽美，有楼台亭池的“张恨水墓园”，雕铸了一座恨水先生安详高坐、深思远眺的铜像，并从北京迎回恨水先生的骨灰，于2012年10月12日举行“张恨水铜像揭幕暨墓园落成典礼”。至此，张恨水逝世45年后，叶落归根，魂归故里，斯人长眠，千古流芳。从今往后，这里就是文化旅游景观的名胜。从四面八方和世界各地到此一游的人们，攀登古南岳天柱山，上上下下；瞻仰张恨水墓园，来来去去。来，一仰风致——张恨水的风致，一赏风光——天柱山的风光；去，长留情思——一个深化了的情思，长葆情怀——一个扩大了的情怀！

4. 出版了《张恨水年谱》。2014年，在恨水先生逝世47年后，安徽学者谢家顺教授，十年辛苦，视野开阔，广取博收，精心编著了一部83万多字的大书《张恨水年谱》。这是一部高屋建瓴、内容详实、纲目清爽、全面整合的巨著。从这里，我们可以生动地感知恨水先生一生的命运“八字”——风雨、日月、雷电、霜雪。

这四件大事，是我们后辈对精神文化建设的贡献，更是我们留给子孙的精神文化遗产，当然还是献给恨水先生在天之灵的重礼。

88岁堂侄张羽军追思心祭

2017.2.2于成都半边桥

（此文系《张恨水纪念文集》特约稿，未公开发表，作者系张东野之子，退休前任四川人民艺术剧院编剧、文学部主任）

心 香

——回忆和父亲张恨水先生的贵州之行

张 伍

也许是年近半百之故吧，不知怎么，常常会情不自禁地想起陆放翁那句“青灯有味忆儿时”的诗来，童年是快乐的，什么时候想起和父母一起度过的儿时生活，都会使我感到幸福和温暖，这种回味，对我来说真是一种莫大的享受。老话常说：“日有所思，夜有所梦。”真是不假，在梦中，我又变成豁齿秃头的顽童，随着父亲步行在巴山的林间小路上，听着鸟鸣，采着野花；要不就是在北海公园太液池边，看着绿油油的田田荷叶，听父亲讲解公园亭阁的来历掌故和沧桑变化……然而醒来时，才知父亲早已远离我们而去，却又感到惘然！

贵州省文联图书编辑部和贵州人民出版社要出版先父张恨水先生的《天河配》，使我们全体兄妹感到高兴，也引起了我的一段愉快回忆，忆起了四十年前随父亲途经贵州的情景。虽然那次旅行，是名符其实的来也匆匆，去也匆匆，却给我留下了难以磨灭的印象。为什么这样呢？说来话长，还得从头说起。

“九·一八”事变后，父亲为了抗日这一民族大业，他积极投身到澎湃激越的抗日洪流中，他认为自己是个书生，是个没有权的新闻记者，虽然“百无一用是书生”，但他有一支笔，在这国难当头之际，他可以用这支笔作为武器进行战斗！他力所能及地用诗文宣传抗日，从一九三一年就开始写抗日小说。他在自己写作、出资出版的《弯弓集》中号召：

含笑辞家上马呼，者番不负好头颅。
一腔热血沙场洒，要洗关东万里图。

他满腔热情地歌颂那些奋起抗日的中华儿女：

背上刀锋有血痕，更来裹剑出营门。
书生顿首高声唤，此是中华大国魂。

笑向菱花试战袍，女儿志比泰山高。
却嫌脂粉污颜色，不佩鸣鸾佩宝刀。

由于父亲积极宣传抗日，日本帝国主义曾向当时在北平的张学良将军提出抗议。尔后，冀东汉奸傀儡政权，迫害爱国的文化界人士，有一张黑名单，父亲“榜上有名”，被迫离开他视为第二故乡的北平。他曾有诗：“十年豪放居河朔，一夕流离散旧家。”就是指的这件事。

日本侵略者的迫害，父亲没有屈服，反而激起了他更大的国仇家恨，更加积极地宣传抗日。这时，他创作了《水浒新传》《游击队》《风雪之夜》《前线的安徽，安徽的前线》《大江东去》《敌国的疯兵》《巷战之夜》《潜山血》《红花港》《虎贲万岁》《鼓角声中》等大量的抗日长篇小说。强烈的爱国主义使父亲要“投笔从戎”，他想扔掉笔杆，拿起枪杆回故乡打游击。他联合了一些同乡青年，亲笔写了个呈文给当时的第六部，并写明了他们不要钱，也不要枪弹，就只要第六部的认可，免得家乡人发生误会。结果呢？被拒绝了！父亲请缨无路，大有为爱国而发狂的感受，他大声疾呼：“国如用我何妨死！”父亲愿意为国家和民族献出他的一切，他毁家纾难，毅然抛弃了他的全部“家产”，事业和多年精心收集的珍贵书籍，把我们安顿在安徽老家后，只身入川，随身携带的只有一只柳条箱。一年后，母亲带了我和哥哥历尽千难万险，也到了四川，那时我才一岁。

在四川，我们住在重庆郊区南温泉的山村里。这是一个十分美丽的山村。我家的茅草屋前后是山，屋前是建文峰，屋后是仙女峰，我们就住在这两山环抱的平原中，山上长满了青松翠竹，山坡上开遍了姹紫嫣红的各色野花，树丛、竹林间的鸟声长啼短鸣，动听极了。清晨，当晨曦初露，浓绿的山坡上，漂浮着如岚似雾的轻烟，环绕在郁郁苍苍的松林间；新绽的花蕊上缀布着晶莹的露珠；大雨之后，满山的草树经水冲洗，越显得青翠欲滴，两山的山洪，像千百条翻腾飞舞的银龙，呼啸着汇聚着注入到我家门前的“涠溪”里（涠溪是父亲为这条长山沟起的雅号），真是声如轰雷，极为壮观！在四川我们的生活非常清贫，三间茅草竹片涂泥的房子，东歪西倒，你如果拍一下墙壁，全屋都会为之颤抖，真是所谓“牵一发而动全身”了！不仅如此，大雨一来，屋子里雨水如注，雨停了，外面是晴空万里，而屋里却依然小雨滴答。久而久之，什么地方漏雨我们心里有数，每当阴云乍起，父亲就和我们准备好盆盆罐罐等待雨漏，这倒真是应了那句“未雨绸缪”的成语。小孩子并不知道生活的艰难，我们也会苦中取乐，由于盆罐深浅高低不一，排列好了，雨漏滴下，声音忽高忽低，“叮当”参差，听起来也别有一番情趣。父亲有感于此，怡然自得地为它题名“待漏斋”，当然这和封建时代的朝臣待漏的富丽宫殿可不一样！

父亲工作的地方在重庆市区新民报社，距离我们住的山村，有五十多里地，中间还隔着一条扬子江。父亲不愿挤公共汽车，更不愿看公路局那些人的脸色，干脆步行，一来可以免无谓的闲气，二来也可借机了解民间疾苦，三来还能锻炼身体，他说这是一举三得。有时，父亲还要背着几十斤重的“平价米”，行走于陡窄险峻的山间小道上，回到家来，汗水会浸透了他的那件旧蓝布长衫。我们到底年纪幼小，只知道要吃饭，天天吃泡菜，还闹着嫌菜不好，可哪里知道这“米”的来之不易呀！生活的困苦并没有压倒父亲，他仍然一心一意地想着写作和学习。他从清晨写到深夜，不论是刮风下雨，还是年节假日，与他都无干，他从没有假日，深夜他要写到菜油灯的油尽，成了漆黑一团，不能写了才搁笔，而且它永远是我们家起得最早和睡得最晚的人！就是空袭来了，他也不躲防空洞，拿本书到山上密林中阅读，空袭一解除，等我们回到家里，父亲早已坐在那张破书桌上写起来了。他自己说，每天不写几百字，就比不吃饭还难受。有人惊诧他的著作之富，却没有人知道他的勤奋和刻苦，是旁人难以想象的。每当写作累了，父亲就画两笔画，或是到山上去挖点野花，这就是他唯一的消遣。父亲喜欢京剧，在四川乡村听不到京剧。不知从什么时候，他弄了一把胡琴，无师自通的“的格龙龙格龙”地居然成调，有时兴致来了，索性放开喉咙自拉自唱，父亲的嗓门又响又大，但是条左嗓，也就是调门音阶都不准，说实话，父亲的演唱不太好听，但是却给小小的茅草屋增添无限的生趣。尽管房子破陋，生活困苦，可是父亲穷且益坚，他以陆游的“北望中原泪满巾”诗句，给自己那间写作兼卧室和会客室的草房大书了“北望斋”三字横幅，悬挂土壁上，期望早日胜利，收复国土！

抗日胜利了！终于熬过了八年的艰苦岁月，可以回到魂牵梦萦的故乡了！可以和亲人团聚了！这种喜悦心情是难以用文字和语言来形容的。我知道父亲和母亲是滴酒不饮的人，但那一天，他们俩满满的各自斟满了一杯酒，相对着一饮而尽，而且父亲和母亲像小孩子一样，笑着抢着我们的爆竹放，笑声和爆竹声融成了一片。

一九四五年十二月二日，父亲带着我们离开了七年倚居的重庆。那三间茅草房，给我们遮挡了七年的风雨。这七年的岁月，虽然给我们带来了大量的困苦，但也给我们带来了无限的欢乐，因为这三间茅草房，是父母在极其艰难的条件下为我们筑起的温暖的窝。虽然事隔整整四十年了，但我还清晰地记得那一天，父亲带着我们冒着斜风细雨，渡江到了海棠溪，投宿在一家小旅馆店里，等待第二天的启程。当夜阑人静，父亲独立在码头上，凝望着隔岸烟雨灯火中的重庆，我们不知道他在想什么，但是我们知道他当时吟成了一首律诗：

壮年入蜀老来归，老得生归哭笑齐。

八口生涯愁里过，七年国事雾中迷。

虽逢今夜巴山雨，不怕明春杜宇啼。

隔水战都浑似梦，五更起别海棠溪。

因为胜利后，轮船票非常难买，父亲又归心似箭，所以就坐了新民报社主人包租的长途汽车。这是由五辆带篷卡车组成的车队，也是我第一次“坐汽车”，当然记得很清楚。车中两旁放置木板条凳，中间堆叠着大大小小的行李、网篮、包袱，车厢中前后还放着三个大酒精桶，人就拥挤着坐在木板条上，没有一点空隙。本来车中的空气就不流通，还有酒精味混杂其间，那恶浊的气味可真够人受的。当时公路更是凹凸不平，车一开起来上下颠簸，人就像摇煤球似的摇来倒去，所以车行不久，车上的人晕车的、呕吐的、呻吟的乱成了一片。只有我和哥哥、妹妹三个人毫不在乎，一路上看山看水，开心极了。累了，就胡乱地蜷缩在行李卷上大睡。车队是十二月四日从海棠溪出发，穿过贵州省，十二月十六日到达湖南省衡阳，共走了半个月，人也就颠了半个月，到了目的地，骨头也都散了架啦！

川黔湘公路，途经几座大山，山势险峻，风景奇绝。当我们汽车从松坎进入贵州省境，就要爬越有名的险地“七十二道拐”。不说别的，只听这“七十二道拐”的名字就够人心胆战的了。这一段公路是盘高山屈曲而上，山上云雾重重，汽车左一拐右一拐，被云雾吞没吐出，抖抖颤颤地拐到了最高峰华楸坪。这时大雾弥漫成了密雨，三四丈外就不能见物，而路面只有两车并行那样宽，一面依山，另一面则是深不见底的山谷。汽车越发小心翼翼地亮灯鸣笛，互相照应，稍有疏忽就会翻车坠谷，真是又惊又险，直至车入平谷，车上人才长喘了一口气。回视来路，只见云雾蒸腾中青影巍峨，那就是刚才经过的地方，几疑是云外天中游。车过独峰关、娄山关，更是绝险，公路在两峰夹峙下，犹如蜿蜒一线，穿山越谷而过。父亲说他生平跑过许多地方，以嵯谷、函关那样的出名险地，和这里相比，可说是小巫见大巫了！父亲又说，贵州各山，峰峦挺立，层层环抱，兼有桂、蜀两处山峦之长，二美并具于一地，大自然的造化真让人匪夷所思。

写到这里，想起了一个小插曲。我们抵达息烽那天是中午，连吃饭带休息也只有两个小时。父亲在吃饭时，低声对母亲说："张学良就关在这里，我很想去看他，但是不知道他在哪儿，也不会让我去见他的。"说完，父亲为之叹息良久。说起父亲和张学良将军的交谊也很有意思。一九二四年，父亲在北京《世界晚报》编副刊《夜光》，并在副刊上发表了长篇小说《春明外史》。这部小说引起了各界人士的重视，受到热烈欢迎。许多读者在《世界晚报》每日发行前，就排队站在报馆门口，等着《春明外史》，要先睹为快。因此，也使《世界晚报》销数激增。张学良将军看了《春明外史》，极为赞许。他很佩服父亲的才华，几度登门造访，成了极熟的朋友。而且张学良将军想请父亲为他帮忙作事，但父亲在旧社会是从不涉足官场，他不习惯宦海沉浮，所以就婉言谢绝了。我还在报上见过：张学良邀请张恨水作官，张恨水拒不接受的大字报标题呢！

经过了一路颠簸，于八日中午到达贵阳市。这算是到了一个大城市了。刚到贵阳，正巧听到工厂放午休汽笛，我和哥哥、妹妹一听笛声，以为是放空袭警报，吓得要找防空洞。父亲感慨万端地对我们说："这是汽笛，你们不要害怕，从此太平了，再也不会躲警报了！"在贵阳，我们投宿在贵阳市招待所。这个招待所环境幽美，屋舍清洁。我们一路上都住的是破陋的小店，点得也都是昏昏欲睡的桐油灯，寒风习习，父亲有时就展被于地上而睡。这时有了这样好条件的房间，身心为之一爽。因为时间久远，对贵阳市容我已模糊不清了。但有一件事我至今还记得清楚，那就是马车，也是我第一次坐马车。因为从很小的时候，就老听别人说到马车，这次不仅看到了，而且也坐上了。真有点喜出望外的感觉。那种马车是轿式的，说是“轿”倒名实相符，车身比轿子短，又比轿略宽，下面安放两个汽车轮胎，一匹和毛驴差不多大的瘦马，慢慢地拖着车轮，一走两三颠，我看着外面的街景，心里煞是得意！

在贵阳，承蒙当地父老的热爱，挽留父亲在贵阳市作一日停留，并由他们向车站接洽。盛情难却，我们的车队就都在贵阳放假一日。至于在贵阳逛了哪些名胜，我全记不得了，但我依稀记得父亲指着一座大房子，对我们说，吴三桂在贵阳建过皇宫，就是这里。那座房子好像是当时省政府的所在地。

父亲曾以这一段旅行经历为背景，写了一部《一路福星》长篇小说，连载在一九四七年的《旅行杂志》上。借着虚构的故事，详细地描述了这段旅途见闻。我现在作一次“文抄公”，把父亲在《一路福星》中有关贵州景物的描写转引下来，以飨读者：

> 由镇远市开出去，不到几里路，车子就开始爬山。这里的山已完全脱离了贵州穷荒的样子。车子爬上高山，比昨天所经过的道路，那是另外一番样子，满山都生长苍翠的松柏，在绿树林子里，夹杂了赭黄色和朱红色的树叶。松柏叶子是细形的，而红叶子却是大形的。绿树林和绿树缝里，露出了这些黄红叶。是非常的好看。这又正是阴雨天，那山谷里飞起来的云雾，环绕在树杪，和封锁在半山腰里。这些半红半绿的山巅上，又凹下去许多小谷，整个的云

雾弥漫着。这在江浙地方，也很难找到这样秀丽的风景。

车子走了几个山头，左右前后，都是这些树林浓密、云雾迷糊的所在。慢慢地，车子四周云雾加重了。车篷上听到滴滴笃笃的雨点，打得清脆入耳。有时车子走下坡去，溜进一座山谷。四面的山峦环抱，中间闪出一幢木架房子，除了房子前后，都是树林围绕而外，在这种山谷里，一定有一道环绕的山溪。阴雨之后，满溪里全是潺潺的水声。

贵州的山水多么灵秀奇丽，而父亲的描绘又多么逼真传神，诗情画意跃然纸上。

下面这一段是描写当时以产箫称名于世的贵州省玉屏县：

这里七八家店铺，除了一两家茶饭馆，全是卖箫的。卖箫的铺子，正如他卖的东西那样清闲，店堂里横列了一堵木柜台，里面的货架子，只列了几只长盒子和几枝箫笛，冷清清的。店外屋檐上，在柜台里的商人，都有些像冬天的饿鹰，睁眼看了肥胖的小雏。……老板取出许多长木盒子来，打开，里面用红蓝绸衬托着两支洞箫。这竹子很奇怪，只有大拇指粗细，是扁圆的。竹子的外皮，让人磨琢得十分光滑，分黄色和白色。箫管上并雕刻着画和诗句。

书中又借了其中陈老太这一人物之口，介绍了玉屏箫：“据说，在这县境里，有个地方的竹子作洞箫最好，由头到尾共是五个节，每节的尺寸，都长得一样长短。可惜这个地方的竹子，每年只出一二十根。其余的竹子虽然都可以做洞箫，就不如这山上的恰到好处了。……当年玉屏箫还是贵州省进贡最好的东西呢。”

父亲在玉屏县，亲手挑了几支箫和笛。回到北京，每当风和月清之际，他就在院子里吹箫几曲，箫声悠扬，很有味道。我也在这支箫上胡乱地吹出了声，自己还相当的得意呢。

父亲在童年读过的地理教科书上有“镇远”一课，书上说它是西南咽喉孔道，水怒欲飞，舟逆难行，而且还绘有图画，以助理解。所以在父亲幼小的童心中就心向往焉，但又认为镇远一游，是难以实现的，因为前清时期，交通不便，要到云贵犹如登天。当我们的车队在十一日傍晚于数家灯火中（父亲说实在不能成为“万家”）到达镇远，父亲四十多年夙愿偿于一夕，那种兴奋喜悦之情，不可名状。他匆匆地找了一家小旅馆，又急急地吃了饭，顾不得喝水就策杖独行，徜徉徘徊在灯火寥落、细雨如烟的边城小道上……

这次的贵州之行，使父亲感受甚多。他惊叹大自然的鬼斧神工，把贵州山水雕琢得那样诡奇灵秀，他更赞美贵州人民纯朴民风和善良、勤劳的美德！但他不满足这次的匆匆一瞥，所以当时就和母亲约定，待来日一切安定后，再和母亲痛痛快快地故地重游。可惜由于种种原因，这个愿望未能实现，使他始终引为憾事。直到一九五九年母亲病逝，父亲还在一首悼亡诗中说：

碧水青山锦句收，川黔湘鄂忆同游。
可怜故里他年约，莫再驰车上贵州。

时光荏苒，一眨眼四十年过去了，而父亲也离开我们十八个寒暑了！这四十年来，我常常在心中暗道：贵州，别来无恙啊？我知道，你现在变得更年轻、更美丽、更诱人了！什么时候才能重睹你的光采呢？

应贵州省文联图书编辑部之约，写出上面的话，作为一瓣心香，纪念父亲九十周年诞辰。

一九八五年十月于北京

（此文系贵州人民出版社 1986 年 3 月版《天河配》后记）

（作者系中国京剧院原编剧、张恨水四子，现居北京）

油画《待漏斋之夜》创作情愫
——兼怀父亲张恨水

张明明

前年，潜山博物馆、张恨水纪念馆举行张恨水抗战文学主题展，以“书生顿首唤国魂——抗战文学先驱张恨水”为题，展出他从1931年“九一八”事变之后一系列抗战文学创作。展览的前言中写道：“在抗战烽火中辗转的张恨水披肝沥胆，椽笔为枪，为抗战呼号，为百姓请命，为时代写真，为中国和世界留下了一部抗战‘史诗’和‘形象国难史’。”

这让我不由得回忆起抗战时期，我们在四川乡居时的八年时光。我们的生活很清贫，住茅草屋；吃掺了沙子的平价米（父亲要从重庆过江，挤长途汽车，挤不上就要步行，给我们背回来）；日本飞机无日无夜地狂轰滥炸，居无宁日。为了抗日，父亲安贫若素，因陋就简，从不说苦，而是和母亲一起用他们的爱和对中国必胜的

油画《待漏斋之夜》

信心给我们筑建了一个温暖的家。这个家庭生活的场面无数次在我脑海里浮现，随我年龄增长而愈频繁出现。我现在已经到了耄耋之年，我希望把我童年记忆深处的家、我慈爱的父母，用我能做的形式再现出来——画出来，这应该是一份很好的纪念，也算是表达我对父亲和那时代在大后方坚持抗战的知识分子还有普通民众的铭心的崇敬。

真正让我决定取这个画面的是在《巴山夜雨》第十五章《房牵萝补》。

小说《巴山夜雨》，构思于1945年，他在抗战结束之后动笔的。1945年5月16日重庆《新民报》在庆祝张恨水五十寿辰专刊中登了一则广告："恨水先生谈，彼将集中精力，在此五年中，写一分量较重的长篇巨著。其题材已选定，闻背景即为张氏所居之南温泉，将以其自身之生活为经，而以此一小社会之种种动态为纬。"

读这本书，我爱不释卷。每读一次，就像又回到童年和父母在一起，在父亲身前身后撒娇淘气的情景，他的音容笑貌和声震空谷的哈哈笑声，让我享受了“有声有色”的记忆片段。书中“小玲儿”是我的化身，伍哥是“小山儿”，全哥是“小白儿”。父亲在书中每提到我，那舐犊之情就荡漾在书里书外，让我无限地遐想。人浸在糖水里，身子是轻飘飘的，这心情怎是用一个“幸福”可以了得的！感谢老天！

且看，父亲是这样笑我的：

> 李太太托了个纸包出来……把纸包放在桌上，纸散开了，里面是半个烧饼。因道：“你看，这些孩子，真不听说，一转眼，把给你留的三个烧饼，吃了两个半。”小玲儿听了这话，由外面跑了进来道：“爸爸，我只吃了一个，我叫哥哥别吃，给爸爸留着，他又分了我半个，你说，是不是岂有此理？”说着，她伸了个小指头，向爸爸连指点几下。李先生哈哈大笑。
>
> 李太太道：“孩子这样淘气，你还笑呢。”李南泉道：“我不是笑她别的，笑她天真。尤其是‘岂有此理’四个字，这四岁多的孩子，引用得这样恰当，不愧是咱们拿笔杆朋友的女儿。得受点奖励，还有半个烧饼，还是赏了你。”
>
> ……
>
> 小玲儿将两只小手摸了杨小姐的脸，笑道：“我会唱苏三。”说着，将右手比了个小兰花形，头一扭，扭得童发一掀，她学着小旦腔唱道：“苏三离了红的县（洪洞县），将身来在大姐前（大街前）。”李南泉拍着手哈哈大笑。小玲

儿指着她爸爸道：“哼！唱对了，你就笑。今天晚上，该带我去听戏吧？”

书中有一段写日本飞机八日七夜对重庆一带疲劳轰炸，村里人扶老携幼拖家带口地躲警报，爬山进防空洞的情形，父亲也能苦中作乐，见到我哈哈大笑：

小玲儿走过了山溪，回转身来，将手连招了几下道：“爸爸，你马上来呵，我给你占着位子。你和我带一包铁蚕豆来，洞子里坐着怪闷的。铁蚕豆就是四川人叫的胡豆，你晓得吧？”李先生被太太埋怨着，心里本是藏着一腔无名火。小女儿小手一招，还把蚕豆作了一番解释，乐得心花怒放，哈哈笑道：“这孩子什么全知道。”李太太已走上了山坡，回头看着丈夫，也是忍不住一笑。甄太太拿了三四样东西，喘着气上山坡，因道：“依家李先生，真个喜欢格位小姐。小姐讲啥个闲话，伊拉总归是笑个。”李太太道：“那有什么法子，在孩子给爸爸带缘来了。”

……

李南泉点点头道：“大概今天不躲的人是很少。你们放心去罢。赶得及时的话，我一定到公共洞子里来。赶不及，我向后山走一截躲一截。”李太太接过他手上的包袱，又握着他的手道：“你可要躲，不是闹着玩的。”小玲儿也指着她爸爸道：“不是闹着玩的。”李南泉看了她那肉包似的小手，指头像个王瓜儿，他就乐了，摸着她的小手亲了个吻。李太太皱了眉头道：“你倒是全不在乎，这时候还有工夫疼孩子。走走走。”

……

后面可有小孩子哭了，李先生不用回头，听那声音，就知道是爱女小玲儿在叫着：“爸爸呀！爸爸呀！你到哪里去？我也要去。”说着，她跑来了。她手上提了她两只小皮鞋，身上穿了一件带裙子的小洋衣，既沾着草，又带泥，光着一双赤脚，在石板路上的浅草地上跑着。李南泉早是站住了等她。笑道：“我不哪里去，你又打赤脚。石头硌脚不是？手上提了皮鞋。这是什么打扮？”

小玲儿将小胖手揉着眼睛，走上前来，坐在草上，自穿皮鞋，因道：“我知道，你又悄悄儿地到重庆去。我不穿皮鞋，你不带我去；穿好了皮鞋，我又赶不上你。”李南泉俯着身子抚摸了她的小童发，笑道：“我不到哪里去，不过在大路上遛遛。吃过晚饭，我带你去听戏。”小玲儿把两只落了纽袢的小皮鞋穿起来，跳着牵了爸爸的手，因道：“你不骗我吗？”南泉笑道：“我最不喜欢骗小孩子。”小玲儿道：“对的，狼变的老太婆喜欢骗小孩子。那么，我们一路回家去吃晚饭。”李南泉笑道：“那么这句话，学大人学得很好。可是小孩子，别那样老气横秋地说话。”……

他在书中每提到小玲儿，笔下难掩一位慈父的百般温柔。我在襁褓中常睡在父亲左臂弯里，他坐在小书桌前，一只手抱着我，另一只手握着笔书写天下古今。我童年时害了眼疾，红肿流脓，父母相依流泪，怕我从此眼瞎。双亲带了两个哥哥，轮流背着我，爬山越谷去另一个镇子去看医生。伍哥说：“那是我头一次看见父亲流泪，爸爸太爱你了。”

是的，父亲太爱我了。在那样艰辛的环境下，他爽朗的笑声所带给我的欢乐，大大减轻了战争带来的恐惧，他是我心中的英雄。

我们住在乡下的茅屋，父亲给它取名为“北望斋”（取陆游《北望》早日收复中原的意思），希望早日能回北平。四川雨水多，茅草屋顶，极易漏雨，家中常是大雨大漏，小雨小漏，不雨还漏。所以，未雨绸缪，雨来之前我们兄妹便预备好盆子、罐子各种器皿放在可能漏雨之处。因之，我们的家又名“待漏斋”。

小说，作者可以不完全按真实的人物故事去写。可是，散文却是真实的景物和心理的写照。我从父亲的散文《山窗小品》中寻觅证实我记忆中场景的细节，其中的《待漏斋》名字的来源就非常有趣。而《短案》提供了我非常详尽的桌上文具罗列状况。

待漏斋

古之君臣，天明而晤于朝。于其未朝也，群臣先期而至宫外，待铜壶滴漏所报之时届，以入宫门，是曰待漏。而吾之所谓漏，则无此雍容华贵之象，盖屋漏也。屋漏何以亦曰待？是则可得而言之：

所居草屋，入夏为暴风雨所侵，必漏。呼匠人补之，辄辞以无草。盖乡间麦秆，既已售尽，而新谷初登，又未至出售之时，其价亦奇昂，非穷措大所能胜任。欲弥补屋漏，仍必求之遍山深长之野草。而野草未入深秋，又嫩且短，不堪选用。故屋漏已半载，而犹待野草之长以为补。此非抗战山居，实未能习此一页经济学也。

屋漏正如人之疮疖溃疡，愈听之而愈大。今岁之春，不过数滴，无大风雨，或竟不滴。及暮春，渐变成十余滴。其间有一二巨溜，落地如豆大，丁然有声。数滴更注吾床，每阴雨，被褥辄沾湿不能卧。吾为一劳永逸计，则移床就屋之另一角。意苟安矣。入夏，暴风雨数数突然来，漏增且大，其下如注，于是屋角、案头、床前，无处不漏，亦无处不注。妇孺争以瓦器瓷盆接漏，则淙淙铮铮，一室之中，雅乐齐鸣。吾有草屋三椽，以二居家人，以一为吾佣书之所，天若有眼，佣书之室独不漏，顾搁笔小歇，听此雅奏而哑然。山窗小品，即多以此乐助兴而成之。

习之久，每谷风卷起，油然作云，则太太取盆，公子索瓮，各觅旧漏处以置之，作未雨之绸缪。予亦觅数尺之油布，预以蔽吾书笥。然后群居安全之地，拭目以待漏下。吾于此顷刻凝思中，忽得奇想，即裁尺纸，书“待漏斋”三字以榜吾门。太太粗解文义，则以为之粲然。蓉人顾以匾额市招竞奇，以此文示之。宁能谓吾斋名非上选乎。

——选自《山窗小品》

短案

所居在一深谷中，面山而为窗。窗下列短案，笔砚图书，杂乱堆案上。堆左右各，积尺许，是平坦之地已有限。顾笔者好茶，案头必有茗碗。笔者好画，案头必有颜料杯。笔者虽已戒绝纸烟，报社主人怜其粮断而文思将穷，不时又馈以烟，于是案头亦必有烟盒与火柴。笔者患远视，写字必架镜，故案头常有镜盒。且邮差来，辄隔窗投书，或有挂号信，必须盖章，求其便利，而图章印盒亦置案头。

此案头是何景况，乃可想象，而笔者终年伏案，亦复安之若素焉。回忆儿时好洁，非窗明几净，焚香扫地，不耐读书，实太做作。且曩时居燕都，与花木扶疏之院宇中住十余年，书斋参酌今古，案长六七尺，覆以漆布，白质而绿章。案上除花瓶坛炉外，唯檀架古砚一，御瓷笔筒一，碧蓝水盂一，他物个有安置之所，非取用不拦入案上。今日面对蜂窠，身居鸟巢，殆报应也。

未入乡时，曾于破货摊上，以法币三角，购的烧料之浅紫小花瓶一。瓶未遭何不幸，随余五年于兹。在乡采得野花，常纳水于瓶，供之笔砚丛中。花有时得娇艳者，在绿叶油油中，若作浅笑。余掷笔小思，每为之相对粲然。初未计花笑余案之杂乱，抑笑主人之犹能风雅也。此为短案上之最有情意者，故特笔记之。

笔者按：校阅此稿日，隔时又一易裘葛。瓶为小女碎，已数月矣，为之惘然。

其中有一段感人的描写，李南泉要在一星期之内，为昆明某报赶写几篇小品文，要一万字上下。偏偏又逢天下雨，屋漏了，而且屋漏侵占到他的"生命线"上了（写作用的小书桌）。

（李南泉）依然坐到竹椅上去写稿，可是这桌子上面，前前后后已经打湿了七八点水了。这个样子颇不好坐下来写。正好小山儿打了一把纸伞，由街上买烧饼回来。李南泉向他招招手道："不必收起来，交给我罢。"小山儿也没有理会到什么意思，撑了伞在走廊上站着。他笑道："我们屋里也可以打伞，你难道不知道吗？打着伞进来罢。”小山儿侧着伞沿送了进来。李先生接过，在桌子角上竖了伞柄。正好这天花板上的漏点全在左手，伞一竖起，“扑”的一声，一个大漏点，落在伞面上，李先生笑道：“妙极，这声音清脆入耳，现在我来学学作诗钟的办法，伞面上一下响，我得写完两行字。”他说着，果然左手挟着伞柄，右手拿着毛笔在纸上很快地写。等到那屋顶的漏点落下来的时候，已经写了三行字，他哈哈大笑道：“这成绩不错，第一个漏点我就写了三行字了。”他这么一声大笑，疏了神，伞就向桌子侧面倒了去。幸是自己感觉的快，立刻拖住了伞柄，将伞紧紧握住了。李太太坐在旁边看到，只是摇头。

吴先生正由窗子外经过，看到这情形，便笑道：“李先生，你这办法不妥，就算你一手打伞，一手拿笔，可以对付过去，可是文从烟里出，你这拿纸烟的手没有了。俺替你出个主意，在桌子腿上，绑截长竹筒儿，把伞柄插在竹筒里，岂不甚妙？下江摆地摊的就是这个主意。”李南泉拍手笑道：“此计甚妙。不仅是摆地摊的，在野外摆测字摊的算命先生就是这样办的。”他两人这样说着，这边甄先生凑趣，立刻送了一截长可四尺的粗竹筒来。笑道：“这是我坏了的竹床上，剩下来的旧竹档子，光滑油润，烧之可惜，一直想不到如何利用它。现在送给李先生插伞摆拆字摊，可说宝剑送与烈士了。”李南泉接过来一看，其筒粗如碗大，正好有一头其中通掉了两个节。竖立起来，将伞柄插进里面，毫无凿枘不入之嫌。口里连声道谢，立刻找了两根粗索子，将竹筒直立着捆在桌腿上。将通了节的那头朝上，然后撑开伞来，将伞柄插了进去，这伞面正好遮盖着半截小桌面，将屋漏挡住。李先生坐下来，取了一只烟吸着，笑道：“好，这新鲜玩意儿，本地风光，是一篇绝妙的战时文人小品。”这么一来，屋子里外，全哈哈大笑，三个小孩感到这很新鲜，每人都挤到桌子角上，在伞下站一站。

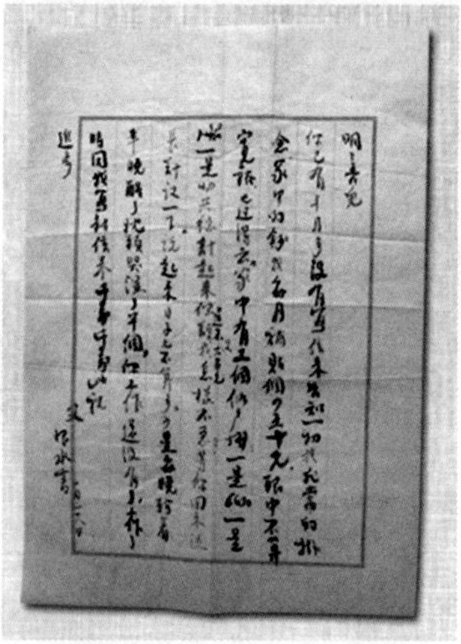

张恨水与女儿张明明的通信

写细节是父亲写作中的特点之一，他把身边的事物细致入微地描写出来，使我在创作中很容易把文字转换为图画。综合以上的文字，我就有了这样一个画面的构图，父亲侧头看着我，就要哈哈笑了，两位哥哥在伞下凑趣，母亲则抱了妹妹，送来了有三个灯芯的菜油灯。虽然漏着雨，但是待漏斋之夜的场面却是无比的温馨。

（原载《新文学史料》2016 年第 2 期）

（作者系张恨水长女，画家，现居美国）

致父亲

张　正

爸爸：

我现在已为人师，工作需要我接触了儿童心理学。初看到美国心理学家哈洛用猴子做实验的记录时，受到了深深的震动。

实验经过是这样的，哈洛把一只小猴放在有两个假猴的环境里，一个假猴是由钢丝做的，有头，并拿着奶瓶；另一个假猴包着棉花和皮毛等软物，实验的结果，他发现小猴喜欢接近包着棉皮软物的假猴，说明小猴不一定总想找食物，而是希望得到温暖。

当时，我竟然有一种不可名状的自怜情绪产生。我觉得，爸，您对我就像那只钢丝做的猴。

是的，您离我如此之远。

记得，妈告诉我她生我时，您向她连连恭喜、作揖，迎接我的是您的笑声。

然而，不幸接踵而来。爸爸一定记得我未满周岁时，家庭经济发生了危机，哺乳期的妈妈，饿了只有啃冷窝头，奶水不足。妈妈说：“你爸知道后，马上叫人买活鲫鱼熬汤给我下奶，真灵，奶多得你吃不完。”几十年以后，妈妈常叨念此事，这一诀窍到我做母亲时还用过。

不知什么时候起，妈妈带我搬到白塔寺后边的一条小胡同的小院。从记事时起，我每次去“砖塔”还要坐两站车，汽油味便会让我头疼半天。我还记得爸每月来小院看我们。我知道您来了就可以和爸妈同去北海五龙亭吃豌豆黄儿和栗子面的小窝头，于是非常盼望您常来。还有一次您带妈和我去东安市场买衣服。您给我买了绿色的毛衣，我却喜欢那闪闪烁烁的新疆式小帽子。您哈哈一笑，说那是演戏用的道具，没有给我买，那时我好失望啊！

在我记忆中，您微微驼背，有点胖，站着时的裤脚长长的；多数时间总坐在沙发上，旁边的小桌上有浓浓的苦茶，那是我绝不敢喝的，因为我曾尝过一口，苦死了；还有就是您一根接一根地抽烟，最温暖的记忆便是您那温和慈爱的笑脸。

每次，您请我们去吃小馆子，菜一上来，您便夹菜往我碗里添，看我大嚼，您却一动不动嘿嘿地笑。“您怎么不吃呀？”我问。妈妈笑着说：“他看你吃比自己吃还高兴。”您于是哆哆嗦嗦地又为我添菜，仍只是笑，有一回口水竟流了下来。爸，您是患过严重的半身不遂症的，您已顾不到我了，力不从心了。我那时小，并不懂其中的苍凉，不禁笑了，一股暖流滚动于幼稚的心灵。我觉得爸很爱我。

爸，随着青春的萌动，我很爱看您写的爱情故事，那是理想的忠贞不贰的。但现实又把理想粉碎了。我看到在痛苦中挣扎的妈妈。与同学相比，我知道我的家比别人复杂，我从不与别人谈起它。

我更能感觉到妈妈的爱，甚至我到了十六七岁，妈还常在夜里把我吻醒。那时我不再睁眼，装作睡着了，泪水顺着脸颊流到耳边……从那以后，我不再奇怪，为什么妈常会在繁星满天的冬天的早晨，呆站在四楼阳台上。

爸爸，我那时真怨您——请原谅我说心里话，现在您已超脱尘俗，想已全知全能了吧！

爸，当我走过为人妻、为人母、为人师的生活路程后，当我走过为工、为农、再次为学的路程之后，再捧起您的文章，才觉得真正与您开始思想与感情的交流。它已超越了人类心理的低级的感知阶段，迈进了理性的思维。

如果我做您另一个世界的小朋友，爸，您一定会高兴的。从您的文章中，我深深地体会到：您——我的爸爸——一个伟大的文学家，听到过不少歌颂，得到过不少荣誉，有过不少崇拜者，然而又是多么寂寞和孤独啊！你说："'五四'时，新兴文艺界认为章回小说是对文化运动的反动，几个知己的朋友曾因我写章回小说不快……我未加深辩……我向来自视渺小，失败了根本没关系。因此，我继续向下写，继续守着缄默。"短短的一段话中有如许之多的"缄默"为着什么？爸您说："人生得一知己难，求得为人一知己尤难。吾于曹高（曹雪芹与高兰墅）之事，不禁长叹焉。"我理解您的叹息。

1988年，第一次"张恨水研讨会"间歇，大家去游天柱山。天刚蒙蒙亮，我便和朋友们爬上一个小山坡等待日出，尽管周围群山环绕，山外有山，高峰林立，但人们根据常识都知道，站在小山坡上，可以清清楚楚地看到太阳的来临。大家不约而同地面向东方，有的凝神仰望，有的指手画脚。在远处，青青的山峰高低错落，一会儿，山峰之间现出了淡淡的粉色，人们兴奋起来，等待着绚烂的色彩和神奇的一幕，穿过淡淡的似灰非灰、似红非红的雾气，一轮红日亮相了——没有光辉灿烂的一幕。我忽然有所感触，记下了一段话：

当一轮红日平淡无奇地“亮相”时，多么令人失望：没有瑰丽的云霞相拥，没有跳动的海浪衬托，没有诗意盎然的燕雀点缀——无华的它还没被“光环”所包围，我因此能直视它。我用肉眼凡胎把它看了个够！但它难道不是人间惟一的、万物赖以生存的光辉无比、热能无限的太阳吗？当然是！

爸，大自然的启示，使我茅塞顿开：世俗习惯于把某人推上神坛或打下地狱，是因为人们易于用感情代替理智，但历史是无法更改的，作家的历史就是他留下的文章，您的书就是留给后人的财富。

我要按爸妈的教诲去做人。妈要我做一个独立的女人，爸主张为人要“真”，“不要手做违心之事，口发违心之言”。我记住：人生可宝贵者，第一为“才智”，第二为“道德”。我将学习您“空手入世界”的精神，永远记住您说的话：“有勇气的汉子，他要造成一个千年不朽的事业，往小处说：他也要把他的力量和志愿所可造成的境地，结结实实地造出来，如此，才算空手入世界的完人。”

愿在天堂的父母安乐！

小女正上

1995 年 12 月 16 日

（选自《魂梦潜山——张恨水纪传》，山西人民出版社 1999 年 10 月版）

（作者系张恨水小女，现居北京）

张恨水与北华美专

张一莉　张一龙

我的伯父张恨水先生在《我的创作与生活》一文中，曾有这么一段记述：“那几年由于工作较多，稿费收入也就多些。这时因我四弟牧野是个画师，邀集了一班志同道合的人，办了个‘北华美术专科学校’。我不断地帮助他一定经费，我算是该校的董事之一，后来大家索性选我做校长……我虽担任校长，并不教画，只教几点钟的国文，另外，就是跑跑筹款。”岁月悠悠，我的伯父、我的父亲（张牧野）及其“志同道同的人”在斗争风云迭起的30年代初、中期筹办、建设、维护“北华美专”的所思所为，早已成为历史一瞬；加之这段历史在恨水伯父作为小说大师漫长而恢宏的写作生涯中，不过是一段不起眼的插曲，所以，张恨水的研究者们很少问津，偶尔提及，也有误会为这仅是一个旧式文人为补上琴棋书画的文化修养，迷上国画，故而投资办美校的附庸风雅之举。但通过我的父辈中今天仅存的，与恨水伯父和北华美专有过密切联系的我的母亲申圣羽先生的回忆，我们又分明深切地体味出这段历史的时代内涵，感受到恨水伯父这位“真正的文人”（老舍语）在复杂艰苦的环境中，对爱国的民主革命者的同情和支持，在民族斗争中表现出来的崇高的气节和“坚主抗战”的明确立场。

一

要介绍北华美专的创办背景，先要说说我的父亲张牧野。他在兄弟中排行第四，与三伯父张仆野是孪生子，比恨水伯父小 11 岁。祖父早逝，17 岁的恨水伯父毅然担起了“长兄如父”的重担，读书之余常教弟妹们一些诗词曲赋，其中给父亲影响最大的岳飞的《满江红》和歌谣《苏武牧羊》，那“壮士饥餐胡虏肉，笑谈渴饮匈奴血”的乐观豪爽的气魄和“吞毡噬雪十九年，持节牧羊心归汉”的不屈精神与气节，在他心上打下深刻烙印，加上社会风云对他的冲击与激励，使他具有了爱国、奋发、勇敢、正直等许多当时热血青年的好品质。他在恨水伯父的资助下，读完了国立精华美术专科学校，和同时毕业于北平私立国民大学经济系的三伯父都是“国民党左派领袖，中国民主革命勇敢坚强战士”邓演达先生的忠实追随者，于 1928 年双双加入了邓先生创立的组织（1930 年 8 月正式成立，命名为“中国国民党临时行动委员会”，世称“第三党”，即中国农工民主党的前身）。“第三党”虽有其历史的局限和阶级的局限，但它秉承孙中山先生的“三民主义”，今天看来仍是民主革命的先进组织，为中国的解放作出了很大的贡献。

为宣传邓演达的革命主张，扩大组织，1930 年春，“第三党”派邓的机要秘书李哲民等北上，在北平东皇城根创办了“私立晨光女校”，作为其组织据点。李哲民任校长，张牧野管教务，张仆野、申圣羽、蒯象骏、邓雪秋、金浣因等“第三党”成员分别任教。晨光女校仅靠百余学生学杂费维持，艰苦清贫，但这些在民主革命旗帜下集合起来的青年，过组织生活，举行了“国耻纪念日”集会，刷反蒋倒蒋标语，散发传单，宣传动员学生……搞得热火朝天。为了进一步扩大影响，1930 年夏，“第三党”组织决定借助张恨水的名望与力量，由张牧野负责筹办一所美术学校。1931 年 8 月 17 日，邓演达被蒋介石逮捕，“第三党”所临形势日益恶化。为保存实力，晨光女校停办，人员大多数移到刚刚成立的“北平私立北华美术专科学校。“北华美专”实际上成了“中国国民党临时行动委员会”的新地下据点。

二

北华美专位于北平东四十二条原安徽会馆（又称“姚家花园”）内，房子是租赁的。校董事长是“第三党”平津地区负责人王经三，东北人；校董有张恨水、齐白石、王雪涛等；教务主任张牧野；女生教导李哲民。学校设了国画系、西洋画系和美术师范系，第一期学生有 200 余人，于 1931 年 9 月 1 日正式开学。“北华美专”创建伊始，各种艰难就接踵而至，开学不久，九一八事变爆发，正在东北筹款的王经三惨遭杀害，学校经费顿无着落，而工作已全面启动。面对骑虎之势，恨水伯父果断地拿出自己的一些稿费，解了燃眉之急，大家索性推他任校长。他任校长的主要职责除了教几点钟国文，就是跑跑筹款。跑筹款看似简单，实则困难重重。据我母亲回忆，为购置教学所用的石膏模型、钢琴（师范用），请模特儿，伯父费尽心思找关系，四处借贷。主持学校日常事务的我父亲，每逢除夕都要早几天避出躲债，大年初一才溜回来给祖母拜个年。他的嫂嫂们笑他“咱们老四半截是虎，半截是鼠”，意指在学校像只虎，干劲十足；躲起债来像只鼠，偷眼看人过年。可见北华美专的创立，对恨水伯父来说，决非仅是投几个稿费的举手之劳，也绝非仅是找个地方学画画的风雅之举。

对北华美专所遇困难，恨水伯父除慷慨解囊和奔波筹款外，还积极调动自己和社会力量。他借用声望和友情，恳请齐白石、王雪涛、徐悲鸿等名家每隔二三周来校免费授一次大课；请刘半农等人任校董，帮助出谋划策；借用在家庭中的威信，动员家族成员兼课。当时北华美专形成两支特殊的义务教师队伍：一支是“第三党”成员，王守先（校务主任），曲友诚（授金石篆刻），邓雪秋（授素描、速写），万云（授印染图案），张丕振（授山水风景），王青芳（授花鸟草虫），翦象骏（授数学）；一支是张氏成员，张恨水（校长，兼授古典诗词），张其范（大姑，授教育、心理学），杜凝露（大姑父，授中国古典文学、书法），张仆野（教务主任，兼授党义），张牧野（教务主任，兼授花卉、人物），申圣羽（女生生活指导，兼授现代语文）。有了这一批人义务兼教，大大压缩了学校开支。

有位学者评述：“他最喜欢的四弟牧野，违反‘君子不党’的信条，加入了中国农工民主党，受到张恨水的责备，导致兄弟间感情的疏远。他害怕卷入政治纠纷之中，力图保持‘超党派’的身份，也保持自己安居的生活。这大概就是张恨水在政治思想上老处于‘矛盾’状态的根本原因吧！”这段叙述材料源于何处，不得而知，但可以肯定地说是不尽符合事实的；至于评论，也不完全公正，因为至少在我父亲加入农工民主党和创办北华美专这两件事情上，就并非如此。我父亲与三伯父都是农工民主党（“第三党”）的早期党员，我父亲还带回一个“同志”作妻子（即我母亲），他们都是政治上的活跃分子，“反蒋倒蒋”的口号不仅喊在口上、刷到街上，邓演达1931年11月被杀害后，出于义愤，他们还将反蒋标语刷到东城铁狮子胡同国民党卫戍司令部的墙上。对这些政治倾向十分明显而且非常敏感危险的言行，恨水伯父不会完全不知，因为他对弟妹们一向非常关心，弟妹们也十分尊敬他，“事不违之”。我母亲申圣羽说：“我可以完全负责任地说，对参加农工党及其活动，大哥从未责备过我们，更未有兄弟不和、感情疏远之事。没有他的同情、支持，就办不成北华美专。对于牧野邀集一班志同道合的人筹办美专，其初衷他可能不知道，但筹办过程及其后学校工作中所表现出来的组织色彩、政治倾向，他心中是完全清楚的。”但他没有害怕，没有超然，在道义上和行动上都给予了支持，甚至不惜在某些方面打破了自己“安定的生活”。

九一八之后，大批东北流亡学生涌入北平，许多人慕名求到北华美专门下。恨水伯父同意父亲的意见，破例收插班生，经济拮据的流亡学生免缴学费，免费提供住宿，学生多时达400多人。学生中不乏热血青年，尤其流亡学生，抗日复仇气势高涨，举行多种抗日救亡宣传活动。其中佟廷阁、张贯成、王贯中等人参加了中国共产党，郝漾、史铎民、冯怀阁、申蟠鹤、刘淑琴等30多人加入了“第三党”（后来其中又有不少人入了共产党），可见当时北华美专的政治空气很浓。这时又有一批享受国民党津贴、奉命探听、破坏革命的“职业学生”混进美专，校内政治斗争随之激烈。

恨水伯父1931—1935年的写作基本上都在北华美专的校长室，

校园中这道与社会斗争、民族斗争密切相联的“风景线”，他是尽收眼底的。尽管这一时期他的身份仍为“超党派”，但思想和态度的倾向日趋明朗。我想，此时的恨水伯父正处在一种新的人生追求起点上，正如张恨水研究学者袁进所言，他的小说获得世人称道，家庭基本安顿，弟妹均已学成，可算达到了原定的人生目标。但在成功的怅惘中，他有一种超越自我、“追上时代”的要求，所以在他勤奋笔耕的余暇，博览群书以“加油”；小说创作也在新文学的批判帮助下有了新的转变；他渴望有更丰富的人生体验，“多了解一下老百姓的事”，多了解一下现实社会（包括多了解一下政治），西北行、办美专都出自此。他对兄弟及其同志的支持，虽有亲情的驱动，更多的恐怕还是一种“加油”的要求使然。通过北华美专这个窗口，他对中国的民主革命有了进一步了解和理解；通过文人正直的观察和思考，他对国民党当局有了自己的基本的认识，当他得知一名共产党员老乡史夷吾，被国民党安徽省政府杀害并抛尸万人坑时，连连击掌长叹：“太惨了，也太残了！”

三

北华美专从1931年始办到1937年停办的惨淡经营七年，正是日寇铁蹄践踏、蹂躏中华大地，由东北步步逼近华北，直到平津沦陷，民族矛盾、民族斗争日益激化的七年，北华美专以它顽强的生命力在风雨飘零中仍取得很好的社会信誉。先后在校任教的齐白石、李苦禅、于非闇、王梦石、徐悲鸿等名师，培养出了不少艺术人才，如漫画家冯怀阁、著名画家张仃（后任中央工艺美术学院院长）、端木梦锡（湖北著名画家）、艺术家蓝马等。办学期间，恨水伯父以他的人格力量与威望，在北华美专起了不可低估的凝聚和号召作用。这里有几件与北华美专有密切关系的事需书写。

1932 年夏，我父亲奉命在北华美专接待季方，他当时是中国国民党临时行动委员会中央委员（后加入中国共产党，任新四军第四军分区司令员。解放后任农工民主党中央主席、全国政协副主席），由香港秘密转入北平做领导工作。恨水伯父在校长室会见了季方，双方从东北沦陷谈到华北局势，从邓演达被害谈到对当局的看法，十分投机。伯父盛情挽留季方留住校长室，自己则回家。让出校长室，这在恨水伯父当校长的几年中是唯一的一次，且一让就是四个月！校长室深得恨水伯父钟爱，他曾在《我的写作生涯》中说："不过学校对我有一个极优厚的报酬，就是划了一个院落作校长室，事实上是给我作写作室。这房子是前清名人裕禄的私邸，花木深深，美轮美奂，而我的校长室，又是最精华的一部分，把这屋子作书房，那是太好了。"平时他在此写作，很少让家人出入，这次主动让出，足见他对季方的敬重，对其事业的支持。联系他在此书另一节《抗日的方向》中所述，"九一八国难来了，举国惶惶，我也自己想到，我应该做些什么呢？想来想去，各人站在各人的岗位上，尽其所能为罢"，但当时"尽管愤愤不平，谁也不敢公然反对日本，政府就不许呀。我所心向的御侮文字，也就吞吞吐吐，出尽了可怜相"。可以推想，在当时复杂形势下，接纳季方需要承担很大风险，而他没有逃避，是不是对自己迫于当局高压的恨事，作一次勇敢的补偿呢？季方在北华美专"第三党"同志日夜保卫下，埋头百余天，写出了在我国当代历史上具有一定地位与作用的《给行动委员会中央的意见书》。

与此形成强烈对比的是，1935 年 6 月，侵华日军头目土肥原为笼络文化名人，派一安徽人何 × 携《金粉世家》《春明外史》各一部专程“拜访”恨水伯父，言称“赐予题签，藉留纪念，以慰景仰大家之忱”。面对土肥原路人皆知的用心和伎俩，恨水伯父转身拿出一本写有关氏父女毅然投奔抗日义勇军的《啼笑因缘 · 续集》，在扉面上写“土肥原先生嘱赠”，下落“作者时旅燕京”，巧妙而坚决地表达了决非馈赠的鄙夷之情。嗣后，日方又派这位何 × 拿着“晋察冀政务委员会委员”的名片，坐着轿车三次强行闯入北华美专大门，声称“要和张先生见面晤谈”，恨水伯父拒不出见。气得这人在校门口大叫：“张恨水，你等着瞧，再不见我叫你尝尝苦头！”伯父坚不露面。后来日本人所列“黑名单”上果然有“张恨水”。恨水伯父被迫羁留上海、南京，不得回北平。七七事变后，伯父与成舍我在北平办的《世界日报》停刊，由我二伯父张啸空负责善后。而汉奸日夜纠缠，威逼复刊，遭到拒绝后，日军、汉奸在报社和家中日夜设岗，二伯父眼见职工和家庭百余人饥渴难耐，心急如焚，大口吐血不止，不日而逝，时年仅 39 岁。

七七前夕，平津危急，恨水伯父由南京函告我父亲：“北华美专如停办，善后一应事务还是委托你的朋友，放心！”当时我父亲在天津、廊坊一带联系抗日组织，留守北华美专的负责人是“第三党”北平工作团书记，抗日组织“华北青年抗日会”“中华抗日同盟会”领导者之一的王守先，留守师生 30 余人，均加入了上述组织。1937 年 10 月，日宪兵与汉奸分乘两辆卡车闯进北华美专，搜出一木箱抗日宣传品，遂逮捕了王守先并杀害了他。留守学生大多投奔了八路军，学校被迫解散。

北华美专的经历，无论在中国民主党派历史上，还是在恨水伯父的传略上，可能并不值大书，但作为历史与个人的交汇点，对了解、研究张恨水抗战前后的政治态度、思想发展和表现，则应该具有其特有的史料价值。

（原载《文史精华》1998 年第 6 期）

（作者分别系张恨水侄女、侄儿）

谈张恨水

一 鸣

名小说家张恨水，安徽潜山人，民初与怀宁郝耕仁及其族兄张东野在沪为韩烈士复炎罗致，从事倒袁工作。每日晨起即随耕仁至粥店，啜粥二三碗。然后往商务印书馆或中华书局及书业公会等处阅书，必待书局打烊始回法租界渔阳里。几至终日忍饥，归后卧地板上，犹高谈阅读所得，习以为常，不知其苦。间尝投稿于各大报副刊，竟遭弃置字纸篓中，此时恨水等灰心短气，直无可以言语形容。

迨袁死，沪上革命团体解散，耕仁回芜主《皖江日报》笔政，恨水则归潜山。一日，耕仁与余于编辑余暇，谈及小说，耕仁谓有小友张恨水富小说天才，将来可能与曹雪芹、施耐庵媲美，余唯唯而已。民六，耕仁回石牌，得友人李某电邀，启程经汉口、长沙赴郴州，特函介恨水来芜任皖江编辑，写中篇小说《紫玉成烟》，此为恨水第一部在芜成名之小说。民七初夏，上海发动抵制日货，余与恨水密印传单，黑夜散布于马路一带鼓动响应。次晨天色微明，马路电灯杆上，已订满日本货之草席草帽，席上并画有乌龟及动人标语，至八时许，日商丸三药房门前，围观者愈集愈众，有人以石子掷入，击碎玻璃数块，交涉遥起，赔偿巨款解决。端午日上午十一时许，日水兵一队由河南日领回舰，特绕道丸三药房门前，高呼万岁以示威。恨水愤甚，即约全社同人于饮雄黄驱毒酒后，乃以出如脱兔之姿态，手持国旗，冲入马路中心（丸三药房与皖江报社望衡对宇，相距咫尺），同人随之，高呼中华民国万岁三声，响彻云霄，马路行人及附近商店，均为之惊愕不置，及今思之，殊有奇趣也。

十年秋，王尊庸慰三（歙县人，为皖江及本报驻故都特派员，逐日拍发电讯）介绍恨水往北平，为上海《申报》写长篇通讯。恨水抵平后，寓潜山会馆，暇则遍游故都名胜，乃以北平为背景写长篇小说《春明外史》，刊于《世界日报》（编者注：应为晚报），回目对仗之工，堪称空前，为在北方成名之作。

嗣后，少帅张学良特聘张恨水为咨政，上海报界观光团北上出差，恨水与钱芥尘同任招待，得识新闻报严独鹤。未久，《新闻报》新园林（编者注：应为快活林）内遂有《啼笑因缘》出现，此为恨水小说驰誉南方之始。

恨水所著小说，既以故都为背景，日久枯竭，且言尽之作居多，不免陈陈相因，所得资料亦感乏味。适其族兄东野从政陇东，任泾川、灵台等县县长，恨水爰作西北之游，以猎取题材背景。回故都后，即为《申报》“自由谈”写《燕归来》。《新闻报》所刊之《太平花》，本为非战小说，亦因“九一八”难作，于中途改变为抗战小说。小说成名非倖致，忍饥阅读换将来。此时，日寇势力侵入平津，恨水不能再留北平，乃南归与张友鸾在京创办《南京人报》小型报。

廿六年，全面抗战，恨水因病先由京来芜，住弋矶山医院休养，寇军于金山卫登陆前后，即溯江西上入渝，住南温泉，与张友鸾、张慧剑，同为《新民报》主人陈铭德所罗致，编《新民报》渝版及蓉版。恨水所著《八十一梦》，为一种理想寓言式之小说。是时，余在湘西浦市，曾阅及《胜利还都》一梦，后果应验。此外尚有《新水浒传》，亦风行于西南，近时所写之《巴山夜雨》《大江东去》《纸醉金迷》等，均系抗战时代，以巴蜀为背景者。

卅四年冬，胜利东归，恨水系由陆路绕道经贵阳、芷江、邵阳、衡阳、长沙至汉口，盖为小说材料计也。抵汉遇王耀武、余程万两将军，供给常德会战之实录，即已出版之《虎贲万岁》。此为恨水于古历除夕前十日过芜赴京时告余者。

三十五年春，恨水应陈铭德之约，由京飞北平，主持《新民报》北平版。该报日出四开一张半，长篇小说竟多至三四篇，故风行北方。迄今恨水所写小说，已多达百种，虽届垂老之年，而其自信生命力甚强，将来究能写成若干数字，殊难预料，且抗战八年所收资料，亦极丰富，固无缺乏之虑也。

综观恨水从事新闻事业三十年，成为海内小说名家，虽富有写小说、编小型报之天才，然亦为民初在上海渔阳里滚地板、吃薄粥、书店中忍饥苦读所得来，决非侥幸所能成功。今之青年，亦有继之而起者否?

月前，余辑恨水所著说部，春明双燕归来日，太平九九梦生花代表作，戏成七绝一首寄平，诗曰：

啼笑秦淮一世家，烟沉玉紫感年华。

春明双燕归来日，太平九九梦生花。

八十一梦，数成九九，而冈村宁次在京正式签逆降书，又为九月九日，岂真有数存于其间耶？

（原载 1948 年 7 月 8 日芜湖《工商报》四版）

（一鸣，原名张九皋，系张恨水在芜湖《皖江日报》工作期间同事与好友）

民兴社时代之张恨水

钱化佛　郑逸梅

民初，上海新剧，盛极一时，几乎夺京剧之席，可是盛极必衰，于是新剧权威新民社、民鸣社合同期满，相率停业，新剧同志不愿就此散伙，便大开码头。郑正秋带了一班人马到嘉兴去，汪优游带了一班人马到宁波去，鄙人就和徐半梅、李君磐、黄秋士等搭苏州阊门外民兴社的班子。这时，张恨水和我们混在一起，半梅和鄙人任着丑角，君磐是老生，秋士是旦角，恨水担任编剧和撰广告。半梅，苏州人，他有住处，鄙人等四位仁兄，却无家可归，就在附近暂租一间屋舍，为偃息之地。这一所房屋是三上三下两厢房，下面堆着许多木器家具，没有人住，楼上的西厢房，据说有鬼的，时常要出现，没有人敢住。鄙人等都是少年好事，胆气又壮，颇以不能亲睹鬼魔为憾，就毅然地住了下来。但四个人只有三张铺，鄙人和君磐各占一铺，恨水便和秋士合铺。屋舍没有电灯设备，我们每晚归寝，黑魆魆阴森森的，便燃点了蜡烛，略谈片刻，或进些半夜点心，聊以果腹，体已疲乏，倒头睡下，不一会，便徐徐入梦了。这样的生活过了一个月，有的到无锡去演剧，鄙人就还上海，这话距今二十多年了。秋士能做几首小诗，能写字，鄙人家里尚有他写的东西。他不寿，盛年即逝世。李君磐最近遇见他，精神很好。据说，恨水曾有信给他。半梅便是热昏十年斋主徐卓呆。鄙人近辟画室在讲贤路凤德里一号，和卓呆府上很近，得时相往还，真是佛家所谓的缘哩！恨水自抗战军兴，没有见过，也没有通过信，思念之忱，与时俱积，不知道恨水在北方，也想到憔悴江头卖画为活的钱化佛吗？若然瞧见了这篇东西，也许憧憬往事，起着今昔之感，鄙人到底老了，记忆力衰减，不中用了，当时情形，遗漏未能详述，还希望恨水补充一下哩！

（原载1946年9月12日上海《今报》）

（钱化佛，同盟会员，收藏家；郑逸梅，著名报人，有“补白大王”之称）

关于恨水的作品

凡　鸟

足足有三年不曾用凡鸟这名字了，最近恨水来沪，忽然又想到了这两个字。原因是这两个字和恨水还有点历史的关系的。

那是民国十三年的事，恨水在北平编《世界日报》的《明珠》和《世界晚报》的《夜光》，我常乱写些小品给他，署名是“凤友”。有一天，不知怎的只写了一个“凤”字，第二天的报上，我的名字却变成“凡鸟”二字了。我自己也觉奇怪，问他，他说：“因只写了一个凤字，不像个名字，所以便将它拆成两截了。”以后我就用了这个名字。近年来，久已不在报纸上写东西，因此这名字早已是寿终正寝了的，这次恨水来沪，脱口而出地又是“凡鸟”，不禁使我想起了这两个字的历史，觉得不妨就借此复活一下。

以上虽说是废话，但因为有这样的一点历史关系，自信对于恨水的作品，比一般人总知道得多些。

恨水自从在《上海画报》上发表了两部长篇小说(即《天上人间》及《啼笑因缘》)以后，南方的读者谁都知道他是一个章回小说的名手。内容如何，有他的作品做保证，我不必再替他宣传。若就技巧来说，他的小说便有两个特点：第一，他在小说中绝对不用作者的口吻发挥议论，他只是从头描写到底；第二，他的小说中的事实都是连贯的，绝无一事未了，即按下不表而另写他事。单是这两点，我们在其他章回体小说中就决找不到。他的第一部杰作《春明外史》，全书百余万言，人物无虑数百，事实有关于政界的，有关于官场的，有关于新闻界的，有关于学校的，有关于伶界的，他竟能丝毫不紊，从头至尾一气写下，最可贵的就在转折处能一点不勉强。这样的写法对于读者实在有很大的便利。因为报纸上的长篇小说大都是按日刊载的，如果一段事情没有交代清楚，便搁下了接写别的事，虽说过几天不妨再回头来说明，但在健忘的读者，难免早已忘得干干净净，势必要把旧报拿出来重温一遍，这就不胜其烦了。所以有人说："读恨水的小说最痛快，愈读愈觉有味。"大概就是这个道理。

恨水的小说，现在可说是名闻南北了。在北平，报纸的销路几乎一半要靠他的小说。这次来上海，各报上都捧他，欢迎他，托了人介绍到旅馆里去找他，简直和要人们到了上海一样。这无须说得，自然是他的小说的魅力。这样说来，他应该于小说生活是感到无穷的兴趣了。但是事实则竟不然。他写过一篇《何必作小说家》，里面有这样的话："在中国做小说家，'发财'二字，绝对谈不到；在文坛上成功的人，又多是谈街巷议者流，哪里会分别出文字好坏来？那么为了图名呢，还是图利？要来干这文字的奴隶营生。"——前两年，他还写过这样的一篇文章《反讣文：不死罪孽深重幸免陨灭祸延》：本人清封布衣政府特准给予未来亡国奴头衔张公讳哀梨于夏历五月十一日病愈客中，距病于本月食粮后一日，病期计有一星期。不死，经医言证实，悲喜交集，已择于五月十二日重充文字奴隶，暂厝灵魂于面包隙中，即日安葬铜钱眼里，叨在借典支挪，谊特此反讣。不死张哀梨吞泪顿首。”虽说是游戏笔墨，但从字里行间，我们不难看出他对于文字生活的诅咒。然而他几年来继续地干这“奴隶营生”，因为他要生活，他不愿意做官，做政客，便不得不做奴隶。

他自从开始作长篇小说，至今已十余年。发表过的长篇有十三篇，目录及发表处如下：

（一）《春明外史》。载北京《世界晚报》，全稿百余万言，已有单行本。

（二）《春明新史》。载奉天《新民晚报》，约二十万言，单印本不日出版。

（三）《金粉世家》。在北平《世界日报》，全稿百余万言，明年可终稿。

（四）《天上人间》。先载北京《晨报》，该报停刊后，续载《上海画报》，已约八万言，尚未终篇。

（五）《啼笑因缘》。载上海《新闻报》之《快活林》，约二十万言，单印本即出版。

（六）《斯人记》。载北平《世界晚报》，约二十万言。

（七）《新捉鬼传》。载北平《世界日报》，十万言。

（八）《京尘幻影录》。载北平《益世报》，六十万言。

（九）《剑胆琴心》。载北平《新晨报》，二十余万言，上集已有单印本。

（十）《银汉双星》。载《华北画报》，共十回，七万言。

（十一）《黄金时代》。载奉天《新民晚报》。

（十二）《鸡犬神仙》。载《北京晚报》（笔者注：此处误，实为北平《朝报》），全作未完。

（十三）《青春之花》。载《益世报》，尚未完篇。

其即待发表者，计有：

（一）《锦片前程》。已定在《新闻报》之《快活林》发表（笔者注：后来在上海《晶报》连载）。

（二）《公园之夜》或改名《公园之一夜》，已定在上海《都会画报》发表，本月二十日出版。

在上列已发表过的十三部长篇之中，在北方最为轰动的，自然要首推《春明外史》。这部小说全以曹锟时代的北京作背景，把几年间的北方的秘史差不多都写尽了。以故都的材料写长篇小说的，《春明外史》实为第一部，而爱读恨水小说的人，这一部尤其是非看不可的。

恨水的小说，所以能得这样广大的群众的欢迎，即在他能把新旧之长，兼收并容。素来爱看章回体小说的人固然欢喜他的小说，即平素不甚爱看章回小说的人，也破例地要看一看。即如洪深先生，就很称赞他描写人物心理之细腻，为他人所不及。

以上是讲他的小说，他的小说看过的人已经不少了。然而知道他是个小说家的人，还不知道他更擅长于小品文字。写到这里，我又想起一件旧事来了。南方读者之认识恨水，大概十九是由于他的《天上人间》和《啼笑因缘》两部小说。大家也以为上海报纸上只登过他的小说，其实他的作品在这两部小说之前，早已有人介绍到上海来了。介绍人是姚民哀，从前他编《世界小报》时，因为材料缺乏，每天剪报，恨水在北平报上发表的小品文字，几乎无一篇不被他转载。不过，外间知道的人仍不多，这原因是因为：一恨水在平别署“小记者”“哀梨”等，而《世界小报》上则严谔声君亦署名“小记者”，有时姚民哀自己也署名“小记者”；而“哀梨”一名，则沪人往往误为刘豁公，尤其巧的，恨水署名哀梨者，亦多是谈剧之作，而刘豁公正是评剧者也。二则《世界小报》销路甚少，外间流传不广。

因为这两个原因，所以恨水的小品文字，上海读者很少有机会拜读，尤其近年来，他不编报以后，这种小品文字更是不容易见到了。但现在他已经答应以后专替本报撰小品文字及北平通讯，这自然是爱看恨水作品的人的好消息，而本报也不妨借此自己广告一下。

（原载《现代社会》1930年第1卷第6期）

（“凡鸟”系著名剧作家马彦祥笔名，张恨水生前挚友）

小说家人物志：张恨水

北平人

写在前面

《一四七画报》主人因要为使读者知道若干不易知道的事情，所以特别开出这“小说人物志”一栏来。专门刊载当代名小说家们的事迹，目的是将小说家们的过去与现在的写作生活赤裸裸地暴露出来，作一个忠实的发表。这是一件有价值而又有意味的工作。小说家的写作生活不是小说圈外人所能尽知的，尤其是名小说家。而报纸杂志关于这一项的记载，通常又颇少有系统的披露。况且各报纸杂志的立场不尽相同，主编人又难免厚此薄彼，下笔维艰。所以尽管报纸杂志上小说名家的作品发表很多，而关于小说作家的写作生活，却很少有描写的。那么《一四七画报》此作，不能不说是一个创举！但是，讲起名小说家来，全中国南北东西，第一名的位置，那就不能不算是张恨水先生，因之，这劈头第一篇小说人物志的题名——张恨水，便来罩在我这北平人的身上了。

北平人既为北平人，当然认识不少北平人；张恨水先生虽然是安徽潜山城外三十里的黄土岭——一个文风奇胜的乡村中人；北平则是他的第二故乡，而况他的作品又多以北平为背景，他当然也是一个北平人；因此张恨水先生至少也在我这北平人认识的范围之内。既然是认识，那就不愁没有材料可写了。

不过我写这篇人物志——张恨水，却并未取得张恨水先生本人的同意，所有的材料，完全是由于侧面的搜集。就是下期所发表的张恨水先生的近照，与其夫人周南女士的丽影，其大公子张小水的照片，和本人最新笔记《虎贲万岁》序文，也是我用特种方法骗取而来。读者们当然晓得，以张恨水先生现在的名誉与地位，是不需要我们再给他做什么义务广告的。如此，这篇人物志的文字固然我未必能写得太好；可是这文字的材料，却不能不说是一种珍贵的收获了。

张恨水在北平

张恨水先生现在北平。谁都知道，他是《新民报》北平社的经理；不过他自从《新民报》北平版于四月四日创刊以后，他就不在《新民报》北平社下榻了。从四月初起，乔迁到西城北沟沿砖塔胡同西口外路东的一所宅子里。那是里外院两进的北房，花木扶疏，院宇宽敞，完全是作家理想中的环境。

胜利后的张恨水，头发苍白了！虽然他也是一个属羊的——小说家属羊的很多，今年不过五十二岁，但他走路等等不能免的微微显出老态来了！就是他的眼睛，无论是写作和看书，都不能不带上初步的老花镜！虽然是这样，他的精神却是格外的健旺了！看过他的相片的读者都知道，他的一双眼睛还是和当年一样的神气。笔走龙蛇，一小时一两千字的写作，那是不成问题的。一方面，《新民报》北平社的事务，还要他一一躬亲处理。张先生的生活，计每日上午八时起床，进牛乳，吃早餐；从事写作外埠小说，午后一时午餐；三时前后乘汽车到《新民报》北平社，七时后返家和应酬。晚间十二时前就寝，灯下写小说的时候很少的。读者们想不到的吧？一个名小说家的生活，原来是这样的规律化的！

张恨水在北平；张恨水在北平的生活是这样的。

现在的写作

因为张恨水先生的写作是以全国读者为对象的，甚至于远至香港、新加坡都有他的作品在发表，故此华北一带除去单行本外，报纸上反而很少看见他的作品了。

事实上，张先生的写作还是很忙的；然而他对于写作是特别的感觉着兴味。他不但是写小说，他还要写许多小品文。《新民报》北平版“北海”栏内的“燕”“旧燕”“王榭”等都是他的化名；这是他对于外来稿件佳作贫乏，不得不自己动手补充，无可如何的事。还有《新民报》对于新闻等标题是特别讲究的，张恨水先生主张新闻标题要典雅，要言外有意，而且更要平仄分明，念起来顺口；最好是多用对仗题目，为了这个他常常地要和大家研究、讨论；有的时候因为发生一件新闻，他半夜里也要从家中打电话到报社编辑部和编辑先生推敲、商洽，希望求得一个好的题目。请想，此老的兴致是如何的不浅！所以张恨水先生的写作成功，《新民报》北平版不但一鸣惊人，而且永远保持着优越的地位，这都不是偶然的事体！再往深切里去讲，张恨水先生不只是精于小说文艺，连《新民报》北平版上的社论，那都是他一手写作。这尚是一个出版界的秘密，北平人愿意在这里将它拆穿，公之于众。至于张恨水先生愿意不愿意，那是另一个问题了！

张恨水先生的写作原稿，是用毛边竖行红格纸；习惯上以用毛笔的时候为多，从来不用钢笔。最近，已经开始采用铅笔写稿，复写纸印出来的底层，算是留下来的稿底。唯一的特点，就是无论他用毛笔铅笔，写的字体都很大，每行最多的是二十余字，另外他写起来异常神速，并且不拘环境。尽管新民报经理室内外是如何的出入人多，喧腾闹嚣，可是《新民报》上的社论和署名“燕”“旧燕”“王榭”的小品，甚至于《巴山夜雨》小说，都是在这种环境里，谈笑之余，提笔一挥而就的“急就章”。这又是一个出版界的秘密，索性在这里一齐揭穿了吧！

业余的消遣

谈到张恨水先生的业余消遣，几乎不是几千百字所能写完的。总括起来说一句：“这位先生是一位趣味人物，所有各种趣味无一不有！”以最普通的趣味而言，由旧剧以至于杂耍，都是他的爱好。最近听说更在赏识着一个唱戏的后起坤伶。

在杂耍方面，张恨水先生是最喜欢听说相声；这相声也只是限定侯宝林；别人的相声，张恨水先生是不怎么喜欢的。为了这个消遣，张恨水先生的足踪，便常常踏到上海游艺社。从那里归来，往往在新民报编辑部里和大家以侯宝林为谈话的题材，特别赏识绰号“幺鸡”侯宝林的说学斗唱。侯宝林现在又在上海游艺社献艺了，台上台下的各位应当格外留意着这位座上之客——张恨水。至于家居的趣味呢？张恨水先生是常年以养花自娱的；高兴起来，拉拉胡琴，韵调锵锵，也许唱两嗓子。再不然，亲调颜料，画几笔花鸟虫鱼的图画，新完成的一张在写字台前的玻璃窗上已经悬挂起来了。离开家出去吃吃小馆子更是常事，尤喜欢几个朋友聚在一起，谈笑无忌，吸飞利浦香烟，吃龙井茶——吃茶是张先生的第一嗜好。食是无论米面都可以吃，喜欢肉类，比较的更喜欢鱼类，丰泽园的几品名菜，张恨水尤为欣赏。张先生每逢请客，请柬上的地址必然是丰泽园，这是毫无疑问的。张恨水的业余消遣大致如此！

生平最感吃力的作品——《水浒新传》《虎贲万岁》

张恨水先生是一位多产作家，他的佳作如林，多得无法统计了！文言语体，长短章回，真所谓文武昆乱不挡，所向无敌！而且张恨水先生写作小说的态度，和一般作家是不尽相同的。这也就是说：张恨水先生是纯粹的以写小说为正当的职业，除此以外，别无所求。因为正是这样，张恨水先生所有写成的小说，尽管读者反响不同，在他却无一不是兢兢业业的精心之作！在这里，如果想在张先生作品中找出一部最精彩的代表作来，固然是很难，很难。可是如果问到张先生本人，哪一部小说是最得意的作品，张先生也无从答复！故此我们只可在此提出两部他所自认为最吃力的作品来，作为一个交代。

这两部作品是什么呢？原来既不是《春明外史》，也不是《金粉世家》，更不是《啼笑因缘》，说起来乃是《水浒新传》和《虎贲万岁》！《水浒新传》是七七前后连续在上海《新闻报》发表的抗战小说，直到太平洋战起乃告中断，现在已全部出版；《虎贲万岁》是《新民报》北平社发表的，市上全书已有出售。为什么这两部小说张恨水先生最感到吃力呢？原因就是一部是纯粹虚构，一部是纯粹事实！

我们知道写作小说是免不掉影射事实的，张恨水的写作习惯，向来是也许采取事实，但绝不是影射个人。惟其如此，一部《水浒新传》七十万字的小说，整个的是以北宋抗战为意识，而对于一百单八将一一的加以处分，这不能不说是完全出于虚构；同时词句等等一律要保持着《水浒传》施耐庵的作风，其吃力也可想而知。一部《虎贲万岁》呢？却是和《水浒新传》完全相反，整个的是以湖南常德大战为题材，书中一人名一地名，无不是有事实作根据，也就是惟其如此，在执笔之际，丝毫不容含混模糊，其吃力也又是可以想见。

因此我们可以说：张恨水先生的得意作品和代表作是很难指出来的，但张恨水先生生平最吃力的作品，不是《春明外史》，不是《金粉世家》，不是《啼笑因缘》，实在是《水浒新传》和《虎贲万岁》！这是他本人不否认的！

第一篇小说——《真假宝玉》

一个作家最珍贵的纪念是他的第一部作品——处女作。若问张恨水先生的处女作，则已经是无从考据，不能圆满地答复了！为什么呢？张恨水先生的处女作那还是他在十二岁的时候，光绪三十三年的时代，和家乡私塾的几个学友由讲故事而进到写故事的一篇作品。张先生记得那篇作品中还夹杂着自绘的插画，不过题材题名，全都忘掉了。原稿呢，自然也是无从寻觅。这不但是我们认为是遗憾，就是张先生也认为是遗憾，如今谈起来不胜怅惘！

再往后说，民国二年张恨水先生是十八岁，那时候他曾经冒昧地写出两篇小说，一篇是文言的《旧新娘》，约四五千字；一篇是《梅花劫》，语体约五六千字。这两篇小说的出路是投稿到商务印书馆的《小说月报》。意外地接到《小说月报》的编辑恽铁樵先生的回函鼓励，认为可以发表。《小说月报》是以选稿精严出名的，主编恽铁樵先生更以精编为其主张，当时有“小说如此编稿将成大说”之讥。张恨水先生得其函励，实为难能。只不过这两篇小说后来并未发表，大概是编辑人事的问题、前后任的关系罢了！

民国八年，张恨水先生有章回小说《真假宝玉》、小说《迷魂游地府记》二篇发表于上海《民国日报》，长短约二万字，这大概是张恨水先生第一次以作品与读者正式相见？在此之前，张恨水先生又曾写过半篇《青衫泪》，是章回小说，未终篇即告终止，发表更谈不到。这如果说起来，张恨水先生第一部小说究竟是哪一篇呢？未发表者不算数，已发表者自以《民国日报》作品为首开其端，那么《真假宝玉》可算是第一部作品了。年深日久，原稿及原报均已难于寻查，尤其是一件憾事！

正式以写小说为职业——自《啼笑因缘》

张恨水先生写小说的资历，虽然是这样久远；然而他正式以写小说为职业——也就是正式收到稿费，却不甚久远。张恨水先生是民国初年来到北平的，安徽会馆（编者注：应为潜山会馆，下同）是他的寄居之地，张心远是他的真名，提起来安徽会馆中人是无不晓得。即使说《春明外史》中主人杨杏园之“杏园”二字为“心远”之谐音亦无不可。因为《春明外史》便是在安徽会馆中开始写起的。

其时民国十五年前后，张恨水先生是《世界晚报》的副刊《夜光》编辑，他是辞退《益世报》的一个小职务，和《益世报》编辑成舍我先生一同脱离，而协力创办《世界晚报》《世界日报》。因此《世界日报》的副刊《明珠》，《世界晚报》的副刊《夜光》全由张恨水先生来做编辑。长篇小说，张恨水先生正好大试身手。虽然在此前《益世报》已有小说《京尘幻影录》在发表，但若说是一鸣惊人，还是《春明外史》。张恨水先生因《春明外史》而与张学良发生友谊，这是人所共知的。其实《春明外史》无非张先生一时游戏之作，确未牺牲若干宝贵心思，不足以云代表作。就是张先生此篇小说，为了在《世界晚报》任职的原因，亦未取得稿费。若是说张恨水第一次正式拿到稿费的小说，那还是自上海新闻报发表《啼笑因缘》起始，而张先生以写小说为正式职业，也是从此才起头。以前无非一半玩票的随意消遣，谈不到什么稿费不稿费，张先生似乎也没有想到以写小说为职业呢！

在张恨水先生开始写作《啼笑因缘》的时候，固然他本人尚在兼任世界日晚报的副刊编辑；但距此不久，张恨水先生便离开世界日晚报去专心从事写作的生活了。为此，《啼笑因缘》实为张恨水先生由编辑转入小说业的一个阶梯。这个是民国十八九年的事情，得在此大书特书的。

与张学良之关系

张恨水与张学良之关系是始于《春明外史》的，这老早的便为士林称道、喧腾报坛了。关于这一件事情，张恨水先生并不否认。只不过他对于外传的种种经过，并不认为都是事实。我们知道一件事情若是此传彼、彼传此的互相播送的结果，往往会离开事实十万八千里路不止，而致失去事实的真相的。张恨水先生和张学良氏的关系，以此原因，实际上和外间的传闻，并不一样。

据我们所得到的传闻，是这样的：当张学良氏身为三四方面军团长的时代，张恨水先生正在世界日晚报里做编辑；同时，《春明外史》也在《世界晚报》上开始发表。

这篇小说本来是张恨水先生在编余之暇，随手写成的东西，每天现来一段，填上版面，作者本人亦未加以重视。不料这篇《春明外史》却是引动张学良氏无限的兴趣，每天如是，必要连续地拜读。据说有一天世界日晚报的外勤记者先生——也有人说是成舍我社长因为新闻的事情到顺城王府接洽。张学良氏的副官处人员看见是《世界日报》的先生来了，马上便竭诚招待，并告诉《世界日报》办的太好了，少帅每天必看，尤其是晚报，若是稍稍送来晚一些，少帅等不及便催下来。少帅除去看新闻外，最喜欢看的是《春明外史》小说，看过了，常和别人谈到这篇小说笔墨真好，作者才干令人佩服等等。这一段话，言者无心，但听者觉得是《世界日报》难得的一种光荣，回去除以此勉慰同仁外，附带转告张恨水先生，请笔下特别留意，张学良氏是《春明外史》每天的必读者，不要失去这难得的知音。张恨水先生这始知道自己小说的力量，如此之大；自是落笔之际，加倍思维，精心撰作。《春明外史》其后精彩百出，成为不朽杰作，张学良氏的赏识爱读，不能说是没有关系。而日久天长，张学良氏即由于心仪之故，进而欲见张恨水其人，屡经访询，始获一面。当时张学良氏欲聘张恨水先生为秘书等客卿名誉职。张恨水先生婉言辞谢，以为读书之志不在做官，愿终身为小说作家。

张学良氏愈加敬重，不敢以官相加，恳切希望常相会谈，目的在告以自身半生经历，提供张恨水先生为小说家言，如有所成，其名即可谓为《张学良传》。张恨水也姑妄应之。至于后来《张学良传》究竟执笔与否，外人不甚尽之。不过，张学良氏和张恨水先生的关系之始，据说只是如此的一幕罢了。

这件事据张恨水先生语录，张学良氏是《春明外史》的爱读者这是真的；而且张学良氏广泛地爱读张恨水先生的任何作品并不限于《春明外史》。张学良氏确曾多次欲与张恨水先生晤谈，均未应命；最后张学良氏自关外派专人来平恭邀，张恨水先生以情不可却，遂应邀一往。张学良氏当时之意，欲聘张恨水先生继陈柏生之后为东三省新民报社长，以未能应得张恨水先生同意而作罢。《张学良传》之说亦有此意，然张恨水未能如命执笔。总而言之，这都是由此一说，不如外传之甚。但是二十年来张恨水先生的名誉，一日千里，佳作如林，美不胜收，这时候不能不说是已经建立下成功基础了。

离开北平去上海——转南京到重庆——再回北平

张恨水的写作史大致是以《春明外史》为第一阶段，到《啼笑因缘》为第二阶段。那时候，上海《新闻报》上一篇《啼笑因缘》

真是疯狂了长江流域；到后来由出版专书以至于电影、话剧、二簧、歌曲、弹词、滩簧、扬州戏、绍兴戏无不以排演《啼笑因缘》为号召。《啼笑因缘》成为全国的一个民间故事，到处风靡，家弦户诵。张恨水先生在文坛上的地位，登峰造极，至此已经是前无古人了。

至于《啼笑因缘》将引起的电影等官司，以及其后竟有由别人执笔妄做狗尾续貂的笑话，这是犹其余事。而翻版等等更是层出不穷，实为文坛上所仅见。最后，张恨水先生续写二集《啼笑因缘》，注入抗战意义。至出版《弯弓集》短篇小说集，尤为发挥民族精神之杰作，以致日寇视为敌人。

民国二十四年间，日寇向冀察政委宋哲元氏提出抗日人名表，北平军政文教各界共一百三十余人，张恨水先生名列其中。因此张恨水先生不得不抛下以稿费二万元创办的北华美术专门学校，忍痛地回避气焰万丈的敌寇，匆忙地离开了北平，远作上海之行。

这是十年以前的事情，张恨水先生在上海居住不久，即协助成舍我先生创办上海《立报》，后又到南京与张友鸾、张慧剑二先生合作（编者注：此处有误，实为与张友鸾合作），创办《南京人报》，一时有“三张办报”之称。《南京人报》销路最高二万份，为首都小型报之巨首。迄七七抗战起，张恨水先生弃报转入内地,《南京人报》损失若干千万，负债千余万元。张恨水先生窘困之余，不得不与川人合作，乃与张慧剑先生应邀入《新民报》，更与陈铭德先生结为患难之交，从此在重庆一住下去，便是七年之久。直到民国三十四年八月十五日（编者注：此处有误，应为年底）离开重庆，途经桂林、芷江、衡阳等处，又到南京。然后返潜山家乡，再回京至沪，由沪北飞。是二月十五日，张恨水先生凯旋到北平来了。

最伤脑筋的事

张恨水先生返到北平来，第一件使他最伤脑筋的事，就是北华美术专门学校的产业，已经给敌伪摧残罄尽，不能再容容易易地复原了！甚至于保管该项产业的一位王先生，也在敌伪压迫之下，牺牲他的生命了！幸而《南京人报》在张友鸾先生主持之下，业已复刊了！这不能不说是一件差强人意的事情，张恨水先生当初首创的报纸总算是复原了！另外他自己在北平为《新民报》创办北平版，也一纸风行，后来居上，这都是张恨水先生聊足自慰的事情；而北华美术专门学校的负责人张牧野先生——恨水之弟，现在是当涂县的县太爷，也没有心思再来主持美术专门学校的事务了！

此外就是张恨水先生写小说的章回目录，最使他引为伤脑筋！然而张恨水先生也正是以此为最得意！读者自然也是以此为最过瘾。张恨水先生的章回目录可以算的全国第一、空前绝后，差不多都是九字对仗，工整精炼，妙手天成。如果是利用古人的诗词集句，那尤其是张恨水先生的拿手好戏。关于这个，这里不必一一举例，只请读者先生们去翻翻世界书局出版的《春明外史》《金粉世家》便可以晓得。

《春明外史》《金粉世家》是在《世界日报》发表的，各约三十余回，每回的字数分量，至不平均。至世界书局出版时候，张恨水先生又自己完全整理，加以剪裁，各分为一百数十回，回目亦完全新制，对仗之工，前所未见。张恨水先生对此是着实地下过一番苦心，大伤脑筋的。最近几年，张恨水先生觉得能够欣赏小说目录的读者不能太多了，他又以为与其费去若干光阴致力于回目之工整，不如以此力量用之于小说的内容。所以张恨水先生的小说很多都是不用对仗的目录了，最后的一部对仗回目小说大概是《大江东去》。

还有就是张太太周南女士目下正在南京患着心脏病，一时未能北来。张恨水先生的衣食等等尚乏人照料，家庭未能复员。这也是他最伤脑筋的事情。虽然他家中老妈子出名善制包饺子，到底不如太太照料的周到。在这里，我们恭祝张太太早占勿药，北来有期！

惊人的稿费

小说作家无论他的作品价值若何，一到出版家的手里是完全看做商品，要支给稿费的。换一句话说，一家报社或杂志与书局想要相邀一位小说作家写作一篇小说，那是先要将小说稿费讲在前面的。就是无名小说作家本身如果熬到一个报社杂志书局找上门来，币重言甘，拜求赐稿以光篇幅的日子，那么他也会逐渐地演入商业阶段，以其稿费多寡为应诺与否的标准。甚至于出版家还要预付稿费一个月以上。这在一般稍有地位的作家，莫不如此，并不奇怪！不过关于这一点，有许多出版家和作家未必肯完全公开。因之这彷徨是一个谜，尤其是名小说家！

普通小说作家的稿费，以我们所知，民国十七八年间是三元一千字，就是极难得的高价了。但是，张恨水先生那时候为北平《新晨报》写作《剑胆琴心》一篇小说的稿费已经是五元一千字了！以每日刊登五百字而言，每月要用一万五千字，这一篇小说报刊的支出是七十五元。那时候洋面是每袋二元余，烧饼是每个铜元一大枚，大报社一名编辑月支薪金仅为四五十元，张恨水先生的小说稿费每月支出总占二名编辑的薪金全数。这也就是说，张恨水先生的每一个字是五厘钱，合铜元一大枚强，写一个字可购一烧饼而有余，因为那时候每一元可兑铜元二百三十余大枚呢！《剑胆琴心》的稿费月入，可购洋面三十袋，白米七八包！

然而，这还不是张恨水先生稿费的最高点。张恨水先生为上海《新闻报》写作《啼笑因缘》小说的稿费是每一千字六元。其后，至《太平花》小说增至每一千字八元。一篇小说月刊若以一万五千字为标准，则此一篇小说的月入为一百二十元。自然，这里所说的小说稿费，无非一度的发表费而已，版权是仍由作者保留。

抗战时期，张恨水先生的小说稿费是以物价为根据，随时上升的。直到现在，张恨水先生的小说稿费在上海《新闻报》是每一千字一万元，这是指的目下刊载中之《纸醉金迷》而言；今后当然是要根据物价，随时变更的。虽然是稿费数目如此惊人，但若以战前粮价相较，则张恨水先生还是吃亏的。因为张恨水先生现在一个字是三十元，买不到一个烧饼了！

附　笔

小说家人物志第一篇——张恨水，至此，是写完了，在此以后，是不是需要写第二篇？第二篇的题目是谁？均在不知。读者先生们如果肯写信来点一个题目，指定写哪一位？我们必当则其最多数为尽先发表者。至于是否仍由北平人写作，那就不敢一定了。

最后，这一篇张恨水的人物志写作匆忙，无非以所知者转告读者；文字工拙则为次要，而其中编校问题，鲁鱼亥豕，在所难免。譬如第八卷面四期第四节第十行“在他却无一不是兢兢业业的，精心之作。”落去了“不”字，成为相反的“在他却无一是兢兢业业的，精心之作”。意思完全的成为反比例。这实在令我大伤脑筋！不能不在此对读者郑重声明，对张恨水郑重致歉！（十一月十八日写起，二十九日终篇）。

（原载1947年11月24日、12月1日、12月7日、12月14日北平《一四七画报》）

桃子沟中的张恨水

落花生

“张先生，你所‘恨’的是哪一种‘水’？”“……”张先生一时答复不出，思索后笑了一笑：“我所恨的自然不是第三种水。”他又笑了一笑，可是这一答复却引得满堂听众大笑不止。

五年前，重庆中央政治学校新闻系举行的新闻讲座中，有这么一个有声镜头。

“张先生”，便是我们这位东西南北、家传户晓的通俗文艺家，也是章回小说家“张恨水”。

上海人大概还记得过去《新闻报》“快活林”有一篇连载几年的长篇章回小说《啼笑因缘》吧！记得了这一篇，有如他的《金粉世家》《斯人记》《斩鬼传》《沪平通车》等旧作自然会一连串想起来了。在重庆八年中，他的新著有《八十一梦》《水浒新传》《牛马走》《大江东去》《秘密谷》《丹凤街》等。

到现在，已经成为独一无二的章回小说家了。抗战前还有程瞻庐、顾明道、漱六山房、张秋虫、不肖生、严独鹤、秦瘦鸥、包天笑、蛛网生等；抗战军兴，章回小说家便只有张恨水一人撤退至大后方，可是“抗战八股”的势力，像万马奔腾般地汹涌，尤其“报告文学”，简直以“新闻”代了“文学”。在这样的情形下，章回小说，尽管高喊“旧瓶装新酒”的掩护口号，形式虽旧，内容甚新，可是无用的，一样的被斥为“文艺的渣滓”“文坛的封建分子”。然而新闻界新兴的巨头四川人陈铭德，是够朋友的，他不问“潮流”只问“好”,“文坛的封建分子”张恨水，是他的生命线《新民报》的班底，不顾一切，以日晚两报刊载张恨水的新作《牛马走》《八十一梦》。起初，大家在“八股”的淫威下，不敢注意“牛马”，也不敢做“梦”。后来抗战长期化了，读者群渐渐地做起“梦”来，注意“牛马”了！

等到《八十一梦》单行本问世，竟然洛阳纸贵，不胫而走，于是张恨水在抗战中的地位完全确定了，而七星岗《新民报》馆门口的大广告更大了。从此，一本本的单行本层出不穷，而成都百新书局也打出一条发财的大路，把他的旧作多方搜罗，从北平、天津、上海、南京、各地运到成都，再在上海印就大批彩色封面纸，从界首运进后方，这样花花绿绿的五彩巨著，销遍了后方，许多人竞相向就近的书店预约。

事实胜于雄辩，到了他的势力无可推翻的时代，他的敌人也一变而为朋友了，张恨水不再是“文坛的渣滓”，而是“前进的文人”了。于是“文艺协会”“新闻学会”他都当选了监理事，而张恨水也颇思一变作风，以符合“潮流”。

像个当店的“朝奉”，或是南货店的“龙头”，粗布衣，高嗓子，走在马路上，要是不认识他是张恨水，谁也想不到这是个大作家，因此要是不知道这是张恨水的家，就算跑进了南温泉桃子沟二十七号，也看不出这是大作家的家。

我们在未到二十七号前，听见起码的胡琴声，及至过了木板桥，跨上走廊才晓得是张恨水在拉琴。他虎地站起来应酬，华福香烟递过手，沱茶泡出来，打开话匣子，天南地北了。

在重庆的是一位年青的太太，两颊红花地，北地胭脂，一口京片子，和气而好听，每天要跑两趟五洞桥，冰糖白果、冰糖莲子、马蹄糕、葱油烧饼……有时还满载而归。暮色苍茫中，张恨水往往拿着手杖，穿着绸短褂，陪着这位太太泄泄然过桃子沟！

桃子沟，在两山之间，张恨水卜居沟边，颇有隐士的风味，只可惜这条沟除了春涨时期有水流过外，寻常简直看不见什么“水”，所以他恨水，该不是恨什么第几种水，或是祸水、洪水之类，而是恨“水”之不来。

走出山谷，到了仙女洞之下，他才看到一弯绿水。再走，飞泉瀑布，水从天上来。如果在雨后，瀑大声宏，水花飞溅，便会使他满头是水！到了这时候，喜呢，恨呢，快活呢，烦恼呢？除了他自己，更无人知道了。

（原载《飘》1946 年第 12 期）

（落花生系笔名，为张恨水时居重庆的朋友）

我认识的张恨水

郑逸梅

我由胡道静院士之介，得识袁进作家。日前承他亲临寒舍，见赐其大著《张恨水评传》一书，首冠恨水照相多帧，对之似晤故人。我和恨水相交数十年，兹虽睽隔人天，而容仪謦欬，犹在眉睫之间。

袁进虽未见到恨水本人，但熟悉恨水的著述，并对恨水生平的言行，进行深切的研究，所作《评传》，对恨水以及当时的历史环境，作了客观的分析。恨水是民国以来近代中国文学史中写通俗小说的代表人物，对之公正的评价，是十分必须的。

说来惭愧，我和恨水，以往不仅频通音问，且同事一起，经过两个寒暑。但谈到恨水，只能说出恨水是位名小说家，其他的什么，却说不上，可见我的分析能力甚差。

袁进的《张恨水评传》问世后，博得读者的赞扬，因为读者需要的是不带偏见的真实，他余勇可贾，又应台湾出版界的邀约，再撰《小说奇才——恨水传》，以飨读者，承不弃葑菲，委作一序，我固乐而为之，况我和恨水相处相叙，就把这些琐屑，作为资料吧！

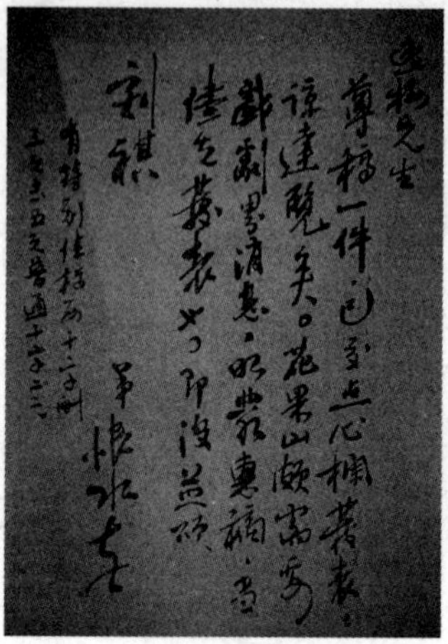

张恨水写给郑逸梅的信手迹

其时，上海小型报风起云涌，而以《晶报》和《金刚钻报》为两大代表。《金刚钻报》主办人为施济群，济群擅文翰，和我相交有素，乃邀我主持笔政。恰巧这时恨水在北方，为了卖文的便利，携其夫人与孩子一起来沪。奈一时不易访得住所，济群以《金刚钻报》在天津路，闹中取静，济群特辟一室，供恨水居息，恨水则可设砚写作其中。我已不忆其年份，今检得拙著《逸梅小品》一书，恨水当时为我撰一序文，有云：“廿二年春，予小居沪上，寓《金刚钻报》社后楼之一角，乃得与《钻报》同人朝夕相共，而施济群、陆澹盦、郑逸梅三君，尤为友好。久之，予乃识其性格，大抵施则豪俊直爽，陆则倜傥不群，郑则温文尔雅，不但其人如是，而文亦恰如其人……”据此，可知恨水的来沪，是在其时。

恨水广交游，日间常出酬酢，晚饭后，才坐定从事写作。当时各刊物来约他写长篇小说，有十篇之多，必须每天一一应付，奈这位如夫人睡眠较早，把孩子送入恨水怀抱，自管休息，于是恨水一手抱着孩子，一手执着笔杆，孩子哭时，又得逗着。如夫人另还吩嘱，听好里弄中有叫卖火腿粽子的，给我买好两只……恨水在全神贯注涉笔时，尚得四体兼施，十分辛苦。

嗣后，恨水一度主持《立报》副刊《花果山》，约我写稿。他回北京后，尚经常和我通问。他能画梅，曾绘一幅绛梅，且题了诗，邮寄给我，这些都是值得珍视的纪念品，惜于十年浩劫，被抄家殆尽，今所留存的，仅有他遗札一通，我纳入《郑逸梅收藏名人手札百通》一书出版，作为鸿雪。

贤者识大，不贤识小，爰拉杂成此，聊以塞责，序文云云，则我岂敢。

郑逸梅作于沪寓长寿路纸帐铜瓶室

时年九十有七　一九九一年春

（本文是作者为袁进著《小说奇才张恨水》一书所撰写的序言）

我们认识的张恨水先生
——为恨水先生五十寿辰暨卅年著作纪念作

吴范寰 张友鸾 黄少谷 胡春冰
龚德柏 马彦祥 万枚子 高济民

一 三十年剪影

距今三十一（编者注：应为二十七）年前，芜湖《皖江日报》的文艺圈内，出现了一位文笔犀利颇为读者欢迎的青年作家。那青年为将门之子，当时只有十九岁，虽然酷好文艺，却富于爱国思想，只看他正在殖边学校读书，就可知道他大有班定边立功异域的雄心！但他的清苦环境一面限制了他的志气，另一面也发挥了他的天才。他终于放弃了赳赳武夫的途径，而毅然决然走上彬彬文士的前程。从此，他便过着新闻记者兼小说作家的生活。经十二三年的努力，他成名了。近十七八年间，他始终戴着旧章回小说的荣誉王冠。

他是谁？就是著作三十年，明天正值五十寿辰的文学家张恨水先生！

恨水先生和我们这一群都是北京（平）世界日晚报的先后同事。他的大名和著作，几于妇孺皆知。但他究为何等样人，却不一定全为社会人士所深悉。在今天我们为他暖寿的时候，实有向社会郑重介绍的必要。

前面说过，民国二年，他开始在《皖江日报》写文。民三至五，以家境困难，弃学赴沪，在各报章继续投稿。民六（编者注：应为七）返芜湖，正式作《皖江日报》记者。民九（编者注：应为八）北上赴京（那时的北京）任《益世报》记者，勤奋努力进取，刻苦自励。常以攻读英语，高声朗诵，而为《益世报》主人杜竹宣君所摒斥。时成舍我先生、吴范寰都作为同事，因而更相契合。民十他转入世界通讯社，民十二入联合通讯社。民十三四月，舍我先生创《世界晚报》，他与范寰、德柏、友鸾等皆相约相助，他的第一部长篇小说《春明外史》开始在《世界晚报》“夜光栏”连载，笔调之生动，故事之曲折，轰动了那时的京都。民十四，《世界日报》出版，副刊命名“明珠”，由他主编，不久又发表第二个长篇《金粉世家》。《世界日报》出版后，彦祥、少谷、梅子、春冰等相继应聘，彦祥、春冰为“明珠”“夜光”经常撰文，少谷、梅子则主编新闻，遂与他先后论交。直至民十八，他暂脱离副刊编辑，专事写作。时东三省《民报》、北平《晨报》、上海《新闻报》《晨报》等皆有长篇连载，尤以《新闻报》所载《啼笑因缘》脍炙人口，从此名扬南北，张恨水的名字，深深印入读者的脑内。民二十三（编者注：应为二十四），他举家迁居南京。民二十五与友鸾合办《南京人报》，别具风格，销路大畅，嗣复由他主办，内容更为精采。民二十六“七七”事变，南京陷落，他才轻装入蜀，与友鸾同任《新民报》主笔。卜居南岸，七年中又完成许多杰作。最近《新民报》改进业务，他任重庆版经理。这是他三十年来著作生活的剪影。

二　艺术家

他不仅是文学家，也是艺术家，曾任北华美术学校校长一年，家庭布置井井有条，方向、色彩处处调和，使人发生一种说不出的美感。加以爱好种花栽树，点缀园林，住所内往往宾至如归。他的生活朴素，从未穿过西装，但颇讲究饮食。他在古都的时候，曾和范寰每在周末就往着名饭馆就餐，一年内遍历砂锅居、一条龙、耳朵眼等处。性嗜茶，尤爱龙井。书桌上如有好茶一壶，即能下言立就。著述最多时，每日须作万言以上，所恃提神者唯茶而已！对京戏二簧亦感兴趣，故都名戏无往不观，且随时予以作题。处世平和，交友忠诚。爱谈论，声响四座。为事多持乐观，颇少忧虑，天赋极高，聪颖绝伦。他的文学修养，得之于自修者多，除小说外，诗词杂文之前见于报章者皆为隽品。入蜀后二十八年春始习画，近则花卉山水，诗画成趣，这也不是平常人能作到的。

三　孝与爱

他是安徽潜山人。尊人在江西久任武官，寄居既久，一家都有江西的口音。太夫人现已七十多岁，住在故乡。令弟仆野、牧野专生习拳，现在安徽担任保卫乡土的游击工作。他的夫人也是画家，姻缘的结合，由于阅读他的小说，因而伉俪相好弥笃。当《啼笑因缘》出版后，故都少女多为感动，情书纷投，均愿一瞻丰采，颇添无数的佳话。

他事母极孝，太夫人偶患小疾，必侍奉左右，衣不解带。近年因太夫人年高，不能迎至重庆，常常感觉怀念。每对朋友们说："待得河山光复，我第一件大事，就是飞回故乡，伺候老母！"

四 我们的祝语

恨水先生明日五十大庆了，我们故都旧友应当为他祝福！卅年的著作等身，我们对他更有无限的钦佩！

中国的章回体小说，发源于说评书。《红楼》《水浒》在文学上都有不错的价值。章回体小说在中国社会的影响，犹之乎现在还能存留着的旧戏皮。恨水先生的章回体小说，在近廿年中毫无疑义地获取了千千万万的读者，所以他在相同的作家中始终保持着一顶荣誉的王冠，同时也奠定了他在文学界崇高的地位。

我们谨以二十年的友谊，敬祝恨水先生的健康！并望他为国家民族永留光芒的笔锋！

（原载 1944 年 5 月 15 日《扫荡报》第三版）

（此文作者均为张恨水上世纪二三十年代在北平的报界同事，由万枚子执笔）

重庆《新民报》《新民报晚刊》等报举办张恨水先生五十岁寿辰创作三十年纪念特辑

以下纪念文章分别载于1944年5月16日重庆《新民报》和《新民报晚刊》

重庆《新民报》

第一版：

《介绍恨水先生》（署名“陈铭德”）

余识恨水已二十年，在南京彼主办《人报》时，以同业故，使余更多请益机会，而愈使余敬重其为人。盖以知恨水非仅文学家，实兼事业家，非仅其文艺创作足以感召读者，其作人之风范，其事业家之态度，尤令人钦佩无既者也。

抗战军兴，余与恨水皆转徙来川，乃坚挽其为本报主笔政，今七年矣，不仅文章未尝一日中辍，社中各事无论巨细，彼亦无役不与，同人虽处之如友，而莫不奉之如师。每值本报座谈，恨水必本其见解和经验，剀切指示，以是本报业务上之改进，得力于恨水者尤多。

恨水文章满天下，固早为读者所共仰，入本报主笔政后，友人不识恨水，辄争欲一瞻其风采，求余为之介。其实余所以介绍恨水者，并不偏重其文章，而尤尊重其为人。彼为人，豪侠好义，尚气节，重然诺，对人诚实宽厚，持己严肃淡泊，任事复勇于负责，劳怨弗辞。此无他，彼热情，富正义感，故其发之于文章与行动者，却有异于恒辈。

此次本报改组，特恳其主持渝社事，事烦而劳，自非恨水所乐为，但终以感于同人诚挚之谊，且觉事业之尚有可为也，乃勉为其难。即此一端，便足以想见恨水之为人。

恨水今年五旬大庆，其创作则三十有余年，同人请为之寿，彼固辞，今日之举，亦深违其志。谨为之介，所以志同人敬爱之意云耳。

（作者系《新民报》创始人之一，中国著名报纸发行人）

第二版：

《张恨水先生五十岁寿辰创作三十年纪念特辑》刊发萧同兹《恨水先生三大成就》、罗承烈《我所认识的恨老》、潘梓年《精进不已》

等文章。

《恨水先生三大成就》（署名“萧同兹”）

今日为张恨水先生五十悬弧之庆，数其献身新闻事业与夫从事小说之创作，则且三十年矣。五十年来，世界风云变幻为史所未有，而近三十年之梼杌尤甚。恨水先生以其卓拔之天才，坚韧之毅力，用以努力于其理想之工作，无间寒暑，三十年如一日，故其成就，乃为前人所未有，非偶然也。

恨水先生第一成就为小说。其长篇诸作，动辄百万言，笔力之健，一时无两。其描状事物，有色有声，细腻绝伦。前期作品，多取材于男女相悦之事，虽哀感顽艳，究无关乎国计民生。抗战以后，恨水先生入蜀，一以现实为题材，撰著新篇，抨击醉生梦死，纠正分歧错杂，大声疾呼，廉顽立懦。盖其成就，固不仅具文艺上之价值，而于抗战建国，贡献亦至非浅鲜。古人以立言为不朽，如恨水先生，其生平著作，足以称不朽矣。

新闻事业之勃兴，在国内实为近三数十年之事。恨水先生参与报社工作，自校对以至经理，莫不躬亲其役，于兴革诸端，颇费心力。恨水先生尝自言，为新闻界中之一老兵。吾人视此老兵，据此岗位，孜孜不倦，历数十年而未离跬步；老当益壮，穷且益坚，成就之大，要不必特举其功绩以为明证也。

更次言之，恨水先生之于艺术，亦有其成就，而此种成就，每为世人所忽视。十余年前，恨水先生在旧都，创办美术专科学校，高足遍华北，莫不蜚声于艺坛。恨水先生，中年始习画，虽以时日所限，未必即称名家，而丹青之笔，不离左右。受其熏陶者，咸能于艺术有信心，作育人材，恨水先生于艺术之成就，仍不仅于一身而已也。

自愧不文，无以为恨水先生寿。聊缀此数语，用示区区之敬意而已。

（作者时任国民党中央通讯社社长）

《我所认识的恨老》（罗承烈）

恨水先生的小说，遍布全国，可说妇孺皆知。在抗战以前，偏重于男女言情方面；抗战以后，作风突变，对政治社会，讽刺甚多，无一不与抗战建国有关。在本报所写的各种短文，处处引证历史，反映现实，婉转深刻，尤其对世道人心有很大的启示。

不过这一些表现，无论是他的文学价值也罢，写作技术也罢，及其社会影响也罢，这种种“成功”之处，凡读其文者，类能知之，亦类能言之，已用不着我来胡加批评。我对恨水先生的认识，乃另有所在。

我和恨水先生相识，是在南京，他那时正办《南京人报》，虽偶有过从，而无密切接触。来渝以后，才正式在本报一起工作，经过这七八年的交往，我深深感觉他有几点特殊风格，是很值得大家赞佩的。

第一是他的人格和修养：恨水先生一生埋头写作，从无他骛。他安贫乐道，不做官，不经商，然而在他的小说中，我们知道他对于做官、经商，以及一切人情世故，那是最透达无比的。但是他尽管透达人情，而并不为习俗所染。他处处昭示青年以“作人之道”，痛恨淫华，摒绝虚伪。重友谊，尚任侠，自奉廉而对人厚，性情豪迈，勇于负责，所有一般“文人无行”的恶习，我在恨水先生的言行中是丝毫找不出来的。这一点人格上的修养，实在值得敬佩和效法！

其次是他的思想和兴趣：恨水先生也有时高谈政治，但他对政治并无兴趣，所以他从无主义思想的任何偏见。在他抨击罪恶，指摘社会黑幕，讽刺贪官污吏奸商的时候，泼辣而偏激，仿佛他太左倾了。但其引证历史，发抒正气，讥斥淫乱，不落凡响，又似乎近于卫道之士。这一切都不外反映出他是个充分富有正义感和同情心的人。此乃由于平昔受中国固有道德的陶冶、多读线装书的润育，所以才能成功这样一个不激不随、新旧兼备的思想，愤世嫉俗、守正不阿的态度。因此之故，他于写作之余，读历史，学英文，习画，操琴（拉胡琴），以娱其志，安贫乐道，而不事外务。同时凡有关文化宣传者，只要不事“空谈”，他也不辞劳悴，如过去以其仅有之积蓄助其令弟在北平办美术学校，自己在南京办《人报》，这次为本报兼任渝社经理，都可以表现出他的精神和兴趣之所在。

有许多不认识恨水先生的人，或者以为他那样会谈情说爱，一定是一个“纵情声色”的浪漫主义者罢。其实他持身非常严肃，对人非常诚挚有礼。或者以为他那样透达人情世故，一定是个随俗浮沉、八面逢源的多边主义者罢，其实他一生只是写文卖文，并无半点非分之想与丝毫不义之得。

我所认识的恨水，便是如此。

（作者时任重庆《新民报》总主笔）

《精进不已——祝恨水先生创作三十周年》（潘梓年）

我认识恨水先生很晚，是在去年游蓉途中，虽然对他是闻名已久，是在二十三年以前，读他的著作也是同样的久。第一次读到他的小说虽是在二十三年之前，但直到抗战以后，才能比较多读一些。因此，对恨水先生，实在说起来，知道得并不深。日前浦熙修先生告诉我，四月十六日是恨水先生创作三十周年，并要我写一点东西来作为纪念。我接到这样一个通知，很高兴，很荣幸，只可惜我对恨水先生的写作生涯不能说什么话。

虽然如此，但一个作家能在自己的岗位上坚持下来三十年，不为富贵所诱惑，贫贱所移易，只此一点就已很可钦敬。而且凡是读过《新民报》的人，读过《新民报》上恨水先生所写的文章的人，都能知道恨水是怎样一个作家，都能知道他是一个自强不息、精进不已的作家。他们听到了现已届恨水先生的创作三十周年，我想，大家都要向他举杯祝贺的。

恨水先生所以能够坚持不懈、精进不已，自然是由于他有他的识力，他有他的修养，但更重要的，恐怕还是由于他有一个明确的立场——坚主抗战，坚主团结，坚主民主。

是的，对于一个作家，也如对于一个从事革命事业的人一样，明确的进步立场，始终是一个基本条件。立场不进步，他就看不清现实，甚至看不见现实，写出来的东西，也就不会受到进步人士的爱好，对于社会，更是有害无益。立场不明确，他就不能自由主宰，屹立不摇，他就不能在自己的作品中显现出自己特有的风格，也就不能在作家之中找得一个地位。

作为一个作家，固然要研究了恨水先生的大量作品才能得出适当的评价，但他的立场，却可以从阅读他的散文如《上下古今谈》之类，比较容易地看清楚。他的散文清楚地显出他是站在怎样的一个立场上精进不已的。

我们祝贺恨水先生的创作三十周年。三十周年，只是我们祝贺他的写作的一个纪念节日，可决不是他精进不已的一个界限。我们相信，他更将要替他的生花之笔，在民族解放血战的沙场里，找寻出深耕易耘的园地。

（作者时任重庆新华日报社社长）

第三版：新闻一篇——

《张恨水五十寿辰兼为从事新闻事业与创作小说三十年纪念》

今日（十六日）为本报经理张恨水先生五十寿辰兼为其从事新闻事业与创作小说三十年纪念，陪都新闻界文艺界人士，借机发起举行茶会，用表庆祝。而张先生谦不肯受，已于昨（十五）日遄返南泉。本报现正准备襄集此次各报为张先生所撰关于寿庆文字，刊为专册，用酬其三十年来之辛勤云。

《报人张恨水》（署名“邓季惺”）

恨水先生写了三十年的小说，也做了差不多三十年的记者。事实上，他的创作生活与报纸事业正结成了不解之缘。三十年来，他在创作方面的成绩是大家容易看到的，至于他在报业方面的努力，则惟有几个熟人才能清楚认识。

创作要才力，办报要耐心，恨水先生之值得我们感佩，即在他具有优秀的才力而同时有过人的耐心。一个人随兴所至写几本小说，也许并非怎样困难的事，然而继续地写了三十年，累积到百余种的作品，这就非有过人的耐心不可了。就这点说来，我觉得从事报业的张恨水，或许比从事创作的张恨水，更具有可敬的人格。我们深深地知道，如果计算到生活的报酬与现实的幸福，报业实在没有可以羡慕的地方。恨水先生，始终不以报业之艰辛而离开岗位，甚至奉献他整个的创作于报业，这对于我们有志报业的青年，应该是有力的鼓励。

抗战为国途中，精神力之发扬将是我们报业的庄严责任，面对着这责任，我们痛感到忠勤于报业的人实在太稀少了。能够像恨水先生这样享着写作的盛名而甘为报业吃苦的有几个人？能够像恨水先生这样，奉献他的创作于报纸先后达三十年的又有几人？恨水先生今年五十岁了，人生五十不为稀，三十年来他在创作与报业的贡献，才是我们所当感佩而且值得我们大大地祝贺一番的。

（作者系著名报人、社会活动家，时为重庆《新民报》协理）

重庆《新民报晚刊》：

第二版：

《张恨水避寿南泉》

今天是当代小说家张恨水先生五十岁的生日，他的读者们都在为他的健康祝福。在昨天，一位和他素不相识的读者送来了寿礼两千元，一个穷公务员满头是汗，以救火兵的神气送了一笔聚餐份金，但是张先生仅仅接受了他们的盛意，把钱退回了。

张先生从事文学写作，今年已满三十年。三十年来，著书达一百余部，他的好友正在为他整理著作目录，将来发表，大家将可以看见他创作力的如何惊人。

由于他的读者群的广泛，尝有人称他为“中国的菊池宽”，就“通俗”的意义上说，也许有极相似处，但菊池宽富有，张先生清贫，菊池宽毫无正义，为侵略者张目，后来成了日本军阀的帮闲，张先生则近年风格一变，大踏步走入抗战的阵营，为正义与自由呐喊，自从《八十一梦》问世，大众对他已经有新的估价了。他发愿要在七十岁上编印他的全集，二十年后国家也许清平了，若果大家允许他搁笔的话，他愿意就靠那一点版税，息影于田园。但未来的二十年间，他还有许多的事情可作，譬如现在已经计划好了两个百万字的长篇，一个是以自己做主人公，南温泉为背景，写战时后方生活的；一个则写北方游击队的故事，里面穿插着一段最诡奇的“罗曼史”。“人生五十正当时”，我们在这里预祝他未来的巨著成功。

今天是他五十岁生日，他不愿意形式上有任何纪念的表示，昨天已返回南泉避寿去了，而在他的“北望斋”里，今天是未必备有“生辰蛋糕”的，想来停笔一天，不读书不写字，亦不上图书馆，应该是他唯一的“纪念式”罢！

（此文系重庆《新民报晚刊》为祝寿所作的贺词，刊“艺文坛”栏）

第三版：发《何恨？——为“大田湾之客”上寿》（司马讦）、《老大哥》（方奈何）、《其人其文》（赵清阁）、《献赠恨水先生——祝其写作三十年纪念》（苏凤）、《张氏宏愿》等五篇文章。

《何恨？——为“大田湾之客”上寿》（司马讦）

恨水先生不常来大田湾，每来，必先听见他朗朗的谈话声。这声音，倘非形容过火，是很有点近于“震天价响”的。这一点，也最能代表他的性格，豪爽、坦白，令人看起来，明朗如一片玻璃。

五十岁的恨水先生，还是一个年青而愉快的人，头发新近才白了一点，由于看事情的积极与乐观，那张圆圆的脸上，不时会露出笑容，但有些时候，则是欲笑不笑，或不欲笑竟笑，充分表现他心地的纯洁与天真。

一袭沉香色夹衫，一件在人弃我取情形下物色得来的马褂（倘非盛典是不肯穿的），一只“招文袋”（盛纸笔及小说原稿用的），一副老光眼镜，一枝华福烟，一杯龙井茶，恨水先生给人的印象，是怡然的。

这个擅长描写人物的人物，其实是难于描写的，断不止我上面所说的一点点。就气质上说，我以为恨水先生头巾气有一点，才子气有一点，学究气也有一点，但程度都不很深。五十年来，未尝做官，亦不要钱；即是生活艰苦的现在，在南温泉的“北望斋”里，他每天除了埋头写作，就只是画菊花，读英文，吃平价米，拉破胡琴。他对他自己最“夸大”的看法，不过是“一个书生”。

论脾气，他也许正是一个书生，但并非是无用的书生。

一般人只知道他是小说家，不知道他还是一个优秀的新闻记者——一位“全手匠人”。即如正当我们编报之际，恨水先生来，遇有新鲜题目，他可以“客串”一篇评论，如无题目，亦可编好一条新闻。就上老光眼镜，一面磨墨濡笔，一面用安徽的然而又是北京的口音慨叹：“二十年不干这个了！”

虽是“二十年不干这个”，但他并没有忘记他的本业，制作标题，有“书卷气”，撰写评论，摇笔即成。编完写好，又再去写他的未完的小说，和他所创造的人物的灵魂相亲近。

他的精力就有这么饱满。

当他每次来到大田湾的时候，我们的工作室立刻充满了“活动”的气氛，倘不执笔，谈话就会在茶香烟气中打开，所谈则包罗万象：天气寒暖、人情厚薄、第二战场、文章作法、异国情调、人物风景、家国大事、上下古今。

在一种调和的空气中，便是最欢喜缄默的人，也要被卷入漩涡的。

未曾见面，而又借以名字想象其人，或将以恨水先生为落拓不羁，一如那些自署“仆本恨人”的斗方名士罢？然而他就是这么一个愉快的人，生活秩序极其正常，而且也不分外厌恶女人。他有一方图章是刻着“人生长恨水长东”的，“恨水”之名，我以为不过是对于人生的“感悟”而已。

前些时，因为听见有人要给他祝寿，他甚至愤慨到后悔当年不该不用笔名了，但这又有甚么呢？

三十年著书一百部，纵说“人生长恨水长东”罢，五十岁的恨水先生尚复何“恨”？

（司马讦系著名报人程大千的笔名，作者时在重庆《新民报》任职。）

“老大哥”（方奈何）

恨水先生今年才满五十岁，原算不得老，但在我们这个团体里，却是唯一的老大哥。老大哥虽则是老大哥，可是并不倚老卖老，我们这群小兄弟只觉得他是一位领队、一位先锋，而不是一位严肃的家长。没有一个人不敬爱这位兄长的。

老大哥的道德文章可以从它的作品中见之。他曾批评中国的旧小说“一方面沿袭旧社会之习惯，一方面又抨击旧社会而解放之”。因此他个人的作品“无时不述其生活之反映，亦未尝堕诸玄幻之意境”。他的话可以由《春明外史》

《新斩鬼传》《啼笑因缘》《金粉世家》《燕归来》《秦淮世家》《水浒新传》《八十一梦》《大江东去》《偶像》《牛马走》《第二条路》等百部小说以及其小品文《上下古今谈》中证明。他的著作多在报章杂志上发表，故内容均针对时弊，把握着社会心理更从而谋改造之。如用“鸳鸯蝴蝶派”或“思想偏激”去批评他，不免都错了。

（作者时在重庆《新民报》就职）

《其人其文》（赵清阁）

恨老的岁数五十整，他写下的文章的字数也许比他过了的日子还多。

虽然是“年已半百”，但他却依然保持着年青人的精神、年青人的心。他豪爽，义气，热情，诚恳。他对朋友的要求，从不使失望；他看见朋友在患难中，总爱解囊相助（尽管他自己也并不富）。他的话匣子打开了，像滔滔不绝的瀑布，毫无倦怠之色。他贪玩起来，可以像小孩子似的兴致勃勃，天真无呓。

虽然恨老是一个著名的作家，但他却绝不狂妄自大，骄矜自傲。他非常和蔼，他也很谦虚。有人恶意地骂他，他一笑置之，向不还手，更不替自己辩护。有人善意批评他，他唯唯地点首，亦一点不自私。

以上是关于恨老的为人，现在我再谈谈他的文章。

虽然，章回小说看起来似乎很容易创作，但写起来却非常困难。试看，今天除了恨老以外，就没有几个人在从事这方面的试验了；间或有之，也不会像恨老的文章那样能够普遍地深入于大众的眼里。因为恨老在故事方面能使其人情化，在结构方面能使其明朗化，在文字方面更能使其通俗化！他先把握了大众的心理，再适应着大众的知识。“趣味”是他的手段，“暴露”是他的目的。他吸引读者看他的书，就为了让读者瞥见社会的黑暗面与种种不合理的现实。所以，假如章回小说为教育工具的话，我敢相信效果必大。可惜现在不被提倡，而且还有人否定它的价值，而加以诽谤，这实在是不应该的。

虽然，恨老被少数人目为落伍文学与腐化文学的作家，但在他战后的作品里，却充分表现了他的思想之进步和勇敢。他讲了别人不敢讲的话，他暴露了别人不暴露的事（比如《八十一梦》就是一个好例子）。自然，愿恨老能够贯彻这个作风，更有力，更有正义感！

祝福恨老笔健与体健！

（作者系著名女作家、编辑家、画家，时任《弹花》文艺月刊主编）

《献赠恨水先生——祝其写作三十年纪念》（苏凤）

试问三十年来
多少人做了什么事？
我看见一个最忙碌的人
仅仅在废弃的日历上
写下了“自私”这个大字。

于是你可以骄傲

这一架给人读不完的好书。

而且我更如是想象：

你是为另一群人们

写就了另一部历史。

（苏凤，原名姚苏凤，著名报人，时在重庆《新民报》就职）

第四版：“西方夜谈”刊发《恨水的创作表现》(沙)、《一点点认识》(老舍)、《小诗》(高语罕)、《本刊启》等文章。“谨以今日之篇幅献于张恨水先生之五十岁寿辰及其创作三十年纪念”。

《恨水的创作表现》(沙)

恨水先生所著的小说有百多种，详细地批评与介绍，就可以单独成一厚册的书，然而到现在还没有人做这工作。做文艺批评的人，一方面感觉恨水小说在社会上的力量，同时又感到这些旧形式新写法的小说不像新文艺那么简单，可以用一套格式和一种固定的标准来批判。你不能一口咬定他是哪一派的作家，也不能笼统地断定他的小说是哪一类。这种情形，时常窘倒我们做批评的人。

其实，假如我们把作品当做一个作家的人格和时代环境的糅杂表现来看，则恨水的人和作品，都不是不可了解的。在恨水的小说中，我们可以看到有些不变的东西，也有些时常变动的东西。他的小说技巧，综合中国的旧的写法和新的戏剧作风；他的小说形式，是一般人最易接受的语文和体裁；这些都是很少变动的，也是作品魅力之所在。至于他在小说里面所表现的题材内容与思想，则是变动最多的东西。在百多种小说中，有的是百分之百的佳人才子小说，有的属于讽刺暴露的社会小说，有的确实表现了我们的希望与理想；在他两千万字的作品中，有苦痛的呻吟，有恶毒的咒诅，也有高昂的黎明之歌。所以你如果说恨水过去有一时期是“鸳鸯蝴蝶派”的大作家，这个无可否认，但要晓得人格是演变的，不仅青年、老年有差异，也跟着时代环境之推移而变化。恨水创作之可敬，就在乎他能利用他的技巧跟着时代，不断地创造新的内容。他以“鸳鸯蝴蝶”成名，却能够断然舍去使他成名的旧路，描写新的东西。这实在需要极大的勇气。我相信，许多批评家所以无法给恨水以适当的评价，只因为他们死记住恨水在某时期的作品，而未尝认识作者人格的演变。我们知道“唐琼”与“哀希腊”虽同属拜伦的技巧，但“唐琼”的拜伦是放荡的贵族，“哀希腊”的拜伦则是庄严的正义战士。因此我们可以说恨水的艺术人格，不在其作品之丰富，却正在其内容之复杂。假如将他的作品依年代次序读下去，我们可以对三十年来中国社会的变动获得具体的了解。正因为他的创作能够对于每一时代都留下艺术的记录，每一作品依着背景之不同而各显其色彩，所以一看起来，无论作品的题材、意识，都是复杂或竟矛盾的。这不仅不足以损害他的艺术人格，而且正是他的忠实成功之处。要想一想，他从事创作先后达三十年了。三十年来，中国社会变化了多少？张恨水不能在三十年前写《巷战之夜》或《八十一梦》，是当然而且应该的。张恨水能够不在三十年后之今日写他的《青衫泪》(处女作)，这才是他无论在什么地方都不愧为现代的健康的作品的缘故。转过来说，文艺究竟不是时装，可以一时的习尚而定价值。我们不能说《青衫泪》里面的男女私情比一九四四年的恋爱方式为可笑或不值得描写。同样，我们不能说佳人才子的言情小说在张恨水的作品中，比其他讽刺小说、社会小说、抗战小说为特别低下。一种作品的估价要针对其写作的时代，而一个作家的评判则须看他能否与时代并肩前进。三十年来，恨水不断地写作，而无时不在进步，也没有一种作品落在写作时代的后面，我们应该替他欢喜。

(“沙”系重庆《新民报》“三张一赵”之赵超构笔名)

《一点点认识》(老舍)

恨水兄是文艺界抗敌协会第一届理事会的理事，因为文协的关系，我才认识了他，虽然远在十几年前就读过他的作品了。

廿八年，文协推举代表参加前线慰劳团的时候，理事会首先便提出恨水兄来，因为他是国内唯一的妇孺皆知的老作家。可惜，他的笔债太多，无法分身，文协才另派了别人。那时候，我记得我曾写信给他，希望他能和我一同到西北去，因为我晓得他是个可爱的朋友。

假若那次他能和我一同在西北旅行半年之久，我想在今天我必能写出许多许多关于他的事来，而感到骄傲。那个机会既失，我现在只好就六年来的时聚时散中，提出我对他的一点点认识了：

（一）恨水兄是个真正的文人。说话，他有一句说一句，心直口快。他敢直言无隐，因为他自己心里没有毛病。这在别人看，仿佛就有点“狂”。但是，我说，能这样“狂”的人才配作文人。因为他敢“狂”，所以他才肯受苦，才会爱惜羽毛。我知道，恨水兄就是最重气节、最富正义感、最爱惜羽毛的人。所以，我称他为真正的文人。

（二）恨水兄是个真正的职业的写家。有一次，我到南温泉去看他，他告诉我：“我每天必须写出三千到四千字来！”这简单的一句话中，含着多少辛酸与眼泪呀！想想看，一年三百六十天，每天要写出那么多字来，而且是川流不息地一直干到卅年！难道他是铁打的身子么？坚守岗位呀，大家都在喊，可是有谁能天天受着煎熬，达卅年之久，而仍在煎熬中屹立不动呢？所以，我说他是真正的职业写家。

（三）恨水兄是个没有习气的文人。他不赌钱，不喝酒，不穿奇装异服，不留长头发。他比谁都写得多，比谁都更要有资格自称为文人，可是他并不用装饰与习气给自己挂出金字招牌。闲着的时候，他只坐坐茶馆，或画山水与花卉。一个文人的生命是经不住别人与自己摧残的。别人是否给恨水兄气受，我不知道。我却是知道他不摧残自己。修养使他健壮，健壮使他不屈不挠！

以上是我对恨水兄的一点点认识，可也就是我们应当向他学习的！

（作者系著名作家，张恨水生前好友）

《小诗》（高语罕）

恨水先生创作三十周年纪念，得小诗一首，特录呈贵报，藉博恨水先生一粲。诗曰：

五四狂飙忆未遥，《皖江》巨浪识风标。笔锋到处成沧海，岂必钱塘始有潮？

（作者系张恨水安徽同乡，时居重庆）

章回小说大师张恨水在《新民报》

赵纯继

著名记者、章回小说大师张恨水一生从南到北，又由北而南，曾经在北平《世界日报》、上海《立报》工作过，又曾自己办过《南京人报》。抗战以后，参加重庆、北平《新民报》工作，共计十一年，是他后半生最重要的岁月。这里记述的就是恨水在新民报社工作时的言行。

一、留陪都八年抗战

一九三七年“七·七”事变后，张恨水由南京把家眷送回安徽潜山老家，携带少量行李乘轮西上，十二月下旬到达宜昌后，即电告张友鸾。那时，新民报社已将南京印刷机器和器材运到重庆，正积极准备复刊。张友鸾是《新民报》的老总编辑，也是恨水的同乡兼老友，又回到报社来了，同志们都十分欣慰。友鸾建议邀约恨水到报社担任主笔，主编一个副刊，陈铭德总经理采纳了这个建议。当恨水乘轮到达重庆朝天门码头时，我和友鸾亲自到船上，转达报社之意，表示热烈欢迎。恨水十分高兴，从此参加《新民报》工作。恨水暂住七星岗报社斜对门新金山饭店。这是个普通客店，既可喝茶，也可住宿，很方便，恨水在这里住了一年多。恨水当时虽只四十多岁，但在朋辈中是老大哥，报社上下亲切地尊称恨老。

《新民报》原是大型报，重庆复刊时，改为四开一张，俗称小型报。恨老主编的副刊叫《最后关头》。在报纸第四版下，每天四栏地位。因为坚持采用短稿，可载诗文三四篇，刊头是请泾县人吴作人教授画的。恨老在发刊词中说明刊名的涵义，在于充分呐喊，非努力争取胜利不可。

> 最后一语，最后一步，最后一举……这一些最后，表示着人生就是一下子。成功，自然由这里前进；不成功，也决不再有一下。那暗示着绝对的只有成功，不许失败。事情不许失败，那还有什么考虑。我们只有绝对地努力，去完成这一举。所以这副刊命名，有充分的呐喊意味包涵在内。
>
> ……这呐喊的声音里，既意味着绝对是热烈的、雄壮的、愤慨的，决不许有一些消极意味。

这个副刊发表了许多揭发和抨击贪官污吏、同情劳动人民的作品。文章短小精悍，这里举出一个突出例子。

某战区游击队，有一游击短歌，颇饶深意，其词曰：

鬼子来了，不让他看清；鬼子去了，打他的背心。

这十八个字，抵得上几百字的大文章。

一九三九年二三月，抗战进入第三年，国民政府经济已日渐困难，于是由宋美龄等出面大搞所谓“节约献金”，强制群众捐款，就连学生、歌女也不能幸免。可是豪门世家却一毛不拔。三月八日，恨老在《最后关头》副刊头条地位发表了《狮子输血》的童话，内容说的是：“狮子病了，需要输血。狐狸替它抓了几千几百的田鼠、蝙蝠以及蜜蜂、蚂蚁来输血，蜜蜂、蚂蚁因血尽而死者不知有多少，但狮子的病却毫无起色。一只百灵鸟对狮子说，照这样，杀生既多，对大王贵恙却无好处，依臣愚见，只要三者便可医治大王的重病，就是后门的老虎、洞前的大狼和捉蜜蜂的狐狸。它们平时都吃的是小动物，身上有的是血，只要它们身上一割，便足治大王之病。狮子听了将信将疑，姑且把虎、狼、狐狸抓来一试，不到一个时辰，病就好了。”寥寥二百余字，一针见血地指出了当时问题的实质。

一九三九年五月三日和四日，敌机出动六十多架次，对重庆市区进行疯狂滥炸，先投爆炸弹，后投烧夷弹，全城主要街道均成废墟，恨老夫妇和孩子们不得不急急忙忙出城渡江向南温泉方向疏散，在仙女洞旁山凹里，借得一简易平房居住。恨老在这里一住就是五年多，在茅屋青灯下，熬过了许多不眠之夜，写下了许多小说和文章。他在回忆写作《山窗小品》时说到：“《山窗小品》在重庆朋友所说的茅屋所作。茅屋在涸溪旁，两边大树被大兵砍了又卖给我们。溪旁全住的受难的公教人员，穷到自己浇粪种菜。我自己每月要背着平价米走几十里路以果腹。茅屋是国难房子一型，以泥巴糊竹片为墙。邻居大家见面几乎全是谈着活不下去，但是隔山就是孔公馆，筑在高山，绿树葱茏，石磴上拔，环曲千级，四层立式洋楼，藏在一个树林的峰尖上。穿山一座防空洞，内有无线电收音机、沙发、电话，而孔家主人却根本没来过，只有几个副官在此落寨为王，打家劫舍，这也不过好多处孔公馆之一而已。”因此，《山窗小品》写有“东邻贵”“西邻贱”各一章。

恨老极为愤慨地在他茅屋夹壁上写就一副对联：

闭户自停千里足；

隔山人起半闲堂。

隐喻孔祥熙为贾似道，必将遗臭万年也。

我常常到南温泉去游泳，到时总去看看恨老，他用洪亮的京腔，说古道今，使我受益不少。重庆春秋时节，时有阴雨，敌机不敢来袭，恨老也常进城小住一二日，陈铭德总经理必邀约二三报社负责人设宴招待。大家藉此促膝谈心，交换意见，竟成了不成文的社规。恨老广交四川朋友，爱吃四川菜，特别爱喝沱茶，他到北平后，还托人购买。因为在四川生活多年，恨老对四川一山一水、一草一木，产生了深厚感情。解放后，恨老曾对我说过，我很想念四川，将来有机会，我还想去看看。

一九四一年一月“皖南事变”，是一件“千古奇冤”（周恩来题词），我们除了在社评表态外，恨老又在《最后关头》副刊里戳上了几刀，痛快之至。他先后发表了《恕字功夫难做》《再谈孔门恕道》《七步诗》等文章。前两篇的寓意，是希望以孙中山先生“信徒”

自命、高喊尊孔口号的蒋介石，须知“己所不欲，勿施于人”，“杀人之父者，人亦杀其父”，再不可一意孤行。谈《七步诗》的一篇，先是对诗作了些小考据，继而表示对曹子建的无限同情与推崇，然后将笔锋一转，指向袁世凯那个会弄权术、手毒心黑的大儿子袁克定，影射同室操戈、残害新四军的蒋某，愤然做出结论说：“富贵人家子孙，其作孽每甚于凡人，固有七步诗所未能尽者焉。”

恨老在重庆《新民报》上发表的第一篇长篇小说名叫《疯狂》，写一个请缨无路者的愤慨。以后又陆续写有《偶像》《牛马走》《第三条路》《八十一梦》等长篇小说，其中尤以《八十一梦》最为突出，各方面评价甚高。这些小说报社都出了单行本，《八十一梦》翻印了二三次。恨老在他谈到写作《八十一梦》小说动机时曾说：“由于我对军事是外行，所以就想改变方法，写一些人民生活的问题，把那些间接有助于抗战的问题和那些直接间接有害于抗战的表现写出来但我觉得用平常的手法写小说，而又要替人民呼吁，那是不可能的事。因之，我便使出了中国文人的老套，寓言十九托之于梦，写了《八十一梦》。这部书是我在后方销售最多的一部。还在延安流传，我认为是最光荣的事。……既是梦，就不嫌荒唐，我就放开手来，一起写在书里，讽喻重庆的现实。”后来由于穷凶恶极的特务的威胁和恫吓，《八十一梦》不得不匆匆结束。

一九四二年下半年，《新民报》负责人敦请周恩来先生在华一村陈铭德寓所便饭，座中除陈铭德、邓季惺、罗承烈外，尚有张恨水、赵超构等人。席间曾请周先生谈谈当前国内外形势。另一话题便是在国民党严厉新闻检查制度下，报纸如何才能保持一点生气。周恩来先生指出：“同反动派作斗争，可以从正面斗，也可以从侧面斗。我觉得用小说的体裁，揭露黑暗势力，就是一个好办法，也不会弄到开天窗。恨水先生写的《八十一梦》不就是起到一定作用吗？”这是周恩来先生当面给恨老的最大鼓励，也是对《新民报》的极大鼓舞。

延安经过整风后，掀起生产高潮。“自己动手，丰衣足食”。一九四三年冬，林伯渠、王若飞到了重庆，带来了小米、红枣和大生产中生产的手工业品、毛织衣料、质量超过重庆的延安火柴。特别使大后方其他人高兴的是他们还带来了延安出版的毛泽东著作和文艺书籍。党和后方专搞统战工作的夏衍通过张慧剑送了一份礼物给恨老。恨老接受时迟疑了一下，然后说：“这红枣和小米我拜领了。这衣料，我不能接受，因为做了衣服，穿在身上，人家就会说我和延安有关系了。”夏衍很理解他的心情，也就没勉强他了。

一九四三年三月，恨老和友鸾、慧剑、陈铭德夫妇，还有我一同赴成都参观四川农业展览会（俗称花会），并游览了武侯祠、杜甫草堂以及灌县都江堰水利工程。恨老对川西坝山水很感兴趣，写了不少短文。

一九四四年，是恨老五十大寿和创作三十周年，重庆市抗敌文协、新闻学会和新民报社原拟联合举行庆祝仪式，恨老婉谢了。但重庆、成都《新民报》副刊出了专刊，刊登各方来稿，以示庆祝。重庆新华日报社长潘梓年在题为《精进不已》专栏文章中用笔犀利，恰中时弊。老作家老舍和恨老三十年代在北平就是好朋友，是文艺界知心伙伴，他在《一点点认识》一文中谈到他对恨老的认识，也可包括《新民报》同志们的共同认识：

恨水是个真正的文人。说话，有一句说一句。恨水兄是个真正职业作家。有一次我到南温泉（在重庆南岸）去看他，他告诉我："我每天必须写出三千字到五千字来，而且是川流不息的，一直干了三十年。"恨水兄是个没有习气的人。他不赌钱，不喝酒，不穿奇装异服，不留长发。修养使他健壮，健壮使他不屈不挠！

一九四四年六月，赵超构兄参加"重庆中外记者西北参观团"、六月三日到达延安，曾多次会见毛泽东主席。有一次，毛主席谈到张恨水，说他写的《水浒新传》写得很好。因为在新传里虽写的是水浒英雄，旨意却在鼓舞抗日儿女英雄，所以深得毛主席的赞赏。

据恨老一九六三年回忆："一九四五年九月，毛主席到了重庆，还蒙召见，对我的工作给予了肯定和鼓励，给我留下了深刻印象。"

根据恨老亲属回忆，恨水曾谈过：毛主席 1945 年到重庆时，曾到南温泉访问，他的第一句话说："斯文同骨肉。"可见他是以文化人身份来访的。因之所谈内容主要是中国文化问题，临行前赠送延安所织毛料衣服一件。

一九四五年八月，日本无条件投降，抗日战争胜利了，全国欢腾。恨水和友鸾、慧剑、超构兄等见面时笑容满面，互相道贺。他们都背诵着杜甫的有名诗句："白日放歌须纵酒，青春作伴好还乡……"他们完全沉浸在欢乐之中，夜夜做着还乡梦。

二、返故都再显身手

新民报社在抗战期间，业务有了很大发展，重庆、成都两地共出版了日、晚刊四张报纸，培养了一批专业人才，积累了大量资金，这就为胜利后的更大扩张奠定了物质基础。胜利前夕，总管理处召开了几次会议。经多方研讨结果，除重庆、成都两社日、晚刊照常出版外，并决定：①恢复南京日刊，增出晚刊；②创办上海晚刊；③设立北平分社，出版日刊。这就是《新民报》五社八版的总规则。总管理处认为恨老在北平工作多年，当年就名满京华，有威信，有号召力，决定请他担任《新民报》协理兼任北平社经理，在恨老方面，因为在北平生活多年，人熟地也熟，很乐意地接受了这个任务。恨老说："我以最大的牺牲，报答八年抗战期间的友谊。"

恨老于一九四五年十二月携带眷属离开了八年的重庆东下，经贵阳、汉口，然后转回安徽老家看望亲友，再经南京乘火车北上，到达北平已是一九四六年春天了。先是《新民报》精明能干的协理邓季惺已于一九四五年十一月乘飞机到达北平，购得东交民巷西口瑞金大楼作为社址，并购得部分印刷器材，还为恨老购得一处楼房，使他到北平后就有了家，能集中精力在报社工作。

恨老当即会同总编辑方奈何、主编马彦祥等积极进行筹备，虽然困难很大，问题不少，由于全社同志上下一心，共同努力，一九四六年四月四日终于正式出版。更因对发行工作投入极大精力，最初就发行一万余份，后来最高时达到四万余份，在北平是发行最多的报纸。

北平《新民报》发展这样快，主要靠的是副刊，而副刊之多种多样，在旧中国报纸中也独具风格。创刊初期，有三个副刊，是由恨老设计，并命名为《北海》《天桥》《鼓楼》。

《北海》是恨老亲自主编的，内容为：新旧文学及掌故、轶事的综合性刊物。出刊初期刊载有：茅盾的中篇小说《生命之一页》，老舍的长篇笔记《八方风雨》，郭沫若的考古文章，章士钊、柳亚子、沈尹默、于右任等的旧体诗。这个副刊当时很有号召力。恨老后因业务繁忙，只编了两个月，就请《世界日报》主笔左笑鸿来代编。《天桥》由马彦祥主编，《鼓楼》由方奈何总编辑兼任主编。

一九四六年九月，《新民报》增出八开一张（全报共计四开一张半），增加三个副刊和一个画刊。副刊是《北京人》《新世界》《小家庭》，画刊名《新民报画刊》。画刊由恨老主编，三日一期，每期八开一张，随报赠送。

一九四六年四月六日，也就是北平《新民报》发刊的第三天，恨老在《北海》副刊上发表了有名的《重庆客》讽刺诗三首：

一

先持汉节驻华堂，再结轻车返故乡。
随后金珠收拾尽，一群粉黛拜冠裳。

二

恢复幽燕十六州，壶浆箪食遍街头。
谁知汉室中兴业，流语民间是劫收。

三

昂首天外亦豪哉，掠过黄河万事哀。
解能难民恩怨在，逢人不敢道飞来。

这三首诗，深刻地反映人民群众对国民党“劫收大员”深恶痛绝的心情。

《五子登科》是恨老作的一篇长篇讽刺小说。所谓“五子登科”，是北平市市民对国民党“接收大员”的罪行——搂金子、占房子、抢车子、吃馆子、玩女子等等诅咒之词。作者在这部小说中对那些民族败类的罪行、丑恶，予以淋漓尽致的揭露和无情的谴责，真是痛快极了。这是抗战胜利后恨老在北平发表的唯一新的作品，也是他后半生极有价值的一篇作品。广大读者极表欢迎。

北平《新民报》的社评，是由恨老执笔的。他在主持北平社两年半期间，写的社评不到二十篇，主要是反对内战、呼吁团结的，用恨老自己的话说："我写关于国共和谈的社评，总是批评国民党七句，批评共产党三句。"这也许就是对《新民报》"中间偏左"编辑方针的一种解释吧。应当说，创刊初期，这种做法还可敷衍过去。随着国民党对舆论钳制越来越厉害，或是新闻报道和标题开罪了当局，"触"了"礁"，为了维持报纸的生存，有的社评就不得不作出违心之言。如一九四六年七月一日社评《战祸可免，好自为之》，就被人认为我们已由"三七开变为对开"了，这种委曲求全之事，是可以理解的。

《新民报》闯出来了，冒了尖，出风头，却遭到国民党党棍子的嫉妒，他们千方百计企图扼杀《新民报》。首先从用纸上来卡我们。

一九四六年，国民党政府以扶植新闻事业为名，配售给各报社进口白报纸，按官价外汇付款，当然远远低于市场价格。这事表面上是由记者公会承办，实际上为《中央社》和《华北日报》所操纵，一直未按发行数量配售报纸，我们不能不在市场上购进大量报纸，致使开支增大。

另外，则在新闻报道方面对《新民报》施加更大压力，并四处造谣说"《新民报》通匪"。北平市当局即乘机伸手报社，导致报社编辑部两次人事变动，总编辑方奈何、《天桥》副刊主编马彦祥等相继离开报社，好端端一个《新民报》北平社弄到七零八落，报纸销路逐渐下降。因为恨老不习惯报社行政工作，一九四八年秋，陈铭德总经理到北平时，恨老辞去报社经理职务，专事写作，从此终止了从事四十年的新闻生涯。

总的说来，恨老在新民报社时的创作，从数量上说，远远不能同他壮年时代同日而语，但他却突破了旧的束缚，向谴责小说、暴露文学方向迈进，作品更成熟、更老成。这是恨老思想上的一大跃进，这是难能可贵的。这些有待于专家学者的共同研讨。

（原载《张恨水研究会会刊》1993 年第 4 期）

（作者时为重庆《新民报》记者、编辑）

老大哥张恨水

张友鸾

张恨水先生二十四岁（一九一九年）(编者注：此处时间有误，实为 1918 年）开始参加新闻工作，五十三岁（一九四八年）退役。退役第二年，中风瘫痪，带病延年，七十二岁（一九六七年）逝世。

他终身职业是新闻记者。做过校对，做过新闻编辑、副刊编辑，做过电讯记者，做过主笔，做过总编辑、经理、社长。

所有的新闻工作中，他干的最经常、最长久的，是主编副刊。经历各报，他编的副刊有：北京《世界晚报》“夜光”、《世界日报》“明珠”，上海《立报》“花果山”、《南京人报》“南华经”、重庆《新民报》“战鼓”(编者注：应为“最后关头”)、北平《新民报》“北海”。

他工于诗词，善写小品，又爱谈戏。当来稿不能如意的时候，就自己包写全版。编“夜光”，约请张友彝（渔)、马彦祥、胡春冰等人为特约撰述，文章泼辣犀利，颇获读者欢迎。编“北海”，曾发表茅盾的《生活之一页》、老舍的《八方风雨》，还有郭沫若的考古论著。人们认为他编的副刊必定全登旧文艺作品，其实不然。

自从“夜光”发表他的连载小说《春明外史》，“明珠”连载《金粉世家》，尤其是上海《新闻报》“快活林”连载《啼笑因缘》以后，极其吸引读者。他的小说，能够多销报纸，于是以后每编一个副刊，报社就约定必写一篇连载。他毕生写了一百多部小说，除极少数（四、五部）以外，其余全都先在报刊上发表的。一般人都知道他是小说家，却忘了他在新闻工作中的成就。他把写小说当成自己新闻工作的一部分。有时小说中的故事，和当时发生的新闻紧密配合，遥作呼应，读者常把它当作不是新闻的新闻看。

例如他在“战鼓”（编者注：应为“最后关头”）发表的《八十一梦》，用似乎幻想的神话描写国民党反动派种种丑行。其实，每一刻画，都有依据，决不是什么空穴来风。重庆有位孔二小姐（孔祥熙的女儿），因为她的汽车违反交通规则被拦阻，就跳下车来打警察的耳光。这样新闻，是不许报纸刊出的。《八十一梦》里却写了一个潘金莲打警察。说这潘金莲的丈夫西门大官人，是十家银行的董事与行长，独资或合资开了一百二十家公司。读者都了解，这指的是谁。小说代替了新闻，“作案人”又无从更正。当然，作者却遭到特务盯梢，甚至要请他到息烽去。结果，小说只好长话短说，早日收场，不露痕迹地被腰斩了。

周总理一九四二年到重庆，曾经说过：“同反动派作斗争，可以从正面斗，也可以从侧面斗。我觉得用小说体裁揭露黑暗势力，就是一个好办法，也不会弄到‘开天窗’。恨水先生写的《八十一梦》不是就起了一定作用吗？”这是对他的作品最高评价。

除了同反动派作斗争以外，在国难时期，他还写了二三十部抗战小说。表扬战斗英雄，谴责逃跑主义。“九·一八”事件刚一发生，他就写出了《弯弓集》。这一点爱国心，也是值得尊敬的。

我和他四度同事：一九二五年在北京世界日、晚报，一九三五年在上海《立报》，一九三六年在《南京人报》，一九三八年在重庆《新民报》。前后在一起工作一二十年。

当时上海社会很混乱，洋人高于中国人一等，帮会横行，一天到晚都吵吵嚷嚷的。他和我都习惯于宁静，不喜欢这样的都市。我们是应成舍我先生之约去的，原讲好了只帮忙几个月，唱个“打泡戏”。到了上海，我们同住在德邻公寓。没有多久，他接到家中来电，说冀东出现日伪傀儡政权，迫害爱国人士，黑名单中有他，叫他暂勿回平。他想移家南京，和我商量。我那时原有个创办《南京人报》计划，苦无资金，因而怂恿他拿出部分稿费办报。他当即允诺。我先回南京，租好房子，组好班子，办了印刷设备。等得他携眷而来，一切大体就绪了。

由于他的声望，有很大的号召力，《南京人报》创刊就日销一万五千份，这在当时是很不错的。而且广告生意也很好。他做社长，我做副社长兼经理，合作得十分成功。不料时仅一年，战事逼近南京，在沦陷前三四天，只得将印刷器材拆装，附木船西运。到了重庆，他已无意复刊，就作为全部资金收回，倒也没受什么损失。这里必须指出：在旧社会，创办一份报纸，资金来源都是不明不白的。像他，把自己的血汗挣来的稿费做资金，报纸办得好不好且不说，然而确是十分干净的。

《南京人报》创刊时，本约张慧剑共同经营。上海《晶报》事先刊一新闻，题为“三张共肩人报”。（作者署名“神獒”，是秦墨哂笔名。）后来慧剑因故没有参加，《南京人报》只剩“两张”了。抗战期间，重庆《新民报》创刊，我拉恨水、慧剑参加，就有人说是“新民报三张”了。如今，恨水、慧剑已作古人，每思“逝者醍醐，存者糟粕”之言，伤怆无比！

我们三个都是安徽人，都是要笔杆的，又都向往着民主和自由。——我们有民主主义的要求；究竟是什么样的民主，又说不清，至少是说不完备。认为新闻记者是自由职业，愿意干一辈子，幻想超政治，能给老百姓说话。在另一方面，我们还受两晋和晚明文人影响，不切实际，在思想底层都有些放荡不羁。我们遭受文字之祸岂只一两次，每每头破血流，总是积习难除。为此，我们之间倒很谈得来。

《新民报》“三张”（1945年摄于重庆，左为张慧剑，中为张恨水，右为张友鸾）

我和慧剑同年，恨水长于我们九岁，他是我们老大哥。也不仅仅由于年长，还更因为他持重，得到我们信服。记得一九四四年，我有个朋友做重庆伪社会局长，要找我去做主任秘书，一天到我家来了三趟。在那个社会里，贿赂公行，主任秘书就是给局长接受苞苴的，其“官”不高，其“缺”甚肥。恨水听说此事，立刻画了一幅松树送我，上面题诗一首道：“托迹华巅不计年，两三松树老疑仙。莫教堕入闲樵斧，一束柴薪值几钱。”他送来时，知道我已谢绝，就要把画扯去。我却觉得，互相勖勉，正见交情，还是接下来留作纪念。记此一事，不禁为之泫然感激。

1945年，张恨水送张友鸾的字画

（原载《新闻研究资料》1981 年第 1 期）

（作者系著名报人，张恨水同事、挚友）

忆恨水

左笑鸿

去年，为了纪念恨水老友逝世十周年，写了一篇《恨水二三事》。相交几十年，足以使人怀念的并不止这一点。不过，首先题目既然是“二三事”，就不能多写，其次是我的记忆力最近明显地减退，一时想不起来，所以暂时中辍。

现在，已经转过年来，张伍又把我当年送给友鸾的墨盒拍了照片给我，上边是恨水画的菊花，写明“应笑鸿嘱为友鸾作，恨水”，旁边还有我写的几个字，下注“丁亥”字样，算来已经三十一年了。这张照片就放在桌上，我抬头就可以见到，见了就想到恨水，声音笑貌，如在目前，因而又引起了我的回忆，于是又提起笔来，想起什么写什么。人虽隔世，而金石之交是长在的，他给我的教益和帮助，我是忘不了的。

关于《金粉世家》

《金粉世家》是恨水紧接着《春明外史》之后写的一部长篇小说。这部小说，在报上连载了好几年，和《春明外史》一样，深受读者的欢迎。出版以后，销路很广，脍炙人口。

这书写了当时的一个大富贵人家，这家的主人是国务总理叫金铨的。几个纨绔儿子，花天酒地乱搞一阵。几个媳妇，个性不同，有的专门搂钱，有的醉心于当时的各种运动，有的只晓得赌博和打扮。小少爷金燕西千方百计地勾上了门不当、户不对的穷姑娘冷清秋。他们俩就是全书的线索，也是着重描写的人物。冷清秋有学问，但“齐大非偶”，进了金家就受了罪。

这部小说写得很好，使读者对冷清秋无限同情，对那种豪门的富贵气息产生了强烈的厌恶，这便是小说成功之处。

《金粉世家》与《春明外史》在写作方法上有很大的不同。《春明外史》写了很多方面的人和事，笔触所及，海阔天空，而《金粉世家》却紧紧守着金府一家，所以曾有人说这是“新式《红楼梦》”。因为《红楼梦》只写贾府的事，而以宝、黛的悲剧为线索，《金粉世家》也是一家的事，而以金燕西、冷清秋终成怨偶为核心，于是才有这种比拟。

这里，不谈《金粉世家》的主题、结构以及人物描写，只说说有关这部小说的一点故事（或者说是议论和看法）。

当小说在报上登载了一两个月以后，大家就都说开了：“恨水要写新式的《红楼梦》了。”这话也不能算错，两书确实有相像之处，都在叙述富贵人家的生活，但是，就从这一点，有人就表示了不同的看法。

当时，一位新闻界的权威人士曾对不止一个人说："恨水这篇小说一定写不好，准砸。"这话说得相当莽撞，恨水已是成名的小说家了，而且不止写这一篇，难道会写坏？自然要问问说这话的理由。

他说："老实不客气，恨水和我们都是寒户出身，从来也没过过富贵生活，入社会以后，也从来没交过国务总理的朋友，也没去人家访问调查过，更不用说深入了。所以要描写起来，一定驴头不对马嘴。如果大富贵人家的人看到这小说，会笑掉牙的。学《红楼梦》，谈何容易？曹雪芹出生于那样的家庭，什么都是亲眼见到、亲身体会的，所以写来头头是道，谁也挑不出毛病来。恨水没经过这种生活，他怎能写得好？不仅仅是这个大家庭里人与人的关系不好写，就是屋里的一切陈设，没见过的也写不出来。"

对于这一点，他似乎很有信心，至于房屋中的布置，还举了个例子。他说："你们看到一些小报上登的小说了么？"这指的是当时有几家小报，每张报纸都有好几篇连载小说，有写侦缉队破案的，有把《聊斋志异》译成白话的，有写里巷新闻的，还有写鬼狐故事的，其中以案件为最多，写大盗，写谋杀，写小偷，写什么黑幕……文笔都不怎么好，作者总是那几位老先生。他接着说："这些作者，没见过现代阔人的家室什么样子，于是描写起来还守着几十年前的老套子：一明两暗的三间正房，很大，中间是堂屋，正面挂着一幅大山水中堂，或者关公夜读兵书，也许是福禄寿之类；前边一张大条案，中间摆个座钟，两边是烧料的盆案，再两边是一对大胆瓶；条案前是一张方桌，上摆茶盘，中有茶壶茶碗，甚至有一大盘木瓜、佛手之类；方桌两边，各有一把红漆的太师椅；两面墙上挂了几个写字的条幅……”他一边说，一边笑：“据说这就是阔人家里的情况。这些老先生恐怕连沙发还没见过呢！”当然，听得人也都大笑起来。

“为什么这样写呢？”他申明理由：“其原因就是没有亲身经历过。他把清末的一切挪到现在来了。这等于说有人红顶花翎、朝珠补服在街上走着一样，岂不令人失笑？”

所以，他下了结论：“恨水要砸。”

这番议论，乍听似乎有一些道理，但仔细一琢磨，却不尽然。

这里涉及知识来源的问题。知识来源有两条路，一条路是直接的，一条路是间接的。除了亲自见到的之外，书本上的，听人家说的，也充实了自己的知识。如果都要自己经历的才能写小说，那写历史小说的人就无法下笔了。因为他怎么也不能回到几百年前去参加那个故事呀。

恨水写得很成功，博得了读者的好评。在读者中，还没有人说他写砸了。

我曾有意无意地问过他：“这里边的一切描写，你都见过么？”他说：“这很简单，我知道的，我写；我不知道的，我躲着。”这是成功的诀窍。这话说得多么朴实啊！

恨水从来也不骄傲，写了那么多受人欢迎的小说，但从不自称是小说家，总是谦逊地说：“我是个卖稿子换饭吃的人。”

《金粉世家》没写砸，而是成功了。

诗才敏捷的秘密

我曾在一篇《恨水三绝》中提到恨水小说中的诗词不是另外写

的，也不是预先写的，而是随着小说一直写下来的。因为当年我去找他聊天，有时正赶上他在写稿，遇到这种情况，我照例不去打搅他，就准备在一旁抽烟等待，但他总是把稿纸往旁边一推，把毛笔套上笔帽，嘴里说："没关系，先聊。"我随便向稿纸上看看，有时见到有低两格写的，不用说，那就是诗词了。我怕打断他的文思，尤其是诗词，我有这个经验，想到了一句，立刻就得写上，否则过后就忘了，所以一见写到诗词，就劝他写下去，不必招待我。而他却满不在乎，还是说："没关系，回头可以接着写。"这种功夫更使我佩服。

对于写稿，看来他好像毫不用心，摇笔即来，其实他是事先很费了心思的，故事的演变、情节的穿插、人物的性格，整个的布局，都是胸有成竹的，甚至可以说，一部几十万字的小说，写第一句的时候，连怎样首尾和末一句都大致想好了，完全是有计划、有组织的安排，看他信笔成书，却是顾虑周详的。

小说不去管它，好在篇幅长，有回旋的余地，实在扯远了再来回来。这里只谈恨水对诗词怎么来得那么快。

在重庆的时期，恨水在成都的《新民报》上写过若干段小品文，总名是《山窗小品》。其中有一篇《儿时书》，列举了儿时读的十一种书籍，将近四十年的时间，还能背诵出的百分比，其中最高的是《论语》，能背诵百分之四十几；《孟子》与《左传》能背诵百分之三十几；《千家诗》和《古文观止》能背诵百分之二十几。当时是一九四四年，恨水生于一八九五年，按虚岁呢，已是五十岁、半百的人了，还能背出如此多的文章和诗，确是不容易。由此往上推，他开始写《春明外史》时，才三十岁，写《金粉世家》时才三十几岁，那时他记忆力一定更好，我相信能背诵的东西，其百分比一定比后来所说的更高。

我之所以算这笔账，是要证实恨水腹笥之广、存货之多，尤其可贵的是能够背诵，这就无怪乎他写东西之能够摇笔即来、俯拾皆是、得心应手、咳吐珠玉了。

记得从前有两句话，叫做“熟读唐诗三百首，不会作诗也会吟”。这是很有道理的经验之谈，因为能背诵印象就深，而且可以融于心，应于手，想表达什么，可挥笔而就，也就是要什么就有什么。当然，这并不是说，没有文学修养的也能如此，最要紧的还是专心致志于文学才能做到这个地步。天资、人力，都有重要的关系。

我比恨水迟生十年，没赶上私塾时期，虽然涉猎的书不算太少，但不能背诵，至今对古文只能背诵十来篇、诗三四十首，因此我写东西尤其作诗词就费劲，就感到吃力，其毛病即在于语汇太少，看过的东西过眼全忘，一切资料不能为我所用，于是就难于表达全部的意思。这是无可奈何的，真是遗憾之至。从这一点说，比起恨水来，我是望尘莫及的。

恨水的诗词，不仅来得快，而且能符合书中人物的身世、心理。比如，在《金粉世家》中，有冷清秋的断句：“百花生日我同生，命累如花一样轻。”这多么神似冷清秋的口吻！过去，我不大相信《红楼梦》中的诗词是出于曹雪芹一人的手笔，读了冷清秋的断句，我相信了。因为这明明是恨水代拟的呀。这种功夫也是恨水对旧东西熟读能背的体现。

背书，也许有人觉得很迂腐，其实这是使人深刻印入脑筋的很好的方法。深刻地印入脑筋，才能消化，才能为己所用。

这算是宣布恨水的一个秘密：他之所以能够一气呵成地写出很好的诗词来，是他能够背诵很多的古人作品。

老大哥风范

在老朋友中，恨水比我大十岁，对我来说，是名副其实的老大哥。其实，他不仅在年岁上是我的老大哥，在很多方面都是我的老大哥。

1930年，万枚子（左）、张恨水（中）、左笑鸿（右）在北平世界日报社留影

没见过恨水而读过他的小说的人，尤其读过《金粉世家》和《春明外史》的人，总以为他特别能言善语，满嘴刻薄话，与人接触的时候，特别爱挑刺，甚至像北京人所说“满嘴里飞舌头”，没什么真的。因为在这两部小说中，那俏皮话简直是一车一车的，于是由此

推想作者之为人。这真是大错而特错，不仅错出十万八千里，而且错到相反的方面去了。

不认识恨水的人，万万想不到在小说中能那样入骨三分地刻画形容各式各样人物的作者，竟是个讷讷若不能言的人。在小说中，那些开玩笑的话，一句跟着一句，真是调皮到家、犀利无比，而本人却完全不是这样。用一句老话说，恨水确是个恂恂儒者，我敢作这样的断语：他是个忠厚长者。

熟朋友问我几句玩笑话，那是极平常的事情，也是免不掉的，但我和他很深邃相交几十年，他从来没同我开过一句玩笑。这我很理解，他是拿我当自己的弟弟看待，所以周南夫人曾对我说："我是老嫂子了。"因此，恨水对我只是爱护、帮助，从不挖苦，完全是老大哥风范。

说起老大哥风范，他有一句话使我毕生难忘。五十年前，我正是少年气盛，遇有看不上眼的事，遇有烦恼的事，对于心里厌恶而又不得不接触的人，蹩扭极了，就去找恨水说一通，往往如刘四骂座，乱"砍"一阵。恨水先是静静地听着，等我说完，然后"嘿嘿"一笑说："不这么说吧！"我一肚子火，他却轻描淡写地来这一句。然而，就是这一句，其味无穷，够我服膺一辈子的。当然，这话不是只对我说过一次，而是每逢遇到我发牢骚时，就这么说。一次、两次、三次以后，我才醒悟过来，觉得这句话言简意赅，越咀嚼越有味，其中包括了许多许多，如能做到，就可以减轻自己的烦恼，少得罪很多的人，省去无数的纠纷，更好的是锻炼了自己的度量。话才五个字，也许别人认为稀松平常，但在身受者的我来说，尤其在当时的具体情况之下，确是一记当头棒喝。过后琢磨：这句话虽简单，但并不是随便冲口而出的，是经过锤炼的。他不是叫我不说，要是那样，似乎拦我说话，使我太没面子；也不批评我说得不对；因而相当委曲宛转地表达了他的意思。听到这句话，我就不能再说什么了，也说不下去了。老大哥的苦心，使我少得罪人，使我省却很多麻烦，真像针砭一样啊！

年岁越大，体验越多。从那以后的几十年间，我的毛病不能说没犯，可是犯得少了，每逢信口开河的时候，往往想起了老大哥的话，有时立即住口，有时过后后悔，但恨水那微笑着规劝我的神情，却在脑海里很难磨灭。

说起老大哥的风范来，有一件事记忆犹新。那是一九五一年，我的孩子患了肺病，休学在家。不知道恨水怎么听说了，那一天，忽然见他拄个拐杖到我家来。我从窗间看到了，这一惊非同小可，赶忙迎了出来，扶他进屋里坐下。我问他有什么事，他说："听说你的孩子病了，所以我来看看。"啊！老大哥的话感动得我要流下泪来。原来恨水中风后才刚刚能起床，只看他拄杖而行，不顾一路上的拥挤与个人的危险，来看一个老友的孩子，这种真挚的感情岂是普通朋友能做到的！当时，我紧握着他的手说不出话来。

那时候，他的健康情况还不太好，说话不太利落，只是问问怎么得的病，怎么治的。但话语却是不能表达完全的意思，那深情厚谊越使我感动。

坐了一会，他要走，我要送他回家，他说："我能来……我就能……回去，不送。"我不敢拂他的意，扶着他上了公共汽车，一百个不放心。我后悔没有跟他上车。

过两天，我去看他，竟然平安无事。

老大哥关心备至，事隔二十多年，我的感激心情有增无已！

马山席地谈

一九三七年卢沟桥事变后，我全家南行，在安庆住着。

初冬的一天，我到附近的邮局去发信。买了邮票粘好，投进邮箱，正要转身出去，忽听背后有人叫我，回头一看，原来是恨水！这一喜非同小可，实在是意想不到的会面。

紧紧地握住双手，话不知从哪里说起。

“我知道你路过南京，可是第二天再打听，又走了。”

是的，我路过南京，为了上船方便，就住在下关的一家旅馆里。安顿好了家眷，我便进城看朋友。刚到第一家，一支烟没吸完，空袭警报就来了，于是我跟了朋友到防空的地方去躲避。这一躲就是两小时，警报解除后，惦记着家里人，立即出城回到旅馆，也没再看第二个朋友。打听得次日有轮船开上水，马上买了票，静等动身。就这样，没见到恨水。至于恨水此时究竟在不在南京，我也弄不清了。

我告诉他，我到安庆已经一个多月了。

他望着我，我望着他，不知该说什么。

还是恨水建议：“走吧，咱们找个地方聊聊去，这里的空袭警报也不少，敌机沿江西上，总是要路过这里，一路过就得发警报，城里尤其讨厌，不如城外安全。”

我说：“安庆我不熟，城外上哪儿去？”

他说：“不远，走。”

于是，我们一路走着。果然，只转了两个弯就出了北门。出北门也不过一里多路，就到了一个小山下。

恨水指着小山说："这叫马山。咱们上去。"

上山几十步，那里有点树，地下还有半青半黄的草。

"咱们坐下聊吧。"恨水先坐下了。

两人席地对坐。走得还挺热，都取下帽子当扇子扇着，还拿出香烟来抽。

"人真是想不到！"恨水先开口，"在这儿遇上了"。

"这就是'人生何处不相逢'么。尤其在这乱离之世，一切都说不定。我还记得苏东坡的几句诗：'人生到此知何似？正似飞鸿踏雪泥。泥上偶然留指爪，鸿飞那复计东西。'今天一见，也正是如此。"

恨水点点头："这是东坡给他老弟子由的诗，你还记得。本来也是，咱们今天一见，再见又不知何时何地了。"

我问他今后的打算。他说他可能溯江西上，也许先在武汉停留一下，然后再定。

他又问我。我说，打算进一步下乡，把家眷安顿好，然后再出来，很有可能到香港去。

两人都感到，来日茫茫，不知该怎么办。

我问他住在哪儿。他说他在这里有家，一部分住在这里，老太太也在这儿。

还好，谈了两个多钟头，也没有警报。

"到我家里去坐坐。"

"我是要登堂拜母的。再聊一会。"

他告诉我，他的肘部患了关节炎。我劝他医治，不妨先贴膏药，听说安庆还是有很好的膏药的。一定要治，否则会妨碍写作。他答应了。

“经过这次的动乱、流离，又提供你不少小说材料，希望你随地留心，会写出有血有肉的作品来的。”

“咳，看吧，谁能估计以后怎么样呢。”在这里，他替我今后的生活担心，他说：“你下乡去是可以的，但我总觉得不是长事，入山越深，越不容易过活。你一家人，到哪儿找收入去？所以我认为你还得出来。说句不客气的话，你我歇了笔就歇嘴，我往上游去也是要找出路啊。”

这是多么坦率而知心的话！我非常感动，同他紧紧地握了手。

时间已近黄昏，于是站起来，拍拍身上的土，一路到他家去。

只坐了一小会儿，已暮色苍茫。他要留我吃饭，我说怕家里人等得着急，便告辞出来。

他一直送我到路口。临分手时，他说：“我两三天就走，去谈谈路子，有机会就写信找你。”

我感谢他对我的厚意，再次握手而别。

这一席谈，我永远忘不了。

涵养

说来也奇怪，相交几十年，我就没见恨水发过脾气。我努力回忆，却怎么也找不到他发怒的印象，无论对朋友，对同事，甚至对孩子们，他总是那么面带笑容，和蔼可亲。

当然，朋友和同事不是发脾气的对象，但是，心里如果窝着一团火，即使勉强克制，极力压抑，脸上总也得带出一点神气来，然而，他没有，就是没有。

恨水有的只是涵养。从来认为：涵养是从学问来的。也就是说，肚子里学问越渊博，涵养功夫就越深；没学问有如爆竹，一点就着。这是千百年来的经验总结。恨水就是如此。另外，我还觉得，涵养功夫与自己的社会经历有关，一帆风顺的人容易“爆炸”，颠沛过的人就平易多了。这是我从恨水的身上悟出来的。恨水的青年时代，过过颠沛流离的生活，用旧话说，把棱角都磨光了。有此两者，于是形成了宽宏大度、蔼然可亲。

我想起一件事来：三十几年前，上海一家电影公司把恨水的一部小说拍成影片，上映之后，非常轰动。小说本已脍炙人口，这一下变成了立体的，谁不想看呢？当然，没读过小说的人，听到别人谈论，也要一睹为快。上座之佳，据当时报上的记载，那是“破记录”的。我曾向恨水要求：“这回的稿费少不了，拿到后你要请客。”他笑着回答：“那当然可以。就是没稿费，也可以请客。”我说：“不。那就师出无名了，为的是你发了个小财么。”“好！”

恰巧这时那个电影公司来信邀请恨水去上海“看看”。在这以前，准备开拍时已经请他去“指导”过一次了，这次大概除了请他亲眼看看空前的盛况，而且要送一笔不小的稿费。他去了。不久就回来了。这可不能放过，我去看他，请他践约。

照例抽烟、喝茶之后，我迫不及待地问他上海之行的收获。

他先“嘿嘿”一笑，然后慢条斯理地说：“一下火车就有人接。当天请吃饭，主要演员也都到了。席间一通恭维，说若没有恨水先生这部小说，公司就支持不住了，这个片子简直是续命汤。菜饭精美，尽欢而散。第二天去看电影，问我什么时间合适，还替我留下了好座位。”

“演得很好么？”

“不错。”

“那行了。”

“两天后，经理来旅馆看我。一见面就诉苦哭穷，什么布景、服装、旅费以及演员的薪水等等，说了一大篇。又说，别看票卖得踊跃，可是还堵不住窟窿。我只好听着。最后，他拿出了一张支票来，再三抱歉，光‘对不起’就说了无数句。”说到这里，他笑着问我：“你猜这张支票是多少钱？”

“不是八千，也得五千。”

恨水摇摇头。

“那么就三千、两千，不能再少了。”

“嘿嘿！”他伸出了两个指头，“二百！”

“什么？二百？这是欺负人！”我真替他不平。

可是恨水微笑着说：“算了，不去计较啦。除了来回路费和旅馆费，就快光了。”

“可是谁不知道他们赚了钱！”

“我退一步想，如果不拍电影呢，不也就算了么？嘿嘿！”

这件事，我一个做朋友的都气得很。可是他一直心平气和，说：“大概他们也有他们的难处啊。”这是多么大的度量啊！

分明是受了人家的欺骗，而他却淡然处之。从这件小事，可以看出恨水的涵养来。

“没剩一个钱，客还是可以请。你想吃哪儿？咱们去吧。”说完，拉着我就走。

这事给我留下了深刻的印象。几十年来，我每逢要发火的时候，就想起来，把火按捺下去。

赌博的外行

由现在上溯三十年前，有那么一段时期，大约是四十年左右，赌风大盛，尤其麻将(麻雀)牌到处风行。走到哪儿，都是牌声盈耳。很多人夜以继日，赌得昏天黑地，甚至连什么都顾不上了。达官巨贾是大赌，其次是中赌，没什么钱的人也少不了小赌。

亲戚、朋友、同事，绝大多数都喜欢打麻将，似乎这是最好的游戏和娱乐，只要有三个人碰在一起，就得想着凑成一桌，有名堂，叫做“三缺一，莫着急”，怎么也得拉一个人来。我曾听说，有的人能够两天两夜不下牌桌，不眠不休，可以一边吃着东西一边还不耽误打牌。有人告诉我，打到后来，眼都花了，把牌中的一筒看成有海碗那么大，可是还舍不得停止。其瘾之大，有如此者。

是不是所有的人都爱打麻将呢？也不尽然。老朋友中就有不爱的，第一个是恨水，在我的记忆中，几十年中就没见他打过。第二个是我，我怕干那个，一坐下去就是一两个钟头，如此好几个钟头，实在受不了，尤其费脑筋，我是个粗心大意的人，时常把牌打错，被人埋怨，对此我怕这个，也就不爱这个了。

有的朋友讲起“牌经”来，津津有味，某天怎样很巧妙地和了一个三翻，某次又怎样和了一张牌而破坏了别人的几翻，有如武将叙述自己的战功。尤其那个时期的太太们，见了面没别的，你听吧，除了牌还是牌。赌风之盛，可能到了登峰造极的地步。

但是，恨水就不赌。这当然和他的个性或者嗜好有关，他宁可三四个人煮茗清谈，却也想不起麻将来。

恨水不仅不爱好打麻将，而且也不琢磨它。换一句话说，他不大会打麻将。

这里有个很好的例证：

《春明外史》里有一段讲“牌经”的。那是杨杏园在朋友余咏西家与白瘦秋、白素秋姐妹打了一回麻将。杨杏园的下手是白素秋，她已四圈没有开和。这一牌，白素秋要做筒子的清一色。因为拆了手中的五、六索搭子，引起了全桌的注意。杨杏园打了一张七筒，白素秋想吃没吃，踌躇了一阵，余咏西就提醒杨杏园留心。后来是余咏西打了一张七筒，白素秋和了个三翻。杨杏园把自己的四张牌握在手里，给白素秋看，小说写道：“白素秋一看，见他是两张二万,五六筒一靠，正要的是这张七筒，拦自己的上和。”

这部小说，我从前读过一遍，最近又读了三遍，对于这一段叙述，只看到了杨杏园对白素秋有意照顾，该拦和而没有拦和，白素秋该是多么感激和高兴呢！觉得这个小情节写得很有神气，描绘得很不错。

却不想这一节在“牌经”上可通不过。我虽然看了四遍，也没看出其中的门道来，还是我的老伴，她看了一遍，就说：“这老大哥在麻将上可是外行。”我吓了一跳，连问为什么。她才给我讲了道理。原来毛病出在杨杏园的牌上。杨杏园先打过一张七筒，怎么手上又有了五六筒，专等四七筒才和牌呢？既然打过七筒，手上就不会再有附近的筒子。如有，那七筒就该打出去。打了七筒“和”七筒，这在打牌中是不可能的。我这才明白，翻出小说再看一遍，可不是么？

这里，我不是在挑恨水的毛病，因为如果挑他的毛病，也正是挑我自己的毛病（我读了四遍都没看出来），而是举此例以证明恨水对赌博是外行，从此也可以看出他之不喜欢赌博。

我又想起恨水的两句诗来。这话也快五十年了。当时我住在西城的一家公寓里。有一天，我从报社领了工资回来，进大门时，见有两人正在下象棋，我站那里看了两局，觉得双方的水平都不低，很想看下去，可是伙计对我说：您的屋门已经开开了。于是我立刻回屋，摘下帽子，把钱放在桌上，转身出去，又去看棋。等他们分了胜负，我再回屋，桌上的钱已经不见了。问伙计，他说不知道。有什么法子呢？自认倒霉吧。于是作了几首《失窃诗》登在报上（那时我正编副刊）。恨水看到，便和了我几首，别的都忘了，我只记得两句："如今悟得为人理，少向输赢角逐中。"作得好啊！

我因观棋的失窃，棋是角逐输赢的，如果我不看棋，这钱便失落不了，毛病就出在这里。

从这两句诗中可以看出恨水对赌博的态度，他不仅不喜好，而且更有厌恶之感呢。

聚　餐

恨水中风以后，已经十年了，健康情况恢复得很不错，能作诗，能写小说，这非常难得。几个老朋友，时常去看他，随便谈谈，无拘无束地说一阵，他也比较高兴。尤其是周南夫人逝世后，他的心情不佳，很希望有人去聊聊。

为了出版他的小说，我每个月总得找他一两次，有时商量稿子中的问题，有时把约人画的插图拿给他看。他还像几十年前那样，给我递烟，请我喝茶。如果在没见面的那些天里作了诗词，一定翻给我看，还"嘿嘿"地笑着说："我又作了两首诗。"同时还告诉我，哪个老朋友来过，谈了些什么。

有时不约而同地几个人去看他，他虽然说话不多，但总是满面笑容地瞧着我们，听我们瞎聊，看出了他内心的喜悦。

但他究竟是快七十岁的人了，患过中风的大病，又加以悼亡，纵然能够写作，但行动上终觉有些迟缓。也就是为了这个缘故，家里人都不大愿意他出门，免得上车受挤，在路上被碰撞，于是他在家里除了写作之外，就只有看书、看书。

我们几个老朋友商量了一下，想个法子聚会聚会，因为恨水对我们很欢迎，可又不能出门，那只有我们约定日期来看他。但是，只是一两个小时又不过瘾，必须吃一顿饭，时间才可以拉得长些，尽半日之欢，然而也不能在他家吃，这时失去了主中馈的人，不能给他添麻烦。

算一算，除恨水外，我们共六个人，来个聚餐吧。每人带一两个菜来，爱做什么就做什么，不许商量，到齐了再揭晓。这法子不错，大家都同意。恨水说："我就等在家里白吃么？"因此也要做一两个菜。这是真正的聚餐，大家分头做菜，凑在一起吃。尤其妙的是籍贯不同，江苏、湖北、安徽，各有各的风味。

聚会的日期呢，除了第一次大家商定了之外，以后不规定日子。第一次聚会决定下次的日期，第二次再决定第三次……

首次聚会的日子到了。下午陆续地来到恨水家。恨水非常兴高采烈，到房门口迎接客人，我们觉得他这样太劳了，就不许他走动。

这七个人，平常都很少见面，更不容易凑在一起，因此聊起来没完。有时分开聊，有时共同聊，甚至都忘了自己的年纪，争论起来，恨水则哈哈大笑。

该吃饭了，弄了个圆桌面放在方桌上，大家围坐围坐，都赞成按年龄坐，恨水是老大哥，理应首席。恨水不平，他说："虽然是聚餐，可这是在我家里呀，我怎么能坐首座呢？"大家不容分说，都坐好了，只留下个首席，他也只得坐了。

那已是初冬，恨水爱花，除了书桌上摆了盆梅花之外，这吃饭的外屋还摆了两盆，是很好的点缀。菜呢，得回锅热一热，端上一样来，就是一阵笑，因为五花八门，各有千秋。恨水不能喝酒，但还特意买了两瓶。这时斟上酒，笑语喧哗，很是热闹。

这不仅恨水高兴，大家也都兴致勃勃。正好这时飞了雪花，我忽有所触，找来一张纸，推开匙箸，写了一阕小令：

《临江仙》

冬日小聚，即席呈恨水，并示同坐。

白发萧疏人望重，
卅年笔走龙蛇。
至今妙句尚笼纱。
更欣逢盛世，
文治日光华。

座上七翁都健寿，
杯中酒泛流霞。
窗前六出正飞花。
梅开三五点，
春到万千家。

这等于顺口溜，但也写出了当时的情景。写好，先递给恨水，他照例“嘿嘿”地笑笑。然后请大家看。我说：“我是数快板的。”大家都笑了。

这一餐吃得很热闹，嘻嘻哈哈之声不绝于耳，恨水也是满面春风。

别致的稿酬

五十年前，我们同在一个报社，我管新闻版面，恨水编副刊。

当时的北京，一般人的文化生活就只有听戏。至于电影，一则影院少，二则是默片，不懂英文的看了字幕也没用，看完也不知剧情，因此很少人光顾。虽然后来真光剧场特请了一位翻译站在台上译成华语，但也没多大趣味。于是大多数人就都去听戏了。

戏院不多，前门外有六七处，东城一处，可是戏班子太多了，除了梅、尚、程、荀四大名旦之外，还有杨小楼、余叔岩、王又宸、高庆奎、余振庭、贯大元各有一个班子，还有几个昆角班子和富连成、斌庆社两个科班。这样一来，戏院就不够用了，只有轮流着上演，日场，夜场，笙歌总不间断，听戏、哼戏和谈戏，一时成了风尚，尤其那些名角，戏路子和腔调都不一样，百花争艳，各有千秋，于是戏就成了人们的普遍嗜好。

这样，报纸的副刊为了使读者感到新奇，就不能没有谈戏的稿件，否则就是个缺点。恨水也喜欢戏，但只是听听，没有很深入的研究，甚至连一般的板式或做派也叫不出名儿来，偶然有投稿的，可是不能用，因为多一半是捧角的，于是很觉苦恼。

有那么一天，他向我约稿了。

他知道我也喜欢戏，而且那时候我正请了一位内行的老先生说戏。这是因为我搞夜工作，下午没事，就请人介绍了一位教师，随便说说，随便请教，这便给了我一些戏剧知识。恨水知道这事，所以要我写剧谈。

他说：“剧谈，我写不了这个，懂得太少，写了会闹笑话的，投稿也不能用。我想，你担下来吧，补上副刊的这个缺门。”

我说：“我也不太灵，怕说出外行话来。”

他说：“反正你比我强多了，写吧，爱写什么写什么。”说着又给我谈条件：“每天一篇，隔日一篇，还是每星期五篇？你瞧着办。”

我说：“每天一篇太多了，怕没那么多可写的，隔日一篇吧。”

恨水点点头：“好，一言为定，好在三五百字，我给你留着地方，稿子不到，我就空着。”

我说：“那叫怎么回事呢？”

他说：“我就来几个字：‘本日剧谈未到。’”

这么一说，惹得编辑部的人都笑了。

使我感动的，还不仅是他那诚恳的态度，而是提到了稿酬。

他说：“报社的稿费预算实在太少了，给你，我也开不出手。这么办，每半个月请你吃一顿小馆，地点由你指定，怎么样？”

我不同意，说：“给报上写稿子，怎么要你掏腰包请客？哪有这样当编辑的？我不干。”

他“嘿嘿”地笑了：“算是你帮了我的忙，所以我酬劳你。”

我说：“那不行。你也没发财，这饭我不能吃。”

他说：“我有好几条理由，第一，最近我给一家杂志写东西，收入比以前多了；第二，你就是不写稿，我这做老大哥的请你吃饭，你能说不吃？第三，……”

“好了好了”，我不让他说下去，“我写就是了”。对于这样忠于所事的人，我佩服得无话可说了。

“好，一言为定，三天后开始，我等你的稿子。”

半个月以后，他拉着我去吃了一顿小馆。

这实在不成话说。天下哪有赔老本当编辑的！

又半个月了，他打电话来：“怎么样？打算吃哪儿？今天？”

“今天我另外有事。”

“那么明天？”

“明天也没工夫。”

“你定个日子吧。”

“定了再告诉你吧。”

就这样推托了好几天。

过去，我虽然没怎么写剧谈，但这次写起来也不算太费事，夜间等稿子或等大样的空当儿，就抓它一篇，如果写不完，次日再续。写好就交给收发，随着投稿信件一起送到恨水家里。我曾问过他：读者有什么看法？他说，没接着读者的信，但遇着的人都说还不错，下边还加了一句：“所以小馆还得吃。”

又是几天过去，恨水亲自来拉我了，似乎不吃不行了。

就这样，继续了一两年之久。

这段往事，时萦脑际。从这里可以看出恨水做事之真诚，是我毕生所仅见的。

七十整寿

老杜的一句“人生七十古来稀”流传了一千多年，无论读没读过全首诗的人，也无论识不识字的人，大多数都知道这一句，而且它还具备着两重不同的意义，对健康的老人说，是歆羡之词，对衰颓的老人说，是安慰之词，这句诗真有力量啊！

这句诗为什么流传得这么长久又这么广泛呢？我觉得，在内容上，它道出了人生的规律，在文字上，做到了通俗易懂，因而传诵不衰，遇到适当的情况就可以念出来。曾把此意对几位老友谈过，都颇以为然。

我曾读过一些史书，在“列传”部分照例要记上卒年的，数了数，以五十几岁到六十几岁的为最多，七十岁以上的就很少了。当然，还有八十岁以上的，不过只是寥若晨星而已。以一般很熟知的人来说，如诸葛亮，如李白、杜甫、李商隐、杜牧、柳宗元等等，都不曾到七十岁，更不用提王勃、李贺等短命的了。这就更证明“人生七十古来稀”有它一定的道理。

但是，从另一方面来说，这句诗也有其历史局限性。本来，由古到今，一切都是发展的，进步的，古时候的卫生条件与医药成就都不及后来，因此，这句诗到现代，就不是百分之百的对了。古来稀，慢慢地也许就不稀了。

话虽如此，但是对恨水来说，七十岁还是难能可贵的，因为他五十几岁中风，当时失去了知觉，又不能动转，居然痊愈到这种程度，实在是个奇迹。何况周南夫人逝世，又是一个很重的打击，心情上受到了不小的创伤，可是都闯过来了，还能写作，真是了不起。这便是我们要给他祝贺七十岁整寿的道理。

一九六四年的五月，几个老朋友前几天就商量好了，到时候请恨水好好地吃一顿。先期和他说好，他也欣然应诺。

在哪儿吃呢？因为恨水喜欢四川口味，就决定在四川饭店吃午饭。

至期，主人们先到了，预先布置，拟好了菜单，都是恨水爱吃的。

将近正午，恨水由张伍保护着来了。

啊！恨水今天穿的是西服！这可是难得的事。

我们迎出了房门。

“我来迟了吧？嘿嘿！”恨水满面笑容，神采奕奕。

大家都说不迟。请他在沙发上坐下，吸烟，喝茶。

说老实话，多少年来也没怎么见他穿西服。尤其病后，他深居简出，更没有穿的必要，现在竟然穿了，可以想见他对今天这一聚会的重视。

是谁开了一句玩笑：“恨老，你今天这一换装，年轻了二十岁！”

全体哄堂大笑，恨水也笑了。

我看看他的领带，挺新，如果我没有记错的话，那上面绣的是一条龙，更显得他精神抖擞。

聊了一阵，大家入席。恨水是“寿星”，当然上座。为了照拂，让张伍坐在他旁边。

菜点得很好，川味很浓，什么小笼包，什么棒棒鸡，又是什么辣鱼，恨水吃得很高兴，看他高兴，大家也高兴。

他本不能喝酒，但今天是寿酒，也给他斟上。

大家举杯，祝他健康长寿。他也沾了一下唇。

这一餐只苦了我。首先，我不能吃辣的；其次，我患十二指肠溃疡未愈，医嘱不许动辣；而今天则无菜不辣，我只得举箸示意，不敢入嘴，好容易盼来个烩鲜菇，我才舀了两匙。

饭后，一同去恨水家。

一进他的卧室，就见墙上贴了一副大红纸写的寿联。那是枚子送的，一笔外方内圆的张廉卿体，遒劲有力。对联是集恨水的小说题名，可惜全文忘了，我只记得上联末四字是“大江东去”，下联末四字是“北雁南飞”，又祝寿，又集小说名，匠心独用，煞费功夫。大家都说好。

看到这副对联，我深佩枚子的巧思，同时也惭愧自己没写点什么送给寿翁。本来，我也想写几首诗，可是那一阵实在太忙，挤不出时间来构思。另一方面，恨水是名家，我诗作不好，别班门弄斧，因而竟不曾写。

还有一件事，至今耿耿于怀，就是这天恨水穿了西服赴宴，一定有其道理。这一点，在当时竟没有想到，直至近几年，因为缅怀老友，才领悟其中的意义。大概恨水以为老友聚会祝寿，饭后可能大家集体照个像，作为纪念。我自己认为这种猜想是对的。可是那天我忽略了，现在想起来就后悔，就恨自己的脑子太不灵活，错过的机会再也找不回来了。对于这件事，我将悔恨终身！

跑龙套

恨水和我都是京剧爱好者，也有个共同点，即都不能唱，主要是不搭调。我小声哼哼还能凑合，一上胡琴就不是那么回事了。恨水比我还胜一筹，小声哼着也不搭调，行话叫“左嗓子”。

说起左嗓子来，内行中也有几位，但他们有幼功，会对付，唱起来还是不错。至于我们，实在驾驭不了自己的嗓子，心里想着是那么个味儿，张嘴一喊就变了，同时又不下功夫练，当然就唱不好。行家说，左嗓子吃高调门，越高越不显左。这对恨水来说还可以，因为他平常说话就是“男高音”，可是唱起来依然不大是味儿。至于我，简直高不上去，“六字调”已经声嘶力竭，更不必说“正工”了，若说“一字调”，那连梦里也不敢想。所以，吃高调门之谈，我俩全不适用。

可是，我们又都喜欢戏。于是当时的新闻界有什么演出的举动，总想到我们。无已，我们就走了一条共同的路子，找那没有唱词的对演。因此，我们都不止一次登场。

恨水演过《女起解》的崇公道。别看他没有一句唱词，在戏里却还是次要人物。因为这出戏一共才两个人（其余的更不重要了），台词还真不少。梅兰芳演此戏，崇公道一定是萧长华，红花绿叶，相得益彰。可惜恨水演此戏时我正在南京，没有见到盛况。后来向人打听，都说演得不错，难得的是没有忘词儿，全始全终地“钉”下来了。据说并没怎么排练，这就全靠听得多，心里有数了。我见到的是他演《乌龙院》中的张文远，已在《恨水二三事》中谈过，这里就不说了。

恨水比我强，有上台的经验。他在上海演过话剧，而那时的话剧是没有剧本的，也就是没有准词儿，只在后台上场门处贴一张“幕表”，上面写明这一幕的大意，又按上场的先后写上角色的名字，每个角色的下边注着在这一幕里要做什么。演员临上场前看一看这个幕表，上场之后，随机应变，反正不离格就行。所有演员都是你有未言，我有言语，既不能冷场，又不能抢话，即我说话了，有经验的老演员也会“兜着”，就会把撞题走题的话揪回来。恨水是懂得这个的，所以上台不怯场，连方巾丑的张文远都能应付裕如。

那一年，新闻界又起哄演戏。事先，我们看了戏单子，大概有七八出。事隔多年，现在只记得大轴子仿佛是《群英会》，前面有马彦祥的《探母》以及《法门寺》等等。有人来问恨水和我打算演什么，我们都瞠目无以对。因为是有意起哄，非叫我们上不可。还是恨水想了主意，说："既然有《探母》，我俩就演国舅吧。"我说："不行。要是带'回令'，国舅的事太多了。"恨水说："过关就完，'回令'没那么多角儿，更不用说彦祥受不了啦。"

我一想，也行，好在过关一场，两个国舅一共才十句唱，还分成三次，每人才五句，尤其最后是个半句。不过，事先不走走场，我总有些嘀咕。我向恨水说了，恨水只说"没关系"。我说他当大国舅，我在后面跟着他走，他答应了。

我们商量好了，对人一说，人家笑了，说："哪儿有这么唱的？要么只演'坐宫'，要过关，就得见娘，根本没有演到过关就完的，那叫什么戏呀！"得，我们的主意砸了。问问彦祥，彦祥也直摇头，说没那么唱的。于是国舅方案就此吹了。

但是组织者还不放过，说一定要上台。恨水答应了跑一场龙套，我答应给彦祥"饮场"。

事先，彦祥和我商定，共饮场两次，一次在"未开言不由人泪流满面"之前，一次在最后四句即有"嘎调"的那段之前。彦祥这次唱得不错，一点毛病都没出，可以说是完美无缺。

我给彦祥饮完场，就回到座位上，静等恨水上场。

那是《法门寺》，恨水还是"头旗"，一出场就有"碰头好（或彩）"。等到四个龙套出齐了，全场哄堂大笑。原来四个校尉完全戴眼镜。听多少年戏，也可以说是自有京剧以来从未见过此种现象，就不由得人不笑了。

其所以戴眼镜出场，是因为其中有两位都是深度近视眼，离开了眼镜就不能走路，故此只得戴眼镜上场。恨水从不戴眼镜，为了一致，和另一位只好临时借了副平光的戴着。好在这一台戏纯粹是起哄取乐，既不买票，也没什么外人，出点洋相没关系。

这一场戏，刘瑾说了些什么，赵廉唱了些什么，都没人注意，台下只看了这四个校尉好笑。一边两副眼镜在对看着，他们也不禁哑然失笑。他们自己一笑，台下更笑不可抑了。

再朝这四个校尉下边看，有穿西服裤子的，有穿绸裤的，有穿便鞋的，有穿皮鞋的，于是满园里哈哈之声不绝于耳。

我的座位后边有人在议论："真是见所未见。""这出戏给四个校尉唱了。"

时隔多年，今日回思，犹有余笑。

写 字

去年，张伍来看我，带了两张宣纸来，说是要我写点什么，作为纪念。我本来写不好字，近年来右手又有半边麻木，使不上劲，一笔写下去都不由自己，根本没有"得心应手"之一说，而是手不应心。不过，既然为了留作纪念，那就不管写成什么样儿，哪怕画几个黑道儿，也算是我抹的，于是把纸接了过来。可是，张伍临走时又说了："左叔叔，请别写唐诗、宋诗或别的什么。"这等于又将了我一军。一切现成的都不许写，那叫我写什么呢？我正想说什么，他骑上车就跑了。

难题目也得作呀。于是我诌了一首《涂鸦歌》，胡乱写上去了。

这个歌的前四句是："张伍殷勤索我书，我书真同鬼画符。从来不曾专一体，无论颜柳与欧苏。"这不是客气，是老实话。

中间有这样几句："……忆昔曾与恨老论，吾侪字仅不模糊。惟异速成难求好，平生无暇下工夫。……”这确是实情。

恨水和我不止一次谈到写字，由中年谈到老年，每次的结果都是一声浩叹。

最初，恨水编副刊，兼写不止一篇小说；我编新闻，也写些稿子，这都是不许人练字的行当。来不及呀，没那个时间。取稿的等着拿走，排字房还等着排，只能是白纸上画黑道儿，像个字就行，谁还能好好写呢。

不过，我也曾向恨水建议过。因为他写稿总是一笔一划地挺工整，等于是正楷，这实在太费事了，所以我劝他写行书。他说：“行书我也会写，我就是怕排字房排错字，那才恶心呢！”当然，我也有这个经验，稿子稍带些行草，有时就被误会成另外的字，往往一个很重要的句子，或者一句挺俏皮的话，错一个字就满不是那么回事，甚至于看不懂了，这实在别扭。字形相仿佛的，有时自己也没校出来，有朋友说，这像吃了苍蝇一样的难过。为了这个，所以宁可一笔一笔地写，宁可一丝不苟，也得让它清楚，不致误会。

后来，恨水越写越多，我见他实在够怪的，就又向他提出多写行书的事。他也早就感觉到了，说已经“行”些了。我拿过稿子看看，果然比以前“行”多了。于是又相对慨叹我们的字是没法求工了，换句话说，写不好了。一天到晚，总是写呀，写呀，就是没工夫练。即或练个两天，一写稿子，还是那一套。是啊，谁见过稿子上的字能写出“体”来呢？也从来没听说过谁的稿子是一笔好赵字，或一笔好欧字。

有人见过恨水的绘画，可从来没见过他写的一个斗方或一个条幅，其原因就在这里。

我们曾互相鼓励过：咱们练字！在我的记忆里，恨水还真练过几天。但也就是几天，几天一过，全丢掉了。我也如此。

说来好笑，在练字的那几天，对着碑帖是看样儿写，一放下，或者写稿子，还是依然故我。一则是只照猫画虎才几天，搁下就忘了；二则是“文思来潮”的时候，只顾刷刷刷地往下写，谁还能拿着劲儿学什么体呢？那多耽误时间啊！

从前，我们都是用毛笔写稿，写毛笔字本来就慢，又是蘸墨，又是掭笔，遇到笔毛不顺，还得多掭几下，这更耽误时间。所以写东西就无法讲究字，真要好好写，慢慢来，那报纸就不能出版了。当时，钢笔还不普遍，我们也没那个习惯；铅笔不能用，一蹭就模糊不清；因此，明知毛笔写字慢，还得硬着头皮用。

又后来，我曾劝恨水写稿留底子，他采纳了，用铅笔写复写纸，自己留上边一份，把蓝色的送出去。毛笔是不能搞复写的，铅笔当然方便许多，可是字更写不好了。

我似乎没见过恨水用钢笔写的稿子。

恨水以写小说成名，记得还真有人求他写字。恨水说：“这不是为了我的字，是要我那个署名。”遇见求字的，他就说：“字我写不好，来一篇小说倒行。”于是一笑而罢。

蹉跎复蹉跎，一直到老，我们也没把字写好，所以我在《涂鸦歌》里说我们只求字迹不模糊，练是没有时间的。于是我在那下边又接了两句：“少不用功今老矣，目昏手颤更何如！”

这首歌说的都是老实话，一点也不怕丢人，写不好就是写不好。

关于写字，有一件我不如恨水。那是几十年来，他写的字总是一个样儿，三十挂零年纪写的，与七十岁以上写的几乎完全相同，一看就认出是他写的。而我就不行，隔些年，字就变了样儿，几十年前，甚至几年前写的连我自己都认不出是出于我的手，瘦的，肥的，长的，短的，规矩的，放肆的，乱七八糟，什么样的都有，这充分表示了没功夫。而恨水却始终如一，我认为这就是有一股毅力。

（此文作于1978年，未公开发表。洪克珉提供）

（左笑鸿，原名左啸虹，著名报人，系张恨水生前同事）

回望 张恨水

Huiwang Zhang Henshui

谢家顺 主编

张恨水纪念文集

（下）

谢家顺 唐先友 主编

广陵书社

再忆恨水

左笑鸿

我曾写过《恨水二三事》和《忆恨水》，共包括十五段小事，用以略抒怀人之思。后来因血压升高和每夜哮喘，遂暂搁笔，一放下就是半年。

但关于恨水，我却止不住要写了，曹子恒说得好：“既痛逝者，行自念也。”

孝　母

恨水孝母，是老朋友们尽人皆知的。他不仅自己孝母，而且提倡孝母，而且认为能尽孝的就是好人，惟好人才能尽孝。

恨水著作等身，他在小说中也不断流露出这种想法，凡是读过他的小说的人，回忆一下，当不河汉斯言。

在《春明外史》里，杨杏园祭梨云文中，说本当一死以谢知音，但是“小人有母”，就因为老母在堂，不能便死。杨杏园的自挽联中也有“高堂垂老已无儿”。李冬青就为了奉养母亲，在那吃人的社会里谋生。

在《秦淮世家》里，一个年长色衰的歌女阿金，一个城市贫民王阿狗，都是孝母的。阿金为了奉养病母，还在尽力挣扎；王阿狗为了母亲去偷有钱的人，而且知道阿金是孝母的之后，便周济了她。

在恨水的笔下，杨杏园、李冬青、阿金、王阿狗都是肯定的人物。为什么肯定？就是因为他们都孝顺母亲。孝亲，略论从新旧道德来说，都是好的。恨水推己及人，对孝亲的人总是称赞的。

反之，对于不孝父母的人总是谴责的。在《似水流年》和《现代青年》中，种田和卖豆腐的父亲，宁可自己省吃俭用，非常艰苦，但还百般体贴上学的儿子，尽量供应，而那两个青年却把这种血汗换来的钱任情挥霍，吃酒嫖妓，滥交女友，恨水虽然没有正面说他们是坏人，但口诛笔伐，字里行间却把他们挖苦得淋漓尽致，使其不齿于人类。

从这两方面的一褒一贬，可以看出恨水的心情，他敬重孝亲的人，鄙视不孝的人，因为他自己对母亲特别孝顺。

记得二十年代，恨水在北京住在未英胡同的时候，老太太也在北京。老朋友们从他的言语行动中都看出了他对老母是百般的孝顺。

有时约他去公园走走，他笑着拒绝了：“今天要陪老太太聊聊天。”或者：“今天要陪老太太吃饭。”——陪老人吃饭，老朋友中还有马彦祥。我就碰过两回钉子。一次是打算上小馆，一次是打算听戏，彦祥都说：“要陪老人家喝酒，去不成了。”我们知道，马叔平（衡）先生是有时要喝点绍兴酒的，一个人喝酒没意思，所以彦祥得回去陪着。我很难过，我已经没人可陪了，“子欲养而亲不在”，真是抱恨哪！

恨水不愧是个孝子，“老太太今天想听戏，我得去陪着。”于是事先忙着找票，家里别人陪着还不放心，必得自己亲陪。“老太太想吃个小馆，得我去点菜。”其实，当时恨水的经济情况并不算宽裕，有时就向报社借几块钱去陪老太太听戏或上小馆。菽水承欢，恨水有之。

有时我们一道上街，恨水时常买些糕点，说：“这是我们老太太爱吃的。”整个的心都扑在老母身上了。

他对我说过：“我父亲去世得早，等我能挣钱糊口的时候，已经无从奉养了。现在只有母亲了，我应当好好侍奉的。”多少年了，赤子之心，始终不渝。几个同事在背后议论：恨水真是我们学习的楷模。

记得有一次闲谈，我提到了一个同业的名字，恨水怫然变色，说：“这不是个好人！”我说：“这个人挺能干哪。”他说：“能干管什么！他不孝！每月的收入都由他自己享用了，他大鱼大肉，老太太只是窝窝头就咸菜，还是个人哪！”由他对不孝人的气愤，可以反证他对上人之尽心。难怪在他笔下嫉不孝如仇了。

斯人已逝，美德长存，怀念老友，感系万端。

写信

我是一个怕写信的人，而发现恨水也是一个。不过我们的原因不一样，我是懒，恨水是忙。对于恨水之不写信，我越想越觉得可以原谅：他一天到晚地写稿，写完了甲的写乙的，都是小说，而且是连续的，这就很费脑子。试想，写甲的时候，满脑子的赵大与王二的事情，搁下了这个，又拿起了乙的，那又是李四与周三的纠葛，纵然所有的小说情节都已经胸有成竹，顺理成章，可是在放下了甲稿，又拿起了乙稿的中间，总得留个空隙，才能换换脑筋，整理一下思路。因此，他就没有写信的时间了。我深深体会到这种情况，认为恨水之很少写信甚至不写信，都在人情之内，是完全可以谅解的。

我与他不同，完全是懒。我总觉得，没什么要紧的事，只为了问候问候，那大可不必，何况满篇废话，说什么想念啊、保重啊，没话找话，也得动脑子，那就不如不写，免得朋友接信还得回信，彼此浪费时间与精力，所以不如不写。这样一来，更促进了我的懒。记得四十年前，一个在山东的老朋友时常给我来信，当然，信里没什么内容，无非是谈谈自己的情况，再问问我的近状。我认为这是可回可不回的，于是看完就搁下了。后来，他不断来信，逼得我不能不回信，也就写上一封，可又懒得去发，就随手往抽屉里一放。一年多的时间，他不断来信，来几封，回一封，都放在抽屉里。两年后他来了，大责备我一顿，说我懒，说我不够朋友，快两年了，才接过我两封信。我说我回了不少封，可是没发，就在抽屉里拿出一沓子回信来，有的连邮票都粘好了，“你看吧！”他接过去哈哈大笑，说：“事过境迁，还有什么看头呢！”我心想，这种信早看晚看都一样，有什么关系呢。

与恨水相交几十年，从不通信，在同城固然如此，即在两地，也是只字皆无。后来再见着，彼此都不提起，我相信，他也会这样想的。李义山的诗：“心有灵犀一点通。”大概就是如此吧。

也不能说完全没有接过他的信。四十七八年前，我在编副刊，说放在桌上的半月薪金不翼而飞，我写了几首诗登在报上，恨水见了，和了我几首，还附了一封信。这是唯一的一封信。其实，只是个便条，大意是：于报端读大作，特奉和以慰。除此以外，没通过信。

我在出版社工作时，他的小说总由我作责任编辑，有什么问题该商量的，我干脆去他家聊聊，更不写信了。

过去，有人尽管文章写得好，却怕写信，认为尺牍之学是另一种工夫，所以有些官员特意用了管写信的人。这在清末叫做书启师爷，后来统称为秘书，可是有分工专门写信，似乎写信是另外一种学问。从前我不太理解：写信不也等于作文么？作文是说话，是表达意思，写信也是一样，有什么不同？其后，年事渐长，才明白其中的道理，原来有所谓应酬信者，实际是什么事也没有，硬要写一封信，问候问候，不管对方是否关心我，也得说说自己的近况，无中生有，硬是平空作一篇文章，空对空，毫无意义，所以不好写，至于代人写就更难了。当年还有什么逢年逢节的，祝贺生日、结婚的，尤其讨厌。种种原因，于是形成了尺牍之学。这都是从前的虚伪礼节，后来早就弃置，无人过问这一套了。

朋友间通信，和当面说话一样，有什么写什么，用不着客套；没事就不写。这确是一大解脱。

恨水文章绝妙，难道不能写信？况且他的信写得好得很，《春明外史》中杨杏园与李冬青来往的信，《金粉世家》中冷清秋给金燕西的信，感情充沛，都能动人心弦，谁读了都会有所感动，足见他是擅长写信的。他之所以不写信，尤其给朋友不大写信，确是因为忙，其次是没什么事可写，用不着没话找话，这才是率真的态度。

悲 剧

恨水的小说，绝大部分是悲剧。以三部大的来说，《春明外史》中，杨杏园与李冬青，一死一走，读之使人回肠荡气；《金粉世家》中，金燕西与冷清秋终成怨偶，读之使人不免庆书三叹；《啼笑因缘》中的沈凤喜，以疯癫告终，读之使人痛恨军阀。其余如《秦淮世家》，如《似水流年》，如《现代青年》，如《牛马走》，如《大江东去》，多了，几乎都是以悲剧收场的。

为什么这样说呢？记得曾与恨水闲聊过。

有那么一次，该谈的已经谈完了，我忽然想到了这个问题。

我说："从我读过的小说来说，喜剧少，悲剧多，你的大作也如此。这是为什么？"

恨水笑笑，反问我："你说呢？"

我没想到他要考我。老实说，在三十几年前，我的答案只能从兴趣出发，我说："因为喜剧没意思，结局如果是'有情人都成眷属'，而且'荣华富贵，子孙满堂'，也没有回味，所以不如以悲剧结局，可以使人感叹不已，回味无穷。《红楼梦》不就是这样么？如果宝黛成婚，万事顺利，还有什么余味？所以后来的一切续作，搞个'大团圆'，都站不住。这可能就是悲剧多于喜剧的原因吧？"

恨水点了点头。

我再说："你是作者，我是读者，角度不同，你为什么这么写呢？"

恨水笑了笑，把手一挥，说："你看看社会上的情形吧。'朱门酒肉臭，路有冻死骨'，弱肉强食，乱成一片，有什么喜剧可谈？满目疮痍，有什么能使人高兴的呢？你看吧，家家有本难念的经，民不聊生，有使人痛快的事么？写来写去，总是'乏善可陈'，你叫我写什么好事？"

啊！他比我见得广，看得深。我当时只想到写作和布局的技巧，却没想到社会的深度，于是我说："这倒是实情。不过，要是满纸的愁苦，那也不行啊，篇篇都是'流民图'，那怎么读下去呢！"

"所以喽！"恨水把手一拍，"这里就得想法子引人入胜了。"

是的，引人入胜确是个问题，说着容易做起来难。我读过不少小说，命意也很好，就是干燥无味，捺着性子也读不下去，这样就起不到任何作用，所以我说："亏你想出那么多曲折的情节，不把一个故事看完，或者告一段落，简直撒不开手。"

恨水"嘿嘿"一笑，说："这不是我的本事，是社会上有这种事，有这个问题，有这个情况，用不着怎么费事，如实地写下来就行了。"

我知道，他是很谦虚的，虽然享了盛名，但从不自吹自擂，而且对别人的作品也从不小看。实际上，小说写到恨水的水平，确是费了一番苦心，也下了不小的功夫。于是我说："你也不必客气，小说不是回忆录，还得好好地穿插一阵呢。不过，照你这么说，社会上的悲剧实在太多了。岂但多，而且俯拾皆是。一个人，一件事，从表面看，也许是高高兴兴，可是从背面一看，可就不尽然了。比如一个歌曲，或者舞女，表面是又唱又跳，而且满脸笑容，可是再一打盹，大概每人都有一部心酸血泪史，前台在演着喜剧，后台还不一定……"

"行了，"恨水摇摇手，"就是这么回事。你说该写前台还是后台？”

“……”我没说话，只有点头的份儿。

小说媒

恨水著作等身，只小说就有七十多种，但都是针对当时的社会，针砭世俗的，也就是说有益于世道人心的。我曾说，没有一个人因为读了恨水的小说而学坏了的，虽然有的暴露了旧社会的阴暗面（也就是罪恶），但却立即加以批判，如写到军阀的荒淫无耻，政客们的狗苟蝇营，纨绔子弟的放荡胡搞，奸商市侩的唯利是图，这一切坏人都是没有好下场的，这就使人有所警惕，能从中受到启发。

有人说，恨水写了不少的悲剧场面，如梨云、杨杏园之死，如沈凤喜的遭遇，如冷清秋的下场，读时使人落泪，心里很难过，是不是有损健康呢？如果写悲剧而得到这种看法，那可太冤枉了，这种冤案是非平反昭雪不可的。世界上的文学名著，尤其小说与戏剧，有人统计，悲剧占大多数，但并不妨碍其广泛流传，这就是很好的评价。写悲剧而不使人哭，那是写得不到家。至于哭，也未尝不是一种安慰，要不然，怎么从前上海的电影广告请观众“多带一块手帕”反而买票的挤不动呢。“听评书落泪”正足以说明说书人之高明，否则无动于衷又有啥意思！

文学作品就是要人有动于衷，使人感染，恨水的小说一看就使人放不下，其高明即在于此。

说到小说的感染力，恨水可做了一件大好事。这件好事，恨水自己并不知道。如果当事人自己不说出来，那就谁也不知道了。

这话说来四十几年了，有一位郑先生，[编者注：实为张慎之，名小说家“百花同日生”张秋虫的哥哥，后来也做过《世界日报》的总编辑，没来北京之前，他在山西太原办报。当时太原交通司令潘宜之有位侧室叫郑秀珍，很漂亮，也有文化，本来对潘宜之就没有什么感情，看了《春明外史》，心仪杨杏园，对新闻记者产生了好感，也想在生活中找一个“杨杏园”，后来偶然和张慎之相识，便一见钟情，两人逃到北京，正式结了婚。张先生进了《世界日报》后，同事们都开玩笑地说：“没有恨老（指张恨水），就没有你们这一段姻缘，可得谢谢恨老这个大媒人呀！”］对不起，这是个假姓，我不能把他的真姓名写出来，在一个大城市做一个大报的总编辑，相当倜傥风流，会拉会唱，而且能上台，遇有机会就票一曲。

在这同时，有那么一位姑娘，专爱读恨水的小说，整天抱着本《春明外史》，看哪，看哪。你猜怎么着？她像李冬青似的，迷上了杨杏园。当然，在书中杨杏园是死了，她为此不止哭过一次。但她另有个想法：杨杏园是干什么的呢？新闻记者。于是她想着：当新闻记者的一定都是好人，也一定是富于感情的，要遇见这么一位才好呢。她喜好京剧，也能唱，而且唱得满不错。

有那么一次，大概是为了赈灾，慈善团体打算演一场戏筹款，既约了郑先生，也约了这位姑娘。管派戏的人根据票友们的特长，把这两个人安排在一出戏里。

在后台，姑娘被介绍给郑先生。一听说这是个新闻记者，而且是总编辑，不由把他和杨杏园联系起来。唱完一出戏，她佩服得五体投地，以为新闻记者不但有学问，有感情，还演得那么好的戏，真是喜出望外。虽然年龄几乎相差二十岁，但她并不以为意，加之后来又同演过一次戏，台下又互相切磋，于是相互之间有了感情。

在感情越来越成熟的时候，当然就谈到了结合，好在郑先生虽然已经年逾不惑，但还是孤身一人，这是无可厚非的。不料中间却横生了枝节。原来姑娘的家庭不同意，认为对方年纪太大，简直不相称，所以极力反对。不过，两人已经好得“蜜里调油”，分不开了，商量的结果，郑先生舍弃了职业，姑娘舍弃了家庭，在一个深夜，上了火车走了。

就在北京，正式举行了婚礼。那天，我也是贺客中的一个。以后，也不断来往。

很多人都以为这种结合恐怕不容易长久，因为双方的年纪差得太多了。可是，两人好合无间，从未反目。郑夫人时常对朋友们说：“我们的婚姻是张恨水先生做的媒，我就是相信张先生的话。”底下就讲了对新闻记者的看法，她认为，不仅杨杏园好，何剑尘也好，似乎好人都在新闻界里。有此一念，郑先生穷，她也不抱怨；郑先生老，她也不嫌弃；郑先生发脾气，她也忍受着；一直到郑先生死，她自己找了工作，抚孤成人。朋友们都很尊敬她。

好像以后恨水从南方回到了北京，他们曾去看望，郑夫人说：“您是我们的媒人。”恨水初则愕然，听罢原委，才“哈哈”一笑，说：“我的小说哪有那么大的力量！”

话说回来。由这一件事可以证明恨水小说之高明，感人之深。

郑先生与恨水已先后作古，都已十几年了，郑夫人有时还见，她高起兴来，还会提到“小说媒”呢。

王麻子与张恨水

也不知是哪年哪月，北京有了个刀剪店，其名曰“王麻子”。据推测，大概这个人姓王，脸上有麻子，不以名传，而以相貌传，因而群称之为王麻子而不名。此人所制刀剪最好，于是出了名，凡谈刀剪，凡买刀剪，无不称赞王麻子。这不仅流传得远，而且享名很久，有人说是清朝初年开始，有人说是明朝末年开始，已无从考察。

四十几年前，到过前门的都知道，前门外的东边有个打磨厂，是条不小的街，一进西口，路南有好几家刀剪店，第一家是“王麻子”，第二家的匾额是“老王麻子”，第三家是“真正王麻子”，第四家是“真正老老王麻子”。谁看见都得笑，如京剧《五花洞》，简直是闹妖精了，怎么会那么多王麻子呢？如果出品精良，那就不必盗用别家的字号；如果刀钝刃卷，那用了王麻子的牌号也是白糟蹋。

这有如杭州的“张小泉”一样。张小泉以刀剪闻名，于是这里也“张小泉”，那里也“张小泉”，连上海一带都有不少的“张小泉”。是张小泉有分身法么？不！是张小泉积累得成了托拉斯么？也不！因为这种手工业是扩展不成那大规模的。——这且不言。

更可乐的是，五十几年前，宣武门外大街路东，一连三家紧挨着，都是刀剪店，第一家金字牌匾是“王麻子”，第二家是“汪麻子”，已经使人发笑了，却不想第三家是“旺麻子”，你说这叫怎么回事！招牌都很旧了，油漆剥落，并不修理，以示其老。王麻子有名，犹可说也，那姓汪的与姓旺的（汉族似无此姓，也许是少数民族的译音）为什么也在鱼目混珠？难道都出过天花而落下了瘢痕？再者，刀剪与麻子有什么联系呢？难道必定是麻子才能把刀剪打得锋利？

凡此种种，连老北京都感到惶惑而莫知所从，外地人见到这些，更会目迷五色了。

刀剪如此，小说也如此。

先不说作品，且说说作者。

恨水以小说闻名于世，他孜孜不倦地五十多年，描绘了多少形形色色的人物，反映了各式各样的社会问题，每部有每部的特点，每部有每部的精彩，因而始终声誉不衰。过去曾有人说“凡是有水井的地方，就知道有张恨水”，话虽有点渲染，但也说明了人们对他的作品之佩服。正因为如此，于是有些写小说的便以张恨水为标榜，据说有“天津张恨水”，还有“沈阳张恨水”等等。这种称呼，也可能不是自己取的，而是朋友或读者们送的，不过，小说各有各的写法，也就是各有各的门道，用不着强不同以为同。这和著名戏剧家不一样，派别不同，不仅唱出来的腔调不是一个味儿，甚至连唱词都不一样，学哪派就是哪派，丝毫改变不得，所以当年有“汉口梅兰芳”“南京程砚秋”。至于“× × 张恨水”，则完全不同，最大限度是称赞他写的小说有如张恨水的一般，与卖刀剪的“汪麻子”“旺麻子”相似而已。大概也就是古人所说“附骥尾而名益彰”之意。

有那么一位“× × 张恨水”，写的东西真不少，也曾风靡一时，拥有很多的读者。我也读过他的小说，情节很曲折，描写很细腻，颇能引人入胜。但是有两个大缺点：第一，他学恨水小说的回目，但失之于过长，往往十几个字，很有挽联之感，恨水却从无长回目，一般是九个字。第二，因为是连续写下去，可能是下边的情节还没有安排好，于是两人对话，谈谈不已，地点不动，只在一个屋里或酒楼茶肆，动作只是抽烟喝茶，可是一场谈话就有一万多字。这样，故事就停滞而不进展，使读者感到厌烦，这是恨水小说中从来没有的，他写人物对话，总是适可而止，立即换个镜头，使人有耳目一新之感。只以上两点，就离恨水远甚。这位可能是衮衮外号“张恨水”中笔下最好的一位（虽然他在小说里不敢有诗词），其余更是“自郐以下”了。

不管是自称，还是别人送个外号，到底有“取法乎上”之意，至少他是以自己的名字或笔名发表作品，最无聊的是曾经有的报刊竟不知把什么人的小说硬署了张恨水的名字发表，鱼目混珠，以广招徕，这真是非常恶劣的手法。此种小说，我未曾见过，只听人说确有此事，大概是在日伪时期，乘恨水在大后方的机会，拼命贩卖野人头，冒名顶替，实在有些那个。

事情已经过去四十年了，今天想起来还是颇有意味的。由这里可以看出一个问题来，即恨水于小说是有很大成就的，所以一方面有人以恨水为绰号，有人就干脆假冒起来了。

关于这个，我曾对恨水说：“谁叫你‘诸葛大名垂宇宙’呢！”恨水哈哈大笑。

记交接

张伍兴冲冲地来告诉我，最近在图书馆里从旧日《世界晚报》的合订本中，见到他父亲和我对副刊《夜光》的交接文章，说他父亲填了一阕词，我写了一首七律，这很不容易碰上，也是一个纪念。又说，这是一九三〇年的事。

事隔近五十年，我怎么也想不起来了，就请他抄录给我。

两天后就寄来了，信中说：“现将父亲的《告别朋友们》一文抄录于下，以志您与父亲的一段文字因缘。再读此文，抚今追昔，不禁感慨系之矣！”这话说得对。

读了恨水的文章和我的按语，努力回思当年的情况，往事如烟，真是难于捉摸。慢慢地想，躺在床上还在想，依稀仿佛有了点影子，因为自己已经七十有五，记忆力不及从前，所以只想起了一个轮廓。

此文见报的日期是一九三〇年四月二十四日，恨水在文中说“已卸责两月之久”，那么，也就是二月间就没编副刊了。这样推来，我在二月间便接手了。从这个线索回忆，就约略想起了当年的情况。

在这前一年，亦即一九二九年，我被调到南京做驻京采访部主任兼南京《民生报》采访部主任，年底调回北京。一九三〇年一月，我作了《世界晚报》总编辑。时间上一点也没空闲，衔接得很紧。

我记得，在南京时，社长成舍我就对我说到恨水要休息一下，叫我接手编日、晚报的副刊。我不敢接，因为我那时虚岁二十五，实际才二十四岁，虽然已经当过两三年总编辑，可是副刊却还没干过，自己的文学底子差，接手实在有困难。尤其恨水是臭味相投的好朋友，而且是名家，我这么一个少不更事的人怎么能接手呢。他给我讲了恨水实在太忙，有写不完的稿子，说是接手就等于帮了恨水的忙，没什么不好意思，至于能力，还可以一方面进修嘛，实在干不下去，再另外找人好了。这么一说，回来之后就接着编了。

我接编以后，并没有在报上对读者交代，一则恨水是名家，而且是报社的“开国元勋”，我只是个无名氏，宣布了对报纸也没好处；二则我抱有“五日京兆”之心，如果搞不好，原物交回主人，省了一番笔墨；三则私交甚笃，也不允许我大张旗鼓地搞什么新官上任的一套……总之，顾虑重重，因而来了个“暗中偷换”。

却不料不行，读者还是写信给恨水，于是他不得不写这一篇东西，向读者说明。文中说了手头要写七个长篇连载小说，必须节劳。最后说：“兄弟这里给诸位鞠躬，多谢捧场。下场来不及抓诗，填阕《满江红》吧。那词是：弹指人生，又一次轻轻离别。算余情余韵，助人呜咽。金线压残春梦了，碧桃开后繁华歇。笑少年一事不曾成，霜侵发。 抛却了，闲心血。耽误了，闲风月。料此中因果，老僧能说。学得曲成浑不似，如簧慢弄鹦哥舌。问匆匆看得几清明？东栏雪。”

在这下边，我写了按语：“他唱完了，没他的事，把我换上来，仍旧接演下去，可是好角之后，唱戏不易，还求诸位捧场，喏喏喏！在下这厢有礼了！”

这下边来了个“又案”，说是“恨水既没有通电下野，我又何必来个通电就职？他既有了下场词，我也不可不补一首定场诗，喏喏喏！恭抓七律一首，送恨水：半生辛苦负韶华，草木知名豪士家。不与俗人同宛转，且观风月闻奇葩。读书我愧无三箧，下笔君真富五车。小别不须徒悒悒，文光晔晔照天涯”。

五十年了，前尘似梦。现在看来，恨水的词不错，很有饱经风霜之味，其实当时他才三十五岁，所谓“霜侵发”，也不无词人夸张之意。至于我的诗，则觉很嫩，因为年纪只二十几岁，也没学过诗，不过是顺口溜而已。

（本文作于1978年，未公开发表过。洪克珉提供）

忆恨水先生两三事

张友鸿

张恨水先生是一位名作家。《啼笑因缘》一书的问世和以后写的《八十一梦》等小说，都是蜚声文坛，名噪一时，赢得广大读者的好评。一九七九年秋天，江西省九江市话剧团曾来南京演出《啼笑因缘》，夫子庙秦淮剧场座无虚席。最近，江苏省评弹团赴香港演出，在传统书目中，有唱《珍珠塔》选节造诣很深约魏含玉与侯小莉同唱《啼笑因缘》中的精彩剧目，在该团赴港演出前，《新华日报》登了一篇《曲曲琵琶寄深情》。我原是一名新闻从业员，四十多年前与恨水先生有旧，触景生情，不禁思潮滚滚，往事涌上心头。现就我记忆所及，写上数行，以表我对恨水先生景仰怀念之情。

远在一九三六年，号称“三张”（即张恨水、张友鸾、张慧剑，三人都是新闻界知名之士。曾商议合办《南京人报》，后张慧剑先生并未参与，仍主编《南京朝报》副刊）新创的《南京人报》出版了，报社地址就在今天的南京中山南路八条巷口。

每天晚上八点多钟，编辑部就热闹起来。编辑、记者、校对，各就各位，各司其事。往往此时还有不少朋友来访，电话铃声也响个不停，室小人多，于是更增添了紧张、繁忙的气氛。九时许，恨水先生来了，他是来看《南华经》副刊大样的（他主编这一版），同时要写两篇长篇连载小说，一篇是《中原豪侠传》，另一篇是《鼓角声中》，每天约发一千字，还要审发第二天排的《南华经》稿子。

张恨水先生当时四十开外，身材较为高大，胖墩墩的。未见其人，已闻其声，嗓门很高，带着京腔徽调。他撩起夏布长衫，拿着折扇，登上楼来，嘴里还说着："今天可真热！"一来编辑部，他首先是翻看当天各家报纸，拆阅给报社和他私人的信件，然后和报社其他负责人谈谈，了解报纸出报时间和发行情况。他洒脱豪放，谈笑风生，有时高兴起来还要哼哼京戏。记得有天晚上，左笑鸿从北京来（左也是新闻界知名人士，当时主编《世界日报》副刊），他的装束与恨水先生差不离，两人原是故交，自是无话不谈。说着笑着，这两位先生忽然一唱一和地来了一段"连环套"，声调高亢，字正腔圆，而恨水先生竟至离开座位，摆起步来。他们这一唱，引来了隔壁排字房的工人，无疑，博得了热烈掌声。

恨水先生是个多产章回小说家。他的很多小说是在报社里写出、报纸上连载的。他在报社里是怎样写小说的？提出这个问题也许很有意思。有人认为，写长篇小说是要几经修改，初稿、再稿、定稿，总之要有时间仔细推敲，还有，搞文字工作，撰写稿件，也应有个安静环境。可是恨水先生却不然，他的小说是每天晚上要发稿时才写，写好后，与《南华经》副刊稿一并交付排字房，第二天再来看大样。他写稿时不怕噪音干扰，尽管临街窗户传来卖馄饨的小锣叮当声、五香茶叶蛋的叫卖声、汽车喇叭声、马车嘚嘚声，但他闹中取静，埋头奋笔疾书。

现在写什么稿子，都要用钢笔或圆珠笔写在格子纸上，便于统计字数，写起来也很便当。恨水先生写稿用的纸张，并不是印好的格子纸，而是几十张一叠的竹纸。竹纸是个什么样儿呢？薄薄的，带有藕粉色的如同有光纸那样质薄的纸，如果把整叠的竹纸拉开，一张纸有二尺来宽，长度与现在的教科书差不多。用钢笔在这种纸上写字是不成的，会戳破。恨水先生是用毛笔书写，拿着整叠的竹纸，而不是抽出一张来写。他用的文房四宝很一般：桌上放着方形有盖的砚合，旁边置一锭墨。要写字时，自己磨墨，川“小大由之”这样普通的毛笔在砚台上添几笔，蘸饱墨，自右下左，由上而下竖着写。他写小说稿，估计已是心中有数，写到发排够用了，就把它裁剪下来，然后又在下面的稿纸上写上三四行，以便第二天有个依据好继续写下去。恨水先写的字是行书，刚劲有力，字体大小比三号铅字略大一点，倒也干干净净，很少涂改。排字房工人排他写的文章并不感到困难，打出的初样错别字是不多见的，这也由于某个固定工人排他的稿子，时间长了，习惯他的写法了。

看大样，写两篇小说稿，发《南华经》稿，这一系列工作是够紧张的，恨水先生是从不间歇地一直干下去，直到午夜一点多钟做完所要做的事，才伸伸腰。吃夜餐了，恨水先生也喝一碗稀饭充充饥。吃完离开报社，时间已是深夜两点。

在与恨水先生接触中，只觉得他平易近人，对待年轻人更是爱护、关怀。有一次，我为《南华经》写了一篇《记大钟亭》，送给恨水先生看看，请他指正。他看了以后对我说：“就事论事，这篇稿子写得还可以，不过这其中有些迷信色彩，你是怎样看待的？你考虑是否能在上面加以评述呢？”为写这篇稿子，我曾特地跑到大钟亭，除看到悬起的那只大钟外，还在一间侧殿里看到三个古装女子塑像，端端正正坐在约有一人高的砖石砌成的台上，墙上挂有一张书写秀丽的字轴，记载大钟亭建成经过。我如实地把它抄写下来，内容是叙述三女如何救父，先后跳进冶炼熔化的铜水里，使钟得以铸成。这以后还有“钟”的种种传说，确是一些荒诞无稽之谈。根据恨水先生的要求，我作了一些修改，第二天又把稿子送给他，他很快地把这篇稿子发表在《南华经》上。他因势利导地对我说：“没有事要多看看古典文学作品，最好能买本《文心雕龙》学习学习，这是很有好处的。”恨水先生的话，对我激励很大，感到极为亲切。虽然我没有向他师事，但我一直是很尊敬他的。

约莫深夜一点钟，是个间歇时间，二三版大样看过，四版社会新闻也发排不少，这时单等通讯社的电稿。编辑部几个年轻人，这时很容易打瞌睡，稍一打盹，就会呼呼入睡。睡着了，容易着凉，醒了也难受，精神恍惚。一次，我们看恨水先生稿子已写完，没事了，便请他谈谈他过去在新闻界的情况。他满足了我们的要求，稍一思索便讲起来。他说：“那还是若干年前的事了，我二十刚出头吧，经人介绍，在芜湖工商日报当校对。我对干这行工作倒还乐意，认为比学手艺高强。这家报馆设有校对室，是和编辑部分开的。校对室房间很小，只有四五个平方米那么大。我当时每天下午四点多钟就去工作，从看广告小样开始，直看到副刊、新闻小样为止，这时天已亮了。计算工作时间超过了十个小时。人是弄得疲惫不堪，待遇又是相当微薄。”他讲到这里，喝了一口茶，接着说，“吃点辛苦也没什么，可是一到夏天，那间校对室真不是人蹲的，热得像蒸笼一样，偏偏窗口又受西晒，板壁上糊的一层报纸，被强烈的阳光晒得剥剥作响，纸色逐渐发黄，以至纸裂破碎，发出一种像是烧纸的味道。这哪里能工作？这简直是受烤、烤人！”恨水先生越讲越气，也把我们带入了那种境界。过了一会儿，他用平缓的语气对我们说：“我们编辑部虽不甚大，但编辑、校对都在一起，工作也好做些。何况我们报社究竟要比工商日报好得多。想当初，非但酷暑炎热难挨，甚至想喝一杯水，弄一点水洗洗抹抹，也是费事。难啊，难啊！”这意味深长的谈话，给了我们启发，也懂得了社会上是多么不公平。

间歇时间，听听这些谈话是有益的。然而我们有时抓得不紧，把宝贵的时光轻易地抛弃了。我们几个年轻人不够自觉，有时相约跑到三层楼的小阁楼上玩扑克，玩到一定时间，几个人先后回到编辑部，装作若无其事。岂料有一天稿子来得比较早，恨水先生并没有走，而我们几个却溜上阁楼了。估计他喊了又喊，找了又找，仍不见我们的影子。终于，他轻悄悄地移步登上阁楼，推开门一看，西洋镜拆穿了。显然，我们连续几天长时间地离开编辑部，已经引起了他的注意，也许阁楼上的把戏，他早就察觉了。我们无地自容，等待着他的声色俱厉的指责。然而，恨水先生依然和颜悦色，转过脸去，缓步下了楼。我们无话可说，随之而下。这一件事，他没有对我们任何一个人有所批评或非议，也从来没有与报社其他人谈及，不动声色，就此了事。当然，我们是如释重负。不过，我对他亲自登楼察看和无声教育，震动很大，意识到这与恨水先生对我的要求背道而驰，更认识到自己的错误。

抗日战争开始，南京人报宣告停刊，报社同事劳燕分飞，从此我离开了恨水先生。大概是一九四一年，我再次进入重庆新民报工作时，陈铭德总经理聘请恨水先生担任经理部工作，在七星岗报社办公。这段时间，他偶或也到大田湾编辑部、印刷部，与一些老同事摆摆“龙门阵”。此刻，他的音容笑貌又在我的耳边响起，又在我的眼前出现，使我感到那么亲切和熟悉。

恨水先生是值得我尊敬的老师。

（原载《新闻研究资料》1981 年第 1 期）

（作者时为《南京人报》记者、编辑）

忆恨水二三事

吴桐桢

张恨水，原名张心远，安徽潜山岭头乡黄岭村人。生于江西小官吏家庭，肄业于苏州蒙藏垦殖学校。后历任《皖江日报》总编辑、《世界日报》编辑、上海《立报》主笔、南京人报社社长、北平《新民报》主审兼经理，1949年后任中央文史馆馆员。1952年加入中国作家协会。

青年时期的张恨水成为一名报人，并开始创作。他自1914年开始使用“恨水”这一笔名，其名取自李煜“自是人生长恨水长东”之句。到1919年为止，这时期创作的作品，如《青衫泪》《南国相思谱》等，以描写痴爱缠绵为内容，消遣意味浓重。

面 试

恨老说："时间宝贵。今天咱们先公后私。对了，你知道'先公后私'是什么意思吗？"

我说："知道，是先考虑办理公事，然后才轮到私事。"

恨老说："词语出自何典？"

我说："不知道。"

恨老说："看来你和小水（指张小水，是张恨水的儿子）一样，学习成语只满足于知道意思，不注意'探源'。这样学习到的成语不全面。你去查一查书，可能是出于《孔丛子·记义》：'于《东山》，见周公之先公而后私也。'知道了这个出处，可以知道《东山》这首诗的意思，还可以学习周公的品质。"

我说："我一定去查。"

让我落座后，恨老又问我现在国文正学什么。我说唐宋八大家。他说："好哇，八大家里你喜欢谁？"我说："苏东坡。"他问喜欢苏东坡的哪篇文章。我答："都喜欢，特别是《刑赏忠厚之至论》。"他问我喜欢《刑赏忠厚之至论》的哪一点。我说："喜欢苏东坡在这篇文章中表现出的'想当然'的性格。"恨老听了我的这一回答，好像很兴奋又有些不解，说："你把苏东坡在《刑赏忠厚之至论》中表现出的'想当然耳'说成是他的性格，这我还真是头一回听说。你说得好！领教！领教！"

他又接着问："你知道唐宋八大家在写作上最主要得益于哪些书吗？"我又答了个"不知道"。

恨老说："不知道不要紧。你们刚开始读，可以慢慢体会。我以为读八大家将来再读《左传》和《前四史》时要体会他们之间的传承关系。好了，先公，进行面试的环节就到这里吧。后私，我想请你去拜望小水的高堂，顺便吃个晚饭，如何？"

我说："我愿意去拜望并叨扰伯母。"

这时他找我要带来的那应"笔试"的文章。我给了他。他说："笔试由《北京人》版主编'零碎'（这是笔名。真名左笑鸿）来判分。如果及格，他会在《北京人》上发表。不过我要先看看你写的字。"

他拿过我的稿子后，只看了一遍就说："字写得不错。你毛笔字临国帖。小水跟着我颠沛流离，没能在书法上系统练习，是个遗憾。"

恨老说的"小水的高堂"住的地方，就在新民报楼内。这时我才知道小水的亲生母亲就住在此楼的非办公区。此前我随小水去过在阜成门内北沟沿（今赵登禹路）、小水每天上学住的那个家，而且见到过小水的母亲和弟弟妹妹，却不知北沟沿住的是恨老的三夫人，见到的弟弟妹妹是三夫人所生。小水的生母是二夫人（小水每星期日是必来探望的）。至于大夫人的情况，小水没跟我提及。

聊　天

到了非办公区拜见伯母后，伯母很热情。她说："你和小水是同窗，这是缘分，很可贵！你们一定要互相照应！我今天烧家乡菜给你们吃。"

不久，恨老也来了，对我说："我把你的文章交给他们了。其实你来当夜工，从你所做的工作来说，只看看你写的字就行了，不一定非进行面试和笔试。我之所以要这样做，是不想破坏新民报进人的规矩；另外也不想让你有凭着小水的关系进入新民报的想法。至于把你请到我家来，倒是想通过你了解一下小水在学校的情况，希望你们互相帮助。特别是如果学校里有政治上的争论，嘱咐你们不要参加。你们当前的任务是好好读书。”我说：“请您放心。我和小水会这样做。”

接着我们就攀谈起来。谈话的内容多是恨老问，我和小水答，谈的多是国文学习的问题。其实我对恨老本有许多的问号悬在胸中，但因为怕失礼，所以没敢问。不过小水还是借着同学中有人托他向恨老请教，问了几个问题。

在恨老的答问中，我至今不忘的有两个问题：一个是要写小说的同学，要注意观察“细节”和体察“人物性格”。恨老说自己就是从《史记》中得到了许多“如何写性格、写语言”的启发。

他一边说自己，一边问我和小水：项羽和刘邦同时见到秦始皇浩浩荡荡的出巡，他俩各自的反应是什么？我说：“没太注意，读《高祖本纪》《项羽本纪》，我们把精力都放在今译和古代汉语语法上了。”恨老说：“这样读也有必要。不过今后要写小说的人读《史记》就要加上我刚才说的那一条：注意太史公在《史记》中是怎样写人物性格，怎样写反映人物性格的语言的。”

另一个问题是恨老写了这么多部小说，著作等身，他认为最具挑战性的问题是什么。恨老没直接回答而是背了两句诗：“谢朝华于已披，启夕秀于未振。”接着问我们懂不懂这两句诗的意思。小水和我都说“朦朦胧胧”。恨老说：“不用我开讲，还是你们自己去体会。我写这么多部书，最怕的就是不能做到‘启夕秀于未振’，不能做到‘陈言之务去’从而落入俗套。”

饭后，恨老知道我的时间金贵，就主动提出来让我回家忙其他的事。

通过这一次聊天，我终身受益。

（原载 2014 年 11 月《新闻业务参考》）

（作者系张恨水长子张小水高中同学）

回忆我父亲郝耕仁与名小说家张恨水的友谊

郝君仪

张恨水先生在其所撰《八十一梦》及《我的写作生涯》《我的创作和生活》等著述中多次提到他与我父亲之友谊，称之为“文字之交”。恨水先生一生经历曲折丰富，对与我父亲之友谊虽未作全面叙述，但在其几篇短文概括中，已见其二人交谊之深而且终生不渝。为了纪念他们二人之友谊，现在把我父亲对我谈到的他们之间终生交往的一些轶事轶闻，有些是我亲眼所见的，追忆补记如下：

一、张恨水名字的由来

恨水先生生于一八九五年。他与我父亲在一九一三、一九一四年就结识了。二人亲如骨肉，来往密切。他成名后每出版一部小说都要寄赠我父亲，因此，我少年时代就读了他不少小说。我对他的笔名觉得很怪，曾问过我父亲，父亲说，这是取自唐李商隐的一句诗“恨水随波去”，意思是不愿随波逐流。我父亲还谈到他和恨水先生的堂兄张东野也是至交，他们三人改的名字，都是经过三人商量斟酌的。如我父亲原名郝子霞，参加辛亥革命在文明进化团演话剧时，改名郝大颠。张东野改名张颠颠。张恨水原名心远，也是在此时正式采用恨水笔名。

恨水先生在他十七八岁初学写作时，曾用了笔名“愁花恨水生”，意即“恰落花之有意，恨流水之无情”。此乃少年文人多情善感之自况。这也是恨水笔名由来之始。后见到李商隐诗改为“恨水”，就更庄重严肃，更能代表他的人生观了。因为他平生最不愿做官。后来他在北京写稿时，也用过“随波”笔名，足资佐证。

解放前后有人问起恨水先生名字的意义，他也曾解释为喜欢李后主的那首《乌夜啼》“自是人生长恨水长东”，就断章取义用了“恨水”那两个字。这样解释，意义也极好，总之标志着他高洁的情操和高尚的品德。

二、恨水先生与我父亲终生的友谊

（一）漂泊逢伯乐，终生成知己。

我父亲先结识了他的堂兄张东野（解放后曾任合肥市副市长，省人大代表、政协代表，全国政协列席代表），二人是清朝官办江西讲武堂（江西将弁学堂）的同窗好友。都因痛恨清政府腐败卖国，秘密参加了同盟会。毕业后二人被派往上海警察局任职。辛亥革命时，他们在陈其美领导下参加了上海起义。张恨水这时候从安徽潜山老家到上海投奔堂兄张东野，我父亲便是这时与张恨水结识，结为知己。恨水先生在东野先生的支持下，就读于苏州蒙藏垦殖学校（编者注：孙中山创办，陈其美任校长）。后来，东野先生因牵连“谋杀袁世凯遣沪秘员”大案，被捕入狱（因陈其美不允被袁世凯暗杀，无人营救，在英租界西牢被囚禁四五年）；恨水先生因学校停办，返回老家；我父亲也离沪，去芜湖与友人谭明卿创办了《皖江日报》。东野先生出狱后，适逢我国话剧团创始人之一任天知（留日学生）在上海成立了文明进化团，宣传反帝制、反封建。我父亲和东野先生二人都爱好文艺，于是我父亲又辞去了《皖江日报》总编职务，一同参加了文明进化团编演新剧。

张东野因其堂弟心远（恨水）喜写作，有才华，闲居在家，穷愁潦倒，就召他来参加。在武汉、湖南等地演出后回到上海，三人同住一室，三人从此成生死之交，至死不渝。

三人在剧团的一年光景，因剧团报酬少，仅能糊口，思另谋出路。我父亲见张恨水才华横溢，文思敏捷，诗文俱佳，文笔潇洒清丽，觉得他年纪轻轻，浪迹天涯，没有固定职业，不能发挥他的才能很是可惜。因此想介绍他到芜湖报社当编辑，但说来容易，办起来还得一个时间。于是三人都离开了剧团。

（二）相约隐居，专事著述。

我父亲离开剧团后，要回家探亲，恨水先生当时也无事可做，我父亲就约他同回安徽怀宁县山区我的家乡，在我家住了一段时间。当时我家还是老旧房屋，环境清幽。院内有一棵百年老枣树，粗可合抱，春、夏、秋三季浓荫覆盖了半个院落，春日枣花开时香飘满院。二门有一甬道，右通堂屋，陈设典雅，四壁悬有字画吊屏。记得中堂有一幅《百鸟和鸣》的水墨画，两旁对联：“种来松树高于屋，闻道梅花瘦似诗。”（我十一岁时旧物拆除，这是我童年记忆。）堂屋右间壁为客房，堂屋左及甬道左为家人住室。恨水先生在客房内居住，客房南窗下临溪涧，面对一座山林。山上林木繁茂，古树参天，有数十棵古松都被藤萝缠绕，形成一片奇特的藤萝架。父亲和我在家时，常盘桓于其下。值藤萝花盛开时，采摘些花朵拿回家和面煎饼，清香扑鼻。春、夏、秋三季，山上野花竞放，争妍斗艳。尤其春日杜鹃花盛开时，漫山红遍。秋日片片枫叶与苍松翠柏相映，景色绚丽。院子大门外，群山起伏，层峦叠翠，早晚薄雾笼罩，恍惚迷离，如在仙境。恨水先生对我故乡景物很是欣赏，由我父亲当导游，踏遍了我们家乡的山山水水。于是两人动了隐居于青山绿水之间专事著述的念头。

这段经历，恨水先生留下了多首优美的诗篇。一九三三年我到北平，在其创办的北华美专学习二年，一九三五年回乡探亲时，他给我写了一首怀念我父亲的七律条幅：

江南家住碧萝村，村外丛山绿到门。
一别早忘猿鹤约，十年犹忆水云痕。
风尘只剩贪茶癖，笔砚无从报国恩。
唯问豪华何处去，半囊故纸葬诗魂。

他和我父亲一生唱和的诗作很多，写这首诗并有附言说明是怀念我父七律四首之一。我回家时父亲曾拿给我看过他的另三首七律，现已忘记。这首诗因悬挂在我书房内，故记忆深刻。

恨水先生在《我的写作生涯》一书中曾记载他和我父亲的一段流浪史，“旅途中我俩（指和我父亲）彼此唱和，做了不少诗。他为此行还写了一篇沉痛而又幽默的《半途记》。可惜这篇稿子丢了，不然倒是值得纪念的”，云云。

我也很可惜，战争中离开了父亲，以后躲避国民党的逮捕，仓猝去延安，身边所有东西都丢了。父亲在抗日战争中也只身避难至甘肃省凉州，投奔其好友胡抱一，其时胡在凉州任专员。一九四〇年二月（编者注：应为 1939 年 2 月）父亲去世时，胡先生告诉我，我父遗留诗文很多，拟为其出诗文集。不久，我去延安，胡先生被国民党杀害，我父文稿也就荡然无存了。至今深感遗憾。

注：胡抱一参加辛亥革命时，孙中山很赏识他的才能和对革命的忠诚，但为蒋介石所不容，终生只在西北边远地区当一名专员。一九四二年被蒋介石派特务杀害。

（三）一段共同流浪史。

隐居著述，两人都认为没有丰富的经历不行，闭门造车写不出好东西来，要写也除非是风花雪月而已。尤其重要的是没有物质基础不行。两人都要吃饭，而且都有家小要他们赡养。于是二人商量要找一份待遇丰厚的工作，干几年再说。隐居地点，父亲告诉我当时选择在安徽贵池县。那里离九华山、黄山近。我父亲认识人多，就四处写信找工作。不久，得到淮安两个朋友来信说，他们将去北京，他们在北京的熟人多，可以为我父亲和恨水先生找到合适的工作。次年春（按，即一九一七年），我父亲就写信约恨水先生同去北京，在安庆会面。但两人都是穷光蛋，没有路费，我父亲在上海有几个朋友，便同恨水先生到了上海借到路费后，父亲就全部买了家庭常备的中西成药。我外祖父是一位老中医，在我们家乡小有名气，他积有许多治各种病的验方，我父亲都抄来了。他平常也喜欢钻研医书，平常小病也能给人对症下药。这次去北京，恨水先生见他把路费都拿来买药，很觉奇怪。父亲说，他要学老残，边学边卖，专走乡间小道，既可解决路费，又可了解各地风俗民情，为将来写作积累材料。父亲的计划是，由镇江渡江，循淮河北上，穿过江苏全境，到达山东济南，浪迹燕赵，然后到北京。恨水先生在《我的写作生涯》中说："我自是少不更事，有这样一位老大哥引路（我父亲比他大十岁），还怕什么的，就依了他的主张，收拾了两提箱药上路……"走到江苏邵伯镇，投宿一个小旅店，不料遇到军队打仗，路途不通。店主是个读书人，他俩住宿登记是"商人"，店主见他俩书生气十足，一点也不像商人，就劝他俩赶快回去，免得被军队捉住杀头。店主把他俩当成祸水，急忙帮他们把带的药打折扣卖了作回去的路费。他们便搭上了一只运鸭的木船前往湖口，再改搭小轮去上海，恨水先生对这只运鸭小木船之肮脏腥臭、蚊虫跳蚤之多，在其所写《流浪小史》中形容备至。我父亲性格旷达豪放，处逆境还谈笑自如，恨水先生多次在文章中称我父性格"倜傥不羁"，他说他很喜欢这样的人，经过这次流浪，他们的友谊更加深了，云云。他们到上海后在法租界住了几个月，由我父亲的朋友接济。秋风起时，恨水先生怕在上海过冬（上次在上海冬天生了一场大病），就回潜山家乡了。

隐居的事已成梦想，既不现实，也行不通，就此搁浅。

（四）两家合并一家，成为通家之好。

我父亲一心要介绍恨水先生到芜湖报社工作，恨水先生走后，他就由上海到了芜湖，向《皖江日报》经理谭明卿、张九皋极力推荐恨水先生的才能（谭、张都是我父好友）。但他们没见过张恨水，仍要我父当总编。因为张九皋另办了《工商日报》，不能再兼《皖江日报》的总编了。我父亲为了把这一职务让给张恨水，就写信约他过了年（一九一五年）（编者注：实为一九一八年）立即到芜湖来。恨水先生到芜湖报社后，他的才能深得谭、张两位的信任。他在《我的创作和生活》中写道："他们信得过郝耕仁，也就信得过我。"实际上是他杰出的才华赢得了信任。从此恨水先生就开始了记者生涯。

我父亲把报社工作让给恨水先生后，就去了广东，他与广东一军界朋友约好，到广东任职。不料到广州后，那位朋友刚被杀害，他冒险收了尸，做了善后工作。朋友家属非常感激，送给我父亲一笔钱，父亲就借此机会游了香港、澳门、新加坡、海南岛等地。在南方浪迹年余，钱也花光，就回到安庆。在安徽省长公署谋到一公务员职务。以后中学教书，收入较丰。张东野一直在政界工作，也有点钱了。在安庆买了一片地皮，先盖起了十几间简易平房，约在一九一八年我父亲和东野先生就把他和恨水先生的两个妹妹（十七八岁，失学在家）从潜山乡间接出来读书。因此，这两位妹妹把我父亲视同亲哥哥。恨水先生在怀念我父亲一诗中还充满感情地叙述了这件事。随后，恨水先生的家属也迁居安庆，我们三家从此就住在一起了。

一九一九年（民国八年）五四运动时，我父亲在省立芜湖二女师教书，并在萃文教会学校兼课。参与领导了安徽省的驱逐军阀马联甲的斗争（编者注：1920年夏，安徽教育界要求拨给教育经费，"六二"学运兴起，军阀马联甲竟开枪打死学生），并代表芜湖中等学校教员联合会及学生会草拟了驱冯宣言。张恨水先生写了一篇《皖江潮》小说，记载这次自治运动，可惜因他去北京中止了。（编者注：民国十四至十五年，郝耕仁曾任省立第二甲种农业学校教员，教授国文。）

恨水先生到北京后，在《益世报》当记者，两三年后收入渐丰。一九二二年，他托我父亲把家属接到芜湖安家，由我父亲照料。我父亲也把母亲和我接到芜湖住家。父亲为了照顾方便，就把两家合为一家，在芜湖太平街租了一所住宅，雇了一个女佣，在一锅吃饭。恨水先生一家六口（他母亲和两个弟弟、两个妹妹及一女眷），我家三口（父母和我），是一个大家庭。那时我还年幼，和他们家也在安庆同住过，以为就是一家人。我管他母亲叫奶奶，他的三个弟弟依次叫二、三、四叔，两个妹妹叫大姑、小姑。我在这个大家庭中年龄最小，全家都宠爱我，把我当做小玩意儿。

恨水先生是个孝子，对他母亲的意见从不违抗，他常和我父亲说，他母亲三十多岁就守寡，抚养了六个子女真不容易。有收入后，他自己省吃俭用，常从北京汇款来赡养母亲和弟妹。他对弟妹们也很友爱，把弟妹们上学以及婚嫁等事都认为是自己应尽的责任。因此弟妹们都很尊敬大哥，孝顺母亲，彼此间也很和睦。这样一个大家庭，从未出现过争吵之声，气氛非常和谐。

他家约于一九三三年（编者注：应为 1925 年）迁居北京，仅留他大妹在芜湖我父亲执教的女师读书，直至一九二六年毕业。

（五）共享荣誉，同游沪杭。

恨水先生一九一九年来到北京后，在《益世报》当编辑，文思泉涌，写的《春明外史》《金粉世家》《啼笑因缘》多部长篇小说，相继问世。这引起了上海出版界的注意，一九三〇年约他到上海去订出版合同。他写信约我父亲去上海相聚。

我父亲于一九二七年白色恐怖之时，急忙把我带回家乡，从此意志消沉，决定隐居不出。当时隐居已有一定的物质基础。我母亲生我二妹后(一九二三年)，就不想随我父外出了。说在外花销太大，她要我父亲每月寄二三十元赡家费。她就在家一手经营，买了几十亩田（加祖遗山林田地约三十亩)。一九二五年，她又一手操持设计把老房拆掉，盖了新房。为了多盖几间房子，占去了半个院子，把院内树木尽行砍伐，百年老枣树也不能幸免。这所新房子设计得实在庸俗不堪，完全失去了古朴幽静的风貌。我父亲见了摇头叹息，但已无可奈何。我也很留念老屋，那院子大大的，尤其心痛那棵老枣树，从此吃不到家乡那新鲜甜脆的枣儿了。

我回家乡后，在设于郝氏宗祠内的乡办混合中小学读了一年书。校长是族祖大乡绅，只在安庆聘了一个教员，一人兼教语文、数学、音乐、体育等课。学生大到二十多岁，小的不到十岁，都在一个教室上课。父亲见我在那学校学不到什么，就亲自教我。

恨水先生来信后，父亲就去了上海。上海新闻出版社对恨水先生莅沪，举行了盛大的欢迎仪式。沿途悬挂了横幅大标语，写着："欢迎海内名小说家张恨水先生莅沪。"接待隆重殷勤，安排在高级旅馆食宿，宴会不断。文化界洪深、马彦祥等也参加了接待。还把他们的著作题了字送给恨水先生和我父亲。二人同游杭州时也写了几十首诗，父亲回来都给我看了，可惜我没有抄下来，也都忘了。

（六）分担文债，共同著述。

恨水先生名扬海内后，经常向他约稿的有六七处之多。他也想写一部中国小说史，非常的忙，把睡眠都挤占了。他和我父亲在上海见面时就约我父亲去北京分担部分文债，和搜集编写中国小说史的资料。要我父亲回家安顿一下就去北京。我父亲对专门从事著述很感兴趣，从上海回家告知母亲和我，要我等他安排好就去北京上学。

那时恨水先生在北京已经租了一所大宅院。（编者注：指西长安街大栅栏十二号）院内屋宇庭院错落有致，花木扶疏，环境幽静。我父亲去后独自住了一小院。二人兴致勃勃地分了工，拟定了搜集史料的计划。刚两个月的光景，不料我母亲得了“狂疾”。原因是她一连生了五个女儿，在封建大家族舆论压力下，把四女儿送人，又被迫把刚生下的小女儿送到尼姑庵，从此就得了“迫害症”。日夜哭闹不休，惊恐失常。我和两个妹妹十分害怕，我只得写信要我父亲回家，父亲不得不抛弃他心爱的工作回来给我母亲延医治病。一九三〇年过了旧历年，父亲要我到安庆去上中学，我就住在东野先生家。

东野先生当时在西北当县长，家眷在安庆（其夫人和两个学龄前儿子，一女佣，一亲戚老妇为其看孩子）。以前的简易房屋早已拆除，盖了一座西式住宅，很幽静舒适。九一八事变后，恨水家眷也迁到安庆，我们又住在一起了。直到一九三三年他家眷回京时把我也带到北京，上了恨水先生及其四弟牧野先生创办的美术学校。这所学校，恨水先生在《我的写作生涯》中谈到是清名人裕禄的私邸，后为北洋政府总理姚氏花园。外表是中式古典建筑，富丽堂皇。内部住宅已改为西式。游廊曲折，庭院深深，花木繁茂。后院有假山池塘（用池塘土堆砌成山，嵌有太湖石，山上有座亭子，可以瞭望花园全景），园内树木参差、浓荫四蔽，环境十分富丽幽美。

我一人独住一间由洗澡间改成的卧室（从四壁白瓷砖中可以看出以前是洗澡间，甚宽大）。南窗隔一院，园内有数十株榆叶梅，北窗院内有数十棵海棠树，春天花期，灿如云锦。石壁瓷砖照耀得满室生辉。春夏之际常有游人来校观赏。

（七）勤奋笔耕，丰产作家。

恨水先生在美专任校长，每周给我们上一两堂文学课。每逢他讲课，大礼堂座无虚席。他讲古文，以他小说家、语言大师的才华，经过他丰富的想象力和艺术加工，使古文表达的意境——人、物、情、景栩栩如生，令人心领神会。比如他讲《洛神赋》，我们的思考就随着他的神思翱翔于洛水之滨。那洛神凌波而至，体态轻盈飘逸，容颜光彩照人，如在目前。他讲的《孔雀东南飞》也是他后来演绎成为一部故事小说的大意。他讲的古文，我听到的有数十篇之多，每篇都可以成为一部小说，这使我对古典文学产生了浓厚的兴趣。

恨水先生常住学校，校长室恰好与我的宿舍并排，中间只隔一通道。那是一所十分精致华美的院落。他在《我的写作生涯》中说："我的校长室又是最精华的一部分，把这房子作书房，那太好了。于是，我就住在学校里，两三天才回家一次……"那座院落没有围墙，只有游廊相隔。一排南房五间，汉白玉台阶，雕梁画栋，富丽而又典雅。里面二间是书房卧室，外面三间是客厅。书房与客厅之间由多宝格隔断（这五间房北方按间架算，照南方习惯称为一大间、一小间）。院内地面铺满水泥方砖，春、夏、秋三季摆满花盆，由花匠轮换。客厅有一偏门通过道，当初大约为佣人出入方便。恨水先生住过后，将这扇偏门锁住。但这扇门上半截是玻璃，只糊了一张白纸，日子久了纸已发脆，下角掉了一块。恨水先生整日坐在书房，精力都放在写作上，很少到客厅，所以没有发现。但这等于给同学们了解校长的写作生涯开了一扇窗口。住校学生每经过过道，莫不放轻脚步，怀着敬佩的心情看一下校长伏案写作的辛勤。尤其是我宿舍的门正对着那窗口，看见他终日埋头奋笔疾书，只有削铅笔时才抬一下身子。书案墙上安了一架手摇式旋铅笔刀的工具，每天落下一大堆铅笔屑。这对我实在是很大的鞭策。如果同学们到我宿舍聊天嬉戏，我总是指指对门窗口，让她们看看。一则怕她们大声喧哗，打扰了校长写作；二则勉励自己和同学要像校长那样勤奋学习。

恨水先生一生写作五十余年。写了长篇小说一百多部，还有散文近十集，诗词曲共两千多首及无数新闻文字，据初步统计共约三千万言以上，真是丰产作家。

他的一生处在历史巨变时代，经过辛亥革命，民国军阀割据、混战，抗日战争、解放战争至中华人民共和国成立。在他的浩繁著作中，都反映了每个时代的历史现实情况。对每个时代每个阶级阶层人民的生活状况、社会动态、思想情操，上至达官权贵、下至平民百姓都刻画入微。其中许多资料都可作为研究中国近代史的参考。古今中外许多伟大的著作如我国之《红楼梦》，法国巴尔扎克的《人间喜剧》等，也就是因为它真实地反映了当时社会各方面情况。所以他的著作《啼笑因缘》《夜深沉》等又拍成电影或电视剧，影响很大。

一九八八年在恨水先生家乡安徽省潜山县召开的“张恨水学术研究会”上，一致评价认为其平生写作之丰、艺术技巧之高、思想内容之健康、读者面之广、社会影响之大，可以比之为法国文坛之大仲马、英国之狄更斯，我认为这种评价是允当的。

（八）战火纷飞，追踪故人。

一九三五年冀北出现伪政府，“一二·九”爆发学生运动，父亲怕我参加学生运动被国民党杀害，托称母病危，急电召我回家。

一九三六年旧历春节后，父亲带领全家迁居芜湖。我母亲的病已由狂躁转为精神抑郁症，终日愁眉不展，沉默不语。我父亲为了解脱封建大家庭对我母亲的精神压力，认为要彻底治好她的病，必须改变环境。其次也是为了两个妹妹上学和我就业住在城市比较方便。我为了减轻父亲的负担，决定不再上学，要求父亲给我找份工作。不久，我就在芜湖一富豪家中当了家庭教师。每天两小时教他两个学龄前儿童，月薪三十元。两个孩子上学后，我就当了半年小学教员。一九三七年春到陕西省教育厅当了一名科员。

抗日战争爆发后，由于蒋介石政权腐败无能，日寇长驱直入，战火很快逼近芜湖。父亲只好带着母亲和妹妹返回家乡。他怕我一人在西安被战火隔断，回家安顿后，就由武汉赶到西安，要我在西安等待母亲和妹妹到西安住家。他一人只身前往甘肃武威找朋友胡抱一去了。其时胡在武威当专员，胡委我父亲以“视察员”职务。其时，张东野也在西北当县长。

七七事变发生后，恨水先生把家眷送回潜山老家。安顿后，只身到石牌（当时是安徽怀宁县一市镇，抗战后改为怀宁县政府所在地）。我堂兄一直在石牌开店，打问我堂兄找我父亲共商行止。知我父亲已去西北，他就由旱道到武昌，乘船到汉口入川了。一九三八年秋，我堂兄送我母亲妹妹到西安时，谈到恨水先生来找父亲的事。以后父亲来信也说到。可惜“劳燕分飞”未曾谋面。从此二人也就永别了。

我父亲去世后，东野、恨水先生都知道我去了延安。他们想到我父亲的妻儿流落异乡，经常汇些钱给我母亲。解放后二、三妹及堂侄找到我，都提到过此事，真是“爱屋及乌”啊！

我父亲平日与胡抱一谈到，他已年老，如有不幸，请葬我于兰州，将来我的孩子们可以到兰州我墓前来看看。胡遵照我父亲遗嘱，葬我父亲于兰州近城山下。抗日战争胜利后，东野先生把我父遗骨从兰州墓中取出，派在甘肃跟随我父工作的一位乡亲护送回安徽家乡安葬。遗骨运到安庆时，东野先生事先写信告知他和恨水先生的两个妹妹将遗骨安置安庆铁佛庵内，两家还举行了迎灵仪式。我一九八一年回家乡时，两位姑姑（东野先生的小妹耘野和恨水先生的大妹其范）还以为我是回乡替父母扫墓（正是清明前后）。我回家打听，堂兄侄们根本不知有此事。原来所托非人，那人为了贪图钱财（东野先生付了丧葬费数百元），到安庆回乡途中就将遗骨抛弃了。他本人及妻子也都死了。想到我父亲常勉励我们，要有志气，以四海为家，“埋骨何须桑梓地，人生到处有青山”，也就算了。

（九）惊闻我父逝世，在《八十一梦》中寄托哀思。

我父逝世后，恨水先生在《八十一梦》“天堂之游”一章中（122—125页）写道：

> ……见到了老友郝三（按，我父在家排行老三），我惊喜过望，抓住它身上的围带道：“我听说你在凉州病故了，心里十分难过，不想你已身到仙班……”我父亲道：“……玉帝念我一生革命，穷愁潦倒而死，按着天上铨叙，给了我一个言官做……当了一位灶神。”恨水先生道：“灶神上天，一本直奏。你那不苟的脾气，正合作此官。”（按，《辞源》注：“灶神常上天白人间罪恶。”）

又据东野先生生前谈话，说我父亲生前常爱抹黑脸装灶神，嬉笑怒骂逗乐朋友。

第124页又写：

郝三笑道："……我们这是清苦衙门，薪俸所入，实不够开支，就靠卖卖字，卖卖文，弄几个外快糊口。敝衙门虽无他长，却是文气正旺，诗书画三绝，天上没有任何一个机关比得上我们。另一好友张楚萍也在天上当灶神（张楚萍也是我父和恨水先生的好友），他也说："我们只是写字作诗的功夫，却可与天上各机关争一日短长。"

在这一段文章中，对我父人品学问的评价，不啻是一篇好的祭文。我父亲一生嫉恶如仇，为人耿直磊落，一生不愿在国民党政府中做官。他中年的名字就叫"梗人"。他所交往的朋友，无论在哪一节中都是倾向进步的。他自己的思想也是随着时代前进的。家中藏书有不少宣传马克思、恩格斯的小册子，以及《劳工》月刊、《新青年》杂志等，解放后我托堂侄送给我。当时组织上正在搜集这些书刊，我都上交组织了。一九三八年初他路过西安时，和我谈到国共合作抗日的看法，表示应该组织"联合政府"。共产党也要有权，有武器装备，有军费，才能通力合作，齐心御侮，不怕打不倒日本鬼子。可惜国民党一味顽固不化，不但组不成联合政府，反而封锁围困共产党，必须消灭之而后快。当共产党领导人民的力量取得了抗日战争的胜利时，他却峨眉山来摘桃子，又勾结帝国主义，要企图消灭共产党。

（十）告知子女，寻我踪迹。

一九四九年初，我进北京时在电话簿上找到了恨水先生的住址。当时他住在赵登禹路。我穿着根据地的军服去看他，进到他的宅子，这住宅只有南面有一排房子，北面是一片荒芜的院子，远不如他早年在北京的住宅了。我打问恨水先生在家吗？只听有人喊："来了女八路了。"我见一位头发斑白、气宇轩昂的老人站在门框内，他显然比过去苍老很多，但我一眼就认出是恨水先生，我上前叫了声“大叔”，说明我就是“郝样”。（我四岁就一直跟着父亲，父亲的好友都知我的小名叫“样儿”。）他老人家立时泪如雨下，泣不成声，让我进屋坐下，他当时腿已有毛病，行动不很灵活，坐下后他盖了一条厚毛毯，他说这两年总感到下肢发凉、麻木。我说可能是职业病，整天坐着写文章，血脉不通，要他多活动。（不料这就是中风的前兆，不久他就得了脑血栓，全身瘫痪。）他擦着眼泪点点头；说我父亲没有白培养我，我也没有辜负父亲的期望，走上了革命道路。他还说到他几次想去延安而没有去成的原委。我谈起他写的《八十一梦》在延安受到周总理在干部大会上的表扬，我在延安就看到了。谈到写我父亲的那段文字很感动。他一提到我父亲就流泪，说我父亲“少小革命、老大投荒”使人伤感。在那样地方医疗条件差，不到六十岁就去世了，没有看到今天革命的胜利，很可惜。我说父亲的死也未必是有病，他身体平素很健康，我在西安工作时，杜斌丞学生告诉我，是马鸿奎逼死的，当时胡抱一去四川开会，工作由我父亲代理。马鸿奎借口查赌，包围了专员公署，要搜查，其实是搞文件和枪支等，他的地盘是不允许汉人占据的。恨水先生说：“这很可能。你父噩耗是东野兄打电报告诉我的，也没有告诉我详细情况。”随后又谈了三家人的情况（包括东野先生），他给我看了他全家照相册，从中抽出一张他的近照送给我。他的大儿子小水已经工作，我去时不在家，他说，小水回来后要他去看你。我回机关后，就一直等着小水来，没有想到他来了几次都被门卫挡驾了（直到一九八一年我们见面时才知道）。我还以为是小一辈不愿与我们来往呢！谁知我走后他已患脑溢血。四月份我也调到天津去了。一九五一年调回北京时又接二连三地搞运动，一九五三年我爱人尚明同志被打成“反党集团”的骨干分子。以后每次运动都有他，我怕牵连亲友，都不敢来往了。恨水先生一九六七年去世时，正值“文革”，我们又遭灾难，还不知道他老人家去世的消息，既未再睹慈颜，也未亲自吊唁。真使我遗憾终生！

一九八一年，我忽然动了回家乡去看看的念头，我离开家乡已四五十年了。家乡还有一个胞妹和堂兄侄等，尤其故乡的山山水水时常令我魂牵梦萦。我想我已年过花甲，再不回去以后就不能动了。四月中旬我从北京动身，当我路过安庆时，恰巧见到了东野先生和恨水先生的两个妹妹，两位老人见了我，搂着我痛哭不已，还把我当作小孩，连呼：“我的儿，我们可见到你了。”还随手拿出一叠我小时的照片，因为我四岁就在她俩怀里滚大的。她俩见到我后，就分别给东野、恨水先生的后代写信，说找到我了。我由家乡到合肥，东野先生的长子羽白就在省银行等候着我（二弟羽军已去四川工作）。我们见面时说不尽的伤感。他告诉我他父亲为我父写了十余万言的传记，“文革”中文稿就被红卫兵抄走了。他父亲在“文革”中含冤死去。平反后组织上已给了他家一套单元楼房，他一定要我去看看，他也是有五个女儿的大家庭了。

回北京后，恨水先生在北京的四个子女我都见到了，说他们的父亲经常和他们谈到和我父亲深厚的友谊，并告诉他们“没有郝大哥，就没有我张恨水”（他太谦虚）。说明恨水先生之古道热肠，对朋友感情真挚深沉，他不但与我父亲之交情终生不渝，他还要他的儿女们找到我。

（十一）世世代代，友好下去。

我们三家上一代亲如骨血，三家家庭又长期生活在一起，下一代受上一代的熏陶教育，上一代真挚的友谊我们深受感动，在人与人之间的关系上也深受启发。

三位父亲的思想都是开明的、进步的。在他们的教导下，他们的“热爱祖国、勤奋学习、正直诚实、热情友爱”等美德，使我们终生难忘。

我们三家下一代都尊敬父亲，尊重三家父亲之间的友谊。他们的友谊至死不渝，是值得后人赞佩的。我们的心是相通的。在上一代打下深厚友谊的基础上，我们重秉承先人的遗志，世世代代友好下去。

1991.11 于北京

（此文原载于《张恨水研究会会刊》第 2 期）

［作者系张恨水生前挚友郝耕仁长女，原名郝漾（样），又名何建明。中国人民银行原储蓄局顾问、离休干部］

我同恨水先生的交往

谢蔚明

1940年的一个夜晚，在春意盎然的山城重庆，有一批即将奔赴抗战前线从事新闻工作的年轻人到新民报参观实习，其中有我。久闻其名的张恨水接见了我们。那时他在主编副刊《夜航船》（编者注：实为《最后关头》）。他很喜欢我们这些年轻人，说了些寄予希望的话。恨水先生讲话的口音，是不纯粹的京白夹杂着安徽方言。他把花草的“花”字念成“发”，使我这个安徽人听起来格外亲切。

一别十年，共和国诞生。我在北京担任《文汇报》的驻京记者。浦熙修告诉我：“张恨水中风了。”有一次，我与《大公报》记者子冈相约一道去探望他。那是北京的一个早春天气。他住在西城一幢大四合院的房子里，院子里种着花草。见面以后，我们为他已脱离危险期而高兴。但是，他的口角略有歪斜，步履蹒跚，比起重庆相识时憔悴多了。谈话当中，他告诉我们，党和人民政府对他很关心照顾，当时从中央到地方，干部一律供给制待遇，每月只有一二百斤小米，对他却破格优待，每月是六百斤。他表示很感激。那天他穿着一身灰色的半旧西装，没有系领带，白衬衣，看起来还挺精神，风度潇洒。

打从这次访问之后，我和恨水的交往与日俱增，成了忘年交。他是以卖文为生的人，一场大病，子女多，出于经济上的考虑，他把大四合院卖掉，在西河沿砖塔胡同另行购置了一处小四合院。家里原有的藏书也卖掉了。有一天我去他的新居串门，看到靠着北墙一个不大的书架上陈列着一部分小说著作，就说："恨老，你写了近百部小说，著作等身，怎么这里只有这点书？"他笑了一笑回答我："那都是过去的东西，没有保存价值，我不打算出全集，所以只剩下这一点。"

香港《大公报》潘际垌兄知道我和恨水熟识，就托我转请他为《大公报》写点什么。那时海外有些报刊，煞有介事地宣传张恨水生活潦倒、沦落街头。际垌很盼望得到恨水的作品在港发表，澄清谣言，并且希望他写新社会新人新事。他感到为难，理由是，闭门养病，足不出户，总不能闭门造车吧。于是际垌又托我和恨水商量，请他写些民间传说或是历史题材的小说，他同意了。这就是1952年起先在香港《大公报》副刊连载，后来印成单行本的民间传说《梁山伯与祝英台》《秋江》《白蛇传》，在海外产生很大的影响。这些书后来北京翻印出版，很为畅销。

张恨水的手稿，都是用铅笔衬上复写纸在红格子上书写的，写得很规矩，一式两份，他自留一份。因为铅笔写的不便排印，我又请人用钢笔抄过。他的手稿都归我装订成册保存着的，经过政治运动的大折腾，全部失落。

由于恨水的文名大噪海外，中国新闻社继《大公报》之后也请他写小说向海外发稿。他又陆续写了《孟姜女》《孔雀东南飞》《记者外传》……《梁山伯与祝英台》发表以后，稿费版税收入相当可观。有一天他很高兴地对我表示，要好好地请一次客。后来在康乐酒家订了一桌酒席，邀请了朱启平、潘际垌、上海《大公报》社长王芸生和我几个人吃饭。张恨水说他本来可以喝几杯的。中风以后，把酒戒了，现在只能以茶代酒，并请他的夫人向我们敬酒致意。

恨水写作勤奋，下笔快，大病初愈，以花甲之年重新执笔撰述，十年之间就完成12部小说。在老一辈作家中有这样高效率的还是少有的。

张恨水具有爱人以德的高贵品质，这是我从亲身经历当中体会到的。反右扩大化前夕，全国记协开会，他以老报人身份应邀出席，我和他坐得很近。当主持会议的人征求大家发言时，许多人举手报名，我刚举手，觉得身后有人在扯我的衣服，回头一看，正是恨水，瞪着一双眼睛紧盯住我，还示意地轻轻向我摇头。我虽然心领神会，当场没有发言，但后来还是进入扩大化行列。有一天在东交民巷路口等候公共汽车，赶巧遇见恨水也在站头等车，他看到人多，低声地用严肃的口吻对我说："那天我不叫你发言，因为我有一种不幸的预感。现在你看怎么样？"我能回答他什么呢，说我愚蠢么？我什么都没说，只是苦笑地点了点头。本来我们曾经相约找个适当的机会，结伴回到安徽一游，他还一再邀我登天柱山，一览他故乡的名山佳胜，这一愿望不但永远成为虚幻，而且更没有料到那天车上一见竟成永诀！

（原载《世纪行》1994年第10期）

（作者系《文汇报》高级记者）

拜见张恨水先生

吴泰昌

记忆时而活跃时而沉睡，在某种特定的环境里，受某种因素的挑拨，活跃的记忆会更活跃，沉睡的记忆会苏醒活跃起来。我有这种人生体验。

去年10月，"迎驾文学笔会"安排我们在潜山县停留了两天。除天柱山外，作家同行们话题最多的就是关于作家张恨水了。

至于张恨水先生，我曾拜见过一次。虽然已隔四十多年，但至今记忆犹新。1958年，北大中文系三年级学生在集体编写《中国文学史》的同时，又着手编写《中国小说史稿》《中国现代文学史》，这几项活动我都参加了。由于写作上的需要，我设法打听到了张老家的住址，并且获知他自1949年中风休养后已逐渐恢复，并开始动笔了。近中午，我从学校坐汽车到动物园，步行到西四,四处打听找到砖塔胡同他家那座小四合院时，已近三点。好在当年年轻体健，不感觉劳累。张老安静地坐在一张椅子上闭目养神，对贸然造访的不速之客，他没有明显的反应，只睁开眼睛示意请我坐下。我说明来意，想听取他关于章回小说和他自己几部通俗小说的看法，他沉默不语。我以为他在思考，像老师准备给学生讲课一样，但等了长久，他仍是不开口。当我告他我很喜欢读他的《啼笑因缘》，他开口了，他摇摇手说：随意写的东西，不值得你花时间去看。那天问我此行的收货如何。我无言相告，脑子里留存的只是他的沉默和院落的冷清。前些年，我在成都向我的大学同学、戏剧评论家张羽军提到这次拜见恨水先生的事，他笑着说，主要不是因身体不好，他是有顾虑。由此我想到，北京其时创办一份普及文学知识的杂志，编辑约我写稿，我曾想写篇谈《啼笑因缘》主题社会意义的文章，编辑说等向领导汇报后再定这个选题，从此未有答复，不了了之。现在回想起来，姜还是老的辣。张恨水毕竟久经沙场，谙知气候的冷暖，什么时候该开口，可动笔，什么时候可开口，该动笔，他心中有数。看来我唯一一次见到张老时他的沉默不语，正赶上不该开口的气候，他有顾虑是正常的。羽军是他的亲侄，对他的了解自然是深切的。

1988 年，第一次张恨水创作研讨会在潜山县召开。我编发会议综述在《文艺报》发表时，发现学术界对张恨水这位创作数量惊人、社会影响广泛的通俗小说大师的评价正在趋向公允。我想是张老该开口的时候了，遗憾的是，1967 年他早已凄凉辞世。

1994 年我去安庆参加一个会议，应黄梅戏新秀韩再芬的邀请，去他的老家潜山县玩了一天。当地主人热情地陪我去参观刚刚落成的张恨水纪念馆。他们说：天柱山下次再去，这次去看看张老的纪念馆。这正合我的心意。当时馆藏还不够丰富，但能让人比较全面地了解张恨水创作的一生，观赏到昔日他创作的辉煌。2000 年 10 月再去参观时，馆藏内容就丰富充实多了。老舍对张恨水的评价：“恨水兄就是最重气节、最富正义感、最爱惜羽毛的人。所以，我称他为真正的文人。”令人对张恨水先生倍加敬重。在展出的一张照片上，张恨水的衣服上划了一个箭头，说明：“张恨水身上穿的呢料上衣是毛泽东主席所赠。”据知，这是抗日战争胜利后不久张恨水在重庆时的事。毛泽东托周恩来送给张恨水一件延安自制的蓝呢上衣，同时还送了红枣、小米，张恨水解放后曾穿过这件上衣外出开会。说实话，看到这张照片，联想起我见到张恨水时的情景，油然而生的是欲哭不能的心酸。

人生如潮汐，起起伏伏，有过的辉煌或活跃，或沉睡在人们的记忆中。这是我体验到的人生百味中的一“味”。

（本文选自学林出版社 2009 年版《和文学大家》一书）

（作者长期从事文艺报刊编辑工作，系《文艺报》原副主编、编审）

张恨水的那个黄土岭

陈寿新

“张恨水，潜山黄土岭人。”1959年，由于总理周恩来的关心，这位曾叫“心远”、谱名“芳松”、弱冠以“恨水”自励，一生手耕笔耘三千余万言的“民国第一写手”被聘中央文史研究馆馆员时，用狼毫亲笔如此书写自己的履历。当写到“黄土岭”时，我不知道他当时手是否有刹那的颤抖，可我每次携妇将雏来到这里总是情怯；这就是黄土岭，埋我胞衣养我长大的黄土岭，也曾是张恨水的黄土岭。

双亲在，年关我就不能不回黄土岭。单身汉时自不必说，成家了，就得拖家带口。女儿大了，翻我书架上《金粉世家》了，我觉得应该对她讲讲属于我也属于张恨水的黄土岭，她嘴巴连着眼睛很夸张：哇噻！真的？

老人称呼的“黄土岭”，是个行政村，其实早就改名称为黄岭了。

女儿一直视到黄岭为畏途，她晕车，且属翻江倒海类，我则视不能携女回黄岭为畏途，论情，若不携之，相识的十有八九打招呼就会问：小伢么莫事没家（ga）来哟？接下来才会拉着你的手说：到我家坐坐，喝滴（音）茶，吃滴瓜子。你若真的坐下来喝茶嗑瓜子，没看住主妇，她一转身就会煮上三个糖鸡蛋，汤汤水水正冒着热气端上来，要看着你吃下去：家里生的鸡子，你莫要做客。

这是乡情，安徽潜山余家井老岭头黄土岭割不断的乡情；这是乡音，潜（山）怀（宁）方言区特有的且把《天仙配》唱得满世界跑的乡音。

这也是张恨水的乡情，张恨水的乡音。

怀揣黄土岭的乡情，带着黄土岭的乡音，张恨水靠着手中的笔走出黄土岭，毕生创作了一百二十余部中、长篇小说和大量的诗歌、散文和杂文，三千多万言，这是何等壮丽的生命旅程。因张恨水作品一时洛阳纸贵，当时还有许多文坛“李鬼”假托其名发表低俗作品，寄生于他还让他背着黑锅，至今一提张恨水仨字，还有人只能想起言情的鸳鸯蝴蝶派。有这样一个笑话：张恨水坐在麻将桌上，左手摸牌，右手写稿，牌和了，一篇稿子也成了，顺手将钱交给一旁等着索稿的报社伙计，人家不接，才发现错了。笑话只当笑话，张恨水只能靠笔稼穑养活他一家子，还不至于傲慢到如此地步，但他同时给几家报纸写连载却是事实，报社那边“等米下锅”，他这厢同时构思创作四五部小说，人物故事情节皆互不穿帮，三教九流、市井生活都是那样的惟妙惟肖，呼之欲出，让人不能不叹服这位写手的奇才，有的长篇小说连载四五年，他也写了四五年，前后故事不乱，一大批读者每天在某个时间段热巴巴地等着报纸，他用笔牵引着一个时代，他和他们同悲同喜同恨，其中不乏达官贵人小姐太太，但更多的是普通市民，连鲁迅母亲也成了粉丝，打趣说自己的儿子就写不了张恨水那样的东西，鲁迅这位大孝子只得求购张恨水的作品给老太太。诚如老舍先生言：张恨水是中国真正妇孺皆知的老作家。

黄土岭其实无岭可言。相对于张恨水当年逃婚躲过的天明山和隔川相望的十八里长岗，她只能算田畴间的小土包，张姓储姓杂居，形成长百余米、宽不足五十米的丁字形街道。上世纪六七十年代，街道的中心位置是由储家祠堂改置的黄岭小学，张恨水故居紧邻学校，张恨水当年闭门苦读的老书房早已改作它用，塌圮的院落也没了桂花树，倒是门前的半亩方塘在柳枝的垂拂下显得有些生机，出入故居的已是他的侄、孙辈。小学五年，我每天都要穿过金庄银庄来到这所谓的“黄岭街”，不清晰地记得是否曾踏进张家那个老宅院，倒是那屋脊上湿湿的青青的一簇簇瓦松，常被幻想成是一棵棵大树，也许小鸟在那儿做窝，也许躲进去能好好地玩玩捉迷藏。上三年级，该写大字了，就要从那口水塘里提水研墨，不曾想到怎样好好习字，倒是常琢磨用石子如何打出更多的水漂漂，运气好的话还能击中某个跛脚的鸭子。那年月，大人们提到张恨水的时候语气总是变成了轻轻的，除了徒增我们的神秘感，不会觉得张恨水比生产队长威风，生产队长噘起嘴巴使劲地吹起哨子，男男女女就得走出家门“上工”了。

不比生产队长“威风”的张恨水，却被誉为中国的巴尔扎克。当然这是我走出黄土岭以后才知道的事了。有称张恨水为中国狄更斯的，还有冠之为中国大仲马。文章千古事，得失寸心知，不知道张恨水是否同意送给他的帽子，文学批评是文艺评论家的事，他们也要吃饭，如同曹雪芹自己喝粥身后却养活着还将继续养活成千上万个教授一样，张恨水自己是没有发言权的。张恨水就是张恨水，那个来自黄土岭的张恨水，我想他在写作的时候不会想到什么巴尔扎克、狄更斯和什么大仲马，他的作品在现代作家中至少在数量上无人能比肩，是因为他只有用手中的笔养活自己和家人，除建国前后因突患中风，丧失写作能力，担了个文化部顾问这个不问事的虚职，按月领600斤大米，吃了几年“干”粮外，他是真正靠笔来生活的。好像巴金老人说过：他是中国真正的文人。

很长一段时间，人家一提张恨水我就莫名的羞怯，尽管我也生在张恨水的那个黄土岭，如假包换的黄土岭，尽管也曾在叫老虎包的张家祖坟山上放过牛，也曾趴在张恨水父母张钰戴氏和祖父母张兆甲汪氏墓碑前数他有几个兄弟几个叔伯，尽管也在张恨水老书房边神圣地跟着老师念着“毛主席万岁”，也曾和他侄孙女同桌，也许和他的另一个堂侄孙打过架，尽管老书房那一亩方塘时而迷离在梦里，我却羞怯，潜意识里莫名的羞怯。是怕别人说张恨水六岁时才回到那个黄土岭，我弱冠也就不在那儿过活？还是因为自己偶尔也拿笔写点东西怕别人联想点什么？我想我羞怯也许源自一次真实的不羞怯：1983年暑假，我走访过一些看到过、听说过张恨水其人、其事的老人和张氏后人。动因可能是由于自己说过我和张恨水是乡梓，也许是因为当时现代文学史教科书上对他只是一笔带过鸣不平而和人家争论过，也许想干点什么或自认为能干点什么，我不羞怯地去问看着我何时才不穿开裆裤的老人们，还假模假样地拿着纸和笔，不管他们是否刚从田里拔出脚。第一次知道张恨水走出黄土岭时，还有些伤感还怀着屈辱。他十七岁时，家庭发生变故，作为长子，重担一下子落在这个“肩不能挑手不能提”的“书瘫子”身上，他曾不清楚家里水田的边界而放错水，他曾长时间对着花草树木发呆有时嘴里还念念有词，他曾因为邻里纠纷被人指着鼻子骂作“胞衣”（家乡骂人很恶毒的用语，意指一无是处的废物）。这个“书壅子”就只好成天关在老书房里“大门不出二门不迈”，唯一不“壅”的地方倒是他“发明”了把露在衣外的手脚尽可能地放在水盆里，这样蚊子咬不着，他的侄孙沿袭了这一“发明”，恢复高考即考取了浙大。在那间老书房，“书壅子”闭门两年，啃完了张家藏书几大厢，打下了极为扎实的国学基础，一些老人们夸张地比划着书厢大小，至于是些什么书，他们却说不出个子丑寅卯。特别是张恨水堂侄张鹏英老先生给予了我很多的帮助，老人家不怕误了田事，说着张恨水还边我爷我爹的理着辈分（老家爹是爷的父亲，祖父称爹，父亲叫大叫爷叫伯可混着叫，就是不兴叫爸爸，谁要是“山里猴子装马叫”喊“爸”的，说不准当头就是一“爆栗”），还引起他儿子的不满。作为同学，毕竟我用不着天天在家“扒泥巴”了，我不知可作出过什么承诺，印象中老人家的眼睛里满是期待。回校后，我整理出张恨水少小的逸闻轶事投寄《艺某（只能用此指代）》杂志，寄出时是背人的，小偷般，收到回信说是可以刊用。背不了人了，也有可能是主动的，包括对女生，那可是我第一次收到可能刊用编辑部的来信，于是心里数着日子巴巴等，等到的是内容似曾相识的文章，署名却不是我。接下来的日子我就羞愧起来，是为了张鹏英等老人的眼睛，还是？于是对张恨水这名字也莫名羞怯起来。如今，那本杂志好像停办很久了，今年张老该有八十好几了吧，听说眼睛也几近失明了。

无考张恨水是否认同“书壅子”。但作为真正著作等身的章回小说大家，如日中天的时候，他认为自己是书生，且说自己“百无一用”，离开黄土岭回眸的瞬间，也许他噙着屈辱的泪水。但他梦萦着故土，老家来人，他总是要问问黄土岭，他家老书房，还是桂花树，他多部作品以“潜山人”“我亦潜山人”“天柱山人”署名。

大年初三，携女爬上我当年放牛的老虎包，岁交雪灾，张家祖坟向阳，雪化得快，但枯草里还有星星点点的残雪。老家有年前上坟山祭祖习俗，以前是把故人请回家，现在简单了，或大年或小年要在祖坟上给先人烧点纸钱，放点鞭炮算是告知了，对这一年俗张恨水有诗：

廿四风晴好晚天，家家坟上响千边。
灯笼燃烛门前挂，迎接先人过小年。

雪地里，张恨水祖坟没有烧纸钱的痕迹，看样子，无人“迎接先人过小年”，也不知恨水先生在哪儿过年，在四周一堆堆纸灰前，张家祖坟不免显得有些凄凉。我拾得两根半截烛，燃之，靠在恨水先生父母墓碑前。女儿提议，我们三鞠躬，对养育恨水的父母，也为一代文学巨匠。本想对女儿说说毛泽东在重庆谈判时曾单独会见过张恨水，和他谈起过爱情文字，张恨水和另一著名作家无丁点爱情八卦，看到孩子她娘对我俩装模作样掩嘴，我把后面的故事咽了进去。回望山脚下“大跃进”时修建的长春水库，她锁住东逝水，不知恨水先生是否还再叹“自是人生长恨水长东”。

（原载 2008 年第 4 期《散文百家》）

（作者系中国作协会员、池州市作协副主席、九华山佛教文化研究会常务副会长）

黄土岭思贤

黄骏骑

黄土岭，一个中国乡村再普通不过的地方，只是因为与黄土书屋联系在一起，与张恨水联系在一起，才声名远播，在文学长河中留下印记，常被人们提起。一九一九年二月，二十四岁的张恨水就是从黄土岭走出，从黄土书屋走出，走向芜湖、南京、重庆、上海、北京，走向报界，走向文坛，成为一代报坛巨匠、小说大师的。

在最是橙黄橘绿时的深秋季节，我来到潜山县岭头乡黄岭村，拜谒张恨水先生的故居黄土书屋。先生故居何时所建，不得而知，距今百年以上，大概不容置疑。说不上沧海桑田，时过境迁倒是事实。同行的岭头乡党委书记杜象平介绍，故居经其后人多次改建已不复存在了。我们现在能看到原貌的，只有池塘、墙基、后院的石头墙。池塘呈椭圆形，面积不足两亩，四周是用方圆不一的石头砌成的塘埂。塘水既可洗漱食用，又浇灌下方农田。这也就是千百年来农民赖以生存的当家塘吧。老房的屋基犹在，从这里可以想象得出故居当年的轮廓。耳门外后院用黄土和泥，圆滚滚的石头垒成的墙还是当年的样子，也就一米多高，石头上长满青苔，很久没人动过。墙至今不曾倒塌，得益于上面爬满的青藤。藤的茎很粗很粗，足见年代久了。叶子碧绿碧绿的，长得旺盛。见不到黄土书屋，心中怅然。还是听听张恨水自己是怎样描述“老书房”的吧：“这屋子虽是饱经沧桑，现时还在，家乡人并已命名为‘老书房’。这屋子四面是黄土砖墙，一部分糊过石灰，也多已剥落了。南面是个大直格子窗户。大部分将纸糊了，把祖父轿子上遗留下来的玻璃，正中嵌上一块，放进亮光。窗外是个小院子，满地青苔，墙上长些隐花植物瓦松，象征了屋子的年岁。而值得大书一笔的就是这院子里有一株老桂树，终年院子里绿茵茵的，颇足以点缀文思。这屋子里共有四五箱书，除了经史子集各占若干卷，也有些科学书。我拥有一张赣州的广漆桌子，每日二十四小时，曾有一半时间在窗下坐着。”（张恨水《写作生涯回忆》）张恨水十八岁时，父亲以三天的急病而去世，辍学随母亲从江西回潜山老家，在黄土书屋“自修自写，奠定了毕生的职业”。

在黄土书屋遗址，抚摸着后院墙顽强生长的青藤，我看到了先生在黄土书屋读书的不倦身影。我曾聆听过著名作家吴祖光对张恨水的评价。一九九七年十一月，在北京召开的“张恨水与中国通俗文学研讨会”上，吴祖光神采飞扬，充满敬意地回忆起自己在重庆与张恨水先生交往的情景。他说：“在重庆那个时代，我们同在新民报工作。他住在南温泉，我到他家去过一趟，发现他写作的方法很特别。他的书房很简陋，书桌也不大，面对着墙壁，墙壁上有块木板，木板上有十多个钉子，每个钉子上拴着一条绳子，下面挂着一个本子。假如有十个本子的话，那就是他同时在写十部小说。每个本子前面有小说的人物表，后面记下小说的情节写到什么地方。这样做，是为了免得写乱了。一个作家，在同一时期内写几部、十几部小说，不仅现在没有，古代也没有，古往今来，我看没有第二个。在中国文学史上有这样的奇才奇能，张恨水可能是唯一的。”我不敢断定吴祖光这个评价是否公允，但张恨水一生写了三千万言，成为著作等身的通俗小说大师，是不争的事实。张恨水何以“像个魔术师”一样，文思敏捷，下笔如神呢？我们在黄土书屋完全可以找到答案。

在黄土书屋，他足不出户，闭门苦读。从清晨到深夜，吟哦之声，朗朗不绝。在乡亲们世俗的眼光里，他是个“百无一用的书呆子”。夏天，炎热多蚊蚋。农村人习惯早睡，每到天一黑，所有的房间都熄灯了，只有黄土书屋里亮着。张恨水独对孤灯，把卷夜读。蚊虫见了灯亮，一齐扑向他，咬得浑身是包，痛痒难忍。于是，他就用一个大木桶装满了水，把双脚泡在木桶里，蚊虫奈何他不得，他也就可以怡然自得地读书了。他幼年酷爱词章，几乎过目不忘，到了晚年仍能一字不漏地背出《古文观止》的许多篇章。当他读了南唐后主李煜的《乌夜啼》：“林花谢了春红，太匆匆，无奈朝来寒雨夜来风。胭脂泪，相留醉，几时重，自是人生长恨水长东”，从中悟到了光阴的可贵，于是就截取了“恨水”两字作为他十七岁时第一次投稿的笔名，告诫自己，不要让光阴像流水一样白白流逝。

在黄土书屋旧址上，一块弃之不用的石磨，吸引了我的目光。看到石磨，我想到张恨水先生说的一席话：“我是个推磨的驴子，每

日总得工作。除了生病和旅行，不工作，就比不吃饭都难受。”（张恨水《写作生涯回忆》）

（原载 2004 年 2 月 20 日《安徽日报》）

（作者系安徽省张恨水研究会副会长）

恨水新故居参观记

王张应

丁酉年春节前回到了家乡黄土岭村，听到一个令人振奋的消息：张恨水故居落成。

消息来得有些突然，却不意外，想想也必然。说它突然，去年间几次回到了黄土岭村，并没有听说张恨水新故居正在兴建。说其必然，是因为让张恨水有故居，在张恨水的家乡是人心所向，且期盼已久。

话说至此，不得不还原一段历史，即张恨水故居从有到无，而后又无中生有的过程。

其实，张恨水的出生地，并不在安徽省潜山县的黄土岭村。这里只是他的祖居地，他本人出生于江西。父亲在江西做过小官，张恨水的童年和少年时代在江西度过。其间，张恨水也曾多次回到原籍黄土岭，住在祖居老宅里。张恨水很喜欢黄土岭的老宅子，尤爱那间窗外有棵桂花树的老书房，那便是张恨水笔下的“黄土书屋”。他对“黄土书屋”念念不忘，多次在文章中写到了对“黄土书屋”的怀念，那里曾经孕育了他的文学梦想。如今，在潜山县城西北隅的章法山上张恨水陈列馆里，在省会合肥市滨湖新区安徽名人馆里，在北京中国现代文学馆里，都还能见到张恨水“黄土书屋”的老照片。

面对那张老照片，一点都不觉陌生，感到似曾相识。对老照片上那个地方，真是太熟悉了。上个世纪七十年代前半段，几乎天天都会到那个地方。因为，那里曾有黄土岭小学校。那些年，全村的孩子都在那里上学。校舍是一所破旧的古祠堂，系储氏宗祠，当地储姓人氏颇多。当年，张恨水还曾在那座祠堂里上过私塾，被一位储姓塾师发现少年恨水是一个少见的人才，读书过目不忘。在祠堂和恨水祖居老宅之间，隔着一口麻石砌岸的清水池塘。祠堂在池塘的东岸，恨水祖居老宅在池塘的北岸。在上个世纪六七十年代，黄土岭村那一带的民房几乎一色的黄土砖墙。所以，见到了恨水老书房的旧照片，便以为自己曾经见过了储氏宗祠边、清水池塘北岸的那间“黄土书屋”。

其实，不然。在黄土岭小学校上学期间所见，已然不是张恨水的“黄土书屋”了，虽都是黄土砖墙。当年，张恨水在北京立足之后，旋即把母亲和弟弟妹妹们一大家子人全接到了北京，祖居老宅子便空了下来。直到抗日战争爆发后，张恨水才匆匆忙忙将母亲和他的家眷送回了老家，以避战乱。抗战胜利后，张恨水与母亲及他的家人久别重逢，却不是在黄土岭的老宅子里，是在安庆城里。房子必须有人居住。那种黄土砖墙的房子，若不沾染人气，便无活力，支撑不了多久，会在一场雨后坍塌下来，沦为一堆废墟。后来，吾辈所见，已经是在张恨水祖居原址上，别的村民兴建的住宅了。早些时候，一直心犹不甘，不信此地真无恨水故居。直到新世纪以后，张恨水祖居故址附近，全不见了先前的黄土砖墙瓦房，取而代之的是些两层三层的小楼。这才彻底意识到，张恨水的祖居老宅子真的不在了。

突然听说，由政府出钱村里出面，迁走了后来在张恨水祖居原址上建房的居民，新建了张恨水故居，心里便有一股按捺不住的激动。是在大年三十中午时分到的家，吃过午饭，便由二弟做伴，从家里出发，步行去张恨水故居。不到一千米的距离，且是水泥路面，行走方便，走走也就到了。孰料，第二天，也就是大年初一，作家朱晔，一位安庆望江籍、在北京工作的朋友，发来微信说，他正在从北京开车返乡的途中，很快经过潜山县，想过来看看张恨水故居。驱车千里，又是春节当日，作家朱晔一定是归心似箭了，还能绕道几十公里来看张恨水的故居，这种心情让人感动。他到的时候，已是傍晚五点多钟了，为赶时间，来不及先领客人进屋喝口热茶，就直接去了新落成的张恨水故居。故居还没有成立管理机构，没有专门的工作人员，怕天黑了找不到人开门，会让远道而来的客人扑空而失望。两天之内，两次去看张恨水故居，该是那两天去得最勤的人吧。

新建成的张恨水故居，是一所名副其实的“故居”。看起来，它就像先前的某个时代这里曾经有过的这样一户人家。据说，除了砖瓦等建筑材料略带些现代元素之外，在建筑风格上，故居还是最大程度地保持了张家老宅子本来的特征。

故居坐北朝南，是一幢灰砖黛瓦的旧派平房民居。门前，有一方青石板铺面的小广场。故居规模不大，前后两进，每排五间房子。

中间有个长条形的天井，供采光和下水用，体现了旧时皖西南地区“四水归堂”的居家理念。进了故居，先找张恨水的书房，对张恨水的书房存有很深的阅读记忆。书房在前排，大致照顾了张恨水文字中有关“黄土书屋”的描述：“南面是个大直格子窗户”，窗外“有一棵桂花树”。当年，“黄土书屋”窗外的那棵桂花树，给张恨水的印象实在太深了。甚至，连他的笔名“恨水”，也因这棵桂花树而来。面窗观树，季节在眼前更替，“林花谢了春红”之类的自然现象，让多愁善感、心若游丝的年轻张恨水，产生了“自是人生长恨水长东”的感慨。那一年，张恨水才十七岁。在他的父亲因患急病突然去世之后，他随母亲从南昌回到了原籍黄土岭。那段时间里，苦闷的张恨水把自己关在那间老书房里，终日用功读书作文。张恨水后来回忆说，窗外的桂花树，“增长了我不少的文思”。实际上，张恨水的文学创作正是起始于老书房，他在老书房里就作了好几部小说，一部是章回体小说《青衫泪》，一部叫《紫玉成烟》，还有一部叫《未婚妻》。此外，还有一篇笔记，题目就直接与窗外那棵桂花树有关，叫《桂窗零草》。

后排有一间堂厅，余下的是几间卧室。张恨水母亲戴氏的卧室，还有张恨水和他二弟张啸空的卧室，都在后排。在吾乡，村民看待宅院里的房间顺序，如同酒席上的座次，以里边为上，尤以东北角处为最大，归长兄居住。恨水是孝悌之人，特别孝敬母亲，十分爱护弟弟妹妹。家里的房间排列分配，定是由母亲做主。堂厅里，悬挂着一块牌匾，题名“百忍堂”。牌匾的下方是一幅中堂。画上，有松，有竹，有梅，是一幅《岁寒三友图》。两边的对联曰：“欲知世味须尝胆，不识人情且看花。”看花，就看梅花吧，梅花香自苦寒来。很明显，这幅中堂的意义就在于教人如何做人了。如此图文，虽寻常可见，在那个时代它出现于黄土岭这块乡野之地，还是彰显了张恨水良好的家风家教。至此，会让人想到，人的成功不会无缘无故，除了他后来的刻苦努力，在很大程度上取决于他从小所接受的教育。

来张恨水故居之前，心里怀着一种十分隆重的崇敬之情。看过故居之后，说句实在话，心里面似乎有一点小小的失落。当年，这位被广大读者誉为“中国的大仲马”“民国第一写手”，一生创作了一百多部中、长篇小说，著述三千多万字的现代通俗文学大师张恨水先生，在他的身后，新建的故居竟是如此简朴平常！

回头一想，似乎又明白过来了。恨水先生向来作文高调，做人却很低调。在世人眼里，恨水先生最是一个“爱惜羽毛的人”。此语最初出自现代著名作家老舍先生之口，当年在一次公开场合，老舍先生对“恨水兄”做过如是评价。张恨水其人，向来重情重义，一身正气，始终坚持“流自己的汗，吃自己的饭”。曾经的一些人，只会说张恨水是“鸳鸯蝴蝶派”，却不知道张恨水是一位“国如用我何妨死”热血沸腾的爱国文人。在抗战开始后，他曾经打算放弃文学，放弃办报，进到大别山中，去跟着他的堂兄一起打游击。准备以他那无缚鸡之力的双手持枪弄炮，抗击日寇，保家卫国。

恨水的一生，有过富足，也有过困窘。无论贫富，节操不移。他曾经拍着自己的胸脯，十分自豪地对着自己的良心，吟诵出明白如话的朴实诗句：“卖文卖得头将白，未用人间造孽钱。”

乡人听得懂，且很喜欢张恨水的这句话。仅凭这句话，在家乡黄土岭，在乡人心中，张恨水永远拥有他的一席之地。家乡人会像爱惜自家房舍那样，爱护张恨水的新故居；像爱惜自己的“羽毛”那样，爱戴乡贤张恨水。

恨水精神，永驻故里。

2017 年 2 月 5 日于合肥

（作者系诗人、作家，现居合肥，供职于银行业某金融机构）

《啼笑因缘》序言

严独鹤

我和张恨水先生初次会面，是在去年五月间，而脑海中印着“小说家张恨水”六个字的影子，却差不多已有六七年了。在六七年前（实在是哪一年已记不清楚），某书社出版了一册短篇小说集，内中有恨水先生的一篇著作，虽是短短的几百个字，而描写甚为深刻，措词也十分隽妙，从此以后，我虽不知道“恨水”到底是什么人，甚至也不知道他姓什么，而对于他的小说，却已有相当的认识了。在近几年来，恨水先生所作的长篇小说，散见于北方各日报；上海画报中，也不断地载着先生的佳作。我虽忙于职务，未能一一遍读，但就已经阅读者而论，总觉得恨水先生的作品，至少可以当得“不同凡俗”四个字。去年我到北平，由钱芥尘先生介绍，始和恨水先生由文字神交结为友谊，并承恨水先生答应我的请求，担任为《快活林》撰著长篇小说，我自然表示十二分的欣幸。在《啼笑因缘》

刊登在《快活林》之第一日起，便引起了无数读者的欢迎了；至今虽登完，这种欢迎的热度，始终没有减退，一时文坛中竟有“《啼笑因缘》迷”的口号。一部小说，能使阅者对于它发生迷恋，这在近人著作中，实在可以说是创造小说界的新纪录。恨水先生对于读者，固然要表示知己之感；就以我个人而论，也觉得异常高兴，因为我忝任《快活林》的编者。《快活林》中，有了一个好作家，说句笑话，譬如戏班中来了个超等名角，似乎我这个邀角的，也还邀得不错哩。

以上所说的话，并非对于恨水先生“虚恭维”一番，更非对于《啼笑因缘》瞎吹一阵。恨水先生的自序中说，要讲切实的话；而我所讲的，也确实是切实的话。不过关于此书，我在编辑《快活林》的时候，既逐日阅稿发稿，目前刊印单行本，又担任校订之责，就这部书的本身上讲，也还有许多话可说。话太多了，不能不分几个层次，现在且分作三层来讲：一、描写的艺术；二、著作的方法；三、全书的结局和背景。

描写的艺术

小说首重描写，这是大家所知道的。因为一部小说，假令没有良好的描写，或者是著书的人，不会描写，那么据事直书，简直是“记账式”的叙述，或“起居注式”的记录罢了，试问还成何格局，有何趣味？所以要分别小说的好坏，须先看作者有无描写的艺术。讲到这部《啼笑因缘》，我可以说是恨水先生在此书上，已充分运用了他的艺术，也充分表现着他的艺术。现在且从全书中摘出几点来，以研究其描写的特长。

甲、能表现个性。中国的旧小说，脍炙人口的，总要先数着《红楼梦》《水浒》《儒林外史》这几部书。而《红楼梦》《水浒》《儒林外史》的第一优点，就是描写书中人的个性，各有不同，才觉得有作用，才觉得有情趣。假令《红楼梦》上的小姐丫鬟，《水浒》上的一百零八位好汉，《儒林外史》上的许多人物，都和惠泉山上的泥人一般，铸成一副模型，看的人便觉得讨厌。不但不能成为好小说，也简直不成其为小说了。《啼笑因缘》中主角，除樊家树自有其特点外，如沈凤喜，如关秀姑，如何丽娜，其言语动作思想，完全各别，毫不相犯；乃至重要配角，如关寿峰，如刘将军，如陶伯和夫妇，如樊端本，也各有特殊的个性；在文字中直显出来，遂使阅者如亲眼见着这许多人的行为，如亲耳听得这许多人的说话，便感觉着有无穷的妙趣。

乙、能深合情理。小说是描写人生的。既然描写人生，那么笔下所叙述的，就该是人生所应有之事，不当出乎情理之外。（神怪小说及一切理想小说，又当别论。）常见近今有许多小说，著者因为要想将情节写得奇特一点，色彩描得浓厚一点，便弄得书中所举的人物，不像世上所应有的人物；书中所叙的事情，也不像世上所应有的事情——《啼笑因缘》却完全没有这个弊病。全书自首至尾，虽然奇文迭起，不作一直笔，不作一平笔，往往使人看了上一回，猜不到下一回；看了前文，料不定后文。但事实上的变化，与文字上的曲折，细想起来，却件件都深合情理，丝毫不荒唐，也丝毫不勉强。因此之故，能令读者如入真境，以至于着迷。

丙、能于小动作中传神。近来谈电影者，都讲究“小动作”。名导演刘别谦他就是最注意于小动作的。因为一部影片中，单用说明书或对白来表现一切思想或情绪，那是呆的；于“小动作”中传神，那才是活的。小说和电影，论其性质，也是一样：电影中最好少“对白”而多“动作”，小说中也最好少写“说话”而多写“动作”，尤其是“小动作”。若能于各人的“小动作”中，将各人的心事，透露出来，便格外耐人寻味。试就本书中举几个例子：如第三回凤喜之缠手帕与数砖走路；第六回秀姑之修指甲；第二十二回樊家树之两次跌交；又同回何丽娜之掩窗帘，与家树之以手指拈菊花干，俱为神来之笔。全书似此等处甚多，未遑列举，阅者能细心体会，自有隽味。恨水先生素有电影癖，我想他这种作法，也许有几分电影化。

著作的方法

有了描写的艺术，还须有著作的方法。所谓著作的方法，就是全书的结构和布局，须于未动笔之前，先定出一种整个的办法来。何者须剪裁，何者须呼应，何者须渲染，乃至于何者须顺写，何者须倒叙，何者写反面，何者写正面，都有了确定不移的计划，然后可以挥写自如。《啼笑因缘》全书二十二回，一气呵成，没有一处松懈，没有一处散乱，更没有一处自相矛盾，这就是在“结构”和“布局”方面，很费了一番心力的。也可以说是“著作的方法”，特别来得精妙。此外还有两种特殊的优点，也不可不说。

甲、暗示。全书常用暗示，使细心人读之，不待终篇，而对于书中人物的将来，已可有相当的感觉、相当的领会。如凤喜之贪慕虚荣，在第五回上学以后，要樊家树购买眼镜和自来水笔，已有了暗示。如家树和秀姑之不能结合，在第十九回看戏，批评十三妹一段，已有了暗示。而第二十二回樊、何结合，也仍不明说，只用桌上一对红烛，作为暗示。这明是洞房花烛，却依然含意未露，留待读者之体会。

乙、虚写。小说中的情节，若笔笔明写，便觉太麻烦，太呆笨。艺术家论作画，说必须“画中有画”，将一部分的佳景，隐藏在里面，方有意味。讲到作小说，却须“书外有书”。有许多妙文，都用虚写，不必和盘托出，才有佳趣。《啼笑因缘》中有三段大文章，都用虚写：一、第十二回凤喜“还珠却惠”以后，沈三玄分明与刘将军方面协谋坑陷凤喜，而书中却不着一语。只有警察调查户口时，沈三玄抢着报明是唱大鼓的这一点，略露其意，而阅者自然明白。二、第十九回“山寺锄奸”，不从正面铺排，只借报纸写出，用笔甚简而妙。三、第二十二回关寿峰对樊家树说：“可惜我对你两分心力，只尽了一分。”只此一语，便知关氏父女不仅欲使樊、何结合，亦曾欲使凤喜与家树重圆旧好。此中许多情节，全用虚写，论意境是十分空灵，论文境也省却了不少的累赘。若在俗手为之，单就以上三段文字，至少又可以铺张三五回。这就是“冲酱油汤”的办法——汤越多，味却越薄了。

全书的结局和背景

读小说者自然很注意于全书的结局和背景。关于《啼笑因缘》的结局，在恨水先生自己所作的《作完〈啼笑因缘〉以后的说话》中，已讲得很明白、很详尽，我也不用再说什么了。总之就我个人的意见，以及多数善读小说者的批评，都以为除了如此结局而外，不能再有别的写法比这个来得有余味可寻。至于书中的背景，照恨水先生的自序，说是完全出于虚构。但我当面问他时，他却笑道：“像刘将军这种人，在军阀时代，不知能找出多少；像书中所叙的情节，在现代社会中，也不知能找出多少，何必要寻根究底，说是有所专指呢。”言外之意，可以想见。总之，天下事无真非幻，无幻非真，到底书中人、书中事有无背景，为读者计，也自毋庸求之过深，暂且留着一个哑谜吧。

我的话说得太多了，就此作一结束。末了我还有两件事要报告读者：一、《啼笑因缘》小说，已由明星影片公司摄制影片，大约单行本刊印而后，不多时书中人物又可以在银幕上涌现出来。二、恨水先生已决定此后仍不断地为《新闻报》《快活林》撰著长篇小说。此事在嗜读小说而尤其欢迎恨水先生作品者闻之，必更有异常的快慰。

（原载上海三友书社 1930 年 12 月版《啼笑因缘》一书）

（作者系著名报人，时任上海《新闻报》副刊《快活林》编辑）

梦与现实

——读张恨水先生著《八十一梦》

宇文宙

内容和形式是互相为用的，在不同的条件下，本质要表现为不同的形式。

要求反映现实，是正确的，但要求用一定的形式来表现它，有时候恰是将自己的道路阻塞。这就是说在不同的条件底下，为了达到反映现实的本质的目的，是可以使用各种各样的形式来表现的。

任何一个不违背现实的作家，他可能走着不同的道路，走着许多迂回的道路。固然，在“迂回”的道路上，也颇有天真的人看到了孙悟空的一个筋斗翻了十万八千里，便摇头道：“这完全是幻想。”但这是只看到了“幻想”的一面，只看见了十万八千里的筋斗，而忘却那观音大士的手掌心。实质上，梦与现实的距离不过是加了一些五颜六色的渲染而已。

巴尔扎克是把文学当做历史来看的，但这并没有过分。现在我读张恨水先生的《八十一梦》的时候，这种历史的现实感，也紧紧地缠住了我。虽然，它还只是一部残溃的历史的插曲，而我却衷心地实意把它介绍出来，并写一点自己的感想。

这是一本近于《西游记》《镜花缘》的风格的小说。作者在自序中说：“乃是思有以排解后方人士之苦闷，使读之者能露齿一哂而已。”然而这种梦与幻想都为一种沉重的现实所压迫，真能对之能露齿一哂者，不是白痴，也就是“得天独厚”的“幸运儿”了。

在《陈序》中说：“这些梦是包含有他（作者）散文愤慨、感情，还有其他的情绪。”作者在《楔子》中说：“梦中的生难死别，未尝不是真实所反映的。”在《尾声》中更进一步补充说：“我是现代人，我做的是现代人所能做的梦。”这就是梦与现实的距离。

我们从这十四篇梦中，看到了作者的“愤慨与感触”的所在。他的对象是：一、贪官污吏；二、重庆社会的暴发户；三、官僚；四、“议而不决”的空谈家；五、自私观念——无民族观念的人；六、兄弟阋墙的利己主义者；七、媚外心理；八、口是心非的假面人；九、小市民的苦闷；十、气节。

本书冶上下古今、牛鬼蛇神于一炉，而其表现的方法是把一种“典型”分散在各式各样的肖像中。比如本书在攻击最烈的贪官污吏时，说它们好似齐天大圣的毫毛，化为各种面具出现：如“狗头国一瞥”中垄断糖果的格特曼勒（地方长官）；“天堂之游”中大言不惭地叙述他偷天换日、囤积居奇的把戏的猪督办；“在钟馗帐下”中把守阿堵关，只有靠刘海大仙的一串金钱才能擒住的守将钱惟重；以及“忠实分子”中的村长；“上下古今”中的石崇；“我是孙悟空”中的通天大仙；等等。作者在嬉笑怒骂中剥示了这些贪污者的皮相。

而由于贪污所造成的颓废，便是奢侈荒淫。它的后果，我们从柳如是的愤慨的话里找到了：“最怕死的人，他就是生活最奢侈的人。”又说：“所有秉政的人，最好是不让他的文武官员享受什么。人有钱可花，有福可享，他就要极力去保留他的生命来花钱享受，哪还有以死报国者？晚明的南京朝廷从福王起，就是憋着气没有好戏可听的。操纵政权的阮、马，那更不消说。在这‘君不君，臣不臣’的朝廷上，‘气节’二字，早已换了‘声色’二字。”（原书第一六一页）真是慨乎言之。

说到气节，可以看到作者企图以之贯通在整个牛鬼蛇神世界中一般“孤军作战”的崇高的灵魂。如在第十五梦中，作者写“我”在农商部里当一名小办事员；因为替总长的二少爷拾过一粒钻戒，便升任为秘书。当晚回到家里的时候，却受了一顿严厉的斥责：“我家屡世清白，人号义门，你今天作了裙带衣官，辱没先人，辜负师傅，不自愧死，还得意洋洋？”（第五十页）在第三十六梦中，都一再写到伯夷叔齐，采蕨薇。孙悟空被妖魔的黄雾所困，伯夷叔齐道：“此雾是金银铜气所炼，平常的人，一触就会昏迷。其实要破这妖雾也很容易，只要人有一股宁可饿死也不委屈的精神，这雾就不灵。”还有一段，写天堂里欢迎上天进宝的四海龙王，遍处贴满标语，有一条曰：“四海龙王是我们的救命菩萨。”有人将欢迎标语贴到了墨子的门上，被墨子臭骂了一通：“四海龙王不过有几个钱，并不见得有什么能耐，你们就这样下身份去欢迎他，教他笑你天上人不开眼，只认得有钱的财主……我墨翟处心救世，赴汤蹈火，在所不辞，在这篱笆门里住了三年也没有人正眼看我一下，这四海龙王，不过刚有个起身的消息，你们就是这样的欢迎！”（第九十六页）在这里，讽刺已经变成一种悲愤了。

像第七十二梦，孙悟空终于败在通天大仙的巨掌底下，正是说明了作者对于道高一尺魔高一丈的牛鬼蛇神的世界，由气愤而达到了绝望的程度。悲凉的慨唤在书中是处处皆有的。最为淋漓尽致的是最后一梦。作者借歌女陶飞红之口，痛骂道："你在那里造孽，弄来些造孽钱，吃喝得肚子里装不下去，倒痾出来？你不喝酒，是孽生孽死，你喝了酒，是醉生梦死！你有钱，你可没有了灵魂！你是中国人？你是中国的僵尸！你痴心妄想，我虽然是歌女，我也有点觉悟，不像你穿得这样漂亮，像个大人物的样子，倒比歌女还风流。歌女做不出来的样子，你也做得出来，你倒想明早七点起来，反戴上一幅钗环而去吗？"（第二五三页）这种由悲愤化为绝望的情绪是可哀的。

气节，灵魂，在这里只是一支"孤军"。

记得鲁迅在一篇杂文中说过：有一种"在前台这样说，在后台那样说的虚无党"。（因无原文，只记大意。）这种人物的言行永远是两回事。作者在《北京之冬》里写五四时代的大学生，在会场上大声疾呼地演讲："现在是民国九年，我保证，到了民国十九年，民国二十九年，我们依然在为'解放和改造'而奋斗……有些人是借了五四运动奋斗者的名义，去做升官发财的敲门砖，只有我们都死了才能罢休。"又说："我们今日是不是挂羊头卖狗肉？将来是不是还为一个时代思潮前强者？有道是路遥知马力，以后就可以完全发现出真面目来了。"可是在下了讲台以后，便是："寒冬深夜，这里并无外人，我对你实说了吧。不但将来，现在就有我们的大批同志，向政界里拼命地钻。我虽不知道将来是什么局面，可是我敢断言，五四运动时代的学生代表，那他们必定有大批的做上特任官与简任官。今日之喊打倒腐败官僚者，那时……"（第二二七页）令读者不禁“言犹在耳”。特别是其中讽刺“浑谈爱国”的空谈家，到了被大军包围的森林中了，还组织“临时掘井讨论委员会”“求水设计委员会小组会议”而高谈阔论，议而不决。这种夸张，对于“形式会议”应该是一下当头棒。而耽湎于会议热的“讲演家”，对于自己的言与行，如其有一分反省，也当是“利莫能焉”了。

作者的苦口婆心，曾慰藉了无数人之口，发挥了他的“感触”，所谓“取瑟而歌”之意，也是到处皆是。如在“上下古今”这一梦中，借了史可法、苏东坡、柳如是等人之口，谆谆戒惧，唯恐“私”字。如史可法说：“明灭亡，不亡于清，亦不亡于流寇，实亡于无文无武，各个为私，千秋万世，后代子孙，必以之为戒。”而在“一场未完的戏”中，兄弟骨肉，还为了私利，而不惜借外力而争斗。作者以一个看客的地位，不禁慨然而叹：“姨太太的儿子，正太太的儿子，看着是外人；而母亲的兄弟，倒成了一党。异母兄弟非踢出去不可，而自己的家私，可以让母舅吞蚀。利己的私事，谁能说人人没有？而打着苍蝇喂斑鸠，这种人岂不是愚蠢透顶？”（第六十八回）

除了这些愤慨和感触之外，也有作者理想的境界。比如在“上下古今”中描写的世界：但是“这里一切无可掠夺，也无须蛮争，没有抢夺与蛮争，就只有和平，人就不会发生械斗，刺激、麻醉这些东西就用不着了。”（第一五七页）和第八十梦中他说的：“国家是中华民国，主义是三民主义，一切都有一个‘民’字，难道这作民的人，还不应当明白自己是个主人翁？老百姓说不许，那就不许！”（第二三九页）但是这些境界，往往被浓厚的悲愤和消极的情绪所笼罩了，那只是一瞬间的意境，一下子就被“现实”所击碎。“贪私”和“金钱”仍然是全书的主人翁。作为“正义”和“气节”的孤军，终于只是书中的副角，而时时为主人翁的巨掌所压倒。

这就是透过作者的一定的观点，所看见的社会现实。

现实化为了梦境。

由于身处于梦的世界中，为“梦”的境界事实所困扰，虽有一个筋斗翻十万八千里的本领，也仍然脱不出这牛鬼蛇神的“梦”境。作者之所以止于反映这些“事物”，而找不到更高的境界，其故在此。

其对于五四运动的“评价”，触到了值得针砭的某一部分事实，然而我们不能就此说作者也将进行的一部分有意地抹杀。病理学家有他悲天悯人的情绪，把疮疤残疾一一指出，这应不是扬丑，而是使人懂得警惕，懂得不讳言于求医。这就是作者在《八十一梦》中所发挥了的关心现实的观点所在。

当我自己读着第八十梦“回到南京去”这一章的时候，我想着应该是作者在这里提出的一个警告：“六朝粉黛，秦淮胜事，绝食终日，优游闲散。”应该不再存在了吧！？否则，一个民族的悲剧又将延续到什么年代呢？

因此我更觉得，作者必将从这“悲愤与感触”中走出来，而达到为“理想的境界”奋斗的目的。

正因为梦和现实的距离是近的，不为梦所困，而突破它，更密接于现实，则新的境界必然由悲愤而找到战斗的道路。

（原载1942年9月21日重庆《新华日报》）

（宇文宙原名孔繁衍，又名罗荪，著名报人，文学评论家）

《张恨水全集》序言

郑逸梅

七年前，恨水哲嗣张伍来沪作访，送我恨水所作《写作生涯回忆》。昨张伍自北京驰书，谓“北岳文艺出版社将通力出版先父《张恨水全集》，举凡小说、散文、杂著及诗词曲约70卷,1000余万言，凡能收到之作品，均已付梓。1995年系先父百岁诞辰，将此全集奉献读者，以为纪念。为此，出版社与侄辈商酌，拟请老伯赐文为序，因老伯为文坛耄宿，又与先父为文字知己，且属同庚，求诸海内，仅老伯一人，于公于私，都望老伯大笔一挥，以光泉壤”云云，这样恳挚，我当然是义不容辞了。

恨水，安徽省潜山县人，祖开甲，父张玨，龙骧虎跃，为武术世家。到了恨水一代，才偃武修文，从事稗官家言，成为名震中外、妇孺皆知的小说大家。

他生于清光绪二十一年（1895），原名心远，后读了南唐李后主词“自是人生长恨水长东”，激赏之下，乃断章取义，以“恨水”两字为笔名，用至将近逝世，读者几乎把他的原名都遗忘了。

恨水为了生活，1919年北上燕京，为《世界晚报》副刊写长篇小说《春明外史》，居然一鸣惊人，博得读者的欢迎。后又写《春明新史》。不久，他主持该报笔政，写了《金粉世家》《斯人记》，轰动了北方。奈北方载着盛誉，不等于南方亦有声望，知名度还是有一定的局限性。事有凑巧，1929年，上海报界一个组织团体，去京津、东北观光，上海《新闻报》代表是严独鹤，这时老报《新闻报》副刊《快活林》原来连载的小说，行将结束，正拟物色继承作者，芥尘立即推荐了张恨水，独鹤适读过姚民哀在上海所编的《小说霸王》所载恨水作品，认为不同凡响，于是一拍即合，独鹤和恨水把晤之余，便订了约，为《新闻报》撰写《啼笑因缘》。小说一经发表，读者顿觉领略北方的社会背景，书中人物，一一出场，如沈凤喜、樊家树、关寿峰、何丽娜等侠士须眉、美人粉黛，无不跃然纸上，大大激增了报纸的销数。这一炮打响了南方，各出版社的主持人，纷纷约稿，最盛时达到十家之多，前人以“双管齐下”作为美谈，如今恨水“十管并挥”，每天应付十篇不同的连载小说，能不目为奇迹。

《啼笑因缘》登毕，严独鹤和蒋建侯、徐耻痕合办三友书社，刊印该书单行本，不胫而走，畅销全国。为了满足读者的需要，更出《续集》，一时影坛、剧场、评弹，都以《啼笑因缘》作为号召，成为市民谈话的资料。

恨水与芥尘、独鹤交谊密切，书信频通，我和芥尘、独鹤结苔芩之契，承恨水不葑菲，开始和我通达音问，并绘了红梅巨幅，题上一诗寄给我，订为神交。为了写作联系的方便，恨水曾携了夫人和孩子来上海，但没有估计到，自遭战乱，大家都把上海租界视作避世桃源，因之住屋十分紧张，大有“长安居大不易”之概。恨水有一位朋友，曾任张学良秘书的王益知，赁居《金钢钻报》馆楼上，益知得悉情况，让出一间余屋，供恨水夫妇作为暂息之所。我这时担任《金钢钻报》总编辑，天天务必到馆，与恨水几每天相晤，历一年余之久，迎春消夏吟秋款冬，与恨水无话不谈，可惜当时没有记录，否则也是一部新的《小阳秋》了。

恨水行踪无定，过了一年，又复回到北京，拙著《逸梅小品》问世，蒙他惠下一序，犹述及在沪相叙事，兹摘录一段如下：“廿二年春，予小居沪上，寓金钢钻报社后楼之一角，乃得与钻报同人朝夕相共，而施济群、陆澹安、郑逸梅三君，尤为友好。久之，予乃识其性格，大抵施则豪俊直爽，陆则倜傥不群，郑则温文隽永，不但其人如是，而文亦恰如其人……”

今（张恨水全集）将全部出版，深希天假我年，届时举行典礼，我能躬逢其盛，率陋如我，亦将附翼而彰，这是多么欣喜快慰啊！我姑且在此心香一瓣，先期作一预祝吧！

（作者为张恨水生前好友，有“补白大王”之称。此文系1993年山西北岳文艺出版社《张恨水全集》序言）

章回小说大家张恨水

张友鸾

一

张恨水（1895—1967）是我们同时代的一位章回小说大家。

他终生从事新闻工作，写小说原是他的副业。由于他努力写作，惨淡经营，他的小说为读者所喜爱，自然而然地他成为小说专门家了。

他的作品在一百一十部以上，还没有人把它整理出一个完整书目。字数远远超过千万，从来没有人加以统计。

二十年代中期起，乃至整个三十年代，他的作品被大量印行。由于出版他的作品，有人争取承受“版权”，特意因为他组织一个出版社。由于改编电影，有人争取“摄制专有权”，大打官司。各个剧种，以及曲艺评弹，纷纷改编他的作品。在当时作家之中，这种情况是颇为突出的。

他的读者遍及各个阶层。作品的刻画入微，描写生动，文字浅显，口语自然，达到“老妪都解”的境界。内容主要在反对封建，反对军阀、官僚的统治，反对一切社会不良现象；主张抗战，主张恋爱真诚的婚姻自主。他的思想似乎是旧民主主义的，在当时却自有他一定的进步意义。

我不知道我们的图书馆收藏他的作品有多少。在十年动乱中，这是被封存不供借阅的“禁书”。它被“否”了，说是黄色读物。现在，更多的人说他是鸳鸯蝴蝶派，是礼拜六派。有的大学生很想研究一下“张恨水及其作品”，却只是趑趄不前，他们害怕会被打成“小鸳鸯、小蝴蝶”。

现代文学史家对于这样一位有影响的作家，全都避而不谈。使人联想到，“汉代也许没有杨子云”这个历史故事。他的作品好，你表扬；他的作品不好，你批判。视而不见，不能不说是文学史家的失职。

还有不得不提的，是他的国际声誉。举个例说：在美国国会图书馆书目里，收藏有他的小说近六十种。有些大学图书馆，也分别藏有三二十种。大学毕业生考博士，《张恨水研究》是论文的专题。是不是应该告诉他们：“张恨水是鸳鸯蝴蝶派，快快停止你们的研究吧！”或者我们也来研究一下张恨水，重新作出适当的评价呢？

这里，为我们研究者提供一点浅薄的研究参考资料。

二

张恨水的小说，根据写作和发表时间的先后，约可分为四个时期。每一时期有客观上不同的时代背景，有主观上的思想嬗变的痕迹。艺术技巧上也可看出，他从幼稚到成熟，到得心应手、挥洒自如，末年却是可悲叹的衰退。

初 期

所有作家都一样，起初总有一个模拟练习写作时期，这个时期的作品，不问可知是幼稚的。

他的处女作，是一篇武侠小说，他自己到后来也记不得全题，但能隐约想起题目中有一个“侠”字。写作的目的不是为了发表，更没有想到将来要成为小说作家，只是写好了念给弟弟妹妹们听，说故事好玩。一股“创作欲”开始萌芽。这时他十七岁（编者注：应为十三岁）。论年龄，他开笔不算太早，然而这毕竟还算不得真正写作的起点站。

十八岁（编者注：应为十七岁），死去了父亲。十九岁（编者注：应为二十岁），由于家庭包办婚姻的不如意，在成亲后不几天，他就离开家，出外谋生。一直没有稳定的职业，挣扎在饥饿线上，流浪江南。对于世态人情，有切身的体会。当时的生活十分困苦，却给后来写作提供了源泉。

也就是十九岁（编者注：应为十八岁）那一年，他在苏州，写了《旧新娘》《梅花劫》各三四千字。二十岁，写《青衫泪》，大概穷途末路，发牢骚，寄幻想于未来。原计划写成长篇，可是只写到十七回为止，没有写完。二十一岁，写《未婚妻》《紫玉成烟》。二十三岁，写《未婚夫》。二十四岁，写《南国相思谱》，曾在芜湖《工商日报》连载，是否登完，不得而知。

这些早期习作，都是文言的。在叙述描写之中，夹杂许多诗词，用以表露文采。他寄了一些给《小说月报》的编者恽铁樵，得到回信称赞，但始终未见发表。

二十四岁的后期，他开始写白话小说。一篇《真假宝玉》，约三千字；一篇《小说迷魂游地府记》，约一万字。他记得是在《民国日报》连载的。他的"创作欲"这时已经上升到"发表欲"，以在报刊上看到自己的名字为乐事，并不计较稿费。事实上，报刊对于这样初事写作的人，肯寄点邮票作为报酬，就算得相当重视的了。

时间是民国初年，社会还完全在封建势力支配之下。知识分子从帖括中解放出来，为时未久，能够致力于小说的创作，原是难能可贵的。但从他初期作品那些篇名中，却看不出有什么重要意义的题材。可以说，那只是追求时好，投合编者口胃，争取发表而已。

当时报刊，按照小说故事情节，分为社会小说、言情小说、政治小说、爱国小说、伦理小说、武侠小说、侦探小说等等。在比重上，言情小说的读者最普遍，编者最欢迎，作者最多，因而又细分作爱情小说、哀情小说、奇情小说、侠情小说等等。他的初期作品，无疑是属于言情小说一类。他自己说，写《青衫泪》是模拟《花月痕》的。其实不仅如此。当时言情小说作者当作典范的，还有《青楼梦》《海上花列传》《海上繁华梦》等小说。走这条路子，决非"取法乎上"是很明白的。

然而值得庆幸的，他走这条路没有走通，到此止步了。

二　期

1919年秋天，他来到北京，先在《益世报》做校对，后在上海《申报》驻京办事处做编辑。五四运动的浪涛，震撼着所有青年人，他自然也无从例外。只是他爱好钻研古典文学，装了一肚皮词章，对于《文学改良刍议》，虽然原则赞同，究竟不无保留。他有了正式工作以后，收入不甚菲薄，就不大想写作了。因为却不过朋友的情面，到京第二年，给芜湖《工商日报》写了一篇《皖江潮》，约莫七八万字。这篇之后，有四五年他没有再写小说。

写《皖江潮》这一年，他二十六岁。从写作时间的连续性说，应是他初期作品的最末一篇。但无论就思想内容和艺术形式上看，却属于第二期作品的第一篇。因为他开始从旧式言情小说的窠臼中摆脱出来，走向讽刺和遣责的路子了。他自己不大重视这一篇；我却认为这是他从事写作以来的重要转折点，是关键性的一篇。

1924年4月，《益世报》总编辑成舍我，离开报社，自己创办《世界晚报》。他们是老同事，在《益世报》的时候，互相唱和，诗酒留连（《春明外史》中有杨杏园和舒九成联句的描写，就记的是他和成舍我吟诗故事），很谈得来。成舍我“知人善任”，心目中早安排了他在晚报担任的角色，约请他主编一版副刊，并言定写一篇连载小说。他接受了，副刊取名《夜光》，小说取名《春明外史》。——自此以后，他无论在哪家报社担任何种职务，总归要兼编一个副刊，自撰一篇甚至两篇小说按日连载，这成了惯例。一般是每天刊登五百字左右。《春明外史》共有一百多万字，直到1929年才告结束。也就是说，他三十岁时写起，三十五岁才写完。这篇之后，接着他又在《世界晚报》发表了《斯人记》。

1925 年 2 月，成舍我于晚报之外，又创办了《世界日报》。仍然请他兼编一个副刊，取名《明珠》(另外有个新文艺副刊，刘半农主编)。他先发表的连载，题为《新斩鬼传》。针对当时社会不良现象，备极讽嘲。因为写的是抽象人物，尽管也很淋漓尽致，一般读者不能十分理解，“叫座”的能力不高。这篇登完，接着发表了《金粉世家》，却又引起热烈的高潮。特别是有文化的家庭妇女，都很爱读；那些阅读能力差的、目力不济的老太太，天天让人念给她听。受欢迎的情况，可以想见。这篇小说也很长，报上连载好几年。结束后，他继续给《世界日报》写了《第二皇后》。不知为了什么原因，这篇没有在报上登完。

自从《春明外史》在报上发表，很吸引读者，大大有助于报纸发行量，因而北京有几家大报，都来请他写小说。这个期间，他同时给《益世报》写《京城幻影录》，给《晨报》写《天上人间》(此篇后来《上海画报》转载)。这两篇都没有像《春明外史》《金粉世家》那么轰动。

虽然早年他曾在上海报纸上发表小说，但是篇幅不长，数量不多，时间不久，一抹而过，没有被人注意，不生什么影响。及至他在北京发表多篇小说，成了很有名气的作家；只是当时交通不便，北京报纸的发行网限在华北，南方难于看到，他也仅仅为北方人所知。1929 年，上海《新闻报》副刊《快活林》主编严独鹤，来游北京，知道他是北京人所喜爱的作家，又从报上读到他的小说，就托人介绍，约他给《新闻报》写一个长篇。他答应了，拟了故事梗概，取名《啼笑因缘》。稿子陆续寄出。当第一部分寄去之后，似乎并未得到十分重视，被搁置五个月，才开始刊载。这一炮打得响亮，很快就成为家弦户诵的读物。《新闻报》是当时发行最多、面向全国的报纸。长篇小说，在它是聊备一格，看作与印数多少无关的。谁知登了《啼笑因缘》，销数猛增；广告刊户，纷纷要求小说靠近的地位。张恨水成了《新闻报》的财神，读者崇拜的偶像。以前《新闻报》连载小说，是由所谓“名家”轮流执笔的；自此以后，这个席位，却归他包办了。陆续发表的有《太平花》《现代青年》《燕归来》《夜深沉》《秦淮世家》《水浒新传》等长篇，一直到上海被日寇占领，和内地邮件不通时为止。

这一时期，客观上他是南北驰名，约他写小说的报社函电交至；主观上却正精力充沛，一天不写小说就一天不痛快。他以惊人的速度，分别同时在各地报刊上发表的长篇，有《北京新晨报》的《满城风雨》、《剑胆琴心》（后在《南京晚报》重刊，改名《世外群龙传》）、《水浒别传》、《欢喜冤家》（后改名《天河配》），《北平朝报》的《鸡犬神仙》，北平真光电影院画报的《银汉双星》，沈阳《新民晚报》的《春明新史》、《黄金时代》（后在《旅行杂志》重刊，改名《似水流年》），《旅行杂志》的《秘密谷》《如此江山》《平沪通车》，《申报》的《小西天》《换巢鸾凤》，上海《晶报》的《锦片前程》，《太原日报》和《南京晚报》同时连载的《过渡时代》，南京《新民报》的《旧时京华》，《武汉日报》的《屠沽列传》等篇。

上海世界书局出于“生意经”，愿意多出稿费，请他写小说，而以不经报纸刊载为条件。他接受了这个条件，写了三部：《满江红》，《落霞孤鹜》，《美人恩》。

1935年，成舍我在上海办《立报》，创刊时约他去编副刊《花果山》，兼写长篇连载，题名《艺术之宫》。这是他第二期作品的最后一篇。

1924 年到 1935 年，这十一二年间，是他写作的黄金时期。年龄从二十九岁到四十岁，正是年富力强，想象能力非常发达。所有小说，主要矛头都是指向封建主义。特别谴责那些统治阶级——军阀与官僚，为被压迫、被剥削的人民大众鸣不平。从《春明外史》起，到《艺术之宫》止，都是这个基调。在《夜深沉》的序言里，他说："这里所写，就是军阀财阀以及有钱人的子弟，好事不干，就凭着几个钱，来玩弄女性。而另一方面，写些赶马车的、皮鞋匠以及说戏的，为着挽救一个卖唱女子，受尽了那些军阀财阀的气。"他用深刻而通俗的笔调，写他观察入微的熟悉生活，所以能够那么娓娓动人。也有人说：他的小说，果然揭露了一些问题，只是没有提出解决问题的办法，在某些篇的结局，呈现一片迷惘状态，是很不足取的。这种批评，原有一定的道理，指出了他的缺点和不足。但是，我们也应该注意到，二十年代到三十年代，处于五四运动的初期，新思潮开始萌芽，是大革命的前夕。有那样一位作家，站在劳苦大众一边，为之呼吁，引起读者的共鸣，有必要肯定他的进步意义，承认他的作品多少是于革命有利的。

三　期

九一八事变后，为了保卫家园，敌忾同仇，他开始写抗战小说。起初写的是短篇，合印成集，取名《弯弓集》，显然是以"射日"为隐语。其后在很多作品中，都插入一些抗敌御侮的情节，然而究竟还不是以抗战为中心内容。正式以抗战为主题，却是 1936 年后写的作品。

《立报》初创时期，我担任总编辑，和他同住在德邻公寓，朝夕相晤。我们都不喜欢当时那个上海城市，嫌她太嘈杂、太乱。因之，在接受成舍我之约时，都说定短期帮忙，唱个“打炮戏”。四五月后，他接到北平朋友来信，说是冀东敌伪组织，开了一张北平文化人的黑名单，将要采取行动。他因在小说中宣传抗日，也被列名其内。随着，家中来了电报，嘱令“勿归”。他踌躇彷徨之际，我便建议他举家南迁，到南京去办一张小型报。我把办报计划，说给他听。他欣然同意，就拿出稿费当资金，叫我先回南京，从事筹备。真正用自己劳动得来的血汗钱来办报的，在我的记忆中，除了他还没有第二个。

1936年4月，《南京人报》出版。他是社长，我是副社长兼经理，后来又兼总编辑。日常事务，由我承担；只是提纲挈领的大事，才向他请示。这样做，也是我们在上海商量好的，要保证他有足够的写作时间。虽则如此，为了号召读者，他还是编一个综合性副刊，取名《南华经》。每天刊登他两篇连载小说，一名《鼓角声中》，一名《中原豪侠传》。从此连续不断写了多部宣传抗战的小说，其中有《申报》连载的《东北四连长》，《新闻报》连载的《热血之花》《续啼笑因缘》，《中央日报》连载的《天明寨》《风雪之夜》。

1937年底，日寇进逼南京。11月，《南京人报》宣布停刊，把印刷器材拆卸，附木船运赴重庆。我和他各自拖着庞大的家眷，先后西上。我经过汉口，接受陈铭德之约，到重庆参加《新民报》的筹备工作。1938年，在重庆，印刷器材运到，我问他，有无复刊《南京人报》之意。那时由各地撤退到重庆的新闻记者很多，是不难组织一个办报班子的。但他考虑到各种困难，愿意继续从事写作，不再办报了。于是，我介绍他和陈铭德相识，拉他加入《新民报》。起初编一个副刊，取名《最后关头》。

这时候，他仍然不废抗战小说的写作，在报上连载的有《时事新报》的《冲锋》(后出书改名《巷战之夜》，曾拟改名《天津卫》)，香港《立报》的《桃花港》、《潜山血》(未完)，汉口《申报》的《游击队》，《立煌晚报》的《前线的安徽、安徽的前线》，香港《国民日报》的《大江东去》，上海百新书店出书的《虎贲万岁》。他是安徽潜山人，抗战小说有许多是家乡人提供的素材，可歌可泣，亲切动人。他很希望他的小说能成为具体的动力，所以宁愿在《立煌晚报》那样地方性小报上发表，号召子弟兵。他是强烈的爱国主义者。写抗战小说如此之多，而且都是长篇，谁比得上呢?

为了抗战，他歌颂了那些浴血献身、出生入死的人，也表扬了那些敌忾同仇、毁家纾难的人。到了重庆，号称“大后方”，所见所闻，有的是口头抗战、心里投降的政府，争权夺利、枪口向内的新军阀，贪污腐化、对人民残酷压迫剥削的官僚。浑浑噩噩、醉生梦死的人们，在这样的政治气氛中，度着“前方吃紧、后方紧吃”的生活。通货膨胀，民不聊生，走私猖獗，偏有人在滚油锅里捞钱，大发其“国难财”。一切现象，使他目骇心惊，痛恨无比。用这些不利于抗战的因素，作为题材，加以鞭挞。先后在重庆《新民报》连载的有《疯狂》、《偶像》、《牛马走》(解放后出书，改名《魍魉世界》)、《八十一梦》、《第二条路》(后改名《傲霜花》)。又还在《旅行杂志》发表了《蜀道难》、《负贩列传》(后改名《丹凤街》)。他写这些批判谴责小说，目的只在促进抗战，不过取材于另一侧面而已。

第三时期较短于第二时期，他的作品也较少。除了这个原因以外，也还由于这个时期生活极不安定，由北平到上海、南京，定居未久，西行入蜀，几年之后，再回北平，饱尝转徙流离之苦；其次是身体较差，在南京时生了一场病，好多时没有复原；其三是由于连年战争，交通梗阻，许多报纸停刊，“英雄无用武之地”，有作品也无处发表。但是，他还是写了二三十部长篇小说，所可惋惜的，是没有写出第二时期那样动辄百万言的巨构了。

末 期

抗战结束后，他任北平《新民报》经理，兼编一个副刊《北海》，连载小说《巴山夜雨》《五子登科》。1948年，由于一些人事上的不协调，他辞去《新民报》职务，准备从事专业写作。却没有料到，1949年忽然中风。对于一个作家而言，这自然是致命的打击。经过急救，幸得不死，但口角歪斜，流涎不止，发音感觉到困难，记忆能力既大大衰退，想象能力更远非昔比。只因写作已成习惯，在能起坐的时候，就又提起笔来。

1950年，我来北京开会，他正在病中。听得朋友说，他终生卖文，辛苦劳动，薄有积蓄，却被一个恶友坑骗，席卷逃去国外。除了一座房子是不动产以外，几乎一无所有。家中人口众多，嗷嗷待哺。他又气又急，所以得了病。后来，他卖了大房子，买了一个小院，生活暂时得以维持。只是水准大大降低，每天孩子们都吃窝窝头就咸菜。他见着心中不安，于是不等病好，就又从事写作。这样压榨出来的作品，当然缺乏挥洒自如那种意境了。

他自己也感到写作能力的衰退，这就把写长篇小说改为中短篇，把创作改为再创作。从古代爱情故事中觅取题材，写作了《梁山伯与祝英台》《秋江》《白蛇传》《孟姜女》《孔雀东南飞》《磨镜记》《牛郎织女》《凤求凰》等篇。这些作品，尽管一般还保持他原有的风格，然而也有许多是异样的。五十年代末，记得他曾和我说："以前语言辞汇，摇笔即来；如今寻思半晌，却还得不到一个适当的。"可见这时期的写作，对他而言，即使是愉快的，也愉快得很有限了。

他并非无意从事长篇创作，病后也曾试写一篇《记者外传》，小说中胪述了他所熟识的一些新闻记者的故事，实际与新闻业务无甚关联。当时在上海《新闻日报》连载，没有结束，却中止了，没有续写下去，也说明他精力不继了。

这是他一生从事写作的第四个时期。为什么称为“末期”而不称作“晚期”呢？因为一般作家，到了老年，身体衰病，往往搁笔不再写作；个别的作家，老而弥健，晚期的作品，火候到了十分，常被读者赞赏为“顶峰”之作。两者他都不是。他这个时期的作品是硬挤出来的，虽未必一无是处；但和早期诸作，究竟不可同日而语，简直成了“强弩之末”。我于惋惜之余，不得不将这个时期定为“末期”。

三

张恨水的作品，要全部一一加以评介，势不可能，也无此必要。这里，按写作年代的先后，试对《春明外史》《金粉世家》《啼笑因缘》《八十一梦》这四部书，作一简单说明，介绍产生的客观背景和思想内容。这四部书，都是重版多次，发行范围广，影响较大的。有人把这四部书看作是他的“代表作”，我也同意。

《春明外史》

《春明外史》1924 年 4 月 12 日起，在北京《世界晚报》连载，每天刊登不足一千字，直到 1929 年 1 月 24 日结束，一共登了五十七个月。大体上，这是以《二十年目睹之怪现状》为蓝本的一部谴责性小说。主角杨杏园，约略如《怪现状》中的“九死一生”。但描写杨杏园先后和何梨云、李冬青的恋爱，有许多曲折的故事，不像“九死一生”被写得那么干巴巴的。书中主角被安排做新闻记者，为的容易引出当时政治上、社会上种种千奇百怪的内幕新闻，从而加以谴责。艺术手段是婉而多讽，也不像《怪现状》写得那么剑拔弩张。

鲁迅介绍清末谴责小说，说他们所用手法，“其记事遂率与一人俱起，亦即与其人俱讫，若断若续，与《儒林外史》略同”。《春明外史》尽管有个杨杏园做主角，但他所用手法，却不能离开这个窠臼。这已不是第一次使用这个手法，以先，他在芜湖报纸上发表的《皖江潮》，也正如此。只是他到北京之后，接触方面广，听到东西多，题材十分丰富，和在芜湖时不一样罢了。《皖江潮》原是一个大题目，但在报上刊载不到一年，也没有写完。他自己对于这部小说并不怎么关心，后来简直是忘怀了。他能记得起的，是听说当地学生，曾经截取其中一部分，编成戏剧演出。可见当时是发生过一定的影响的。

《春明外史》写的是二十年代的北京，笔锋触及各个阶层，书中人物，都有所指，今天的“老北京”们，是不难为它作索隐的。在《世界晚报》连载的时候，读者把它看作是新闻版外的“新闻”，吸引力是非常之大，很多人花一个“大子儿”买张晚报，就为的要知道这版外新闻如何发展、如何结局的。当时很多报纸都登有连载小说，像《益世报》一天刊载五六篇，却从来没有一篇像《春明外史》那么叫座。作者诅詈那个时代，摘发抨击某一些人和某一些现象，乃是出于当时作为一个新闻记者的正义感和责任感。某些地方，刻划形容，的确也似乎太过，那是“箭在弦上，不得不发”，与“丑诋私敌”之作是不同的。几十年后，读这部小说，还觉得当时情景，历历如在目前。年轻的人，没有那些经历，却可从此中得到一课历史知识，看出旧社会的丑恶面貌，也是有益的。

小说是二十年代的产物。半个多世纪以来，祖国飞速的进步，从封建、半封建社会到社会主义社会，差距之大，是无法估量的。人们的思想意识，显然今非昔比。今天读二十年代的小说，如果不了解当时历史环境，就难以读下去，更不用说什么分析批判了。例如说，小说中有些并不甚进步的地方，还存在残余的封建道德伦理观。但是，也应指出，当时一般人确有这种观念存在。对于恋爱问题，处理得也不十分好，把男女相爱和妓院调情，写来无甚分别了。青年学生的思想活动，有时是走在时代的前面的，作者缺乏这种经验，对某些新事物的出现，有时流露出抵触情绪。这都是严重不足之处。幸而好，它没有据有小说主体的地位。再还有，小说中旧诗太多，也是承袭封建时期作家表露才情的旧习；当然，我们还记得，他最初写小说是走的《花月痕》的路子，这部小说，是他蜕变过程中必然会留下的一些痕迹。

《金粉世家》

认真写小说，把写小说当作著述事业，实际他是从《金粉世家》开始的。这部小说，1926年在北京《世界日报》连载，1932年刊完，全长共九十来万字。小说以一个豪门弃妇做引子，写出了这个豪门的盛衰。目的在暴露北洋军阀卵翼下的官僚们，如何钩心斗角，如何骄奢淫逸；他们的家庭成员，那一群寄生虫，如何醉生梦死，如何糜烂堕落。因为小说写的是姓金的国务总理的家庭，于是许多大官僚，尤其是当过国务总理的，特别是姓“钱”的，都以为是写自己，生怕自己的阴私被揭发。事实上是，他是新闻记者，朋友多，日常闲谈，每以豪门生活为资料，他选取了其中好多模特儿，集中在姓金的一家，谁看像谁，就算是谁吧。

《金粉世家》在他所写小说之中，是结构最严谨的一部。在此之前，他的写作，是意兴所至，涉笔成趣。即使如《春明外史》，那是名作了，除了杨杏园故事以外，多半是随时听到新闻，随时编作小说，可以写一百回，也可以写二百回，是讲不到什么章法的。及至写《金粉世家》，却是以小说家的地位写小说，精心布局，有个完整的计划。比如写金家诸子，各有爱好，彼此性格不同，错综复杂的故事梗概，都是预先想好了的。至于白描手段，是他之所长，在本书中也有所表现。

主要的故事，通过一个平常人家的女儿冷清秋，和国务总理的小儿子金燕西，从恋爱、结婚，到被遗弃、逃走的凄凉结局。中心的意思在指出“齐大非偶”，这是他的婚姻观。是不是他就主张“门当户对”呢？那就不知道了。

小说在报上连载时，受到读者的注意，是为的许多人很想知道大官僚的私生活，和一些宦海秘闻。对于故事情节兴趣更为浓厚的，却是那些具有一般文化水平的妇女们，包括老太太群在内。抗战时期在重庆，我曾陪他出席过朋友的家宴，他的读者——那些太太、老太太们，纷纷向他提出问题，议论这部小说人物处理的当否，并追问背景和那些人物后来真正的结局。一部小说在发表若干年后，还得到读者如此关心，可见不是寻常之作。

我曾有设想：《金粉世家》如果不是章回小说，而是用的现代语法，它就是《家》；如果不是小说，而是写成戏剧，它就是《雷雨》。这可能不算阿私所好的偏见吧？

《啼笑因缘》

1925年，我进《世界日报》，和他朝夕共处。他最爱听戏，常约我去。有一次，记者门觉夫，请我们到四海升平园去听高翠兰唱大鼓，说是唱得极好。偏巧我那天有事，没有去成。两三天后，恨水和我说："请你去听你不去，如今你要听也听不成了。"原来就在那天晚上，高翠兰被一个姓田的旅长"抢"走了。门觉夫义愤填膺，认为在光天化日之下，出现这样的事，实在太强横了。恨水却说："如果高翠兰非常不愿意，那个田旅长何至就下这一手。一定田旅长也有让高翠兰满足的地方。"大家因为那时军阀横行，肆无忌惮，一个唱大鼓的受欺凌压迫是常事，因而很不同意恨水的论断。谁知又过了几天，门从照相馆里弄到一张照片，却是田、高新婚合影。高翠兰在照片中笑逐颜开，容光焕发，丝毫没有出于勉强的样子。大家回头一想，恨水当初的论断，是很有道理的。但是事情到此并未了结。高翠兰的父母，原把女儿看作摇钱树，被人抢去，岂能善罢甘休。他们不向田家要人，却向田家索讨身价银子。"漫天要价，就地还钱"，双方终于没有谈妥。高翠兰的父亲，一张状子告到法院。田旅长是现役军人，由军事机关军法会审，开个三五庭就宣判了：田旅长身为军人，强劫人家女子，处徒刑一年；高翠兰交其父母领回。案件结束，高翠兰仍然唱大鼓，形容憔悴，再也活泼不起来了。在家里时常哭闹，更表达了对田旅长的不能忘情。

显然这一事件对他发生很大影响，心中早就有了《啼笑因缘》的影子。他不能用这一事件作蓝图。军阀是人们所憎恶的，如果写军阀竟然谈恋爱，那会有什么样的效果呢？可以裁取的只是抢人的一幕。借这条线索，有理由的发展，刻划了军阀的残酷暴行。他创造了许多传奇故事和人物。最初的设想，可能是写两个三角恋爱关系；在写作过程中，逐渐演变为多边关系了。传奇故事本来是人们喜闻乐见的，越复杂越曲折，就越觉得有意思。这是这篇小说的成功之处。但也应该指出，他的本意，是以恋爱自由、反对封建的门当户对的婚姻制度为主题的。由于太复杂曲折了，反对门当户对，终于还是门当户对，这就未免伤害了主题了。

《啼笑因缘》1929年开始在《新闻报》连载，第二年就登完了。连载期间，轰动一时：上海市民见面，常把《啼笑因缘》中故事作为谈话题材，预测他的结果；许多平日不看报的人，对此有兴趣，也订起报来了；预约改戏，预约拍制电影的，早已纷至沓来；为了出书牟利，《新闻报》三位编辑，临时组织“三友书社”，优先取得版权。书出版了，当然畅销。电影摄制时，因为“摄制专有权”的问题，明星电影公司和大华电影社打起官司来，后来经过章士钊律师调停，大华停拍，明星赔款十万元。这件事，当时报纸记载很详细，转而成为小说的宣传资料。

一部小说，引起社会上这么“狂热”，简直是“史无前例”的。这在当时就有些为人们所不理解；五十年后的今天，一定更不理解了。我曾试图加以分析，排除了作者的勤奋努力、作品的艺术成就这些主观因素而外，寻找他的客观因素。我认为：当时小市民被压迫、被剥削，生活极为苦闷。他们憧憬着一个新世界，他们的要求水平并不高。一个“女侠”（在小说中写的是有血有肉平常的人）除暴安良刺杀一个“花花太岁”式的军阀，这是现实生活中不可能有的，在一般的想象中却又希望出现这样的人和这样的事。《啼笑因缘》使他们得到很大的满足。其次是，上海报纸连载小说，例请南方“名家”执笔。名家们总是信手拈来，随笔写去，很少精心刻意之作。在《啼笑因缘》之前，先是连载所谓“联环小说”（约定几位名家，彼此合写一篇小说，每天一人写一段，最末一句中，嵌有另一位名家的名字，于是那位名家就接着写下去），这是毫无意义的文字游戏。除了名家们自我陶醉之外，怎么能吸引读者呢？其后又连载想入非非的武侠小说，读者也腻烦了。这时候，《啼笑因缘》一出现，既富有人情味，又有强烈的传奇性，读者顿觉耳目一新。再其次，从前交通不便，旅游困难，南方人向往北京，常借文字记载，以当“卧游”。南方名家们，足迹不离上海、苏州、杭州、扬州，写来写去，总以诸地为主要背景，读者自然感到狭隘。《啼笑因缘》却写的是北京，把北京的风物，介绍得活了。描画天桥，特别生动，直到今天，还有读过这部小说的南方人，到北京来必访天桥。当然，今天的天桥，已经不是那个面貌了。

《啼笑因缘》的产生，和它的红极一时，决非仅仅出于偶然，一定还有政治的、社会的、经济的种种因素，有待于将来研究者们的探讨。

《八十一梦》

他写了二三十部抗战小说，应该说，《八十一梦》是代表作。这部小说所取的是侧面题材，指斥那些不抗战和不利于抗战的人。他用一些荒诞不经的故事，揭露政治上、社会上许多丑闻秘幕。意图引起读者对这些人和事的憎恨厌恶，与众共弃；而要求同心协力，大家一致抗战。

写作手法大体和《春明外史》《新斩鬼传》相仿，胪述一件一件罪恶事实，可以多写几件，也可以少写几件。名为长篇，其实是短篇的合集。表面上托之于神话，迷离惝恍，这和《春明外史》直接写人事不同；所写的又十分具体，明有所指，这又和《新斩鬼传》写抽象事物不同。

这部小说 1941 年在重庆《新民报》连载，嬉笑怒骂，读者感觉痛快，深表欢迎。但到 1942 年就结束了，名为“八十一梦”，实在只写了八九个梦。其余的呢？后来他在单行本“楔子”中说：被耗子咬掉了。因为这部小说是可长可短，读者不知道他没有写完，只认作他打哈哈结束全书。不是打哈哈，是“一把辛酸泪”。“耗子”是有的，当时正在人间。

《八十一梦》在报上连载那些日子里，所有被揭发、被谴责的一撮人，脸上无光，很不好过。他们不但不反躬自省，痛改前非；反倒恼羞成怒，要和作者为难。只因小说究竟是小说，纵然所描写的，其中有人，呼之欲出；然而一切都是影射的，没有指名道姓，谁敢出头承认“那写的就是我”呢？于是他们就滥用权威，授意“新闻检查所”，予以“检扣”。“新闻检查所”有检扣新闻的经验，却欠缺检扣小说的经验，起初对此很觉为难。因为这是上级差遣，不敢不遵，后来就祭起“不利于团结抗战”这顶大帽子做“法宝”，扔向《新民报》，勒令停登这部小说。他不理这个命令。他说：“问问是谁不利于团结抗战。那些人如果洗手不干那些事，我有什么好写的呢？”小说仍然继续在报上连载。

他有位安徽同乡，在当时“朝廷”里是一个大官，虽则相熟，很少往来。有那么一天，忽然折简相招，约到家里吃饭。去时，只见席设宾主二座，别无他人。那个大官和他促膝谈心，先是慷慨激昂地谈抗战，然后落到豪门贵族身上，痛骂了一番，最后又称赞他的小说，“写得好，骂得对”；结局却说：“写到这里，恰到好处，不要再写了，留个有余不尽吧！”原来那些人见他不买新闻检查所的账，《八十一梦》还是照写照登，恨得牙痒痒的，就预备下毒手把他绑架到息烽去。这是这个大官传的话。是真的特务有此行动计划，或者只是出于恫吓，原本不得而知。然而古人有言，金钱十万，可以“通神”；这样大的官儿传话，明明是“通天”的了；他只好就此“打住”。回得家来，忿忿写了《楔子》中的“耗子”。可以说，这部小说是一部“未完成的杰作”。

周恩来总理在重庆，曾经会见过《新民报》编辑部同人。周总理说：“同反动派作斗争，可以从正面斗，也可以从侧面斗。我觉得用小说体裁揭露黑暗势力，就是一个好办法，也不会弄到‘开天窗’。恨水先生写的《八十一梦》，不是就起了一定作用吗？”这些话对他发生莫大的鼓励作用。可是，反动派终于没有放过《八十一梦》。小说竟也遭到“腰斩”，不能不说是中国新闻史上的奇闻。由于是“暗害”，杀人不见血，所以很少有人知道这件事。

单行本不久就印出来了，发行时没有遇到什么阻力，可能是主张腰斩的那个炙手可热的人，这时已经下了台。

使他感到亲切和光荣的，乃是延安及时翻印了这部小说。对小说或者对他个人，这都是最高的评价了。

四

张恨水一生所写的小说，有一百一十多部。绝大多数是长篇，少数是中篇，个别是短篇。在他七十岁生日的那天，我曾问过他，想知道一个确数。但他自己也不记得了，仅仅回答说：“一百多部吧！”他的意思很明白，是准在一百部以上。一百一十多部，是我和他的子女合计出来的，我们却开不出这样一张书目。因为其中有几种，大家模糊记得故事情节，说出来相同，可都忘了篇名，也想不起是在哪家报纸刊载的。

这一百一十多部小说，除了短篇不算，长篇长的达一百多万字，短的至少也有十万八万字。就字数而论，也够惊人的，难道不足以说明他几十年来的辛勤劳动吗？有一些不了解情况的人，以为像他那样“多产作家”，一定得请几位秘书助手。甚而至于揣测，某某几部书，是别人的代笔。这些话全无根据。他的小说，是他自己一个字一个字写出来的，既没有委托过别人代为写作，别人也代替不了他。应该指出，一百一十多部小说，创作有先有后；构思布局，有的很巧妙，也有很平常的；文字技巧，一般很流利，也有拖沓臃肿的地方。写了那么多的字，要允许有几笔“败笔”的。如果不看整体，只看那个别之处，因而怀疑是“赝品”，尽管是从善意出发，其实无此必要。

抗战时期，他已入川，上海却出版了好几种黄色下流的小说，伪托他的名字，他恨得不得了。这几种小说，泛滥在沦陷区，华北、东北，都非常流行。抗战胜利后，他回到北京，预备追究，而书已绝版，找不着主名了，他只好拉倒。——现在，这些小说已经很难找到。倘若有人能给编一张“伪书目”，也是很有意义的事。

他正式从事著作小说生涯，是1924年在《世界晚报》写《春明外史》起。那时，他编一个副刊，一天写几百字小说，兼写杂文，还很从容。及至1925年《世界日报》出版，他编两个副刊，一天写两篇小说，杂文照写，工作量加了一倍，他依然不在乎。后来，又兼给《益世报》《晨报》写小说，应该很忙了，朋友们却看不出，只觉得他好像还是优游自在。一直到后来，他同时编副刊、写几篇小说，他嘴里从没有吐出一个“忙”字。他规定了每天上午是写作时间，这是雷打不动的。如果约稿太多，或者别有要事耽搁了，上午写不完，下午准得再写，非得完成事先订的计划不可。他有坚强的毅力，严格的有纪律的生活，数十年如一日，持之以恒，恐怕这就是他的“成功秘诀”吧！

最初写小说，他是不用提纲的。脑子好像一台计算机，人物故事都储存在里面，用到时就取出来，非常之现成。也不用复写纸，一枝毛笔就是他的纺织器，每天织出许多五颜六色好看的彩网。后来，约稿多了，经常一天同时在报上连载六七篇小说，混淆缠夹了怎么办？平日不用提纲的，这时也不得不用了，至少不至把这一部小说中的人物错到那一部，不至把这个人的故事接榫在那一个人的身上。有几部小说，事先言明，一稿两用，分刊在南北不同地区的报刊上，这就有必要复写，于是改用了铅笔。案头常常放着四五枝削好的、半长的铅笔头。磨磨笔尖，削两下软木，既是休息，也是娱乐，而归结于构思。

他每天的写作的能量总在五千字左右。在各报上连载的作品，合计也不超过这个数字，所以他能应付裕如。有人奇怪：他每天都写那么多篇，头绪纷繁，纵有提纲，也难免错乱，何以他能井井有条呢？其实，他每天只是写一篇，而不是同时写那么多篇。今天这一篇，明天那一篇，轮流着写，周而复始。他的安排，有时也有改变，但基本上写作数字是不变的。

他的写作态度，是十分严肃认真的。香港有个刊物，说他常常一面打牌，一面写小说；有时电话来催，他就在牌桌上写。这是没有的事。他对打牌根本无兴趣，既不会打，朋友也不带他打。说起来，他小说中所描写的牌局，都欠缺精彩，不是没有原因的。如今倒有人把他和牌连在一起，简直是笑话。

他所写的，是他熟悉的人和事；遇有所不熟悉的也要他写时，他就不辞劳苦地深入到生活中去。写《啼笑因缘》，背景是天桥，好多日子，他都泡在那里，沈凤喜、关秀姑以及沈三弦、关寿峰，就是从那里体验出来的。写关氏父女，原本不在计划之内，是报纸主编人提出的要求："加点'噱头'吧，上海读者喜欢武侠的。"他岂肯向壁虚造，说什么"口吐白光"，他要塑出入情入理、有血有肉的形象。他曾和我说过，他的祖父是有武功的，用筷子夹苍蝇是他亲眼所见。他写武侠，是有限度的武侠，决不出人情之外。

报纸刊登长篇连载，最忌的是中断。有些作家偏偏老犯这个毛病，报上常见"续稿未到暂停"字样。破坏了读者情趣，影响了编者安排，非常不好。只因连载的长篇，动辄几十万字，甚至更长，作家们很少有全部写完后再拿去发表的，一般是随登随写、随写随登，这就难保中间有个耽搁。他注意到这一点，总不让自己的作品在连载中有一天脱节。在《金粉世家》的自序中，他说："当我写到《金粉世家》最后一页的时候，家里遭了一件不幸的事件，我'最小偏怜'岁半的女孩子康儿，她害猩红热死了。我虽二十分的负责任，在这样大结束的时候，实在不能按住悲恸和书中人去收场，没有法子，只好让发表的报纸，停登一天。过了二十四小时以后，究竟为责任的关系，把最后一页作完了。"一部连载五六年的作品，因为死了女儿中断了一天，抱恨不已，他对于著作小说的事业心、责任感，看有多么强烈！

1937 年在南京，1949 年在北京，他得过两次重病，坐不起身，提不动笔，无可抗拒地停止了写作。至于平常，有什么头疼发烧，那是不在话下，他总挣扎着照写无讹。抗战时期在重庆，敌机日来空袭，大家“入土为安”，都要下防空洞。他却不管那些，空袭警报尽管响着，敌机在头顶上转，他写他的，只当没有那回事。有一次，炸弹在他家附近开了花，他的夫人急了，跑出防空洞，要和他共生死存亡。没法子，为了一家老小的安全，也只好一下洞。就凭这样，他还是一听敌机飞过头顶就回家去写；家人等解除警报的汽笛声响出洞时，他已写了几页纸了。

写小说是他的职业。人们有个通病，“吃一行，怨一行”，常会把自己的职业当包袱，干久了时就感觉苦恼厌倦。他可不是这样。他是越写越来劲，没有个满足，总想新写的一部超过所有的旧作。他热爱生活，把写作当成自己生活中最重要部分，不仅仅是为了趣味。有一天不动笔，就忽忽如有所失，好像欠了一笔大债。他说：“除了生病和旅行，如果一天不写，比不吃饭都难受。”大病初愈时，他又在写，家里人和朋友都劝他，不要动脑子吧！他却说：“脑子总归要动的，不动在这里，就动在别的地方。动在别的地方，岂不浪费吗？”他是 1967 年 2 月 15 日早上去世的，14 日的早上他还是坐在座位上写哩。

他的一生，就是写小说的一生！金字塔是一块石头一块石头垒起来的，他的成功是一个字一个字写出来的，世间事业是没有幸致的。在写作的过程中，早期被老先生们说成是不务正业，歪门邪道；后来出名了，又被青年人给他戴上这一派那一派的“桂冠”，硬派他做“异教徒”。他不为这些讥评而有丝毫动摇，坚持写他的作品。一百一十多部长篇，就从高压的石头缝中窜出来的。这种精神，难道不值得人们的尊敬和学习吗？

五

对于张恨水的小说，从来就有一些不公正的误解。

其一是说，张恨水的小说是黄色小说。

黄色小说，意味着作品诲淫诲盗，荒诞绝伦。张恨水生平没有写过这样的作品。值得注意的是，抗战期间，沦陷区里，有人盗用他的名字出版的，倒的确是黄色小说。我们不能把“假张恨水”的黑锅叫“真张恨水”去背。五十年代，文化部曾发出内部通报，说张恨水的小说属于一般社会言情小说，不是淫秽、荒诞的作品。当然不是黄色小说。这是强有力的辩诬。

其二是说，张恨水是鸳鸯蝴蝶派。

鸳鸯蝴蝶派，指的是那些作家，专写才子佳人男欢女爱、风花雪月，无病呻吟，自命为“哀感顽艳”的作品。一般应用文言文，杂以诗词。那个流派，意志消沉，脱离实际，是文学史上一股逆流。不幸的是，张恨水也被某些人纳入那个流派。毋庸讳言，张恨水初期习作，确实是走的这条路子。我们虽然没有见到那些作品，而那些作品的题目却把信息告诉我们了。他自己也承认，“曾受民初蝴蝶鸳鸯派的影响”。但是，仅仅根据这一点就说他属于那个流派，这就很不恰当了。因为当初他走这条路子并没有走通，从正式发表长篇连载起，着眼于对旧社会的讽刺、谴责，就和那个流派分道扬镳了。我们现在读到的他的作品，没有一部是符合那个流派的特征的。当然，他的作品中，传奇性的爱情故事是占有一定的比重；同时，也应指出，他写这些故事，都有特定的时代背景，揭露和批判封建、半封建的罪恶。我们决不能说，凡是写爱情的小说都是鸳鸯蝴蝶派。那样，就会在文学批评史上造成一片混乱了。他生前不服这样的“裁决”，曾经提出抗议：“五四运动之后，本来对于一切非新文艺形式的文字，完全予以否定了的。而章回小说，不论它的前因后果以及它的内容如何，当时都是指为鸳鸯蝴蝶派。有些朋友很奇怪，我的思想也并不太腐化，为什么甘心作鸳鸯蝴蝶派？而我对于这个，也没有加以回答。我想，事实最为雄辩，让事实来答复这些吧！”是的，作品具在，不难覆案。把这顶帽子强加于张恨水，不足贬低张恨水，倒是抬高了鸳鸯蝴蝶派了。

第三是说，张恨水是礼拜六派。

《礼拜六》是在上海发行的一种文艺周刊，泛滥于二十年代。这个刊物所刊登的作品，以小说为主，间杂一些毫无意义的所谓“游戏文章”，趣味低级。文字规格，是旧体裁、旧形式。它的作者主要在江浙一带，成为一个无形的集团，当时视为“海派”。那时正当新文艺萌芽时期，它是鸳鸯蝴蝶派之后另一股逆流，阻碍着新生事物的成长。后来人们便把那一流派的作家及其作品，称之为“礼拜六派”。有些人认为，张恨水也就是礼拜六派。我们知道：他人在北京，写小说是“单干户”，不是靠别人吹捧成名的；他从来没有写像《礼拜六》上刊登的那些无聊作品；他大量发表作品，是在礼拜六派已经衰歇之后。用这些来说明他不是礼拜六派，自然是不够的，辨认一位作家属于哪个流派，还得看他的作品形式和思想内容，主要并不在这些人事关系上。古之人，论流派不是往往把一些作家论定属于前几世纪的某一流派吗？那么，我们检查一下张恨水的作品。

张恨水是章回小说作家。作为通俗文艺，必然采用习惯的大众口语、组织结构，一切服从于传统的旧体裁、旧形式。在这方面，他和礼拜六派的作品，包括那些小说在内，是近似的，或者说简直相同。不同之处，仅仅是艺术技巧，有高低之别罢了。只根据这一点，辨认他是不是礼拜六派，容易模糊了眼睛，陷入了形式主义。我们应该说，礼拜六派利用了旧体裁、旧形式；却不应该说，利用旧体裁、旧形式的都是礼拜六派。

有人也许会问：从新文艺萌芽直到成熟、壮大，为什么张恨水不用新体裁、新形式写作，却偏要和礼拜六派走同一的旧道路呢？关于这个问题，他有个明确答复。1944年，他五十岁生日，在重庆，许多朋友祝贺他创作生活三十年。事后，他写了一篇《总答谢》，其中说道：

> ……新派小说，虽一切前进，而文法上的组织，非习惯读中国书、说中国话的普通民众所能接受。正如雅颂之诗，高则高矣，美则美矣，而匹夫匹妇对之莫名其妙。我们没有理由遗弃这一班人，也无法把西洋文法组织的文字，硬灌入这一批人的脑袋。窃不自量，我愿为这班人工作。有人说，中国旧章回小说，浩如烟海，尽够这班人享受了，何劳你再去多事？但这个有个问题，那浩如烟海的东西，它不是现代的反映：那班人需要一点写现代事物的小说，他们从何觅取呢？大家若都鄙弃章回小说而不为，让这班人永远去看侠客口中吐白光、才子中状元、佳人后花园私订终身的故事，拿笔杆的人，似乎要负一点责任。我非大言不惭，能负这个责任，可是不妨抛砖引玉，来试一试。

这是他的抱负。进步作家薄章回小说而不为，市民层文化生活十分贫乏，他捡起了这个武器，被人指斥为“异端”而不辞。他拥有广大读者。从他创作的动机和取得的效果而言，应该被承认是一致的。有位很了不起的大作家，他的老母亲就爱看张恨水的小说，他不止一次用高价去买张恨水的作品。老母亲说：“你为什么不写张恨水这样的小说给我看看呢？”这是文艺界流传的很有趣的故事。难道说那位大作家的作品不如张恨水吗？当然不是这个意思。引出这个故事意在说明，进步作品的新体裁、新形式，在当时只能适合于知识分子，而为市民层所不能接受。所以1930年“左联”成立时，就有“创作革命的大众文艺”的号召。鲁迅说：“应该多有为大众设想的作家，竭力来作浅显易解的作品，使人家能懂爱看。”冯雪峰（洛扬）说：“我们可以而且应当利用这种大众文艺的旧形式，创造大众文艺。”瞿秋白（史铁儿）说：“所以普洛文艺所要写的东西应当是旧式体裁的故事小说……”尽管张恨水对于这些要求还有距离，但我们却可以了解到，用旧体裁、旧形式写的章回小说，没有非列为礼拜六派不可的必要。

评论一位作家之属于某一流派，不能只讲作品形式，更重要的，还在于作品的精神实质，在于作品的思想内容。从这方面看，张恨水的作品究竟如何呢？周总理说，他是“用小说体裁揭露黑暗势力”，是“同反动派作斗争”。真是“一字之褒，宠逾华衮之赠”。虽然当时是针对《八十一梦》而言，事实上他每一部小说，都是在“同反动派作斗争”，只因写作时期有先后，矛头主要指向有所不同罢了。比如四部代表作：《春明外史》指向整个封建社会，《金粉世家》指向贵族官僚，《啼笑因缘》指向北洋军阀，《八十一梦》指向国民党反动派。很明确的，他的作品的思想内容，是富有斗争性的，是进步的。为了祝贺张恨水五十岁生日，1944年5月16日，重庆《新华日报》负责人潘梓年，在重庆《新民报》上发表了题为《精进不已》的文章，就曾指出，张恨水的作品，有“明确的进步立场”。同日，重庆《新华日报》发表一篇短评，其中说道：

> 恨水先生的作品，虽然还不离章回小说的范畴，但我们可以看到和旧型的章回体小说之间显然有一个分水界，那就是他的现实主义的道路，在主题上尽管迂回而曲折，而题材却是最接近于现实的；由于恨水先生的正义感与丰富的热情，他的作品也无不以同情弱小、反抗强暴为主要的“题目”。正由于此，他的作品，得到广大的读者所欢迎；也正由于此，恨水先生的正义的道路更把他引向现实主义。

也正由于此，可以肯定地说，张恨水不属于礼拜六派，因为礼拜六派没有向反动派进行斗争。不具有进步立场，更不可能是走向现实主义的道路的。

以上意在说明：张恨水的作品，不但不是黄色小说，也不是什么鸳鸯蝴蝶派、礼拜六派。他自成一家。凭他的百来部小说，实在要列为流派，看来就叫做“张恨水派”，倒未尝不可。张恨水的作品，有很多优点，也有很多缺点。他是自由职业者：终身从事写作，多年的新闻记者。他有强烈的正义感，一生向往自由民主，爱国从不后人。对于当时半封建、半殖民地社会，非常厌恶。然而，他信守资产阶级新闻记者的“信条”，极端“自由主义”，所谓“中立”的政治立场，这就导致他只能成为改良主义或民主主义作家，而不是革命作家。在他的作品中，读者自会发现，他赞成的是什么，反对的是什么。在许多地方，我们今天不能表示同意。这是由于，他的作品写作于二十年代乃至四十年代。虽然仅仅半个世纪左右，好像去今未远，只因这个时期以内，我们经过翻天覆地的变革，飞跃进入社会主义，谁的思想也不会停留在二十年代乃至四十年代了。我们今天对于事物的看法，和当时张恨水的看法，不可能不保持一定的距离，时代的局限性就是这么严峻！不过从总的方面说来，他的作品，究竟是社会进步的催化剂，应该予以肯定的。尤其是，以作品创作数量之多，发行方面之广，影响范围之大，无论如何，章回小说大师的地位是谁也否定不了的，他是占有现代小说史上应有的篇幅的。最公正最权威的裁判属于广大的读者，希望能够看到全面分析研究张恨水的作品的文章！

1981 年 9 月 12 日于北京

（原载《新文学史料》1982 年第 1 期）

（作者系著名报人，张恨水挚友）

张恨水的著作扬弃了鸳鸯蝴蝶派

万枚子

问谁倚翠偎红？过匆匆，一阵鸳鸯蝴蝶闹春风。潜山泪，群情醉，影重重。应是人生长乐水长东！

——用李煜《相见欢》词韵为恨水著作辩

一、恨水著作的争议

1985年2月安徽文艺出版社出版的《张恨水选集 · 金粉世家》的“编者前言”开头说：

“张恨水先生，安徽潜山人。一生写了一百多部中、长篇小说，还有大量的诗和散文。在国内外拥有众多的读者，是位影响深远而又颇有争议的作家。”

六十多年来，文人们对于张恨水的著作有些什么争议呢？

恨水生前，1963 年自作的《我的创作和生活》迟至 1980 年 5 月才由全国政协《文史资料选辑》第十七辑发刊。1963 年我任政协文史编辑时，还曾看过恨水那篇打印稿。《选辑》发刊文和原打印稿有些差异，但基本相同。现录几段如次：

“《春明外史》，本走的是《儒林外史》《官场现形记》这条路子。……所写的社会现象，决不能是超现实的，若是超现实，就不是社会小说了。”（《文史资料选辑》第七十辑 163—164 页）

“《春明外史》发行之后，……有人说，在五四运动之后，章回小说还可以叫座，这是奇迹。也有人说，这是“礼拜六派”的余毒，应该予以扫除。……在五四运动之后，本来对于一切非新文艺形式的文字，完全予以否定了的。而章回小说，不论它的前因后果，以及它的内容如何，当时都是指为‘鸳鸯蝴蝶派’，……我想，事实最为雄辩，还是让事实来答复这些吧！”（同上，165 页）

“《金粉世家》……里写了金铨总理一家的悲欢离合、荒淫无耻的生活，以金燕西和冷清秋一对夫妇的恋爱、结婚、反目、离散为线索而贯穿全书，也写了金铨及其妻妾、四子四女和儿子女婿的精神面貌和寄生虫式的生活。自然，也反映了当年官场和一般的中上层的社会相。”（同上，166—167 页）

“到我写《啼笑因缘》时，我就有了写小说必须赶上时代的想法。这小说 1930 年发表在《新闻报》上，……

对该书的批评，……主张文艺革新的人，对此还认为不值一笑。……就文论文，褒贬都有。……有人并说，如果《啼笑因缘》可以存在下去，那是被扬弃了的章回小说又要还魂。……后来《啼笑因缘》改编成电影，明星电影公司和大华电影社为争夺拍摄权打了一年的啼笑官司，……此后还曾多次搬上银幕和舞台。它的销数超过了我其它作品。……”（同上，168—169页）

“（1932年）我从西北归来，就写了《燕归来》，发表在《新闻报》上，又写了《小西天》，发表在《申报》上。《燕归来》是写一个女孩子自幼因逃荒从甘肃离家，后来在南京当了体育皇后，为了开发西北，就和几个男朋友由陕西大路归来，找到了自己的家庭。故事人物是我在西北亲见亲闻的。西北人民生活水平之苦是我以前都想象不到的。”（同上，172—173页）

“1931年‘九一八’国难来了，……自《太平花》写作起，我开始写抗战小说，……在两个月功夫内，写了一部《热血之花》和一个小册子《弯弓集》，都是鼓吹抗战的文字。……我写任何小说，都想带点抗御外侮的意识进去。例如我写《水浒别传》，就写到北宋沦亡上去。……仅仅说，我还不是一个没有灵魂的人罢了。”（同上，173—174页）

“……七七事变发生，……我只身入川，……路过汉口时，全国抗战文协成立，我被推选为理事。……从此我就在《新民报》工作了十几年……我在抗战的前期写了一些有关游击队的小说，如《冲锋》《桃花港》《潜山血》……上海虽沦为孤岛，《新闻报》还不曾落入汉奸之手，……我就写了《水浒新传》，描写水浒人物和金人打仗，因为写了民族气节，很受上海读者的欢迎。……我使出了中国文人的老套，寓言十九，托之于梦，写了《八十一梦》，这部书是我在后方销数最多的一部。……还在延安流传，……这一期间我还写了《偶像》《牛马走》《傲霜花》以及连载随笔《上下古今谈》，都是谈的社会现象，针砭当时的贪污腐败。”（同上，175—176 页）

恨水在这篇自述文章里，对所作小说作了谦逊的评价，但又露出对于某些偏颇议论的不平，尤其一直把他列为“鸳鸯蝴蝶派”，他怎能甘心呢?

二、《鸳鸯蝴蝶派研究资料》的错点

茅盾题签、上海文艺出版社 1984 年 7 月出版的《鸳鸯蝴蝶派研究资料》着重地点了张恨水的名。《鸳资》“叙例”指出：“鸳鸯蝴蝶派的全盛时代是在民国前后的十年间，三十年代初，幸亏出了一个张恨水，才保持住它的小康局面。……回顾鸳鸯蝴蝶派的名家名作，最杰出的是‘五虎将’和‘四大说部’：前者是徐枕亚、李涵秋、包天笑、周瘦鹃、张恨水；后者是《玉梨魂》《广陵潮》《江湖奇侠传》《啼笑因缘》。”（4 页）又说：“《啼笑因缘》的内容熔社会、言情、武侠于一炉，是鸳鸯蝴蝶派中影响最大的一部作品。而张恨水虽于一九二四年初露头角，以后却是鸳鸯蝴蝶派中起着中流砥柱作用的极为重要的多产作家。”（2 页）

《鸳资》编者之所以作出这样的断定，大约是依据于辑录中的两篇要文：钱杏邨的《上海事变与鸳鸯蝴蝶派文艺》和夏征农《谈啼笑因缘》。先谈后者。

夏征农文章是答复青年伍臣提出的为什么《啼笑因缘》销行最广，而对此书作出了全面的分析。

首先，夏认为："《啼笑因缘》无疑的是最能把中国复杂的社会错综地表现出来的一部著作。……这种出现在同一时间的相隔悬殊的生活样式，便是《啼笑因缘》的社会基础。"（《鸳资》91 页）但他又说："它只浮浅地撷取了一些片断的社会背影，丝毫不曾加以选择，加以精炼，而提出那一特定社会生活的特征。"（92 页）这两句话是自相矛盾的。既断定"无疑的是最能把中国……"怎么"它只浮浅地撷取了……"呢？

其次，夏文着重分析书中表演的思想：（一）"无疑的是充分带有近代有产者的基调"；（二）从本书看出张恨水所受的文学教养是封建社会的，而不是近代资本主义的；（三）降格迁尊的平民思想；（四）欣赏主义恋爱观；（五）恋爱至上主义……比较有反封建性观念；（六）复仇主义……"是小有产者对于现社会不满的一种政治上的反映。在本书中算是最大的污点"。（93—96 页）我认为：这些帽子扣在张恨水和《啼笑因缘》头上，只有（三）（五）还算合适。恨水是从穷新闻记者出身，著作章回长篇小说，而成为"现代著名作家"的，1979 年版的《中国文学家辞典》已明确肯定了这一条。这本文学家辞典是由解放后长期担任过文化部部长的茅盾（沈雁冰）先生题签封面，它所介绍的张恨水简历和作品(《辞典》324、325 页)，茅盾是知道的。

现在谈谈钱杏邨（阿英）的《上海事变与鸳鸯蝴蝶派文艺》，本书专指他对恨水及其作品的评断，下面依次摘录并加本人的意见。

（一）“在上海事变期间，封建余孽的鸳鸯蝴蝶派作家，……大作其国难小说。《中国日报》有……张恨水的《无名英雄传》；《社会日报》上有张恨水的《九月十八》，……《大陆新报》上有张恨水的《一月廿八》；《福尔摩斯》上有张恨水的《仇敌夫妻》，《大晶报》上有张恨水的《最后的敬礼》，……《上海画报》上则有张恨水的电影脚本《热血之花》；……在诗歌方面，有《健儿词》七首，《咏史》四首，……他把这些辑编起来，成为了一部《弯弓集》。”（《鸳资》76—77 页）

接着钱文先引张作《咏史》四首：

山河脱幅三千里，兄弟阋墙二十年。
岂是藩篱原易撤，本来萁豆太相煎。
江东名士浑如醉，壁上诸侯笑不前。
犹叹药炉茶灶畔，有人高比赵屯田。

争道雄才一槊横，几时曾到岳家兵。
中原豪杰无头断，逊国君臣肯膝行。
盗寇可怜侵卧榻，管弦犹自遍春城。
书生漫作长沙哭，只有龙泉管不平。

六朝金粉拥千官，王气钟山日夜寒。
果有万民思旧蜀，岂无一士覆亡韩。
朔荒秉节怀苏武，暖席清谈愧谢安。
为问章台旧杨柳，明年可许故人看。

花蕊宫词可汗颜，读来转觉泪潺潺。

金貂尽日盈高座，烽火连宵入汉关。
黄左尚争明系统，幽燕频陷宋江山。
长江天堑何须道，胡马南窥已等闲。

钱氏在文中指斥：“这四首史诗，是典型地说明了封建余孽对于东北与上海两大事变的态度。”又说：“他们愤恨着二十年不断的军阀混战，……他们诅咒统治阶级的坐视‘胡马入汉关’，而‘浑如醉’，‘笑如前’，‘争明系统’……”“他们也欢欣无间的……作《健儿词》高呼着‘背上刀锋有血痕，更未裹剑出营门。书生顿首高声唤，此是中华大国魂’。”（78 页）我看四首史诗的愤恨诅咒，《健儿词》的慷慨激昂，像这样的国难作品，正应加以鼓励，怎么就变成了“封建余孽”呢？

钱文对于恨水的国难小说提出四点：

（1）缺乏真实性。如《仇敌夫妻》，丈夫是中国的抗日领袖，妻子是日本人，生了几个孩子，妻子趁丈夫睡中窃取机密文件，但为丈夫发觉，把她毒死。又《热血之花》中，已有未婚夫的剑花，为了刺探敌方的机密，不惜解除婚约，同敌方姘居。又《最后的敬礼》中，公让的阿德在一月二十八日曾遭一个日本军官侮辱，后又被这军官搜查住所，毒打一阵，阿德投军抗日，巧遇着那军官将他杀死（79—80 页）。我以为小说本非纪实，只要描述合理，自能激起读者的爱国热情，说这些小说是“胡话”，自己也不免胡说八道了吧！

（2）钱文指出这几篇小说“是鸳鸯蝴蝶派之体，披上国难的外衣”，那就是说国难小说，不许有夫妻男女的叙述，否则要戴上鸳鸯蝴蝶的桂冠，这说得过去吗？

（3）否定这几篇小说，“谈不上技术”，“只《九月十八》一篇，对主人公的性格，还稍稍地反映了出来”。

（4）认为张恨水作品反映“封建余孽的意识”，但“也具有相当的资产阶级的要素的部分”；并赞赏《仇敌夫妻》《最后的敬礼》的爱国民族思想，特引《一月二十八日》的两段文字作为证明。（81页）

看来阿英同志对恨水作品的批判，是在当时某种过左意图下作出的。就算张恨水是“封建余孽的鸳鸯蝴蝶派作家”，那么他作“国难小说”，总该是前进了吧？何况小说里还表现了民族爱国思想；硬给戴上“封建余孽”的帽子，怎能让人心服呢？尤其认定恨水诗歌所表现的“是纯粹的封建性”，等于说写旧诗词的都是封建文人，那不是很可笑吗？

现在研究一下“鸳鸯蝴蝶派”形成的经过。

据《鸳资》辑录的平襟亚作《“鸳鸯蝴蝶派”命名的故事》（179页）所述：1920年的一天，杨了公在上海“小有天”宴请廉南湖、姚鹓雏、朱鸳雏、成舍我（疑为张舍我，待考）、吴嵩公、许瘦蝶、闻野鹤、平襟亚等。他们召来名妓林黛玉，爱吃洋面粉制的花卷。主人兴起，以分咏“洋面粉”“林黛玉”请大家作诗钟，朱鸳雏先成，句云：“蝴蝶粉香来海国，鸳鸯蝴蝶怨潇湘。”合座赞赏。刘半农适在隔壁，闻声闯进。随后他们行了背诵旧诗含有鸳鸯蝴蝶的酒令。有人批评“六鸳鸯同命鸟，一双蝴蝶可怜虫”，言之无物。刘半农认为《玉梨魂》就犯了空泛、肉麻、无病呻吟的毛病，该列入“鸳鸯蝴蝶小说”。不料以后就传开了徐枕亚为鸳鸯蝴蝶派，从而波及许多人。

鲁迅在《上海文艺之一瞥》的讲演里说：“这时新的才子佳人小说便又流行起来，但佳人已是良家女子了，和才子相悦相恋，分拆不开，柳荫花下，像一对蝴蝶、一对鸳鸯一样；但有时因为严亲，或者因为薄命，也竟至于偶见悲剧的结局，不再都成神仙了，——这实不能不说是一个大进步。”这些话是1931年7月20日讲的。阿英在三十年代出版的《晚清小说史》，指出吴趼人的“写情小说”《恨海》（1905年）、《劫余灰》（1907年）的产生，继续地发展下去，在几年之后，就形成了“鸳鸯蝴蝶派小说”的狂飙。我认为1918年徐枕亚的《玉梨魂》出版，内容悱恻哀婉，如泣如诉。1920年刘半农认为应列入“鸳鸯蝴蝶派小说”是不错的。那时上海的旧派文人，自己也是承认的。

但是，张恨水和他的著作是不是照《鸳资》的编者判断，他是鸳鸯蝴蝶派起着中流砥柱的作用的多产作家，《啼笑因缘》是鸳鸯蝴蝶派中影响最大的一部作品呢？让我们看看1941年佐思的《礼拜六新旧小说家的比较》中对于张恨水是怎样评述的。这篇也是《鸳资》辑录的要文。

佐思引述了恨水在《啼笑因缘》自序里的一段话评道：“张先生同样说小说中不能有‘一丝一毫的自许的意思’，但他并没有掩藏文学的目的性。在‘一·二八’战争之后，他出版了一本《弯弓集》，这本书充满了民族解放的思想，可见他并不是随灵感而写作的。抗战以后，张先生的态度更积极了：‘我们假使不能经常获得新的资料，便无从产生有时代精神的作品。’”（127页）佐思还赞赏恨水写作的艺术才能，列举三项：（1）细腻的观察力；（2）有活泼的描写手腕；（3）严肃的写作态度。是专对《啼笑因缘》而发的。这和阿英、夏征农不同，他对张恨水作出的是相当肯定的评价。

《鸳资》又载了范烟桥的《民国旧派史略》（268页）。范文分民国旧派小说为言情、社会、历史传奇、武侠、翻译、侦探、短篇等七类，只认“鸳鸯蝴蝶派”的作品应当以《玉梨魂》为代表，作者则以徐枕亚为代表，“其它便不尽属此”。张恨水的《春明外史》《金粉世家》《啼笑因缘》等被列入社会类；《水浒新传》列入历史传奇类，并以大段文字介绍，认为“思想性、艺术性均较高”（312 页）。在“尾页”里，重复称赞《春明外史》暴露社会的黑暗，“文字水平也高，因之流传一时”（361 页）。范文大约写于解放初期，所分类别是比较适当的。

应该提出研究的是，《鸳资》附录了《鸳鸯蝴蝶派小说分类书目》，共分哀情、社会、言情、武侠、侦探、宫闱、历史、民间、反案、短篇集等十类，张恨水著作《春明外史》《金粉世家》《燕归来》《八十一梦》等 93 部列入社会类；《啼笑因缘》《欢喜冤家》《满江红》等 24 部列入言情类；《中原豪侠传》一部列入武侠类；《新斩鬼传》《水浒新传》等 10 部列入民间类；《弯弓集》《小说之霸王》等 4 部列入《短篇集》类，分别共 131 部，恨水前后出版的小说，大都包括在内。如果把“鸳鸯蝴蝶派”改为“民国旧派”，这个小说书目的分类就符合当时的实际。因为分类应看内容，一经分别，全体冠以“鸳鸯蝴蝶派”，那就对不上号了。编者特别分出哀情和言情两类，哀情类列有吴双热、李定夷、徐枕亚等的书目，他们才是“鸳鸯蝴蝶派”的主角。言情作家们自应和哀情作家有别，否则为何分为两类？张恨水既不和徐枕亚同类，编者把张列为“鸳”派五虎将之一，《啼笑因缘》是“鸳”派影响最大的作品，那不仅乱点鸳鸯，更是误拍蝴蝶了。

三、恨水著作随时代而前进

我于1925年10月考入北京《世界日报》充任编辑时，恰逢恨水暂兼总编辑。一个状貌雄俊、语音洪亮、态度和蔼、书写飞速的新闻作家坐在长条桌的右首，我紧靠他的左侧，编制要闻稿件交他核发。这是我和恨水首次接触的深刻印象。不久，我专任教育栏编辑，自发稿件（这一栏题名“教育界”，起了促进当时学生运动的作用）。恨水也专编日报的《明珠》、晚报的《夜光》。《夜光》刊发的《春明外史》章回小说长篇，已连载了一年多，大受社会的欢迎，有些读者就是专为看《春明外史》才长期订报或者每晚到报社门口抢买，以先睹为快。《明珠》连载的《新斩鬼传》另有锋芒，也使日报打开销路。恨水还要为两个副刊写些小品、杂文，就招聘了张友渔、马彦祥、朱虚白、胡春冰四员大将轮流执笔，各有千秋。张、马随后参加中共，马为现代著名戏剧作家、理论家和名导演，去年（1987）3月病故；张老是当代国际驰名的法学权威，高龄九十。《春明外史》直到1929年1月才登完，由上海世界书局印行十二册，畅销万部，接连再版和缩版，大发财源。

虽然恨水自道《春明外史》走的是《儒林外史》《官场变形记》的路子，但他确实运用了自己描述社会现象的技巧。正如1985年《春明外史》重版编者前言所说：“在艺术上是婉而多讽，包罗万象。……描绘了总统、军阀、总理、总长、议员、政客、流氓、遗老、遗少、文人、记者、演员、学生、妓女、僧人、作家、拉车的、要饭的等等，各有各的口吻，各有各的相貌。”我同意重版编者的论断。

这就是说，《春明外史》继承中国传统的章回小说而创新前进了。

1926年继《新斩鬼传》在《明珠》上连载的《金粉世家》是恨水精心设计的一部长篇巨著。全书前有“楔子”，后有“尾声”，正文一百一十二回，共一百多万字。由1926年夏季写起，到1932年夏季完结，费了整整六年的心血，其间张恨水除了让《春明外史》与《金粉世家》同时发于《世界日晚报》外，还在北京《晨报》《新晨报》、上海《新闻报》、沈阳《新民晚报》、《南京晚报》、北平《真光影院画报》、上海《红玫瑰》《申报》《旅游杂志》和《太原日报》等报刊撰写长、中篇，另外出了三部单行本。这时恨水每天写作十四小时以上，夜间上床，还要翻阅一二小时的书报。他精力之旺盛，笔力之纵横，在中国小说作者史上是前无古人。

1931年，我重返《世界日晚报》，主编《明珠》《夜光》。原来恨水辞卸《夜光》笔政后，由笑鸿（左啸虹）接任，这时笑鸿住南京，主编《民生报》，我勉附骥尾，不到一年。依照报社主人的要求，自写连载长篇小说《半新女儿家》刊《明珠》右下方，左上方为《金粉世家》，下家陪上家而且募仿上家。恨水小说回目的典雅华丽，我素为钦佩。我这个下家《女儿家》也用章回，分为十章，每章四节，共四十节，章有章目，节有节目。第一章“一吻多金曲终人散后，百年永诀烟罄瘾来时”，这是偷学了上家《世家》第十三回“约指勾金名山结誓后，撩人杯酒小宴定情时”。又《女儿家》第二章“谆谆不倦师窖藏春色，脉脉含情郎才感素心”，同《世家》第二十二回“眷眷初逢寻芳过夜半，沉沉晚醉踏月到天明”，也相类似。而《女儿家》第四章“忽笑忽啼侬不为荡妇，疑真疑假我岂为偷儿”，和《世家》第一百零六回“亦假亦真旧邻传恶耗，疑非疑是胜地寻芳踪”更同模型。但下家仅十章，上家长达一百二十回，还带两回头尾，真是对仗功稳，词句华丽，而且突出重点，达到高潮。我是望尘莫及，甘拜下风。不过每节冠以不同词语的节目，写法改用新语体。1948年改名《时代儿女》在上海出版，侥幸没有带上鸳鸯蝴蝶的帽子。建国以来，当代有些作家还采用章回对仗。1980年端木蕻良著《曹雪芹》长篇小说的章目第二十四章“飞絮入泥金峰难脱壳，现身说法红豆顿成灰”，自为杰出之笔。回忆“五四”新文化运动，反对古文言，倡导新文艺，自属时代的要求。但传统的诗词歌曲迄今仍和新诗歌同步竞赛，新闻标题采用对仗的诗句，更是广为流行。那么恨水的章回体小说之被讥讽，不是过分了吗？

恨水写《啼笑因缘》，无论在思想上、结构上、艺术上，都有进展。如《鸳资》叙例所说“内容熔社会、言情、武侠于一炉”（2页），但这和“鸳派”《玉梨魂》《宝玉怨》又有什么相似呢？至于对社会人士的影响，当时确是很大。首先，在上海“轰动一时”，“市民们见面时常把《啼笑因缘》中的故事当作谈话题材；许多平时不看报的人，也订起报来了”。“张恨水顿时成了上海滩上的名人。”（这些话是现代作家张友鸾为《金粉世家》重版作序特别提出的）由于故事的曲折新奇，描写的活泼生动，上海明星电影公司买得电影摄制权。1931年10月初公司经理张石川、导演洪深带领演员胡蝶、郑小秋等到北平拍摄外景，制作有声影片。经过恨水的介绍，我们获得了几次会晤的机会，次年（1932年）6月电影在上海放映，不料“大华电影社”抢先在内政部注册，取得了剧本摄制权，同“明星公司”大打“啼笑官司”，直到9月才正式上映。以后，在上海（1945年）、在香港（1956年和1965年）又四上银幕，并拍成粤语片，还相继被上海评弹、京剧、沪剧、北京大鼓、曲剧、东北话剧纷纷搬上舞台。原书也一再重版，版本很多，1955年和1957年由北京通俗文艺出版社出了新版本。恨水的令爱张明明于1979年在香港撰写了《回忆我的父亲张恨水》（广角镜出版社出版），后又于1984年在美国马利兰州增加内容，由天津百花文艺出版社出版，她情感深厚、笔调清新，其中关于《啼笑因缘》故事的两节，更加发扬恨水著作的光彩。

1934年夏季，恨水的思想要更赶上时代，接近贫困的老百姓，就往陕甘旅行体验疾苦，随后写了又一名著《燕归来》。从“九一八”到“七七”的六年间，恨水创作许多鼓吹抗战的小说、诗词和杂文。他的名作《满江红》等被搬上了银幕。1935年秋，主编成舍我在沪创办《立报》副刊之一的《花果山》，同茅盾主持的另一副刊《言林》相媲美。同年冬张恨水同张友鸾共创《南京人报》，自编有《南华经》副刊，并写了《中原豪侠传》《鼓角声中》。（这时我也写了短篇《洛阳女儿》）他“七七”以后入川，转入《新民报》任主笔，亲近左派文人。1941年到1942年发表了《八十一梦》，把当时重庆官场的荒淫无耻、当局抗战的摇摆不定，讽刺得淋漓尽致，刻骨十分。1942年秋间，陈铭德、邓季惺伉俪迎周恩来同志到家中请教，恨水陪坐。周风趣地对张讲：“同反动派作斗争，可以从正面斗，也可以从侧面斗。我觉得用小说体裁揭露黑暗势力，就是一个好办法，也不会弄得开‘天窗’，恨水先生写的《八十一梦》，不是就起到了一定的作用吗？”（引自张明明《回忆》122页）

1944年5月16日为恨水五十生辰初度，又指值他文学著作三十周年；曾和他在北京《世界日晚报》先后共事，当时留渝的吴范寰、龚德柏、张友鸾、马彦祥、胡春冰、黄少谷、万牧子、高济民等以“我们认识的张恨水”为题著文祝贺，前文刊于《扫荡报》（黄少谷任社长，我任副社长），推我执笔，分“三十年剪影”“艺术家”“孝与爱”“我们的祝语”四节。第一节提到他一些名作；在他卜居重庆南岸七年中又完成许多杰作，尤以《八十一梦》为最著。最后祝语说："中国的章回体小说发源于说评书，《红楼》《水浒》在文学上都有千古不磨的价值。章回体小说在中国社会的影响，犹之乎现在还能存留着的京剧皮簧。恨水先生的章回体小说，在近三十年中毫无疑义地获得了千千万万的读者，所以他在相同的读者中，始终保持一项荣誉的王冠，同时也奠定了他在文学界崇高的地位。"（1944 年 5 月 17 日重庆《扫荡报》）同时《新华日报》也在祝贺短评中说："恨水先生的作品，虽然还不离章回小说的范畴，但我们可以看到和旧型的章回体小说之间显然有一个分水界，那就是他的现实主义的道路，在主题上尽管迂回而曲折，而题材却是最接近于现实的；由于恨水先生的正义感与丰富的热情，他的作品也无不以同情弱小、反抗强暴为主要的'题母'。"

以上所述，足以说明恨水著作确实是随时代而前进，以《八十一梦》达到高潮。知父莫若女，张明明在《回忆》中说："父亲虽然是写章回小说的，但在内容上是健康的，是追随时代而前进的"。（73 页）

四、人生长恨水长东

1949 年新华开国之际，恨水被邀参加七月召开的第一次全国文艺工作者代表大会和全国作家协会，但他不幸在六月因受《新民报》总编辑王达仁的借端攻击而陡患脑溢血住院。得到医生的精心治疗和周恩来总理派员照顾，恨水迅即恢复健康，不到一年，逐渐写作，把民间故事改为小说，在国内外报刊发表。他先后充任作协会员、文化部顾问、中央文史馆馆员，列席全国政协第二届会议。

1962 年春节，恨老和吴范寰、季迺时、张友鸾、万牧子、左笑鸿、张友鹤（按年龄为序）在西四“同和居”小叙，笑鸿即席填《临江仙》词呈奉恨老，我依韵奉和，分录于次：

左词：

白发萧疏人望重，卅年笔走龙蛇，至今妙句尚笼纱，更欣逢盛世，文治日光华。　座上七翁都健寿，杯中酒注流霞。窗前六出正飞花。梅花山五点，春到万千家。

万词：

大地春回机运好，天空舞漫银蛇。锦团玉簇散轻纱。十三惊美曼，举世望新华。　回首燕山留儿老，尚能一醉红霞。卓然挺立耐冬花。门庭雏凤集，克己正传家。

1965 年，恨水七旬初度，我书红集他小说名作为贺，联云：

揭春明外史，嘲金粉世家，刻画因缘堪啼笑；

喜新燕归来，望满江红透，唤醒迷梦向八一。（叶平）

恨老立即挂出，含笑拱手，连连称谢。“文革”开始后一年，1967 年 2 月 15 日（丁未正月初七日），他因脑溢血病发逝世，但并未受到抄家的冲击。

恨水的著名小说，建国后陆续重版，销路颇畅。《啼笑因缘》去年（1987 年）由安徽电影家协会和内蒙古电视台制成十集电视剧，全国放映，今年又重映一次。家喻户晓的程度超过当年。尤其令人兴奋的，本年 9 月 13 日，《人民日报》五版刊出鲁海的大文《通俗小说的分类》，郑重提到张恨水小说应当列为通俗小说。它指出："过去，没有通俗小说的称法，二、三十年代有鸳鸯蝴蝶派之称，并不得当。南方的包天笑等人(应指徐枕亚等作者)著作称为鸳鸯蝴蝶派，但北方张恨水等人，乃至还珠楼主等人作品均称鸳鸯蝴蝶派就很牵强。在群众中称之为'言情小说''武侠小说''侦探小说''社会小说'四大类；这种区分方法今后仍然可以继承，通俗小说仍离不开这四大窠臼。"这可以说正式宣布摘脱张恨水六十多年来所戴的"鸳鸯蝴蝶派"的帽子了。

综上所述，个人认为恨水小说过去之所以被称为"鸳蝴派"，主要是究于他继承传统的章回体，采取说评书的白话。其实《红楼梦》《水浒》都有个别色情的描述，恨水笔下却不粘丝毫。他随着时代奋力前进，抛弃了一般章回小说消极的东西，保留发扬积极的成份，也就是说扬弃了鸳蝴派，发挥他自己通俗取胜的特色。他所刻画的人物音容、山川景色，较之新时代文艺作品亦不逊色，某些方面还有过之的生动。郑逸梅老人在新作《艺坛百影》中称恨水是"旧派到新派的过渡者"，我亦云然。《八十一梦》不很是明显么？

文前题词用李煜《相见欢》韵，上片一读了然，下片"潜山泪，群情醉、影重重"是状他奔波之辛酸，文章之魅力，足以颠倒众生，影响社会。他是乐观主义者，经常一声吟罢，笑惊四座。"智者乐水"，应是人生长乐水长东！

1988 年 10 月于北京

（本文原载《张恨水研究会会刊》1990 年试刊号）

（万枚子，资深报人，自 1928 年起即投入新闻事业。与张恨水在北京《世界晚报》《世界日报》共事。曾任国务院参事室参事）

张恨水：热闹中的寂寞

杨 义

一

文学史价值不是以一个作家留下文稿的重量，去秤约分量的——远非如此。然而在五十年间写出百余部中、长篇小说，较长者达数十万言甚至百万言，还有近五千篇散杂文字之如张恨水者，在文学史上似乎难以找出第二家。张恨水是什么？他的读者很多，但真正的知音者少。他是一个名副其实的热闹中的寂寞。某些文学史赠给他的“鸳鸯蝴蝶派”的帽子，尺寸号码相称吗？这似乎有点抬举鸳鸯蝴蝶了，因为在这位作家的文学存货中，竟然有如此多的关于民族生存和社会政治经济的富有正义感和才华的思考。他当然不是新文学作家，这有他大量的按章回小说模式写成的作品为证，但是他的许多艺术表现形式，比起相当多的平庸的所谓新文学家都更具探索性，愈到他的后期愈是如此。他在中国现代文学史上是作为一个悖论而存在的，他以俗为雅，由旧求新，借腐朽为神奇，孜孜不倦地创造出一个庞大的文学世界，却令人很难在正统的文学史中为这个庞然大物找到一个合适的位置。他长期面临着盖好房子才去找地皮的尴尬。

作为一时间几乎家喻户晓的谜，张恨水是对我们文学史观念的考验和挑战。其实我们的文学史一旦正视张恨水现象，就不难发现，他可以被视为二十世纪中国文学由传统向现代转型的一个典型。他徘徊于旧营垒，窥视着新观念，依附于俗趣味，酿造着雅情调，留连于旧程式，点化着新技巧，总之积习难返，却始终不愿沉溺于陈旧的套数，时时追求着改良和变新。不研究张恨水，就很难真正理解中国小说在二十世纪转型过程中沉重的失落感，以及突破旧程式的艰难步伐。文学史永远是一个过程，而张恨水是最有文学史过程感的作家之一。对他的研究最终将深入为对一种文化现象的探讨。

张恨水有着可爱的坦白，他毫不讳言自己是“礼拜六派的胚子”。这交代了最初孕育他的文学灵感的时代环境，他与新文学的先驱者和开拓者行列无缘，他有先天不足，他的脱胎换骨非常艰难。但是,“胚”与“坯”相通，毛坯和经过烧炼改造后的成品不能等同，他如此承认，就有如此自信。最早的一些试作如《青衫泪》《南国相思谱》之类，胚子不出于礼拜六派的言情，无须多说。到了他三十岁写《春明外史》，基本线索是风流自赏的皖中才子和妓馆清馆人，以及巨室庶出的零落女子充满哀怨和失落的爱情，尚存礼拜六派的胎记，但它已经以一个报人对社会新闻的开阔视野，网罗了上至总理、总长、督办，下至遗老、商人、妓女、会馆寒士的种种人生形态。这就以社会嘲讽，济言情小说一味哀感顽艳之穷，形成了社会言情小说的改良形态，以至当时有人认为，此书可以作为民国初年北京野史来读。

身为作家，就怕他画地为牢，抱着他自以为驾轻就熟的一些程式，不愿意向更为广阔的艺术世界伸出头来。只要伸出头来，就有可能兼取他长，呼吸到或多或少的新鲜空气的。如果说《春明外史》是张恨水从民国初年的言情小说，向清朝末年《二十年目睹之怪现状》一类谴责小说伸出头来，以讽刺拓展言情；那么《金粉世家》则是从民国初年的言情小说，向清朝中期的《红楼梦》伸出头来，以家庭小说来增加言情小说的深广程度了。作为一个出身寒素、南北漂泊的才子，张恨水不可能有曹雪芹悲怆欲绝到了出现神话幻觉的身世之感，他敢于写一个民国初年的国务总理的大家庭，乃是出自宏伟的艺术抱负。在某个潜在的层面，他还是以报人的冷峻眼光看世界，看当时制造着社会荒唐空气的纨绔子弟，只不过对人生的体验增加了一层“浮生如梦”的佛学色彩的感慨罢了。小说借破落书香门第的才女冷清秋，为总理公子金燕西的痴情所感动，上嫁显宦世家，大概也是想通过一层伦理关系的方便，从寒素之士的世界去看高门巨族的世界，在两个世界的纠缠、反差和裂变的过程中反省人间的清与浊。但是我们可以发现，当这种枝脉相连的家庭结构转化为叙事结构的时候，它就把一班纨绔子弟中饱私囊、薄情好色、千金买笑一类荒唐行为，不必像《春明外史》那样采取以一线穿群珠的疏散的结构方式，而是在“抬头不见低头见”的家庭伦理牵连和争斗之间加以严密的组织了。如果没有家庭小说结构形式的介入，冷清秋和金燕西由含情脉脉到破裂出走的爱情和婚变，充其量只是一部哀情小说的素材，可见对新的艺术要素的兼容，是可以改良某种现成的艺术形态的。

多种艺术要素的兼容，需要依凭作家比较深厚的文化修养作为支撑点的。张恨水早年博涉杂览，出入于经史诗文、小说戏曲，使他底气充足，不至于在这种多元兼容中捉襟见肘。也许有人感到奇怪，《啼笑因缘》无非是一部“言情+武侠”的作品，何以在当时吸引了那么多的“《啼笑因缘》迷”，以至张恨水本人也沾沾自喜：“上至党国名流，下至风尘少女，一见着面，便问《啼笑因缘》，这不能不使我受宠若惊了？”（《我的小说过程》）言情和武侠，可以使世俗读者从中寻找到精神的抚慰和刺激，在一刚一柔之间施行“精神按摩术”，这类作品能够走进下等书摊，自不必说。但它也实在被俗笔写滥了。

张恨水也有俗滥之处，但最能体现他的才华的地方，却是他往往入乎俗，而出乎雅，于俗滥之处点化出几分诗趣来。比如他在爱情故事中加入了某些令人神往的风俗，加入了某些发人深思的文化体验。少年学子樊家树和清寒鼓姬沈凤喜的爱情，发生在素以平民娱乐场著称的北京天桥，一经这部小说味道十足的描写，“读过这部小说的南方人，到北京来必访天桥”（张友鸾《章回小说大家张恨水》），如今这种描写大概可以看作“文化化石”了。长辈是想撮合樊家树与富室摩登女郎何丽娜的，樊家树在贫寒鼓姬和摩登女郎之间的选择，实际上反映了东方文化趣味和西方文化趣味之间的选择。只有何丽娜改掉她的奢华和放荡，符合叙事者折中新旧的文化改良心态，她才能获得樊家树的心。在言情和武侠之间加上当时的社会热点题材，也是这部作品获得轰动效应的重要因素。沈凤喜被军阀霸占，在金钱和爱情的两难选择的痛苦折磨中发疯，这宣泄着当时仇视军阀的民间公愤。而关寿峰父女除掉军阀之后，出关参加义勇军，又把豪侠情神和民族意识结合起来了。而且小说写侠客，力图在俗滥题材中寻找出几分诗意。比如写关秀姑探望樊家树时的武功：

> 樊家树独立廊下，秋雨梧桐，闲愁万解。忽然一棵梧桐树，无风自动起来，立时唏哩沙啦，雨点和树叶落了满地。家树突然心惊，回到屋内，开了桌灯，却见墨盒下面压了一张字条，写着酒杯大八个字：“风雨欺人，望君保重。”

这里对一种绝世武功实行“不写之写”，留下了有意味的空白。秋雨梧桐，樊家树黯淡的心情融入意境；关秀姑暗自爱着樊家树，知道他的心已经另有所属，不愿过多纠缠以树动人不见的情景暗示之，留下多少清逸的神韵。这就是说，张恨水对民国年间言情、武侠一类流行文体进行改良，使之兼容其他艺术要素，从而达到了这类小说所能达到的表现力境界。

二

张恨水的文学世界具有双重品格，世人往往心折于“通俗性的张恨水”，而对“探索性的张恨水”显得隔膜。其实他所付出的探索性心血，对二十世纪中国文学转型期是具有非常内在的文学史价值的。在对现成的小说形式进行改造的过程中，张恨水开展了内、外两条战线的探索。在内线上，他兼容多元，把单一的言情、武侠小说，改良成复合的社会言情小说、社会家庭言情小说或社会武侠言情小说，从复合中扩展了章回小说表现社会人生的深广度。在外线上，他吸收了新文学（包括外来文学）的某些表现形式，点化传统文学的某些叙事智慧，使他的一些作品在俗的衣装下不失雅的神韵，在旧的外壳里露出新的萌芽。他在这些艺术形式的吸收和转化中，表现出相当出色的才华，连茅盾也不敢小看他的描写技巧，连张爱玲也曾取法于他，甚至连当时的解放区也翻印过他的作品。

中国传统文学博大精深，对之进行现代化转化，乃是二十世纪文学转型期必有的历史命题。新文学运动初期，先驱者们以突破旧传统、创造新局面的角色自任，当务之急的历史命题是证明新文学优于旧文学的价值观念，证明新文学必然取代旧文学的历史合理性。不首先做到这一点，新文学就没有自己的立足点。最初创造新潮流的人，是很难同时顾及被潮流推到历史后台的那一方在重重积弊掩盖下的深层价值的。张恨水则不同，他以特殊的身分和特殊的角度，对传统文学进行了或多或少、或深或浅的点化和转化，形成了一种由旧变新、新旧互衔的文学世界。他不是新文学中人，又不能简单地说他是反对新文学的顽固派，在某种历史层面上甚至不妨说他是新文学的补充。

这类对传统文学进行某些点化的作品，最明显的是他那些以“新”字点缀标题的小说，比如《新斩鬼传》《水浒新传》。这里的“新”自然不是《新青年》《新潮》那种属于新文学的“新”，但也不是只标明版本的纯技术性字眼。《新斩鬼传》是点化清朝康熙年间烟霞散人的《斩鬼传》的。古本卷首词：“世事浇漓奈若何，千般变态出心窝；止知阴府皆魂魄，不想人间鬼魅多！”以及钟馗在“含冤”“负屈”二将军协助下诛灭群鬼的情节，是能触动作家的现实感慨和艺术灵感的。这部“新传”的“新”，首先在于它把神魔世界的时代换新了。孙悟空闹革命，推翻玉帝，建立共和，那么钟馗离开驱魔帝君庙出来斩的鬼，不是那些影射民国初年社会弊端的鬼，又能是什么呢？值得注意的是，他除了像以往那样大斩有害于世道人心的卑鄙龌龊的鬼类，如势利鬼、狠心鬼、下流鬼之外，还惩罚了一批文化鬼类，如玄学鬼、道学鬼、空心鬼、不通鬼一路货色。这一点，当是浪迹于民国初年文化界的作家先生的别出心裁了。更有意味的，是钟馗削平群鬼，唯独留下“没脸鬼”的种子，并且有卷末诗道：“已遣良心归地狱，犹留没脸在人间。”这就等于说，人间良心丧尽、没脸成风，产生群鬼的社会心理根源依然存在。这也等于说，钟馗留鬼的结尾，成了钟馗斩鬼的全文的一种悖论，尽管这部作品的描写有点笔锋浅露，但是有了这条悖论性的尾巴，也就滋味倍增，无异于告诉人们：人间远没有风气清明，太平无事。难道这还算不上一种艺术创新吗？

借古小说中的某些由头而生发开去，以作嘲讽现实的曲笔，这是张恨水点化传统文学的常用手法。只不过《新斩鬼传》是一路讽刺，而《水浒新传》是以讽刺衬托颂扬，以激励民族抗战的民气了。这是一部对中国民间几乎家喻户晓的《水浒传》翻案的文章，翻案的缘由是抗战期间身居重庆的作者要给已是“孤岛”的上海报纸写连载小说，于是借用北宋末年的民族危机和水泊梁山的英雄好汉，弘扬民族救亡图存的意识。它改写了《水浒全传》中受招安的一百单八将征辽无一损失、征方腊阵亡过半的结局，而让一百单八将随张叔夜北上抗金，浴血苦战，竟因皇帝昏庸和汉奸窃国，大半为国捐躯了。英雄捐躯的战场的转移，实质上是要使他们的生命价值在民族意识上获得证明。

要给《水浒》作大规模的翻案文章，非大手笔是不能藏拙的。“新传”在保持原作人物的基本性格的同时，把叙事焦点较多地转移到原作不甚关心的小角色如时迁、曹正、汤隆一流的身上。这种避实就虚的焦点转移，简直是一种聪明透顶的叙事谋略，它相当充分地发掘了某些角色的潜在可能性，实在别开生面。比如抗金名将种师道对时迁说："如今世上，只有官来作贼，作得很好。却不道贼来作官，也作得很好。"前一句是面对现实的沉痛之言，后一句则是对时迁的潜在可能性作似非而是的即所谓"佯谬"的发掘了。这里的时迁已经把原作中那位以偷鸡盗甲驰名的梁上君子翻过背面来看，他治理黎阳县，竟然有点远见卓识，明白大兵过后必有荒年，当防盗贼为祸；他为政又颇为严明，拿偷牛贼示众，使社会安定，有利于抵抗外敌，这种"贼为好官"的描写，实际上是针砭官为"好"贼的社会现实的，正面文章反着作，包含着别出机杼的匠心。这一点很有启发性：点化传统，不是要求对传统亦步亦趋，把传统智慧翻过背面来看一看，也许是更有才华的点化。

张恨水在抗战后期对自己文学改良的追求，说过一段值得注意的话：

> "关于改良方面，我自始就增加一部分风景的描写与心理的描写。有时，也特地写些小动作。实不相瞒，这是得自西洋小说。所有章回小说的老套，我是一向取逐渐淘汰手法，那意思也是试试看。在近十年来，除了文法上的组织，我简直不用旧章回小说的套子了。严格地说，也许这成了姜子牙骑的'四不像'。"(《总答谢——并自我检讨》)

这里讲的"近十年来"，大概从三十年代前中期算起，他这个时期除了写出《啼笑因缘》续集，还写了《秘密谷》《燕归来》《小西天》

和《艺术之宫》等长篇小说。他很少谈论自己所受西洋文学的影响，只说过《小西天》“这是用名剧《大饭店》的手法，以西安一个旅店为背景，写着各阶层的人物”。(《写作生涯回忆》)《燕归来》虽然还用章回体，但结构方式已是相当独特而有灵性。西北难民少女杨燕秋卖身救父母，成了南京的体育皇后之后，和三位追求者组成“西北行军团”。它以“旅行记”的结构方式，在千里行程中穿插以各人的身世和社会关系，贯穿以西北农村的民不聊生和上层社会的奢侈淫乐，写得人事错综，感慨多端。

《秘密谷》和《艺术之宫》，一在荒山，一在都市，以独特的题材和幻想思考人生哲理，终有相当浓郁的探索性和哲理小说的味道。《秘密谷》还用工整对称的回目，描写一个失恋的青年作家和朋友到安徽天柱山探险，在一处“仙境”中遇到明朝末年逃避清兵之乱的遗民的后代，他们不知三百多年的世事沧桑，依然大袖临风，打拱作揖。这似乎是从陶渊明的《桃花源记》偷来灵感，掺和一点近代探险小说的作料了。但是事情并不到此为止，它改变了《桃花源记》的思维方向，不是让探险者遁世，而是强拉“仙境”中人入世。这些“仙人”们并不抱朴怀素，而是分帮拉派，互相攻击，想获取那位青年作家的猎枪，以求征服对方，登上皇座。其后“仙境”国王到南京，无法谋生，拉洋车死了。如果“仙境”也充满阴谋，人间又岂能找到乐土？作家的社会忧患是以怪异方式表达的。深究起来，这部小说大概可以当做一个闭关锁国的古老民族生存境遇的寓言来读，谁又能说新文学对国民性的探索对张恨水毫无投影呢？尽管这可能尚处于不自觉状态。

《艺术之宫》已经不用对仗的回目了，而且题材用美术学校的模特儿，也是非常时髦的。题材的来源，大概与作者不久前当过美术学校校长有关。街头卖艺老人的闺女李秀儿，在父亲病重的时候，暗自到艺术学校当模特儿，赚钱救急。这就把一个守旧人家的少女，抛入一个洋溢着西洋风的异己的世界，从而解剖她精神上的骚乱、痛苦和无法把持的命运。她的父亲因她的行为，羞愤交集，抱病卖艺，累死在街头。父亲带着那个古老的世界死去了，秀儿在一个陌生的世界中开始人生的选择。她离开对她实心实意的诚实青年，为金钱和虚荣所驱使，接受纨绔子弟始乱终弃的侮辱。她入"艺术之宫"当裸体模特儿，再受凌辱而发疯。有意味的是它那突兀的结尾，发疯了的秀儿向干涉她的巡警要一份"卖力气换钱"的工作，转身离去，巡警喝道，"你胡跑有什么用，那是死胡同呀！"这真是一鞭一道血痕的、富有暗示性的语言。作品正是在贞操观和性意识、虚荣和圈套的错综之间，展示了某种人生形态的悲剧。

很难设想，如果没有《新斩鬼传》一类作品对传统文学的吸收和转化，如果没有《秘密谷》《艺术之宫》一类作品对传统文学的疏离和对外来文学的吸取，张恨水能够在三、四十年代之交写出如此杰出的小说《八十一梦》。作家谈论《秘密谷》的时候说："这写法不怎么成功，可是这个手法，我变着写《八十一梦》了。"可见他本人是把从《秘密谷》到《八十一梦》，看作一个不可分割的发展过程的。而且根据其间有一个《在钟馗帐下》的梦，这个过程还可以推前到二十年代写《新斩鬼传》的时候。《八十一梦》这个集子的一系列短篇出入于真幻，来往于古今，暗示影射，嬉笑怒骂，极尽荒诞变幻、腾挪闪跌之能事，隐隐然和新文学作家以杂文笔法入小说的潮流相呼应。该书的《楔子》交代：作者为梦神缠绕，因把那些离奇有趣的梦记录下来，得"九九归一"之数，却被老鼠咬得七零八落，只好把残卷刊于报端，以避鼠祸。并作诗道："羞向朱门乞蕨薇，荒山茅屋学忘饥。卢生自说邯郸梦，未必槐荫没是非。”如此交代，颇得古代笔记的趣味和后世杂文的锋芒，在神秘的数字和梦境鼠灾之中，在出入于唐人传奇和周初高士之中，荡漾着一种悒郁悲愤之气。面对丑陋的现实和文化专制主义，作者似乎拍案而起了：“耗子大王虽有始皇之威，而我也就是伏生之未死，还能拿出《尚书》于余烬呢。”

在现代文学众多作品中，《八十一梦》是可以归入少数几部奇书之列的。由于写的是梦境，叙事者可以拿空间时间作游戏，拿历史人物和历史典故开玩笑，拿古代小说角色和现代官制乱戴帽。在颠倒错综的自由想象中无情地撕下了显宦奸商，以及世道人心的假面具。开头的两三个梦，似乎睡得还不够深沉，梦里行为还有些拘谨，只不过把时间或者推向未来，写街头叫卖收复南京的号外，导致重庆房租大跌，商店大搞“迁京存货大甩卖”，借以宣泄对通货膨胀，房租、物价狂涨的愤慨；或者把时间推回二十年，暴露衙门官吏无所事事，凭裙带关系定官职的腐败风气。但是到了“第三十六梦”“第七十二梦”这类合乎天罡地煞之数的梦境，其幻想就极其狂放恣肆、痛快淋漓了。在《天堂之游》中，“我”可以驾着流线型汽车直上南天门，夹道是洋槐和法国梧桐。猪八戒可以出任警察署长，勾结掌管交通机关的哪吒，大开走私龙宫商品的绿灯。他除了高老庄的家眷之外，又讨了董双成姊妹班的女子，路过南海，还顺手带回一个海派女人。身为猪胎，生儿添女就是一大群，没有贿赂岂能应付庞大的家庭开支？千古有名的懂政治的阔妓女李师师，有人准备满车的黄白之物去走她的门路。最阔的是西门庆，他当上十家大银行的董事和行长，开了一百二十家公司。因此潘金莲就可以穿着袒胸露背的巴黎时装，跳下汽车，伸出玉臂向维持交通秩序的警察打耳光了。这种神奇怪诞、匪夷所思的幻想，借夹道的洋槐和法国梧桐，隐喻着现实社会的政治经济和道德人心，曲笔生花，令人读之如饮醍醐。

如果说，叙事者在《天堂之游》中还是一个观光客，那么在《我是孙悟空》中就自任主角，成了顽皮好斗、神通广大的齐天大圣了。梦中的“我”即孙悟空和金面、银面、铜面三位妖王大战，被他们吐出的黄雾薰得头晕眼花。幸得伯夷叔齐助战，说明“这黄雾是金银铜气所炼，……只要人有一股宁可饿死也不委屈的精神，这雾就不灵。”于是“我”吃了他们赠给的蕨薇，精神百倍去叫阵：“我大圣咬草根也可以过活，你那妖法怎能害我？”妖王放出鹰犬，却有“一饭三遗矢”的廉颇老将军，以排泄的臭味，引走群狗；有猪婆龙吐出腥臭的涎水把群鹰缠住，大圣大笑道：“犬既逐臭，鹰又追腥，果然收之有道。”这类想象都是非常有才华的，它讥讽当局的鹰犬追腥逐臭的卑劣品性，激励人们淡泊自甘，保持高洁的精神操守。孙悟空打败妖王，直捣银丝为发、黄金为骷髅的老太婆“通天大仙”的巢穴，却被老太婆戴满黄金钻石戒指的巨掌罩住，变大鹏，变臭虫，翻筋斗，也无法跳出那堵不软不硬的墙。正挣扎着，听到有人说：“作得好凶恶的梦．几乎要滚下床来了。”这里把钱可通天的世道，拟喻得何等惊心动魄，而由梦中醒来的方式，又写得何等自然而有灵气。可以说，《八十一梦》把作家的才华表现得相当淋漓尽致，其间的一些叙事谋略是和现代意识相通的，它把作家孜孜不倦地点化传统智慧、吸取现代形式的探索精神推向一个新的高度。

三

行文至此，自然而然地提出了一个文学史应该如何公正的对待张恨水这样一个从自己的特殊角度探索文学发展，并且贡献了丰硕成就的作家的问题。文学史写作，似乎比一般民众阅读更多清规戒律，偏偏在俗众热闹的地方表示沉默和寂寞，以此证明自己高雅的学术品位。其实只要返回文学现象的本体，就不难发现，不仅在艺术成就方面，就是在描写的深广程度上，在四十年代也很难找出几位作家对陪都重庆的政治经济弊端和社会生存方式的艺术展示，能够比得上张恨水的《八十一梦》《魍魉世界》和《纸醉金迷》，对接收大员的贪污腐败的暴露，能够比得上张恨水的《五子登科》。如果能够平心静气地承认这一点，那么不写张恨水的文学史又怎么可以标榜为完整全面的“信史”呢？

在北平、上海、南京办报和写畅销小说而难免有些粗制滥造的张恨水，流徙到重庆郊外居住“待漏斋”，视野更加开阔，社会体验也更加深沉了。他分别写于四十年代前期和中后期的两部长篇小说《魍魉世界》（在报纸连载时取题《牛马走》）、《纸醉金迷》，都是从社会经济生活的角度透视抗战期间重庆的人生形态的，前者由经济秩序的恶化写出知识界的“斯文扫地”，后者由经济投机心理的膨胀写出社会生活的荒唐和糜烂。

《魍魉世界》借人物叹息的口吻，讲了一句名言：“唉！我说从前是中华兵国，中华官国，如今变了，应该说是中华商国了！”在一股铺天盖地的投机性商业浪潮中，苦力车夫和开老虎灶的摇身变成公司经理，一个烟贩子可赚两个教授的束脩，老教育家只好到暴发户家里当教师，才能交得起房租。更可怕的是官吏从商，专员开银行和公司，大做港货走私，科长给倒卖汽车的奸商开方便，谋取巨额回扣。心理学博士西门德放弃了教授位置，代理从商的委员过手港币和西药，西门太太也走起管汽车买卖的官员的门路，倒卖汽车，这对差一点被房东扫地出门的博士夫妇不久就筹划着买地建小洋楼了。他们听到的议论是："当今社会是四才子的天下，第一等是狗才，第二等是奴才，第三等是蠢才，第四等是人才。"但是他们还是乐意由人才变作狗才，被政府次长派往香港经营走私，却被太平洋战争的炮火使他们"黄鹤一去不复返"了。经济秩序的混乱和恶化，使以权谋私者、投机走私者借战争环境中物资匮乏的机会，肆无忌惮地以不正当的手段牟取暴利，商品经营过程缺乏道德和文化含量，导致整个社会的反文化倾向，反过来又加剧了经济秩序的混乱和恶化。这部小说怵目惊心地展示了四十年代大后方"发国难财"的浪潮下，经济生活的腐败性、投机性和反文化性，它虽然只是叹息"重庆这一群牛马，白玷辱了这抗战司令台畔的一片河山"，没有看到正是这种情形腐蚀了整个政权的基础，但它的充满悲愤的描写已经传达了一种制度大厦将倾的崩裂声了。

以经济生活为聚焦点的这类作品，已经减弱了张恨水早期作品的传奇格调，增浓日常生活的色彩了。对人生价值和人生形态的热情关怀，已经超过对故事刺激性的探寻了。《纸醉金迷》写抗战最后半年席卷重庆的黄金浪潮，"全重庆无论男女老少，都发生了黄金病"。黄金的官价、市价扶摇直上，游击商人、公司老板和银行经理都在抛售存货、抵押债券、动用本金，大注收买黄金储蓄券，把精神寄托在"金子翻身"的希望上。连政府的司长、科长也挪用公款进行黄金投机。这部小说是双焦点的，一个焦点就是上述的“金迷”，另一个焦点是“纸醉”。它写了一个经济收入连挑粪卖菜的还不如的公务员，妻子日夜泡在赌局中，屡战屡输，连丈夫和司长做投机生意的那点分润，都偷去输个精光。她赌瘾难熬，就向商痞老板出卖色相，获取赌本，乘机偷走一些黄金储蓄券和珠宝财物。连丈夫因胁从司长做投机生意而入狱也不闻不问，任凭丈夫出狱后领着孩子在街头卖报、卖艺，沦落为乞儿。最后政府强令压低黄金价格，使这群黄金投机者倾家荡产，或在舞会赌场中寻找麻醉，或相互凶杀抢劫，或携带情妇逃之夭夭了。一种恶性金融狂潮淹没了战时重庆社会，人生变成一种在希望和绝望中投机的存在方式，并且以黄金梦作为他们的精神方式，以赌博瘾作为他们的行为方式。作品告诉人们：一个不实心实意地生产物质和精神财富，而疯狂地生产着兽欲和罪恶的社会，还能有什么希望呢？

可以毫不夸张地说，张恨水在四十年代已经发生了有实质意义的转变，他不再是迎合市民读者的流行小说作家，而成为腐败社会的无情的诅咒者和批判者。作为书名的“魍魉世界”“纸醉金迷”和“五子登科”，是可以连在一起来读的，体现了他对那个时节的经济生活、社会生活和政治生活的独到而又带总体性的感受，其艺术概括力是相当可观的。《五子登科》写中央派遣的“接收大员”的政治行为和腐化生活，它的故事也许不及《官场现形记》那么出色，全凭那个出自五代后周人窦禹钧教子有方，使“窦氏五龙”相继登科的典故，其后又成为民间吉祥语的“五子登科”加以画龙点睛，从而概括出一种腐败政治中的人生类型的。金子原作为“中央大员”飞抵新光复的北京，权力处在只有奉承、没有监督的状态。一些汉奸把他安置在比政府五院长还阔气的朱门巨宅中，并且竞相使出美人计，纷纷把内妹、女伶、舞女奉上，以便在他那里获得一个“身在伪朝，心存汉阙”身份的回报，狼狈为奸。随之，又争相献上种种化公为私的计策，接收敌逆财产和房产，把汽车作为破车烂铁收为己有，用权力在北京和重庆之间走私黄金。这部小说名气很大，但写得并不算丰满，不过它谴责性的题材触及当时社会的热点，而正语反用的标题把这个社会热点作了反讽性的概括，令人过目难忘，思之多味了。想不到一个雅俗共赏、蕴涵丰富的标题也能调节小说叙事的格调，也能成为很有效的叙事谋略。

张恨水一生写了百余部中、长篇小说，可观者有十几部吧，自然还可以加上《山窗小品》中几篇雅致隽永的文言小品。但就是这么一些作品已经建构了一个新旧交杂、雅俗共赏、与时共进的文学世界。他向文学史索取的存在价值，大约可分为三个方面：（一）他代表着民国年间通俗小说（实际上他不少作品是“通”而不“俗”，颇有雅趣的）的最高成就，代表着对章回体小说非常执著而有才华的改良。如果我们承认文学不可避免地存在着雅俗共构的多样性，对这段时期文学总体风貌的重现，按理是不应忘记张恨水的。（二）他以特定的身分和特定的角度，代表着对传统文学智慧的继承和点化，对新文学智慧（包括外来文学智慧）的某种程度的借鉴和吸收，从而精进不已地促使自己从旧文学营垒中探出头来，迈出脚来，最终走到可以和新文学相比较的探索者的地步。当新文学经过相当一个时期的草创，并以丰硕的成就显示自己作为主潮文学的存在价值之后，顺理成章地要在自己追求大家风度的时候，提出对本民族博大精深的传统文学进行深度的现代化转化的历史命题。于是张恨水点化传统文学的某些高明之处，也就可以重新评估了。（三）他以一个报人的开阔视野、丰富阅历和敏锐感觉，在大量的作品中以特殊的方式展示了二十年代到四十年代中国社会的奇闻轶事、风俗习惯、民间疾苦、民族情绪和政治经济热点，尤其是对北京、江淮地区和重庆的下层社会和某些上中层社会的描写，不无独到之处。人们常常谈论文学的社会历史价值，自然也就不应把这一切排除在文学史视野之外了。一个作家在这么三方面取得如此值得注意的成就，他作为大作家的存在已经是无须怀疑的了。

本文至此可以不必再说什么了。但我又想起了美国哥伦比亚大学夏志清教授读了我的《中国现代小说史》三卷之后，来函谈及有关张恨水一节的感受。他说，你用那么多的篇幅写张恨水，“凭这一点就教我感动。……先兄（按：即夏济安教授）认为他（张恨水）有大才。现在你为他写长评，肯定其成就、其天才、其境界之高，从此把新旧小说之界限打开，研究廿世纪小说者，再不可忽视张恨水了——恰如尊著讨论的最后一个大小说家是他，给人的印象是他总（终）结了一个时代。凭天才，张真可能有资格同 Dickens 相比。我一向强调晚清以来的讽刺传统，想不到张也是其中一个代表人物。”其中一些意见可以讨论，对我的推誉也受之有愧。但这些话里所包含的一个著名的中国文学史家的真知灼见，尤值得我们认真体味的。

（此文原载《文学评论》1995 年第 2 期）

（作者系中国社会科学院学部委员，中国社会科学院文学研究所研究员、博士生导师。澳门大学社会科学及人文学院中文系教授，国家社会科学基金重大项目首席专家，中国鲁迅研究会会长）

作为“北京文学地图”的张恨水小说

陈平原

关于民国年间的章回小说大家张恨水，我没有做过专门研究。二十多年前，因谈论小说史的写作，以及如何看待通俗小说的三次崛起，而略有涉及（参见陈平原《小说史：理论与实践》，北京大学出版社，1993，117–118 页、275–276 页）。不过，那属于举例说明，一笔带过。十几年前，因关注“北京记忆及北京想象”，我又撞上了这位通俗小说大家。这回算是花了点心思，但依旧称不上“研究”。

2001 年秋，我为北京大学中文系研究生开设“北京文化研究”专题课，“开场白”整理成《“五方杂处”说北京》。此文初刊于《书城》2002 年第 3 期及台湾《联合文学》2003 年第 4 期，后收入我的《北京记忆与记忆北京》（三联书店，2008）。所谓“五方”，是五个不同的视角，即作为旅游手册的北京、作为乡邦文献的北京、作为历史记忆的北京、作为文学想象的北京、作为研究方法的北京。谈及“文学想象”时，有这么一段话：“15世纪起，情况大为改观，诗文、笔记、史传，相关文字及实物资料都很丰富。从公安三袁的旅京诗文、刘侗等的《帝京景物略》，一直到20世纪的《骆驼祥子》《春明外史》《北京人》《茶馆》等小说戏剧，以及周作人、萧乾、邓云乡关于北京的散文随笔，乃至1980年代后重新崛起的京派文学，关于北京的文学表述几乎俯拾即是。”

此文提及“借用城市考古的眼光，谈论‘文学北京’，乃是基于沟通时间与空间、物质文化与精神文化、口头传说与书面记载、历史地理与文学想象，在某种程度上重现八百年古都风韵的设想”，作为牛刀小试的《文学的北京：春夏秋冬》，收入我的《文学的周边》（新世界出版社，2004）以及《北京记忆与记忆北京》。此文提及张恨水的《春明外史》《金粉世家》《啼笑因缘》等，称“在张恨水的小说里，有大量关于北京日常生活场景的精细描写”。接下来这段话很关键，不无夸张地说，是我的“独得之秘”——“这是一个窍门，假如你想了解某地的风土人情，先锋派作家不行，反而是通俗小说家更合适些。前者关注叙述技巧，表现人物内心深处的挣扎，对当下社会的日常生活不太在意；后者着重讲故事，需要很多此时此地日常生活的细节，以便构拟一个具有真实感的小说世界。所以，单就小说而言，我们可以说张恨水之于北京，有很深的渊源（老舍也是这样）；但我们很难说鲁迅之于绍兴也是这样。实验性太强的小说家，或者说关注人的灵魂的小说家，跟某个特定历史时空的关联度反而小。因此，假如从历史文化的角度、从城市生活的角度，通俗小说家很可能提供了更多精彩的细节。就像张恨水，他对当年北平的日常生活，是非常留意的。30年代中期，马芷庠编了一本《北平旅游指南》，专门请张恨水审定。对于我们进入历史，这册‘指南’

提供了很多信息，除了名胜景点，小至火车票的价格，大至各家妓院的位置，甚至各大学的历史渊源、办学特色等，对于当年的游客以及今天的专家来说，都是很有用的。这是一本很有文化品味的旅游指南，当作一般文化读物欣赏，也都可以。”

作为文化古都的北京，当然有很多可说的，我只是挑了四篇文章——周作人的《北平的春天》、郁达夫的《故都的秋》、张恨水的《五月的北平》以及邓云乡的《未名湖冰》，让大家欣赏文人笔下的春夏秋冬。这四个人，文化身份及趣味不太一样，张恨水是长篇小说家，郁达夫是短篇小说家，周作人是散文家，邓云乡则是学者。虽说“秦时明月汉时关”，永远的春夏秋冬，但20世纪中国作家用文字所构建起来的“北平的四季”，还是有其局限性的——既没有明清，也不涉及当代，基本上是20世纪20至40年代北平的日常生活。谈及张恨水撰于1948年的散文《五月的北平》，我特别强调其受风土志的影响，老怕落（là）下什么，于是面面俱到，反而分散了笔墨。如此平面且静止的叙述，艺术感染力有限；不过，假如意识到作者对“旅行指南”的兴趣，这样的笔调不难理解。

1935年8月，北平经济新闻社刊行《北平旅行指南》，封面署编者马芷庠，审定张恨水。张在序言中提及自己“以年来参阅旅行图书所得，为马君画一轮廓，而马君虚怀若谷，不自以为足，每一章成，必挟稿以相商”。此书共七卷，后六卷介绍食住游览、旅行交通、工商物产、文化艺术等，只须调查与抄录；关键是占全书篇幅六成以上的卷一，除“概略”外，以简洁的语言，分中城、南城、东城、北城、西城、西郊、南郊、东郊、北郊九节，介绍北平两百多处“古迹名胜”。作为审定者，张恨水在序言中称：“愚旅居旧都凡十五年，久苦于无此类称意之书，今君辑此，是先得我心也，力鼓励其成。”其实，在此《旅行指南》刊行之前，张恨水以他三部描写北京的长篇小说，已经为读者勾勒出了这座千年古都的大致轮廓，尤其是值得推荐的“古迹名胜”。

谈论张恨水的小说创作，无论如何绕不开《春明外史》《金粉世家》《啼笑因缘》；而这三部代表作，恰好都以北平（北京）为背景。张恨水的《写作生涯回忆》、他的好友张友鸾的《章回小说大家张恨水》，有关于这三部小说的创作体会以及传播过程的详细描述，这里不赘（参见张恨水《写作生涯回忆》，人民文学出版社，1982，24–35 页、106–111 页）。此处仅关注其对于北平名胜古迹的描写。

1924 年至 1929 年连载于《世界晚报》的《春明外史》，总共 86 回，近百万言。小说第 25 回谈及陶然亭——车子走过一片芦苇地，拉到一个大土墩边，就停下了，车夫说这就是陶然亭的瑶台了。“杨杏园一团高兴，顿时冰消瓦解。心想：‘我说瑶台这个好名，总是雕栏玉砌，一所很好的古迹，原来是个土堆，真是笑话。’但是既到了这里，不能不上去看看，便绕着土墩，踏着土坡走上去。走到台上面，左右两边，也有几棵秃树，正中一个歪木头架子，上面晾着一条蓝布破被，又挂了一个鸟笼子。木头架子下，摆着四张破桌子，几条东倒西歪的板凳。土墩的东边，有一排破篱笆，也晾着几件衣服。西边一列几间矮屋，窗户门壁，都变成了黑色，屋的犄角上，十几只鸡，在那里争食，满地都是鸡屎。”此时，走过来两三女子，聊得很开心，一个说：“我们从小就听见人家说，北京的陶然亭，是最有名的一处名胜，原来却是这样一所地方，我真不懂，何以享这么大一个盛名？”另一个补充：“若是秋天呢，远看城上的一段西山，近看一片芦苇，杂着几丛树，还有萧疏的风趣。”（《春明外史》，中国新闻出版社，1985，402–403 页）

1927年至1932年连载于北京《世界日报》的《金粉世家》，除楔子与尾声，总共120回，也是百万言的长篇。小说第一回——“却说北京西直门外的颐和园，为逊清一代留下来的胜迹。相传那个园子的建筑费，原是办理海军的款项。用办海军的款子，来盖一个园子，自然显得伟大了。在前清的时候，只是供皇帝、皇太后一两个人在那里快乐。到了现在，不过是刘石故宫，所谓亡国莺花。不但是大家可以去游玩，而且去游览的人，夕阳芳草，还少不得有一番凭吊呢。北地春迟，榆阳晚叶，到三月之尾，四月之初，百花方才盛开。那个时候，万寿山是重嶂叠翠，昆明湖是春水绿波，颐和园和临近的西山，便都入了黄金时代。北京人从来是讲究老三点儿的，所谓吃一点，喝一点，乐一点，像这种地方，岂能不去游览？所以到了三四月间，每值风和日丽，那西直门外，香山和八大处去的两条大路，真个车水马龙，说不尽的衣香鬓影。”就在这春光明媚中，主人公金燕西登场了，与冷清秋初相遇在去颐和园的路上（参见《金粉世家》，安徽文艺出版社，1985，11页）。

1930年在上海《新闻报》连载的《啼笑因缘》，篇幅较小，共22回，约24万字。小说开门见山：“相传几百年下来的北京，而今改了北平，已失去那‘首善之区’四个字的尊称。但是这里留下许多伟大的建筑，和很久的文化成绩，依然值得留恋。……就在这个时候，有个很会游历的青年，他由上海到北京游历来了。”依旧是初春时节，这个很会游历的青年樊家树，因“北京的名胜，我都玩遍了”，转而到下层人士常去的天桥游玩，于是发展出一段凄婉的爱情故事来（参见《啼笑因缘》，安徽文艺出版社，1985，1–2页）。在高雅的苑囿之外，引入了民众的娱乐场所，地点不同，游客有别，但同属京城里人气很旺的“名胜”。考虑到小说在上海报纸连载，作家更是有义务好好介绍京城风光。

第 14 回樊家树与何丽娜逛北海，眼前风景很平常，何担心刚从西湖来的人不会欣赏，樊的回答很妙：“不然！西湖有西湖的好处，北海有北海的好处；像这样一道襟湖带山的槐树林子，西湖就不会有。”说着将手向前一指道：“你看北岸那红色的围墙，配合着琉璃瓦，在绿树之间，映着这海里落下去的日光，多么好看，简直是绝妙的着色图画。不但是西湖，全世界也只有北京有这样的好景致。”（同上，199 页）

第 15 回樊家树与关寿峰父女游什刹海，一段风景描写后，紧接着就是樊、关对话。家树道：“天下事，都是这样闻名不如见面。北京的陶然亭，去过了，是城墙下苇塘子里一所破庙；什刹海现在又到了，是些野田。”寿峰道：“这个你不能埋怨传说的错了，这是人事有变迁。陶然亭那地方，从前四处都是水，也有树林子；一百年前，那里还能撑船呢，而今水干了，树林子没有了，庙也就破了。再说到什刹海，那是我亲眼得见的，这儿全是一片汪洋的大湖；水浅的地方，也有些荷花；而且这里的水，就是玉泉山来的活水，一直通三海。当年北京城里，先农坛，社稷坛，都是禁地，更别提三海和颐和园了。住在北京城里的阔人，整天花天酒地，闹得腻，要找清闲之地，换换口味，只有这儿和陶然亭了。”（同上，206–207 页）

喜欢在小说中摆弄北京的名胜古迹，这很大程度缘于作者是长居京城的外地人，且是新闻记者出身，写的长篇小说又在报纸上逐日刊载。出生于安徽潜山的张恨水，24 岁那年（1919）进京，此后，除了抗战中流寓重庆那几年，一直到 1967 年去世，张恨水都是长居京城，以舞文弄墨为生。四十多年的居京生活，按理说是“老北京”了。可当初写小说时，张恨水对于古都北京还处在颇多了解但新鲜劲还没过去的节骨眼上。更何况，这位小说家终生与报纸打交道，即便日后改行撰写连载小说，也还继续从事编辑活动，故自称“当新闻记者二十六年”（参见张恨水《写作生涯回忆》，54–57、91 页）。更重要的是，在我看来，新闻记者的社会敏感与阅读趣味，始终影响着他的小说创作。曾智中等编《张恨水说北京》（四川文艺出版社，2001），兼及名胜古迹与风俗民情，分说四季、说社会、说平民、说胡同、说市声、说居室、说名胜、说花果、说节令、说娼妓、说吃喝、说娱乐、说戏剧、说曲艺等 25 类，分别摘自张恨水的小说与散文。两相比照，无论小说还是散文，张氏笔下的北京一以贯之，均带有某种风土志及旅游指南的意味。

同样是长篇小说家，写《春明外史》的张恨水与写《四世同堂》的老舍，由于自家处境以及拟想读者不同，呈现出两个不同视角的北京。说到张恨水与老舍的差异，十年前我指导一位韩国学生撰写博士论文，考虑到她的实际情况，让她先下死功夫，用地图的形式，还原这两个小说家笔下的北京城。因为，单凭阅读印象，我相信这两位小说家的“文学地图”会有很大差异。

果不其然，这位韩国学生发现：“如果说老舍笔下的北京是只占整个北京的六分之一的西北角特写，张恨水笔下的北京就是整个北京的概念图。并且，和老舍对北京叙述时的‘开门见山’，即没有敷衍说明直接介入场景的手法不同，张恨水有时候是借作品中的人物之口传达某个地方在北京的意义、历史、由来等知识。特别是，张恨水经常将故事安排在异乡人较集中的南城和东交民巷等繁华地区，那里是老舍涉笔不多的地方，但却是北京城市生活不容忽视的一个重要部分。”（李在珉博士论文《老舍与张恨水的北京叙述和想象》第二章，2006，未刊）

约略与此同时，我正撰写《城阙、街景与风情——晚清画报中的帝京想象》(《北京社会科学》2007 年第 2 期)，面对的也是大致相同的话题——为何上海画家与北京画家对待京城里的“风景名胜”，会有如此不同的视角？经过了甲午战败以及庚子惨祸，原先至高无上的皇权正日渐失去光芒；尤其是在民族主义思潮涌动的南方，辉煌依旧的皇家宫殿已不再是高不可及，于是，如上海的《时事报图画旬报》《图画日报》等，大量刊出了可供百姓赏玩的“京城胜景”。而同一时期刊行于北京的画报，则基本上不涉及皇家宫殿。站在远处观望的上海画师，正殚精竭虑地刻画皇城的威严；而生活在帝京的北京人，则对于皇城几乎是视而不见——不是不知道，而是普通人根本进不去，故“漠不关心”。

选择还是避开宫阙，代表着各自的政治立场与文化趣味；在这点上，注重风情的上海画家与深入街巷的北京画家各有其利弊。与上海画报对于北京的“遥想”不同，北京画家之描述帝京，好处是身在其中，很容易进入规定情境；缺点则是受制于朝廷高压，不可能畅所欲言。另一方面，上海画报中关于帝京景物的描摹固然精致，但混合着皇朝的自我塑造和外国人的鉴赏趣味；北京画家则撇开皇城等建筑，深入街巷，着眼局部，见证这座城市正在发生的剧烈变化——这样一来，画面或许不如前者讲究，甚至笔调稚拙，但有生气，更能显示北京这座城市的真实面貌，以及画家对于这座古城的款款深情（参《城阙、街景与风情——晚清画报中的帝京想象》)。

我曾经设想，若将张恨水诸多小说中关于北京名胜古迹以及代表性建筑的描写摘录出来（《张恨水说北京》中此类文字很少，编者关心的是风俗民情)，不难拼合出其眼中的“北京文学地图”；若再将其与马芷庠编著、张恨水审定的《北平旅行指南》相对照，看文学家是如何建构“城市风景”的，必定会有精彩的发现。

谈及北京的文学形象，一般人想到的是老舍。这当然没错，可若把本地人老舍与外地人张恨水所绘制的“北京文学地图”相比照，可深入讨论以下话题——第一，新闻记者出身的张恨水与纯粹的小说家老舍，在呈现城市风貌上有何差异；第二，报纸连载小说与文学杂志发表的作品，在结构上如何分道扬镳；第三，作为小说家，关注城市轮廓还是注重局部深描，怎样影响其写作方向，前者喜欢游览公园及名胜，后者则深入小巷深处平常人家的日常生活；第四，注重局部深描的，必定侧重时间性（历史性），希望勾勒整体轮廓的，强调的是空间感。而侧重那些“看得见的风景”，容易带有猎奇的意味——此乃张恨水小说在艺术上不及老舍的原因之一；但对于外地读者来说，如此描写具有某种特殊的吸引力。尤其是时过境迁，这些小说作为不可多得的“文化读本”，值得深究。

二十多年前，我撰写《千古人文侠客梦》时，曾谈及金庸的武侠小说可作为“中国文化及历史的入门书”来阅读；今天讨论张恨水的长篇小说（起码《春明外史》《金粉世家》《啼笑因缘》三书），引入“北京文学地图”的视角，则是希望有所警觉与发现。

2014年7月10日初稿于京西圆明园花园，8月10日改定于香港中文大学客舍

（原载《文史知识》2014年第10期）

（作者系北京大学中文系教授、博士生导师，中央文史馆馆员）

张恨水现象：雅俗文学之交融与互补

徐永龄

题目很大，限于篇幅，只能长话短说。

张恨水现象，在我国现代文学史上是一种极为独特的文学现象；雅俗文学及其相互关系，又是一个特别难以界定与理清的问题，但是把两者联系起来加以研究，并借以审视当前极其复杂的文学现状，也许不无理论与实践意义。

雅俗文学，作为长期对应并存的两大文学形态，不仅古已有之，亦是当前文学世界的两大文学类别、两种文学流派。就眼下的文学市场而言，甚至更呈现出通俗文学迅速膨胀、高雅文学日渐困顿的严重局面。这种通俗文学的汪洋大海包围高雅文学孤岛的情势，无论在香港、台湾和大陆，乃至更大的范围内，似乎都是一种严峻的客观存在。面对这种令人沮丧、使人困惑的文学世界，许多前辈作家与文学界有识之士，忧心忡忡苦苦思索，甚至提出了“文学会死亡吗”这一令人震惊的问题。这不是危言耸听，也非故作危机感，而是严峻的文学现状使然。香港诗人王一桃曾引用过的海外著名华文诗人原甸的沉痛诗句，便是明证。诗中写道：“我们的诗死了/死在电视机前/死在‘功夫’的拳头下/死在造爱的镜头边”/“死在武侠小说的剑锋上/死在言情小说是泪水和唇膏里/死在新潮音乐的噪声中……”（转引自《香港“严肃”文学的困境与出路》）他们说的是香港严肃文学的困境，但这种文学危机在台湾、大陆似乎也同样存在。

如何摆脱严肃文学的困厄，使之走出低谷，再现辉煌？怎样才能根本扭转低质通俗文学的恶性膨胀，使之健康发展并向高格调转化？这是当前文学界面临的迫切问题，也是时代赋予我们的历史使命。文学现状必须改变，却又苦于难寻良方。一些文学研究者提出了“严肃文学通俗化，通俗文学严肃化”一类的口号；一些高雅文学作家也尝试改换固有的创作路径，试探一种雅俗合一的新的写法，应该说这都表现了走出困境的良苦用心、良好愿望，体现了一种可贵的实践精神。这使我联想起张恨水先生的文学道路、创作生涯与艺术经验，及其对雅俗文学之交融互补、协调发展所作的杰出贡献。

张恨水先生的创作成就是有目共睹的，特别是通俗小说创作，其数量之多，流行之广，轰动效应之强，艺术生命之久，知名度之高，皆非一般作家可比。张恨水及其文学创作何以会有如此大而久远、久而弥新的深刻影响？其中必有缘故。

众所周知，张恨水是“五四”以来少有的高产作家与文学多面手。他长期从事新闻工作，同时又孜孜不倦地笔耕于文学园地，小说、散文、诗词、戏剧无所不及，无所不精，特别以小说、散文最为高产。近半个世纪的文学生涯，写作中、长篇小说110余部，约三千万言；散文创作更是难以计数，主编了几十年报纸副刊，每天都有各类散文见报，其数量应以千篇计，字数起码应在千万以上。

张恨水又是“国内唯一的妇孺皆知的老作家”（老舍语），拥有最广大的读者面。“他的读者遍及各个阶层，作品的刻画入微，描写生动，文字浅显，口语自然，达到‘老妪都解’的境界”。（张友鸾：《章回小说大家张恨水》）当年著名新文学作家聂绀弩也说过：“他的书销路之多，恐怕鲁迅、茅盾、巴金、张资平都比不上，而他的读者也未必是别人能争取得来的。”甚至鲁迅先生的母亲也很爱读张恨水小说。可见说张氏小说家喻户晓，并不夸张。

张恨水亦是以小说创作而引起轰动，效应的作家。他的小说不仅量多面广，而且屡生轰动效应，吸引了为数众多的张恨水小说迷。当年就曾有读者在报馆门前，等待连载张氏小说的报纸出来的佳话。他的许多作品都曾引起过读者的极大反响，特别是《啼笑因缘》刊载之后，这种轰动效应就更其强烈。

张恨水小说不仅在读者中引起强烈的轰动，而且受到当时的新闻出版界与电影界、艺术界的高度重视。有人特意为争他的版权而组织一个出版社；有人为争取改编摄制电影的专用权而大打官司；许多剧种及曲艺评弹，纷纷改编他的作品。这些现象，不仅使张恨水热热上加热，而且也客观证明了张氏作品的巨大艺术价值。

张恨水小说还享有很高的国际声誉，在海外也广为流传。包括美国国会图书馆在内的许多著名图书馆，都数量不少地藏有张氏著作。张恨水研究也往往被选作攻读学位的重要研究课题。在海外，研究张恨水的不一定很多，但知道张恨水的却为数一定不少。

张恨水小说又具有很强的艺术生命力，这也是一般通俗小说所难以达到的。一般通俗作品往往时过境迁，连书名、作者都会很快被读者忘记，而唯独张恨水及其代表作，不但当时人所皆知，而且时隔数十年，仍然继续出版，仍被不断推上影视屏幕，仍然相当“叫座”，仍为读者和研究者所瞩目。由此可见，即使在九十年代的今天，张恨水作品依然葆有很强的艺术生命力，依然有着很强的思想感染力。

张恨水也是一位曾对许多后辈作家有过很大影响的老作家。即便像张爱玲这样的名家，也曾经称赞过张恨水小说“不高不低”，并尝试过学张恨水通俗小说。

但是，张恨水又是现代文学史上争议最多的作家，长期处于被排斥的地位，往往被目为旧派文学家，被打入鸳鸯蝴蝶派、礼拜六派。他的小说也曾经被视之为低俗的言情之作，甚至被贬为黄色小说。即便他的鼓吹抗日的“国难小说”，也曾被有些新文学家指责为“封建余孽的意识”表现，“鸳鸯蝴蝶的一本”，“谈不上技术”，“大部分连新闻通俗都不如”。可是，张恨水及其创作，却又的的确确得到过许多文学名家的好评。老舍先生就曾赞过张恨水先生的人品和文品，称恨水兄是个“真正的文人”，“真正的职业写家”，“是个没有习气的文人”，“是个可爱的朋友”；赞扬他“最重气节、最富正义感、最爱惜羽毛”，“心直口快”，“直言无隐”。(《一点点认识》）潘梓年同志当年也在祝贺张恨水先生创作三十周年的文章中，赞扬“他是一个自强不息、精进不已的作家”，“不为富贵所诱惑，贫贱所移易”，有“识力”有“修养”，更重要的是“有一个明确的立场——坚主抗站，坚主团结，坚主民主”。他的立场“可以从阅读他的散文如《上下古今谈》之类，比较容易地看清楚。他的散文清楚地显出，他是站在怎样的一个立场上精进不已的。”(《精进不已》）在他五十诞辰时节，《新华日报》还发表了《张恨水先生创作三十年》的专文，肯定了他的“现实主义道路”与“同情弱小、反抗暴力”的创作倾向，明确指出了“倾向小说与旧章回小说”的明显区别。茅盾先生也赞扬过他为改良章回小说所做的可贵的努力，虽然没有见到鲁迅先生对张氏小说的赞扬，但也没有材料可以证明鲁迅曾把张氏划归鸳鸯派，相反还多次为母亲购买张恨水小说。

80年代以来，随着改革开放的时代大潮，张恨水不但走进了文学史，而且张恨水研究也有了长足的进展，成立了研究会，成功地举办了首次大型研究会，张恨水及其创作重新受到广泛的注意，他的丰富的创作实践和成功的艺术经验也再一次受到重视。张恨水现象何以有如此巨大的影响？他的艺术经验对改变当前雅俗文学不均衡、欠谐调的文学格局，对推动未来雅俗文学的健康发展，又提供了哪些重要启示？这些问题也自然引起了读者与研究者们的深深思索。我想答案大概就在张恨水的创作思想与艺术实践之中。

张恨水先生确有个人独特的创作思想、艺术原则与审美追求，其主要似有如下几点：

一是坚持作品的“言之有物”“意识正确”的创作原则。这是作家个人思想人格意识的自然反映，高度重视作品格调健康的创作思想的突出表现。张恨水不是前进的思想家，更不是激进的革命家，而是一位颇受旧意识影响、旧文学熏陶的过渡转化中的文人。但他又并非纯然旧式的风流才子、吟风弄月的骚人墨客，相反，不仅具有而且始终保持着很强的个人人格意识。虽有点名士派，但却正直热诚、豁达洒脱，不求名位、淡泊仕途、富正义感，特别爱惜羽毛，注意更新观念，不能做弄潮者，却又力图追随时代前进。他的创作，无论小说或是散文，无不注重内容的充实与格调的健康，就正是其个人人格意识和“言之有物”“意识正确”创作原则的具体体现。早在《金粉世家》自序中，张氏就曾着重强调过小说内容必须健康有益，希望自己的作品使人读之而“有益”，“不至于陷读者于不义”。40年代又曾在《论武侠小说》等文章中批判了武侠小说的消极面，明确指出：“武侠小说，除了一部分暴露的尚有可取而外，对于观众是有毒害的。”后来，在《我的写作与生活》等文章中，又一再说到自己的创作原则：“我作小说，没有其它的长处，就是不作淫声，也不作飞剑斩人头的故事。”而对散文他有两个主张：“一是言之有物，也就是意识是正确的（自己看来如此）；二是取径冲淡。”足见作家总是把言之有物、意识正确、内容有益、格调健康放在创作的首要位置。尽管由于历史原因和个人思想局限，张恨水的作品可能并不十全十美，但基本的内容是健康的，格调是明朗的，思想意识也是力求正确的。这一点似乎应该是没有疑问的。

二是坚持走写实主义的创作道路，力求作品能真实地反映社会现实。这是作者社会忧患意识的直接表露，正视现实人生的写作态度的必然表现。他的小说创作，由模仿旧章回小说起始，但从《春明外史》开始，就实际上踏上了写实主义之路。《金粉世家》以后，作家的社会写实观念逐步强化，确立了“社会为经，言情为纬”的社会言情小说体式。如他在《我写小说的道路》一文中所说，那时他开始“觉得写小说，专门写爱情，那似乎也太狭窄”，于是转而“以社会各种变化情形为经，以爱情为纬”，以至一生都“总是不能离开这经纬线”。

张恨水小说的社会写实，不仅力求真实描写社会生活，还特别注重时代因素，力求历史地反映一定时代环境的社会生活。因而读张氏小说，往往可以照出时代历史的影像。张恨水小说的社会写实，又特别强调熟悉社会人生，体察现实生活，不写自己不熟悉、未体察的生活题材。正因为此，他的小说大都有事实依据，主要人物也多有生活原型，无论故事情节、人物形象，亦多是他切实体验生活的结果；不闭门造车、胡编乱造，坚持源于生活而又真实反映现实生活的艺术真实性原则，“总是取经于叙述人生的”写作路径。这种种社会写实特征正是张氏小说与一般通俗小说重要区别之处。

三是坚持民族化、大众化、通俗化的创作思想与小说风格。这是作家平民意识与民族传统文化观念的自觉表现。正像赵树理立誓要为农民写作，不做文坛文学家而做“文摊”文学家，正像老舍先生立意反映北京下层贫民生活，而写《骆驼祥子》一类脍炙人口的平民化作品一样，张恨水也相当自觉地选择了一条民族化、大众化、通俗化的小说创作道路，心甘情愿地为“贩夫走卒”、“匹夫匹妇”、平民百姓们写作通俗作品。虽然他也很受“小说”乃“小道”而文章为本的传统偏见的影响，虽然有人鄙薄小说无聊浅陋，但他仍然我行我素，自甘“浅陋”，坚持自己选择的传统小说的创作路径，一步一步地走下去。何以如此？《金粉世家·自序》说；“主义非吾所敢谈也，文章亦非吾所敢谈也。”“今有人责吾浅陋，吾即乐认为浅陋。今有人责吾为无聊，吾即乐认为无聊。盖小说为通俗文学，把笔为此，即不说浅陋无聊。华国文章，深山名著，此别有人在，非吾所敢知也。”《弯弓集·自序》又重申了同样的意思：“夫小说者，消遣文学也，亦通俗文学也。论其格，固卑之毋甚高论，无见于经国大计。然危言大义所不能尽者，而小说写事状物，不嫌于琐碎，则无往而不可尽之。他项文字无此力量也。”何以在新文学、新体裁、新形式、新方法已经盛行后还坚持传统的小说写法？他那篇著名的《总答谢》更作了明确的回答：“我觉得章回小说，不尽是遗弃的东西”，“而新派小说，虽一切前进，而文法上的组织，非习惯读中国书、说中国话的普通民众所能接受。正如雅颂之诗，高则高矣，美则美矣，而匹夫匹妇对此莫名其妙。我们没有理由遗弃这一班人，也无法把西洋文法组织的文字，硬灌入这一批人的脑袋。窃不自量，我愿为这班人工作。”这些话都揭示了张氏之所以坚持民族化、大众化与通俗化小说创作的根本原因所在。

四是坚持对传统小说艺术的改良与革新。它体现了作家的创新意识和不断发展变化的审美观念。基于传统小说艺术的深刻影响，张氏小说许多方面都沿袭了中国古典小说的艺术传统，对讲求故事性、趣味性、消遣性、娱乐性、讽喻性、警世性等传统小说观念，也多有继承。但是他也非常注意汲取新的文学观念、新的小说形式与艺术技巧，用以对传统小说艺术的改良与革新。他的小说也因此而呈现传统为本、中西合流、新旧互补、雅俗交融的新的风格格局。他对章回小说的改良革新所做的贡献，曾得到小说大师茅盾同志的高度评价：“三十年来，运用‘章回体’而能善为扬弃，使‘章回体’延续了新生命的，应当首推张恨水先生。”

诚然，张恨水与“五四”文学革命及此后的新文学界较为疏远，但说他一点都没受到过新文学思潮的影响，恐怕也不符合事实。其实在侧重继承传统文学经验的同时，他也一直不断地汲取着来自西洋的新的文学养分，引进了不少新文学小说的章法技巧。在《我写小说的道路》一文中就有这样的回顾：十五六岁时，就“读过自西洋翻译来的理论”，虽然“那学问只有点把点，读过了也就完了”，而《小说月报》不仅使他“认识到作小说的，可以作为一种职业”，而且使他“对小说更为细心研究，尤其是写景一方面、小动作一方面，中国小说虽然也有，却是不多，我就在西洋小说中加倍注意。”此外，他笔下为数不少的论谈小说作法的文章，如《长篇与短篇》《短篇之起法》《论武侠小说》《章回小说的变迁》等论文，以及多篇序文，也都是他注意汲取、刻意革新的明证。

张恨水对章回小说的改良与革新，也给他的小说创作增添了新的色彩。就题材而言，有了扩展与更新，改变了单一的言情内容与才子佳人故事的叙写，尽可能广泛地“叙述人生”，反映世态；就人物而言，形象内涵趋向丰富，性格刻划有所强化，注重以情节展示人物性格历史，力图塑造典型环境中的典型性格，也确实创造出一些相当个性化、立体化的人物形象；就小说技巧而言，也在运用传统技法的同时，揉进了多种西洋小说技巧，诸如心理刻画、细节描写、景物描写和气氛渲染等艺术手段，就多有所运用；就结构体式而言，也逐渐突破老套子、旧格局，改变了故事从头说起、中间多经磨难、最终大团圆结局这种千篇一律的结构模式；此外，作品的时代气氛、地方色彩、民俗描写也有所增强，小说语言也亦雅亦俗并渐趋口语化与现代化。

五是坚持严肃的写作态度，这正是老舍先生所说的真正的文人的精神本色。他的写作态度一向严肃认真，有口皆碑，数十年如一日，笔耕不辍，坚持不懈，精进不已，既为稻粱谋，更出于一个正直文人的高度社会责任感和对读者负责的职业道德良心。

综上可见，张恨水及其创作的主要贡献，就在于他在古今、中外、新旧、雅俗之间架起了交通的桥梁，打通了交流的渠道，建立了对立或对应的文学两极较为理想的互济互补、交融和谐的新的关系。而这，是确有开创意义的。

张恨水现象告诉我们，雅俗文学只是一种对应而非对立的文学存在。只能相对区分，不能绝对切割。二者没有不可逾越的鸿沟。不可偏执地扬此抑彼，不宜轻率地作绝对化的肯否，而应视之为文学之车的双轮、艺术之舟的双桨。

张恨水现象又告诉我们，当前低质通俗文学的恶性膨胀，高雅文学的陷入困境，不是雅俗文学本身的过错，但又要发掘各自内在的弱点，检讨主观原因，进而克服通俗文学常见的媚俗、庸俗、低俗、粗俗等等弱点，改变高雅文学多有的自视高雅、自命清高、自我封闭、脱离群众种种痼疾。

张恨水现象还启示我们，当前通俗文学的迫切任务是保证内容的健康、格调的高尚、效果的有益。应当“寓教于乐”“乐而不淫”，不断提高作品的思想道德品位，增加积极的社会内涵和现代科学的知识含量。艺术上也要克服模式代、公式化、粗制滥造、胡编乱造、描写低级、语言粗俗等不良现象，引进与借鉴严肃文学的某些艺术形式和写作技巧。而高雅文学亦应在保持其固有特色的同时，积极调整与读者大众的关系，多方拓展沟通渠道，增强作品的普及性、趣味性、可读性，语言形式、结构形态和艺术技巧，也都应当有相应的改变，从而把高雅文学的创作建立在自我欣赏与读者赞赏二者统一的基点之上。不能把文学创作视为经营个人小天地的手段，须知真正的文学应当是属于大众的，是应当为人民大众的。

总之，无论雅俗文学，都应当树立对国家民族、时代社会、读者大众的高度责任感。雅文学不能一味强调提高而鄙弃普及，俗文学也不能一味强调经济效益、市场价值，而任垃圾文学泛滥；既不能脱离甚至抛弃读者大众，也不能去迎合与媚悦某些读者的消极文化消费心理。雅俗文学应在两者的交融互补上下功夫、找出路。这是我们的愿望，大约也是张恨水现象对我们的最大启示。

（原载《通俗文学评论》1994年3期）

（作者系合肥师范学院中文系教授，安徽省文史馆馆员）

张恨水研究和通俗文学理论建设工程

范伯群

一

近年来，中国近现代文学史的研究者对这一时段的通俗文学的基本估价是有了新的体认的，并正在进行初步的有效研究。我最近在一篇文章中，做了如下的描叙：

近现代文学史研究者正在形成一种共识：应该将近现代通俗文学摄入我们的研究视野。纯文学和通俗文学是文学的双翼，今后撰写的文学史应是双翼齐飞的文学史。近现代文学研究者正在接受一个观点：过去将近现代文学史上的通俗文学重要流派——鸳鸯蝴蝶、礼拜六派视为一股逆流，是“左”的思想在文学史研究中的一种表现。

近现代文学史研究者正在进行一项工程：对这一时段的通俗文学历史线索进行梳理，而这种梳理工作首先应建筑在对通俗文学作品、作家、社团流派的广泛和深入研究的基石之上。

一种共识，一个观点，一项正在进行的集体工程，是在改革开放、观念更新的年代，经过调查研究、深思熟虑之后，所凝聚的重要成果之一；或者说是近年来文学界的新景观之一。

如果上述的三点评估是事实而不是臆想，是客观存在而不是主观妄断，那么以这些评估和现代通俗文学大师张恨水研究联系起来，我认为是大有可为的，也就是说，张恨水研究是一个重要而庞大的课题，非深入开掘不可。因为现代通俗文学史的研究离不开这座通俗文学的高峰；而现代通俗文学的理论建设也要向张恨水研究“索取”许多从创作上升为理论的规律性的东西。

二

我认为将有一批现代通俗文学作家进入未来的“双翼齐飞”的中国现代文学史。这一批的作家的名单为何排法，有待于我们现代文学史研究者的深入的研究，经过筛选、取舍、增删，从而得到基本公认。这一过程是一次较长期的、上档次的学术研究。研究者集体讨论的结果还要交给历史老人去考验。在历史老人的漫长的检验中，还会有所增补、有所汰除。但是有一点是可以肯定的，在候补的名单中，张恨水应该是首先，或称首批。如果有几位是种子选手，那么张恨水是首列。正因张恨水在通俗文学中有如此崇高的地位，所以有的研究者提出了“双峰对峙”说。即在纯文学作家中，鲁迅是高峰；在通俗文学作家中，张恨水是高峰。如果将这种说法理解为鲁迅与张恨水是“双翼”——不同文学领域中的“双峰”，我认为并不出格。我们姑且不用“对峙”这样的提法。应该是一种“双峰并秀”的关系。纯文学与通俗文学本来就应该是一种“并存”和“互补”的关系。但既然是“双峰”，“峰”是要讲海拔高度的。每座高峰的海拔高度是不同的。这就要进行精确的测量。在文学研究中，就要进行很有说服力的科学论证，还要进行必要的、可行的比较研究。虽是存在于不同的领域中，但我认为，还是有一定的可比性的。

这里说的“一定的可比性”也即是“相对可比性”。“绝对的可比性”是不存在的。而且社会科学与自然科学的精确度还有不同。一座高峰的测量在自然科学中是可以运用多种科技手段，包括太空中运行的卫星的精确测绘。而对作家之间，进行相对比较就是全方位、多侧面地进行对照评价。例如比较某个作家的作品的艺术含金量的高低是一个至关重要的课题。在这个问题上往往是有不同看法的。在文学评论界，多数人的惯性结论是纯文学的艺术含金量要比通俗文学的水准高得多，或者说，简直不可同日而语。有的甚至将通俗文学一言以蔽之曰：是些乌七八糟的东西。但华裔美国学者夏济安则有不同看法。他生前说：“清末小说和民国以来的《礼拜六》派小说艺术成就可能比新小说的高，可惜不被人注意。”“最近看了《歇浦潮》，认为‘美不胜收’；又看了包天笑的《上海春秋》，更是佩服得五体投地……很想写篇文章，讨论那些上海小说。”在艺术含金量的问题上，是不能少数服从多数的。不同看法可以各抒己见，但艺术含金量是一个很值得进行科学论证的问题。张恨水是现代通俗作家中的佼佼者，但对他的作品的艺术含金量可以用文学评论的方法，加以肯定，从而验证他对中国现代通俗文学所作出的贡献。不仅是艺术含量，我们还可以从文化学、社会学、民俗学等多种视角去研究张恨水的作品。正如张恨水在评论李涵秋的《广陵潮》时所说的："我们若肯研究三十年前的社会，(在这里指《广陵潮》一书——引者注)一定可以获得许多材料。"用文化学、社会学和民俗学的视角去考察，张恨水也是一座蕴藏量极高的富矿。

三

张恨水是通俗文学大师，研究张恨水的作品，不仅仅在于赏析、阐释、开掘他的思想和艺术性及其社会效应，评价他创作的得失，借鉴他的创作的历史经验；我们还应该通过张恨水研究，探究通俗文学的若干重大理论问题。

近年来，对通俗文学的研究开始提到文艺评论和文学史研究的日程上来，但总的说来，还处于初建草创阶段，有关通俗文学的历史的研究和现状的评论都显得较为单薄，成绩有限，进展缓慢，队伍也尚不能成军布阵。原因是多方面的。但其中一个重要的原因是，我们还不能从大量的作家、作品研究中总结出通俗文学的自在自律的运行规律和审美标准。我们往往用纯文学的运行机制和审美要素原封不动地去"套"通俗文学。当然，纯文学与通俗文学也有若干共同的准则，但在共同准则之外，还应该有通俗文学的独特的运行规律和审美标准。例如，张恨水的作品为什么能受到广大民众的喜爱？为什么一部长篇连载了五年多，读者还有如此之耐心和巨大兴趣？有的作品甚至使当时对通俗文学很有成见的某些新文学作家也为之惊异，也争夺了一批新文学的读者，奥秘何在？张恨水作品的美学特征与市场效应之间为什么能达到辩证的统一？在艺术机制和市场机制的双重制约下，他为什么能应付裕如？张恨水作品与中国传统民族美德的宏扬之关系，也是一个涉及与广大民众进行心灵交感的大问题。研究通俗文学的审美标准也不得不去接触这个重大课题。新文学的作家侧重于新道德的探索与建立；通俗作家侧重于发扬传统民族美德及对若干民族陋习和不合理因素之改造，通俗文学的自在自律的运行规律和审美标准是一个重要的理论问题，不可能由哪一位评论家靠苦思冥想在主观臆度中得到答案。而是在从大量的作品、若干重要的作家，特别是像张恨水这样的创作宏富的大师级通俗作家的研究中，从流派兴衰嬗变的轨迹中，从众多的通俗文学界的特殊文学现象中，弃粗存精，去伪存真，由此及彼，由表及里地去概括提炼以致升华为理论。这有助于探明通俗文学创作得以健康发展的客观规律，从而去把握公允地评价通俗文学的审美标准。

研究通俗文学的自在自律的运行规律和审美标准，并不与上文所提出的与纯文学作家作比较的建议相矛盾。既然纯、俗两者之间有若干共同的准则，就存在着可比性；而其他的各自在特定的领域中的成就，也并非不可对照和估量的，相对的可比性也是存在的。再者，我们已经将纯文学的作家，例如鲁迅，放到世界文学之林中去加以比较，他的《阿Q正传》是世界级的名著。同样，我们也可以将张恨水对通俗文学的贡献，放到世界通俗文学之林中去加以比照。他是不是世界级的？国外的通俗文学的上乘之作，有若干是进入世界名著行列的；那么张恨水有没有作品可以进入名著之林的呢？他的候选作品有哪几部？《金粉世家》能不能进入候选者名单？这都有待于我们进行研究和论证。

四

关于社团流派问题，也是通俗文学中的一个重要问题。例如，有人认为张恨水是鸳鸯蝴蝶派，或是礼拜六派；有人则断然否定。我认为这是一个学术问题，倒并不涉及作品的格调、成就或作家人格高尚低下等等的评价的。我认为对这一学术问题可以研究，可以讨论，可以各抒己见，但不必为之纠缠：似乎一定要解决了这个问题，才可以对张恨水有所定评。只有深入地研究了通俗文学的历史发展、社会流派的形成，以及在何种客观条件和主观因素下才可以界定一位作家是属于某一流派等问题，才可以最终得出科学结论。

我想我要在这里暂且撇开张恨水，讲几句题外的话。我对鸳鸯蝴蝶、礼拜六派进行过一些研究。我的结论已在上文谈及：过去将这一文学史上的重要流派视为“逆流”，是“左”的思潮在文学史研究中的一种表现。如果说，在“五四”前后，为了新文学争取文学地盘，双方发生论争，是可以理解的历史必由之途。但是长期以来将三大顶大帽子（封建买办阶级的文学，半殖民地十里洋场的胎儿，游戏的消遣的金钱主义的产物）扣在这一流派的作家头上，是极“左”思潮阴魂不散。在这种压力上，作家中就有形形色色的多种反应。例如包天笑被认定是鸳鸯蝴蝶派的首领的，而他自己则断然否定。周瘦鹃否认自己是鸳鸯蝴蝶派，而承认自己是十十足足的礼拜六派。而不久前刚逝世的戏剧大师陈白尘（他与我曾是江苏作家协会的同事）则曾对我说：“你知道我早期是鸳鸯蝴蝶派吗？”我回答是：只知你在《小说世界》上发表过不少小说。而陈蝶衣则在香港一刊物中发表一篇文章，题目就是《我以被视为鸳蝴派而感到光荣》（我手边一时找不到文章复印件，文字可能略有出入，他列举的理由我也不在这里复述了）。

我之所以要讲这些例外的话，是因为我们有些研究者不加辨析地去接受了这种“左”的逆流观，然后再用这个吓人的帽子作为标准尺度去权衡一切，乃至吓唬自己。我在一篇文章中为通俗文学界过去没有自己的理论队伍表示惋惜：

> 对一般读者而言，当然要求作品有可读性，故事有趣而引人入胜，在娱乐休憩中潜移默化地得到关于传统美德的熏陶。鸳鸯蝴蝶、礼拜六派中的上乘之作是颇能满足读者的此类要求的。因此在当年虽屡遭新文学界的挞伐，但它仍然拥有广大的读者。可是对一个文学流派来说，仅仅求助于民众自发的拥戴是不够的。这种爱护虽是感人，但却是默默的。作为一个流派，要有一支理论队伍去研究自我，对自己要有恰如其分的、令人信服的、难以驳诘的自我评价与估量。在这方面，鸳鸯蝴蝶、礼拜六派的力量是非常薄弱的。它缺乏起码的理论自卫能力。它常常只能站在被告席上，无言地听原告历数其“罪状”。

我经过研究论证后的结论是：

> ……问题倒在于我们不能再把这个名称看作是歧视性的贬称。过去给予这派作者的心理上的压力，应该给予消除，也应抹去在读者心目中所制造的阴影。当我们再听到

这一学名时，就像听到“文学研究会”“创造社”“新月派”“七月派”一样自然，作为近现代文学史上的一个可以分析却不容歧视的文学流派，给予客观公允的评价。

我之所以说一通题外的话，而不在张恨水是否属于该流派的题目下作一道“是非法”，是因为情况复杂，不能作简单的肯定或否定的抉择：在国外有一种意见，认为你们将不属于新文学的作家，凡从事社会言情、侦探推理和武侠技击小说的通俗作家都归入鸳鸯蝴蝶、礼拜六派，那么就不是流派研究，而是题材类型归队了。也有人据此推论：礼拜六派在今天是复活了。这么许多“周末版”，周末就是礼拜六。要回答这些质疑与推断，还应作一番切实的研究，要说出非常有说服力的论点、论据来。

五

张恨水是中国现代通俗文学创作中最有代表性的作家之一。从二十年代起就驰名于“报人小说界”之中。从二十年代至四十年代，是他创作的黄金季节。而在他的百部以上的中、长篇小说中，又以社会言情小说的成就最为突出。在当今的通俗文学的说部研究中，相对而言，对武侠小说的研究最为热闹，成绩也相对显著；专题性的学术会议，在大陆和台、港也曾多次举办。在通俗文学中，我个人对社会小说最为偏好；而对言情小说，我也很钦佩张恨水的见解：“世界上之情局，犹如世界上之山峰。山峰千万万，未有一同者；情局千万万，亦未有一同者。”“盖小说结构，必须有一交错点。言情非多角，此点由何而生？至一事结束，亦无非聚散两途。果欲舍此，又何以结束之。”正由于有这些灼见，他的社会言情小说才显得各有特色，时时有所创新。对张恨水进行研究，自然会加强目前的薄弱环节——社会言情类型的研究。

为通俗作家办一份理论研究刊物，在大陆尚属首例。它的必要性还在于世界范围有一批张恨水研究者。在大陆、台湾和国外，研究张恨水作品的学者正日益增多。以此为题作博、硕士论文者大有人在，更何况还有广大的热心的读者。团结这批作者和广大读者，定能将这一季刊办成一个欣欣向荣、百家争鸣而有文化内涵、理论深度和学术档次的研究刊物。而对这位大师的研究的日益精进，对整个通俗文学的理论建设，也必然会发生重大的连锁反应的。

（原载《张恨水研究》1994 年第 5 期）

（作者系苏州大学文学院教授、博士生导师）

张恨水抗战小说中的国家意识及其评价

汤哲声

论张恨水在文学史上的贡献，我认为最突出的是两个方面，一是他是中国现代社会言情小说的开创者，并创作了为数众多的至今不朽的社会言情小说；二是他是中国“抗战小说”创作量最多的作家，是中国现代文学史上“国家意识”最为鲜明的作家之一。第一个贡献在 30 年代初期基本完成，第二个贡献则集中表现在 30 年代之后的创作中。

自 1894 年中日甲午战争之后，国家沉沦和民族存亡就成为了中国最重大的社会忧患，这种社会忧患辐射并渗透于中国社会的各个方面，也成为中国社会变革的最初出发点和最终根据。同样，由于日本对中国虎视眈眈，亡华之心不死，对日关系也就成为“国家意识”最鲜明的体现者，成为文学作品弘扬民族精神的最集中的表现。对日本“浪人”在中国的飞扬跋扈在晚清的社会小说中多有描述，将日本作为侵略国家，并以反日作为主要情节的小说，据我所知，最早的大概是叶小凤刊载在 1914 年、1915 年《小说大观》上的《蒙边鸣筑记》。这部小说写日本间谍平小川为了获取中国的情报如何地忍辱负重，书生江南生和女侠李朝阳识破了平小川的诡计，在“胡子”首领铁鹞工的帮助下，擒杀了平小川，挫败了敌国的阴谋。这部小说的价值不仅表现了时代的情绪，还对中国政府的腐败和人民的麻木表示了愤怒和激愤。作者特地将平小川窃取的情报和他对中国社会状态的分析报告公布出来，虽是出自敌人的口中，却句句切中时弊，令人触目惊心。之后在 1915 年 4 月《礼拜六》46 期上剑侠根据日本和德国在青岛开战的情况，写了纪实小说《弱国余生记》。该年 5 月《礼拜六》51 期上王钝根根据日本人在中国的各种罪行写作并开始连载长篇纪实文学《国耻录》，喊出了“嗟我同胞，不起自卫，行且尽为亡国奴”的口号。此时，周瘦鹃一连写了《中华民国之魂》《祖国重也》《为国牺牲》等小说，强调祖国利益高于一切。特别是他在 20 年代初发表在《半月》上的《亡国奴家的燕子》，用寓言笔法写了“几个矮外国兵”在中国土地上烧杀枪杀的行径，小说产生了很大影响。1931 年的九一八事变和 1932 年的一·二八事变以后，中国文坛上一批“国难小说”开始出现。什么是“国难小说”？施冰厚此时发表了一篇小说专论《爱国小说的借镜》中作了这样的解释：“足以激励爱国之小说，其艺术有正反二面。或写亡国惨痛，读之触目惊心，令人愤慨；或写爱国事迹，可以感奋。然无论如何，欲创作深刻之印象，固不能仅以单纯之观念，就事实铺陈之即已。必有内容，有深度，始可言动人。”① “国难小说”就是些写“亡国惨

① 施冰厚《爱国小说的借镜》，载 1932 年 12 月 1 日《珊瑚》第 11 号。

痛”或“爱国事迹”的爱国小说。此时写“亡国惨痛”的纪实作品主要有含凉生的《国难中的苏州》、玉峰客的《国难中之昆山》、叶慎之的《国难中之太仓》以及郑逸梅的《沪变写真》。它们以纪实的笔法写了上海一·二八事变中苏州、昆山、太仓的社会状况，写了日本军队在上海的烧杀抢掠。上海一·二八事变引发的难民潮，对此茅盾的《林家铺子》曾有间接的描写，“国难小说”作家则以此作为题材直接写了不少小说。许廑父的《流离》写难民的生活状况，王天恨的《失落》写“一·二八”深夜上海外白渡桥人挤人、挤死人的惨状，徐卓呆的《食指短》写难民战后回到江湾时看见的各种凄惨的情景。这些触目惊心的亡国惨痛给人留下了深刻的印象。与写“亡国惨痛”的作品相比，那些“爱国事迹”的作品以长篇小说为主。比较引人注目的作品有邓启忻的《抵抗日记》、程瞻庐的《不可思议》。邓启忻是十九路军的一位连长，受伤后曾受到程小青的精心照料。在程小青的辅导下，邓启忻以日记的形式写了十九路军上海抗战过程。程瞻庐的《不可思议》写了一个刻章世家的子弟如何丢下刻刀拿起战刀参加义勇军的故事。顾明道发表小说《国难家仇》，以九一八事件为背景，写东北人民如何建立了义勇军奋起抗敌。

将这些抗日小说罗列出来，主要是两个目的：一是说明“抗日”自民国初年以来一直是中国文学中的一个主题，出现了不少文学作品；二是在比较中，我们可以更加清楚地了解张恨水“抗战小说”的特点和贡献。

与这些作家作品相比较，有两个结论相当明显：第一个结论是张恨水是中国现代作家中创作“抗战小说”最丰的作家。他直接将抗战作为主要素材的作品近十部，涉及抗战生活的作品数十部，在中国现代作家中这样的创作量首屈一指。[①]第二个结论是张恨水是将“抗日作品”从“国难小说”的层面带入“抗战小说”层面的作家。他的作品写了日本侵略者对中国人民残害，呼吁中国人民奋起反抗。但是，他的注意力显然更集中于写中国人民怎样奋起抗战。不仅仅是受苦受难倾诉，更多的是惨烈、悲壮、感奋的场面描述，张恨水的小说完成了中国的“抗战小说”由“难”转向“战”的提升。说张恨水是中国言情小说大家，这是学术界的共识。其实，还应该加上一句，他同样是中国抗战小说大家。[②]

值得思考的是，张恨水的这些抗战小说表现出什么样的思想。在我看来，那就是强烈的“国家意识”。这个国家就是正在遭受磨难的中华民国，这是当时的张恨水和所有中国人的祖国；这个意识就是国家的利益高于一切，这是当时的张恨水和所有中国人的根本所在。在张恨水众多的“抗战小说”中，有两部似乎不太显眼的小说，一部是《仇敌夫妻》，一部是《虎贲万岁》，这两部小说从两个侧面体现出这样的“国家意识”。《仇敌夫妻》写一对彼此相爱的夫妻，偏偏来自于中国和日本两个交战的国家。他们爱自己的孩子和对方，但是更爱自己的祖国。妻子为了自己的祖国窃取了丈夫身边的义勇

---

① 学术界统计的数字为：张恨水创作文字3000多万言，抗战作品在800万言以上。见《张恨水抗战作品目录索引》，安徽省张恨水研究会秘书处编印。

② 张恨水的子女张伍说：“在抗战作品中，应该说父亲是走在最前列的，也是满腔热情地为抗战奔走呼号的人。他最早写出了反映南京大屠杀的作品《大江东去》，还自费出版了《弯弓集》，他的抗战小说《前线的安徽，安徽的前线》《巷战之夜》以及写战事的小说《虎贲万岁》，都写得淋漓尽致。他后期的抗战小说，不仅写战争，更重要的是揭发贪污，揭露国民劣根性以及内忧与外患，写出了人性，表现了战争的复杂性。”（《张恨水研究通讯》2005年7月5日第5期）虽是出自张恨水亲属之口，但这样的评价符合实际。

军的机密文件。丈夫发现后，同样为了祖国的利益将妻子毒死了。这部小说情节的虚构痕迹很深，同样的情节曾在民国初年周瘦鹃的小说《行在相见》中见过。由于小说的虚构，曾受到钱杏邨的点名批评。但是我认为此时此刻由张恨水写出这样的小说却有着重要的意义。张恨水小说一直有着明确的价值判断，人间的感情重于一切，并以此来构思情节，褒贬人物。而这一部小说却出现了相反的价值判断，它显然告示读者，夫妻之情固然是好，但是当它与祖国的利益发生冲突时，就应该牺牲掉它。理智和功利战胜了张恨水一直维护着的感情和理想，意味着作家价值观念的转向，意味着在强烈的刺激和推动下，作家的意识发生了转型，对写惯了纯情并正处于声誉高峰的张恨水来说，并不容易。与《仇敌夫妻》的虚构不同，张恨水反复强调《虎贲万岁》是一部纪实的小说。但是，由于小说的材料来自第二手资料，小说的艺术的确乏善可陈。然而，这部小说同样具有重要的意义，它是中国现代文学史上为数不多的描述抗战正面战场的小说。小说写了抗战后期的重要的“常德之役”的始末。小说材料都有根据，作者说得很清楚：“关于每位成仁英雄的故事，我是根据《五十七师将士特殊忠勇事迹》。”“那战事的主要将领，除了书中曾述及的周庆祥师长外，有王耀武、李钰堂、欧震、杨森、王陵基、王赞绪几位将军，这是报纸曾披露过的。”[1] 小说完全是赞颂的态度，作者同样说得很清楚：“一师人守城，战得只剩下八十二人，这是中日战史上难找的一件事，我愿意这书借着五十七师烈士的英灵，流传下去，不再让下一代及后代人稍有不良的印象，所以

① 张恨水《虎贲万岁·自序》，载《虎贲万岁》，北岳文艺出版社 1993 年版。

完全改变了我的作风。”[1] 这些牺牲的人是为国捐躯的烈士，作者不愿留一点污点在他们身上。在大敌当前时，国家的利益为上，国民党的抗战部队代表着国家利益，这是当时张恨水创作“抗战小说”的基本认识。

与这些“抗战小说”相比，此时张恨水影响最大并受到人们关注的是那些讽刺小说，如写于抗战时期的《八十一梦》以及其后的《五子登科》《魍魉世界》等。这些小说对国民党的那些要员发国难财的丑恶行径进行了无情的嘲讽，曾引起了广大人民的共鸣和统治者的反感。这些在众多论家的论文中多有阐述。我更感兴趣的是，这些暴露讽刺小说究竟与那些“赞颂小说”是什么关系，张恨水在这些暴露讽刺的小说中究竟持什么立场。张恨水的暴露讽刺小说与“赞颂小说”的关系，作家自己在《八十一梦》的《自序》中其实说得非常清楚，他说：“盖吾为中国人，自当有以报中国，报国而又在吾职业中为之，未另有所耗于血汗，此最便宜事，奈何不为乎？……吾既立此一准则，故发表于汉港沪者，其小说题材，多抵抗横强不甘屈服的人物。发表于渝者，则略转笔锋，思有以排解后方人士之苦闷。夫治苦闷之良剂，莫过于愉快。吾虽不能言前方毖寇若干，然使人读之启齿一哂者，则尚优为之，于是吾乃有以取材于《儒林外史》与《西游》《封神》之间矣。此《八十一梦》所由作也。”那些写“抵抗横强不甘屈服的人物”的小说也就是“赞颂小说”，那些写“排解后方人士之苦闷”的小说也就是暴露讽刺小说。通过张恨水以上的自述，可以看到，这两类小说是一致的，都是他的报国之所为。对敌战区而言，是要坚决抵抗，是要发扬民族气节；对国

① 张恨水《虎贲万岁·自序》，载《虎贲万岁》，北岳文艺出版社1993年版。

统区而言，是要勤政廉洁，是要团结对外。没有内部的勤政廉洁就没有外部的抗战胜利，而外部的抗战胜利需要内部的勤政廉洁做保证，这是他的“抗战小说”的两个方面，只不过地域不同、读者不同而有所区别而已。共产党对张恨水小说鼓励大家抗日给予了高度评价，对他的暴露讽刺小说给予了更多的赞赏；国民党对他的暴露讽刺小说表示了不满，则对他的那些“赞颂小说”'给予了奖赏。抗战胜利后，共产党赠送张恨水礼品，国民党政府也向包括了张恨水在内的一千多人颁发了“抗战胜利勋章”。其实，此时的张恨水并没有什么党派意识，国家意识至上、民族大义为重是他最高的价值判断。以此为出发点，他与国民党的高官接触，也欢迎共产党的领袖来渝。对于两党的斗争，他虽不明说，但心中恐怕并不赞成，说不定还将其看作中国社会乱相之一，从他的《弯弓集·跋》和《八十一梦》之二十四梦《一场未完的戏》中我们可以有所感觉。

张恨水早期“抗战小说”在当时并没有得到满堂喝彩，反而还受到了一些左翼作家的点名批评，其中最有名的是钱杏邨那篇讽刺挖苦的文章《上海事变与鸳鸯蝴蝶派文艺》。没有必要对这样的文章作多少反批评，或者为张恨水作多少辩护，更值得思考的是这些左翼作家在大敌当前的时候为什么要对这些抗战小说讽刺挖苦呢？心胸狭隘和门户之见只是表面的现象，根本的问题是左翼作家们对张恨水这些传统作家们的文化观念认识不够。虽然也接受了现代西方人道主义观念的影响，张恨水这些传统作家主要秉持的还是中国传统文化，他们是新时期中的中国传统文人。将文学作为消闲、趣味的对象固然是大多数中国传统文人的文学观，但是民族气节作为人格原则被列为传统文化的核心内容。虽然追求文学的消闲趣味，但是在民族气节的问题上，中国传统文人们是从来不含糊的。就以民国初年的鸳鸯蝴蝶派来说，他们写了很多消闲趣味的言情、家庭小说，他们也写了很多高风亮节的爱国小说，即使是那些充满了脂粉气的小说情节中只要涉及国家和民族的问题，他们的态度马上就严肃了起来，并常常将国家和民族的态度作为小说人物的人格完美的一种升华。作为鸳鸯蝴蝶派的开山之作的《玉梨魂》，作者徐枕亚并没有让主人公何梦霞死在温柔乡中，而是死在武昌起义的城楼下。张恨水的这些“抗战小说”创作的根本驱动力就是中国传统文化的民族气节。钱杏邨这些左翼作家对鸳鸯蝴蝶派文学的认识不够，对传统文化的现代意义重视不够，他们的分歧是文学观和文化观的不同。如果要追根寻源就要从“五四”新文化运动中寻找得失了。

社会和言情是张恨水小说的两大法宝，将社会言情结合起来是张恨水的创造。他前期的作品以言情为主，以社会为辅，这种组合创造了中国现代社会言情小说的辉煌。此时的“抗战小说”以社会为主，以言情为辅，这种组合所表现出来的艺术成就不如前期作品，对此不必讳言。其实，张恨水是一位善于言情、拙于社会的作家，凭着他的人性、人情敏锐的感悟力，他对人性、人情的把握和描述达到了相当高的境界。他对社会的把握主要还是从一个报人的角度出发的，追求和表现的是社会现象的新闻性，描述和评判的是社会风气的变幻性。对社会的深刻的分析，他比不上鲁迅、沈雁冰等新文学作家。对此，张恨水不是没有感觉，否则他不会说“到我写《啼笑因缘》时，我就有了写小说必须赶上时代的想法”[①]。然而，到了大敌当前的关头，他心甘情愿地丢掉他擅长的一面，展示他钝拙的一面，为此，他甚至牺牲小说的一些美学原则而不顾，例如《太

① 张恨水《我的创作与生活》，载1980年《文史资料选辑》第70辑。

平花》创作过程中由言情向抗战的突然转向，明知道这样做，是有损于这部小说的完整性，也要硬改过来，为什么呢？那就是民族气节，就是张恨水在多种场合、多篇文章中所说的一个“文人”、一个“书生”在抗战的岗位上“尽其所能”。仅凭着这种出发点，我们就应该对张恨水以及他的“抗战小说”予以高度评价。他的前期的社会言情小说展示了他作为一个作家的文学魅力，他的后期的“抗战小说”展示的是作为一个作家的人格魅力。一个作家只有在将他文学上的独特贡献与他高尚的人格素质相提并论时才能显示出他的可敬。尤其是与同时代的那些受到后人很高评价的作家相比时，如周作人、张爱玲等人，张恨水身上的光环就显得更加灿烂。

（原载《中国现代文学研究丛刊》2006 年第 4 期）

（作者系苏州大学中文系教授、博士生导师）

张恨水论

袁　进

张恨水是怎样的一个作家？他的性格气质如何？他有着怎样的思想矛盾，这些矛盾对他的创作有什么影响？他成功的秘诀何在？他应具有怎样的历史地位？这就是本文所要探讨的问题。

一

张恨水经常向儿女们感慨，他不幸生在过渡时代，成为过渡的一代，这是颇有道理的。

中国近代是一个翻天覆地、变化迅猛的时代，古老的封闭的中国在短短几十年内，走过了西方几百年的历程，经历了一个痛苦的“现代化”“世界化”过程。这个历程如此迅猛而又艰难，显示了惊人的淘汰率。试看张恨水诞生时期中国先进知识分子的领袖人物：

康有为、梁启超、严复、章太炎、于右任一直到陈独秀、周作人，都淹没在时代激流的汹涌波涛中，变为时代的落伍者。只有为数不多的弄潮儿，才得以始终居于时代的前列。

西方一些心理学家认为，一个人童年所形成的心理定势，往往影响到他一生的气质、教养。在这个变化剧烈、时时动荡的过渡时代中，张恨水的童年不幸接受的是旧式传统教育，他以他那独特的天资颖悟了旧学的真谛，成为学生中出类拔萃的佼佼者。由此接受的旧价值观念，深深扎根于他的脑际，成为他后来前进的包袱。还在少年时期，他身上就已形成了名士气和头巾气。这种教养和气质，一直制约了张恨水的一生。从思想感情上说，他无疑更偏向于旧式文人。他有着中国旧知识分子的"清高"，虽然也主张"礼失求诸野"，但对"文野"之分的"斯文一脉"，其实是看得很重的。他憎恨"为富不仁"，同情穷人的境遇，以"仁爱"之心待人，这种同情又往往带有怜悯俯就的成分。"尽孝"与"尽忠"是做人的本分，只有"敬祖"才能"爱国"①。这尽管未脱宗法制色彩，但它是张恨水最高的道德准则。伦理道德是支撑张恨水生活的信念，仗着它，他才能在逆境中求得心理平衡。他不容许对伦理道德苟且通融，因此他正义感极强，既把个人的道德修养视为人生必修之课，无论怎样艰难困苦，他都要本着自己的生活信念生活，决不妄取不义之财；又把社会的道德修养视为国家兴亡的标记，以道德修养为武器，同社会的邪恶作斗争。穷则独善其身，达则兼济天下。他有中国士大夫传统的忧患意识，忧生忧世，对"天命"怀着某种恐惧。他也有士大夫的"名士风流"，涉足妓院，结交优伶。他本着儒家"中庸之道"，抱着"不

① 参看张恨水1961年写的《示儿》诗。

过分”的人生态度，循规蹈矩，也因此失去了革命者必备的激情也许是偏激和对人生深刻的也许是片面的顿悟。他倔强、执着，事关爱国等大是大非问题决不苟且，有时显得固执、迂腐，但也往往在逆境中表现出他那可贵的气节与骨气。他本着实事求是的态度重视具体实际的历史，轻视理论，尤其厌恶作抽象的哲理的思辨。他为人随和，外圆内方，重交情，讲面子，有时也不免做做滥好人。他念旧，像郝耕仁、张楚萍这样的朋友，不仅终生不忘，而且写进他的小说《八十一梦》之中。他多情，有中国传统才子风花雪月的伤感气质，它一与忧患意识相混杂，流露在他的作品中，仅仅依靠拚命工作和读书写作，这种气质才受到压抑。

1919 年，林纾写信给蔡元培，攻击新文化运动，说孔子的主张不能在中国贯彻，不是孔子的自身过错，当今中国积弱，更不能怪孔子。遭到新文学的痛斥。二十多年后的抗战时期，张恨水重又提出类似林纾的看法[①]，他对儒家学说的执着，他辩白时的勇气，由此可见一斑。但张恨水终究没有成为林纾式落后于时代的顽固派，因为他还有顺应时代潮流的一面。

张恨水极为钦佩林纾，一度还十分崇拜他。但张恨水心理上的顺化机制[②]无疑要比林纾强得多。有两件事无疑大大促进了张恨水心理上顺化机制的发展。一件是他少年时在大同小学读书，校长周六

① 见《谈孔子教人》，重庆《新民报》1939 年 8 月 27 日。其中云：“孔子的学说，除一小部分，为时代所不容而外，十之七八，是可崇奉的。……我们正不必看着孔子过于古老，只问孔子所能的，我们能不能？”

② 顺化机制是皮亚杰心理学的术语，它说明当外部事物不能与人的主体认识结构吻含和匹配，为了克服这一困境，主体自身必须进行自我改变以顺应客体对象的机制。

平对他的批判嘲讽，使他第一次明确意识到顺应时代潮流的必要性。一件是他作为一个报人，处在报业同行的竞争之中，职业攸关，他必须时时注意时代潮流的发展，跟着时代潮流前进。这样，张恨水形成了他思想上最重要的一对矛盾：他接受了传统的价值观念，但他同时又必须适应五四以来批判传统价值观念的时代风潮，跟上中国近代化、世界化的潮流。

这种思想矛盾决定了张恨水只能走一条改良的道路。他的思想是改良的，提倡改良了的新儒学；他的创作是改良的，走上改良章回小说之路；他小说的题材也随着时代的需要而不断改良。时代越向前发展，这种改良的成分也越大。中国近代走的是一条不断革命的道路，从辛亥革命、五四前的旧民主主义革命转向新民主主义革命，第一次国内革命战争、土地革命战争，一直到解放战争的“将革命进行到底”，一场革命接着一场革命，一场革命失败了，新的革命浪潮又涌起来。张恨水与时代的革命风云始终保持着一段距离，除了在作为民族战争的抗日风云中，他从来也没有作为一个战士站在时代的前列。“革命不是请客吃饭”，革命总带有偏激的成分。因此，他的心理定势使他对革命往往抱着冷漠的、不理解的态度；但他又时时根据时代的发展作出更多的改良，以适应革命时代的要求。这种改良自然带有被动的成分，但他也正因有着不断的改良才没有被时代抛弃，成为落伍者。

这种思想矛盾决定了张恨水在作出价值判断时，不免时有犹豫不决、摇摆不定，甚至前后矛盾的情况。在感情上赞同的，在理性上却可能不得不加以否决，例如他在《金粉世家》中对大家庭制度的暧昧态度。更严重的是对社会、对事物作出理性分析时，常常还停留在陈旧的儒家学说范围。尽管张恨水后期创作表现出了惊人的勇气，具有很强的批判意识，但它们仍然停留在肤浅的道德表层，很少深入到人性的深处和社会的本质。因为张恨水缺乏锐利的理论武器作为解剖刀，他也没有觅到可以使人耳目一新的理论视角、选择到打开深层奥秘的突破口，这对一个作家来说，几乎是致命的。

事实上，在变化剧烈的时代风云中，能够始终站在时代前列的毕竟只是少数人，对于大多数人来说终究还是一个如何顺应时代的变化、跟上时代的步伐的问题。作为一个深受传统教育、接受传统价值观念的作家，能够随着时代潮流不断进步，得到人民的拥护，发挥有益的影响，应该说是很不错的了，我们又何必一定要苛求他站在时代的前列，非要他成为时代的弄潮儿呢？

尽管有这种思想矛盾，张恨水却能够保持他在矛盾中的张力。他很少有剧烈的自我冲突，他不会跟自己过不去，像陀思妥耶夫斯基笔下双重人格的人，陷在自我矛盾中不能自拔。他的个性气质是统一的，这使他有更多的精力从事创作。他有自我实现的需要，即使是在被死亡意识的精神危机极度困扰的时候[①]，他也从未停止过他的写作。他很像心理学家马斯洛研究的“自我实现的人”。马斯洛认为精神健康的一个特点就是好奇心，而张恨水能够像孩子一样带着新鲜的眼光毫无成见地看待事物，小贩们接待顾客，村姑们斗气吵架，他都能站在旁边一看半天，一直到他晚年，闭门不出，仍然津津有味地听儿女们闲聊街上的见闻，甚至对人们的穿着打扮，也表现出儿童般的好奇。正如马斯洛所证明的，这种好奇心是创造性的标志。因此，张恨水有很强的自制力，他灵活，有勇气，不怕犯错误，坦率，谦虚。他具有一种超常的专注能力，可以在喧嚷的编辑

① 可参看《春明外史》和《金粉世家》的作者自序。

部中闹中取静看，埋头写作，成了他生活的需要、生命的需要，他的正业和副业合二为一。张恨水是自尊的、自信的，他受到别人对他应有的尊敬；但他并不看重人们的毁誉，因此能在捧场与批判中保持比较清醒的头脑。在五四以后，否定章回小说成为潮流的情况下，他坚持走改良章回小说的道路，而且最后取得成功，与他这种个性是分不开的。

二

张恨水不幸过早地担起大家庭的生活重担，他的弟妹除一妹妹自愿过早嫁人以外，都由张恨水负担读完大学，并帮助他们解决了婚姻大事。他抱着“流自己的汗，吃自己的饭”的生活信念，为维持大家庭的生活开支拼命劳作。三十年代初是张恨水最富裕的时候，但他除了买书和满足自己的“雅”的嗜好：种花、买假古董之外，并不乱花钱。动荡的战争生活使他不得不继续攒下去。沉重的家庭负担不仅使他放弃了进北京大学深造的机会，而且影响到他的小说创作。

> 父亲多次对我们说，他的职业是记者、编辑。写小说是因为职业的关系要为报纸补空，另外也是为了一家人的温饱。不写小说，只靠编辑的那一份工资不够生活。所以父亲说他是业余小说作者。[①]

① 张明明《回忆我的父亲张恨水》。

张恨水本人也曾多次坦率承认，他写小说是“文在易米”。看来“钱”是他创作小说的动机之一，他的小说在不同程度上具有商业性色彩。张恨水一直自谦为“章回小说匠”，而不肯居于“小说家”之列，主要原因也在此。

然而这只是问题的一个方面，还有另一方面。试看张恨水真正宣布写小说为事业的宣言：

> 余少也不羁，好读稗官家言，积之既久，浸淫成癖，小斋如舟，床头屋角，累累然皆小说也。既长，间治词章经典之书，为文亦稍稍进益，试复取小说读之，则恍然所谓街谈巷议之言，固亦自具风格，彼一切文词所具之体律与意境，小说中未尝未有也。明窗净几之间，花晨月夕之际，胸怀旷达，情有不能自已者，窃尝拈毫伸纸，试效为之，亦复悠然神会，辄中绳墨焉。于是又感小说如诗，亦足为慰情陶性之作，不必计字卖文，强迫而出此，更不必以此跻于著作之林，作为不世之业以为之也。[1]

他是出于对小说的爱好和抒发自己感情的需要来从事小说创作的，这是自我实现的需要。

由此构成张恨水创作小说动机上的矛盾：为金钱和自我实现的需要。矛盾的双方并非是绝对对立的，更多的是一致，因为写小说只要能发表，总会带来经济上的收益。但一致的时候也不免有主次之分，首先是为钱还是为自我实现。当他处在情不能已、不得不发

---

① 张恨水《春明外史》前序。

的状态，他的作品自然是认真的、真实的。当他处在“文在易米”的状态之中，或者为了赚一笔钱，解决弟妹的婚姻大事时，他的作品就往往会以虚构的技巧，代替创作的激情，不乏拖沓的铺叙，因为写作的字数越多，稿费也越多。

我们还必须看到张恨水对小说态度的矛盾之处：他是以写小说知名的，毕生写了三千万字，大部分是小说。他的主要生命消耗在写小说上，然而他所接受的传统价值观念又看不起小说：“盖小说为通俗文字，把笔为此，即不免浅陋与无聊，华国文章，深山名著，此别有人在，非吾所敢知也。”① 出诸对小说的爱好与自我实现的需要而创作小说，却又鄙视自己的创作，贬低小说的价值。这一矛盾曾经困扰过中国古代和近代的许多小说家，以至绝大多数作家在创作小说之后都不敢署上自己的真名，或者深以自己写小说为不幸；它居然在二十年代还继续困扰着张恨水：“恨水忽忽中年矣，读书治业，一无所成，而相知友好，因其埋头为稗官家言，长年不辍，喜其勤而怜其遇……当今之时，雕虫小技，能如是亦足矣，不敢再有所痛也。”② 因此，他宁可在小说回目上花费几个小时的时间，因为它能表现作者的词章与对仗的本领；却倚马立就地创作出小说正文。我们有理由钦佩张恨水的捷才，能够倚马立就地创作出这样的小说；我们也有理由责备张恨水：假如他能把小说当作他的散文来写，他能把制回目的认真态度用到小说正文创作上去，他的小说很可能会出现新的面貌。

清末民初的小说家绝大多数是以报人的身份从事小说创作的，

---

① 张恨水《金粉世家》自序。

② 张恨水《剑胆琴心》自序。

张恨水也继承了这一传统。今天看来，张恨水创作小说的方法是独特的，他不像今天的作家那样一口气写好一部长篇小说，然后构思创作第二部，而是同时创作六七部小说，这些小说按照报纸连载的时间要求，分散在几年时间内逐步完成。如果是自己主编副刊的报纸，往往是每天写一段，写完后发排。如果是发表在其它报刊上，所写的一段便长一些，可借报刊连载两三个月。他一部一部小说轮流写，有时一天就要轮流写几部小说，但他能够做到有条不紊，人物和故事情节决不会搞错。在创作《金粉世家》《啼笑因缘》时，他还搞过一个人名性格情节表，后来连表也不搞了，全部记在脑子里。他日复一日地写着，可是，从来没有机会把整部小说完整地看一遍，因为他在写小说结局的时候，小说的开头部分早已在几年前就发表了。凭着这种创作方式，我们就应当佩服张恨水那惊人的记忆力，然而这种创作方式也必然带来相应的问题。

首先是作者最初萌发的创作冲动和激情在经过一段时间后会逐步消失，它们也可能在经过一段时间后又回到作者身上来，但它们决不可能数年如一日地保持那么长久。于是便出现这样的创作情形，作者今天有激情了，便妙笔生花，作者今天提不起兴致，便只能敷衍了事，依靠他的技巧扯上一段。这大概可以解释像《金粉世家》这样的巨构，作者是抱着严肃认真的态度创作的，何以也有不少拖沓的铺叙和赘笔。这部小说花了近六年的时间才得以完稿，在绝大多数日子里，它是由作者每天写一段的。

其次是作者的构思，不可能做到面面俱到，它只能大体勾勒出人物的性格和主要情节，这只是一个粗略的框架，需要作者在以后的创作中认真填补内容。它往往使作者在碰到情节转折的关头，不能很好地瞻前顾后，张恨水通常遇到这种难以处理的情节时，总是依靠最简单的方法——巧合。当然小说并非不能用"巧合"，"没有偶然的因素，一切都是死板而抽象的。没有一个作家能塑造出活生生的事物，如果他完全避免了偶然性。另一方面，他又在创作过程中必须超脱粗野的赤裸裸的偶然性，必须把偶然性扬弃在必然性之中"。[①]但这种草率的创作方式常常使作者无暇考虑将偶然性扬弃在必然性之中。《夜深沉》中王玉容在丁二和结婚那天登门唱《夜深沉》，丁二和听出是玉容，出门寻找，居然在自己的巷子里少走几步路而错过了王玉容，王玉容也居然躲在墙角不发一声，任凭丁二和少走那几步。这类"巧合"例子在张恨水作品中很多，它陡然增加了小说的曲折，却以稍弱真实性、可信性为代价。

这种创作方式，免不了信笔写来，有时连素材也没有准备好，只好现借。幸好作者是报人，消息灵通，总可以借到一些材料。有时就专门创作利用新闻揭露时弊的小说。张恨水很早就练就了报章用的快文章，他的不少小说也沾染了"新闻化"习气，虽然穷形极相，但未深入开掘，轻轻放过了许多好素材。包括张恨水后期的《魍魉世界》《五子登科》在内，作者的主要力气不是花在题材的开掘上，而是花在材料的组织上。于是，"新闻化"的结果必然是肤浅，虽然它也有与现实联系紧密、及时反映社会动态的优点。

造成种种缺陷的写作方式并非完全出诸张恨水的主观原因，更多的是报载小说的客观制约。对于报纸来说，连载小说不过是吸引读者的一种方式，自然以轻松、娱乐一些为好，严肃深刻的小说未必受欢迎。读者阅读连载小说同样也要经过数年的漫长时间，他们最关心的是明天报上登载的故事将会怎样发展，至于小说的整体结

---

① 《卢卡契文学论文集》（一），40页。

构，至多只在他们心中留下一个模糊的影子，它们严谨与否，只有在出版小说单行本时才显得格外重要。作者必须把握小说的节奏，在每天的结束语中陡然一转，暗示明天将会出现新的波澜，吸引读者看下去。因此，报纸连载小说是一种通俗小说，很难出现文学史上的一流之作。一部严肃的小说要在报纸连载，大多需要按照连载小说的要求加以改写，否则很难以吸引读者。

张恨水无疑是一位既有天分的作家，在这颇多禁忌的舞台上导演出一幕幕有声有色的活剧，而且能同时导演七部之多，数十年不息。他的作品在连载之后出版单行本，仍能保持畅销的记录。在这个独特的舞台上，他堪称第一流的导演，无人可以同他匹敌。而他又能在这通俗小说文本之中，注入一定量的纯文学内容，吸取新文学的优秀成果，改良通俗小说，在娱乐性与严肃性之间，保持必要的张力。这使他的小说超越了单纯供读者消遣的娱乐小说，而带有相当程度的严肃性。如果在通俗小说中再划分一个“雅俗”层次，张恨水的多数作品肯定属于通俗小说中的“雅文学”。张爱玲说张恨水的小说“不高不低”，道理在此。她曾试图模仿张恨水创作通俗小说，终于未能成功①。就表现人的深度而言，张恨水无疑不及张爱玲，但他取得的巨大成功本身就足以引起我们的惊叹，而他获得的成功的原因，更是我们需要弄清的。

---

① 见张爱玲《多少恨》卷首。

三

张恨水绝大多数作品都带有小市民欣赏的趣味，他往往站在小市民的立场上抨击黑暗现实，代表小市民说话。他的伦理道德观念中也渗透了市民意识。无疑，小市民是张恨水小说最主要的读者群。假如考虑到当时社会，能有钱订份报纸、买几本小说看看的，其生活程度必须在中等以上，他们主要是市民；那么这当然是他作品风行的原因。

小市民阶层基本上处于经济上能够自立，但又受到统治阶级压迫的地位。这就决定了他们的两面性：一方面由于能够自立，他们不愿革命，对革命感到恐惧，担心动荡的革命会使自己的生活地位下降；另一方面由于经济地位低下，处于受压迫地位，随时有沦为社会低层的可能，所以对社会不满，痛恨贫富不均，要求平等，希望改变现状。但小市民又是分散的弱者，他们往往看不到自己和人民的力量，看不到生活的出路。因此他们有大骂“为富不仁”，诅咒黑暗社会和反动统治，不满现实，反抗现实的一面；也有因看不到出路，逃避现实，在幻想中求得精神寄托，庸俗、低级、妥协的一面。由于中国是一个半殖民地半封建的社会，中国的小市民封建伦理道德观念也比较厉害。这些封建意识和平等意识、市侩意识混在一起，形成中国的小市民意识。小市民阶层绝大多数是爱国的，九一八事变前，小市民阶层深受军阀混战的荼毒，又慑服于军阀的淫威不敢反抗，在幻想中寻觅精神寄托。九一八事变后，他们的民族意识空前高涨，抗日的呼声很高。以后，国统区的黑暗统治，物价飞涨，小市民在贫困线上拼命挣扎，又使他们对国民党统治感到绝望，把希望寄托在共产党身上。张恨水的创作基本上代表了小市民阶层的左翼。他对社会的揭露大体是从贫富对立、统治阶级欺压人民入手的，运用的思想武器不外是中国传统的伦理道德、朦胧的阶级意识和人道主义思想。这些揭露反映了小市民的激愤情绪，它促使张恨水接受新文学的影响，不断向左转。他的创作适应了市民的社会需要，所以受到他们的欢迎。

然而，社会学的阶级分析只是笼统的分析，仅仅从政治立场上考察，把张恨水归结为“市民作家”，只能说明部分问题，还不足以全面解释张恨水的作品为何畅销。因为，他最畅销的作品恰恰是他前期创作的《春明外史》《金粉世家》和《啼笑因缘》，它们也是张恨水本人比较满意的作品，虽然它们的思想并不如他后期创作那么激进。对于一个作家来说，政治立场毕竟不是作品成功的主要原因，所以深入一步的探讨，必须建立在美学的基础上。

按照接受美学的理论，在文学作品的接受与阅读过程中，要受到读者以往阅读经验形成的认知结构的影响，它们可以看作读者阅读前的“前理解”和“期望视野”。中国五四以来，文学处于新旧嬗变的急剧变化时期，新文学的艺术特点往往不是很快就被社会感知的。《狂人日记》虽然在当时引起震动，但即使是当时最出色的评论家，对它的理解也是不全面的，它的艺术特点后来方才明朗，一直到今天，人们还在探究它的深层含义和艺术形式。甚至与鲁迅共同生活多年，而且几乎比鲁迅更熟悉绍兴的他的母亲，其“期望视野”对鲁迅小说也抱拒斥态度。“一部新作所产生的对其首批读者所怀期望的对抗可能如此之大，以至需要一个很长的接受过程，来掌握住在最初的视野中出乎意料、支配不了的新意。因此，作品的潜在意义是在很久以后，直到‘文学进化’随着一个较新形式的现实化而达到一种视野时才被认识，这种视野这时刚指出被曲解的较旧形式的理解途径。”[①] 这就是五四新小说刚问世时的情景，鲁迅的小说代表当时小说的最高水平，却与社会的期望视野有着一段美学距离，只有具备人的觉醒要求而又同时熟悉阅读过一定数量的外国小说的读者才会引起共鸣，他们主要限于知识分子和青年学生。而张恨水的小说就完全不同，他用的是中国传统长篇小说形式的“章回体”，这是每一个中国读者熟知的小说形式。中国大众阅读小说的潜意识结构受到两种心理定势的制约：

一是对意象意境的倾心，一是对故事情节的渴求。前者来源于数千年对古典诗词传统的耳濡目染，后者则是在话本、平话、小说氛围中培养起来的。在张恨水的代表作中，这二者往往达到比较和谐的统一。前者体现在小说的诗词、回目，以及颇具诗意的景物、心理描写中，通过功力颇深的律绝、华丽典雅的回目，形成凄婉悱恻的意境，表达了作者的诗情。同时，作者又极善编织情节，安排故事结构。他的小说情节大多是传统言情小说的顺时叙述，大多采用全知型叙述视角，偶尔采用倒叙，或用从特定人物看出的视角；他一般不用剪辑跳跃过大的手法，使故事保持阅读时的明白晓畅。他不断在叙述中设置悬念，有时使故事蒙上一层神秘甚至宿命的色彩，以保持读者阅读心理的紧张状态。在语言上，张恨水曾以《三国演义》为例说明欧化句式与一般读者的美感距离：“‘阶下有一人应声曰，某愿往，视之，乃关云长也。’这种其实不通俗的文字，看

---

① 汉斯·罗伯特·尧斯《作为向文学科学挑战的文学史》，载《外国文学报道》1987年第1期。

的人，他能了然。若是改为欧化体：‘我愿去’，关云长站在台阶下面，这样地应声说。文字尽管浅近，那一班通俗文运动的对象，他就觉着别扭，看不起劲。”[①] 因此，张恨水小说中的语言很少欧化色彩，有时甚至运用颇为地道的古白话创作历史小说，如《水浒新传》，从而缩短了读者与作品的美感距离，容易为中国大众接受。但也因此具有一览无余的特点，缺乏转变读者“期望视野”的魅力。

我们试以张恨水的言情小说为例，再从社会学角度进一步说明这种美感距离。张恨水以写言情小说知名，但他几乎没有写过一部严格现代意义上的爱情小说。在《春明外史》与《斯人记》中，男女主角以诗词为媒的恋爱方式不脱传统才子佳人小说的窠臼。作者的理想是“红袖添香夜读书”，他还没有完全摆脱男尊女卑的传统观念，所以杨杏园对梨云、樊家树对沈凤喜都抱有“怜惜”的赏玩情绪。这些主角对婚姻的感情都超过了爱情，尤其是女性，都把婚姻作为自己的归宿，梨云病重之际，得到杨杏园的允诺，将她归葬杨家祖坟时，她对名分确定的向往和喜悦，就是这种感情的流露。他们几乎都没有现代意义上的爱情——在热恋中互相创造，使自我得到升华，获得自由的炽热体验，只有颇为实际的过日子的算计。张恨水的言情是极为切实的，当鲁迅根据中国当时社会的条件批评“恋爱至上”脱离社会现实时，受经济条件束缚的切实的婚姻打算正在成为张恨水小说的题母，他描绘的是真实的、发生在中国土地上的婚姻。但这并不足以为张恨水这类小说开脱，奥斯丁的《傲慢与偏见》开场之际，我们看到的也是社会对婚姻的切实打算，读者同情为嫁人而生活的英国姑娘，同时也不得不钦佩作者超越时代的爱情

① 水《通俗文的一道铁关》，载1942年12月9日重庆《新民一报》。

意识，男女主角在一场爱情角逐中创造了对方，使自己升华到一个新的境界，这种现实正是张恨水言情小说中缺乏的。

问题出在张恨水对爱情的看法上，他以为“爱人”“是男女之间一种欲的发展而促成的。这个欲念，倒是千变万化。有的属于精神方面的，有的属于肉体方面的。作爱人的目的，是图享受，图快乐，也是将彼此的欲念尽量发泄，对其它一切不管，是纯情感而不是理智的。”[①] 这是何等实际的语言，简直没有一点诗意。然而真正的爱情偏偏是要诗意滋养的。“只有当爱情和友谊不单纯是建立在个人迷恋和倾慕的基础上，而是在其中表现出对某种理想的追求，哪怕是不清晰的、抽象的、升华了的认识，它们才能成为心灵的普遍力量。”[②] 张恨水主张婚姻自主，恋爱自由的，也主张恋爱中的男女应当在经济上自立，具有平等的地位，但他缺乏现代的爱情意识，也未曾体验过真正的爱情，所以写不出现代意义上的爱情。

五四时期是中国爱情观念急剧变革的时期，五四新小说塑造了一批新的女性形象，也出现了新的爱情观念。《伤逝》中的涓生那“爱是必须时时更新的”理想，表达了他对爱情中互相创造，使自己得以升华的向往。必须指出，这些涵义并非是当时而是在后来才被读者广泛接受的，这也是《伤逝》至今仍散发着艺术魅力的原因。

张恨水生在这过渡时代，他的小说有自己独特的读者层。当社会出现急剧变革时，能够坚持否定传统，坚持创新，站在时代前列的毕竟是少数，对于大多数人来说，传统依然是他们生活的支柱，时代浪潮的冲击使他们不得不随时代的变化而变化。这是社会文化

① 见张恨水《巴山夜雨》。

② 波斯彼洛夫《文学原理》，第240页、268页。

水平存在不同层次而形成的必然现象。这些读者的道德观念不会接受受到赞美的离家私奔的“坏女人”子君和遗弃妻子、“没良心”的涓生。“每一篇文学文本在写作时，作者就意识到潜在的读者；每一篇文本都包含着写作对象的形象。”[①]张恨水的小说便是为这些由旧向新转化的读者写的，他们占了社会的大多数。

张恨水的小说至今仍散发着魅力，这除了形式上的原因外，也有着价值观念和感情上的原因。据研究，我国目前60%的家庭没有爱情，并将长期保持“破碎的心与完整的家的婚姻结构”。[②]这些家庭只有婚姻和过日子的算计，有的甚至还不懂得爱情为何物。既然还有为数众多的被爱情遗忘的角落，张恨水肯定爱情和恋爱自由的小说就没有过时，虽然它们没有写出现代意义上的爱情，但与这些读者的期望视野仍然是相对应的。

四

张恨水早年开始学习创作小说的时候，中国的文坛，正是鸳鸯蝴蝶派的一统天下。各类刊物上充斥供人消遣的小说，作者也公然标榜为大众提供消遣品的趣味主义文学宗旨。这种把小说作为消遣品的小说观，又与中国正统小说观有紧密联系。张恨水接受了这种小说观，并且创作了一些“礼拜六”派作品，虽未发表，但已形成他的心理定势，他不能直接阅读外国小说原著，只能借助于林琴南的译本。在这些译本中，他发现外国小说景物描写、心理描写、细

① 特里·伊格尔顿《二十世纪西方文学批评》。

② 见1986年12月6日《报刊文摘》。

节描写的长处。他是在五四新文学崛起后正式开始他的小说创作生涯的，他的旧教养、旧意识和创作上的心理定势使他成为章回小说家，章回小说面临的危机又驱使他走上改良章回小说之路。

他初期改良章回小说，除了借鉴古典章回小说名著之外，主要是向外国小说学习，在章回体中运用倒叙的手法，增加景物和心理描写，加强细节描写，以烘托渲染气氛，刻划人物性格，介绍各地的风土人情。这种学习受到当时新文学代表的时代潮流影响，正如茅盾指出的："古人在描写技术上取得的成就，我们是珍视的，然而我们事实上不能不求前进，不能不在古人所已达成的描写技术之外更探求新的描写技术；因为我们的生活环境和古人的大不相同，新的生活环境里的事物已经不是旧的描写技术所能包举。"[①] 此时张恨水的思想处在矛盾之中，一方面旧的心理定势制约着他，他仍然以小说为"小道"，他的创作宗旨仍然是为读者提供消遣品；另一方面他对黑暗现实又充满憎恨厌恶，中国古典小说的现实主义传统影响着他，他作为报人更有抨击黑暗的义务。于是他的作品也出现相应的矛盾，当他遵循现实主义传统认真描摹现实时，他是严肃的；当他迎合读者趣味搜罗"话柄"时，他又带有几分玩世的意味。此时最可贵的，是他那一股创作的激情，他的自我实现的需要。为了构思一部小说，他可以坐在公园里想几个小时，看不到周围的人影，也不知太阳正在下山；[②] 坐在家中一想几天，还与别人商量讨论。这些作品常常带有他个人的经历，带有怀才不遇的寄托和解脱人生苦闷的要求。就其现实主义一面来说，已经背离了趣味主义创作宗旨，

---

① 《茅盾论创作》，第 507 页。

② 张恨水《啼笑因缘》后记。

偏离了鸳鸯蝴蝶派轨道。这时，他的基本风格已经形成，作品的主要人物大都是洁身自好，不乏正义感，但又显得软弱，缺乏抗争精神的青年男女。他们的纯洁与素朴，谦逊和真诚，与充满污泥浊水的世界形成对照，表现了作者对社会的堕落和罪恶生活的强烈不满。在憧憬被轻慢或已消失的朴素自然、道德完善的纯洁生活中，“为自己寻求思想上和精神上的满足”。这就形成了张恨水特有的感伤情调，它是带有怀旧性质的伤感。“感伤主义作家经常在现代人性格中找到自己多愁善感和感情内省的对象。在绝大多数情况下，这是一些属于社会低层的人们或保留了宗法制残余的社会阶层。”[①] 由于痛恨邪恶而找不到出路，作品在暴露社会黑暗时流露出冷漠孤傲，显示了一种“冷眼旁观调”，一种笑骂一切、嘲讽一切的绝望，一种无可奈何。

在艺术上，他的小说结构一般以事件情节为中心，富有趣味，充满悬念，能抓住读者。他是在日常生活中选材，在再现生活的过程中编织故事情节、开展矛盾冲突和戏剧性情势的。他注意刻划人物性格，它们服从故事情节的完整。他在运用倒叙开头和暗示结尾时，改变了章回体顺时叙述和交代人物结局的惯例。他大量运用景物描写、以景写情、心理分析、内心独白等新技巧，从内部表现人的心理状态，大大丰富了章回小说技巧，成功地改良了章回体。地方色彩和民俗描写构成他创作的特色，简洁明快、口语化的传统语言，也便于不同文化层次的中国读者欣赏。

北大营的枪声唤醒了张恨水，他从个人苦闷中脱出，投身于保卫祖国的斗争。抗战以后，他有明确地创作宗旨，要为普通民众服

---

① 波斯彼洛夫《文学原理》，第 240 页、268 页。

务[①]，他抛弃了曾偏爱过的词章、回目，使他的作品更通俗，更适宜于文化水平较低的读者。他伸张正义，鼓吹抗战，态度极为鲜明。他的创作态度与五四以来新文学改造人生、改造社会的主张已经一致，虽然还未脱他的旧文人意识，但他毕竟跟上时代潮流，摆脱趣味主义的束缚，成为一个比较严肃的通俗小说家，在反侵略战争中尽到了一分职责。正如赵超构四十年代所论："恨水创作之可敬，就在乎他能利用他的技巧跟着时代，不断地创造新的内容。他以'鸳鸯蝴蝶派'成名，却能够断然舍去使他成名的旧路，描写新的东西。这实在需要极大的勇气。"[②] 张恨水是一个过渡时代的人，他的创作也经历了一个过渡的历程。

然而，张恨水不断跟上时代潮流，他的小说出现了另外的变化。首先是小说的主题日益鲜明，批判什么、揭露什么都极为明确，作者的爱憎感情浸透其中。前期创作如《金粉世家》截取一段社会面，描绘一个大家庭的兴衰过程，作品的主题隐没其间，一时难以说清，作者仿佛站在高处，俯视芸芸众生，慨叹人世的无常，他只想写出这一段人生，并不想凭小说来干预人生。这种写法在后期创作中逐渐摈弃了，作品的功利性目的越来越明显，宣传、教育、抨击、呼吁等实用性手段的采用比重不断增大。他的思想不断进步，从人道主义思想进入朦胧的阶级意识，他因此改变了《金粉世家》那种对一切人（包括坏人在内）的悲悯。他努力使自己的作品更通俗一些，但也因此削弱了他前期作品常有的诗的意境，牺牲了他的特长。他努力跟上时代潮流，这种努力多少带有一点盲目性，放弃了他的一

① 张恨水《总答谢》，载1944年5月20日至22日重庆《新民报》。

② 沙《恨水的创作表现》，载1944年5月16日重庆《新民报晚刊》。

些可贵的素质。这是时代的需要，但这种需要显然也压制了文艺作品的审美需要，影响了作品的艺术性。

“一个作家在掌握了写作技巧之后，是会失去一部分激情的。”①张恨水在创作《春明外史》《金粉世家》之际，有明确的自我实现意识，稿费在他心目中不占主要地位，他首先是把创作看作自我的创造、激情的喷发。成名之后，他写小说的技巧更加成熟，但创作小说的激情却在衰退。在他后来创作的多数作品中，唤起民众，揭露黑暗的社会需要和养家活口的挣钱代替了自我实现的创造需要。这时，写作技巧支撑着他的创作，当小说需要作者流露激情时，我们常常看见道德的评判和观念的教育成为激情的代用品。作品因此有了他前期创作罕见的说教味。即使《巴山夜雨》，所写的是抗战时期作者亲身经历的生活，小说中的激情，也不如前期的《春明外史》和《金粉世家》。此外，同时创作六七部小说分散了作者的精力，他无法专心致志地创作一二部质量较高的作品。

张恨水的后期创作在艺术上不如前期创作。他并不满意自己的前期创作，曾经想创作一二部真正代表水平的杰作。然而，一位作家一旦误入单凭技巧创作的歧途，要恢复到原先的创作激情也是很难的。1949 年，张恨水在回顾自己的创作历程时依然雄心不已，不肯承认自己有代表作②。一场大病击倒了他，他意识到自己不可能再写出更出色的作品。最后，他自己认可的代表作还是前期创作的《春明外史》《金粉世家》。对一位作家来说，这是可悲的。它有张恨水主观上的原因，也有客观上的时代病。

---

① 莫洛亚《狄更斯评传》，第 71 页。

② 见张恨水《写作生涯回忆》。

五

张恨水当年被老舍称为“国内唯一的妇孺皆知的老作家”[①]，在他之前，中国小说史上还从未有一位小说家在生前就获得如此巨大的声望。他究竟为现代文学史带来了什么？要回答这个问题，我们首先必须对历史的概念作一个界定。中国现代文学史的概念，有狭义、广义之分，狭义的现代文学史实际上就是新文学史，代表当时文学发展的主流；广义的中国现代文学史指中国现代这一特定的历史时期所发生的全部文学现象的历史，这是一个过渡时代，旧的在转化衰亡，新的在发展更新，既有纯文学的提高，亦有通俗文学的普及，还有两者的渗透与交流。这是两个不同的概念，前者趋向于单纯的纯文学史嬗变，后者更侧重于社会学、文化学的探讨。

毋庸置疑，张恨水是一位通俗小说家，我们的评价只能将他置于广义的现代文学史中。迄今为止的中国现代文学史，基本上都是狭义的，有时偶尔照顾一下广义的内容。它们对张恨水的评价，因此集中在抗战时期张恨水跟上时代潮流成为文学主流的一部分之后，对他的前期创作，只能在叙述时简略带过，无法作出充分评价。

张恨水是作为旧派小说家登上文坛的，在相当长的一段时间内，他站在新文学的对立面。有人认为在新文学崛起之际，鸳鸯蝴蝶派已经处于崩溃的边缘，是张恨水掀起的“《啼笑因缘》热，挽救了该

① 老舍《一点点认识》，载 1944 年 5 月 16 日重庆《新民报晚刊》。

派的命运”[①]。这种说法其实是可以商榷的。一个作家如果能够凭借他的创作挽救某一文学流派的命运，那肯定也是有其社会文化原因的，至少是这一流派本来就命不该绝。但是这种说法无疑也看到，与同时期绝大多数通俗小说家相比，张恨水的作品堪称是鹤立鸡群，代表了当时通俗小说的最高水平。他成为旧派小说的“巨子”绝非偶然，他的《金粉世家》等代表作，由于“取法乎上”，是“俗文学”中的“雅文学”，夏志清便认为它们在艺术上并不见得比当时纯文学的小说逊色。[②]他的崛起，使中国通俗小说出现了一个崭新的局面。

二十年代，新文学对章回小说采取完全否定的态度，一直到三十年代讨论文学大众化和鼓动民众抗日的时候，新文学才意识到纯文学与通俗文学是不同的，认识到章回小说还有价值，开始纠正他们的偏激。当然，这种偏激几乎是难以避免的，不能要求新事物在取代旧事物发起全面攻击之际，就能客观全面地评价旧事物，吸取旧事物的合理成分。然而，历史也恰恰是通过张恨水等人的努力与这种偏激形成平衡的。张恨水恰恰成了一面镜子，成了参照系，由于“《啼笑因缘》热”的存在和章回小说的畅销，使新文学意识到章回小说可以改良，对章回小说刮目相看，认为它可以作为通俗教育的工具。[③]

张恨水虽然曾被鸳鸯蝴蝶派捧为旗帜，以资号召，但从他的作品来看，他与新文学的关系主要不是对立，而是联系和交融。且不

① 刘扬体《病态文学的盛衰》，载《中国现代文学研究丛刊》1982年第1辑。

② 参阅夏志清《中国现代小说史》。

③ 可参见张恨水《一段旅途的回忆》，见《鸳鸯蝴蝶派研究资料》，郑振铎说茅盾对《啼笑因缘》有与大家不同的看法，认为它是改良了的章回小说，可以作为通俗教育的工具。这可说是新文学改变对章回小说看法的开端。

论他在抗战时期对抗战文学所作的贡献，即以二、三十年代的小说创作而言，与新文学也有不少相通之处：《春明外史》《啼笑因缘》等作品对北平学界、市民生活的描绘、讽刺，有时会让人想起老舍的前期创作；《秘密谷》对世外桃源的向往，对都市文明的贬抑，与沈从文有着相似之处；《金粉世家》对封建大家庭必然崩溃的现实主义态度，与巴金的《家》是一致的。这并不奇怪，因为它们都诞生于这个社会，这个特定的文化环境。当然，张恨水的作品浸透旧文人意识，与新文学作品有相当的思想距离，但也正因为有着这些相似之处，张恨水才会逐步接受新文学的主张，不断改良章回小说，跟上时代的潮流。"《啼笑因缘》热"之后，张恨水被鸳鸯蝴蝶派捧为旗帜，他的改良章回小说的努力也引起其他一些作家的仿效，一些鸳鸯蝴蝶派认可了张恨水的改良，愿意跟着他前进，才有可能挽救鸳鸯蝴蝶派濒于崩溃的命运。如四十年代问世的《秋海棠》，便显示出张恨水的影响，作者沿着张恨水开拓的道路继续前进，进一步引进新内容、新技巧，改良通俗小说。这些小说健康严肃，在娱乐性与严肃性之间保持了必要的张力，在读者中产生了广泛的影响。它们抨击黑暗社会，歌颂纯真的爱情，继承了古代、近代通俗小说的现实主义传统，不仅给读者以积极的影响，而且抵制了当时迎合读者低级趣味的黄色通俗文学的侵蚀。因此，张恨水改良章回小说的努力，实际上承担了促进纯文学与通俗文学交流，帮助通俗文学跟上时代发展的任务。以鲁迅的创作代表的五四新小说的问世，在思想和艺术上都宣告了《红楼梦》时代的结束，尽管后者在文学史上仍然是无法逾越的巨著。无论是题材、思想、情调，还是结构、手段、技巧，章回小说都面临着一个改变原有格局、适应时代变化、吸取纯文学的成果、逐步改良的需要。二、三十年代开始出现一些通俗小说家，向新方向努力，张恨水是其中最出色、影响最大的一位。他不断改良，不断打破章回小说原有格局，成功地使通俗小说逐步摆脱古老的章回小说的陈旧规范，革除那些不必要的清规戒律，使章回小说向现代通俗小说靠拢，为通俗小说的进一步发展闯出了一条新路。他继承了中国古典小说的优良传统，他善于模拟古典小说杰作从事创作：如《春明外史》对《儒林外史》的模仿，《金粉世家》对《红楼梦》的模仿，《八十一梦》对《西游记》的模仿，《水浒新传》对《水浒传》的模仿，几乎都超过了同类的模仿作品，堪称前无古人，鲜有来者。在模仿之中，他又融进了现代的思想意识，像《金粉世家》中冷清秋那样敢于冲破纲常名教、追求自我的独立、以出走代离婚的女性，在通俗小说中是极为罕见的，她在思想和艺术两方面都丰富了中国通俗小说的人物形象系列，显示了"人"的意识在通俗小说中的觉醒程度。在冷清秋的基础上，才会有今日金庸、琼瑶笔下个性张扬、突破礼俗的人物形象的出现，才有通俗小说进一步适应时代变革的思想、道德观念、心理状态、描写手段的改变，才会有现代的社会、历史、人生的哲理进一步渗入通俗小说的变化。

张恨水不断改良章回小说的努力也是一种改变读者欣赏趣味，帮助他们提高的努力。由于通俗文学受到读者欣赏趣味的制约较严，这是一个相当艰巨的任务。张恨水获得了成功，成功的诀窍是在传统与新潮之间保持必要的平衡。从新文学的现实主义要求看，有理由责备张恨水改良不充分、不彻底，但是我们应该看到，他的读者群大部分是新文学的死角，他们阅读的期望视野常使他们对欧化色彩较浓的新文学抱拒斥态度，这些读者也需要新鲜空气，需要由旧向新转化，张恨水的改良章回小说使他们间接呼吸到一些新鲜空气，这实际上是扩大新文学的影响，促进新文学的传播。因此，新文学最终对张恨水作了充分的肯定，茅盾指出："三十年来，运用章回体而能善为扬弃，使章回体延续了新生命的，应当首推张恨水先生。"并且承认，新文学家创作的章回小说不如张恨水。[①] 的确，张恨水带领了中国通俗小说由近代走向现代，实现了这场变革，起到了承前启后的作用，这是他为中国现代文学作出的最大贡献。

（原载《江淮论坛》1988 年第 4 期）

（作者系复旦大学中国语言与文学研究所教授、博导）

① 见茅盾《关于吕梁英雄传》，载 1946 年 8 月 22 日《中华论坛》2 卷 1 期。类似的看法还有，如聂绀弩的《汽油——艺术》，载《聂绀弩杂文选》。

百年小说大师张恨水

孔庆东

对于中国现代的通俗小说，张恨水是天字第一号的人物。一是他的名气最大。老舍曾称张恨水是“国内唯一的妇孺皆知的老作家”。二是他的作品最多。他一生创作了中、长篇小说120多部，比巴尔扎克还多，总字数约3000万。三是他的水平最高。他的每一部作品都力图更新，他在小说的主题、题材、情节、结构、语言、细节、回目乃至人物的小动作上，都花费了大量心血，他把中国的章回体小说不但引入现代，而且在不知不觉中提高到一个雅俗共赏的新阶段。张恨水为中国传统的通俗小说奏出了绝响。

走遍江湖

1895年5月18日，张恨水出生于江西，他的籍贯是安徽潜山。

张恨水很重视自己的家乡，有时署名“潜山张恨水”，他还有笔名“我亦潜山人”“天柱山下人”“天柱峰旧客”等。

张恨水的祖父自幼练得一身好武艺，以军功做到参将和协镇（旅长），驻防在江西广信。张恨水的父亲也武功过人，在营中襄理军务，他的长子出生后取名“芳松”，字“心远”。张恨水成名前，一直以“张心远”之名行世。

张恨水幼年时，很崇拜武功高强的祖父，曾说“愿学祖父跨高马，佩长剑”。祖父就给他特制了竹刀竹箭，让他骑在山羊上，往来奔驰。这对张恨水日后创作武侠和战争题材的小说有很大影响。

张恨水6岁时，祖父病逝。父亲把他送入私塾，习读“三百千”和四书五经。张恨水天性聪颖，四书五经都背得很好，也会做八股文，但是到10岁以后，他开始迷上了《千家诗》和《三国演义》等更有文学趣味的书。随着父亲频繁的职务调动，张恨水每到一地，都喜欢饱览各种小说，对《西游记》《水浒传》《封神演义》《红楼梦》《聊斋志异》等书烂熟于心。

1909年，张恨水14岁时，在南昌插班进入新式学堂，开始接受维新派的新思想。1910年，张恨水考入甲种农业学校，学习数理化等现代科学知识和英语，但他仍然醉心于文学，特别是魏子安的《花月痕》那类词章典雅的作品。同时，《小说月报》上的林译小说所呈示的新颖手法，也激发了他的兴趣。受革命思潮鼓动，张恨水剪掉辫子。辛亥革命后，他本打算出国留学，但是父亲突然因急病去世。父亲一生清廉，家无积蓄，张恨水只好中途辍学，随全家回到潜山。

1913年，18岁的张恨水在亲友帮助下，到上海求学，考入孙中山创办的蒙藏垦殖学校。家庭生活的忧虑和学业前程的渺茫，使他多愁善感的气质得到引发。在这里，他用文言和白话各写了一篇小说，署名“恨水”，投往《小说月报》，虽然未曾发表，但主编恽铁樵充满鼓励的回札，极大地增强了他的文学自信。然而不久，因二次革命失败，蒙藏垦殖学校解散，张恨水回到潜山，接受了母亲为他包办的一门亲事。郁闷之中的张恨水，闭门苦读，吟诗填词，并写了一部未完成的章回小说《青衫泪》，模仿的是《花月痕》的风格。

1914 年，张恨水往南昌求学不成，便又到汉口投亲，为一家小报做补白，仍署名“恨水”。他本有个笔名“愁花恨水生”，取自李煜《乌夜啼》中的“自是人生长恨水长东”，这就是“张恨水”笔名的由来。他还有“哀梨”“并剪”“旧燕”“杏痕”等笔名，但“张恨水”最后成了他的“正名”，并引起许多望文生义的猜测。

不久，张恨水加入一个演文明戏的剧团，负责文字宣传，剧团生活对他以后的小说创作有很大帮助。张恨水回忆说：“当我描写一个人，不容易着笔的时候，我便自己对镜子演戏，给自己看，往往能解决一个困难的问题。”张恨水小说的戏剧性和许多为人称道的小细节，以及小说中的演艺界人物形象，都与他的亲身观察和体验是分不开的。然而，剧团票房很不景气，加上一场大病，迫使他在 1915 年底又回到潜山。他在孤独中，继续练笔，写出文言小说《未婚妻》和《紫玉成烟》。几个月后，他到上海为一个吃官司的族兄奔走，随后又到苏州跟着一个文明戏班流浪了一段。1917 年，张恨水与一同乡效仿《老残游记》的主人公，卖药浪游，一路观民风、览美景，彼此唱和，对军阀混战的苦难社会现实，有了深切体会。再次回到潜山后，得知《未婚妻》将被发表，遂又鼓起创作勇气。

1918 年，张恨水被推荐到芜湖《皖江日报》做编辑，从此开始了长达 30 年的报人生涯。

《皖江日报》是只有四名编辑的地方小报，内容大都是“剪刀加浆糊”的抄袭新闻。张恨水到任之后，每天写两个短评，编一版副刊。他在副刊上发表了自己的习作《紫玉成烟》，得到不少好评，于是又创作了一部才子佳人体的白话小说《南国相思谱》，在《皖江日报》连载，因“偏重于辞藻”和“力求工整”，颇受市民喜爱。张恨水一鼓作气又写了两篇小说《真假宝玉》和《小说迷魂游地府记》，发表在上海的《民国日报》，这是今天能够查到的张恨水的最早作品。

1919年，五四运动爆发，张恨水领导报社工友在芜湖举行抗日示威。在爱国浪潮中，他燃起对新文化运动的渴慕之情，希望能够到北大读书，于是典衣借钱，辞职北上，闯入文化古都北京。

张恨水到北京后，先为《时事新报》打工，每天发四条新闻稿，业余练习填词，并因此结识正在北大读书的《益世报》编辑成舍我，后者推荐张恨水担任《益世报》助理编辑。为了生活，张恨水每天分三段工作15个小时，没有完整的睡眠时间。虽然精力充沛，但进北大读书的愿望已成镜花水月。不过张恨水仍然坚持自修，随时随地朗读英语，因为经理夫人嫌吵，1920年，他被经理调任天津《益世报》驻京通讯员。

1921年，张恨水又兼任芜湖《工商日报》驻京记者，并应邀在《工商日报》连载长篇讽刺小说《皖江潮》，后被芜湖学生改为话剧公演，这是张恨水作品首次走上舞台。

为了肩负起长子的责任，张恨水建议母亲和全家人由潜山迁居到芜湖，以利于弟妹们的教育。他把自己基本生活费用之外的全部收入寄往芜湖，供养一家人生活和上学，因此“成了新闻工作的苦力”，一连几年，未再创作小说。他当时天天“要写好几千字，笔底下是写得很滑了，只要有材料，我可以把一篇通讯处理得很好，而且没有什么废话”。这种强迫性高速写作，大大锻炼了他的文字功夫，而且使他有了随机处理八面来风的敏锐判断能力，报人生涯是张恨水成为优秀小说家的最深厚的底蕴。

1923年，张恨水担任过空头的“世界通讯社”总编，后来又为上海《新闻报》和《申报》写通讯。不久，他离开《益世报》，协助成舍我创办“联合通讯社”并兼北京《今报》编辑。1924年，成舍我创办《世界晚报》，邀请张恨水编新闻，后又编副刊。《世界晚报》从第一天起，连载张恨水的长篇小说《春明外史》，使这份报纸迅速扬名京城。成舍我旋又创办《世界日报》，仍请张恨水编副刊，两大报纸蒸蒸日上，成为北方最有影响的报业集团。

1925年，张恨水在《世界日报》上连续发表10个短篇小说，这是他发表短篇小说最多的一年。除小说外，他几乎每日均有杂文见报，用辛勤的写作改善了自己的生活。1923年，张恨水再次结婚，并把全家从芜湖接到北京。由于一家人的生活费用很大，张恨水说他这时的创作，“完全是为了图利”。但实际上，张恨水虽然为稿酬而写作，但“抱定不拆烂污主义”，不但文字清楚流利，而且立场高尚，正义感强。他所供职的报纸，都由于他的文笔而极受欢迎，他成了报界的摇钱树。1927年底，张恨水担任《世界日报》总编辑，由于白天写小说、编副刊，夜间编新闻、看大样，兼以家庭负担沉重，突然病倒，但1928年仍然大量创作，并同时写作6部长篇小说。张恨水以一支笔“供给十六口之家”，以诚实劳动获得四方赞誉，他成了当之无愧的“文字劳工”。

走上文坛

张恨水的作品汗牛充栋，他自己也难以尽数。但他最得意的作品只有三部:《春明外史》《金粉世家》《啼笑因缘》。

《春明外史》是张恨水的成名作。这部作品于1924年4月16日开始在《世界晚报》连载，到1929年1月24日结束，将近五年，轰动京城。全书约100万字，分三集出版。所谓“春明”，本是唐朝长安的一个城门，后人以之泛指京城，所以《春明外史》实际就是“北京怪现状大观”的意思。张恨水开始也的确要走《儒林外史》《官场现形记》的路子，但他又“觉得这一类社会小说犯了个共同的毛病，说完一事，又递入一事，缺乏骨干的组织”。于是张恨水决定借一个贯穿人物的故事来提领全书，即“以社会为经，以言情为纬”，他自己号称“用作《红楼梦》的办法，来作《儒林外史》”。这个贯穿人物就是以张恨水自己为原型的新闻记者杨杏园。小说在言情这条线上，描写了杨杏园与纯真的雏妓梨云和高洁的才女李冬青之间缠绵悱恻的动人爱情，显示出张恨水“风流才子”的一面；在社会这条线上则广泛展示了北京三教九流的人情百态，显示出张恨水优秀记者的一面。当时许多读者也确实把《春明外史》当作“新闻之外的新闻”来看，因为小说中的大量人物和情节都有真实的原型和花絮、逸事。即使事过境迁，百年以后的读者也可以把这部小说看作北京当年的风俗画卷。

《金粉世家》是张恨水才华横溢的扛鼎之作。1927年2月14日至1932年5月22日，这部小说连载于《世界日报》，百万余字，是张恨水连载时间和篇幅都最长的作品。张恨水在写作之初，就构思好了整个故事，设计了大致的情节脉络，并且列出了比较详细的人物表，标明了主要人物的性格及相互关系，从而一改《儒林外史》式的“串珠式”“新闻化”，使120回的百万巨著成为一个结构性极强的整体。这部作品借“六朝金粉”的典故，描写了一个民国总理之家的豪门盛衰史。小说的主人公是北洋政府总理金铨的七少爷——纨绔子弟金燕西和美丽聪慧的贫民姑娘冷清秋，小说以两人的婚恋离合为主线，全方位地展示出金府上下几十个人物的生存状态。金燕西是典型的浪荡公子，在家族败落后，下场凄凉。冷清秋知书达理、洁身自好，在看透了金燕西虚伪浮华的本质后，深刻反省到：“我为尊重我自己的人格起见，我也不能再去向他求妥协，成为一个寄生虫。我自信凭我的能耐，还可以找碗饭吃；纵然找不到饭吃，饿死我也愿意。”冷清秋是一个充满矛盾的悲剧人物，作为一个在大家庭的苦海中顽强挣扎的女性，她与《雷雨》中的蘩漪、《北京人》中的愫芳具有同样震撼人心的艺术魅力。书中身居总理高位的金铨也是一个丰满复杂的形象，他既是一位精明的政治家和一个治家严明的父亲，有威严开明的一面；他又是一个贪图享受和善于伪装自己的俗夫，有虚诈和矛盾的一面。《金粉世家》在描写中国式大家族方面，上追《红楼梦》，下与巴金的《家》《春》《秋》等巨著相比，毫不逊色。

《啼笑因缘》是张恨水作品中影响最大的一部。它问世后，立即引起全国性的轰动，一再被改编成评弹、大鼓、评书、京剧、评剧、沪剧、粤剧、话剧等多种艺术形式，截至20世纪末，小说再版已达20次以上，10余次被搬上影视屏幕。如此盛况在20世纪中国文学史上是独一无二的。这部作品是应上海《新闻报》之邀，创作于1929年，从1930年3月17日至11月30日连载于《新闻报》副刊。作品的故事并不复杂，富家子弟樊家树爱上了唱大鼓的少女沈凤喜，而与沈凤喜相貌酷似的豪门小姐何丽娜及江湖侠女关秀姑，则先后爱上了樊家树。樊家树资助沈凤喜读书，但在他回乡探望病重的母亲期间，沈凤喜却因贪慕奢华生活，嫁给了军阀刘将军，后被刘将军摧残致疯。樊家树徘徊在三个性格迥异的女子之间，进退维谷，啼笑两难。《啼笑因缘》本以生活中的真事为素材，张恨水经过巧妙构思，点铁成金，写成一部融言情、武侠、社会为一体的跌宕起伏、扣人心弦的精彩作品。这部作品的平民观念和明确的社会批判立场，超越了此前趣味性压倒思想性的通俗小说，使得它不但成为民国通俗小说的第一代表作，而且也引起新文学界的刮目相看。中国的现代通俗小说至此进入又一层新的境界，尽管张恨水本人并不认为《啼笑因缘》是其首屈一指的作品，但后人却多把它列为张恨水的第一代表作。

发表《啼笑因缘》后，张恨水已经成为现代通俗小说的无冕之王。“上至党国名流，下至风尘少女，一见着面，便问《啼笑因缘》”，张恨水拿到一笔巨额版税，大大改善了生活，创办了北华美术专科学校，自任校长，聘请齐白石、徐悲鸿、李苦禅等美术大师任教，颇有声誉，并于1931年再次结婚。20世纪30年代初，张恨水还创作了《满江红》《落霞孤鹜》和《啼笑因缘续集》等作品。在惊人的创作高产之余，他还收集古书，研究考据，赏名花，买古董，充分实现了少年时代的名士梦。张恨水的辉煌之时，也正是中国现代通俗小说的鼎盛之日。

走进新文学

张恨水成为全国知名作家后，稿约不断，每日创作五六千字，但张恨水却对自己文学事业的前程感到茫然。张恨水走上文坛之始，就确立了改良传统通俗小说的“雅化”立场，但是这条改良之路，是十分艰难的。顺应潮流也好，花样翻新也好，张恨水的主要目的是希望读者“愿看吾书”，他不能站在新文学的理论高度，把文学创作看成是改造民族灵魂的千秋大业，所以，也经常有失落感和自卑感。读古书，看佛经，都只能增添他的消极情怀。而且由于他的巨大名声，新文学界把他当作鸳鸯蝴蝶派的头号靶子进行批判，而通俗小说界又未免觉得他的步伐太快，这些都使张恨水倍感孤独。但奋发进取的思想仍然在张恨水的精神世界中占据主导。他在 20 世纪 30 年代，不懈地探索着改良通俗小说的各种途径。

九一八事变爆发，激起了张恨水的爱国热情，他奋笔创作了一系列“国难小说”，如《九月十八》《一月二十八》《最后的敬礼》《仇敌夫妻》，与电影剧本《热血之花》和其他一些诗词、笔记结集为《弯弓集》。张恨水“国难小说”最出色的作品是《满城风雨》，它真实描绘了军阀混战和外寇入侵给国人带来的毁灭性灾难，其结尾义勇军奋起抵御外寇，表达了张恨水坚决的抗日立场。正如《弯弓集》中的豪言：“背上刀锋有血痕，更未裹创出营门。书生顿首高声唤，此是中华大国魂。”

1937 年抗日战争全面爆发后，张恨水的创作跃进到一个崭新的阶段。1938 年，中华全国文艺界抗敌协会成立，张恨水被选为通俗小说家中唯一的理事。他放弃了《南京人报》，只身来到陪都重庆，担任《新民报》主笔。抗战时期，他把写作从谋生的意义真正提高到了要为“说中国话的民众”工作的意义。在与新文学的关系上，双方也由对立转变为合作。张恨水在贫困的生活条件下意气昂扬，抗战期间创作了大约20部作品。

抗战时期，张恨水的小说可以分为三类。第一类是抗战小说，包括《桃花港》《潜山血》《前线的安徽，安徽的前线》《游击队》《巷战之夜》《敌国的疯兵》《大江东去》《虎贲万岁》等。这些小说超越了张恨水以前的“国难小说”，言情已经退居到陪衬的位置，甚至完全消失，他努力用“真实”来代替趣味。另外，他在小说中贯彻了民众至上的思想，有意歌颂游击队，以致引起政府不满，许多作品遭到“腰斩”。张恨水的抗战小说与新文学的抗战小说类似，仓促求成，结构粗放，当时影响很大，但禁不起时间考验，题材上开掘不够，经常用情节巧合来图解观念，这也是“主题先行”类的作品难免的毛病。

第二类是讽刺暴露小说，包括《八十一梦》《疯狂》《蜀道难》《魍魉世界》《偶像》《傲霜花》等。这类小说本来就是张恨水和整个通俗小说界的特长，但张恨水超越了民国初年的黑幕小说和自己早年的新闻化的路子，在讽刺暴露中贯穿着统一的叙事立场，即从人民大众利益出发的正义感和深切的民族忧患意识。这些小说揭露了贪官污吏巧取豪夺、花天酒地，大发国难财，而知识分子却穷得四处乞食，下层百姓饥寒交迫、怨声载道的触目惊心的现实。特别是《八十一梦》，锋芒直指最高统治当局，国共两党要员从不同角度都作出了强烈反应，以致只写到十四梦就被迫收场。作品出版后，畅销国统区和解放区，成为现代讽刺小说的一个里程碑。

第三类是历史和言情等其他小说，包括《水浒新传》《秦淮世家》《赵玉玲本记》《丹凤街》《石头城外》等。其中最著名的是60万字的《水浒新传》，写梁山泊英雄招安后抗击金兵、为国捐躯的悲剧，其借古喻今的主题思想与同期的新文学中郭沫若、阳翰笙等人的历史剧是一致的。历史学家陈寅恪和中共领袖毛泽东都对此书高度赞赏。小说在历史背景的考证和人物的性格语言方面都极其注意准确，今日读来仍有催人泪下的魅力。

张恨水从抗战后期开始，创作重点就由言情转到了社会批判。抗战结束，内战随即爆发，张恨水愤慨时事，忧国忧民，笔调便也越发沉重和尖锐。

由于《新民报》是大后方销量最大的报纸，并发展成全国性大报，抗战胜利后，张恨水回到北平，主持《新民报》北平版创刊。他坚持"超党派"立场，反对内战，反对扰民，特别是针对经济崩溃和物价飞涨以及国民党接收大员的贪得无厌，进行了辛辣的嘲讽。

张恨水在北平《新民报》期间创作的长篇小说有《巴山夜雨》《纸醉金迷》《五子登科》《玉交枝》。后因物价飞涨，纸张贵如布匹，便改写中篇小说，有《一路福星》《岁寒三友》《雨霖铃》《人迹板桥霜》《马后桃花》《开门雪尚飘》《步步高升》等。其中《巴山夜雨》《纸醉金迷》《五子登科》是这个时期的代表作。

《巴山夜雨》借用李商隐《夜雨寄北》一诗的典故，描写抗战时期大后方文人的艰苦生活和漂泊感。小说带有自传色彩，以文人李南泉的生活见闻为主线，通过三对夫妇的婚变，展示了国难当头的时代，各种人物的挣扎和命运。小说风格真实而冷静，但贯穿其中的人道主义精神，深深打动了读者。这是一部可与巴金《寒夜》媲美的优秀作品。

长达50万字的《纸醉金迷》，再现了抗战胜利前夕，整个后方社会沉湎于声色、赌博和抢购黄金的疯狂现实。小说以通货膨胀造成的“黄金风潮”为主线，刻画了一批贪婪奸诈的投机商人，反映出国统区丑陋、卑琐的人心世态。小说1946年9月开始在上海《新闻报》连载，到1948年11月连载结束时，以上海为中心，国统区又一次发生了疯狂的黄金抢购风潮，这真是一个绝妙的讽刺。

《五子登科》是直接抨击国民党接收大员腐败罪行的力透纸背之作。小说化用五代时窦燕山五个儿子全部登科的典故，全面展示了以主人公金子原为代表的接收大员疯狂索取和占有“金子、房子、车子、女子、票子”的一系列荒淫无耻的丑行，写出了国民党政权崩溃前夕的一部“现代官场现形记”。小说引起巨大轰动，“五子登科”也成了被赋予讽刺贪官污吏的新意的时代词语。

张恨水这一时期的创作，数量虽然少于以往，但直面现实的勇猛抨击，大大加重了作品的分量，使得新文学界也非常重视。1948年末，张恨水在政治高压下，辞去报社职务，结束了30年的报人生涯。经过30年的曲折探索，他不仅攀上了通俗小说的艺术顶峰，而且使中国通俗小说在现代化进程中，获得了新的生命。

走进新中国

张恨水一生坚持自食其力、正直无私的人格立场，他痛恨北洋政府和国民党的腐败统治，但对政治和革命等问题思考很少。张恨水辞职后，北平很快和平解放，《新民报》发表了严厉批判他的文章，加之他的多年积蓄被朋友卷逃，在政治和经济的双重打击下，张恨水突患脑溢血，经过几年的治疗和休养，才恢复生活和写作能力。

这场大病恰好象征着现代通俗小说在进入新中国后，从“瘫痪”到“更生”的微妙转折。

张恨水其实是热爱新中国和新社会的，早在重庆时期，他就对毛泽东、周恩来等中共领袖十分敬慕。张恨水这次患病后，全家生活陷入困窘，政府特聘他为文化部顾问，帮他一家渡过难关。张恨水是知恩必报的传统知识分子，病愈后，从1953年开始，改编了一系列民间爱情故事。《梁山伯与祝英台》《牛郎织女》《白蛇传》《孟姜女》等中国民间四大爱情故事出版后，大受欢迎。他的旧作也得到再版，他投入到新中国的文化建设事业之中。

张恨水实地考察了北京城的巨大变化，写了一组散文，歌颂在共产党领导下的建设奇迹。他又远游江南和西北，心潮澎湃地感受到新中国的日新月异，为香港《大公报》写了三四万字的南游杂记。他还写了一组散文《街头漫步》在海外发表。1959年，张恨水再次发病，周恩来得知后，特聘他为中央文史馆馆员，使他晚年的生活有了保证。张恨水表示：“老骆驼固然赶不上飞机，但是也极愿做一个文艺界的老兵，达到沙漠彼岸草木茂盛的绿洲。”

张恨水晚年创作的小说有《记者外传》《逐车尘》《重起绿波》《男女平等》《凤求凰》《卓文君传》等，多由中国新闻社传往海外发表。张恨水努力改造思想，追求进步，他为两个孙女取名张前、张进，并在《示儿》一诗中写道：“敬祖才能爱国家。”张恨水的思想，其实与他的早年是一脉相承的，他一生都在不断“追求进步”，只不过他的脚步是改良的、渐进的，多少有些缓慢，这也是大多数传统知识分子的共同特点。

张恨水晚年的生活轻松悠闲。他不用再为了生计日夜不停地写小说、写新闻。他创作之外的时间，看报、写信，到琉璃厂搜集旧书，还有逛公园、练书法，带领一家去饭店美餐，以及在文史馆里与文友们下棋谈天。张恨水七十诞辰之际，文友们赠他一副对联：“揭春明外史，嘲金粉世家，刻画因缘堪啼笑；看新燕归来，望满江红透，唤醒迷梦向八一。”张恨水回首一生创作，最满意的还是《春明外史》和《金粉世家》。

张恨水一生忠厚善良，勤劳刻苦，不参与政治谋划，不卷入人事风波。在1957年“反右派”运动和1966年开始的“文化大革命”运动中，都没有受到冲击。1967年2月15日，张恨水因脑溢血辞世。一位读者挽词曰：“生已留名世上，死亦无憾人间。”

张恨水用几千万字的辛勤劳作，为中国几亿读者描绘了生动开阔又气象万千的人生画卷，他把中国通俗小说推上了时代的高峰，为中国文学的现代化奉献了毕生的精力。他在半个多世纪的报人和作家生涯中，正直清白，侠肝义胆，“坚主抗战，坚主团结，坚主民主”，得到社会各界的一致赞誉。张恨水逝世几十年后，他的作品依然风行于华人世界，学术界把他看作是20世纪通俗文学的经典巨匠。这不仅是张恨水本人的荣耀，也是中国通俗小说艺术魅力名至实归的必然。

（原载《百年潮》2007年第6期）

（作者系北京大学中文系教授、博士生导师）

张恨水与中国文化现代化

温奉桥

20世纪中国知识分子所共同面对的一个巨大的时代课题就是社会、文化的全面现代化。“现代化”是他们思想的逻辑起点，同时又构成了他们言说的巨大的文化语境，现代化已成为20世纪中国知识分子注定无法绕过的话题，甚至是他们内心深处的一个“意结”，他们的一切的思考、探索、失望、追求，都无可避免地是面对“现代化”这一“宏大叙事”所产生的焦虑，他们的一切行为价值取向都无不从这里得到最初的说明。

一

“现代性”是个多值域概念，从词源学上讲，“modernity”（现代性）来自拉丁语的modo，意思是“现在”“当下”，可见，在最初的意义上，“现代性”首先是指一种与“传统”“过去”相对的时间线性观念和历时进化思想。在“现代性”的诸多含义中，“transformation”（转变、转型、转化、变化）构成了“现代性”的基础性内涵。英国社会学家鲍曼把“现代性”理解为“始于西欧17世纪一系列深刻的社会结构和思想转变”[①]，刘小枫则认为，“现代性是人类有史以来在社会经济制度、知识分子理念体系和个体—群体心性结构及其相应的文化制度方面发生的全方位转型”[②]。雷蒙德·威廉姆斯在《关键词——文化与社会中的词汇》一书中，第一次在“现代性”的“时间意识”上确立了它的价值判断性质。他坚持认为，“现代不仅意味着比过去更好，而且它就是通过与过去（传统）的对立或分离中来确定自身的”[③]。在这些对“现代性”的理解中，都突出了“现代性”的比较性意义，是在进步 / 保守、现代 / 传统、新 / 旧、理性 / 愚昧的二元对立中确立其内涵的，与传统的断裂、对抗，已被视为是现代性的常态和存在方式，都不自觉地忽视了“传统”对于现代性的生成可能具有的合理性意义。

然而，事实上“传统”并不仅仅作为“现代性”的对立面而存在。哈贝马斯强调现代性就是一个“从旧到新的变化的结果”，“通过更新其与古代的关系而形成自身的”，而并非完全是“断裂”；同样，英国社会理论家吉登斯在《现代性的后果》一 书中对现代性所内含的“transformation”的理解，更多地强调了它的“过渡性”，而不是“转变”（吉登斯认为，“转变”与“过渡”都包含有“变迁”的含义，但“转

---

① Zygmunt Beman.Modernity and Ambivalence[M], Combridgy: polity, 1991.p4.

② 刘小枫《现代学的文体意识》，《读书》1994 年第 5 期。

③ 汪晖《汪晖自选集》，广西师范大学出版社 1997 年版。

变”强调的是“断裂性”变迁，而“过渡”则没有“断裂”之意），在吉登斯看来，传统和现代并不是完全对立的，“很明显在传统和现代之间还存在着延续，两者都不是凭空虚构出来的”，“传统并不完全是静态的，因为它必然要被从上一时代继承文化遗产的每一新生代加以创造”，“传统不会抗拒变迁”，传统“是驾驭时间与空间的手段，他可以把任何一种特殊的行为和经验嵌入过去、现在和将来的延续之中……”[①] 在这个意义上，“现代”与“传统”不仅不是对立的，其自身就恰是由“传统”所建构起来的。所以，“传统”并不单指向过去，同时也指向现在和将来；“现代”也并不单指向将来，同样，它也指向“过去”。

20世纪初，中国知识分子在面对中国社会、文化的现代化选择时，同样表现出了各不同的现代化理路。但无可否认的是，对现代化的激进性姿态几乎成了当时主流知识分子的主导性价值取向和文化选择，“反传统”因此也就成为那个时代的最本质特征。20世纪初的文化巨人们，几乎不约而同地都把现代化与传统对立起来，从道德、文化的角度认定中国是一个“精神上患病的民族”，其病因是中国传统文化，认定中国传统文化是中国在近代世界格局中处于困境的根源，是中国走向现代化的障碍，中国传统文化在道德上是罪恶的，在历史发展中是有害的。他们几乎不约而同地都认定中国传统文化是“已死的东西”，是“陈腐而邪恶的”，中国文明与西方文明相比，已全面处于“屈败之势”，必须“根本扫荡”，中国社会要进步，就“非走西方文明的路不可”[②]，这是当时知识界的“共识”。从这种

① 吉登斯《现代性的后果》，译林出版社2000年版。

② 李大钊《东西文明根本之异点》，《言治季刊》第3期。

思维逻辑和价值判断出发，他们认定中国的现代性追求，就意味着在本质上对传统的反抗和叛逆，这实际上已经设置了传统与现代之间的尖锐的两极对立关系。在他们的现代化“方案”中，现代化意味着文化形态的根本转型，意味着对中国文化整体设计的转变，同时也意味着对中国传统文化的彻底摈弃。他们直言不讳而又理直气壮地宣称，“所谓新者就是外来之西洋文化，所谓旧者，就是中国固有之文化”，并认为，“新旧之不能相容，更甚于水火冰炭之不能相入也”①，被林毓生称为“全盘性的反传统主义”的五四运动，正是中国知识分子在面对现代化选择时的一个“方案”。“五四”知识分子面对中国传统文化，基本上普遍性地采取了“弃如土苴”的决绝态度。五四新文化运动的健将胡适，甚至几十年后仍然坚持认为“我们东方这些老文明中没有多少精神成分”②。傅斯年甚至说中国传统文化不过是“四千年之久的垃圾箱”；鲁迅在他著名的《狂人日记》中，则干脆用“吃人”来概括中国传统文化的本质。这些“五四”文化巨匠们，大都接受过西方文明的熏陶，立足于西方文化的价值尺度构筑着自己的现代化理念。他们大都以历史进化论为思想武器，沿用“新”“旧”的思维模式，坚持新优于旧、新取代旧的价值判断，以突破旧传统、创造新局面为己任，立足于“破坏”“创造”，根据西学，批判中学，在很大程度上忽略了传统文化对现代化生成的可能具有的合理性意义。

“五四”文化精英们对中国传统文化的决绝态度，是与中国文化的现代化欲求相适应的，他们在激烈批判中国传统文化的同时，

① 汪淑潜《新旧问题》，《青年杂志》第1卷第1期。

② 胡适《科学发展所需要的社会改革》，《文星》第50期。

也在构设着中国文化未来的现代化图景。他们认定，在中国传统文化的基础上根本不可能真正实现中国文化的现代化，传统文化与现代化是绝对不能同时并存的，必须全盘推翻中国传统文化的价值系统，对整个文化体系进行全盘性的改造和重建。也许正是在这个意义上，毛泽东称“五四”为“伟大而彻底的文化革命”。然而,“五四”文化精英们的理论预设，却使中国文化的现代化工程基本上变成了中国文化的西化工程。将现代化与西化完全等同起来，就如同将现代与传统截然对立起来一样，都是一种过于简单化的思维方法。现代化是一个涉及社会、文化多方面的宏大工程，是由传统社会进入现代社会的一个必然过程，但这个过程并不必然意味着“反传统”。“如此激烈的反传统、追求全盘西化，在近现代世界史上也是极为少见的”[①]，林毓生曾指出,“无论由中国史或世界史的角度看，五四新文化运动中的反传统都是一个独特的历史现象”[②]。事实上,19 世纪以来所有先进国家的现代化历程都表明，文化的现代化并不能自一个文化系统向另一个文化系统进行嫁接和移植，现代化的最初的“基因团”只能在这个固有的文化系统内部产生，并经过创造性转换，有机地合乎逻辑地生长出来，中国文化的现代性“基因团”也只能在中国文化形态的整合重塑中生长出来。“五四”文化先驱们，虽以进化论为思想武器，但在很大程度上他们都背离了进化论的历史发展有其“故事主线”(story line) 的观念，从而，否定了中国传统文化对现代化的积极意义和建构作用。

---

① 李泽厚《中国现代思想史论》，安徽文艺出版社 1994 年版。

② 林毓生《中国传统的创造性转换》，三联书店 1988 年版。

二

就如同对现代性理解的差异，与五四文化先驱陈独秀、鲁迅等人不同，现代通俗小说大家张恨水展开了对中国文化现代化另一路径的思索。张恨水的生活阅历和文化构成，注定了他无法成为"五四"的弄潮儿，虽然他并不反对民主、科学等时代话题，但他也并不曾十分热烈地融于那个时代之中，他的文化价值取向与当时的时代精神主流并不完全合拍，他是游离于五四时代主潮之外的另一类知识分子的代表。张恨水从小深受中国传统文化和民间文化的影响，对之表现出了相当大的亲和力和认同感，这形成了张恨水以中国传统文化为本位的心理定式。张恨水虽不是传统文化"骸骨的迷恋者"，但在他的文化心理中有非常明显的浓重的"敬祖"意识，坚信"中国是五千年文物礼仪之邦，精神文明，谅非西人所及"[①]，他甚至认为，孔子的学说除一小部分为时代所不容外，十之七八，是可崇奉的，"一部论语里，就有很多治国做人的大道理，倒也不必过于抹杀"[②]，他在几十年后回忆起10岁时"祀孔"的情景，仍然"觉得中国古乐器八音合奏的祀孔一幕，实在雍容大度，值得一听"[③]。张恨水对中国传统文化的这种迷恋心态，单一化的知识构成和相对狭隘的西方文化视野，决定了他不可能像陈独秀、胡适、鲁迅等人那样对传统文化采取决绝的态度，而时代的发展，又无形地迫使他必

① 袁进《张恨水评传》，湖南文艺出版社1988年版。

② 张恨水《谈孔子教人》，载1938年8月27日《新民报》。

③ 张恨水《大雅云亡》，载1942年6月14日《新民报》。

须调整这种过于传统的文化心态和价值取向，以适应五四以来批判传统走向现代的时代潮流，这铸就了张恨水对中国文化现代化的文化选择的特异性。

张恨水认为，“过渡时代”的文化人肩上有“两份重担”：“一份是承接先人的遗产，固有文化，一份是接受西洋文明，这两份重担必须使它交流”[①]，以产生新质文化形态。从这种认识出发，张恨水摒弃了非新即旧、新优于旧的绝对化的思维模式，在“中”与“西”、“新”与“旧”之间进行整合，将现代化与民族化结合起来，既肯定五四新文化、西方文化的先进性、现代性，同时也不否认传统文化的合理性内核。与鲁迅等人的立足于“破坏”“创造”相比，张恨水更注重的是对中国传统文化的继承和改造，因而，张恨水走的是一条“过渡”式的现代化之路。张恨水坚信中国传统文化的生命力和自我更新能力，认为中国文化的现代化无法完全背离民族文化传统，而只能立足传统，通过局部的调整和“改造”，使中国传统文化的价值体系、思想结构逐步发生改变，以适应中国文化的现代化进程，坚决反对采用激烈的方式，用西方的文化体系整体性地对中国文化进行置换。基于此，张恨水以其独具特色的现代通俗小说创作为载体，表现出了另一种现代化价值取向和文化姿态。

张恨水的现代通俗小说创作，在其深层意义上，都可以看作是一种文化文本，在他最具代表性的作品中，都努力营构了一幅多种文化形态、多种价值观念相互冲突的图景，文化选择已是张恨水小说创作的一以贯之的主题 。与“五四”新文学家的反叛传统、扫荡旧学，努力营造一种与传统文化迥异的中国现代文化模式不同，张

① 水《郭沫若、洪深都五十了》，1943年1月5日《新民报》。

恨水则对中国传统文化表现出了更多的理解和尊重。张恨水小说创作时期，正处于中国近现代史上文化断裂性交替的关口，一味坚守传统文化立场，已明显背离时代潮流，因而，立足传统文化，并对之进行改良，成为张恨水的文化选择，“新旧合璧”也就成为张恨水的一种文化理想和文化追求。在张恨水的小说世界中，塑造了大批的“半新半旧”“亦新亦旧”的具有双重文化人格的人物，杨杏园（《春明外史》），冷清秋、金铨（《金粉世家》），樊家树（《啼笑因缘》），冯子云（《现代青年》）等都是这类人物的代表。一方面，他们大都接受过现代教育，具有民主、自由、平等的思想，属于“维新”人物；另一方面，他们又无不承载着浓重的传统文化意识，甚至在内心深处对传统文化表现出相当的欣赏和依恋情怀。《啼笑因缘》中的樊家树，是体现了作者文化理想的人物，他接受过新式教育，具有个性解放、人格独立、婚姻自主的现代意识，思想较为自由、开放，是个“最平民化的大少爷”，同时，在他身上又处处流露出浓烈的传统文化的“名士”意识，骨子里对传统文化有种“剪不断，理还乱”的依恋情怀和归宿感；《金粉世家》中的金铨，是个集传统美德与现代意识于一身的人，早年留学德国，接受过西方现代文明的熏陶，善于接受新事物，具有婚姻自主、人格平等的现代思想，是个开明人士，虽为一国总理，又是三世同堂大家族的家长，但不专制，不迂腐，没有门第等级观念，允许子女自由选择婚姻，反对纳妾，在中秋家宴上，他甚至要“解放”仆人，要仆人与家人在一张桌上吃饭，但同时金铨又具有中国传统文化塑就的人格风范，仁慈和善，蔼然可亲，体现了传统的道德伦理规范。在樊家树、金铨身上寄寓了张恨水对中国文化现代化价值走向的一种理解和思考。

与这种现代化思路相联系，张恨水在文化心态上，对五四新文化运动的全盘反传统行为深表不满，他认为五四新文化运动“摇撼了我们的文化自尊心”，过于偏激，“太过分”[①]，认为当时社会上“左一套美洲，右一套欧洲”的做法，“没有在固有文化上着想”[②]。与“新旧合璧”的文化理想模式相一致，张恨水在他的小说创作中对“解放过渡”的“崭新的人物”，做了文化道德上的审视和批判。白秀珠（《金粉世家》），何丽娜（《啼笑因缘》），孔令仪、周计春（《现代青年》），杨露珠（《五子登科》），小南（《美人恩》），田佩芝（《纸醉金迷》），西门德（《牛马走》），白行素、黄惜时（《似水流年》）等，即是这一类从价值观念到行为方式都完全“西化”的“新潮”人物，个性张扬，行为放纵，我行我素，惊世骇俗，已彻底丧失了传统文化的根基，背离了传统文化的规约。张恨水在对这些西方文化的畸形产儿批判的同时，对一些“新”事物也大多采取了批判性态度。《春明外史》中对妇女解放组织、爱美戏剧学校、新诗社的描写，大都乌烟瘴气，是“解放过度”的过激行为。

《现代青年》是张恨水的一部具有文化隐喻性质的小说，在这部小说中，张恨水对西方文化的命运和走向做了最后的决断。《现代青年》表现的仍旧是新旧文化冲突的主题，但在价值取向上，与当时的新文学作家创作的同类作品却完全不同。在新文学作家的文化视野中，“父子”冲突实际上就是新旧文化的冲突，其最后结果往往是代表“新”的儿子战胜了“旧”的父亲，新文化取得了最后的完全胜利。但张恨水的“父子”冲突模式中，代表传统的“父亲”周世良，勤劳、本分、慈爱、善良，是传统伦理道德的典范，“现代青

① 张恨水《恢复文化自尊心》，载 1942 年 2 月 9 日《新民报》。

② 张恨水《谈钱穆先生一文有感》，载 1942 年 3 月 4 日《新民报》。

年”周计春则浮华、自私、卑劣，十足的败家子、浪荡儿，小说的结尾是，“现代青年”周计春跪在父亲墓前，忏悔自己是“天地间的一个罪人”，请求父亲的“饶恕”,“现代”向“传统”做了最后的“投降”。

三

与“新旧合璧”的文化理想相一致，张恨水小说创作的文体选择，走的仍旧是一条改良之路，他创造的新旧交融、与时俱进的现代通俗小说的新文体，构成了20世纪中国文学由传统向现代转型过程中的一个富有探索意味的“典型”。张恨水开始创作时期,“章回体”早已是一种“形骸化”的文体形式了，被新文学家们“丢进了毛厕”。五四新文学家们普遍对章回体这一传统的艺术形式，采取了压迫性的鄙视态度，“新造的葡萄酒，不能盛在那旧了的皮囊”，章回体事实上已成了新文学园地中的一棵“臭草”，“摒弃不遗余力”。而事实上，仅就文体形态而言，“新”的未必就好，“旧”的未必就不好，“新”“旧”本不应该是种价值判断，但在那个特殊的一切求“新”求“异”的时代氛围和文化语境下，这却成了一种合乎逻辑的思维方式。

张恨水并不是个“潮流感”很强的作家，他不具有当时许多作家那样强烈的文体“自觉”意识和“创新”意识，但他是个真正具有现代读者意识的作家，他对新文学作家们普遍忽视读者的现象有着清醒的洞察。事实上，当时新文学作家们的一味“创造”，已使五四“新文体”重新变成了另一种“新文言”，无法真正为一般性读者所接受，产生了新的“阅读障碍”。张恨水认为五四新文学在内容上过于“浮躁与浅薄”，而旧章回小说，又“不是现代的反映”，无法为现代读者所接受，因而，张恨水立志要为那些被五四新文学家们抛弃了的“说中国话的普通民众”创作。他对新文学的批评是切中要害的，“新派小说，虽一切前进，而文法上的组织，非习惯读中国书、说中国话的普通民众所能接受。正如雅颂之诗，高则高矣，美则美矣，而匹夫匹妇对之莫名其妙。”[①] 张恨水认为，“新型文艺”应是传统艺术遗产与西方文学二者交流融合的产物，因而，他立足于“旧章回小说”和“新派小说”两个文学传统，进行整合，既“翻旧套”，又“追潮流”，寻求既能为“说中国话的普通民众”读得懂，又反映了现代事物、具有现代意识的创作新路。

美国社会学家希尔斯认为，任何新的“范型”的产生，都是几种传统的“调和性综合”，而对“传统”的“改造”，“抛弃”和“增添”是两条最基本的途径。张恨水对章回体这一“旧形式”有个基本的认识，“章回体小说，不尽是可遗弃的东西。自然，章回小说有其缺点存在，但这个缺点，不是无可挽救”[②]。张恨水对章回体这一古老艺术形式的“挽救”，也基本是沿着“抛弃”和“增添”这两条路进行的。章回体发展到现代，已成为一种相当规整封闭的艺术样态，其全知视角的叙事模式、单体线型的结构模式、类型化的人物形态等，已不适应表现“现代事物”的需要，也已不再为读者所欣赏，成了丧失了生命力的僵死的东西，必须加以革除。张恨水对章回小说的“改造”之一，就是对这些僵死因素的抛弃，对所有章回小说的“老套”，“一向取逐渐淘汰的手法”，“除了文法上的组织，我简

① 张恨水《总答谢》，《写作生涯回忆》，北岳文艺出版社 1993 年版。

② 张恨水《写作生涯回忆》，北岳文艺出版社 1993 年版。

直不用旧章回小说的‘套子’了”[1]。张恨水的早期创作，极为讲究回目的工整典丽，并制定了严格遵循的“原则”，但随着时代的发展，张恨水自觉地对回目进行了改造和变通，如《新斩鬼传》中，所有的回目都变成了单句，不再追求对仗工整、辞藻华丽，更废除了诸如下联必须以“平声落韵”之类的繁琐规约，后来则干脆废弃了“回目”这一章回小说的最重要的形式因素，代之以简洁明快的小标题，章回小说的标志性“外壳”得以完全的突破和改造。再如，传统章回小说，在故事的紧要处，往往打住，用“欲知后事如何，且听下回分解”作结，这在一定程度上破坏了故事的完整性和连续性，张恨水不再刻板地套用这一形式，而是更加注重故事自身的节奏感和独立性；旧章回小说中原有的诸如“话说”“看官”之类的令人生厌又毫无实际意义的旧“话本”小说的“遗留物”，在张恨水的小说中也完全弃绝了。

张恨水认为，对旧章回小说的“改造”，除了“抛弃”以外，“增添”即积极吸纳五四新文学和西方文学的新的现代性审美因子，对章回体这一传统系统“编码”进行“改造”，也是一条重要的途径。张恨水十分重视传统审美形式的包容性和整合力，在传统章回小说艺术成规的基础上，自觉吸纳五四新文学、现代西方文学的新技法，在“调和”中整合，在继承中创新。在叙事模式上，突破了传统章回小说单体言情模式的局限，创作出了颇具现代感的“复调小说”，形成了“以社会为纬，言情为经”的叙事新格局。在故事结构上，更是显示了旧章回小说所未有的开放性和创造性。《春明外史》采用了“双极律”的结构方法，《金粉世家》是网状式结构，《八十一梦》

---

① 张恨水《写作生涯回忆》，北岳文艺出版社 1993 年版。

则是意念式结构,《啼笑因缘》更是充分利用了误会、偶然等，使故事跌宕起伏，出人意表。在表现技法上，张恨水自觉将新文学和西方文学的现代表现形式与传统表现手法相融合，显示了明显的现代开放倾向，如《春明外史》中对人物潜意识和“梦”的描写,《金粉世家》的大量暗示人物命运的景物描写、烘托,《啼笑因缘》的深入细微的心理刻画和运用电影蒙太奇手法进行时空切换等现代艺术技法的运用，极大地改变了传统章回小说的单一、板滞、封闭的艺术形态，使章回小说呈现出生动活泼、摇曳多姿的现代性审美风貌。张恨水对传统章回小说所作的颇具现代感的创造性“改造”，使这一传统的艺术形态，重新焕发了新的生命力，成了一种与表现现代生活相适应的新的现代艺术形态，这是对五四新文学文体形态的丰富和补充。从深层意义上讲，表现了对民族传统审美理想和审美情感的认同，这是张恨水对中国文化现代化做出的独特而重要的贡献。

今天，在获得了时间优势后，我们理性地对上个世纪文化巨匠们的文化现代化选择进行检阅重估，特别是联系随后展开的中国社会、文化现代化的实际进程，我们会发现，张恨水对中国文化现代化的“回应”，甚至更具有某种方向感和潮流感。面对21世纪日益明显的文化全球化趋势，如何保持弱势文化的“身份”，使民族文化个性化地存在，是个重大的文化战略问题，张恨水的现代化追求可能为我们提供某种可资借鉴的思想资源和历史启示，这也正是我们今天研究张恨水文化选择的意义所在。

（本文原载《山东师范大学学报（人文社科版）》2003年第2期）

（作者系中国海洋大学教授、硕士生导师，王蒙文学研究所所长）

张恨水小说文本中的新思想

朱周斌

和他的同时代作家及芸芸众生一样，张恨水一直处于各种思想及话语间紧张的接受、反抗、修正和调适之间。在他写作开始之时，新文学、新文化运动已经成为主导性的思潮，对于张恨水这样的作家形成了巨大的压力。他们的写作已经处于新文学新文化的框架下。话语间的对话，思想间紧绷的张力，对于他们产生的影响，只会更深、更隐秘，也更强烈。张恨水以自己的方式回应了这样的挑战，并因而成为现代文化体系中的一部分，而不是对立或游离于其外的一部分。

一、新语词背后的现代二元论冲击模式

现代性的冲击在文学中，首先体现于语词的选用上。早在晚清

时期的小说如《官场现形记》《孽海花》等新小说作品中，“外国语词和思想常和本地的场面和人物结合在一起”。[①] 这是一个普遍性的文学现象，其意义在于它表征了“中国人所遭遇的数千年未有之大事变，中国人的现代性生存境遇”。[②]

张恨水的小说中同样不时出现这些或直接或间接的新鲜语词。这些新鲜语词同“本地的场面和人物结合在一起”，冲击着这些“本地的场面和人物”，在改变了他们的命运和思想的同时，也被这些“本地的场面和人物”所吸收、反抗或在表面接受的同时被偷偷置换内在涵义，从而产生了复杂的反讽、歧义。

雷蒙德·威廉斯曾困惑于不同年代、不同阶层、不同年龄的人群使用不一样的语言，意识到词语负载了不同的价值内容，为此，他将那些具备“同特定的行为及其解释捆绑在一起的语词和在特定思想形式中的指示性语词”这两个相关向度的词称为“关键词”[③]。在“五四”以后的中国，这个关键词就是“科学”与“民主”。张恨水至少是被迫地承认了这一事实。在他的作品中，平等、自由、科学、民主、文明之类的字眼，反复出现于不同年龄、不同阶层和不同性别、不同身份的人物的口中。张恨水在多大程度上认同了这些，又对它暗暗保持怀疑？

陈独秀等人高举“德先生”和“赛先生”，从思想内部的理路来看，是对康、梁以来对于“宇宙中的社会和价值不变性的假定”以及他们“对社会—政治领域内的现代化的普遍的接受”这种“二元

① [美]费正清主编，杨品泉等译《剑桥中华民国史》，中国社会科学出版社1998年版，第513页。

② 王一川《中国现代性体验的发生》，北京师范大学出版社2001年版，第267—276页。

③ Raymond Williams: Key Words, New York: Oxford University Press, 1983, P15

论框架”的一个“利用”，它们也经常被更粗糙地但也更明确表述为“崇尚精神的东方”和“物质主义的西方”这两个领域的分离。[①]

这种激进主义的思想既是对梁启超等人的新民思想的承接与发展，又是对他们后期反思或后撤立场的一种激进的反驳。尽管如此，即使是陈独秀本人也并没有“彻底根除了继承来的信念和道德态度”[②]。这提醒我们，在谈到民主和科学作为关键词的时候，也不应忘记其自身包含的各种歧义、它与传统的冲突。

在某种程度上，我们可以认为没有人能够绝对地摆脱这种“二元论”，它几乎是一个现代中国人身份的宿命，只不过在“传统价值—现代物质主义”这两极之间，人们更容易受到后者的诱惑，前者仅仅只能作为一种有限的力量作一些尽可能的抵抗而已。如果说，现代物质主义是显在的话，那么，传统价值经常以潜在的对话者、困境时的选项被提出来。

张恨水作为一个普通而又重要的通俗文学作家，一个既是现代知识分子又与市民生活保持着相当近的距离的作家，通过他的文本向我们展示了这种二元的冲突有着一幅怎样的形态。通过他，我们能够清晰地看到话语变迁的内在过程，看到现代性到底是如何在思想的对话、碰撞中渐渐生成的。

---

① [美]费正清主编，杨品泉等译《剑桥中华民国史》，中国社会科学出版社 1998 年版，第 392 页。

② [美]费正清主编，杨品泉等译《剑桥中华民国史》，中国社会科学出版社 1998 年版，第 446 页。

二、科学话语与对物质主义的信任

张恨水以及他笔下的人物不能说对“科学”有很深的了解，然而这并不等于说他们就不曾受到“科学”的感染。连载于1926—1928年间的《京尘幻影录》中，叙述了一个自称“西洋留学生”、学化学的“工学硕士”陶融打着“科学”的旗号坑蒙拐骗的故事。他宣称“德国的科学精神，那是全球无二的了”，他自己在那里经过了严格的科学训练，“能用水银造出金子来”。[①] 他带着他的助手“密斯脱王者化”到自己的“实验室”，向主人公李逢吉展示他的“工作情况”：

> 陶融将一个铜勺子，舀了一勺子那东西给李逢吉看。笑着问道：“这是什么？”李逢吉道：“这是水银，我怎能不认识。”陶融道：“过一会子，他就变成金子了。”说着他将电炉上那个斗形钢筒的盖子揭开，把这水银一勺一勺的灌入，于是全架机器都动了起来。陶融和那王者化两人就忙乱了一阵子。李逢吉全副精神，都注射在他俩身上，他们动到哪里，李逢吉的眼光射到哪里，眼睁睁的看见他两人赤手空拳的在机器边转来转去。那个装水银的钢筒，有许多小管子，通到别一个槽子去，经过几个槽，有一个小小的口子，流出许多液体来，仔细一看，却不是液体，正是一条一条黄金。因为他的颜色光耀射目，所以疑为液体

① 张恨水《京尘幻影录》，北岳文艺出版社1993年版，第117—118页。

了。这一来，李逢吉就死心塌地的相信水银可以造黄金，口里不住啧啧称奇。[①]

尽管李逢吉不是科学家，但从一个对科学实验总多少略有所闻的“现代人”，他既然无法从科学原理的角度揭示出“水银化金”的“非科学性”，也就无法摆脱眼前正在发生的“真实的”情景：通过一道道井然有序的工序，水银最终“的确”变成了“金子”。

李逢吉的上当受骗，建立在两个看似矛盾前提之上：一是他不懂科学，不曾真正学过有关的科学知识；二是他对科学早已略有所闻，并且隐约相信科学有一种非日常人所能简单地估计到的力量。换言之，他就是我们这些不懂科学但又死心塌地地相信科学的“现代人”。这正是“伪科学”经常发生并得以实现其另外目的的根源。

这个故事第二层吊诡之处在于，陶融宣称自己从事这项“科学实验”的目的是从事实业。“实业”是与“科学”密不可分的，而且这一方面的内容经常掩盖了“科学”其他方面的内容。在这个意义上，“科学”自晚清以来之所以能够在中国畅通无阻地一路发达下来，就是因为其直接与中国所处的险境有关。自从洋务派实行“富国强兵”的方略，中国人可以怀疑很多东西、否定很多东西，但有一个东西迄今为止也无法怀疑，那就是科学。在谈到甲午战争对于中国的冲击时，陈旭麓指出：“正如甲午战争使一部分洋务派承认了维新之必要一样，甲午战争也使一部分顽固派开始接受洋务派的东西。因此，在中国社会‘中体西用’还不会消失。对于很多人来说，这

---

① 张恨水《京尘幻影录》，北岳文艺出版社1993年版，第121页。

仍是一道不可越过的界河。”[①] 从国家的角度看是这样；从个人投机的角度看，当科举废除之后，在政局混乱不堪的情形下，从事实业也是个人实现其自身理想或野心的一条出路。

张恨水笔下的“西洋留学生”陶融巧妙地抓住了人们无条件地相信科学的心理，打着“实业”的旗号，从而轻易地赢得了或聪明或愚蠢的人物的信任。在“科学”和“实业”面前，再加上黄金的诱惑，无论智力如何、道德怎样，人们统统都失去了独立判断的能力。他们首先可能做的事情就是：相信。科学的力量在此暴露无遗。

这个故事的第三层吊诡是，那些暗地里服膺了科学但又不愿表露出来的人，总是试图用传统的思维、传统的知识、传统的话语去对科学加以“合理化”的解释，从而为自己对科学的接纳打开一道羞答答的门缝。下野的政客卫五爷本来是“向来就不很喜欢西洋留学生”的，但在听到留学生能用“科学造金子”的时候，也难免对这种“科学”动了心思。尽管如此，他还是继续在自己半懂不懂的知识框架内，对这种“科学”的可行性加以类比，并且将西洋的科学纳入中国五行之类的话语中：

> ……卫五爷又回过脸对陶融道：“这种博物，我们中国也有的，是相生相克之理。从前不是有一位神仙……吕洞宾……他就能够变金子。他那个法子，而且挺快。只要用手指头对石头一指，石头就会变成金子。天下事事物物离不了金木水火土五行。古人早就练纯熟了。所以说变就变。这种格致之学传到了西洋，外国人只学得一些皮毛，

---

① 陈旭麓《近代中国社会的新陈代谢》，上海人民出版社 1992 年版，第 165 页。

所以他们不能不借着机器，以补不足，这就是有形无形之别了。”陶融听了他这一篇话，在可解不可解之间，但是哪能够说不可解呢？只是含着微笑恭恭敬敬的，听一句，答应一个是。[①]

卫五爷显然也并不精通五行，但这并不妨碍他将这些几乎人人都知道一点的知识来与他更不了解的科学知识来横加比附。表面上看，他对西洋科学表达了他的轻视，而实际上，正是通过这种轻视，西洋科学在卫五爷所代表的陈腐的话语中赢得了它的一席之地。它侵入了传统话语的机体中，并且最终将传统话语侵蚀、瓦解。

值得注意的是，在叙述到陶融对卫五爷的反应的时候，本来超然于叙述的叙述人，忍不住介入了叙述，他深入了陶融的心理，从而将外在式的聚集者转变为内在式聚焦者[②]。这里他对卫五爷的不以为然却明显地带上了隐匿的叙述者的价值立场。这一价值立场可以

---

① 张恨水《京尘幻影录》，北岳文艺出版社 1993 年版，第 126 页。

② 聚焦是叙述学重要的术语。荷兰叙述学家米克·巴尔将聚焦层次作了这种能够内、外之分。所谓外在式聚焦，是指这个聚焦者，或者说，心理感受者并未直接出现在叙述中，而内在式聚焦则可以在叙述中看到这个聚焦者，或心理感受者。相关术语的界定请参见［荷兰］米克·巴尔著、谭君强译《叙述学》，中国社会科学出版社 2003 年版，第 186—190 页。张恨水对传统章回小说的一个重要突破就在于，他并不轻易从外部对人物的心理加以议论，而是从叙述中、从行动中不动声色地展示人物的心理，这是最常见的；其次，就是这里的内在式聚焦，让人物的心理通过人物的感受被感知而呈现出来。在这里，作者对叙述的操控明显地加强了，因而对人物的处理超出了简单的性格好坏的区分，而进入到与叙述者甚至作者相一致的层次了，可以从中看到作者的价值与立场。这种写法已经相当“现代”了，它大量地被应用于现代派小说中。在这个意义上，张恨水小说文体的现代性是超出了我们的想象的。

进一步理解成作为作者的张恨水本人的立场。

对科学话语的运用，对伪科学的嘲讽，以及其中对于科学场景采用的较为详细的描述、叙述者最终所采取的价值立场，所有这些，都表明了科学叙事是如何影响到文学叙事的，它不但是文学叙事的对象，而且是文学叙事所必需关注的对象。正是在后一点上，科学凸现出它之于文学的意义，之于现代生活的意义。它的存在变成了不可避免的。张恨水成功地表达出了这一点。

如果说“科学”这个词多少还略显空洞和抽象，那么，建筑在“科学”基础上的现代器物、物象及其生活方式，就更直接而剧烈地影响着现代人的生活。在张恨水的小说中，除了这些非常明显而直接的科学话语的运用，还经常会出现“相片”“话匣子”等等现代物象，点缀着各式人物的生活，并进而成为一种象征，代表着现代生活对于人的诱惑。而这些不断出现的物质诱惑的主题，可以进一步被理解成日常生活中体验的现代人对现代科学技术的悦纳。这种悦纳反过来又加强了科学话语的中心地位，促使人对科学的物质文明深信不疑，尽管有时这种物质文明的诱惑是通过一种反面的形象出现的，但这至多只产生一种无法摆脱的暧昧效果，强化了西方科学技术带来的现代生活在人们心目中的位置。

可能是与张恨水本人的实际经历有关，在写作和修改《太平花》（1931、1933）时，张恨水让他的人物不断地使用了现代新闻记者最常用的器物：照相匣子。李守白是京城来的新闻记者，到江北的一个小山村，遇到了当地一个知识分子韩乐余及其女儿小梅。在渐渐熟悉了之后，小梅忽然看到了李守白身上的照相匣子：

（小梅）一回头看见李守白身上，还挂了一个照相匣子，便笑道：“李先生，这相可以随便照的吗？”

李守白笑道：“越随便越好，就是这个样子，我和你照一个。”一面说着，一面就打开镜匣子，上好胶片，小梅笑道：“说照就照吗？你等我去换一件衣服来。”她一手扶了堂屋门，一手拿了擀面棍儿，只这么一招，正待回身，李守白扭着匣子的快门，嘎的一声，已经把相照了。笑着和她点点头道：“已经照好了。”①

小梅对照相匣子显然有一定的了解，但又没有充分地认识到它的功能。尽管如此，她毫无疑问地对照相匣子充满了浓厚的兴趣，甚至将照相看成是一个类似于节日的仪式。“照相匣子”不仅仅是简单的现代器物，而且更像是对一种现代美好生活的允诺。“照相匣子”具有了不起的魔力，它吸引了不止一个少女，不断地给操纵它的主人李守白带来爱情。这就是现代器物的魔力之所在，它充分地表现了近代以来人们对物质主义的信任。

三、物质的诱惑扩散的途径：现代性在体验与模仿中的扩张

新鲜的物质及对它的渴望还需要一个过程和途径，这个过程和途径除了直接的接触，经常还与间接性的经验融合在一起。《艺术之宫》讲述了贫困的女孩儿接触到新的生活后所起的变化。王家姐妹、徐秀文和秀儿一样，也是需要靠自己去养活自己和家庭的底层少女。先于秀儿一步，她们在一所学校做了美术模特，这让她们有

① 张恨水《太平花》，北岳文艺出版社 1993 年版，第 27 页。

机会认识到一个现代的世界，为了让自己更“真实”地到达甚至是“拥有”这个世界，她们甚至将自己所在的寒碜的世界加以改造，创造出了这个新的世界。秀文向她的伙伴展示所创造的属于她自己的世界：

> 秀儿随着她这个拉的势子，就到徐秀文屋子里去。别看她们和两间小屋子，外面的房间，也糊得雪白，正中有一张两屉桌子，上面摆了烛台香炉，墙上贴了徐氏历代祖宗之神位的红纸贴。在两边贴了两张长短不齐的画稿儿。右边有两把木椅子夹了个茶几，左边还有个沙发呢。这沙发可不是真的。地上在东西两头，铺了两叠砖，砖上架了两块板子。板子上，再铺一块旧棉花套，罩着一条长席子。席子本来不能这样子窄的，聪明的女郎，把席子剪去两边，只留下中间一块席心，铺在棉絮套上，所以也就肥瘦合度。在板子的另一头，把棉絮套作了一个圆圆的圈子，也是包了席子的，当了平常沙发的靠背。①

这个世界虽然满是创造的渴望，却又停留在高高在上的传统的威严的阴影中。她精心而巧妙地制造的“沙发”，对于那些引领她进入那个新世界的人来说，早已不过是平常的物件，而对于徐秀文来说，却是无力得到，只能替代性、模仿性地拥有。它既是希望的一部分，但它又是暧昧的：它在祖宗的神位面前，究竟是一种回报式的明证呢，还是一种祈求被保护的、渴望得到的最终目的？由此，

---

① 张恨水《艺术之宫》，北岳文艺出版社1993年版，第63页。

传统与现代在这里展开了无言的对话。它们相互打量，相互质询；既相互怀疑，又相互支撑，最终在表面上相安无事地存在于一个女孩子生活的空间中，存在于她的希望、她的梦想中。

徐秀文给秀儿展示的这幅图画，从秀儿来说，也许不是第一次见到，但却可能是第一次如此近距离地见到。同样的情形可能稍早的时候发生在徐秀文身上，她可能也只是在一种不真切的情况下遇到这些新鲜的物质，并且将它们转化成自己梦想的一部分，变成生活中的一个仿制品。现在，它又出现在秀儿的面前，同样的梦境将被移入秀儿的生活中。如此，我们看到的是一条通过模仿而来的现代性体验、发生及传播的链条。

现代物象——被观看——被模仿——被观看——被模仿……

现代性就在这个过程中被播撒、衍生，被模仿性地实践，最终一个全新的现代性图景在这个过程中实现了。比现代生活体验更深一步的，是现代意识的产生及其传播。

与《艺术之宫》展示了情境形似，《美人恩》中的常小南向我们更为生动地展示了这种现代性的体验及其模仿是如何发生的。常小南本来是一个极为贫穷人家的女孩儿，靠从已烧过的煤灰堆中捡剩下来的煤核为生。贫穷而无聊的小职员洪士毅遇到了她，想办法接近她，从自己几乎一样拮据的收入中分出一部分接济她的生活。而她也对洪士毅充满了感激之情，将他视为家庭的救星。一个偶然的机会，洪士毅发现了她的蓬头垢面一旦梳洗干净，便立刻显露出惊人的、天然的美丽。但是，变得美丽起来的常小南很快被唱文明戏的歌舞团的老板柳三爷看中，他发现这个女孩“很有些健康美”，而柳三爷是一个会说“一大串子外国语”的人物[1]。在这种全新的眼光下，常小南的另一种可能性被挖掘出来了，她的“美丽”具有了另外的含义和另外的“使用价值”。在这种眼光的凝视下，常小南获得了新的意识，她对于生活有了不同的看法、不同的体验和不同的追求。

歌舞团的“梵呵铃圣手”王孙取代了洪士毅的角色和位置，同时他也是对保护人和资助人的含义的一种篡改，是对常小南的生活一种不同的设计和引导。如果说洪士毅有可能将常小南变成一个贤妻良母，两人会在清贫中过着小家庭安稳、安谧的生活的话，那么，王孙及其歌舞团则将常小南变成一个明星，一个美丽的交际花，卷入现代物质及其生活中，不能自拔。

与秀儿略有不同，但实质上并没有什么差别的是，小南对于物质生活及其带来的行为习惯和思想意识的服膺与体认，不但是从直接的接触中感受到的，而且还从影像中得到更深一步的刺激和确认。她父亲常居士批评她对不起洪士毅的“义气”，她母亲余氏也想干涉她的生活，以前她非常惧怕母亲，可是现在：

> 小南看看母亲这样子，倒似乎不会和自己为难，心里也就自打着主意，明天要怎样去和王孙商量，把这难关打破。据王孙看电影的时候说，现在姑娘们做事，母亲是管不着的，母亲真要管起来，就不回家去，打官司打到衙门里去，也是姑娘有道理的。那么，还怕什么？因为如此，

---

① 张恨水《美人恩》，北岳文艺出版社 1993 年版，第 119—120 页。

小南也就大着胆子，安心睡觉。

到了次日清晨起来，脸也不洗，披上衣服，就到柳三爷家去。直向王孙屋子走去。原来柳家的男女团员，分两面住，女子都住在后面，可以办到一个人住两间房，男子们，却至少要是两个人住一间房子，而且是住在进门的那头一个院子里。小南站在王孙房门外，用手敲了几下门。这也是她到柳家来，新学的玩意儿①。

小南对于现代物质生活的爱慕、对现代生活意识的认同，同样是从模仿而来的。和秀儿一样，它的合法性并不是来自于理性的判断，而是来自于无意识的传染，小南的信心仅仅在于王孙对于电影中发生的故事的解释，在于她在柳家的所见所闻，是一种间接的、被动的知识后果。常小南并不能清楚地认识到，为什么女儿可以和母亲打官司，她也不能明白，为什么要男女分住，并且要让女团员一间，而男团员两人一间还要住在外边。同样，她也不了解为什么需要在进别人的屋子前要敲一敲门。尽管不明白不了解，但她还是“懂了”这么做，接受了“应该”这么做，而且她也确确实实这么去做了。

从物质到意识，现代性一步步地侵入到人的感受方式中，改变着人的生存方式。由此，现代性体验播撒的过程又可以进一步修订为：

---

① 张恨水《美人恩》，北岳文艺出版社 1993 年版，第 157 页。

现代意识—被体验—被模仿—被体验—被模仿……

最后需要提出的一个问题是，在这种并不怎么“理性”的模仿中，传统话语静悄悄地扮演了一个对话的角色：在常小南的观念中同样不怎么“理性”地闪现出了“衙门”，一个已差不多废除了的词。这个词的威慑力还在，在这一点上，它仍表明了一种传统力量的存在。但是，关键的问题在于，这个传统“衙门”在与新的话语的对话中，明显地处于被动的、劣势的一方，甚至到了这个时刻，其涵义也已经被替换了，它保护的不再是它所维护的传统的道德价值观，而是对于新的道德观和价值观的确证。它已成为了一个异己的力量，一个与“新”保持一致的力量。正是由于这种一致，它从前的合法性反讽般地反过来为新事物及其思想的合法性提供了辩护。

（原载《南通大学学报（社会科学版）》2006 年第 5 期）

（作者系四川外国语大学文学院教授）

试论张恨水诗词的艺术成就

宣奉华

唐代大诗人李白乘舟东下，路过皖西，遥望天柱山，曾赞叹“青冥皖公山，巉绝称人意”，从而“默默遥相许，欲往心莫遂。待我还丹成，投迹归此地”。唐李翱、独孤及、皮日休、白居易、罗隐，宋王安石、苏轼、黄庭坚、杨万里、范成大，明代刘基（伯温），清王士祯都在这里留下脍炙人口的诗文佳作。

天柱山，古称南岳，矗立擎霄，峭拔如柱，群峰拱峙，碧水萦绕，深潭曲洞，奇崛瑰丽。如此俊美山川，钟灵毓秀，必然会诞生能与之媲美的才人杰士。天柱山是一座诗山，她需要诗人来表达她的诗情画意、风云变幻，她也诞生了抚育了自己才华出众的诗人。张恨水先生便是这座灵山的值得骄傲的儿子。

张恨水先生的才能表现在很多方面，他是我国迄今为止作品数量最多的小说家，又是一位全能的新闻专家，他终生以新闻为职业，作过多种报纸的校对、记者、编辑、副刊主编、主笔、总编辑、经理、社长等职务；他不仅善写小说，还工于诗词，承屈骚、汉乐府、李杜、苏辛之风，直抒胸臆，直指时弊，忧患时艰，形成了与他小说迥然不同的慷慨宏丽、深沉晓畅的艺术风格；他还工山水画和花鸟画，会友品茗之时，偶一挥洒，便臻妙境，他又是一位被文学淹没了画品的画家。

集小说家、新闻专家、诗人和画家于一身的张恨水先生一生笔耕不倦，四十多年如一日，给人们留下了约3500万字的诗文作品，在我国古今的作家诗人中，他是一位当之无愧的不可多得的怪杰，研究张恨水先生的生平和创作，对繁荣我国当代文学艺术、培养和发现艺术巨子，无疑是十分必要、意义深远的。

我所要说的是关于诗人张恨水和他的诗词的艺术风格。恨水先生的小说《啼笑因缘》《春明外史》《金粉世家》《八十一梦》等早已家喻户晓；然而作为一位诗人，人们对他的诗词可能知之不是很多，小说家的赫赫名声使人们容易忽视他作为诗人的慷慨情怀和他在诗词创作上所取得的成就。

忆从十岁学哦吟

恨水先生生长于天柱山上那个诗意的环境之中，从小聪颖，一入蒙塾，便迷上了《千家诗》，开始学平仄、对仗，十一岁便开始了学作律诗了，可以说，他的文学生涯是从作古近体格律诗起步的。之后，他读《西游记》《聊斋志异》《封神演义》《三国》《水浒》《红楼梦》等，其中所附的诗词对他的创作活动也有很深刻的影响。在他16岁时，就陶醉于清代词章小说《花月痕》中的诗词；17岁那年，写的诗句“枝横长岸北，树影小桥西”还被先生打了圈表示赞赏。为了写好格律诗、填好词，他还专门研究过《白香词谱》《随园诗词》；他写的第一部白话章回小说《青衫泪》就是模仿《花月痕》的式样，每回里都穿插许多词章。许多事实都说明，他是从诗词起步，走上文学创作之路的。他为自己起名“恨水”，笔名中有“愁花恨水生”，众所周知，就是来自李煜词“自是人生长恨水长东”，在他的小说创作中，自始至终都得力于深厚的诗词修养，如小说中人物作的诗，既是情节需要，又表现人物性格、品藻，同时处处流露作者过人的才华和充沛的诗情。

尤其值得书一笔的是，恨水先生的章回小说，每一回的标题都是对仗工整、平仄和谐的律诗断句或赋体断句，具有很高的文学价值和艺术审美价值，是他呕心沥血的结晶。这样的例子比比皆是。例如：《春明外史》的回目中有：“满座酒兴豪锦标夺美，一场鸳梦断蜡泪迎人”，“一榻禅心天花休近我，三更噩梦风雨正欺人”，“落木警秋心吟诗绝命，抚棺伤薤露恸哭轻生”，“旧巷吊英灵不堪回首，寒林埋客恨何处招魂”，等等。这些标题就是赋，就是律诗，绝不可当作一般题目来看的。正如恨水先生自己所说，他做这些标题时，常要再三推敲，务使标题能概括一回中最精彩的内容，下联必押平声韵，对仗要工整，力求词华藻丽，他有深厚的古典诗词功底，因而他作的标题如诗如赋，音韵铿锵，美不胜收。这些章回标题，应纳入他的诗词作品中去，作为一个特殊的诗歌样式。

爱吟偏是断肠诗

恨水先生现存诗作千余首，部分是附于小说之中，作为小说情节组成部分；另选600多首已结集出版。从他大量的诗词作品看，他写诗很投入，很率真坦诚，自觉地要求以诗言志，以诗抒胸臆、见性灵，因而在他的诗词中，我们可以看到诗人真切的形象和内在感情，比作为小说家更容易了解和亲近，从而使他的诗成为研究他生平和创作的更加值得的材料。他的诗情真意切，感情深沉，明白晓畅，不堆砌艰深的字词典故，不故作玄妙高深，如白话，如挚友倾谈，个人忧乐，亲友艰辛，社会痼疾，民族危难，艺术见解，挚友唱酬，信笔挥洒，俱见天真，遂成佳构。他的诗内容是现实的、人生的，形式是严格的传统格律，在“五四”以后中国旧诗衰微、新诗不景气的情况下，恨水先生的诗词无疑是给当时大转变的时代下寂寞冷清的诗坛增添一股清新的气息。而纵观他的诗词创作，又可分为几个阶段：在1931年以前，先生的诗作大抵表现一位青年女人怀春悲秋、伤离恨别、惆怅前程、愤世嫉俗的感慨，气象尚未宏阔，例如“秋鬓梳风瘦，单衫怯露寒”（《月下》）、“聚散疑如梦，飘零叹不才”（《赴武昌》）等。其中有不少诗体现了诗人运用旧体格律抒怀言志的才能。例如连续五首《能除烦恼何妨死》七言律诗，不仅酣畅淋漓地表现了诗人愤懑的心情，而且也道出了那个万家墨面、风雨如磐的黑暗时代青年一代对命运的忧思、对前途的迷惘，使人感受到时代的低气压，“湖海空悲两鬓尘”，手持一支浇愁遣恨的诗笔，只能发出哀怨的断肠之音。正如涓涓山溪，尚未汇成江河，恨水先生早期的诗词正在纯熟工丽的艺术形式中自抒性灵，面向未来，酝酿新的突破和拓展。当民族危亡即将胁迫每一个中华儿女时，他“背手立斜阳，悠然有所思”，回首既往，检点旧作，他深深感到那些“月缺月圆忙里过，花开花落静中看”的诗作“无从报国恩”；他决心磨利诗毫，投身时代的大潮。从此他的诗风有了明显的改变，由轻灵怨婉变为慷慨激昂，由身边琐事、个人幽思到写时代的大波澜、大众的民族的大忧患、大奋起。

此是中华大国魂

九一八事变和上海一二八事变后，恨水先生以一介书生，发出震天的怒吼，表达了亿万中华儿女爱国抗日的心声。他写道：“百岁原来一刹那，偷生怕死计何差！愿将热血神州洒，化作人间爱国花！”（《弯弓集》补白诗）这是战士的心声，时代的强音，恨水先生如奏惯了江南丝竹的悠悠意韵，突然改变为钢牙铁板，豪唱“大江东去”“举长戟，射天狼！”诗风的骤变证明了恨水先生那颗热烈敏感的赤子之心是和祖国、和中华民族的千秋大业紧紧联系在一起的。在抗日的烽烟中，他放眼神州大地，与亿万人民共患难，同忧愤，他的诗犹如皖水、潜河冲出千峰万壑，汇入浩瀚的长江，奏出撼动山河的战斗的雷霆之音。

在《咏史》诗中，他写道：“盗寇可怜侵卧榻，管弦犹自遍春城。书生漫作长沙哭，只有龙泉管不平。”愤怒指责蒋介石政府不抵抗主义，歌舞升平，节节败退。他把抗战胜利的希望寄托于全中华民族的团结抗战，寄托于万众一心、同仇敌忾的爱国精神和不怕牺牲的抗日行动。他的笔下出现了抗日健儿们血战沙场的英雄形象：

不负爷娘抚此生，头颅戴向战场行。
百年朝露谁无死，要在千秋留姓名！
（《健儿词》）

笑向菱花试战袍，女儿志比泰山高。
却嫌脂粉污颜色，不佩鸣鸾佩宝刀。
（《健儿词》）

这两首诗借用杜甫诗句和仿用《红楼梦》中诗句，可以更清楚看到这些优秀的古典文学传统对恨水诗的滋养。他把古人的佳句用活了，化腐为奇，信手拈来，表达现代中国人的抗战英姿，令人拍案叫绝。《红楼梦》中贾宝玉所作姽婳词中有句云：“丁香结子芙蓉绦，不系明珠系宝刀”，这里恨水先生改为“不佩鸣鸾佩宝刀”，引得妙、改得好，与杜甫诗句搭配，浑然天成，恰到好处，这也是恨水先生所有诗词的一大艺术特征，即把传统消化了、用活了、升华了、再创造了。他作为一个大变动时代的带有鲜明的过渡特征的大文学家，必然是新旧文学、今古文学的桥梁，吸收消化了古代的，运用创造了现代的，内容虽古实新，形式上虽新犹古，他的诗是典型的旧瓶装新酒，旧的形式中蕴含着大时代的风云、新世纪的基因。这一特点在他大部分诗词中都有鲜明的体现。

再看《健儿词》：

含笑辞家上马呼，者番不负好头颅。
一腔热血沙场洒，要洗关东万里图。

背上刀锋有血痕，更来裹剑出营门。

书生顿首高声呼，此是中华大国魂。

困难当头，民族危难，他和他的诗都走出昔日较为狭小的境界，他果真“挺胸大步出门去，轰轰烈烈干一场”，投身于历史大潮，他成为呼啸潮头的勇猛无畏的弄潮儿。

他辛辣讽刺、鞭笞国民党员的腐败营私：

蓝裤蓝衣滚白边，轿夫抬轿气昂然。

轿中胖胖官员坐，我说无非一袋钱。

（《偶见》）

他抨击蒋介石政府骄奢淫逸，大发国难财：

丝袜飞渝二百双，价钱高订八千洋。

穷人听着休伸舌，三日之间已卖光。

（《新竹枝》）

抗战胜利后，他在诗中描绘日本侵略者如丧家之犬的狼狈相：

记得“皇军”习战酣，荷枪跃马遍东单。

于今千万“皇军”物，尽向东单设地摊。

（《过东单》）

对于国民党政府那些下山摘桃子、贪婪的接收大员的丑态，恨水先生的诗笔也变成了有力的投枪。他说：这些“重庆客”——接收大员：

先持汉节驻华堂，再结轻车返故乡。
随后金珠收拾尽，一群粉黛拜官裳。

（《重庆客》）

恢复幽燕十六州，壶浆箪食遍街头。
谁知汉室中兴业，流语民间是“劫收”。

（《重庆客》）

昂头天外变豪哉，飞过黄河万事哀。
解得难民恩怨在，逢人不敢说飞来。

（《重庆客》）

国民党政府的“劫收”大员们遭到人民群众的愤恨和唾弃，称他们为“劫收”，民怨沸腾，使这些官员不敢说是从重庆飞来的。这些诗在短短数句中反映了人民的选择、历史的选择，蒋家王朝已风雨飘摇，来日无多了；新的人民共和国的诞生将是历史的必然。诗人以他那睿智的历史感宣告了蒋家王朝的必然灭亡；这些绝句也就成为了一面历史的镜子、人民心意的镜子、时代的风雨表。他的咏物诗如《苍蝇叹》更是对这个作恶多端的政权的贪赃腐败进行痛斥怒骂，宣告它已病入膏肓，无药可医。

修文虽老志犹存

1948年，恨水先生因患脑血栓中风，腿脚不灵，提笔手颤，但他坚持治疗、锻炼。病稍好后，又坚持写作。新中国成立以后，他不仅抱病创作了《孔雀东南飞》《梁山伯与祝英台》《魍魉世界》《五子登科（续）》《记者外传》《逐尘车》《凤求凰》《重起绿波》等长篇小说，而且诗风焕然一新；他以浩阔的情怀放眼神州，咏吟金华胜迹，为新中国的成就而感欢欣，“新栽杨柳绿抽芽，红蕊轻匀一树花”，他以开朗愉快的心情迎接共和国的春天，诗中充满青春勃发的豪情和盎然春意。

1955年阴历四月二十四日，是恨水先生六十岁诞辰，其时他独自南下合肥，在一位亲戚家度过生日，后来写《南下杂感》三首七律，表达他晚年诗书作伴、云鹤为俦的恬淡心情，诗中也有对生平身世的慨叹和寂寥衰飒的意绪。病愈后，他经常流连北京西山、八大处风光，漫步潭柘寺、陶然亭、戒台寺、北海等名胜，每到一处，总有诗情洋溢，辄有题咏。“新阴阵阵满湖烟，平水飘飘一夜船。心比春波随处绿，人同老柏未知年。”（《北海散步》1960年）他就是这样心比春波，人同松柏，不知老之将至。

在解放后的诗词创作中，最重要的是他悼念亡妻的数十首诗，表达生死不渝的深情：“逼真山水足徘徊，十里荷花锦作堆。玄武湖边痴久立，谯楼三鼓盼卿来。”如此婉转哀吟，有时连续数十首绝句，仍觉有说不完的话，要向妻的亡灵哭诉。我们读过元稹、苏轼的悼亡诗，已觉凄凉悲冷，不忍卒诵；恨水先生对亡妻的哀悼，远过于古人，“他世故园身后约，卿攻图画我攻书”。生死、幽明，天上人间，竟隔不断他与亡妻的灵犀相通。在这些诗中，他哭成了泪人，尽情地毫不掩饰地表达了他的至爱、他的伤痛。1960年阴历9月，是他妻子逝世周年，他又一气写了十一首七言律诗，长歌当哭，哀思欲绝：“只是一场春梦破，青衫泪用哭坟旁”，“冷月引魂来树底，悲风渡影过墙东”。他还作《浣溪沙》《南歌子》多首，悼念亡妻。这些诗词，情真意切，血泪凝成，是恨水先生诗作中最有价值的部分。

语不惊人死不休

恨水先生的诗词在形式上虽为旧体，但时有新意、创意寓于其中。如《临江仙》直斥社会丑恶：“一自大名登报后，区区也是人才。西装革履上高台，当前说鬼话，背后发洋财。记得诸侯称上客，旧时金字招牌。于今拜佛拜如来，滥竽聊混食，化蛤再投胎。”词本是一种抒情的文学体裁，恨老用之针砭时弊，快人快语，给人耳目一新之感。另有《长相思》更是直接揭露蒋家王朝败亡前夕社会的黑暗、经济的混乱：“不自由，却自由，黑市黄金照样偷，有机谁不投！　　禁不休，作不休，越管黄金越发愁，牌价干脆收。”这些诗词确实超越了古人，具有自己独特的艺术魅力。恨水先生喜咏柳，竟有7首咏秋柳的七言律诗，仔细分析，这些诗在艺术上的确达到很高的艺术境界。例如其中一首云：“古城秋色倍凄凉，燕子楼台半夕阳。羌笛不堪增别恨，客鸦留得话兴亡。攀条客感垂垂志，冷眼人怜淡淡装。已是重阳风雨后，萧疏生意那能枉！”无论是切题、对仗、平仄，都可谓精熟圆通，笔锋老练，无可挑剔，明显带有杜甫、白居易诗风的痕迹。他是历史的产儿，是中华文化的产儿，否则别说是一口气写 7 首律诗，就是写一首也很难臻工妙啊！

恨水先生还有许多言志兼示亲友的诗，富于哲理，寓意深邃，令人难忘。例如 1960 年元旦，他写了一首《示儿》：“照眼标梅岁月赊，文章老去浪淘沙。涉园需解怜花草，敬祖才能爱国家。手泽无多惟纸笔，心铭小有起云霞。一鞭追上阳关近，莫让前程绿影遮。”他教育子女敬老爱国，加鞭前进，珍惜寸阴，自强不息，浓厚的父爱亲情寓于 56 字间。一次，他的朋友张友鸾被国民党劝诱去社会局当主任秘书，恨水先生听说此事，立即画一幅苍松赠给友鸾，并题诗谆谆告诫：“托迹华巅不计年，两三松树老疑仙。莫教堕入闲樵斧，一束柴薪值几钱！”他大义凛然，是非爱憎如此鲜明强烈，真是难能可贵的高风亮节。他的朋友拒绝国民党给他的官职，由衷感谢恨水先生对他的关爱。

综言之，作为诗人的恨水先生，在诗词领域也取得了很高的成就。他的诗词中表现出的是一位更加真实、亲切、敢爱敢恨、敢怒敢骂的恨水先生，是我们研究这位大文学家最珍贵的依据。他那些抒情诗见纯真的性灵，他那些抗战诗奏出时代的爱国抗敌的强音。作为一位大变革时代的诗人，他和他的诗是承上启下的桥梁，他应以诗人的名义进入我国现代文学史册。

数十年来，关于张恨水先生，社会上和评论界都有许多争议。有人说他写黄色小说，有人说他是鸳鸯蝴蝶派，有人说他是礼拜六派。而他自己却明白地辩解：“我一生不作淫声，不作飞剑斩人头的事。”有些评论者甚至无根据地对他破口辱骂。笔者认为，从他的小说，特别是从他的诗词可以看到，他是一位坚定不移的爱国者，一位杰出的现实主义作家和诗人，他的小说以情节人物匡正时弊，表现人民大众的悲欢离合、不幸遭遇，是雅俗共赏的社会小说、现实主义小说，他的诗歌更是严肃深沉地真实反映历史更递、时代变迁的吟啸，尤其是他的抗战诗更充满民族的正气、爱国的豪情，值得我们久久地传颂。

1994.8.21 急草于合肥

（此文原载《张恨水研究》第 5 期）

（作者系新华社安徽分社原社长、党组书记，高级记者、教授，现任中华诗词学会副会长）

新时期张恨水散文研究中的几个问题

陈宗俊

作为现代文学史上一位“国内唯一的妇孺皆知的老作家”（老舍语），新时期以来张恨水研究取得了长足的进步，如成立张恨水研究会，建立资料中心、网站以及张恨水陈列馆，张恨水文化园被列入安徽省861重点项目；另外，自上世纪70年代末以来，张恨水研究会先后组织了七次大的研讨会，联络海内外专家学者300余人，集中交流论文368篇，计266万字，直接或间接催生专著26部、785万字，还影响诞生了一大批硕士与博士论文等等。[①] 就这些研究成果而言，我们发现，研究者的目光大都集中在张恨水小说上，“这边风景独好”，而对于其散文研究则显得冷清，颇有点“寂寞宫花红”的

① 郑炎贵、朱显亮《当代文学批评中的“张恨水现象”》，《安庆师范学院学报（社会科学版）》2009年第11期。

味道。本文试就此问题做一简要梳理，并求教于方家。

一、新时期张恨水小说研究与散文研究的不平衡问题

上世纪 80 年代初，在张友鸾、范伯群两位先生对张恨水创作进行大力推介之后，张恨水研究进入到一个新阶段；随后 90 年代初张毅先生在其《文人的黄昏》一书中为张恨水在新时期文学史中的地位鸣不平之后，张恨水研究便逐渐成为一门显学，于是有关张恨水的各种作品选本、专著及诸多论文开始涌现。[①]

当然，张恨水是以小说创作成名的，其小说产量丰厚在中国现代作家中也是首屈一指的。有学者统计，在张恨水 50 年间的写作生涯中，共计写作中、长篇小说 110 多部，总字数近 2000 万。另外，他在报纸副刊上发表了 5000 多篇散文和杂文，总字数约 600 万，其中半数以上是新闻性文字，而文艺散文 2000 多篇，约 200 万言，其散文数量之多，在现代散文史上跻身于屈指可数的丰产者之列。[②] 张恨水小说与散文二者之间的文字比例约为 3:1。

但是，与这种比例形成对比的是，一方面是张恨水小说研究红

---

① 如，代表性选本有 62 卷本的《张恨水全集》（北岳文艺出版社 1993 年版）、4 卷本的《张恨水散文》（安徽文艺出版社 1995 年版），专著如袁进教授的《张恨水评传》（湖南文艺出版社 1988 年版）、燕世超教授的《张恨水论》（安徽大学出版社 1998 年版）、温奉桥博士的《现代性视野中的张恨水小说》（中国海洋大学出版社 2005 年版）、朱周斌博士的《怀疑中的接受：张恨水小说中的现代日常生活》（广西师范大学出版社 2010 年版），资料汇编如张占国、魏守忠选编的《张恨水研究资料》（天津人民出版社 1986 年版）、安徽省张恨水研究会编辑的《张恨水研究》《张恨水论文集》等等。

② 董康成、徐传礼《闲话张恨水》，黄山书社 1987 年版，第 196 页。

红火火，一方面其散文研究显得冷冷清清。以中国知网收录论文为例，自1980—2010这30年间，以题名为“张恨水小说”进行搜索，显示的论文结果为172条（其中博士论文2篇，硕士论文25篇，其他单篇论文为145篇），而题名为“张恨水散文”搜索的结果仅为11条，二者的比例就显得严重失衡。所以徐永龄教授在上个世纪90年代就感叹张恨水作为“一位独具风格、成就卓然的散文大家，却未引起广泛注意”。[①]

关于这一点，有论者认为其原因归结为几个方面：张恨水“是无党无派之士，也没参加过任何有一定社会倾向性的组织和学术流派社团”，其“散文博而杂，尤其没有形成现代散文被人所共赏的新气息”，生前出版的散文集很少，“散文不被人所知”，而其通俗小说家的名声遮掩了他散文家的地位；[②]或认为“张恨水有不少散文是专栏随笔，写得比较仓促，内容较为庞杂，受到一般读者的忽略自然无可厚非”。[③]这些因素固然不错，以散文出版结集来看，作家生前仅出版有《水浒人物论赞》与《山窗小品》这两本散文集。但问题的真正原因，在我看来，或许还是与批评者的审美眼光与评价标准有关。郁达夫当年曾说过，读散文、研究散文，关键是把握住“散文的心”[④]，即写文章的“作意”，只要具备了这核心的东西，使散文有抒情和达意的文学性，就是好的散文。但是，在一些学者那里，

---

① 徐永龄《张恨水散文创作述略（代序）》，见徐永龄主编《张恨水散文》（第1卷），安徽文艺出版社1995年版，第1页。

② 苏华《张恨水的散文何以评价不高？》，《书城》1996年第4期。

③ 陈德锦《文言语体和冲淡风格：〈山窗小品〉论》，《安徽大学学报（哲学社会科学版）》2009年第5期。

④ 郁达夫《中国新文学大系·散文二集·导言》，上海良友图书公司1935年版。

张恨水只是一位多产的通俗小说家和报人，其散文写作只不过是其小说写作的附属品与点缀，很难发现张恨水“散文的心”，这种既定思维势必影响到对张恨水散文的评价，也必然会出现张恨水小说与散文研究“一边倒”的不平衡现象，同时也就牵涉到张恨水散文能否进入到中国现当代文学史这一话题。

二、张恨水散文能否进入文学史问题

如上所述，由于对于张恨水散文评价不高，那么在中国现当代文学史中很难寻觅到张恨水作为散文家的一面。如建国后一些知名的文学史教材在论及张恨水时，大都对其小说的特点及地位加以评析，而对于其散文及其地位的论述，几乎是一片空白。新时期以来在“重写文学史”的浪潮中，我们看到一些高校文学史教材，也基本不提张恨水的散文，这就使得张恨水散文及其地位始终处于一种被埋没的状态。那么，张恨水的散文能否进入到文学史呢？

不错，受制于作家职业等多种因素，张恨水的散文是一种广义上的散文。但是，我们也应看到，张恨水还创造了不少包括我们现在所言的“文学性散文”或者“艺术散文”。这些作品，“有许多篇什还是可以排为现代散文名家之列的”[①]，“以我个人而言，我十分欣赏他的散文，而对于他的小说不过尔尔。他的散文，于朴质冲淡之中，有一股清新隽永之气，韵味深长，若不食人间烟火”。[②]“他的散

① 陈德锦《文言语体和冲淡风格：〈山窗小品〉论》，《安徽大学学报（哲学社会科学版）》2009 年第 5 期。

② 司马小语。转引自张明明《回忆我的父亲张恨水》，百花文艺出版社 1984 年版，第 80 页。

文清楚地显示出，他是站在怎样的一个立场上精进不已”，[1]“体现了他凝重深沉的民族忧患意识，自觉热忱的使命意识，敏锐大胆的批判意识，正直、清高、谦虚、谨慎的人格意识以及传统的民本意识与资产阶级民主意识相结合的平等博爱意识”。[2]这些评价，就足以反映出张恨水散文的价值。

评价一位作家在文学史上有无地位，这是个老话题，它既受制于时代因素，也与文学史家的文学史观等因素有关。在我们看来，有一项标准是至关重要的，即一个作家的作品在横向与纵向上是否给文学史带了一些新的现象、经验与思考。由此观之，张恨水的散文创作，也有值得我们肯定与书写之处。张恨水散文中新闻类作品，其本身就是一部活着的历史，其作用在此我们姑且不论。就张恨水“文学性散文”或者“艺术散文”而言，如若放到“史”的角度考察，也有许多值得我们去总结、发掘的地方。如：

关于张恨水散文艺术风格问题。到底哪些篇什是其代表？与同时代散文家而言，又有何不同？我们今天如何来审视这些文字，又有何值得思考之处？等等。张恨水的这类散文作品，从文体上看大致包括杂感、小品文、评论等种类。我们认为，那些风格平淡冲和、充满灵趣的笔记小品、游记等文字，才是作为散文家张恨水的底色。这些作品放到同时代作家那里相比较，也毫不逊色。其友人

---

① 潘梓年《精进不已——祝恨水先生创作三十周年》，见张占国、魏守忠主编《张恨水研究资料》，知识产权出版社 2009 年版，第 87 页。

② 张正《有容乃大——纪念父亲张恨水诞辰一百周年》，见徐永龄主编《张恨水散文》（第 1 卷），安徽文艺出版社 1995 年版，第 3—4 页。

张友鸾先生也认为张恨水“善写小品”。[①] 这些作品以《山窗小品》《湖山怀旧录》《两都赋》《西游小记》《东行小简》等为代表。如《山窗小品》，就备受时人和后人推崇。我们只要看看文题，如《短案》《涸溪》《竹与鸡》《断桥》《雾之美》《虫声》《秋萤》《晚晴》《愚贩》《昼晦》《养鸡》《种菜》《蒲草》《金银花》《劣琴》《跳棋》《手杖》等，就能感到一股扑面清风，颇得明清小品及公安三袁况味，其美感不啻于周作人、梁实秋等人作品。作家本人对这类文字也是喜爱有加，苦心经营的，“写短文比写小说更用心”，[②] “对散文我有两个主张，一是言之有物，也就是意识是正确的（自己看来如此），二是取径冲淡。小品文本来可分两条路径，一条是辛辣的，一条是冲淡的，正如词一样，一条路是豪放的，一条路是婉约的。对这两条路，并不能加以轩轾，只是看作者自己的喜好。”[③] 而“我走的是冲淡的路径，但意识方面，却不随着明清小品”。[④] 在《冲淡》一文中，又指出“冲淡的意境，要自然，要不落痕迹，要有一种文字外流动着的美丽”。[⑤] 但是我们看到，对于这类散文，建国后的主流文学史在讲到现代散文中关于以“性灵”“冲淡”为代表的作家名录中，我们找不到张恨水的名字，更谈不上评价与推荐了，这不能不说是一个缺漏。

关于张恨水散文对现代散文形式与语言上的贡献问题。就散文形式而言，张恨水散文大都追求一种短小的“新闻体”，短则寥寥数

① 张友鸾《老大哥张恨水》，见张占国、魏守忠主编《张恨水研究资料》，知识产权出版社 2009 年版，第 78 页。

② 转引自张明明《回忆我的父亲张恨水》，百花文艺出版社 1984 年版，第 77 页。

③ 张恨水《写作生涯回忆录》，中国文联出版社 2005 年版，第 99 页。

④ 张恨水《写作生涯回忆录》，中国文联出版社 2005 年版，第 99 页。

⑤ 徐永龄主编《张恨水散文》（第 3 卷），安徽文艺出版社 1995 年版，第 350 页。

语，长也不过千余字。这当然与作家从事新闻记者、办报的经历有关，同时也是作家钟情小品散文这一形式的有意为之。这种短小精悍的散文形式，如同其小说对传统章回体小说的继承与改造那样，改变了传统散文中铺排与连篇累牍的一路，对于现代散文的发展是一个有益的尝试与探索。就散文语言而言，总体而言，张恨水的散文大体可分为文言和白话两种。其白话散文，一如他的小说通俗易懂，这些文字借助作家当时的在民间的影响（如鲁迅母亲就喜欢看张恨水的小说），对于白话文学运动的普及与推广起到了很好作用，这一点也是我们今天重估张恨水作品语言（包括散文语言）价值的一个重要方面。

但是，由于代表张恨水散文语言个性的不是白话文，而是一些浅近的文言作品，因此在一些人看来，他的古文是“小玩艺”，“资质实在平平”，张恨水是“现代”散文家，而不是一个“现代散文”家。其实，无论是文言还是白话，张恨水的散文语言大都洗练、利落、传神，“行于所当行，止于所不可不止”。而他的这些浅近的文言散文，则更是摇曳多姿，情文并茂。如：

焦山之景，不以山胜，而以水胜。不以观水胜，而以听潮胜。凭栏注视，波浪翻涌，直奔眼底，如身在舟中。但小坐山阁，下，不见长江，则波浪冲击，山石雷鸣，鼓碎声。山上松涛起落，龙吟虎啸声。山谷回响，断山残雨声是真是假，亦有亦无，又令人如坠大海，不能久坐。忽然清磬一声，自树林中又传来，始知身在山上。使欧阳修金圣叹来此，则秋声赋讫口技两篇，当能多所借助，渲染更有声势矣。[①]

这段对于镇江焦山的描写，不足二百字，少则一言，多则九言，更多的是四言或五言，错落有致，琅琅上口，状物、叙事、抒情，有机结合到一起，使焦山风貌神情尽显，读后让人怦然心动，心向往之。这种浅近的文言，可以说是现代白话文学的一种发展，或者说是另一种现代白话文。因此，有论者指出，作家“所运用的文言不是无条件地追求简短，而是利用浅易文言较为灵活的句式，加强组合力，形成长短相间的节奏。这些语句因文白结合，不觉其旧，反觉其新。”[②]

以上，我们举出两点思考仅作引玉之举，以期引起学界对张恨水散文在文学史地位的重视，“不写张恨水的文学史又怎么可以标榜为完整全面的‘信史’”呢？”[③]

三、对张恨水散文已有研究的一点认识与思考

由于新时期对张恨水散文研究还未形成气候，发表的专业论文数量也不多，因此关于此问题的论述仅谈点个人不成熟的看法。

一是研究多宏观少微观，多思想少审美。在有限的宏观研究中，徐永龄教授的《张恨水散文创作述略》和张正先生的《有容乃大——纪念父亲张恨水诞辰一百周年》是其中比较有分量的两篇文章。前

① 徐永龄主编《张恨水散文》（第1卷），安徽文艺出版社1995年版，第12—13页。

② 陈德锦《文言语体和冲淡风格：〈山窗小品〉论》，《安徽大学学报（哲学社会科学版）》2009年第5期。

③ 杨义《热闹中的寂寞》，《文学评论》1995年第5期。

者比较全面地梳理了张恨水散文创作的概貌、分期以及特点，指出“长于叙事描写、抒情状物的小品散文，是张恨水文学性散文中最富诗意情思、艺术华彩的美文”；[①]后者则重点分析了作家一些代表散文集的写作情况、特点及价值，通过散文这扇窗口，折射出张恨水是五四以来新文化运动中当之无愧的、“‘精进不已’的文学家”。[②]在不多的微观、审美研究中，除了对《山窗小品》这部作品的研究外，张正先生的《张恨水评论性散文初探》是一篇颇具影响力的一篇论文。该文就张恨水散文中关于小说观念、小说的批与评鉴赏、小说的发展历史、文学创作的风格与艺术减免、文学语言的民族化等问题进行了梳理，认为张恨水的这些评论性散文“在各体散文中居于相当独特的地位，无论质量数量均不容忽视”。[③]谢家顺、林斗山、葛便南等人的《张恨水联论述评》则针对张恨水小说、散文中的大量联作、联论进行了整理、分析，认为“对发扬对联这一民族艺术，具有重大的理论意义和深远的现实意义”。[④]但是总体而言，目前有关张恨水散文的研究还存在着粗线条的宏观研究过多、精细的微观研究太少、思想价值层面探讨的多、细致的文本分析少的问题。

二是《山窗小品》研究“热”与其他散文研究“冷”。在大多数研究者看来，《山窗小品》是张恨水散文中最具个人风格的一部作品，

① 徐永龄主编《张恨水散文》（第1卷），安徽文艺出版社1995年版，第12—13页、第6页。

② 张正《有容乃大——纪念父亲张恨水诞辰一百周年》，见徐永龄主编《张恨水散文》（第1卷），安徽文艺出版社1995年版，第3—4页。

③ 张正《张恨水评论性散文初探》，见徐永龄主编《张恨水散文》（第4卷），安徽文艺出版社1995年版，第485页。

④ 谢家顺、林斗山、葛便南《张恨水联论述评》，《巢湖学院学报》2004年第6期。

因此大都将目光投向这部作品，也出现了一些有见地的文章。《张恨水散文艺术的极致——〈山窗小品〉艺术漫评》一文中认为，该书多角度地表现了作家的精神风貌和心灵世界，“最集中、最完整、最清晰地展示了张恨水先生散文艺术的总体风貌与基本特色，深蕴着作家的个人意识及思想情怀”，是“作家散文创作的艺术极致”。[①]伍立杨先生则以散文家的眼光就《山窗小品》写作一篇小品，称该作品“文笔在简古清幽一路，然清朴润腴，尽褪枯瘠，其中高迈，尤见功夫素养”，“简明冲淡之中，又有烟润之气，其文学价值尤足珍视”，“为不可多得之铭心小品”。[②]陈德锦先生从现代文学史的角度考察《山窗小品》，认为该作品是对当时主流白话散文的一种“违抗”，是作家个体自觉的“文体选择”，并指出“在 20 世纪 40 年代，中国现代文学经历波折而正待重整步伐，《山窗小品》彰显了现代文学的包容性。它是结合古今语体、另一类型的‘现代文学’，展示了一个通俗作家个人的精神领域，并能激起读者对中国文学传统的思考”。[③]但是，与《山窗小品》研究“热”形成对比的是，张恨水其他文学性散文的研究则沉寂得多，如对《湖山怀旧录》《两都赋》《还乡小品》等的研究，目前基本上还是空白。

三是许多研究课题有待进一步发掘。以张恨水学术小品为例，这些论文性质的散文，显现出作家严谨、博学、思辨的一面，一些见解至今有借鉴意义。如张恨水对诗歌的认识：“诗歌这种东西，你

---

① 徐永龄《张恨水散文艺术的极致——〈山窗小品〉艺术漫评》，《江淮论坛》1993 年第 3 期。

② 伍立杨《〈山窗小品〉小品》，《阅读与写作》2003 年第 2 期。

③ 陈德锦《文言语体和冲淡风格：〈山窗小品〉论》，《安徽大学学报（哲学社会科学版）》2009 年第 5 期。

说它有益人世那未免夸张，若说毫无益处，那也妄自菲薄。这只看作诗歌的人，用什么态度出之罢了。”（《诗歌非无益物》）“大家不要以为旧诗有格律，就是一种可以遗弃的尸骸。其实它之可以受人迷恋，正是这种格律。犹之于唱歌，动听之处就在有音节。不然，胡嚷一阵，没什么意思。”（《关于诗》）“故情真意挚，不求工而自工。若无病呻吟，刻意求工，则满纸浮词，不知所谓矣。”（《诗与非诗》）又如对散文的看法：“好文章只需作不许套”，主张“作文不可乱改”（《作文不可乱改》），“吾人为文贵偶遇，而不贵共求，贵自来不贵力索”。而在《小说考微》《小说论》等文章中，张恨水就小说的起源、小说与时代关系以及小说的各体例（如长篇小说、章回小说、短篇小说、小小说等）等问题，发表自己独特的见解。张恨水的这类学术小品理论色彩浓厚，具有很高的学术价值。

其他有待深入研究的问题还包括：张恨水散文创作与时代的关系；散文创作与作家性格、人格与心理；散文的历史定位和审美价值；散文的艺术技巧（如选材、结构与语言）；散文创作中诗与文的文体互换的现象；学术小品、序跋、日记、回忆录等的研究；与其他散文作家的比较研究；散文中融会中西文化的经验和局限；逸文的发掘与整理；等等。因此，我们必须进一步拓宽研究视野和思路，推动张恨水散文研究向纵深发展，为今后张恨水的深入研究奠定良好的基础。

（原载《池州学院学报》2012年第5期）

（作者系安庆师范大学文学院教授）

张恨水早期小说创作与佛教文化

彭正生 方维保

中国现代文学与宗教文化的关系极为复杂，在新旧文化冲突、中西文明碰撞的时代，佛教文化与基督教文化各自以其独特的文化内涵渗透进现代文学。始终徘徊于新文学阵营之外的张恨水对待佛教文化有着不同于新文学作家的接受心态，他坦然接受佛学，并自称“老僧”。张恨水于20世纪20年代中期接触佛教文化，他自称在创作《新斩鬼传》时“常看些佛书”，又说：“三年前的我，未曾入佛学的门径，提起笔来，就是光芒四散。现在我虽用不着忏悔，然而我受了佛学的陶溶，我很愿意适可而止了。”[①] 学佛读佛不仅加深了张恨水对佛教教义的理解和领悟，更深化了其对世界、生命的认知

---

① 温奉桥《张恨水小说与宗教文化》，《海南师范大学学报（社会科学版）》2008年第3期。

和感悟，因此，张恨水早期创作主动且有意识地将佛教文化因素运用于其小说叙事安排、人物选择与形象设计以及主题意蕴的提炼，深深地打上了佛教文化的烙印。

一、佛教文化对张恨水早期小说叙事的影响

叙事文学的基本特征是讲故事，然而，因时代、宗教及文化之差异，不同的文学家即使面对相同内核的故事题材，其所呈现的叙事形态和故事讲述方式也各有不同。例如：复仇题材的故事中西皆有，然而在《哈姆雷特》里，受基督教文化的“救赎”“忏悔”精神影响，哈姆雷特不能于仇人克劳迪斯忏悔之际将其杀死，因为如果在克劳迪斯忏悔时杀死他，就会将他送入天堂，这与他为父报仇的目的是背道而驰的。由于每当哈姆雷特意欲行动时，均发现克劳迪斯正在忏悔，因此，他不得不一再取消行动，从而使为父报仇的行动一再推延，故事叙事也因此变得缓慢和曲折跌宕。据基督教教义：“忏悔”乃灵魂安息及迈向天堂之路的必要条件，是为洗刷尘世之罪。未经自我忏悔（或他人为之祈祷）之人，死后会成为游魂野鬼，下地狱。此基督教义在西方文艺中的表现不仅限于《哈姆雷特》，在其他作品中也大量存在。相较之下，东方游侠文化的“侠义”“正义”精神，佛教文化“因果”观的渗透，使东方文化背景下的“子报父仇”的叙事显得迅捷和快意很多。

张恨水阅历丰富，其小说涵盖众生万象，他曾说：“我于小说的取材，是多方面的，意思是多试一试。其间以社会为经、言情为纬

者多。”[①] 虽然取材广泛，涉猎宏阔，然而受佛教文化的影响，张恨水早期小说叙事特点却呈现出“因缘”流程和“苦空”架构。在谈到小说《啼笑因缘》为何取名“啼笑因缘”而非“啼笑姻缘”时，张恨水解释道：“《啼笑因缘》并不是写婚姻的。因‘因缘’二字，本是佛经中的禅语，社会上又把这二字移用，通常多作‘机缘’解，意思是指十分巧合的机会。小说《啼笑因缘》，除了机会、机遇之外，还包含一种因果缘分，这是指社会上各种各样的人在生活中错综复杂的因果关系，这个关系又让人产生了啼、笑、恩、怨、亲、仇交织的离合。”[②] 非“姻缘”而取“因缘”，一字之别却暗含着张恨水对佛教“因缘说”的体认和领会。“因缘”说认为人和世界皆因缘而有生有灭，而人生则有无明、行、识、名色、六入、触、受、爱、取、有、生、老死 12 个因果相连之环节，前者为后者之因，后者为前者之果。“因缘”观将内因和外缘相结合，“外缘”偏于偶然、机缘和巧合，“内因”侧向因果、必然和联系，由此形成既“缘分”又“报应”独特的佛家命运观，而非机械、庸俗的宿命论。张恨水对佛教“因缘说”不仅从精神层面来领悟，而且将其纳入小说叙事之中，从而使小说人物与人物之间的关系、人物命运的起承转合归于“机会”和“因果缘分”，从而使小说叙事在巧合、偶然和必然、因果之间起伏跌宕。《啼笑因缘》中沈凤喜与何丽娜长相酷似是偶然，由此而引发出的一系列让人啼笑不得之误会；军阀刘德贵终因坏事做绝而被关秀姑用“点穴功”杀死；樊家树与江湖侠士关寿峰父女

① 张恨水《写作生涯回忆》，人民文学出版社 1982 年版。

② 张伍《热闹非凡的〈啼笑因缘〉现象》，《雪泥印痕：我的父亲张恨水》，团结出版社 2006 年版。

天桥不期偶遇等情节均体现了偶然与必然、巧合与联系、机缘与因果之观念。

在论及中国古代小说叙事时，刘书成指出："在佛教文化的影响下，中国古代小说的艺术形态具有结构上因果完整、内容上突出教化、情节上真幻交织的特点"。[①] 事实上，不仅古代小说，从以上几部张恨水的现代通俗小说之叙事来看，张恨水也以"因缘"为线进行叙事的谋划构思，将之悄然地糅合进小说叙事的行进流程当中。

新文化运动伊始，胡适批判中国传统文化，其持论之一是：中国文化传统缺乏悲剧精神。张恨水也时一常感叹"人生无常，"人生宇宙间，岂非一玄妙不可捉摸之悲剧乎？"[②] 不过显然，张恨水之悲剧并非胡适之悲剧，若胡适以西方文化为参照系而认同可以引起"同情"和"净化"之悲剧，张恨水更多的以佛教文化对人生"苦""空"的苦难之悲。也由此，张恨水形成了其独特的宇宙观、生命观，并且将其落实于小说叙事之中："宇宙就是缺憾的，留些缺憾，才令人过后思量，如嚼橄榄一样，津津有味。若必写到末了，大热闹一阵，如肥鸡大肉，吃完了也就吃完了，恐怕那味儿，不及这样有余不尽的橄榄滋味好尝吧！[③]因此，细读张氏早期小说，其特点喜聚焦社会苦难和人物命运之悲，折射作者对"苦谛"的深刻感受，并在小说叙事的整体架构上皆以"苦""空"为结。《春明外史》中，时常与人谈佛论经之杨杏园在"色即是空"的感悟之后，转心向佛而沉浸于"一

① 刘书成《论佛教文化影响下古代小说的三大功能》，《社科纵横》2000 年第 1 期。

② 张恨水《作者原序》，《金粉世家（上）》，北岳文艺出版社 2003 年版。

③ 张恨水《作完〈啼笑因缘〉后说的话》，张占国，魏守忠编《张恨水研究资料》，天津人民出版社 1986 年版。

花一世界，三藐三菩提”之佛境，最终手捧《大乘起信论》圆寂。《金粉世家》中，冷清秋心怀佛缘抄录《金刚经》，对金燕西绝望之余，心如槁木死灰，闭于小楼，青灯枯卷，寻求内心安宁与慰藉，同“佛像、蒲团、木鱼、磬、香炉蜡台”为伴。金太太则是遭遇“树倒猢狲散”的家庭崩散之后，精神遭受沉重打击，为洗除现世烦恼，孤独地在西山别墅学佛念经。《啼笑因缘》中，关秀姑对樊家树的爱情陷入绝望之际，转向《金刚经》《莲花经》以寻求解脱；何丽娜最终隐居西山，茹素学佛。

由此可以看出，“苦”“空”在张恨水小说中已经不仅仅是一种佛教观念，而且体现在小说叙事的整体架构安排当中，成为一种思维定势和叙事结构之模式，即每个人的结局和小说的结尾都指向“苦”“空”。因此，有人指出：“就张恨水创作的实际而言，已与‘鸳鸯派’作家有了很大的不同，就‘鸳鸯派’作家所擅长的‘才子佳人’模式，在张恨水这里已有相当的突破，张恨水的‘言情’与‘三圆式’（私定终身后花园，落难公子中状元，奉子成婚大团圆）的‘言情’具有明显不同，往往是‘才子’和‘佳人’不得团圆。”[①]

二、佛教文化对张恨水早期小说中人物形象塑造的影响

勃兰兑斯说文学史本质上是人类的“心灵史”。于叙事文学而言，人类心灵的变迁无疑最终落实到作品里的人物形象。因此，从这种意义而言，叙事文学中的人物形象流变史其实就是某种维度的文学

① 温奉桥、李萌羽《论张恨水小说的若干特点》，《中国现代文学研究丛刊》2005年第3期。

史和人类心灵史，是不同民族、不同时代文化之典型符号，不单是小说家主观虚构了人物，而是人物客观体现着时代、民族和文化。例如：俄狄浦斯、普罗米修斯等形象代表了古希腊文化对英雄的想象和命运的理解，罗密欧、哈姆雷特等形象则体现了文艺复兴时期人文精神的高扬，而拉斯科尔尼科夫便是19世纪人类非理性精神的形象化。正是这些生动、鲜明的人物形象，清晰、简明地串联起整个西方文明的行进历程。

中国现代文学诞生于特殊的时空背景，被赋予"救亡"和"启蒙"之特殊历史任务，由此，叙事性文学在人物选择上带有浓郁的时代特性。"启蒙"的双重主体——实施者（知识分子）和受施者（农民）则当然地成为主流小说家设置人物的必然选择。

佛教文化对张恨水小说创作的人物选择特点是：许多人物形象具有浓郁的佛教文化意识，或喜谈佛论经，或曾学佛礼佛，甚至有人出家为僧。"张恨水小说中的人物是一种文化'镜像'，体现了张恨水的一种文化思考"，张恨水通过这些"镜像"式的人物，探索的是与新文化运动时期其他作家不同的另一种生活方式、生命姿态。

《春明外史》中的杨杏园是一个对佛教文化眷恋深深乃至痴迷的人物，其精神内层存留的是"消极避世，清静悲悯"的佛家文化基因，置身于"染缸"社会之中，却想出淤泥而不染。一旦愁肠百结，佛家学说便成了他解除现实烦恼的选择。小说末尾，这位风流自赏、正直清高的主人公在连番打击下消极厌世，求助佛经以超脱烦恼、破除"我执"。事实上，这个亦新亦旧、佛教色彩浓郁的悲剧人物是张恨水基于佛教文化之影响对新旧交替历史的思考，同时也是对人的生存形态的一种思考：乱世如何生存？入世可能同流合污，出世又如何救世？最能反映佛教文化与张恨水笔下人物形象关系密切的作品是《金粉世家》。在这部80万言的长篇巨构中，张恨水刻画了两个与佛学有渊源的人物形象：金太太和冷清秋。小说第八十四回，金太太目睹家庭溃败，心酸地道：迟早是一散，散早些，我少受气，不好吗？……人生无论什么都是空的。一拜佛之人，历经一世荣华富贵，垂老之年却人散家破，心灰意冷独去西山伴佛，排解尘世之苦与烦恼。可以说，作者是将自己独特的人生体验和时代感悟附体于金太太这个人物。而被称为“女杨杏园”的冷清秋，对爱情和婚姻真诚不二，第九十四回中她对金太太以坚定的口吻道：“夫妻完全是靠爱情维持的，既没有了爱情，夫妻结合的要素就没有了”，因为佛教宣扬的爱以真诚为前提，不诚则无所谓爱，爱至深处是为真，是为诚。决裂后的小楼学佛，决然走上向苦难和不幸的爱情婚姻生活抗争之路，则体现了佛教文化的超脱和自我拯救精神对冷清秋个性精神的浸染，而“自力拯救是佛教特质之一”。[①] 对于冷清秋或者张恨水而言，“佛、上帝已经由目的变为手段。信仰的最终目的不是通过神秘的宗教体验，获得与佛、上帝同在的最高幸福，解脱不幸和苦难，而是借用宗教净化感情、增强勇气，以自己的力量同不幸和苦难作斗争。”[②] 张恨水正是通过冷清秋形象来显示佛教文化在民族精神改造中的作用。

综上所论，张恨水通过笔下佛教文化色彩浓厚的人物及其命运为生存于乱世的普通中国人的生存方式、现实和精神出路进行思考

① 李远杰《佛教的特质与现代意义》，《中华文化论坛》2002年第2期。

② 陈平原《论苏曼殊许地山小说的宗教色彩》，《陈平原小说史论集（上）》，河北人民出版社1997年版。

和引导，而这一点从某种意义上来说可能比新文学作家们在其知识分子或者农民形象里寄托着的“启蒙”及“改造国民性”的济世良方更有实用价值和现实作用。一方面，张恨水作为与主流新文化运动疏远的通俗作家，其人物选择上浓厚的佛教色彩显示出其边缘化和独特性，不是面向精英而是面向市民；一方面，张恨水又并非完全与时代脱节，其笔下的人物命运和人生选择也体现了张恨水对时代的回应，有其合理性与必然性。

三、佛教文化对张恨水早期小说主题意蕴的影响

张恨水早期小说叙事“因果”流程及“苦空”架构，以及以佛教色彩浓厚的笔下人物为“镜像”来思考当时中国人的生存方式和生命姿态，此二者均显示出佛教文化之于张恨水早期小说创作的重要性及意义。然而，佛教文化之于张氏早期小说创作，其深刻影响不仅留存在叙事流程、架构和人物形象设置等形式层面，更为深刻地烙印在主题意蕴和精神层面上。

具体而言，张恨水通过小说情节及人物命运将佛教文化的“悲苦观”、“色空观”、“因缘”说以及平等精神、超越品质、慈悲情怀等因素融进其早期小说主旨，并由此极大地丰富了其通俗小说的文化内涵，使张恨水真正做到了以雅入俗、俗中含雅的创作目的，从而达到打通雅俗、提高通俗小说文化品位的效果。

首先，佛教文化的“人世苦痛”“万事皆空”最为典型地体现在张恨水的小说世界里，从而使张恨水小说弥漫的是一种浓郁的感伤悲情色彩。美国有学者指出：张恨水小说中笼罩着一层“如梦的色

彩”，一种“周末小说”式的浪漫感伤主义“氛围”[①]。张恨水小说“梦幻”“感伤”之实质，是作者面对社会政治、伦理的现代性转变，敏锐地捕捉到市民阶层普遍的时代情绪，并将其内心世界之感受和生命体验与佛教思想对人生、世界之领悟相暗合，这种领悟即佛教的“悲苦”和“色空”，也是张恨水时常感叹的“人生无常”和“不可捉摸之悲剧”。《春明外史》中杨杏园在经历社会、人生和爱情的连番打击之后，在佛学里寻求精神寄托，破除“我执”，悟空世事，最后在佛像面前逝去。杨杏园的命运和人生经历正好印证了佛家所言的人生是“苦聚”，万事空归寂。小说这种叙事的悲剧性和感伤色调，让读者久久不能忘怀，如嚼橄榄。《金粉世家》中的金太太一世大富大贵，可以说是看尽人间繁华，到晚年却弄个人散家破、上山修行。这种“色空”观念使《金粉世家》的人物结局笼罩上了一层浓厚的哀苦感伤色调，增添了悲剧的魅力。值得一提的是，《金粉世家》中的女主人公冷清秋在佛家思想中寻找到了抗拒自身悲剧命运的精神动力，终于在金家大火中涅槃重生，是佛家思想让她拥有了敢于抗争与追求的悲剧精神。

其次，佛教文化内蕴里的“慈悲心怀”“悲悯情怀”使张恨水小说具有强烈的情感弹性和张力。其一方面以同情的方式来书写社会下层人民的困苦、悲欢、离合和聚散，在每个被损害和被侮辱的灵魂上面寄托着深厚的悲悯，甚至在难以排遣的悲剧面前，他利用超越、解脱等方式给人物以解困。另一方面，他又直面社会、时代的黑暗一面，不遗余力地揭露上层社会的荒淫腐朽，尽显社会各界

① 麦克莱伦《从梦幻浪漫主义到噩梦现实主义》，张恨水研究会编《张恨水研究论文集（二）》，安徽文艺出版社 1998 年版。

的丑恶现象，因而具有强烈的讽刺性和批判力度，甚至于利用佛教的“因果报应”“善有善报，恶有恶报”来满足自己在现实世界里无法实现的情感宣泄。《春明外史》结尾处杨杏园凄然死去时，作者在字里行间流露出的慈悲溢于言表；《金粉世家》一切皆空和前尘如梦之感叹，与其说是小说主人公的感叹，不如说是作者因同情众生和怜悯生命的叹息。然而，需要看到的是，张恨水这种对芸芸众生的宗教式情感关怀，更多的是主张精神的皈依与对现实的逃避，从而缺少新文学作家、作品中的那种控诉渴望和战斗精神。佛教对于“三界火宅”中受苦的众生充满了爱心，这种爱心用佛教语言来表达就是慈悲，慈悲则根基于怜悯的心念，这往往会凝成一种浑厚的悲凉。

再次，张恨水还自觉地将佛教的独立、平等精神与“新文化”倡导的平等、自由、民主等先进思想潮流相融合。虽然其小说中的独立、平等精神的实质与五四倡导的平等、独立有差异，但也显示出张恨水精神世界不屈服、不奴从和反抗的一面。在《金粉世家》中，冷清秋追求至真、至纯、纯净透彻之爱，主动放弃仅存形式、无爱的爱情和婚姻；大火之后果决的离走和开始新生，这些情节显示出的是佛教涅槃般的新生、人格独立和平等精神。当然，也应看到，张恨水小说中的平等与独立精神因佛教文化的浸染更多的是带有放弃和退让之色彩，而并非五四主流作家所标榜和宣扬的带有积极争取色彩的平等与独立。

张恨水之故乡“南岳”——天柱山，曾是佛教圣地，佛教禅宗二祖、三祖皆曾于此传授衣钵。天柱山麓之三祖寺乃全国著名寺院，香火旺盛，佛风弥漫；张恨水年少聪慧，饱读传统文学作品，如《红楼梦》《西游记》，甚至《南柯记》《枕中记》等等，这些作品中皆包含相当浓厚的佛教思想，加之张恨水生活于乱世，无法寄托之生命理想、无法排遣之精神苦闷客观上也导致其与佛教教义的亲近，对世事无常、人世苦痛等佛教思想感触良多。可以说，佛教文化已经如同血液流淌于张恨水之心灵，沉淀于其精神深处，成为他思考社会人生和艺术创作的一种特有角度。

（原载《齐鲁学刊》2013年第3期）

（作者分别为巢湖学院副教授、文学博士，安徽师范大学文学院教授、博士生导师）

当代文学批评中的“张恨水现象”

郑炎贵　朱显亮

如果说“文艺是发明的事业，批评是发见的事业”[①]，那么，笔者以为当代文学批评中有一极具典型意义之所为，就是发现了“张恨水现象”。张恨水（1895—1967），安徽潜山人，是我国现代文学史上当之无愧的高产通俗文学大师、著名报人，平生创作了中、长篇小说一百二十余部，加上散文、诗词和文论等，总计不下三千万言，被喻为一座文学和文化的金字塔。

张恨水的小说描述了辛亥革命到抗日战争后这段风云变幻的社会历史风貌，刻画的人物，举凡官僚政客、军阀流氓、豪绅富商、优伶侠客、少男淑女、将士兵勇，构成了我国现代文学史上一组极

① 郭沫若《批评与梦》，《郭沫若文集（卷十）》，人民文学出版社1959年版，第118页。

具个性的形象画廊。他的许多小说，如《金粉世家》《春明外史》《啼笑因缘》《八十一梦》等等，深受各阶层尤其是广大市民读者喜爱。其创作数量之多、流传之广、读者之众、影响之大，几乎达到了那个时代的巅峰，在当时就形成了世所瞩目的“张恨水现象”。

然而，由于文学界长期盛行一种偏见，人们总是把张氏为代表的通俗文学创作视为旧文学或封建文学之残余，大规模地批判旧派小说和鸳蝴派文学的高潮及其余波一直成为对张恨水这位现代通俗文学大家价值发现的一种遮蔽，导致文学批评界一直来不及认清他由旧文学向现代性的新文学过渡、最终融入新文学并成为新文学内部的现代通俗文学大师的正面形象，即使在新中国成立后的前三十年，张恨水及其通俗文学研究依然处于被冷落的边隅。

值得当代文艺界庆幸的是，在三中全会为我国社会带来全新变革的背景下，文艺评论的春风也拂去了掩盖在包括张恨水在内的许多文艺名人身上的尘埃，还其历史的本来面目。在解放思想、实事求是和百花齐放、百家争鸣的时代转型潮流中，当代文学批评界重新认识和关注张恨水，形成了张恨水研究的集聚现象，安徽省张恨水研究会随即应运而生，研究会纵向三级所有，县为基础，上联国家现代文学研究的权威层面，下联养育张氏成长的根基底层；横及文艺、新闻、教育、学术科研机构，成为广泛联络沟通海内外专家学者的桥梁与纽带，为他们提供了学术思想撞击与创新的重要平台，有力地助推着张恨水研究的不断进展。如果说张恨水研究现象是当代文学批评潮流中的一朵浪花，那么通过对它的透视，或许亦能折射反映当代文学批评的进步与曲折的某些轨迹，让人们从中受到启迪。

一、跨时代的文学大师——张恨水与现当代文学的关系

虽然张恨水的绝大部分创作成就属现代文学范畴，但通过对其创作历程的考察，我们不难得出这样的结论：张恨水是一位跨时代的作家。根据张氏写作和作品发表时间，学界已将张氏创作划分为四个时期：1919年以前为习作期，1920—1935年为成名期，1936—1949年为成熟期，1949—1967年为衰退期。

作为一个跨时代的文学大师，张恨水与当代文学至少有三方面的关系：

1. 张氏晚期作品是当代文学的组成部分

1949年以后，张恨水受文艺政治化、通俗文学受压抑的环境影响，同时受身体疾病的困扰，创作进入了衰退期。作为一个写作者，他不写作“比不吃饭都难受”，因此不等病好，就又开始从事写作。鉴于自己写作能力的衰退，于是便改长篇为中、短篇，改创作为再创作，从他以为较为稳妥的中国古代戏曲和民间故事中觅取题材，创作了《梁山伯与祝英台》《秋江》《白蛇传》《孟姜女》《孔雀东南飞》《磨镜记》《牛郎织女》《凤求凰》等作品，并试着写了一个长篇《记者外传》，可惜终因精力不济而中止。除此而外，还有一些文论、散文和古体诗词。从时间上来看，他的这部分作品，无疑应是当代文学的组成部分。

这部分作品，虽然与张氏前期鸿篇巨制相比，思想与艺术水准上存在着落差，但也不能抹杀他敢于涉足传统民间戏曲的改旧编新这一般作家望而却步的领域并取得较大成功的事实。从情节构造、

人物刻画等方面，依然显示出张氏可贵的创新精神，一方面他借鉴传奇、误会、悲喜交替等戏曲式的情节建构原则而加以发挥，同时又能在传统戏曲原有情节基础上进行巨大的变更充实与调整，发挥小说叙事灵活多变与写实等特长，用以弥补戏曲追求写意而难免虚化的缺陷，从而兼得戏曲情节的精致与小说情节的容量；在人物塑造方面亦汲取两种文体之长，较好地融合了语言、动作和心理描写以及在情节推动中体现人物性格发展的艺术手法。张恨水的这一文学实践的价值在于他打破了以往戏曲创作自我封闭的结构，在改变传统戏曲的基础上创作了一批有着一定品味的通俗小说文本，这在五十年代文学作品较少、质量不高、题材较为单调的情况下无疑是十分宝贵的，不仅拓展了小说题材视野，也丰富了小说的审美表现，为传承祖国优秀文化传统、提升民族道德文化素养做出了力所能及的贡献。

2.张恨水作品的当代传播，是当代文学中的一道亮丽的风景

新时期以来，张恨水作品在当代形成了一个又一个传播热潮。其一是作品的再版，除各种单行本外，尤以安徽文艺出版社的《张恨水散文》和山西北岳出版社的《张恨水全集》最为引人注目。其次是当代艺术家对其作品的再创作，即影视剧和戏曲的改编，借助影像传媒广为传播。仅就大陆而言，先后搬上荧屏的有《现代青年》(更名为《秋潮》)、《秦淮世家》、《夜深沉》、《金粉世家》、《啼笑因缘》、《满江红》(更名为《红粉世家》)、《纸醉金迷》等等。这些作品的当代传播，为满足当代大众的精神文化需求做出了积极的贡献。

3.张恨水研究是当代文学批评中的一大热门

张恨水一个人就抵得上一个流派。这是因其作品题材的丰富性、

主题的复杂性与代表性、体裁形式的多样性所决定的。在长达半个多世纪的岁月里，张氏以超越党派、富有良知的知识分子和平民市民心态观照了从辛亥革命以来的政治风云变化和人间世事沧桑，通过对传统章回小说的改造，向人们呈现出百科全书式的全景文学作品，塑造的人物形象除了缺少产业工人和无产阶级革命者，几乎包罗万象，笔触所及覆盖各个领域，成为反映中国现代社会的多棱镜，具有巨大的认识价值。

关于张氏的研究却是在沉寂了半个多世纪之后，即在三中全会之后才迅速升温且持续发展的。据张恨水研究会的统计表明，自上世纪二十年代至七十年代，张氏研究文章约有 172 篇，年平均不到十篇，其中有不少属极左时代产物而成为历史垃圾。自七十年代末改革开放以来，张恨水研究会先后组织了七次大的研讨会，联络海内外专家学者三百多人，集中交流论文 368 篇，计 266 万字，直接或间接催生专著 26 部，785 万字，还影响诞生了一大批硕士与博士论文。每次大会论文综述都在国家权威学术杂志发表。张氏研究会在它萌芽之时就受到现代文学学科开创者之一的王瑶先生的关注，如今已以二十年坚持不懈的实践赢得了省级先进学术团体的表彰。张恨水研究会建立的资料中心、网站以及张恨水陈列馆均已成为人们访问参观的热点门户，张恨水文化园已被列入安徽省 861 重点项目。

二、科学多维解读与反刍——“张恨水现象”的当代文学批评

如前所述，真正学术性的张恨水研究是在改革开放的新时期。回顾改革开放以来张恨水研究的历程，其实就是由意识形态化逐渐

学术化的过程，也是张恨水的文学史、文化史意义逐渐呈现的过程。从安徽省张恨水研究会掌握的情况看，其历程大体可分为三个阶段：辩诬，定位，深化。

1. 揭去尘封、荡除迷雾

由于“左”的思想的影响，自《春明外史》问世至“文化大革命”中，张恨水不断受到新文学阵营的贬低、轻视乃至批判、声讨，直至上世纪七十年代末才有学者以科学民主的态度正视张恨水及其创作成就，尤其是1988年10月在张恨水故乡召开的首次张恨水学术研讨会，终于揭去尘封，荡除迷雾，拂去了强加于张恨水身上的种种不实之词，为其正名平反。

（1）关于“鸳鸯蝴蝶派”

学界梳理了“鸳蝴派”的产生、流变及其发展过程，深入研究“鸳蝴派”的界定（特定的地域、人员和时间范围）、活动阵地、组织形式等之后，认为该派小说虽缺乏思想、远离生活，但在其特定的历史时期也发挥了一定的娱乐和教化功能，并且也随着时代不断进步，发挥了一种特定形态艺术生产价值，因此应克服“左”的思想的影响，实事求是地对其进行评判。

关于张恨水与鸳蝴派的关系，学者们尽管意见不尽相同，但也形成了两点共识：

其一，张恨水早期的确受到过鸳蝴派的影响，张氏本人曾承认自己在没有开始写作以前已造成了一个“礼拜六派的胚子”，[①] 故而在其最初的小说创作上的确存在一种才子佳人模式。并且由于他以文

---

① 张恨水《写作生涯回忆》，张占国、魏守忠《张恨水研究资料》，天津人民出版社1986年版，第115页。

谋生，故而创作上较为偏重消遣趣味，作品中不乏凑趣调侃之笔，《旧新娘》《桃花劫》等小说有模仿《花月痕》套路的明显痕迹。

其二，张氏是一个带有旧意识烙印但逐渐走向新文学、现代化的通俗作家。尽管早期作品与鸳蝴派有某些相似之处，但主导方面与该派还是有着质的分别的。鸳蝴派小说的要点，如作品缺乏思想灵魂、远离生活、舍平实而追逐奇巧等特征，均不为张氏小说所具有。张氏从不以香艳色情引逗读者，特别是三十年代之后以叙述人生为主的创作，再到七七事变后为抗战服务的创作，往往在言情的帷幕下能够真实地展示人物命运，反映爱国民主的审美情绪，因此张恨水走的是一条既有别于鸳蝴派又不同于左翼作家的独特路子。

（2）关于“言情”和“通俗”

首先，学界对过去受一律化思想观念取向支配，在界定中国现代文学概念上表现为左的、单一的、排他的倾向进行了深刻的批判与反思，认为过去囿于传统偏见，一味强调以政治标准来判断一切，使视野始终局限在五四以来新文学社团及其代表作家作品之中。新时期随着通俗文学的勃兴，应该科学界定其独特的审判标准和规范，全面认识其历史文化价值和独特审美价值，由此形成共识：应该将近现代通俗文学摄入当代文学研究视野，高雅文学和通俗文学是文学的双翼。

其次，与会专家从本体论的角度论证了通俗文学及“言情”存在的合理性。文学即人学，人性人情应该是文学极力开掘的最重要的母题，因此文学反映的内容就不可能完全是与粗俗绝缘的内心体验，俗文学与雅文学各有其客观的规律，并且能在取长补短中携手发展。

在以上认识的基础上，学者们从背景分析入手，讨论了张恨水在新的冲突中崛起的主、客观因素，指出：五四新文学家在批判旧文学时，忽视了对传统文艺内容与形式的改造，导致了轻视群众、蔑视通俗文学的失误。张恨水通过对章回小说这种旧形式的改良，弥补了这一空白，他以一时还看不懂新文学作品的普通民众为服务对象，运用老百姓喜闻乐见的形式、引人入胜的故事，鞭挞黑暗，伸张正义，赢得了多层面的读者，成为推进文艺大众化获得很大成功的实践者，同时，他对传统形式的改良和坚持现实主义的创作思想，使通俗文学焕发出新的生命力，为其现代化做出了独特的贡献。

2. 还原历史，科学定位

当代文学批评中的张恨水研究活动进入第二阶段，是以 1994 年召开的第二次张恨水学术研讨会和 1997 年在北京召开的“张恨水与中国通俗文学研讨会”为标志的。这时，学界已超越了“辨诬”的讨论范畴，使文学批评回归于实践的品性，从共时与历时两个方面探讨张恨水在现代文学坐标系上的定位，以充分发掘他作为现代通俗文学大师的价值。从横向上看，张恨水通俗小说产量最高，成就最辉煌，在同时代通俗文学家中技压群芳；从纵向看，当代通俗小说家金庸、梁羽生、琼瑶等的文学成就在许多方面仍然无法企及张恨水。学界开始把张恨水研究与中国通俗文学理论工程建设及创作实践紧密结合起来，从更为广阔的背景下，对张恨水其人其作进行全面、立体、系统的审视。

（1）关于“张恨水思想文化精神”

张恨水最重视民族气节和爱国爱民的大德。五四时期在芜湖率领《皖江日报》员工上街游行，向日本帝国主义示威；1928 年济南惨案发生时即在北京《世界日报》发表政论，声讨日本侵略者的罪行；亲身参加北平民众抗日救亡的集会，断然拒绝汉奸的威胁利诱；

一·二八事变后自费出版《弯弓集》，大量发表抗日御侮的国难小说；抗战爆发后张氏只身入川，主持《新民报》“最后关头”，义无反顾地对日寇口诛笔伐，坚忍不拔地与侵略者及其走狗汉奸在精神文化战场上血战了八年。

在反帝的同时，张恨水始终坚持着反封建。在北洋军阀统治下，他利用文学作品，勇敢而又巧妙地揭露军阀和政客们的倒行逆施与荒淫无耻；在国民党新军阀的残暴统治和特务政治的淫威下，他继承和发扬了鲁迅先生的战斗传统，又发挥了自己的特长，以超党派的民众代言人的姿态为民请命，以“中间偏左，遇礁即避”为战斗方略，或大声疾呼地直抒胸臆，或隐讳曲折地借古讽今、指桑骂槐。面对反人民的政治势力的威压与利诱，张恨水表现了贫贱不移、富贵不淫、威武不屈的大丈夫气概，决不同流合污，决不改行当官上贼船，“莫教堕入闲樵斧，一束柴薪值几钱”，[①] 既是劝友，亦是自励，几十年如一日坚持流自己的汗，吃自己的饭，“卖文卖得头将白，未用人间造孽钱”。在文学职业道德方面，张恨水有着不同寻常的敬业精神和严肃认真的劳动态度，既体现了他对文学事业终生的热爱和虔诚，也反映了他对读者负责、重视社会责任的情操。为了不使连载小说中断，他常常不顾劳累和厌倦，甚至带病超负荷执笔，年复一年地每天工作十几个小时，写几千字，真是罕见的“徽骆驼”！为了读者，他曾强忍丧失爱女慰儿和康儿的极度悲痛，坚持把《金粉世家》写完。为了保证作品的正面效果，他坚决反对鸳鸯蝴蝶派末流宣扬色情和暴力、迷信和怪诞的行为，坚持作品内容

---

① 张友鸾《老大哥张恨水》，张占国、魏守忠《张恨水研究资料》，天津人民出版社 1986 年版，第 103 页。

的纯洁性的统一，坚持作品对读者至少无害、最好有益的原则，坚持通俗易懂、雅俗共赏的风格。为了讲真话、报道真实的消息，他尽了新闻记者的天职，有时还甘冒一定的政治风险。在发表敏感的政论、杂文、诗词和讽刺性小说的过程中，他常常表现出强烈的正义感和公而忘私、置个人得失安危于不顾的勇气。

（2）关于张恨水在文学乃至文化上的独特贡献及其地位

首先，在世界文化的总体格局和庞大网络中，张恨水作品是中西文化大交融的积极产物。张恨水逐步自觉地和比较成功地实践了鲁迅先生首倡的“拿来主义”，敢于大胆拿来西方文化中有价值而又适用于现时中国国情的东西，在中西文化的比较、交流和互动中，建构了一个奇特而又合理的以中为主、中西合璧的文化开放体系。他在论文、序跋和为数众多的杂文中，坚持科学文化与人文文化的统一，既宏扬孔孟之道中积极入世、爱国崇文、民本主义的精华，又接纳已成世界潮流的自由平等博爱的民治主义思想。

其次，在经受了五四新文化与新文学运动强大冲击波的洗礼之后，在“打倒”旧文化的潮流中，张恨水作品在历史的坐标上找到了自己特殊的立足之点，那便是新旧之交的不败之地。他在长期摸索的实践中踏上了贯通今古、调和新旧、兼收并蓄、转益多师的正确途径。他超越了新旧文学营垒内部宗派林立、互相攻击谩骂的门户之见，把全部精力集中用于默默耕耘和不懈的探索。在承先启后、沟通新旧文学、融会新旧文学方面做出了独特贡献。

再次，在社会文化与文学多元多层次的立体结构中，张恨水作品矗立在雅俗之交的广阔天地里，引人注目，或引雅入俗或化俗为雅，写言情不做淫声，写社会平实而不低俗，汇通俗与文雅于一体，达到了雅俗共赏的境界。

总之，张恨水是杰出的爱国文化名人，是现当代文学史上作品和读者最多、正义感人民性强、文化内涵最丰富的现代通俗文学大师，是卓越的平民小说的大家，同时也是一位散文大家和诗词大家。

（3）关于“双峰并秀”论

著名作家邓友梅说鲁迅是纯文学大师，张恨水是通俗文学大师，他们“如双峰对峙，似二水分流”。安徽大学徐传礼教授进一步慎思地发挥和完善了这一观点，认为两位大师各自代表着通俗文学和纯文学的高峰和潮流，但是这两座高峰海拔相差较大，无法并肩或对峙，无论就思想深度、艺术水平或二者的完美结合看，张恨水都不足以和鲁迅相提并论；就创作道路的过程看，张恨水所代表的通俗文学潮流是渐向纯文学靠拢以至合流的；只强调二水分流也不够全面，结合当代通俗文学的现状和趋势，我们更应该强调和提倡纯文学与通俗文学的互相学习、共同提高，也就是强调分中有合、合中又有分的文学辩证法。就此他得出了这样的结论：张恨水和鲁迅分别是20世纪中国通俗文学与纯文学的大师，各有千秋又互有长短，但总的看来，他们二位是“双峰高下相望，二水分合长流”。

苏州大学范伯群教授对以上观点又作了进一步的阐述和扬弃，认为在纯文学作家中，鲁迅是高峰，在通俗文学作家中，张恨水是高峰；如果将这种说法理解为鲁迅与张恨水是“双翼”——不同文学领域中的“双翼”，应该是一种“双峰并秀”的关系，纯文学与通俗文学本来就应该是一种“并存”和“互补”的关系。

从“双峰对峙，二水分流”到“双峰高下相望，二水分合长流”，再到“双峰并秀”论，其间历经十多年的社会实践之检验，得到学界的赞同。它不是某些学者的主观妄断，而是客观存在的事实。

3. 多元维度，深化拓展

从1997年第三次张恨水学术研讨会后至今，是张恨水研究的第三阶段，即多元剖析、深化拓展阶段。这期间共召开了四次张恨水学术研讨会：2000年在潜山召开的第四次学术研讨会，2002年召开的“张恨水·天柱山·旅游文化”研讨会，2005年在合肥召开的“张恨水抗战作品研讨会”，2008年在芜湖召开的“张恨水与中国传统文化”学术研讨会。这些研讨活动，不仅深化了对张氏的总体研究，而且在分体研究、比较研究、现实研究等方面取得了纵深入微的进展；研究方法也有新的尝试，如细读文本的新批评、研究读者心理对作者影响的接受美学方法运用等，不少专家还从文化学、社会学、民俗学、新闻学等多视角去发掘张恨水这座蕴藏量极高的富矿，张恨水研究呈现出向新的领域拓展和多元剖析的可喜局面，如张恨水小说与中国通俗文学走向关系的探讨，张恨水与狄更斯、老舍、赵树理、金庸的比较，张恨水创作中的消闲性、趣味性的研究，张恨水小说中女性问题的探讨，张恨水报人角色的剖析，张恨水作品中旅游文化的发掘，张恨水诗词联及散文的探讨，张恨水语言艺术的鉴赏，儒、佛、道文化和地域文化对张恨水创作影响的探讨等等，可谓多维切入，议论风生，硕果累累。尤其是张恨水抗战作品研讨和张恨水与中国传统文化的研讨成果最为瞩目，也更具深远意义。

（1）关于张恨水抗战作品的研讨

学界充分肯定了张恨水抗战作品独到的价值和意义。张恨水不仅是抗战文艺的先驱，对抗战文学具有思想上的贡献；而且创新了抗战文学的叙述手法，表现出相对自由和多样的状态，并带动整个通俗文学走向蜕变，使传统的通俗小说走向现代化。

张恨水是中国“抗战小说”创作量最多的作家，是中国现代文学史上“国家意识”最为鲜明的作家之一。他的抗战小说完成了中国的“抗战小说”由“难”转向“战”的提升。

张恨水的抗战小说以作家敏感、细腻与新闻工作者平实、客观相结合的独特视角，对重大的历史事件与大量的生活细节进行筛选，写出了跨越十几年的民众苦难史和抗争史，为后人留下了一份珍贵的战争记忆，展现了一部内容浩繁但通俗易读的国难史、悲情的生活史和感性的心灵史。

新时期以来文学史对抗战文学作品的取舍有偏重于讽刺暴露题材而弱化正面战场题材的倾向。事实上，抗战时期的正面战场与敌后战场是相辅相成的，举国协同作战，方才赢得抗战的伟大胜利。近年来，文学界正在逐渐正视和关注表现抗战正面战场的作品，对张恨水率先倾注心血描写正面战场作品的行为予以了充分的肯定，对张氏的《大江东去》《虎贲万岁》等作品的解读，正可为正面战场的历史复归与准确评价提供新的契机。

（2）关于张恨水与中国传统文化的研讨

围绕张恨水与中国传统文化这一主题的研讨，既有从宏观层面进行综合考察的成果，又有通过某一具体文本透视传统文化对张恨水的影响的成果，不仅考察了张恨水在多大程度上接受中国传统文化的影响，还从艺术反映能动性角度考察了张恨水在多大层面上影响中国传统文化的延续。

首先，学者从微观上探讨了儒、佛、道、地域文化、民俗文化、俗文化、戏曲文化等传统文化因子在张恨水作品中的体现及其对张恨水创作的影响，以此为基础，大家认为：张恨水是实现中国传统优秀文化现代化观念的确立者，他的数以千万计的通俗文学作品正是以建立传统文化现代化为思想前提的。他在传承中国文学传统中，将新的元素渗入传统章回小说的文本，建立了说故事、写人物的新模式，使章回小说具有了新的艺术色彩和新的思想含量，同时注意到新文学过于浓郁的欧化倾向教训，努力打造代表传统文化精髓的本土化语言，以符合中国人的阅读习惯，满足当时的市场要求，从而通过其作品的传播，使传统文化的优秀因素得以走向大众、启蒙大众。

其次，学者们从不虚美、不隐恶的原则立场剖析了张恨水受传统文化负面影响而带来创作上的某些缺失，譬如张恨水才子气里明显有一种中庸人格倾向，体现在作品中即为崇尚人治，比较缺乏现代性法制启蒙思想；对女性解放持否定态度，不乏大男子观念；讲究忠孝固然有合理成分，但因抱有正宗的国家民族意识而把无产阶级革命者形象排斥在外就有失公允。这种在传统与现代之间游走的结果是，中国传统文化在成就了张恨水的同时又限制了张恨水。

三、现、当代文学的观照与互动——“张恨水批评现象”对当代文学的影响

张恨水是中国通俗文学的一面旗帜，我们研究张恨水，不能为研究张恨水而研究，不仅要洞穿历史，还要着眼现实，放眼未来，从根本上说，研究张恨水的目的是推动、促进当代通俗文学的发展和繁荣。根据我们的体认，就此谈几点看法：

1. 张恨水是一位富有强烈的社会责任感和时代使命感的作家，这是他创作高品位作品的真正原因。尽管张恨水把满足人们的消遣与娱乐的需要看得很重，但他却有着严肃的创作态度。张恨水在总结他创作过程与思想的《总答谢》一文中真诚地表明了他写章回小

说是为了用民族大众喜爱的文学形式来反映现代生活内容，是出于一种社会责任感，也就是立志写作为人民大众的作品。这种社会责任感与张氏坚守正义的知识分子品格、不断追随时代潮流、把握言情与社会写实关系的创作思想是相辅相成的。张氏这种负责任地“为人民大众而写作”的自觉至为可贵。我们今天有许多作家、诗人却恰恰缺少恨水先生的这种责任感和自觉，他们标榜写诗作文是为了“表现自我”，他们从西方现代派文学拾来某些连自己也不懂的东西，装腔作势，借以吓人；他们热衷于躲进象牙之塔，做不识人间是非冷暖的精神贵族；而千百万人民群众对他们的大作高论并不买账，致使许多作品只在极小的范围内流传。因此，张恨水执意为“习惯读中国书，说中国话的普通民众”写作的自觉意识和“不作淫声，也不作飞剑斩人头的事”的创作精神对于今天的文学创作确有广泛的借鉴意义，张氏小说与时下某些打着通俗文学旗号行诲淫诲盗之实的有害作品更是不可同日而语。

2. 张恨水“引俗入雅”的创作道路昭示了通俗文学的发展方向。张恨水以自己的创作实践为后来的通俗文学创作探索出一条前景看好的道路，它代表了通俗文学的发展方向。经过历史反复而又深刻的检验，证明了张恨水小说不仅深植于中华民族审美基因的地层，不仅对文学审美本性有着过人的深度把握，而且对中华民族传统艺术成规进行了恰到好处的、卓有成效的同化更新；不仅在中国现代文学史上有足够的美学力量问鼎于“五四”载道文学和“五四”纯美文学，而且在中国——包括港台地区——现当代通俗文学中一枝独秀，至今尚无人能与之比肩。因而，张恨水成为中国通俗小说的方向也就再理所当然不过的了。

回顾上世纪以来的文学思潮与实践，不难看出二、三十年代是新文学拉着通俗文学跑，而步入八十年代后期则通俗文学被金钱拉着跑，严肃文学又被通俗文学拉着跑。许多通俗文学作家为金钱而创作，因而产生了一些低品位的作品，甚至有些严肃文学作家也耐不住清贫与寂寞，变得浮躁起来，也拼命地挤进这一行列。“商品文学”有之，“痞子文学”有之……抚今忆昔，我们今天的通俗文学创作多么需要借鉴张氏创作的成功秘诀，以便把握好通俗文学中言情与言理、言性的关系，防止偏离通俗小说的审美本性，着力在言情的基点上复合社会意蕴的审美表现，孕育催人向上的人格力量与正义导向，达到娱情益志的作用。

3. 张恨水的小说理论无疑是构建当代通俗文学理论的最好参照。张恨水不仅积累了丰富的创作经验，而且上升到理论高度，提出了许多精辟的创作主张，形成了比较科学的理论体系。第一，强调“服务对象”，表示愿为“习惯读中国书，说中国话的普通民众”工作；第二，强调“现代”，为他的服务对象提供“现代事物”；第三，强调章回小说改良的文体观，重故事、重结构、重人物刻画相统一的艺术观，趣味性与时代性相一致的功能观。“人性”，是张恨水小说理论的主体建构；“隐曲”，是张恨水小说思想意识的传递策略；“继承借鉴开拓”，是张恨水对章回小说理论的完善。毋庸置疑，这对繁荣当前通俗文学创作，提高通俗文学的创作质量，将起到有力的推动作用与理论保障作用。

4. 张恨水研究成果丰富了当代文学批评的理论建设。当代文学批评中的张恨水研究是在学界开始正视通俗文学的历史价值和社会功能的基础上展开的，反过来，张恨水研究的学术成果也促进了当代文学批评的理论建设。

历史是不能隔断的，文化过程的一大特点就是具有连续性。打破现当代文学的界限，开展更大历史段的文学史研究已成为近年来重要的新突破。况且包括通俗文学在内的文学现代化过程已经超越了现当代的时间界限而与上世纪至新世纪的中国整个历史进程相适应、相同步。对五四以来乃至清末民初以来的通俗文学历史线索进行梳理是必须要做的一项工程，而这种梳理工作应建筑在对通俗文学作品、作家、社团流派的广泛和深入研究的基石之上。张恨水作为通俗文学的高峰，自然是这一工作过程中绕不过去的重镇，实践也证明现代通俗文学的理论建设正在向张恨水研究吸取许多从创作上升为理论的规律性的东西。如对张恨水融会中西、贯通古今、雅俗交融的艺术特点的总结，在艺术机制和市场机制双重制约下，张氏坚持审美表现与市场效应之间的辩证统一，侧重于发扬民族传统美德及对若干民族陋习和不合理因素的改造……这些均可为研究者总结归纳通俗文学的自在自律的运行规律和审美标准提供范本和观照。

5. 张恨水研究对上世纪八十年代以来通俗文学的勃兴，客观上起到了一定的推动作用。上世纪八十年代以来，通俗文学再次勃兴，在港台涌现了金庸、梁羽生、古龙、琼瑶等人的作品，在大陆也出现了王朔等作家作品，都赢得了众多读者的青睐，当下网络文学中通俗文学已在风行，且似乎可与以纸质为媒介的文学创作分庭抗礼。凡此种种，应该说张恨水及其作品的传播在其中有一定的直接或间接的推动作用，已有学者开始把张恨水与金庸、古龙、琼瑶等通俗文学作家进行比较研究，从中可以看出张恨水乃至张恨水研究对他们创作的影响。

新时期以来，当代文学批评中的张恨水研究取得了令人欣慰的成果，这固然是专家学者筚路蓝缕、辛勤工作的结果，但最重要的还是与文学界得解放思想、实事求是风气大开之局面是分不开的。相对于张恨水及其作品为我们提供精神的、文学的、文化的富矿来说，我们还需努力，从文学、文化学、新闻学、民俗学、社会学、经济学、史学等方面进行深入开掘。值得注意的是，虽然研究成果丰硕，但是由于“左”的思想阴影还在某些领域徘徊作祟，这使得某些研究成果目前仍然局限于学术圈子，从而在一定程度上制约了张恨水现象的批评活动从更广的范围、更深的层面对当代文学产生的影响与发挥有益的借鉴作用。

（原载《安庆师范学院学报》2009 年第 1 期）

（作者分别为安庆师范大学皖江历史文化研究中心研究员，安徽省张恨水研究会副秘书长）

张恨水：中国抗战文学第一人

芮立祥

气节：张恨水的风骨

张恨水的心是“柔软的”，他对作品中的人物，特别是“小人物”，总充溢着悲悯情怀；同时，张恨水的筋骨是“最硬的”，这“硬”，不同于鲁迅的金刚怒目式，而是内生的外柔内刚型：带着韧性，有一种“四两拨千斤”的爆发力。当“抗战”与“重庆”走到一起的时候，张恨水的这种“硬”，便赢来了爆发的时空。

有人将同时代的一批包括新文学家在内的作家们，在国家、民族遭受日寇入侵时期的“战时书写”进行了一个客观梳理。人们惊讶地发现，除《风萧萧》《四世同堂》等抗战名作相继问世外，并没有出现更像样的“名人名作”来。相反，在抗战的特定语境中，一些“名流”还没有忘记“拉山头”“打笔战”“排异己”，甚至叙写着

“性苦闷”“性解放”等文字。而张恨水呢，则不愧为“笔尖上的英雄”。在中华民族蒙受日寇铁蹄践踏的生死关头，张恨水毅然坚守重庆抗战达八年之久，凝心聚力，在炮火硝烟中完成800万言的“重庆书写”，成为创作抗战作品最多的作家，被誉为“中国抗战文学第一人”。

“九一八”之后，日本侵华的野心一步步变成现实，七七事变后，更是全面入侵。张恨水目睹山河破碎，生灵涂炭，“心焚如火，百病来侵”。一方面，他悲天悯人，对抗战时期生活在社会底层的百姓，包括普通知识分子等给予深深的同情，如小说《傲霜花》在苦难中坚守的公教人员、《巴山夜雨》中躲避敌机的惶惶不可终日的山城百姓，还有逃难而来的“下江人”那不可言状的灵肉酸辛；另一方面，他呐喊呼吁，发出集结力量奋勇抗日的主张。“九一八”爆发前，他正在创作长篇小说《太平花》，本是反对战争的，但在刊到第七回时，九一八事变爆发了，于是，张恨水很快将故事的情节做了方向性调整，由原定的“非战”“反战”，改为“团结战斗，一致御侮”。接着，他又创作了抗战小说《满城风雨》，自费出版抗战作品集《弯弓集》等，乃至上了日本人要谋杀的“黑名单”。特别是，在南京沦陷后，张恨水在“请缨无路”之际，辗转来到重庆，加盟重庆《新民报》，从“创作”和“编辑”这两个维度聚焦抗日的时代主题。从创作方面看，张恨水先后创作了六部重庆题材的长篇小说：《八十一梦》《牛走马》《傲霜花》《偶像》以及抗战胜利后回京创作的重庆题材小说《巴山夜雨》《纸醉金迷》。此外，还创作了熔铸着民族智慧和文化省思的大量抗战散文，或感时咏事，微言大义，或上下古今，纵横捭阖。张恨水不仅抗战作品数量第一，而且秉笔直书，首将抗战作品从“国难文学”的层面提升为“抗战文学”“反思文学”的层面。从编辑方面看，他主编《最后关头》《上下古今谈》，均为《新民报》上开出的抗战专栏，这种在有限的报纸版面上开辟抗战专栏，实为当时报刊之罕见。不仅如此，他在主编《最后关头》副刊时，还明确提出五项来稿要求：“一、抗战故事；二、游击区情况一斑；三、劳苦民众的生活素描；四、不肯空谈的人事批评；五、抗战韵文。”“抗战时代，作文最好与抗战有关，这一原则自是不容摇撼的”，这种严格的对于抗战题材的择稿要求，在当时的中国报坛上，是绝无仅有的，足见张恨水抗战意志之坚定、行动之坚决。

其实，在当时，张恨水面临的选择是很多的。那时，他已是誉满全国的大作家了，长篇小说《春明外史》《金粉世家》早已轰动京城，一时“京城纸贵”；在上海《新闻报》上发表的《啼笑因缘》，更是让他誉满大江南北，且有着酬金丰厚的稿约。当时在中国炙手可热的日本特务头目土肥原，也曾慕名求赠题签，企图通过各种方法，拉拢张恨水等一批知名人士融入所谓“大东亚共荣圈”；张恨水也完全有条件，像某些达官贵人一样，在日寇侵华之际，逃至国外或者香港定居，“躲进小楼成一统”。然而，张恨水没有这样。重庆，作为国民党的战时陪都，无疑成为国家抗战的指挥中心。“男儿要赴风云会，笳鼓连天出汉关”。于是，在国家罹难之际，张恨水毅然背井离乡，别妻离子，只身来到战时陪都重庆，加入到抗日的洪流中，并且冒着被日机炸死的危险，以笔弯弓，并以 800 万言的“重庆书写”，铸就了张恨水的风骨！是什么使然？是政府命令吗？不是。是组织下达的任务吗？不是。是基于生活压力所迫吗？不是。路遥知马力，国难见忠臣。张恨水的“参战”，是积极的、自觉的。究其实，还是张恨水作为中国传统文化人的气节使然！

老舍先生说“恨水兄就是最重气节、最富正义感、最爱惜羽毛的文人……"，一个个"最"字，凸显了张恨水的定力和分量。回顾历史，比较抗战时期各派作家们的"战时书写"，我们不能不为张恨水在重庆铸就的铮铮风骨致以深深的敬意。

超越：张恨水的风范

张恨水不愧为智者、大家。他的"智"，他的"大"，就在于他的站位很高，表现出一种超越的风范。

有人把他的小说归于"风花雪月、鸳鸯蝴蝶"一类，他自信自己不属于这一类，至多也就是前期受过一些影响。对此，他不愿多加申辩，甚至还说"鸳鸯与蝴蝶……和人的关系、感情都处得不坏，几曾见过人要扑杀鸳鸯蝴蝶？又听说过鸳鸯蝴蝶伤害了人？"上世纪四十年代，当有人别有用心地硬给他"戴上这顶帽子"时，他也只是冷冷地回击道："鸳鸯蝴蝶派或然？孤军奋战四十年。卖文卖得头将白，未用人间造孽钱。"解放后，张恨水被现代文学史打入"冷宫"，并在历次政治风暴来临遭受讨伐和批判之际，他仍不加辩驳，静静地说"书在，自会说话……"

有人称他为"通俗作家"。如果从作品受众面的多少而言则可，但如果从作品质量的优劣而言则非。张恨水从不写香艳的色情小说，也不写"飞剑斩人头"的侠剑故事取悦读者。即使在面临断炊的时刻，也不肯出卖文化人的良知，写有伤风化的文字。他本着"有趣并有益"的原则，完全凭着自己创出的好看的中国故事集群，而悄然走进了中国普通百姓的心中，老舍称他为"国内唯一的妇孺皆知的老作家"，名不虚传。他的《啼笑因缘》被一版再版，《金粉世家》被誉为"当代的《红楼梦》"；他的散文集《山窗小品》，其中的一些文言散文甚至超过了同类题材的文学经典；他的不少作品被现代传媒热播神州内外。正如我们不能称《红楼梦》为通俗小说、曹雪芹是通俗小说家一样，张恨水也不能划入带有贬低意味的“通俗”一类。虽然，张恨水骨子里浸染了深深的传统文化，从不赶潮流赶时髦，作品中也难见“高大全式革命者”典型等，但他本着“叙述人生”的真诚，本着平民的立场，却有着对于人物命运的艰辛探寻甚至对于人物未来发展路径的可贵思考。张恨水研究专家赵孝萱教授说：“张恨水是超越新旧、雅俗、严肃与消闲、商品与非商品、京派与海派的文学大家。”“张恨水现象是对现代文学二元对立史观的冲击……”是的，张恨水的出现是对文学生态的一种平衡，是对狭隘视野下选择性划分的所谓文学流派的超越！

张恨水不仅超越了文学流派，也超越了党派。他讴歌国民党正面抗战，如长篇小说《虎贲万岁》，就是写国民党精锐部队国民革命军74军57师在常德抗击日寇的英烈壮举；也写共产党敌后游击战，如《怒吼吧，八路军》等。重庆期间，面对全民抗战时国民党的种种腐败，他奋笔疾书，无情鞭挞，以致写《八十一梦》时触动了国民党最高当局的神经，甚至受到要到息烽集中营去蹲监狱的威胁。1939年6月，国民党杀害新四军指战员的“平江惨案”发生后，张恨水立即写下挽联“抗战无愧君且死，同情有泪我何言”，并刊载在由共产党负责的重庆《新华日报》上。他在冷静的比较观察中，结合《新民报》创编过程中的经验教训，提出了“中间偏左，遇礁即避”的办报方针，显示了张恨水和他的同仁们在重庆非常时期那种超越的智慧和风范。

张恨水因重庆的“抗战书写”，被国民政府授予“抗战胜利勋章”，但他并未加入国民党；他写《八十一梦》，受到周总理的赞赏，他为“平江惨案”中新四军牺牲人员撰写悼联，受到董必武的盛赞，他写《水浒新传》，受到毛泽东主席的称道。他主编的《新民报》上首发毛主席那首著名的《沁园春·雪》，并在1945年国共重庆谈判期间，受到毛泽东主席的单独接见。但他从不以此为资本，夸耀自己，抬高身价。

“不为浮云遮望眼，只缘身在最高层。”张恨水就是张恨水。或许正是源于这种超越，才让张恨水拥有率真与独立，进而规避了一种狭隘与肤浅，成就了一种旷远与深刻，把“口碑”留在了人民心中，留在历史的深处。

创造：张恨水的风采

老子在《道德经》中说：“天之道，利而不害；圣人之道，为而不争。”张恨水可谓这样的“圣人”，他不问收获，只管耕耘，彰显着的，正是一位“中国写家”那种不息创造、不辍创作的风采。

孔子在《论语·宪问》中有言：“古之学者为己，今之学者为人。”张恨水不为追功逐利，不为沽名钓誉，只为实现“修齐治平”的人格理想，而默默笔耕不辍达五十余年。张恨水的创作激情和创作实绩，使他成为耐人寻“味”的现代大作家。他写出三千多万言，却一直说“写小说”只是自己的业余，正如他出身武门却成为文学大师一样，这正是“张恨水现象”中的“味点”之一。张恨水视小说为“小道”，言其“卑之无甚高论”，自比“草间秋虫，自鸣自已”，在这种平和甚至非常谦卑的心理状态下，在那风起云涌的动荡岁月，特别是在重庆岁月，一直兀兀独行，始终坚守自己的信念，坚定自己的追求，坚持自己的风格，写出了“文学与文化的金字塔”。

他关注主流，尊重主流，但从不盲目地“逐流”；他远离浊流，冷眼浊流，从不合污同流；他兼收并蓄，从善如流，精进不已，却不失“这一个”。

张恨水堪称“文坛独行圣”。他是中国现代文学中的一个“另类”，是一个不能以通常标准来衡量的人。五四时期，当一批新文化人以革命的手段将中国传统文化从内容到形式进行全面改造甚至全盘否定之时，张恨水出于对中国传统文化的自信与忠诚，出于为中国老百姓服务的自觉与真诚，发出了不同的声音。他说：“新派小说虽一切前进，而文法上的组织，非习惯读中国书、说中国话的普通民众所能接受——我们没有理由遗弃这一班人。”于是，张恨水以“旧瓶装新酒”的方式对章回小说进行改革，有人称他是“成功实现中国传统小说现代化”的改良者。

张恨水是最有过程感的作家，他坚持与时俱进，从不故步自封，各个不同时期，他都有各不相同的代表作问世，俨然一个时代的风俗画卷。有的作家恍如一条小溪，一经踏入便可见底；有的作家犹如大海，汪洋恣肆，奥妙无穷，张恨水先生就是这样的大海。他曾以长江水聚沙成上海的崇明岛来表明他的“进行时态”：“然千百年前，初无此岛，盖江水挟泥沙以俱下，偶有所阻，积而为滩，滩不能为风水卷去，则日积月累，一变为洲渚，再变为岛屿，降而至于今日，遂有此人民城市，田园禽兽，卓然江苏一大县治矣。”（张恨水《春明外史》后序）张恨水三千万言，恰如崇明岛日积月累一样，正是他不倦前行、不辍笔耕的结晶，这种“成于渐”的“行”程，古今鲜见！

不仅如此，张恨水还做到了“大”与“小”的统一。他有大眼光、大情怀、大智慧、大手笔，却非常低调，自比“老黄牛”“徽骆驼”“拉磨的驴”“草间秋虫”等等；他有大忠，又有至孝；他有大仁，又重情义。“卖文卖得头将白，未用人间造孽钱”是他的清白；“含笑每忘人负我，率真无碍鬼为邻”是他的坦率坦诚；“但求儿女能医俗，赖有文章不算贫”是他的自信自重……如果以现在的语义来解读张恨水，张恨水不仅是名副其实的“抗战英雄”，而且是名副其实的“劳动模范”，是名副其实的文坛奥林匹克赛场上的“全能冠军”。

（原载 2016 年 1 月 16 日《安庆晚报》）

（作者系安徽省张恨水研究会常务理事）

张恨水研究三十年

谢家顺

张恨水是中国现代通俗文学的开创者。由于众所周知的原因，他很长一段时间竟然被现代文学史忽略。张恨水作为一种文学现象，其创作的3000多万字的作品，自20世纪80年代以来，开始受到学界的重视，并经历了从宏观的“辩诬”与“正名”到微观的“深化”与“拓展”的过程，出现了一批富有见地的研究成果。

1980年至1989年：辨正性研究——重新认识与整体评价

从1924年张恨水长篇小说《春明外史》的发表到1949年中华人民共和国成立，直至“文化大革命”结束，人们对张恨水及其作品的评价褒贬不一、毁誉参半。这些评价以批评为主，评论视角狭窄；有些批评呈现出简单的阶级化、政治化倾向，缺乏对作品文本的思想、艺术风格的理论高度方面的解析。20世纪80年代，学界开始重新审视张恨水，在“反思”中对张恨水进行“再认识”。

1. 张恨水开始进入文学史。

1980年12月，由国家教育部统一组织编写，唐弢、严家炎主编，人民文学出版社出版的高等学校中文系专业教材《中国现代文学史》，用一千字左右的文字介绍了张恨水，认为张恨水“是一位具有爱国心的作家，在时代的教育和磨炼下，获得了可喜的进步”，是“三四十年代出现的由鸳鸯蝴蝶派向新小说过渡的代表性作家”。[①]这是首次见诸文学史的有关张恨水的权威性的评论，具有代表性。

1987年，由钱理群等人主编的《中国现代文学三十年》，对张恨水给予了更多的关注，认为张恨水的重要作品，“是以章回言情小说反映市民思想意识，通过恋爱悲剧反映北洋军阀统治的黑暗”，“在思想上有轻微的反封建的积极意义，具有进步性”，“在注意满足读者对象的欣赏习惯、文化心理与要求方面，是能够给现代小说的发展提供有益的启示的”。[②]

1989年5月出版的朱德发等人主编的《新编中国现代文学史》，则首次以专章方式对张恨水进行了介绍。

2. 逐渐形成“张恨水研究热”。

①开启性研究。1982年，《新文学史料》第1期发表了张友鸾的《章回小说大家张恨水》，介绍了张恨水曲折的创作经历，并对其几部重要的代表作逐一给予了介绍，纠正了对张恨水的一些不公正的

① 唐弢、严家炎《中国现代文学史（三）》，人民文学出版社1980年版。

② 钱理群、吴福辉、温儒敏、王超冰《中国现代文学三十年》，上海文艺出版社1987年版。

误解。张友鸾认为，张恨水是“章回小说大家”，其最主要的作品“主要矛头都是指向封建主义的”，是“社会进步的催化剂”，“他的作品多少是于革命有利的”。[①] 这一观点，成为从积极的建设的意义角度评价张恨水的第一人。与此同时，范伯群发表了《论张恨水的几部代表作——兼论张恨水是否归属鸳鸯蝴蝶派问题》，文章从五个方面论证了张恨水在“意识方面”虽“还属于旧派作家”，但与旧派小说相比又具有明显的“发展与变化”，作品的思想性呈现出“新貌”,“就张恨水本人而言，我们认为他是由鸳鸯蝴蝶派向新小说过渡的代表性作家”。[②] 这一研究，建立在对张恨水作品进行重新解读的基础之上，从 20 世纪中国文学整体发展进程中，从文学传统向现代性转换的视角，重新解构张恨水在中国现代文学史上的意义，具有开创性意义。

②形成张恨水研究热潮。继张友鸾、范伯群的两篇文章之后，大量回忆、介绍评述性文章及专著纷纷涌现。具有代表性的有：1981 年《新闻与传播研究》第 1、2 期刊登的张恨水《写作生涯回忆》及四川人民出版社出版的《我的写作生涯回忆》，1982 年《新文学史料》第 1 期上刊登的张晓水、张二水、张伍的长篇回忆文章《回忆父亲张恨水先生》，1989 年香港广角镜出版社出版的张明明的《回忆我的父亲张恨水》，1986 年天津人民出版社出版张占国、魏守忠编的《张恨水研究资料》等，成为张恨水研究的重要史料；1987 年黄山书社出版的董康成、徐传礼的《闲话张恨水》，是第一部张恨水传

---

① 张友鸾《章回小说大家张恨水》，《新文学史料》1982 年第 1 期，第 74 页。

② 范伯群《论张恨水的几部代表作——兼论张恨水是否归属鸳鸯蝴蝶派问题》，《文学评论》1983 年第 1 期，第 88 页。

记性著作，1988年湖南文艺出版社出版的袁进的《张恨水评传》，是20世纪八十年代出现的学术性较强的全面研究张恨水的专著。作者认为，张恨水是“由旧向新转换过渡的小说家”，他“领导了通俗小说变革的潮流，改良了章回小说，使通俗小说出现了一个崭新的局面”，“实际上承担了促进新文学与通俗文学交流，帮助通俗文学跟上时代的发展的作用”，他“又是五四以来最出色的通俗小说家，领导了中国通俗小说由近代向现代的过渡，起到了承前启后的作用，这是他为中国现代文学做出的最大贡献”。[①]

这一时期最引人注目的，则是1988年10月在张恨水故乡安徽潜山召开的“首届张恨水学术研讨会”，此次会议就张恨水“是否属于鸳鸯蝴蝶派”以及“言情”和“通俗”等问题，进行了较为深入的研讨。

总体来看，20世纪八十年代的张恨水研究，具有明显的时代局限性，没有完全摆脱“二元”对立的思维模式，对作为“文学家的张恨水”意义认识不够，对张恨水现代通俗小说创作的本体性审美探讨不足。从某种角度上说，这种研究仍是一种意识形态主导下的研究。

1990年至1999年：定位性研究——还原历史与科学定位

进入20世纪90年代，张恨水研究以1994年召开的第二次张恨水学术研讨会和1997年在北京召开的“张恨水与中国通俗文学研讨会”为标志，从五四新文学、现代通俗文学的生成及20世纪中国文

① 袁进《张恨水评传》，湖南文艺出版社1988年版。

学的发展走向等方面阐释张恨水及其现代通俗小说的价值。

1. 张恨水与中国通俗文学。范伯群的《张恨水研究和通俗文学理论建设工程》一文，将张恨水研究与中国通俗文学的发展和通俗文学理论建设结合起来，探索现代通俗文学的普遍性审美特征，建立通俗文学新的审美规范。文章认为，张恨水研究是一个重要而庞大的课题，通过张恨水的研究，“探究通俗文学的若干重大问题”，并通过对一些具体问题的深入研究，努力发现“通俗文学的自在自律的运行规律和审美标准”，从而“探明通俗文学创作得以健康发展的客观规律”。[①]

2. 张恨水与20世纪中国文学。杨义的《张恨水：热闹中的寂寞》一文，从张恨水在20世纪中国文学发展的转型中的“历史感”上对张恨水进行了定位。“文学史一旦正视张恨水现象，就不难发现，他可以被视为20世纪中国文学由传统向现代转型的一个典型……不研究张恨水，就很难真正理解中国小说在20世纪转型过程中沉重的失落感，以及突破旧程式的艰辛步伐。”张恨水的文学史价值表现在：“（一）他代表着民国年间通俗文学的最高成就，代表着对章回小说非常执着而有才华的改良。（二）他以特定的身份和特定的视角，代表着对传统文学智慧的继承和点化，对新文学智慧（包括外来文学智慧）的某种程度的借鉴和吸收，从而精进不已地促进自己从旧文学营垒中探出头来，迈出脚来，最终达到可以和新文学相比较的探索者地步。（三）他以一个报人的开阔视野、丰富阅历和敏锐感觉，在大量的作品中以特殊的方式展示了二十年代到四十年代中国社会

① 范伯群《张恨水研究与中国通俗文学理论建设工程》，《通俗文学评论》1994年第4期，第23页。

的奇闻逸事、风俗习惯、民间疾苦、民族情绪和政治经济热点。"[①]基于此点认识，杨义在《中国现代小说史》中，称张恨水是中国文学史“最后一个大小说家”，是中国章回小说蜕变和衰落过程中崛起的“一个迷惑的高峰”，“既是旧派章回艺术的集成者，又是章回小说蜕变期在探索和扬弃中获得新的生命之一人”。[②]与之观点相似的是孔庆东，他在《走向新文学的张恨水》一文中，着重探讨了张恨水在中国现代文学史上的“过渡性”，认为张恨水现代通俗小说创作的成功，特别是他小说的强烈的“叙事性”，对三十年代中国新文学小说，特别是以茅盾的《子夜》、巴金的《家》为代表的现代长篇叙事小说的产生，起到了相当重要的启示作用。[③]

3. 张恨水与“双峰并秀”。如何在历史的坐标系上来评价张恨水？著名作家邓友梅称鲁迅是纯文学大师，张恨水是通俗文学大师，他们“如双峰对峙，似二水分流”。安徽大学徐传礼认为，张恨水和鲁迅分别是20世纪中国通俗文学与纯文学的大师，是“双峰高下相望，二水分合长流”。苏州大学范伯群对以上观点又作了进一步的阐述，认为在纯文学作家中，鲁迅是高峰，在通俗文学作家中，张恨水是高峰，两者是不同文学领域中的“双翼”，是一种“双峰并秀”的关系，即纯文学与通俗文学本来就应该是一种“并存”和“互补”的关系，但要进行“必要的、可行的比较研究”。[④]这些观点从唯纯文学、严肃文学是尊的思维定势中解脱出来，为研究者提供了新的研

---

① 杨义《张恨水：热闹中的寂寞》，《文学评论》1995年第5期，第89页。

② 杨义《杨义文存第二卷》，人民出版社1998年版。

③ 孔庆东《走向新文学的张恨水》，《通俗文学评论》1998年第1期，第11页。

④ 范伯群《张恨水研究与中国通俗文学理论建设工程》，《通俗文学评论》1994年第4期，第23页。

究视角。

4. 张恨水作品文本分析与专题研究。

立足张恨水作品文本，对其进行解读与阐释，是正确评价张恨水创作得失的保证。美国学者王晓薇从哲学高度解读张恨水的成名作《春明外史》，指出该小说呈“双极律”结构特点，是“由一系列的相对观念组成”的。[①] 张凉的《张恨水和琼瑶言情小说比较研究》一文运用比较的方法，分析了张恨水与琼瑶小说的异同点，指出“就其摄取表现生活的角度和方法而言，张恨水是将社会小说的成分纳入言情小说的，具有‘世情小说’特征，琼瑶的小说则主要体现‘纯情小说’特点”。[②] 徐永龄对张恨水散文《山窗小品》进行专门研究，认为其主体意识体现在鲜明的社会意识、朴素的平民意识，崇尚自然美、诗情美、绘画美和意趣美，多角度地表现了作家的精神风貌与心灵世界，在写作水平上也达到了散文艺术的极致。[③]俞乃蕴的《张恨水诗的语言艺术》是研究张恨水诗词的力作，他认为，张恨水诗语言“朴质，大巧之朴；辛辣，一串红红的辣椒；真情，肺腑间流淌的诗”，“和他的小说语言有着异曲同工之妙”。[④]

这些研究不仅仅局限在张恨水小说，还涉及散文、诗词等诸多体裁，体现了宏观与微观相结合的研究特色。

这一时期，还有学者引进西方的叙事学理论来研究张恨水的小

---

① 王晓薇《论〈春明外史〉的小说结构》，《春明外史后记》，中国新闻出版社 1985 年版。

② 张凉《张恨水和琼瑶言情小说比较研究》，《通俗文学评论》1994 年第 2 期，第 14 页。

③ 徐永龄《透视作家心灵世界的窗口——论张恨水散文〈山窗小品〉的主体意识》，《安徽教育学院学报》1993 年第 3 期，第 76 页。

④ 俞乃蕴《张恨水诗的语言艺术》，《江淮论坛》1998 年第 2 期，第 99 页。

说创作。焦玉莲认为张恨水的《斯人记》，小说文本“显现出典型的‘环境小说’的独特叙事结构形式”，“叙事风格较为独特”。[①]有学者从张恨水小说的美学特征入手，来探讨其复杂的文化心态。袁进以“接受美学”的方法，探讨张恨水之所以成功是因为“章回体”是“每一个中国读者熟知的小说形式”，从而“消解了读者与作品的美感距离”，易为中国人所接受。燕世超的《论张恨水环境小说的叙事结构和悲剧意蕴》则从叙事方式、人物命运、作者文化观念和结尾的安排等方面论述了环境小说的叙事结构与社会生活、传统文化间的内在联系。[②]

这十年张恨水研究的一个重要特点，是一些专门的文学史设专章全面介绍并评论张恨水及其创作，代表性的史学著作有杨义的《中国现代小说史（上、中、下）》、朱德发主编的《中国现代文学实用教程》和张炯、邓绍基主编的《中国文学通史·现代文学编》。

2000年至2010年：深化性研究——多维视角与纵深拓展

新世纪之初的十年，以先后召开的四次张恨水学术研讨会为标志，使张恨水研究向纵深拓展。无论是2000年、2002年在张恨水故乡安徽潜山召开的第四次学术研讨会、“张恨水·天柱山·旅游文化”研讨会，还是2005年、2008年分别在安徽合肥、芜湖、池州召开的“张恨水抗战作品研讨会”“张恨水与中国传统文化”和“新时期

---

① 焦玉莲《张恨水长篇小说〈斯人记〉的叙事结构》，《齐齐哈尔大学学报》1999年第4期，第54页。

② 燕世超《论张恨水环境小说的叙事结构和悲剧意蕴》，《汕头大学学报》2000年第4期，第15页。

张恨水研究”国际学术研讨会，不仅深化了对张恨水的总体评价，而且在分体研究、比较研究、现实研究等方面取得了纵深入微的进展，诸如细读文本的新批评等研究方法的运用，使得研究者从文化学、社会学、民俗学、新闻学等视角去解读张恨水，比如张恨水与中国通俗文学的关系，张恨水与狄更斯、老舍、赵树理、金庸的比较，张恨水小说中女性问题的探讨，张恨水报人角色剖析，张恨水作品中旅游文化的发掘，张恨水诗词联及散文的探讨，张恨水小说语言艺术的鉴赏以及儒佛道文化和地域文化对张恨水创作影响的探讨，都是这一时期张恨水研究多维视角的具体展现。

就张恨水抗战作品而言，张恨水是中国“抗战小说”创作量最多的作家，完成了中国的“抗战小说”由“难”转向“战”的提升，以作家敏感、细腻与新闻工作者平实、客观相结合的独特视角，对重大的历史事件与大量的生活细节进行筛选，写出了跨越十几年的民众苦难史和抗争史，为后人留下了一份珍贵的战争记忆，展现了一部内容浩繁但通俗易懂的国难史、悲情生活史和感性的心灵史，是中国现代文学史上“国家意识”最为鲜明的作家之一。而张恨水的《大江东去》《虎贲万岁》等小说，则是表现正面抗战战场的为数不多的文学作品，尤显珍贵。

就张恨水与中国传统文化关系来说，研究者既有从宏观层面进行综合考察的成果，又有通过某一具体文本透视传统文化对张恨水影响的成果，这些成果不仅考察了张恨水在多大程度上接受中国传统文化的影响，还从艺术反映能动性角度考察了张恨水在多大层面上影响中国传统文化的延续。从微观上看，儒佛道、地域文化、民俗文化、俗文化、戏曲文化等传统文化因素在张恨水作品中均有体现并对其创作产生了影响。张恨水的作品以建立传统文化的现代化为思想前提，他在传承中国文学传统中，将新元素渗入传统章回小说的文本，建立了说故事、写人物的新模式，使章回小说具有了新的艺术色彩和新的思想含量，同时注意到新文学过于浓郁的欧化倾向教训，努力打造代表传统文化精髓的本土化语言，以符合中国人的阅读习惯，满足当时的市场要求，使传统文化的优秀因素得以走向大众并启蒙大众。同时，张恨水又因传统文化的某些负面影响而带来了创作上的缺失，比如才子气中显示的中庸人格倾向，表现在作品中即崇尚人治，缺乏现代性法制启蒙思想；讲究忠孝固然有合理成分，但因抱有正宗的国家民族意识而把无产阶级革命者形象排斥在外就有失公允。由此在传统与现代之间游走的结果是，中国传统文化在成就了张恨水的同时又限制了张恨水。

这一时期一个欣喜的研究成果是，出现了一批专门性的文学史教材与学术研究专著等。一是专门文学史中张恨水的地位得到提升。如范伯群主编的《中国近现代通俗文学史》、张华的《中国现代通俗小说流变》、谢庆立的《中国近现代通俗社会言情小说史》及范伯群、孔庆东主编的《通俗文学十五讲》、黄修己主编的《20世纪中国文学史》、谢家顺主编的《张恨水小说教程》。二是从新的视角专门探讨张恨水作品的艺术价值。代表性的著作有谢家顺、林斗山、葛便南的《张恨水对联艺术论稿》，赵孝萱的《两岸文化星系："鸳鸯蝴蝶派"新论》和《世情小说的承继与转化：张恨水小说新论》，朱周斌的《怀疑中的接受——张恨水小说中的现代日常生活》，温奉桥的《张恨水新论》和《现代性视野中的张恨水小说》，刘少文的《大众媒体打造的神话——论张恨水的报人生活与报纸化文本》。

此外，这一时期，张恨水研究的课题首次被国家社科基金立项，从而为张恨水研究提供了资金与条件保障。如谢家顺申报主持的《张恨水年谱》被批准列为2010年国家社科基金研究项目，此项目的立项，对搜集、整理、甄别张恨水史料工作将起到积极的引领作用。与此同时，张恨水研究受到高校科研院所的硕士、博士研究生的关注，显现了张恨水研究的新生后继力量。据不完全统计，新世纪的十年，仅硕士、博士学位论文即近四十篇。这些论文，观点新颖，视角独特，对从更高更深层地研究张恨水提供了可资借鉴的思路与范本。

从对新时期三十年张恨水研究的一番梳理中，我们看到，张恨水研究在经历了思想上的“拨乱反正”之后，在较短时间内获得了迅速发展，研究视野逐步从狭窄走向开阔，出现了具有标志性的学术成果，但同时，也出现对张恨水评价进行人为拔高的现象；研究者们大多注重对张恨水小说的研究，而对张恨水的散文、杂文、诗歌等创作的研究并没有引起足够的重视，这就造成了如何把握一个完整而真实的张恨水的缺憾。今后如何夯实张恨水研究基础、进一步开拓新的研究空间？在我看来，理应力求寻找张恨水作品的历史性与当代性的结合方面的结合点，在研究思路、研究方法和视野上有新的突破。

首先，要重视现有史料的甄别、归类，尤其是佚文、图片等原始史料的搜集、整理工作。其次，拓宽研究视角，引进新的研究方法，拓展研究视野，将张恨水研究置于更广大的历史背景框架中去考察。从20世纪中国文学、中国文化现代化的历史文化语境中，探讨张恨水对于中国文学、中国文化从传统到现代转型过程中的历史性、独特性贡献，进而对20世纪中国文学、中国文化现代化的价值取向与历史进程，做出理性的历史评判；更进一步地从文学、文化学、新闻传播学、民俗学、社会学、宗教学、美学、经济学、史学等视角，进行诸如艺术与市场的双重制约对张恨水小说创作的影响，报纸媒介的传播与张恨水小说创作的互动等横向的纵深研究。第三，要加强张恨水作品的当代性意义研究。通过对张恨水诸如如何完成对传统章回小说艺术样式的创造性改革，实现传统文化审美心理和现代生活的成功“对接”等问题的深入研究，进而为21世纪中国文学、中国文化的发展战略，提供经验借鉴。

（原载《中国现代文学研究丛刊》2012年第6期）

（作者系池州学院文学与传媒学院教授、安徽省张恨水研究会副会长）

后 记

在中国传统习俗中，传说农历正月初七这一天，是人类的诞辰日，即人的生日。五十年前的公元1967年2月15日，也就是农历丁未年正月初七，晨，家人为张恨水先生穿鞋时，他忽然仰身向后倒去，因脑溢血发作与世长辞，永远地离开了我们。

作为后学，我无法感受先生离世时的历史环境，于是，我翻开了当天的《人民日报》，在第一版上赫然刊登的头条稿件是《欢迎革命的领导干部站出来造反》。先生无声地走了，走在无产阶级“文化大革命”即将拉开帷幕的前夜。

先生走了，他留给我们的是包括小说、诗词、散文、戏剧、杂文、楹联在内的，共计三千多万字的作品——一座文学的金字塔，为后人提供了一笔宝贵的精神财富。

先生的一生，常常伴随的是争议，然而先生生前一直很低调，因为他相信自己的作品，相信读者的眼力与评价。即使是1944年他五十岁生日那天，重庆新闻界为他举办寿辰庆祝活动，他躲到了南温泉，写了个《总答谢》，表达了对朋友们盛意的感谢之情。还有就是对自传的态度，他认为自己“是个很微末的人物”，“向来反对自传一类的文字”。但是，他还是打破了常规，在1949年年初，写下了长篇回忆文字《写作生涯回忆》，说“在我百年之后，从朋友手里拿出我的亲笔供状来，不失人家考张恨水的一点材料”。感谢先生的先见之明！

先生生前七十二年，身后五十年，围绕他及其作品到底发生了些什么，在先生逝世五十周年之际，为表达对先生的缅怀之情，我们选编了这本纪念文集。旨在透过文集里的文字，反映先生的一生及其创作风貌，以及社会变迁。编选的原则，一是时间上涵盖上世纪二十年代至今；二是内容上力求遴选那些尚未公开或具有代表性观点的文章，尽量从不同角度全面地反映张恨水其人其作品的全貌。需要说明的是，张恨水先生是近百年来学术界争议最多的作家之一，这从先生成名作《春明外史》发表之后就开始了。基于文集的纪念性，编选时，对那些左的、谩骂式的以及言过其实的文章，均未纳入甄选范围，仅选取说理的、内容充实、具有真情实感的文章。整个文集由序言、自述和子女与亲属、同事与生前好友、后学的怀念文章及学界评论，以及附录等部分构成，对文章中个别地方因作者记忆原因，造成时间或事实上的出入，均用括弧“编者注”的方式予以说明。而选编的文章大多来自文章在报刊、书籍的首次发表，不作任何改动，保持历史原貌，比如，先生的长篇自述《写作生涯回忆》就全文选取的是1949年北平《新民报》的报纸连载版本。值得一提的是，文集有近一半文章系首次面世，如郝耕仁、马彦祥、左笑鸿等生前好友的文章。之所以这样做，目的在于给读者提供第一手原始史料，让读者最大程度地去感受当时的历史场景，去感受作者字里行间对先生的依依缅怀之情。

衷心感谢张恨水子女张伍、张全先生及张明明、张正女士，亲属桂力敏、张一莉、史南平女士及张立学、张羽军、洪克珉、张一骐、桂力太等先生，张恨水生前好友的后人，以及来自海内外关注并从事张恨水研究的专家学者，安徽省政府参事室（省文史研究馆）张恨水研究中心，安徽省张恨水研究会，池州学院通俗文学与张恨水研究中心，尤其是北京鸿儒文轩文化传播有限公司的大力支持。囿于文集的主题和篇幅，众多优秀论文未能选入，对此深表歉意。对于遴选的文章，在文末均标明文章来源和作者简介，敬请作者告知联系方式，我们将惠寄样书以作纪念。

编写张恨水纪念文集，是我们第一次尝试，难免挂一漏万，其错误或不足敬请朋友们批评指正。

编者

丁酉正月初七立春日于小城池州

附录：

总答谢

——并自我检讨

恨 水

谢谢各位前辈，谢谢各位朋友，谢谢文艺抗敌协会，谢谢新闻协会。

用甲子推算，今年是不才五十岁，又以试学写作（实在谈不上创作）的日子计算起，东涂西抹今已有三十四年。实行作新闻记者之日算起，今已有二十六足年。朋友们觉得我这辈子太苦了，要替我作五十岁，安慰一下。而把写作整数外的零头，加入当新闻记者的年月，则各得三十年。又要借贱辰和我作个三十年的写作与从业的纪念。我是乙未年旧历四月二十四日出生，当朋友打听我这个日子时，我总是瞒着。但我心里又搁不住事，日子久了，我终于说出来，“我是某日生，谁要和我作生日，谁就是骂我”。而朋友的答复更幽默："我们就骂你一次。"这真无法了，我就预拟了个计划，学学要人，届时来个避寿，溜之大吉。

在这个过程中，一班老朋友，已暗暗地拟好了庆祝大会的节目。乃是《新民报》成渝两社，分在应渝茶会，几张刊物出特刊。而文艺界抗敌协会，以不才是第一届理事，至今是会员。新闻协会以我是监事，又以我是同行中的一个老跑龙套，也要加入作茶会的主人。照说，这种光荣的赐予，我应当诚恳的接受。可是我想到物价的数字，我也立刻想到不应当由我这百无一用的书生而浪费。而且我的朋友，不是忙人，就是穷人。对忙朋友，不应当分散他的时间，对穷朋友不应当分散他的法币，于是我变为恳切的婉谢。几位老朋友劝之不行，老实（是）说我过分的矫情。而且特刊的文字，都已预约好了，《万象》周刊，且已排版。无法，我只好默许了文字的奖励，当为拜领，其他一切仪式从免。朋友仍不许可，直到贱辰的前两日，依然僵持，而茶会请柬，已不能发出，方才罢休。可是成都方面的仪式，我又无法阻止，也只有遥遥地敬领了。

在重庆虽一切仪式无从实行，但朋友的盛意，我是万分感激的。而成都方面的仪式中，大概有许多是神交已久未曾谋面的朋友，尤其让我感谢。就是重庆方面，也有许多神交，纷纷到新民报社祝贺，致令扑空而归，更让我惶悚无地。至于过重的赠与，不敢捧领，当一一璧回。以上这些话，无关文艺，我不能不有个交代，占去报纸许多篇幅，我是引为歉然的。其次，对特刊朋友的溢美的奖许，我愿借这个机会，自我检讨一下，更求以后衷期的指教。

写述方面，不才写了三十四年的小说，日子自不算少，其累积到将近百种，约莫一千四五百万字，毋宁说那是当然，何况写作，并不重量，这无足为奇。关于散文，那是因我职业关系，每日必在报载上若干字，急就章的东西应个景儿而已，有时简直补白作用，因之毫无统计，只当下了字纸篓。这个，朋友也替我算过，平均以每年十五万字计算，二十六年的记者生涯，约莫是四百万字。这就是朋友谬奖我二千万言的写述。若果如此，那末杂货店的流水帐，也可算作立言，三十年的时间，谁又不能拿出数十万字的文章来呢？此外，朋友又谈到我的词曲和诗。诗，我曾弄过一点消遣，从前，一年可写百十首，多近体，近七八年来，写诗比文人打牙祭的次数还少，无足称道。词，我是二十四岁才学的，恐怕至今没有成熟。曲，我不懂音律，生平不曾填过十个散套，不知朋友怎样会把制曲来许我？

我报过了量，再谈质罢。我毫不讳言地，我曾受元初鸳鸯蝴蝶派的影响。但我拿稿子送到报上去登的时候，上派已经没落，《礼拜六》杂志，风行一时了。现代人不知，以为鸳鸯蝴蝶派就是礼拜六派，其实那是一个绝大的错误。后者，比前派思想前进得多，文字的组织也完密远过十倍。但我这样说，并不以为我是礼拜六派，远胜鸳蝴派。其实到了我拿小说卖钱的时候，已是民国八九年，礼拜六派，也以五四文化运动的巨浪而吞没了。我就算礼拜六派，也不是再传的孟子，而是三、四传的荀子了。二十年来，对我开玩笑的人，总以鸳鸯蝴蝶派或礼拜六派的帽子给我戴上，我真是受之有愧。我决不像进步的话剧家，对“文明戏”三字那样深恶痛绝。

在“五四”的时候，几个知己的朋友，曾以我写章回小说感到不快，劝我改写新体，我未加深辩。自《春明外史》发行，略引起了新兴文艺家的注意。《啼笑因缘》出，简直认为是个奇迹。大家有这一个感想，丢进了毛厕的章回小说，还有这样问世的可能吗？这时，有些前辈，颇认为我对文化运动起反动作用。而前进的青年，简直要扫除这棵花圃中的臭草。但是，我依然未加深辩。

我为什么这样缄默？又为什么这样冥顽不灵？我也有一点点意见。我觉得章回小说，不尽是要遗弃的东西，不然，《红楼》《水浒》，何以成为世界名著呢？自然，章回小说，有其缺点存在，但这个缺点，不是无可挽救的（挽救的当然不是我）；而新派小说，虽一切前进，而文法上的组织，非习惯读中国书、说中国话的普通民众所能接受。正如雅颂之诗，高则高矣，美则美矣，而匹夫匹妇对之莫明其妙。我们没有理由遗弃这一班人，也无法把西洋文法组织的文字，硬灌入这一班人的脑袋。窃不自量，我愿为这班人工作。有人说，中国旧章回小说，浩如烟海，尽够这班人享受的了，何劳你再去多事？但这有两个问题，那浩如烟海的东西，他不是现代的反映，那班人需要一点写现代事物的小说，他们从何觅取呢？大家若都鄙弃章回小说而不为，让这班人永远去看侠客口中吐白光、才子中状元、佳人后花园私订终身的故事，拿笔杆的人，似乎要负一点责任。我非大言不惭，能负这个责任，可是不妨抛砖引玉（砖抛甚多，而玉始终未出，这是不才得享微名的缘故），让我来试一试，而旧章回小说，可以改良的办法，也不妨试一试。我向来自视很为渺小，失败了根本没有关系。因此，我继续的向下写，继续着守着缄默。意思是说，不必把它当一个什么文艺大问题，让事实来试一试，值不得辩论。若关于我个人，我一向自嘲，草间秋虫自鸣自止，更不必提了。

为了上述的原因，我于小说的取材，是多方面的，意思就是多试一试。其间以社会为经、言情为纬者多，那是由于故事的构造，和文字组织便利的缘故。将近百种的里面，可以拿出来见人的，约占百分之七八十，写完而自己感觉太不像样的，总是自己搁置了。

也有人勉强拿去出版的。我常是自己读之汗下，而更进一步言之，所有曾出版的书新近看来，都觉不妥，至少也应当重修庙宇一次。这是我百分之百的实话。所以人家问我代表作是什么，我无法答复出来。

关于改良方面，我自始就增加一部分风景的描写与心理的描写。有时，也特地写些小动作。实不相瞒，这是得自西洋小说。所有章回小说的老套，我是一向取逐渐淘汰手法，那意思也是试试看。在近十年来，除了文法上的组织，我简直不用旧章回小说的套子了。严格的说，也许这成了姜子牙骑的“四不像”。由于上述，质是绝不能用量相称，真是“虽多亦奚以为”？

从业方面，在十八九岁的时候，我对新闻事业，发生了兴趣。二十岁到汉口，有些朋友，正是新闻记者。因此，我常写些不高明的稿子给他们补白，大概是旧诗、游记、戏评等类。直到二十四岁，我才到芜湖《皖江日报》当总编辑，兼编副刊。那个时候，在内地当记者，用剪刀得来的材料，比用笔写的多百分之八九十。所以总编辑云者，那是个纸老虎。同年秋间，我到了北平，本打算入北大作旁听生（许多人疑我是北大学生，其故在此）。但到了以后，在一个上海驻京记者那里帮忙，地在南城，到北大太远，原意暂搁。不久入北京《益世报》作助理编辑，转职熬夜看大样，更谈不到求学。事后曾在世界通信社、联合通信社、《今报》当编辑，并继续在《申报》驻京记者处帮忙。《益世报》早已调我为天津《益世报》通信。同时，又为上海《申报》《新闻报》通信，我又干上采访了。至民国十三年，入《世界晚报》编副刊，十四年兼编《世界日报》副刊，并曾一度任总编辑。十七年任北平《朝报》总编辑。到十八年，我在南北各报，特约长篇小说增多，我才把世界日报晚刊的副刊事务辞去。中间相隔一个极长的距离。到二十三年，我才任上海《立报》的编辑。二十五年，我在南京，自创《南京人报》，至南京撤退，报始停刊。入川后，在《新民报》编了两年副刊。以后只写写东西而已。根据上述的经过，我是内外勤及经理部都干过的人，透着职务不专。在这样长的时间中，我竟没有写过一本新闻学的书，未免太不长进。

写述三十四年，成绩如彼，当新闻记者二十六年，成绩又是如此，朋友要和我纪念，我自己问心，不惭愧吗？假如茶会真开了，一个面白无须、身着旧川绸长衫的措大，在许多来宾中公然受贺，那窘状是不可想象的。朋友说我矫情不如说我知趣。朋友，以为如何？虽然，十六日那天，许多老朋友终于请着夫人和小天使，不嫌长途跋涉，光顾到建文峰下，把三间茅屋涨破了，“桃花潭水深千尺”，我无法形容老友给我的温暖。学一句希特勒语吧：“上苍假我数年”，到了六十岁以及七十岁，那时，我或者收入较好。我当在北平中央公园的来今雨轩，备一杯茶，请老友赏晚开的牡丹；或者在南京后湖公园，请老友吃樱桃，以补偿今日的慢待。

最后，对于《新民报》蓉社茶会，蒙各位先生赐顾，未能亲到道谢，并志歉忱。还敬祝一切朋友健康！

（1944年5月16日为庆祝张恨水五十寿辰与他创作三十周年，《新民报》重庆、成都两社分别举行茶会祝贺，《新民报》等报出版纪念特刊。此文5月20、21、22日分上、中、下三次连载于重庆《新民报》，是张恨水对各方面对他的祝贺的致谢词）

叶落归根　“山水”相依

——张恨水铜像揭幕暨骨灰安放仪式侧记

胡劲松 / 记者

储北平　聂玲慧 / 通讯员

一代通俗文学大师，魂归故土。2012 年 10 月 12 日，在全省及社会各界的努力下，张恨水先生最终在故乡潜山县入土为安。天柱山、张恨水，“一山一水”相互辉映，必将为当地乃至全省的文化旅游增光添色。

魂兮归来　青山何幸

巍巍天柱，悠悠皖河。上午十点，在潜山县博物馆，苍松翠柏掩映下，修葺一新的张恨水墓园格外肃穆。在家属和亲属的陪同下，中国现代通俗文学大师张恨水先生的骨灰正式安放在其间。在遗骨辗转他乡20多年后，一代大师终于落叶归根，长眠故里。

张恨水长女张明明、幼子张仝、小女张正以及30多位亲友参加了骨灰安放仪式。来自全国各地的张恨水研究会的专家，省、市、县各级领导共同见证了这一时刻。随同骨灰一起回乡的，还有张恨水生前最爱看的2500多册《四库备要》目录，以及部分遗物和62本《张恨水全集》照片。

“四十五年了，我终于帮丈夫完成了父亲的遗愿！”张恨水长媳周维兰感慨。

“有了张恨水，潜山才有了人文意义上的高山仰止。”在现场，张恨水研究会副会长郑炎贵热泪盈眶。

张恨水享有“民国第一写手”“中国第一畅销书作家”“通俗文学大师第一人”等美誉。身后留下了《春明外史》《金粉世家》《啼笑因缘》《八十一梦》等代表作，其中多部作品被改编成影视剧，深受观众欢迎。

潜山县博物馆馆长李丁生告诉记者，早年，在规划张恨水墓园时，张恨水的女儿张明明曾提出，张恨水是布衣作家，喜爱宁静的生活，因此墓园的规模不要大，肃穆宁静就好。著名设计公司根据张恨水题画中的诗句“看云小息长松下，自向渔矶扫绿苔”的意境，设计了墓园的外部景观。

由于新的纪念馆还未建设完毕，目前，张恨水先生的主要事迹和物品还保存在老纪念馆内。李丁生介绍，墓园总投资480万元，内设陈列馆、墓室、铜铸像、恨水亭等。园子正中间位置，是张恨水先生铜像，连底座2.95米高，先生正端坐在藤椅上，手拿着一本书，目视远方，目光深邃而睿智。铜像身后是即将竣工的墓园纪念馆，为单层坡屋顶建筑，突出传统民居的特点，建筑面积约500平方米，内设两个展厅，主展厅面积160平方米，次展厅面积63平方米，展出的是张恨水的文学成就和人生历程。

引雅入俗 文坛奇葩

先生原名张心远，1914年开始使用“恨水”这一笔名，取自李煜名句“自是人生长恨水长东”。1924年4月张恨水在《世界晚报》上连载章回小说《春明外史》，长达九十万言，使张恨水一举成名。1927年2月，张恨水又发表小说《金粉世家》，进一步扩大了他的影响。随后，小说《啼笑因缘》将张恨水的写作推向新的高度，当时因《啼笑因缘》而作的续书之多成为民国小说之最。1959年，张恨水任中央文史馆馆员。

作为当时公认的“民国第一写手”，有专家称他与鲁迅是“双峰高下相望，二水分合长流”。张恨水寄身翰墨50余年，创作小说120多部，出版作品3000多万言，数量之多、流传之广、影响之大，三点具备者，在中国找不到第二人，在国外恐怕也只有法国大仲马可与比肩。老舍曾称赞他是“国内唯一的妇孺皆知的老作家”，肯定他是个“真正的文人”，说他是个“最重气节、最富正义感、最爱惜羽毛的人”。先生曾自比“推磨的驴子”，友人则称他“徽骆驼”，“除了生病或旅行，没有工作，比不吃饭都难受”。

作为一名新闻从业、背景深厚的作家，他的小说取材广阔，新闻性强，追求情节的曲折起伏、故事的生动有味，注重语言的平易晓畅，注意读者的审美心理和欣赏习惯，运用章回体这一艺术形式表现现代生活。茅盾说：“在近三十年来，运用‘章回体’而能善为扬弃，使‘章回体’延续新生命的，应当首推张恨水先生。”

20 世纪 20 至 30 年代初，先生所写的言情小说《春明外史》《金粉世家》《啼笑因缘》，以恋爱悲剧反映军阀统治下的黑暗现实，后者更是风靡一时，将言情内容与传奇成分融为一体，在传统章回体式中融入西洋小说技法，吸引了各个层次的读者。特别是九一八事变后所写的以抗战为题材的“国难小说”，如收在《弯弓集》内的短篇小说，意在“鼓励民气”；中篇小说《巷战之夜》，则直接描写天津爱国军民反抗侵略、浴血奋战，艺术视野趋于开阔，格调趋于豪放；写于抗战时期和抗战胜利后的长篇小说《八十一梦》和《五子登科》，是揭露国民党腐败统治的社会讽刺小说，巧于构思，富于想象，讽喻辛辣，现实主义成分明显增强。此外，长篇小说《落霞孤鹜》《水浒新传》《大江东去》《石头城外》《热血之花》《纸醉金迷》《魍魉世界》等都是有影响的作品。他还著有古典文学论集《水浒人物论赞》、散文集《山窗小品》，以及大量杂文和诗词等。

死生契阔　故土如梦

张恨水先生出生在江西，少年时回潜山老家定居。在潜山余井镇黄岭村，家乡人习惯把先生住过的老屋称为“黄土书屋”。房屋的背面是天柱山，前面是潺潺的皖河。正是这皖山皖水之间，孕育了一代才俊。

1955 年，张恨水在阔别家乡多年后再次回到家乡，这是他生平最后一次回到潜山县。直到 12 年后在北京逝世，再没回过故乡。

然而，张恨水先生一生眷恋着故乡山水。少年时代，他常到天柱山和皖河岸边游玩。在成名作《啼笑因缘》序中，他特地落款“潜山张恨水”。池州学院教授、安徽省张恨水研究会副会长谢家顺告诉记者：“张恨水的很多作品，是以家乡为背景素材的，比如《秘密谷》《天明寨》《现代青年》等。他曾用过‘天柱山人’‘我亦潜山人’‘程大老板同乡’等笔名，这也可以看出他对故乡的深厚情感。”1949 年，张恨水大病一场。病好后，他开始了 1955 年那次回乡之行：途经芜湖、合肥、安庆、潜山。其间，他主要是待在安庆，回去后他写了一系列反映安庆变化的散文。“从生活习惯上来说，先生说的是皖赣方言，喜欢家乡的饮食，尤其喜欢吃红烧肉。过节时，遵循着家乡的风俗，比如除夕接祖。”谢教授表示，张恨水的一生与潜山紧紧相连。

1937 年 12 月南京失守之前，张恨水将一家老小三十多口人，从南京迁到潜山故居。张恨水应潜山抗日动员委员会之邀，做了题为“国家兴亡，匹夫有责”的演讲。之后，张恨水又应邀到梅城小学做题为“我们一定能取得抗日战争的最后胜利”的演讲，引起轰动。晚年行动不便，他常把保存多年的一套黄梅戏《天仙配》唱片拿出来放，重温乡音，抒发乡情。

1967 年 2 月 15 日，张恨水在北京去世，葬在八宝山人民公墓。“文革”期间，张恨水的子女获悉有人要将张恨水的骨灰从墓地里挖出来扔掉，于是抢先从墓中取出，此后一直藏在张恨水四子张伍的家中。

张明明是安徽省文史研究馆海外特约研究员、美国大华府中华文化艺术同盟主席。她说：“我父亲曾写过这样两句话：家乡料是卿先到，平安二字告母亲。透过这首诗，我们看出父亲是很想念母亲，思念家乡的。将父亲安葬潜山，是尊重父亲的想法。”

乡陌相盼　游子来归

早在1992年，潜山县便积极推动张恨水“回家”。县委、县政府多次主动建议大师叶落归根，并着手规划建设张恨水文化园。

就在潜山县努力争取先生“回家”的同时，北京十三陵公墓、合肥名人墓园都曾多次联系张恨水亲属，希望能将先生的骨灰留在他们那里。县博物馆馆长李丁生介绍，由于张恨水先生有叶落归根的遗愿，其子女也很希望父亲能魂归故里，一直没有答应其他各方邀请。近年来，潜山县委、县政府一直表达着迎接大师回乡的强烈意愿，并多次派人和张恨水亲属接触沟通，听取他们建议。

与此同时，家乡人民也在盼着先生的“回家”。张恨水家的祖坟就在黄岭村山后的一个山岗上。先生亲属都长期在外，回乡祭拜机会少。当地群众每年清明和春节都到先生的祖坟上祭拜，还帮着清理坟上的杂树和四周排水沟。在潜山，还有一批本土学者自发研究张恨水，他们中有普通机关职工、教师，还有退休老同志。全县到处烙下张恨水的文化印迹：城区广场上刻有张恨水头像和“啼笑因缘”题字；中小学把张恨水写进乡土教材；老家余井镇中心学校在筹建“张恨水文化教育园”；县希望小学也在建造张恨水塑像。

为给大师身后找一个合适的安息之地，当地政府为墓园选址三易其地。最后，在亲属的建议下，当地政府选中潜山县博物馆内西侧的一块土地，规划占地6980平方米，建筑面积1600平方米。经过协商，今年10月，张恨水的骨灰被迁到新建的张恨水墓园。接下来，一批遗物将陆续充实到纪念馆中。同时，张恨水的亲属正在整理张恨水的作品，整理好后，还将每个版本的书籍各捐赠博物馆一套。

在潜山，人们把天柱山和张恨水合称“一山一水”。张恨水叶落归根，真正实现了“山水”的珠联璧合。张恨水故居复建工作已经摆上日程，潜山县委主要负责人表示，将以张恨水墓园落成为新起点，科学、系统、全面地保护和利用好丰富的历史文化资源。下一步，省、市、县有关部门将精心打造张恨水文化园，力争将其建设成为潜山县乃至全省的一个文化品牌。

（原载 2012 年 10 月 19 日《安徽日报》）

张恨水与黎川的文学叙事

黄健平

黎川地处武夷山脉西麓，一座江南边城。这里水流环绕，码头众多，船运繁忙；岸上老屋成群，古街纵深，商铺绵延，巷陌交错。1759 年的建县历史，时代兴替，人来人往，走过了许多的文人志士，蕴育了丰富的人文历史，留下了多少的经典故事。张恨水就是其中的一位。

张恨水与黎川的历史关联

上个世纪初，张恨水的父亲曾在黎川工作。张恨水祖籍安徽潜山县，1895 年 5 月 18 日出生于江西，1967 年农历正月初七逝世于北京。张恨水的父亲张联钰，清末地方税务官员，负责厘卡盐税的征收，曾先后在江西南昌、广信、上饶、景德镇、黎川、新淦等地工作，黎川作为其中的一站，由于父亲的工作调动，张恨水与黎川便有了重要的历史关联。张恨水及其家人在黎川生活了约两年的时间。

少年恨水初入黎川的不平凡之旅。1905 年张恨水 10 岁，一个充满好奇和想象的花季少年，随着父母坐着乌篷船沿赣江、抚河逆流而上，进入黎河。张恨水在《写作生涯回忆》一书中，描写了进入黎川的过程。那一年，他和二叔一起，乘坐乌篷船，一觉醒来，看到叔叔正捧着一本书，看得津津有味，连自己跟他说话都没有听清楚。他凑过去看，原来是一本绣像小说《残唐演义》，于是他就挤在叔叔身边和叔叔一起看，张恨水越看越爱看，等到叔叔看完，自己接过来看，一看就一发不可收拾，从此他知道了小说是怎么一回事。这是张恨水人生当中，第一次接触通俗小说。

少年恨水在黎川接受的私塾启蒙。张恨水的父亲很重视教育，由于工作的流动性，不管工作到哪里，第一件事就是打听当地最好的学堂和老师，然后把先生请到家里，或者把儿子送去学堂。端木先生是张恨水的黎川私塾老师。端木先生姓潘，在当地很有名气，潘先生的家离张恨水居住的码头不足二百米。张恨水的小女儿张正，在《我的父亲张恨水》一书中，是这样记载的："在新城，家里请了一位端木先生教父亲和我的二叔，另有一位同乡子弟陪读。"在这里，张恨水增长了不少的文学知识，学业有了很大的进步。这一年，少年恨水了解了文言的虚字眼，竟然还莫名其妙地爱上了《千家诗》，他请求端木先生教他读诗，先生答应了。张恨水的孙子张纪在《我所知道的张恨水》一书中，对爷爷在黎川的童年生活，也做了些许的描述，并说爷爷爱上《千家诗》、学着写诗是从黎川开始的。

少年恨水在黎川有趣的读书生活。张恨水在《写作生涯回忆》中，对在黎川的学习生活，有过许多的记载与描写。他说端木先生是个“三国迷”，爱讲评书。先生常带一本《三国演义》来上课，小恨水一有机会就拿起来看。在先生的影响下，张恨水对小说产生了浓厚的兴趣，甚至到了痴迷的程度。他把零用钱积攒下来，哪怕是几元几角，也要跑到书铺子里去购买小说书。而他的父亲，只准他看《儒林外史》《三国演义》之类，《红楼梦》等别的闲书往往被扣留，甚至被痛骂一顿。为躲过父母亲的眼睛，张恨水白天就把书锁在箱子里，等到夜深人静的时候，大人都睡了，他就把蚊帐放下，把小板凳放在枕头边，在小凳子上点上蜡烛，将枕头一移，把书摊开大看特看。后来，父母亲还是发现了这一秘密，担心床上点蜡烛太危险，也就放松了对儿子的管束，只是要求不要看得太晚。这样，张恨水在老街的书铺购买了两三书箱的小说，由此，张恨水在黎川获得了“小说迷”的雅号。

少年恨水的旧居在黎川保存完好。黎川老街依河而建，码头众多，水运发达。而南津码头作为闽赣两省的交通要道、货物集散之地，当时的官府衙门便在这里设置厘金卡，征收木竹盐税。张恨水一家便居住在码头的公署之内。这幢具有150多年历史的小木楼，地处南津码头要冲，两条河流在这里交汇融合，形成千年一梦的黄金水路——黎滩河。旧居内有一方天井，大厅左侧有三间贯通的平房，窗下就是码头渡口，躺在床上就能听到捣衣女的嬉笑打闹。透过花雕木窗，能够看新丰、横港两座廊桥古老的身姿与美丽的风采。旧居的二楼有三间耳房，耳房里住人，中间的厅堂由私塾老师上课。跨过大厅就是临河的阁楼，站在木楼远眺，逶迤的群山，飞渡的古桥，好一派江南风光。就在这里，少年恨水接受了私塾启蒙教育。

黎川在张恨水创作中的文学描写

回忆录中的文学记忆。黎川位于赣江抚河水系的上游。这里雨量充沛，风景优美，民风古朴，是典型的“江南小镇”。张恨水的小女儿张正，根据父亲在《写作生涯回忆》书中的叙述，用诗化的语言，描写了父亲进入黎川的情景：“父亲 10 岁时，随祖父到了江西新城县（今黎川）。这是闽赣交界的地方，距离杉关大约 60 里，是处万山丛杂，林箐深密，驿路一线，盘旋于山水间。南国春早，春节刚过，就已是柳条盈盈，菜花泛金了，父亲坐木船沿赣江而上，一路上风景如画，很是开心。”这是多么精彩的文学描述，如果没有恨水先生的文学记载，没有恨水先生平时的口头赞美，女儿张正不可能有如此形象的文学笔触和情感。

难以割舍的梦里江南。离开黎川多年，可黎川的山水仍然让先生魂牵梦绕。1929 年 3 月 3 日，张恨水在《上海画报》发表《旧岁怀旧》一文，他用优美的语言抒发了对黎川的思念之情：

> 予前岁为天津某报，作一万里山水雾烟记，中有杉关一节，今日言及旧事，犹如忆也。其又曰：《芥子园画谱》第四卷，所绘山楼水阁，巨桥水磨，于瓯闽间随处可得之。长桥大抵跨河而通山，桥正中建屋，敞轩而观四面。桥下临闸，以围大数丈之木轮，置闸口中。水自上流头来，激轮辗转如飞，浪花作旋风舞，至为可观。
>
> 儿时，随先严客新城县。县为闽赣交界处，距杉关约

六十里。是处万山丛杂，林齐深密，驿路一线，曲折于山水间。将及关，两峰夹峡下通马道，仅可并骑，出关俯瞰，势如建瓴。古人南征，以此为天险，信矣。

二十年来，百事都如一梦，唯山色泉声，偶然闭目，犹在几榻间。瓯闽春早，尔时灯节方届，隔河古道，柳条已作盈盈之态。乡人沿山道为圃，满种荞麦油菜，柳下淡黄微紫，可指而辨之也。涉笔至此，有“莫向春风唱鹧鸪”之感矣。

通过张恨水的怀旧抒情，人们认识了古典淳朴的黎川，廊桥、水车、杉关、古道的儿时记忆，构成了恨水先生始终牵挂的“梦里江南”。

用黎川方言讲述人生的故事。张恨水的文学语言，来自普通的民众生活。一个人在一个地方生活，地方上的语言和习惯，肯定会融入他的血液，尤其像张恨水具有如此天赋的大师，在黎川所接受的教育和经历的生活，一定会不自觉进入他的作品当中。因此，在张恨水的一些作品当中，我们总能发现许多熟悉的黎川方言。在张恨水作品里头，有许多的方言如“索性”“冒恰”“晏些”“过日”“精穷”“打尖”“大看特看”等等词汇，现在的黎川人仍然在使用。作品中，有关的码头、厅堂、老街、茶楼、酒肆、古巷、廊桥的情景描写，与黎川最为接近和熟悉。

黎川在张恨水文学生涯中的特殊地位

张恨水接触的第一部小说是在黎川。张恨水的文学作品浩如烟海，而与黎川有关的作品，除了上述有关的涉及，几乎难于寻觅，这不能不说是个遗憾。然而，回顾先生50年的创作生涯，人们惊奇地发现，先生阅读的第一部小说，竟然是在黎川的乌篷船上。张恨水的女儿张正，对这一浪漫有趣的情节，从历史的角度，作了充分的肯定："不想就是在这条江上，一个偶然的发现，竟对父亲的人生之路起了决定性的影响——"难怪张恨水先生把黎川视为一生文学创作的源头，张恨水的文学巨舰，是从南津码头起航，从黎河驶向了大江大海！

黎川人文山水对张恨水的重大影响。黎川钟灵毓秀，底蕴丰厚，民风淳朴，恨水先生在黎川生活时间虽然不长，但少年恨水在黎川所接受的教育和文化熏陶，对先生的文学创作产生了深远和巨大的影响。10岁是人生成长的黄金时期，黎川是张恨水成长中的重要一站，也是其文学生涯中的关键起点。用儿子张伍先生的话说："人生的际遇总是难以预料，在黎川乌篷船上的一本小说，竟然引领了父亲的一生，并造就了一位伟大的作家，也创造了中国现代文学史上的伟大奇观。"

安徽省张恨水研究会副会长、池州学院文学与传媒学院教授谢家顺在其2014年出版的《张恨水年谱》（安徽文艺出版社）中，作了如下论述：

> （新丰桥脚下的新丰桥10号张恨水故居）是一幢具有徽派建筑风格的两层小楼，建于19世纪下半叶，迄今已有150多年历史，历来为官署办公之地。黎川老街依河而建，码头众多，水运繁忙。而张王殿码头是江西与福建两省交通的枢纽和货物集散之地，当时的官府衙门便在南津码头

的渡口设置厘金卡（又称厘金局），征收木竹盐税。张恨水父亲身为盐官，全家便居住在码头的公署之内。此故居是国内唯一一处仍保存完好的张恨水故居。民国初年曾改为县城最大的纸行，如今大门左侧的墙壁上尚依稀可见“恒昌隆纸行”字样。

此时期（黎川生活），张恨水学业有三大进展：一是由《四书白话解》而对文言文虚字的作用开始有所了解。二是在由南昌到新城的木船上发现了一本《残唐演义》，拿起来一看，便被书中复杂而离奇的故事情节所吸引。这是张恨水最初接触小说。端木先生也是个三国迷，“他桌上常摆一本《三国演义》。先生不来，我就偷着看，看得非常的有味。这书，帮助我长了不少的文字知识。”（张恨水《写作生涯回忆》）从此，张恨水成了小说迷。三是张恨水爱上了《千家诗》，并请先生教他读诗写诗。这是张恨水接触古诗的开始。

《张恨水年谱》是2010年国家社科基金项目成果，以上论述，充分肯定了黎川生活在张恨水人生旅程中的重要作用，标志着学术界对黎川在张恨水文学生涯中的特殊地位有了明确的共识。

张恨水的后人与黎川再续前缘

一个世纪以来，张恨水的作品并没有因为时间的流逝而被世人忘记，反而随着电影电视等多媒体的普及，有了更强劲的生命力和更广阔的市场。张恨水的儿女孙子，怀着对父亲和祖父的深切怀念，沿着先人少年时代的足迹，先后开始了“黎川之行寻访活动”。2011年5月31日、2013年10月中旬，张恨水四子张伍先生(现居北京)、长女张明明女士（现居美国)，两次千里迢迢、漂洋过海来到黎川，两位老人参观了祖父和先父的故居，他们没有想到，历经一个世纪的风霜雨雪，先辈的旧居仍然保存如此完好。久居美国的画家张明明女士，画下了父亲故居的草图全貌，并挥毫写下了“溪水潺潺，书声琅琅”的赠言。张伍先生无限感慨地说，黎川是父亲文学创作的启蒙圣地，是黎川的山水蕴育了张恨水，是黎川的人文山水赋予了张恨水才华与灵气，感谢黎川的山水和人民，成就了父亲和父亲的文学事业。之后，兄妹俩数以万言的《黎川，父亲的梦里江南》散文公开发表，让张恨水与黎川的世纪情缘，又一次得到了链接和升华。

不仅如此，2013年4月12日，张恨水之孙张纪，沿着先辈的足迹，来到黎川感受祖父当年的“江南记忆”。身为高级记者的张纪，从祖父的老屋，到黎川的历史文化，从祖父的记忆文章，到黎川的乡风民俗，进行深入的了解和研究，洋洋洒洒地写下了《黎川笔记》《张恨水之孙张纪黎川访谈录》。2015年7月，张恨水的二女婿洪克珉先生，怀着对老人的景仰和对黎川文化事业的支持，一路风尘来到黎川，举行了张恨水生前书信、治印、旧照、诗词作品、手稿原件和复印件捐赠活动，为丰富张恨水资料馆藏提供了宝贵的支持，续就了祖孙三代与黎川的不解之缘和对乡土乡情的血脉传承。2013年6月8日，张明明女士在纽约参加“华美协进社”和“华美人文学会”节目访谈中，重点介绍了张恨水在黎川的童年故事，介绍了黎川深厚的历史文化，用精美的图片和画作，演示了黎川古老建筑的保护和开发，让偏远小城黎川首次登上了世界文化艺术的殿堂。

黎川打造张恨水文化名片的初步构想

近几年来，在国家文化部的指导帮助下，黎川文化建设方兴未艾，古镇旅游开发初具规模，“文化立县”成为地方政府的施政理念。沉没了将近一个世纪，张恨水与黎川的历史传奇，撩开了神秘的面纱，张恨水在黎川的生活故事，引起了专家学者和社会的热情关注，开发张恨水文化资源，打造张恨水文化名片，自然成为黎川文化建设的重要内容：

一是抓紧做好张恨水旧居的升级保护。作为全国唯一留存的旧居硬件遗迹，黎川张恨水旧居就具有了不同凡响的价值与意义。黎川县政府已将张恨水旧居的保护，纳入到了老街建设的规划设计当中，经过前期的充分准备，张恨水旧居已经成为老街的重要文化景点，成为了黎川“双桥”文化的重要组成部分，有关部门必须紧锣密鼓做好省级、国家级文化保护的申报工作。

二是加快张恨水纪念馆的建设。升级保护是场馆建设的前提，纪念馆的建设是对旧居的保护和升华，是更高意义上的文化发掘和打造，更是对恨水先生文学成就的尊重和敬畏。黎川老街的改造进入了一个新阶段，形势比人强，张恨水纪念馆的建设已经摆上了政府的议事日程。加快对纪念馆的设计布局，是当前老街文化打造的重要工作。

三是加强对张恨水的文化研究。硬件建设是历史文化的载体，而强化对张恨水文化的研究，才是对张恨水文化和精神的最好传承。利用黎川的现有条件，加强与外界专家学者及张恨水研究机构的联系交流，承办有关学术讨论和纪念活动，扩大影响，提升黎川文化品味。老街是黎川的名片，是地道的江西南风窗，更是全国全民族的遗产。黎川老街具有浓厚的民国风味，而张恨水的文学作品大多是民国的故事，将黎川老街打造成为张恨水及民国影视剧拍摄基地，为黎川的“文化立县”提供了新的思考路径。

2016 年 4 月 12 日

（作者系江西黎川知名文化学者）

张恨水发表（出版）重要著作简目

（以时间先后为序）

一 小说、传记

1. 中篇《紫玉成烟》,1918 年 3 月至 4 月芜湖《皖江日报》连载。

2. 短篇《真假宝玉》，1919 年 3 月 10 日至 3 月 16 日上海《民国日报》连载。

3. 中篇《小说迷魂游地府记》，1919 年 4 月 13 日至 5 月 27 日上海《民国日报》连载。

4. 中篇《未婚妻》，1919 年无锡《锡报》连载（因原报残缺，发表具体时间待考）。

5. 长篇《南国相思谱》，1919 年芜湖《皖江日报》连载（因原报残缺，发表具体时间待考）。

6. 长篇《皖江潮》，1922 年 2 月 22 日至 7 月 27 日芜湖《工商日报》连载（未完，仅完成上部）。

7. 短篇《一双皮鞋的教训》，1922 年 8 月 15 日至 23 日芜湖《工商日报》连载。

8. 短篇《断鸿秋影》，1922 年 8 月 25 日至 31 日芜湖《工商日报》连载。

9. 故事《神虎》，1923 年 4 月 7 日芜湖《工商日报》发表。

10. 故事《骗婚》，1923 年 4 月 9 日芜湖《工商日报》发表。

11. 故事《张云涵》《扶乩》，1923 年 4 月 10 日芜湖《工商日报》发表。

12. 长篇《春明外史》，1924 年 4 月 16 日至 1929 年 1 月 24 日北京《世界晚报》连载（单行本合集世界晚报社 1929 年初版）。

13. 小小说《刘四虎》，1925 年 3 月 21 日北京《世界日报》发表。

14. 小小说《买伞》，1925 年 8 月 16 日北京《世界日报》发表。

15. 小小说《新绿长衫》，1925 年 9 月 7 日北京《世界日报》发表。

16. 小小说《解放么》，1925 年 9 月 16 日北京《世界日报》发表。

17. 小小说《盘肠战士》，1925 年 9 月 25 日北京《世界日报》发表。

18. 故事《红绿妖人》，1925 年 9 月 27 日北京《世界日报》发表。

19. 短篇《门房里》，1925 年 9 月 30 日北京《世界日报》发表。

20. 短篇《鹿死谁手》，1925 年 10 月 14 日北京《世界日报》发表。

21. 短篇《装了金了》，1925 年 10 月 27 至 11 月 3 日北京《世界日报》发表。

22. 短篇《爸爸信来》，1925 年 11 月 16 日北京《世界日报》发表。

23. 短篇《双红烛下》，1925 年 11 月 25 日北京《世界日报》发表。

24. 短篇《工作时间》，1925 年 11 月 29 日芜湖《工商日报》发表。

25.短篇《饭馆中的一角》,1925年12月5日北京《世界日报》发表。

26.中篇《甚于画眉》,1925年12月9日至1926年1月8日北京《世界日报》连载。

27.短篇《打了一个照面》,1925年12月25日北京《世界日报》发表。

28.长篇《新捉鬼传》,1926年2月19日至7月4日北京《世界日报》连载(单行本上海新自由书局1931年初版,更名《新斩鬼传》)。

29.短篇《来错了》,1926年1月1日北京《世界日报》发表。

30.传记《怪诗人张楚萍传》,1926年1月3日至17日北京《世界画报》连载。

31.短篇《找事》,1926年1月25日北京《世界日报》发表。

32.短篇《创作家之美的创作》,1926年2月25日北京《世界日报》发表。

33.长篇《京城幻影录》,1926年3月5日至1928年9月12日北平《益世报》连载(有单行本出版)。

34.短篇《失婢案》,1926年3月15日北京《世界日报》发表。

35.短篇《别语》,1926年4月5日北京《世界日报》发表。

36.长篇《荆棘山河》(未完),1926年7月5日至1927年2月1日北京《世界日报》连载。

37.长篇《交际明星》(未完),1926年8月10日至10月4日北京《世界日报》连载。

38.长篇《金粉世家》,1927年2月14日至1932年5月22日北京《世界日报》连载(单行本上海世界书局1932年初版)。

39.短篇《干卿底事》,1927年3月13日北京《世界画报》发表。

40.短篇《雪湖双溺记》,1927年3月27日北京《世界画报》发表。

41. 短篇《摧花碎玉记》,1927 年 4 月 17 日北京《世界画报》发表。

42.短篇《一家人》,1927 年 5 月 1 日至 15 日北京《世界画报》发表。

43. 传记《黄梅酒徒传》,1927 年 5 月 29 日至 6 月 12 日北京《世界画报》连载。

44. 短篇《情电》，1927 年 10 月 30 日至 11 月 6 日北京《世界画报》连载。

45.短篇《晚归》,1927 年 11 月 13 日至 20 日北京《世界画报》连载。

46. 中篇《难言之隐》,1927 年 11 月 27 日至 12 月 25 日北京《世界画报》连载。

47.短篇《说书摊》,1928 年 3 月 4 日至 11 日北京《世界画报》连载。

48. 长篇《天上人间》（未完），1928 年 3 月 5 日至 6 月 5 日北京《晨报》连载（后先后被《上海画报》、沈阳《新民晚报》、无锡《锡报》转载时补全，单行本上海画报社 1931 年初版）。

49. 短篇《诗人之家》，1928 年 6 月 24 日至 7 月 15 日北京《世界画报》连载。

50. 小小说《张碧娥》，1928 年 7 月 2 日北平《益世报》发表。

51. 长篇《春明新史》（未完），1928 年 7 月 15 日《上海画报》连载（1928 年 9 月 20 日至 1930 年夏在沈阳《新民晚报》连载完毕，单行本沈阳《新民晚报》社 1930 年 12 月初版）。

52. 长篇《青春之花》（未完），1928 年 9 月 13 日至 1929 年 2 月 4 日在北平《益世报》起载。

53. 长篇《鸡犬神仙》（未完），1928 年 10 月 1 日至 26 日《北平朝报》连载。

54. 长篇《剑胆琴心》（又名《世外群龙传》《铁血情丝》），1928 年 10 月 1 日至 1930 年 7 月 3 日北平《新晨报》连载（连载仅上部，单行本北平新晨报营业部1930年初版）。

55. 中篇《战地斜阳》，1929年1月24日至2月8日北平《世界晚报》连载。

56. 长篇《斯人记》，1929年2月15日至1930年11月19日北平《世界晚报》连载（单行本南京人报社1936年10月初版）。

57. 短篇《双红烛下》，1929年3月28日北平《朝报》发表。

58. 短篇《爸爸的信来了》，1929年3月29日北平《朝报》发表。

59. 短篇《饭馆中的一角》，1929年3月30日至31日北平《朝报》连载。

60. 短篇《打一个照面》，1929年4月8日至12日北平《朝报》连载。

61. 短篇《一碗冷饭》，1929年4月18日至5月12日北平《朝报》连载。

62. 短篇《滚过去》，1929年8月27日北平《世界日报》发表。

63. 短篇《三家水账》，1929年9月1日北平《世界日报》发表。

64. 短篇《不得已的续弦》，1929年9月3日北平《世界日报》发表。

65. 短篇《死与恐怖》，1929年9月7日北平《世界日报》发表。

66. 长篇《黄金时代》（又名《似水流年》），1930年夏至1931年9月18日沈阳《新民晚报》连载（单行本上海中国旅行社1933年2月初版）。

67. 长篇《啼笑因缘》，1930年3月17日至11月30日上海《新闻报》连载（单行本上海三友书社1930年12月初版）。

68. 中篇《银汉双星》，1930年北平《华北画报》连载（因报刊缺失，具体日期待考，单行本上海大众书局1931年10月初版）。

69. 长篇《别有天地》，1930年第6卷第36期至1937年第7卷第30期上海《红玫瑰》连载（有单行本出版）。

70. 短篇《上月份的津贴》，1930 年 11 月 20 日至 22 日北平《世界晚报》连载。

71. 长篇《满城风雨》，1931 年 1 月 6 日至 1932 年 10 月 8 日北平《晨报》连载（单行本汉口大众书局 1934 年 9 月初版）。

72. 中篇《自朝至暮》，1931 年第 1 卷第 2、3 期上海《新家庭》连载。

73. 中篇《三个时代》，1931 年 6 月 10 日至 23 日上海《申报》连载。

74. 长篇《落霞孤鹜》，单行本上海世界书局 1931 年 8 月初版。

75. 长篇《太平花》，1931 年 9 月 1 日至 1933 年 3 月 26 日上海《新闻报》连载（单行本上海三友书社 1933 年 6 月初版）。

76. 长篇《旧时京华》（未完），1932 年 1 月 1 日至 6 月 11 日南京《民生报》连载。

77. 短篇《以一当百》，1932 年 1 月 1 日上海《新闻报》发表。

78. 长篇《锦片前程》，1932 年 1 月 27 日至 1935 年 12 月 1 日上海《晶报》连载。

79. 中篇《一件女袄》，1932 年第 458、459、462、463 期上海《礼拜六》连载。

80. 传记《无名英雄传》之《江湾送粥老妪》《汽车夫胡阿毛》《不歇劲》《神枪手》《盘肠勇将》《两兵士》《却里张》《大刀队七百名》《冯木匠》，1932 年 4 月 21 日至 5 月 6 日上海《中国日报》连载。

81. 中篇《仇敌夫妻》，1932 年 4 月 21 日至 5 月 8 日上海《福尔摩斯》连载。

82. 短篇《风檐爆竹》《以一当百》《最后敬礼》，1932 年 4 月 23 日至 28 日上海《大晶报》发表。

83. 短篇《九月十八》，1932 年 4 月 24 日上海《社会日报》发表。

84. 短篇《一月二十八日》，1932 年 5 月 14 日上海《大陆新报》发表。

85. 长篇《第二皇后》(未完), 1932 年 6 月 25 日至 1933 年 5 月 14 日北京《世界日报》连载。

86. 中篇《一日之间》(未完), 1932 年 9 月 5 日至 9 月 24 日北平《新北平》连载。

87. 长篇《满江红》, 单行本上海世界书局 1932 年 9 月初版。

88. 长篇《欢喜冤家》(又名《天河配》), 1932 年 9 月初至 1933 年 9 月 23 日上海《晨报》连载(单行本上海晨报社 1933 年 11 月初版)。

89. 长篇《水浒别传》, 1932 年 10 月 10 日至 1934 年 8 月 4 日北京《晨报》连载。

90. 长篇《过渡时代》(又名《新人旧人》), 1932 年 11 月 14 日至 1934 年 4 月 1 日《南京晚报》连载(单行本上海春明书店 1947 年 4 月初版)。

91. 中篇《同情者》, 1932 年 12 月 1 日至 1933 年 1 月 14 日上海《申报》连载。

92. 短篇《借皇历》, 1933 年 1 月 1 日上海《新闻报》发表。

93. 长篇《秘密谷》, 1933 年第 7 卷第 1 号至 1934 年第 8 卷第 12 号上海《旅行杂志》连载(单行本上海百新书店 1941 年 6 月初版)。

94.长篇《啼笑因缘续集》, 单行本上海三友书社 1933 年 1 月初版。

95. 长篇《东北四连长》(又名《杨柳青青》), 1933 年 3 月 4 日至 1934 年 8 月 10 日上海《申报》连载(单行本上海教育书店 1946 年初版)。

96. 长篇《现代青年》(又名《青年时代》), 1933 年 3 月 27 日至 1934 年 7 月 30 日上海《新闻报》连载(单行本上海摄影社 1934 年初版)。

97. 长篇《北雁南飞》, 1934 年 2 月 2 日至 1935 年 10 月 18 日上

海《晨报》连载（单行本重庆山城出版社 1946 年初版）。

98. 长篇《美人恩》，单行本上海世界书局 1934 年 4 月初版。

99. 长篇《燕归来》，1934 年 7 月 31 日至 1936 年 6 月 26 日上海《新闻报》连载（有单行本出版）。

100. 长篇《小西天》，1934 年 8 月 21 日至 1936 年 3 月 25 日上海《申报》连载（有单行本出版）。

101. 长篇《屠沽列传》（未完），1934 年 10 月 21 日至 1935 年 12 月 12 日《武汉日报》连载。

102. 长篇《平沪通车》，1935 年第 9 卷第 1 号至第 12 号上海《旅行杂志》连载（单行本上海百新书店 1941 年 8 月初版）。

103. 长篇《天明寨》，1935 年 1 月 1 日至 1936 年 7 月 31 日南京《中央日报》连载（有单行本出版）。

104. 短篇《妻之女友》，1935 年第 2 卷第 1 期上海《金刚钻》月刊发表。

105. 长篇《金碧争辉》（未完），1935 年 5 月 3 日至 1937 年 7 月无锡《锡报》连载。

106. 长篇《艺术之宫》，1935 年 9 月 20 日至 1937 年 6 月 5 日上海《立报》连载（有单行本）。

107. 长篇《如此江山》，1936 年第 10 卷第 1 号至 1939 年第 13 卷第 4 号上海《旅行杂志》连载（单行本上海百新书店 1941 年 6 月初版）。

108. 长篇《换巢鸾凤》，1936 年 3 月 30 日至 1937 年 8 月 10 日上海《申报》连载（有单行本出版）。

109. 长篇《中原豪侠传》（未完），1936 年 4 月 8 日至 1937 年 12 月《南京人报》连载（单行本经作者补足后重庆《万象》周刊社

1944年6月初版)。

110. 长篇《鼓角声中》(未完),1936年4月8日至1937年12月《南京人报》连载。

111. 长篇《夜深沉》,1936年6月27日至1939年3月7日上海《新闻报》连载(单行本上海三友书社1944年初版)。

112. 长篇《风雪之夜》(未完),1936年8月1日至1937年3月1日南京《中央日报》连载。

113. 长篇《市井列传》(未完),1937年2月6日至7月31日南京《新民报》连载。

114. 长篇《芒种》(未完),1937年6月6日至8月13日上海《立报》连载。

115. 长篇《泪影歌声》(未完),1937年7月6日至9月3日北平《实报》连载。

116. 长篇《疯狂》,1938年1月15日至1939年10月20日重庆《新民报》连载。

117. 中篇《游击队》,1938年2月1日至7月8日上海《申报》(汉口版)连载。

118. 长篇《桃花港》(未完),1938年4月1日起香港《立报》连载(中止时间待考)。

119. 长篇《冲锋》(又名《巷战之夜》《天津卫》),1938年4月27日至8月22日重庆《时事新报》连载(单行本重庆《新民报》社1942年12月初版)。

120. 短篇《证明文件》,1939年1月1日《文艺月刊》二卷九、十期合刊发表。

121. 长篇《潜山血》(未完),1939年1月20日起香港《立报》

连载（中止时间待考）。

122. 长篇《秦淮世家》，1939 年 3 月 8 日至 1940 年 2 月 4 日上海《新闻报》连载（单行本上海三友书社 1940 年 11 月初版）。

123. 长篇《蜀道难》，1939 年第 13 卷第 5 号至第 12 号上海《旅行杂志》连载（有单行本出版）。

124. 长篇《到农村去》（又名《石头城外》），1939 年第 7 期至 1941 年第 4 期《上海生活》连载（单行本上海联华图书有限公司 1946 年 5 月初版；以《石头城外》为名，重庆万象周刊社 1945 年 6 月初版）。

125. 中篇《帝国的疯兵》，1939 年 10 月 21 日至 11 月 30 日重庆《新民报》连载。

126. 长篇《八十一梦》，1939 年 12 月 1 日至 1941 年 4 月 25 日重庆《新民报》连载（单行本重庆新民报社 1942 年 3 月初版）。

127. 长篇《大江东去》，1940 年香港《国民日报》连载（起止时间待查）。

128. 长篇《负贩列传》（又名《丹凤街》），1940 年第 14 卷第 1 号至 1942 年第 16 卷第 1 号上海《旅行杂志》连载（单行本重庆教育书店 1943 年 2 月初版）。

129. 长篇《水浒新传》（未完），1940 年 2 月 11 日至 1941 年 12 月 27 日上海《新闻报》连载（单行本重庆建中出版社 1943 年初版补写完成）。

130. 长篇《前线的安徽，安徽的前线》（未完），1940 年 3 月 10 日至 7 月 22 日安徽《皖报》连载。

131. 长篇《赵玉玲本纪》（未完），1940 年 10 月 1 日起上海《小说月报》创刊号至 1942 年第 17 期连载（有单行本出版）。

132. 长篇《牛马走》（又名《魍魉世界》），1941 年 5 月 2 日至 1945 年 11 月 3 日重庆《新民报》连载（单行本上海文化出版社 1957 年 2 月初版）。

133. 长篇《偶像》，1941 年 11 月 1 日至 1943 年 3 月 28 日重庆《新民报》晚刊连载（单行本重庆新民报社 1943 年初版）。

134. 长篇《第二条路》（又名《傲霜花》），1943 年 6 月 19 日至 1945 年 12 月 27 日重庆、成都《新民报》晚刊连载（单行本上海百新书店 1947 年 2 月初版）。

135. 长篇《雁来红》（未完），1943 年 11 月 8 日至 12 月 10 日云南《昆明晚报》连载。

136. 中篇《人心大变》，1943 年 6 月 29 日至 7 月 9 日成都《新民报》晚刊连载。

137. 短篇《多变之姑娘》，1944 年 9 月 12 日至 13 日重庆《新民报》晚刊连载。

138. 长篇《热血之花》，单行本上海三友书社 1946 年 1 月初版。

139. 长篇《巴山夜雨》，1946 年 4 月 5 日至 1948 年 12 月 6 日北平《新民报》连载（有单行本出版）。

140. 长篇《虎贲万岁》（又名《武陵虎啸》），1946 年 5 月 26 日至 1947 年 3 月 23 日北平《新民报》连载（单行本上海百新书店 1946 年 7 月初版）。

141. 长篇《纸醉金迷》，1946 年 9 月 1 日至 1948 年 11 月 20 日上海《新闻报》连载（全书分四集，单行本《纸醉金迷（之一）》《一夕殷勤（之二）》《此间乐（之三）》《谁征服了谁（之四）》，上海百新书店分别于 1949 年 3 月、4 月、5 月、6 月初版）。

142. 中篇《雾中花》，1947 年 5 月 11 日至 8 月 13 日北平《新民报》画刊连载（单行本万象周刊社 1948 年初版）。

143. 长篇《五子登科》，1947 年 8 月 17 日至 1949 年 2 月 26 日北平《新民报》画刊连载未完，后续部分在 1957 年哈尔滨《北方》第 4 至 6 期连载（单行本上海文化出版社 1957 年 11 月初版）。

144. 中篇《人迹板桥霜》，1947 年 12 月 5 日至 1948 年 2 月 1 日北平《新民报》画刊连载。

145. 长篇《一路福星》（未完），1948 年第 22 卷第 1 号至第 12 号上海《旅行杂志》连载（有单行本出版）。

146. 中篇《岁寒三友》（未完），1947 年河北《唐山日报》连载（具体日期待考）。

147. 中篇《雨霖铃》（未完），1947 年上海某报连载（具体日期待考）。

148. 中篇《马后桃花》（未完），1947 年作，何时刊载待考。

149. 长篇《玉交枝（上）》，1948 年 11 月 21 日至 1949 年 5 月 25 日上海《新闻报》连载（因病，下部由别人续写，单行本上海正气书局 1950 年 12 月初版）。

150. 中篇《开门雪尚飘》（又名《贫贱夫妻》），1948 年 12 月 6 日至 1949 年 1 月 23 日北平《世界日报》连载。

151. 中篇《步步高升》（未完），1948 年 12 月 7 日至 12 月 15 日北平《新民报》连载。

152. 长篇《梁山伯与祝英台》，1954 年 1 月 1 日至 5 月 3 日香港《大公报》连载（单行本香港文宗书店 1954 年 6 月初版）。

153. 长篇《秋江》，1954 年 7 月 3 日至 10 月 4 日香港《大公报》连载（单行本北京通俗文艺出版社 1955 年 9 月初版）。

154. 长篇《牛郎织女》，中国新闻社 1954 年至 1955 年向国外发稿（有单行本出版）。

155. 长篇《白蛇传》，单行本北京通俗文艺出版社 1955 年 1 月初版。

156. 长篇《磨镜记》，中国新闻社 1955 年向国外发稿（单行本北京出版社 1957 年 12 月初版）。

157. 长篇《孔雀东南飞》,1956 年 8 月 2 日至 11 月 13 日上海《新闻日报》连载（单行本北京出版社 1958 年 3 月初版）。

158. 中篇《荷花三娘子》，中国新闻社 1956 年向国外发稿。

159. 长篇《记者外传（上）》，1957 年 10 月 26 日至 1958 年 6 月 24 日上海《新闻日报》连载（有单行本出版）。

160. 长篇《孟姜女》，单行本北京出版社 1957 年 12 月出版。

161. 中篇《逐车尘》，中国新闻社 1958 年向国外发稿。

162.中篇《重起绿波》，中国新闻社 1961 年至 1963 年向国外发稿。

163. 中篇《男女平等》，中国新闻社 1961 年向国外发稿。

164. 长篇《卓文君》，中国新闻社 1962 年向国外发稿。

165. 长篇《凤求凰》，中国新闻社 1962 年至 1963 年向国外发稿。

二　诗集、散文集及其他

1. 电影剧本《热血之花》，1932 年第 789 期《上海画报》发表。

2. 文集《弯弓集》（小说、诗歌、散文及电影剧本合集），1932 年 3 月北平远恒书社初版。

3. 文言散文集《水浒人物论赞》，1944 年 6 月重庆万象周刊社初版。

4. 散文集《山窗小品》，1945 年 12 月上海杂志公司初版。

5. 回忆录《我的写作生涯》，1981 年 6 月四川人民出版社初版（1982 年 6 月人民文学出版社版改名《写作生涯回忆》）。

6. 诗集《剪愁集》，1993 年 3 月山西北岳文艺出版社初版。

7. 杂文集《最后关头》，1993 年 3 月山西北岳文艺出版社初版。

8. 散文集《上下古今谈》，1993 年 3 月山西北岳文艺出版社初版。

9. 散文集《张恨水散文》（第 1—4 卷），1995 年 11 月安徽文艺出版社初版。

10. 散文集《张恨水散文全集》（第 1—7 卷），2015 年 8 月吉林时代文艺出版社初版。

（根据谢家顺著《张恨水年谱》整理）